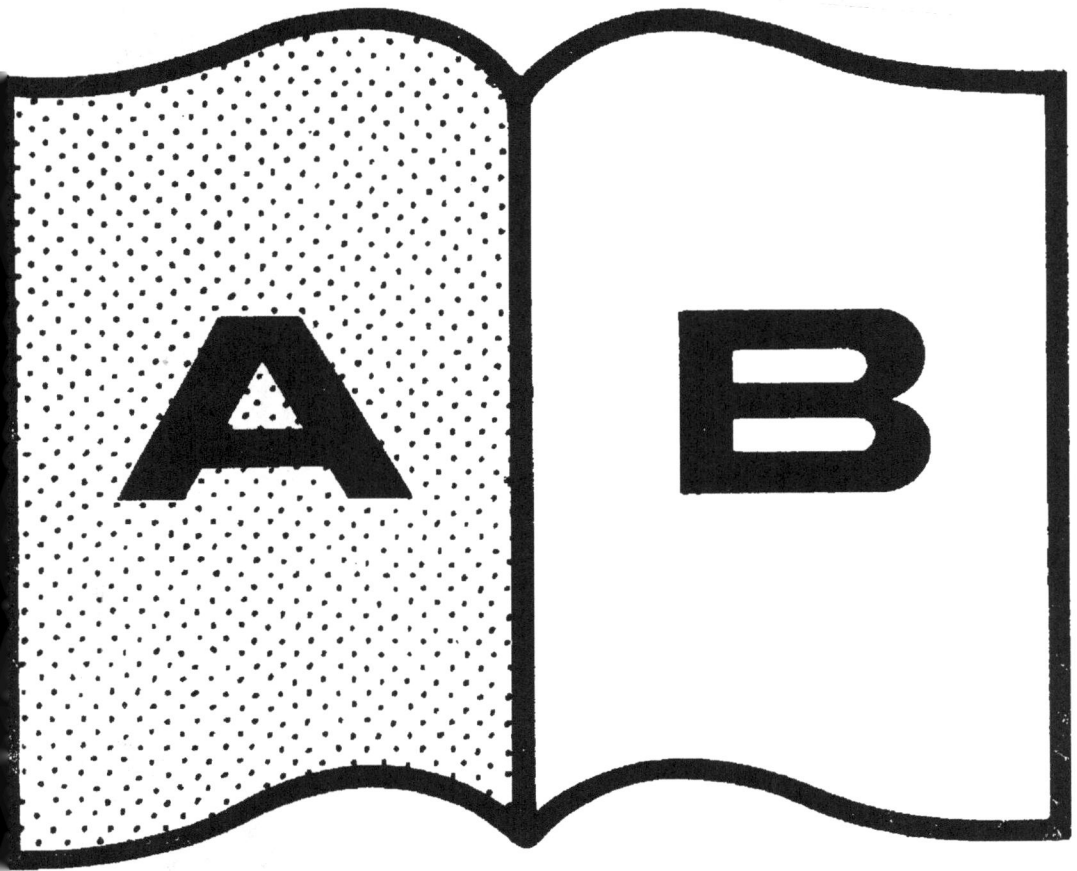

Contraste insuffisant

NF Z 43-120-14

DICTIONNAIRE

RAISONNÉ UNIVERSEL

DES

ARTS ET METIERS.

TOME PREMIER.

DICTIONNAIRE

RAISONNÉ UNIVERSEL

DES

ARTS ET METIERS,

CONTENANT

L'HISTOIRE, LA DESCRIPTION, LA POLICE

DES FABRIQUES ET MANUFACTURES

de France & des Pays Etrangers :

OUVRAGE UTILE A TOUS LES CITOYENS.

NOUVELLE ÉDITION,

corrigée & confidérablement augmentée d'après les
Mémoires & les Procédés des Artiftes ;

*Revue & mife en ordre par M. l'Abbé JAUBERT, de l'Académie
Royale des Sciences de Bordeaux.*

TOME PREMIER.

A PARIS,

Chez P. FR. DIDOT jeune, Libraire de la Faculté de Médecine
de Paris, quai des Auguftins.

M. DCC. LXXIII.

Avec Approbation, & Privilege du Roi.

A MONSIEUR
DE SARTINE,
CONSEILLER D'ÉTAT,

DIRECTEUR GÉNÉRAL DE LA LIBRAIRIE
ET IMPRIMERIE DE FRANCE,
LIEUTENANT GÉNÉRAL DE POLICE.

MONSIEUR,

LE zele infatigable qui vous anime pour la perfection des découvertes utiles dans tous les Arts & Métiers dont vous êtes le Protecteur, m'a

EPITRE.

fait defirer de vous dédier cet Ouvrage. La bonté que vous m'avez témoignée en daignant ne pas me refufer, m'a pénétré de la plus vive reconnoiffance. C'eft donc, MONSIEUR, un bienfait que je puis ajouter à tous ceux que je vous dois. Puiffent toutes les claffes de Citoyens rendre hommage à vos vertus ! Puiffent encore ceux qui vous fuccéderont ne jamais oublier le chemin que vous leur avez tracé, & être éclairés du même efprit de fageffe qui vous a toujours guidé !

J'ai l'honneur d'être avec le plus profond refpect,

MONSIEUR,

Votre très humble &
très obéiffant ferviteur,
P. FR. DIDOT le jeune.

PRÉFACE
DE L'ÉDITEUR.

POUR peu qu'on faſſe attention à l'origine des Arts, on ſera bientôt convaincu qu'ils doivent leur exiſtence à nos beſoins. A meſure que l'eſpece humaine s'eſt multipliée, ils ſont devenus néceſſaires, relativement aux divers climats que les hommes ont habités, & aux différentes eſpeces de nourriture qu'ils retiroient des terres plus ou moins fertiles, ou plus ou moins abondantes en productions naturelles. Si l'imitation, la curioſité, le haſard même en ont fait naître pluſieurs chez certains peuples ; la diſerte des fruits de la terre, l'obligation de vivre dans des climats à la température deſquels ils n'étoient pas faits, de ſe mettre à l'abri des injures de l'air, & de ſe procurer une plus grande aiſance, engagerent d'autres à donner de l'eſſor à leur génie, à obſerver tout, à profiter de diverſes expériences, & à inventer inſenſiblement les Arts de néceſſité, de commodité & de luxe, dont les progrès ont augmenté par l'aſſiduité des recherches & la variété des travaux.

Quelque bien conçus que ſoient les projets les plus vaſtes, fruits ordinaires d'une imagination échauffée, ils ne peuvent ſe réaliſer qu'en imitant la Nature, qui renferme dans ſon ſein & nous préſente quelquefois les modeles de pluſieurs inſtruments néceſſaires à

l'exécution de nos deſſeins. Nos connoiſſances
n'étant relatives qu'aux expériences & aux réflexions que nous faiſons ſur les êtres qui nous
environnent ; en nous occupant de la réuſſite
d'un objet, le haſard nous procure ſouvent ce
que nous cherchons : c'eſt alors que les regles
& les inſtruments viennent au ſecours de la
force & de la ſoupleſſe de nos mains, & que
la ſpéculation ou la connoiſſance inopérative
de chaque Art influe ſur ſa pratique, en ré-
ſolvant les difficultés que celle-ci rencontre
quelquefois.

Quelque grands cependant, quelque multipliés qu'aient été les beſoins des hommes
dans les premiers temps, les Arts n'ont été inventés que peu-à-peu ; leur progrès s'eſt fait
lentement, & il a fallu des ſiecles pour les
porter au degré où ils ſont parvenus, quoiqu'il
y ait toujours eu, même chez les peuples les
plus groſſiers & les plus barbares, des Artiſtes
très habiles, dont le bon goût auroit empêché
la décadence des Arts, s'ils euſſent été plus
connus, plus à portée d'être imités ou ſurpaſſés
par une louable rivalité. Depuis que les précieux talents de ces grands hommes ont été
enſevelis dans le néant, combien d'Arts ne
font pour ainſi dire que de ſortir de leur enfance, & combien en'eſt-il qu'on peut regarder
comme étant encore dans leur berceau !

Il eſt étonnant que les ſervices importants
que les Arts ont rendus à la ſociété, ne lui faſ-
ſent pas eſtimer également les talents utiles &
ceux qui les exercent. Ignore-t-elle que ſans

-eux la terre ne produiroit que des ronces ; que c'eſt l'induſtrie qui a rendu la Nature plus belle ; que c'eſt elle qui décore tous les endroits où elle s'attache ; qu'elle fait ſortir de ſes mains les ouvrages les plus ſomptueux ; qu'elle nous procure toutes les commodités de la vie, & qu'elle donne aux mets les plus exquis ce coup d'œil & cette variété qui ſatisfont tout à la fois la magnificence & la délicateſſe ?

Sous le nom d'Art, on comprend ordinairement tout ſyſtême de connoiſſances qu'il eſt poſſible de réduire à des regles poſitives, invariables & indépendantes du caprice & de l'opinion : mais comme il y a des regles pour les opérations de l'ame comme pour celles du corps, qu'il y a certains Arts où la main travaille plus que l'eſprit, on s'eſt cru fondé à les diſtinguer en Arts libéraux & en Arts méchaniques, & à donner aux premiers la ſupériorité ſur les ſeconds : il eſt cependant hors de doute que ceux-ci ſont beaucoup plus anciens que les Arts libéraux, peres des Arts agréables ; que l'eſprit humain commença à pourvoir aux beſoins du corps avant de penſer à devenir aſtronome & géometre, à meſurer, à calculer tout, à s'élever juſqu'aux cieux, à trouver dans les corps céleſtes la régularité de leurs mouvements, à tirer des ſons mélodieux des choſes inanimées, à les varier à l'infini, & à remuer impérieuſement l'ame par une harmonie admirable.

Parceque les Arts méchaniques dépendent

d'une opération manuelle & affervie en quelque maniere à une certaine routine, doivent-ils être relégués dans la claffe la plus inférieure de la fociété ? Parceque l'indigence qui nuit à tout ce qu'elle accompagne, aura forcé des hommes induftrieux à travailler de leurs mains, doit-on les méprifer, eux dont le goût & le génie auroient peut être excellé dans des profeffions plus eftimées, fi la fortune leur eût procuré les moyens de s'y exercer ? Parceque certains préjugés ridicules ont obtenu force de loi, doit-on plus refpecter les génies qui éclairent les nations par leurs écrits, que les mains dont elles retirent les avantages les plus réels & les plus importants ? Parcequ'il aura plu à différentes fortes de gouvernement d'établir une inégalité de convention entre l'homme oifif & le travailleur, celui-ci eft-il moins en droit de réclamer fes prétentions, & doit-il renoncer à ce defir de fupériorité, ou au moins d'égalité, que rien ne peut éteindre en lui ?

En fait d'Arts, on devroit, ce femble, donner la préférence à ceux qui font les plus utiles, quoiqu'ils foient les moins eftimés. L'Art néceffaire devroit l'emporter fur l'Art agréable, & celui-ci ne devroit occuper que la derniere place. Quelle différence n'y a-t-il réellement pas entre les Arts dont la fociété ne peut fe paffer, & ceux qui ne fervent qu'au luxe ou au plaifir ! On ne fauroit trop protéger, multiplier, encourager même les premiers, & prendre garde à ce que les feconds ne paffent les bornes qui leur font circonfcrites : plus on s'occuperoit à faire fleurir tout ce qui eft matiere de commerce, tout ce qui contribue à occuper utilement le peuple, à exciter fon travail, & à animer fon induftrie, plus on réuffiroit à bannir de tous les Etats l'oifiveté & l'indigence qui en eft une fuite néceffaire.

Malgré la préférence que les Arts libéraux prétendent avoir fur les Arts méchaniques, il eft certain que leur utilité n'eft pas auffi univerfellement reconnue que celle de ces derniers, dont les procédés occupent un plus grand nombre d'hommes. La découverte de l'aimant & l'invention de la bouffole font-elles moins avantageufes au genre humain, que l'eft à la phyfique l'explication des propriétés de cette aiguille ? Où trouve-t-on des preuves plus complettes de la fagacité de l'efprit, de fa patience & de fes reffources, que chez les ouvriers ?

La prééminence qu'on a accordée aux Arts libéraux fur les Arts méchaniques, produira toujours un très mauvais effet, lorfque des perfonnes affez peu philofophes regarderont les proceffions méchaniques comme ignobles & déshonorantes, & affecteront d'avilir des ouvriers auffi eftimables qu'utiles. Quel eft donc le raifonnement bizarre de ces contemplateurs orgueilleux & oififs, qui méprifent les talents, & qui veulent que tout le monde s'occupe utilement ? Si nous prodiguons nos éloges aux écrivains dont l'éloquence s'efforce de nous perfuader que nous vivons heureux, ne les refufons pas à ceux qui travaillent fans ceffe à ce que nous le foyons réellement.

Les inventeurs des Arts méchaniques, ces bienfaiteurs du genre humain, fe font reffentis pour la plupart du mépris que leur poftérité a eue pour les exécuteurs de leurs inventions : inconnus à leurs defcendants, leurs noms n'ont point paffé jufqu'à nous, pendant que celui des conquérants, ces fléaux de l'univers, ces deftructeurs ordinaires des Arts, n'eft ignoré de perfonne. Par quelle fatalité le nom de ces génies rares eft-il enfeveli dans l'oubli ?

Lorfque l'hiftoire n'a pas confervé dans fes faftes l'origine & le progrès de chaque Art, qu'elle a négligé de nous tranfmettre les noms de ces hommes utiles qui ont inventé ou perfectionné des travaux fi néceffaires à la fociété, quels reproches ne devons-nous pas faire à ces nations féroces & belliqueufes, qui, comme des torrents impétueux, ont porté la dévaftation & l'ignorance dans tous les pays qu'elles ont inondés ; qui, plus occupées du vain titre de conquérantes que de l'utilité publique, ne pouvoient s'imaginer que l'induftrie des peuples eft la véritable fource des richeffes d'un État, & que la confervation des vaincus eft préférable aux plus éclatantes victoires qu'on remporte fur fes ennemis.

Tous les écrits que nous avons fur les Arts méchaniques font très peu de chofe en comparaifon de l'étendue & de la fécondité du fujet. Plufieurs de ceux qui en ont traité n'étant pas affez inftruits de ce qu'ils avoient à dire, n'ont

fait qu'effleurer la matiere, en écrivant plutôt
en grammairiens ou en hommes de lettres,
qu'en artistes : quelques-uns plus en état d'é-
crire sur les Arts, & en même temps plus ouvriers, ont été si laconiques, que la description
de leurs procédés & des machines qui y sont
relatives (matiere capable de fournir elle seule
des ouvrages considérables) n'occupe qu'une
très petite partie de leurs écrits. Il a donc fallu
avoir recours aux Artistes, les interroger, les
voir travailler, les consulter, leur demander
des mémoires, rectifier ceux qu'ils avoient mal
rédigés, & avoir avec eux plusieurs conversa-
tions pour bien entendre ce qu'ils rendoient
ordinairement mal, parceque n'étant point
lettrés pour la plupart, & n'ayant embrassé
leur état que par nécessité, ils ne travaillent
que pour vivre : il est même arrivé quelquefois que si dans le grand nombre des Artistes
que j'ai été obligé de consulter, il s'en est
trouvé quelques-uns qui s'exprimoient avec
clarté sur le procédé de leur Art & les instruments dont ils se servoient, il y en a eu plusieurs qui ne connoissoient pas encore le véritable méchanisme de leur métier.

S'il n'est pas aisé à un Artiste de traiter profondément de l'Art dont il a fait toute sa vie
une étude particuliere, combien doit-il être
plus difficile à quelqu'un qui ne l'est pas, de
parler sur tous les Arts ! aussi me suis-je fait un
devoir de consulter, non seulement les ouvrages qui en traitent, mais encore les Artistes les
plus habiles & les plus connus par leurs talents,

afin qu'en profitant de leurs lumieres, je fuffe
en état de donner des articles plus méthodiques, plus certains, plus étendus, & plus
remplis de détails intéreffants, tant pour l'hiftorique de l'Art & fes progrès, que pour fes
procédés & fa police.

Dans cette nouvelle édition que j'ai augmentée de plus de moitié, j'ai porté toute
mon attention à corriger quelques fautes qui
s'étoient gliffées dans la premiere, à y ajouter
tous les Arts qui y manquoient, à augmenter
les articles qui m'ont paru incomplets, & à re-
fondre en entier ceux dont on n'étoit pas encore affez inftruit. Pour y travailler avec fuccès, j'ai confulté les Traités particuliers à chaque Art; l'Encyclopédie; la Defcription des
Arts, par l'Académie des Sciences; le Dictionnaire du Commerce; les divers ouvrages relatifs aux Arts, qui ont paru dans le public;
les manufcrits qui feront bientôt imprimés,
& que des Auteurs Artiftes ont bien voulu me
communiquer; les mémoires particuliers, &
les inftructions que les plus habiles ouvriers
m'ont données; les ftatuts & réglements de
Police, & enfin tout ce qui a pu me fournir
quelque éclairciffement fur cet objet. J'ai auffi
confervé précieufement ce que j'ai trouvé de
meilleur dans la premiere édition, & qui a été
le fruit des réflexions de divers particuliers
fur différents Arts, avant que l'Encyclopédie
parût.

En profitant des travaux des Savants qui
m'ont précédé dans cette carriere, j'aurois cru

me rendre coupable en ne m'acquittant pas
envers eux du tribut de reconnoissance que je
dois à leur mérite : aussi avouerai-je avec plaisir, que les Arts principaux, tels que ceux qui
dépendent de la chymie & de la physique, ont
été traités par des personnes très versées dans
ces sciences, qui sont entrées dans des détails
circonstanciés & approfondis sur les Arts auxquels elles se sont appliquées ; & je dirai in-
génument que je n'ai ajouté dans cette nouvelle édition que les Arts dont elles n'avoient
pas fait mention, que ce qui avoit échappé à
leurs recherches, & ce qui a paru de nouveau
depuis leur travail.

Parmi le nombre des Savants qui ont le plus
concouru à la perfection de cet ouvrage, &
dont je vais détailler les travaux, un de ceux
qui ont paru avoir plus de zele & travaillé davantage, a été M. *Baumé*, qui a donné une
quantité considérable d'articles. Comme il
n'en est aucun qui ne lui fasse honneur, j'ai
cru qu'il ne trouveroit pas mauvais que j'infor-
masse le public des Arts qu'il a traités, & dont
les Artistes lui ont obligation d'avoir détaillé
les procédés : ces articles sont *Alun, Apothicaire, Artificier, Cabaretier, Chaufournier,
Confiseur, Dégraisseur, Distillateur, Epicier,
Faïancier, Ferblantier, Fournaliste, Fumiste,
Limonnadier, l'Art de la Fonte des Mines, Orfevre, Parfumeur, Plâtrier, Plomb, Blanc de
Plomb, Céruse, Sel de Saturne, Massicot, Minium, Litharge, Porcelaine, Potasse, Cendre
gravelée, Soude, Potier d'étain, Potier de*

terre, *Poudre à canon*, *Salpêtrier*, *Saunier*, *Sel*
ammoniac, *Vernisseur*, *Verrier*, *Vinaigrier*,
Sel d'Epsum, *Sel de Glauber*, *Cristaux de ver-*
det, *Sel de Sedliz*.

C'est ainsi qu'en continuant de rendre hommage aux Savants qui ont travaillé sur les Arts,
je dirai que l'article *Patenôtrier*, ou l'Art de
faire les perles fausses avec le verre, & de les
enduire intérieurement d'une matiere argentée, imitant le ton naturel de la perle, a été
fourni par M. *Varenne de Béost*; que la fabrication du sucre & du tabac a été donnée par
M. *Rigaud*; que M. le Marquis *de Montalem-*
bert a écrit sur l'Art du saunier, & donné la
description des salines de Durkeim, dans le
Palatinat; que M. *Guettard* a décrit celles de
l'Avranchin; M. *Montet* celles de Peccais, en
Languedoc; & que M. *Macquer* a travaillé sur
les salines de la Lorraine; que celui-ci, ainsi
que MM. l'Abbé *de Mazéas & Hellot*, ont
fourni des matériaux pour l'Art de la teinture,
& qu'on doit à ce dernier l'Art de l'indigote-
rie, & la préparation du pastel, du vouede &
de l'orseille; que les Arts de convertir le fer
en acier, d'adoucir le fer fondu, de faire
éclore & d'élever en toutes saisons des oiseaux
domestiques, sont dus à M. *de Réaumur*; que
M. l'Abbé *Nollet* a fourni des mémoires sur
l'alun de roche & celui de Rome; que dans
l'Art de faire le sel commun on a suivi les procédés indiqués par le Pere *Sicard*, Jésuite, &
MM. *Lemaire, Granger, Duhamel & Geoffroy*;
que la préparation du verdet ou du verd-de-
gris

gris n'eſt qu'une analyſe du mémoire que M.
Montet, de l'Académie de Montpellier, en-
voya à l'Académie des Sciences de Paris ; que
leſ articles AFFINEUR, ARGENTEUR, BATTEUR
D'OR, DOREUR, ESSAYEUR, FONDEUR, MON-
NOYEUR, ont été tirés en partie du *Traité des
Monnoies* de M. *Abot de Baʒinghen* ; que l'Art
du BLANCHIMENT DES TOILES a été calqué ſur
le Traité que M. *Hume* a publié en Anglois ſur
cette matiere ; que celui du SAVONNIER doit
beaucoup aux obſervations que M. *Geoffroy* a
faites ſur le ſavon à l'occaſion du remede de
Mademoiſelle *Stéphens* ; que les Arts qui tiennent en quelque façon aux Mathématiques,
comme ceux de l'ARCHITECTE, de l'ARPEN-
TEUR, du CONSTRUCTEUR DE NAVIRES, du
FACTEUR D'INSTRUMENTS A CORDE & A VENT,
du FONTAINIER, de l'HORLOGER, de l'INGÉ-
NIEUR, de l'OPTICIEN ou LUNETTIER, ſont dus
à MM. *Bouguer, Berthoud & Thomin* ; que ceux
qui dépendent de l'Acouſtique, comme FAC-
TEUR DE CLAVECINS, FACTEUR D'ORGUES, FAI-
SEUR D'INSTRUMENTS A VENT, LUTHIER, ſont
dus à M. *Dumoutier*, & à Dom *Bedos*, Religieux de la Congrégation de S. Maur ; que les
Arts qui concernent la Gymnaſtique, comme
le MAÎTRE EN FAIT D'ARMES, le PAUMIER, le
MAÎTRE DE DANSE & le MANEGE, ſont de
MM. *Dumoutier, Cahuſac & de la Gueriniere* ;
que les *Eléments d'Agriculture* de M. *Duhamel* ont beaucoup ſervi pour tous les Arts qui
y ſont relatifs ; que M. *de Marcorelle* a donné
d'excellentes choſes ſur la maniere de faire le

b

fromage de Roquefort ; que ce qui concerne les articles MARCHAND DE CHEVAUX & MARÉCHAL, eſt extrait des ouvrages de MM. *de la Gueriniere & Bourgelat* ; que M. *Lalandè* a fourni beaucoup de choſes ſur les Arts du CARTIER, du CARTONNIER, du CHAMOISEUR, du PAPETIER & du PARCHEMINIER ; que M. *Fougeroux* en a fait autant pour les articles ARDOISIER, CUIRS DORÉS & TONNELIER ; que celui de la fabrique des encres eſt principalement dû à MM. *de Réaumur & Duhamel* ; qu'enfin les Arts du BRIQUETIER, du TUILIER, du CHARBONNIER, du CHANDELIER, du CIRIER, de la FORGE DES ENCLUMES, & de l'EPINGLIER, ont été donnés par MM. *Duhamel, Fourcroi, Gallon, de Réaumur & Perronet.*

Si je n'ai pas fait une énumération exacte de tous les Savants qui ont travaillé à cet ouvrage, c'eſt qu'elle eût été trop longue, & qu'on trouvera leurs noms en liſant les articles qui leur appartiennent.

Quelque reſpectables que ſoient les monuments fameux que les Arts ont élevés en pluſieurs endroits, que les injures du temps, une barbare férocité, ou une ignorance deſtructive paroiſſent avoir épargnés, pour nous faire voir à quel degré de perfection les efforts du génie avoient porté les Arts néceſſaires, de commodité ou d'agrément ; quelque dignes d'admiration que ſoient les ouvrages de ces célebres Artiſtes, nous n'en ſommes pas mieux inſtruits des procédés de leur Art, parcequ'uniquement occupés de leurs travaux, ils n'ont pas consigné dans leurs écrits de quelle maniere ils opéroient ; & que les chefs-d'œuvre qu'ils nous ont laissés, n'ayant pu que nous servir de modeles, il a fallu qu'une noble émulation de leurs talents excitât le génie de leur postérité, & lui fît créer de nouveaux Arts.

Tant de peines occasionnées à la création ou à la renaissance des Arts, ont fait sentir combien il étoit utile à leur conservation & à leur progrès, de déposer dans des monuments publics les divers moyens que l'industrie a imaginés pour satisfaire nos goûts ou nos besoins. A peine l'Académie des Sciences fut établie qu'elle s'occupa sérieusement de ce projet. Indépendamment des mémoires que les Membres de cette illustre Compagnie ont donnés sur presque tous les Arts, elle a cru depuis quelques années, que la description complette de ces mêmes Arts méritoit toute son attention ; aussi continue-t-elle avec succès de donner tous les ans la description générale de quelque Art, où la pratique la plus détaillée & la plus étendue est éclairée par les lumieres d'une théorie savante, & où des planches exactes & précises mettent sous les yeux tous les instruments méchaniques avec la maniere de les employer.

Quelque avantageux pour les Amateurs & pour les Artistes que soit un ouvrage aussi intéressant, il exige un si grand travail, & le concours d'un si grand nombre de Savants & d'Artistes, que de long-temps on ne peut se flatter d'avoir une collection complette de tous les Arts. C'est dans une circonstance aussi favo-

table que j'ai ofé préfumer que le public auroit quelque indulgence pour l'Ouvrage que
j'ai l'honneur de lui préfenter, quoiqu'il foit
moins étendu que les defcriptions de l'Académie, où elle n'a rien oublié de tous les procédés qui font propres à chaque Art. On trouvera donc dans ce nouveau Dictionnaire, des
notions, à la vérité fommaires mais exactes, fur
les Arts & Métiers, qui font la gloire & la ri-
cheffe des nations qui les exercent. Si je n'y ai
pas ajouté des planches, c'eft que cette édition
feroit devenue trop coûteufe pour les Artiftes
qui feront bien aifes de fe la procurer, & que
j'ai cru devoir me renfermer dans des détails
fuccincts, mais cependant affez étendus, fur
les travaux des Arts, pour que l'efprit puiffe
les faifir fans le fecours de la gravure.

Autant qu'il a dépendu de moi, j'ai re-
monté à l'origine de chaque Art, j'en ai donné
l'hiftorique, j'ai fait voir comment il s'eft infenfiblement perfectionné par des progrès fucceffifs, quelle eft la matiere qui lui eft propre,
quels font les moyens d'en diftinguer la bonne
ou mauvaife qualité, quelles font les préparations par lefquelles on la fait paffer avant ou
après l'avoir mife en œuvre, quels font les
principaux ouvrages qu'on en fait, comment
on y procede. J'ai auffi décrit les outils &
les machines les plus néceffaires à chaque Art;
j'ai donné l'explication des termes techniques
dont fe fervent les Artiftes; & pour foulager
la mémoire du lecteur, ou lui rappeller tout
de fuite quelques traits qui auroient pu lui

échapper, j'ai cru devoir ajouter à la fin du quatrieme volume une table hiftorique, où l'on trouvera les noms des inventeurs des Arts, de ceux qui s'y font diftingués en les perfectionnant, & des Auteurs qui en ont traité : on y verra auffi quelques anecdotes curieufes, & plufieurs traits d'hiftoire relatifs aux Arts, tant pour la connoiffance des pays d'où nous viennent les premieres matieres, que de ceux où l'on peut les trouver fans avoir recours à l'étranger.

Si cet Ouvrage, qui n'a été entrepris que pour le progrès des Arts , & l'utilité particuliere de ceux qui s'y appliquent, pouvoit devenir en quelque façon le manuel des Artiftes, s'ils daignent le lire avec attention, je fuis perfuadé qu'ils fe trouveront plus en état de vaincre les obftacles journaliers qui fe rencontrent dans les procédés de leur Art, & qui ne viennent ordinairement que de ce qu'ils négligent de s'inftruire des principes fur lefquels leur méchanifme eft fondé, de ce qu'inftruits par leurs maîtres à travailler d'une certaine maniere, ils s'y attachent en aveugles, fe préviennent en faveur de la méthode qu'on leur a enfeignée, & ne peuvent s'imaginer qu'il y en ait une meilleure. Livrés à leurs préjugés, les preuves les plus claires, les expériences les mieux conftatées & les plus faciles à répéter, ne fauroient leur perfuader que leur Art eft fufceptible d'une plus grande perfection. Si parmi le grand nombre il s'en trouve quelques-uns d'affez intelligents pour s'appercevoir

qu'on pourroit mieux procéder, quels efforts
ne font-ils pas obligés de faire fur eux-mêmes,
pour confentir à ce qu'on leur deffille les yeux
pour abandonner leur ancienne routine, & fe
procurer de nouvelles lumieres!

Ces défauts, qui nuiront toujours à l'accroif-
fement des Arts, feroient bientôt levés, fi les
Artiftes vouloient s'inftruire davantage & confulter quelquefois cet Ouvrage. En parcourant
cette efpece d'encyclopédie, ils verroient que
les Arts font pour ainfi dire liés enfemble, &
qu'ils fe prêtent un mutuel fecours; qu'en ré-
fléchiffant fur ceux qui leur font plus analo-
gues, qu'en entrant dans le détail des procédés qui font propres à chacun, ils trouveroient
fouvent la réfolution des difficultés qui fe rencontrent dans la pratique, pour ne pas affez
connoître toutes les relations qui conviennent
à la matiere fur laquelle ils travaillent.

Il eft peu d'Arts qui ne doivent quelque
chofe de leur exiftence à ceux qui les ont pré-
cédés, parceque l'exécution d'un deffein que
nous avons conçu nous conduit fouvent à en
former un nouveau, ce qui fait que les Arts
rentrent pour ainfi dire les uns dans les autres,
& qu'ils fe tiennent prefque tous par la main.

Si les Artiftes étoient bien perfuadés de ces
vérités, ils ne feroient plus les efclaves des
préjugés de leur éducation; dans leurs mo-
ments de loifir, ils réfléchiroient fur les
moyens de perfectionner leurs talents, ils fai-
firoient avidement les moyens qu'on leur offre pour y parvenir; ils les mettroient en exé-

cution , & ils y trouveroient des inſtructions qui ne leur ſeroient pas moins agréables qu'utiles. Par exemple , le fer eſt un métal qui eſt employé par un nombre infini de différents Artiſtes : combien peu en tirent cependant tout le parti qu'ils devroient , pour ne pas en connoître les véritables qualités ! Le bois eſt également employé par diverſes eſpeces d'ouvriers qui , n'en connoiſſant pas les véritables propriétés , n'en retirent pas tous les avantages qu'ils pourroient , ne ſavent point le débiter comme il faut , & le faire ſervir à des uſages qui leur ſeroient plus avantageux : il arrive ſouvent qu'un charpentier de haute futaie emploie comme bois de charpente , dont il retire peu de profit , ce dont un ébéniſte , un tourneur , un charron , un menuiſier , & autres ouvriers qui travaillent ſur bois , auroient fait des ouvrages dont la main-d'œuvre auroit enrichi la matiere , & l'auroit fait valoir beaucoup plus par l'uſage auquel ils l'auroient deſtinée.

Ces deux exemples peuvent s'appliquer à preſque tous les Arts. Il n'en eſt aucun qui ſoit iſolé, c'eſt-à-dire , qui n'ait quelque rapport avec un autre. Il importe donc aux Artiſtes de connoître ce rapport : pour cela , ils doivent avoir plus de relations les uns avec les autres ; s'inſtruire mutuellement en ſe communiquant tous leurs procédés ; réfléchir mûrement ſur ce que leur enſeignent les Auteurs qui ont traité de leurs occupations journalieres ; analyſer les procédés qu'ils détaillent ; ſe familiariſer avec

les machines qu'ils décrivent ; combiner les
procédés de chaque Art ; se les appliquer lorfqu'ils les croient de quelque utilité ; ne point
se laffer de faire des expériences ; se frayer
une nouvelle route pour arriver plutôt & avec
moins de peine au but qu'ils se propofent , &
se mettre en état de tirer un meilleur parti des
diverfes matieres qu'on emploie dans les Arts.

Veut-on tirer les artifans de l'efpece d'en-
gourdiffement où plufieurs languiffent , obtenir d'eux des productions plus parfaites, dignes
de paffer & de fervir de modeles à la poftérité
la plus reculée : qu'on leur apprenne à mieux
penfer d'eux-mêmes ; qu'on ne fe taife pas fur
les éloges qu'ils méritent ; qu'on faffe en forte
que la bienfaifance des Souverains les garan-
tiffe de l'indigence ; que des hommes habiles defcendent dans leurs atteliers ; qu'ils recueillent les phénomenes des Arts ; qu'ils les
expofent clairement dans des ouvrages à portée des Artiftes ; qu'ils ne profcrivent pas ,
comme inutile, une invention quelconque,
parcequ'elle n'aura pas tout de fuite les effets
qu'on en attend ; que les Grands faffent un
noble ufage de leur autorité en accordant leur
protection au mérite , & de leurs richeffes
en excitant l'émulation par des récompenfes ;
qu'on engage les Artiftes à prendre confeil des
Savants, à ne pas laiffer périr avec eux les
admirables découvertes qu'ils font quelquefois, à facrifier avec plaifir l'intérêt d'un feul à
celui de tous, à fe communiquer davantage ,
à fe dépouiller peu-à-peu de leurs préjugés, à

ne pas croire que leur Art eft parvenu au dernier degré de fa perfection, à acquérir de nouvelles lumieres, à ne plus rejetter fur la nature des chofes ce qui n'eft en eux qu'un défaut de plus grandes connoiffances; qu'on leur enfeigne à trouver les moyens de vaincre les divers obftacles qu'ils rencontrent quelquefois, & à ne plus les croire infurmontables.

· Si les expériences des Savants étoient réunies avec celles des Artiftes; fi les uns & les autres travailloient de concert, & que chacun voulût y mettre du fien; fi le Riche procuroit le prix des matieres; fi le Savant communiquoit fes lumieres & fes confeils, l'Artifte fe perfectionneroit, les Arts reprendroient bientôt cette fupériorité qui leur manque, & qui ne dépend que du choix & de la qualité des matieres qu'on y emploie, de la célérité du travail, & de la perfection de l'ouvrage. Si celle-ci eft relative à l'habileté de celui qui eft à la tête d'une manufacture quelconque, l'au- tre ne l'eft pas moins à la quantité d'ouvriers qu'on y occupe. Regle générale : plus il y a d'ouvriers qui profeffent le même Art, plus il s'en trouve de capables de réfléchir, de combiner & d'imaginer de nouveaux moyens pour s'élever au-deffus de leurs femblables. C'eft ainfi que le moins qu'on y penfe, une jaloufe émulation fait naître de nouvelles machines, & des manœuvres plus commodes; que la fagacité ou le hafard contribuent fouvent à épargner la matiere, à abréger le temps du travail, à faire baiffer le prix de la main-d'œuvre, & à augmenter l'induftrie.

Pour ne rien omettre dans un ouvrage qui intéreſſe autant le public, j'ai cru lui faire plaiſir, en lui donnant dans le cinquieme volume de ce Dictionnaire, une nomenclature raiſonnée de tous les mots techniques qui ſe trouvent dans les quatre volumes précédents. Comme pluſieurs outils & même pluſieurs parties de diverſes machines, dont la figure & l'uſage ſont totalement différents, portent ſouvent les mêmes noms, ce qui embarraſſe quelquefois les Artiſtes les plus intelligents ; j'ai eu le ſoin, à chaque mot technique, de renvoyer à l'Art auquel il appartient. Cette nomenclature preſque générale, qui manquoit abſolument dans notre langue, dont aucun vocabulaire ne fait mention, & qui étoit deſirée depuis très long-temps, ne pouvoit mieux convenir qu'à la ſuite de ce Dictionnaire, puiſqu'en remontant à l'Art même qui en donne la deſcription, elle fixera la vraie ſignification de chaque choſe, & empêchera bien des erreurs, lorſque les Amateurs ou les Artiſtes daigneront la conſulter dans les cas où il ſe trouveront en avoir beſoin.

Ceux qui liront cette nouvelle édition, doivent la regarder comme une introduction à la deſcription générale des Arts & Métiers que l'Académie des Sciences continue de donner, & comme une ſuite des Dictionnaires de MM. *Valmont de Bomare* & *Macquer*. Si l'Ouvrage du premier met ſous nos yeux toutes les richeſſes de la Nature dans leur ſimplicité primitive & originelle ; ſi celui du ſecond en ex-

plique les agents fecrets, les refforts & les principes, & fuit une analyfe chymique de la Nature : celui-ci fera voir au Lecteur comment les
hommes l'ont affujettie & façonnée pour leurs
befoins ou pour leurs plaifirs ; comment les
efforts du génie & les travaux de l'induftrie
l'ont embellie, perfectionnée & appropriée à
notre ufage.

Pour ne rien omettre dans un ouvrage qui intéreſſe autant le public, j'ai cru lui faire plaiſir, en lui donnant dans le cinquieme volume de ce Dictionnaire, une nomenclature raiſonnée de tous les mots techniques qui ſe trouvent dans les quatre volumes précédents. Comme pluſieurs outils & même pluſieurs parties de diverſes machines, dont la figure & l'uſage ſont totalement différents, portent ſouvent les mêmes noms, ce qui embarraſſe quelquefois les Artiſtes les plus intelligents ; j'ai eu le ſoin, à chaque mot technique, de renvoyer à l'Art auquel il appartient. Cette nomenclature preſque générale, qui manquoit abſolument dans notre langue, dont aucun vocabulaire ne fait mention, & qui étoit deſirée depuis très long-temps, ne pouvoit mieux convenir qu'à la ſuite de ce Dictionnaire, puiſqu'en remontant à l'Art même qui en donne la deſcription, elle fixera la vraie ſignification de chaque choſe, & empêchera bien des erreurs, lorſque les Amateurs ou les Artiſtes daigneront la conſulter dans les cas où il ſe trouveront en avoir beſoin.

Ceux qui liront cette nouvelle édition, doivent la regarder comme une introduction à la deſcription générale des Arts & Métiers que l'Académie des Sciences continue de donner, & comme une ſuite des Dictionnaires de MM. *Valmont de Bomare* & *Macquer*. Si l'Ouvrage du premier met ſous nos yeux toutes les richeſſes de la Nature dans leur ſimplicité primitive & originelle ; ſi celui du ſecond en explique les agents fecrets, les refforts & les principes, & fuit une analyfe chymique de la Nature : celui-ci fera voir au Lecteur comment les hommes l'ont affujettie & façonnée pour leurs befoins ou pour leurs plaifirs; comment les efforts du génie & les travaux de l'induftrie l'ont embellie, perfectionnée & appropriée à notre ufage.

APPROBATION.

J'ai lu, par ordre de Monseigneur le Chancelier, le *Dictionnaire des Arts & Métiers*, nouvelle édition, je n'y ai rien trouvé qui puisse en empêcher l'impression. A Paris, ce premier Septembre 1772.

ARNOULT.

PRIVILEGE DU ROI.

LOUIS, PAR LA GRACE DE DIEU, ROI DE FRANCE ET DE NAVARRE : à nos amés & féaux Conseillers, les Gens tenants nos Cours de Parlement, Maîtres des Requêtes ordinaires de notre Hôtel, Grand Conseil, Prévôt de Paris, Baillifs, Sénéchaux, leurs Lieutenants Civils, & autres nos Justiciers qu'il appartiendra, SALUT. Notre amé ****** Nous a fait exposer qu'il desireroit faire imprimer & donner au public un ouvrage qui a pour titre, *Dictionnaire portatif des Arts & Métiers*, s'il Nous plaisoit lui accorder nos Lettres de Privilege pour ce nécessaires. A CES CAUSES, voulant favorablement traiter l'Exposant, nous lui avons permis & permettons par ces Présentes de faire imprimer ledit Ouvrage autant de fois que bon lui semblera, & de le faire vendre & débiter par tout notre Royaume pendant le temps de dix années consécutives, à compter du jour de la date des Présentes. FAISONS défenses à tous Imprimeurs, Libraires, & autres personnes, de quelque qualité & condition qu'elles soient, d'en introduire d'impression étrangere dans aucun lieu de notre obéissance ; comme aussi d'imprimer, ou faire imprimer, vendre, faire vendre, débiter, ni contrefaire ledit Ouvrage, ni d'en faire aucun Extrait sous quelque prétexte que ce puisse être, sans la permission expresse & par écrit dudit Exposant, ou de ceux qui auront droit de lui, à peine de confiscation des exemplaires contrefaits, de trois mille livres d'amende contre chacun des contrevenants, dont un tiers à Nous, un tiers à l'Hôtel-Dieu de Paris, & l'autre tiers audit Exposant, ou à celui qui aura droit de lui, & de tous dépens, dommages & intérêts; à la charge que ces Présentes seront enregistrées tout au long sur le Registre de la Communauté des Imprimeurs & Libraires de Paris, dans trois mois de la date d'icelles; que l'impression dudit Ouvrage sera faite dans notre Royaume, & non ailleurs, en bon papier & beaux caracteres, conformément à la feuille imprimée attachée pour modele sous le contrescel des présentes; que l'Impétrant se conformera en tout aux Réglemens de la Librairie, & notamment à celui du 10 Avril 1725; qu'avant de l'exposer en vente, le manuscrit qui aura servi de copie à l'impression dudit Ouvrage, sera remis, dans le même état où l'Approbation y aura été donnée, ès mains de notre très cher & féal Chevalier, Chancelier de France, le Sieur DE LAMOIGNON, & qu'il en sera ensuite remis deux Exemplaires dans notre Bibliotheque publique, un dans celle de notre Château du Louvre, & un dans celle dudit Sieur DE LAMOIGNON, & un dans celle de notre très cher & féal Chevalier Vice-Chancelier & Garde des Sceaux de France, le Sieur DE MAUPEOU; le tout à peine de nullité des Présentes. Du CONTENU desquelles vous MANDONS & enjoignons de faire jouir ledit Exposant & ses ayans causes, pleinement & paisiblement, sans souffrir qu'il leur soit fait aucun trouble ou empêchement. VOULONS que la copie des Présentes, qui sera imprimée tout au long au commencement ou à la fin dud. Ouvrage, soit tenue pour duement signifiée; & qu'aux copies collationnées par l'un de nos amés & féaux Conseillers-Secrétaires, foi soit ajoutée comme à l'original. COMMANDONS au premier notre Huissier ou Sergent sur ce requis, de faire pour l'exécution d'icelles tous actes requis & nécessaires, sans demander autre permission, & nonobstant clameur de Haro, Charte Normande, & Lettres à ce contraires; Car tel est notre plaisir. DONNÉ à Paris le vingt-deuxieme jour du mois d'Août, l'an de grace mil sept cent soixante-quatre, & de notre regne le quarante-neuvieme. Par le Roi en son Conseil.　　LE BEGUE.

Registré sur le Registre XVI de la Chambre Royale &

Syndicale des Libraires & Imprimeurs de Paris, No. 884,
fol. 150, conformément au Réglement de 1723, qui
fait défenses, article 41, à toutes personnes, de quelques
qualités & conditions qu'elles soient, autres que les Li-
braires & Imprimeurs, de vendre, débiter, faire affi-
cher aucuns livres pour les vendre en leurs noms, soit
qu'ils s'en disent les auteurs ou autrement, & à la charge
de fournir à la susdite Chambre neuf exemplaires prescrits
par l'article 108 du même Réglement. A Paris, ce 5 Sep-
tembre 1764. LE BRETON, Syndic.

DICTIONNAIRE

RAISONNÉ UNIVERSEL

DES

ARTS ET MÉTIERS.

A B E

ABÉCÉDAIRES. Quoique ce mot ne foit pas fort ufité, on entend par là les Maîtres des petites Écoles ou les enfants apprennent à lire.

Cette profeffion fuivit de près l'invention de l'écriture. Dès que les hommes eurent trouvé le moyen de fe communiquer leurs penfées fans fe parler, & qu'ils furent convenus entre eux de certains fignes auxquels ils donnerent une certaine valeur; que par leurs diverfes prononciations ils apprirent à fixer les fons qu'ils articuloient; qu'au moyen des traits qu'ils formerent, ils donnerent de la couleur & du corps à leurs penfées; il fallut néceffairement que ceux qui avoient appris à tracer ces figures, enfeignaffent à ceux qui ne les connoiffoient pas, quel étoit leur nom, comment, en en joignant peu ou beaucoup enfemble, on formoit des mots plus ou moins longs, on entendoit le fens des difcours attachés pour ainfi dire fur les diverfes matieres qu'on croyoit pour lors les plus propres à les conferver.

Tome I.   ** A

L'opinion la plus généralement fuivie attribue cette invention aux Phéniciens ; cependant la diverfe configuration des caracteres particuliers de prefque toutes les nations, comme on peut le voir par les alphabets qui leur font propres, fembleroit s'oppofer à ce fentiment ; il paroît même que les peuples ne s'accordent entre eux que fur la valeur des fons, qu'ils prononcent même différemment, fuivant la flexibilité ou la rudeffe de leur langue.

Que l'invention des lettres de l'alphabet foit due aux Phéniciens, qu'elles foient plus anciennes ou plus modernes que ce peuple, il n'en eft pas moins vrai qu'elles feroient rentrées dans le néant dont elles étoient forties, fi l'amour-propre & l'envie de communiquer ces connoiffances n'euffent engagé certaines perfonnes à enfeigner aux autres la figure & le nom des caracteres qui expriment fi bien nos fons.

Ces repréfentations artificielles, qui ne font qu'un fupplément à la mémoire, fe divifent en caracteres courants & en caracteres particuliers. La collection des premiers fe nomme *alphabet* ; on le trouve dans de petits livres qu'il eft permis aux Marchands Merciers-Groffiers de vendre, par l'article V du nouveau Réglement de la Librairie & Imprimerie de 1723. Les feconds font les chiffres arabes ou romains, au moyen defquels on fait toutes fortes de calculs.

La profeffion d'Abécédaire ne paroît avilie aujourd'hui que parcequ'on n'y attache pas une certaine confidération, & que ceux qui enfeignent les hautes fciences l'ont fait tomber dans une efpece de mépris. Eftimée dans tous les temps chez les Romains, leurs Empereurs fonderent dans les villes qui étoient foumifes à leur domination, des chaires qui lui étoient deftinées. Il y a encore en France des colleges très anciens où il y a des Profeffeurs uniquement établis pour enfeigner à lire, comme dans le college de Guienne à Bourdeaux, & autres. Nos Rois, dont la bienfaifance ne veille pas moins à l'inftruction de leurs Sujets qu'à leur défenfe & à leur confervation, ont prefcrit par leurs Ordonnances l'établiffement des Maîtres & des Maîtresses d'École dans toutes les paroisses de campagne de leur royaume. Les Magistrats municipaux, attentifs à procurer à leurs concitoyens tous les avantages possibles, ont établi dans leurs villes une ou plusieurs maisons de Freres des écoles chrétiennes pour former les enfants à la piété, en même temps qu'ils les instruisent dans la connoissance des lettres. Les uns & les autres sont payés aux dépens des paroisses où ils enseignent.

Quelque peu considérable que paroisse d'abord cette profession, elle est absolument nécessaire pour mettre les éleves à portée de faire des progrès dans toutes les sciences, & sur-tout pour former d'habiles lecteurs, ce qui est souvent très rare.

Pour ne pas avoir appris de maîtres intelligents la vraie prononciation des lettres, ne pas savoir quand il faut s'y arrêter plus long-temps, ou passer légérement dessus, parceque telle lettre est longue dans un mot qui est breve dans un autre, comme on peut le voir dans l'excellent Traité de la Prosodie de M. l'Abbé d'*Olivet ;* pour ne pas donner à propos les inflexions de la voix, faire sentir le sens du discours en suivant la ponctuation avec exactitude, bien des lecteurs, toujours inintelligibles pour les autres, lisent souvent sans s'entendre eux-mêmes.

Si l'on avoit appris, la maniere dont on doit lire chaque genre d'ouvrage, on ne liroit pas de la même façon la prose & la poésie, & on connoîtroit les différentes variations qu'on doit mettre en lisant l'une ou l'autre suivant qu'elles sont écrites dans un genre différent.

Ce sont peut-être tous ces défauts, réunis ensemble ou pris séparément, qui ont donné lieu au proverbe de *Docteur Abécédaire*, pour désigner quelqu'un qui n'est pas bien savant & qui lit à-peu-près comme les enfants.

L'art d'articuler les sons étant ce qu'on nomme prononciation ou prosodie, il est donc de la derniere conséquence, pour bien prononcer, d'avoir des Maîtres habiles qui enseignent la valeur des signes

& la meilleure façon de les bien assembler pour la construction des mots.

Il ne seroit pas moins à desirer qu'après un mûr examen, d'habiles gens travaillassent à un alphabet où il y eût moins de contradictions choquantes entre la maniere d'écrire & celle de prononcer : on apprendroit plus facilement à lire les langues étrangeres, & la nôtre n'auroit pas le défaut de repréfenter le même fon par des caracteres différents. On eût évité ce défaut, fi, dans l'alphabet françois, on eût inventé autant de caracteres particuliers qu'il y a de fons différents, & fi l'autorité qui préfide aux petites écoles ordonnoit aux maîtres d'en enfeigner la connoiffance à leurs difciples.

M. l'Abbé *Dangeau*, de l'Académie Françoife, a prétendu avec fondement que nous avions trentequatre fons différents dans notre langue, que par conféquent notre alphabet devoit être compofé de trentequatre caracteres tous différents : le Pere Buffier a été à peu près du même fentiment ; il ne différoit qu'en ce qu'il n'admettoit que quatorze voyelles, des quinze de M. l'Abbé Dangeau. On peut confulter fur tous ces objets le *Dictionnaire de l'Elocution Françoife*, qui fe vend chez le même Libraire que celui-ci, & dans lequel ces différentes matieres font traitées à fond.

M. *Dumas*, inventeur du bureau typographique, a fait des livres abécédaires très utiles, c'eft-à-dire, des livres qui traitent des lettres par rapport à la lecture, & qui apprennent à lire avec facilité & correctement.

Les réglements qui concernent les maîtres d'école font de profeffer la Religion Catholique, & d'être foumis à l'infpection de leurs Curés fous l'autorité des Ordinaires.

ABRÉVIATEUR : *voyez* TACHÉOGRAPHIE.

ACCOUCHEUR. L'Accoucheur eft un Chirurgien dont le talent principal eft d'accoucher les femmes.

Quoique la main des hommes ait toujours révolté la pudeur des femmes, cependant celles du dernier fiecle, éclairées par l'expérience fur l'infuffifance des fecours de leurs femblables, fe font adreffées aux habiles Médecins & Chirurgiens qui se sont exercés dans cet art.

L'art des Accoucheurs, peut-être aussi ancien que le monde, est celui d'écarter les obstacles qui s'opposent à la sortie de l'enfant.

Cette partie de la chirurgie, une des plus essentielles pour l'humanité, fut très long-temps ensevelie dans les ténebres les plus épaisses, & comme abandonnée aux femmes, dont l'impéritie ne devoit pas leur faire commettre moins de fautes que la délicatesse de leur tempérament, qui souvent ne leur permettoit pas d'avoir assez de force dans des cas où l'Accoucheur le plus robuste a besoin de toutes les siennes.

Depuis que des Chirurgiens habiles ont fait une étude particuliere de cet art, les accouchements laborieux & difficiles sont devenus moins dangereux. Ils connoissent mieux que tout autre le tems où une femme est dans un véritable travail, ils en profitent pour la délivrer à propos; la mere & l'enfant en reçoivent plus de secours. Faut-il faciliter le passage que boucheroit le rectum trop plein? ils font donner des lavements convenables. Faut-il relâcher toutes les parties, & les disposer avantageusement pour un accouchement heureux? ils saignent la femme lorsqu'ils lui trouvent assez de force, & la déplétion qu'ils occasionnent par ce moyen diminue les douleurs de l'accouchement. Les connoissances que l'anatomie leur procure, leur apprennent à retourner l'enfant avec moins de danger: lorsqu'il se présente mal au passage, ils se disposent à le recevoir selon les regles de leur art; ils ne l'arrachent pas tout de suite, ni ne le tirent pas tout droit, mais en faisant glisser quelques-uns de leurs doigts sous la mâchoire inférieure de l'enfant; & en vacillant un peu d'un côté & d'un autre, ils dégagent insensiblement ses épaules, & en le prenant tout de suite par les aisselles, ils font sortir le reste de son corps.

On distingue deux especes d'accouchements, le naturel & celui qui est contre nature. Le naturel peut être avancé ou retardé de quelques jours, suivant que les femmes sont plus ou moins robustes.

Les plus habiles Médecins ne font point de l'avis des Naturalistes qui prétendent que le concours réciproque des efforts de la mere & de l'enfant est nécessaire pour un accouchement naturel : ils assurent au contraire que c'est par la seule force de la mere que l'accouchement s'opere, & que si l'activité de l'enfant étoit nécessaire, les accouchements d'un enfant mort, d'une môle, d'un faux germe, ne sauroient être heureux, ce qui est contre l'expérience.

Il est contre les loix ordinaires de la nature qu'un enfant vienne au monde plutôt ou plus tard que le dixieme mois lunaire. C'est le commun sentiment de ceux qui ont traité de la méchanique des accouchements, comme Peyssonnel, Bartholin *de insolitis partûs viis*, Mauriceau, Lamotte, Levret, Puzos, & autres

L'enfant auquel on vient de procurer la naissance, doit être placé dans une position où il ne soit pas incommodé, ou même étouffé par le sang & les eaux qui tomberoient dans sa bouche ou dans son nez s'il étoit couché sur le dos, & qui sortent de son corps immédiatement après sa naissance. L'Accoucheur fait ensuite deux ligatures au cordon umbilical avec un fil ciré en plusieurs doubles, à quatre travers de doigt de distance du nombril de l'enfant, coupe ensuite le cordon avec des ciseaux ou un bistouri entre les deux ligatures, pour empêcher que la mere ne perde du sang par la veine umbilicale qui se porte à l'enfant, & que celui-ci ne souffre point de l'hémorrhagie des arteres umbilicales qui rapportent le sang de l'enfant au placenta ; il entortille ensuite l'extrémité du cordon autour de deux doigts, & après avoir donné de légeres secousses en tout sens pour décoller le placenta, il le tire doucement à lui.

Cette derniere opération est regardée comme un second accouchement, parceque lorsqu'il arrive que le cordon umbilical est rompu, ou que le placenta résiste un peu trop à sa séparation, l'Accoucheur doit profiter du moment pour insérer sa main, d'autant qu'un trop long délai deviendroit un obstacle pour l'introduire, & qu'il ne pourroit plus détacher le placenta en entier. Il ne doit pas être moins attentif lorfqu'il eft queftion d'un fecond accouchement, ce qu'il doit reconnoître à la continuation des douleurs, & à ce que le ventre n'eft point affaiffé à l'ordinaire.

L'accouchement contre nature eft celui qui ne peut être terminé que par le fecours de l'art, en forte que fans les opérations chirurgicales l'enfant refteroit dans la matrice, y mourroit, & cauferoit la mort de fa mere.

On reconnoît que l'accouchement eft contre nature à la vivacité des douleurs, à l'abattement des femmes, à leur trifteffe, au féjour de la douleur dans les reins, lorfque l'enfant peche par la pofition, qu'il préfente d'autres parties de fon corps que la tête & les pieds, telles que l'oreille, la face, & que la groffeur de la tête, de la poitrine, du bas-ventre, eft occafionnée par maladie ou trop d'embonpoint ; que l'enfant eft monftrueux par addition de parties, ou que deux enfants viennent collés enfemble, ce qui rend l'accouchement des plus terribles.

Lorfque ce cas arrive, il faut que l'Accoucheur fe hâte le plus qu'il lui eft poffible, qu'il place la femme dans la pofition qui lui eft la plus commode (regle générale qu'on doit obferver dans tous les accouchements), qu'il faffe tenir quelqu'un auprès d'elle pour qu'elle puiffe s'arcbouter, qu'il lui recommande de ne pas retenir fon haleine, de ne pas contracter les mufcles du bas-ventre, & faire valoir fes douleurs lorfqu'il n'eft pas dans le cas de lui aider.

Si la partie qui fe préfente eft de nature à s'avancer dans l'orifice, il le dilate fucceffivement ; s'il furvient une douleur, il la laiffe paffer fans fufpendre la dilatation. La douleur paffée, il recommence fon opération, retourne l'enfant, le faifit par les pieds, & le ramene à l'orifice pendant que la mere profite de fes douleurs pour fe délivrer plus heureufement.

Mais lorfque l'enfant ne peut pas fortir par les voies naturelles, qu'une impoffibilité phyfique l'empêche de rompre les liens qui le retiennent ; quelle ſagacité , quelle intelligence ne faut-il pas dans l'Accoucheur , lorſqu'il en faut venir à l'opération céſarienne !

Cette opération eſt mortelle lorſqu'elle eſt trop retardée , qu'elle eſt mal-faite , ou quand les femmes ſont épuiſées. Elle n'eſt que dangereuſe , lorſqu'après avoir été jugée néceſſaire , on ne la diffère pas trop , qu'on ne donne pas le temps aux contractions de la matrice , aux agitations , & aux mouvements irrégu-liers de l'enfant , d'occaſionner des déchirures qui ſeroient plus à craindre que l'opération même.

Quand l'opération ſe fait à temps , on commence par une petite ſaignée pour prévenir le trop grand dégorgement du ſang qui ſuivroit l'opération. On donne enſuite un léger cordial fait avec un verre de vin , un peu de ſucre , de cannelle & de muſcade , ou bien du bouillon mêlé avec du vin.

On prépare enſuite un lithotome , un chéſelden , un raſoir , un biſtouri françois , une ſonde cannelée , longue & forte , ou la ſonde ailée de M. Petit ; ſix aiguilles courbes & tranchantes par les deux côtés , ajuſtées deux à deux à un même fil compoſé de quatre autre fils cirés enſemble (ce fil ne doit pas avoir plus d'un pied de longueur) ; une éponge , & beau-coup de charpie pour empêcher le ſang d'aborder à la plaie , un grand nombre de compreſſes mollettes , de l'huile roſat & de camomile pour faire des embro-cations , des baumes de Judée , de Copahu , d'Ar-céus , ou du Commandeur , pour enduire les plumaſ-ſeaux dont on aura beſoin.

Tout étant ainſi diſpoſé , on met la femme ſur le bord de ſon lit , de façon que le côté à inciſer ſe pré-ſente à l'Opérateur ; elle doit être ſituée de ſorte que ſon dos faſſe un plan incliné au bord de ſon lit. On lui couvre le viſage d'un linge pour lui ôter l'horreur de l'appareil. On ſe ſert de quatre Aides-Chirur-giens , dont le premier tient l'appareil ſous la main de l'Opérateur ; le ſecond tient les épaules de la femme ; le troiſieme , les mains ; & le quatrieme , les extrémités inférieures. Il faut bien ſe garder de lier la femme, de peur que l'appareil ne lui paroiſſe trop cruel.

L'endroit de l'opération eſt ou néceſſaire ou dépend du choix de l'Opérateur. Si la femme a une humeur ou une obſtruction au côté droit, il faut opérer du côté gauche. Si l'opération avoit déja été pratiquée d'un côté, il faudroit la faire d'un autre.

Quoique nous n'entrions pas dans le détail du panſement qui ſuit cette opération, ni du régime de la malade, parceque l'un & l'autre varient ſelon les circonſtances & le tempérament de la femme; nous croyons cependant qu'on doit préférer le bandage uniſſant à la gaſtroraphie ou ſuture du ventre, comme étant trop douloureuſe, & qu'on doit appliquer des fermentations émollientes ou anodines, pour éviter l'inflammation.

Quoiqu'il paroiſſe par les monuments qui nous reſtent de preſque toutes les nations, que dans les cas extrêmes les Médecins étoient appellés aux accouchements, l'uſage actuel des peuples les plus policés de l'Europe eſt que cet art ſoit principalement exercé par des Chirurgiens, parcequ'y ayant peu de Médecins qui s'exercent à la Chirurgie, il ſe trouve peu d'Accoucheurs chez eux. Saint Auguſtin nous dit dans ſon livre de la cité de Dieu, que dans un temps où régnoit une maladie contagieuſe qui faiſoit périr les femmes groſſes avant le terme de l'enfantement, on implora le ſecours d'Eſculape, & que ce Médecin s'excuſa ſur ce qu'il n'étoit pas Accoucheur.

S'il fut un temps où les femmes furent en poſſeſſion de pratiquer dans la Grece l'art des accouchements, les Médecins n'en étoient pas exclus. Hippocrate a traité cette matiere avec la même érudition qu'il a répandue ſur les autres parties de la Médecine. On voit par le jugement de l'Aréopage contre Agnodie, que ces Juges ne permirent l'exercice de cet art aux femmes de condition libre que ſur les vives inſtances de leurs épouſes.

Dans tous les Etats les habiles Accoucheurs ont toujours été regardés comme des perſonnes ſi néceſfaires, qu'ils ont toujours mérité non feulement l'ef-time de tous les hommes, mais qu'ils ont encore été dignes de l'attention des Souverains.

L'art des accouchements eft d'une fi grande importance dans la fociété, difoit notre Monarque bien aimé dans les lettres de nobleffe qu'il accorda en 1751 à M. Puzos, célebre Accoucheur, que nous regardons comme un objet digne de notre attention d'illuftrer fes travaux par un titre d'honneur capable d'infpirer de l'émulation à tous ceux qui fe deftinent à marcher fur fes traces.

Indépendamment des regles de leur art, les Accoucheurs ont des devoirs à obferver & des fautes à éviter. Leurs devoirs font de procurer le facrement du baptême à l'enfant dès qu'il paroît en danger, de ne pas s'expofer à commettre un facrilege en le réitérant ou en le profanant ; d'appeller deux témoins, & particuliérement la mere de l'enfant, pour rendre témoignage de l'adminiftration & de la validité du baptême ; d'être attentifs à ne pas fe méprendre fur l'état trompeur où fe trouvent les enfants en naif-fant, d'autant plus qu'il en vient fouvent au monde fans aucune apparence de vie, quoiqu'ils ne foient pas véritablement morts, ainfi que l'a très bien prouvé l'Auteur de l'embryologie facrée, d'après plu-fieurs obfervations ; d'adminiftrer le baptême fous condition aux enfants qui ne font pas à terme, à ceux qui ont une forme différente de la figure humaine, aux avortons, &, depuis qu'on a trouvé le moyen de faire parvenir immédiatement de l'eau fur l'enfant qui eft renfermé dans la matrice après la rupture des membranes, à ceux qui font encore dans le fein de leur mere, & qui pourroient périr dans le travail.

Ils doivent éviter de procurer l'avortement pour quelque motif que ce foit, & de commettre un des plus grands crimes en faifant perdre un fruit de l'incon-tinence, pour le dérober aux yeux des hommes ; de participer à ce crime, en n'avertiffant pas les veuves & les filles de fe déclarer lorfqu'elles ont négligé de le faire devant les magiftrats chargés de cette partie de la police, & par-là de s'expofer avec elles à la rigueur des ordonnances de nos princes de 1556 & 1708 ; de fuppofer un enfant à ceux à qui il n'appartient pas ; de permettre d'expofer des enfants nouveaux nés dans des endroits publics, où fouvent ils trouvent la mort avant que de recevoir aucun fecours, d'autant plus que, par l'établiffement des hôpitaux des enfants trouvés, nos rois ont contribué à détruire l'ufage cruel où on étoit d'expofer ces malheureufes victimes de la débauche.

Il fembloit qu'après avoir vaincu la répugnance des dames, les Accoucheurs devoient fe promettre d'exercer leur art fans aucune contradiction ; du moins ne devoient-ils pas s'attendre à voir mettre en queftion, s'il n'eft pas indécent aux hommes d'accoucher les femmes ? fi la profeffion de l'Accoucheur eft diftincte de celle du Chirurgien ? fi elle eft auffi néceffaire qu'on le prétend ? fi au contraire elle ne donne pas de l'horreur, n'eft pas inutile & même dangereufe ? fi la coutume qu'on a de fe fervir d'eux n'eft pas une entreprife qu'on doive réprimer ? fi enfin les maximes de notre religion ne font pas contraires à cette profeffion ?

M. Hecquet qui a propofé toutes ces queftions dans fa *Differtation fur les Accouchements*, & fon *Traité de l'indécence aux hommes d'accoucher les femmes*, appuie fon fentiment fur des preuves fi foibles, qu'on peut voir en lifant ces ouvrages, combien fes affertions font ridicules & outrées.

A lui voir foutenir que la coutume de fe fervir des Accoucheurs eft moins un ufage qu'une entreprife qu'on doit réformer, ne croira-t-on pas qu'il ignoroit les maladies qui font l'effet ou les compagnes de l'acchement ; que les opérations qui en font la fuite, font des objets des plus importants de la médecine & de la chirurgie ; qu'elles font du domaine des Médecins & des Chirurgiens ; que les Matrones ayant pouffé leurs droits trop loin, on les a bornées aux accouchements naturels, comme étant des fonctions qu'elles peuvent utilement remplir ; qu'on les a affujetties en tout aux Médecins & aux Chirurgiens auxquels on a rendu tous les droits qu'ils avoient fur cet art ?

La perfection où les Accoucheurs ont porté leur art depuis un fiecle & demi, auroit dû faire voir à M. Hecquet combien il renferme de connoiſſances & de pratiques qui ſont au-deſſus de la portée des femmes, & lui reprocher ſon inſenſibilité pour la perte de tant d'enfants que l'impéritie des Matrones & la diſette des Accoucheurs cauſent journellement dans les provinces.

S'il y a des Chirurgiens aſſez employés dans l'exercice des accouchements pour paroître négliger les autres fonctions de la chirurgie, on ne doit point, à l'imitation du vulgaire, juger ſur les apparences, & les regarder comme des artiſtes diſtincts & ſéparés du corps des Chirurgiens, parcequ'il n'y a aucune diſtinction entre les uns & les autres ; & que la ſcience des accouchements étant fondée ſur les plus grandes connoiſſances de la chirurgie, on ne doit en confier la pratique qu'à ceux qui excellent dans toutes les parties de leur art.

ACIÉRIE. On entend par ce mot l'uſine où l'on tranſporte le fer fondu au ſortir de la fonte ou forge, pour y continuer le travail qui doit le transformer en acier.

L'opinion la plus généralement reçue eſt que ce' métal qui eſt ſuceptible de la plus grande dureté, a été originairement trouvé en Eſpagne, parceque les eaux du fleuve *Chalybs* (nom latin de l'acier) étoient les plus propres à lui donner une bonne trempe ; mais cette opinion n'eſt pas fondée ſur des preuves aſſez certaines pour qu'on ne les conteſte pas. L'acier n'eſt proprement qu'une eſpece de fer plus perfectionné, qui contient, ſous un même volume, moins de parties hétérogenes, & plus de parties métalliques. Il a un œil plus bleu, un grain plus menu & plus fin que le fer ordinaire.

L'acier eſt de tous les métaux le plus dur, quand il eſt préparé & trempé comme il faut ; auſſi s'en ſert-on pour les inſtruments tranchants de toute eſpece : ſa grande dureté le rend auſſi ſuſceptible du plus beau poli.

En général on peut faire l'acier de deux manieres,

c'eſt-à-dire , ou par la *fonte* , ou par la *cémentation.*
La premiere méthode n'eſt uſitée que pour changer en
acier le fer pris dans la mine même. On trouve des
mines qui contiennent du fer beaucoup plus pur que
les mines ordinaires : ce ſont celles-là qu'on emploie
de préférence à cet uſage. On leur donne, par cette
raiſon, le nom de *Mines d'acier ;* & on nomme *Acier*
naturel celui qu'on en tire, quoiqu'on ait cependant
beſoin d'avoir recours à l'art pour le perfectionner.
On donne le nom d'*Acier factice* ou *artificiel* au fer
forgé le plus parfait, c'eſt-à-dire le plus malléable,
que l'on convertit en acier par la ſeule cémentation
& ſans fuſion.

On emploie eſſentiellement les mêmes manœuvres
pour tirer l'acier de ſes mines, que celles dont on fait
uſage pour le fer : *voyez* FORGES, & FOURNEAUX A
FER. Mais pour l'acier, on apporte une bien plus
grande exactitude, afin d'avoir un fer encore plus pur
& plus débarraſſé des parties terreuſes & non métalliques.

A la premiere fonte des mines de fer on n'obtient
qu'un fer aigre, caſſant, parcequ'il renferme encore
beaucoup de parties ſulfureuſes, quantité de matieres
terreuſes, ſoit non métalliques, ſoit ferrugineuſes,
mais qui n'ont pas pu ſe métalliſer faute d'un contact
immédiat du phlogiſtique. Comme la fuſion du fer
devient d'autant plus difficile, que ce métal ſe dépouille davantage de ſon ſoufre, on a recours à un
autre moyen, c'eſt la *forge.* On fait bien rougir le
fer impur qu'on veut rendre malléable ; on le bat
ſous un gros marteau, mis en mouvement par le
moyen des eaux ; ces coups de marteau, redoublés
ſur ce fer ramolli par la chaleur, le preſſent fortement, ſoudent les unes avec les autres les parties métalliques, les ſeules qui ſoient capables de s'unir enſemble, & forcent les parties terreuſes non métalliques, & incapables par cette raiſon de s'unir avec le
métal, de ſe ſéparer. Elles ſont, par cette manœuvre,
exprimées d'entre les parties du fer, & pouſſées peu à
peu à la ſurface de la maſſe, dont elles ſe détachent

d'elles-mêmes fous la forme de pouffiere & d'écailles. En réitérant cette manipulation, qui eft en quelque forte un pétriffage du fer, on l'amene au degré de pureté & de ductilité couvenable.

Ces premiers travaux, que nous venons de décrire, s'operent également fur la *mine d'acier* & fur la *mine de fer.*

Pour parvenir à faire d'excellent acier, au lieu de faire les fontes en grand, comme cela fe pratique pour le fer, on les fait en petit. On prend des morceaux de la premiere fonte ; on les met dans des creufets tout remplis & abfolument couverts de charbons : à l'aide de forts foufflets, on les fait bien fondre, & on les entretient en fufion plus ou moins long-temps, fuivant la nature de la mine ; après quoi on les forge auffi comme le fer, mais, comme nous l'avons dit, en morceaux beaucoup plus petits, jufqu'à ce qu'ils foient devenus parfaitement ductiles à chaud & à froid. Il ne refte plus, après cela, qu'à tremper l'acier, opération qui lui donne cette dureté fi fupérieure à celle du fer, & dont on parlera plus bas.

Par ces manœuvres, que l'on réitere plufieurs fois, le métal, attendu le contact immédiat du charbon, fe trouve imprégné d'une plus grande quantité du principe inflammable, ce qui fait qu'il y a bien plus de parties ferrugineufes bien métallifées. D'ailleurs l'opération de la forge étant pratiquée ainfi fur de petites maffes, exprime mieux toutes les matieres hétérogenes qui pouvoient être reftées interpofées entre les parties du métal ; & par ce moyen on le convertit en un fer bien pur, furchargé de principe inflammable, & qui acheve, par la trempe, de devenir d'excellent acier. Tel eft ce qu'il y a de plus effentiel dans la fabrication de l'*acier naturel*, ou fait par la fonte.

Il eft bon d'obferver que dans cette purification exacte du fer pour le transformer en acier, il y a une diminution & un déchet qui va à près de la moitié du poids du fer, tant à caufe de la féparation des parties hétérogenes, qu'à caufe qu'une grande partie du métal fe détruit & eft brûlée, quoiqu'on prenne toutes les précautions poffibles pour éviter cet inconvénient. La plus effentielle eft de garantir le métal fondu, ou très rouge, du contact de l'air intérieur le plus qu'il eft poffible, en le recouvrant de poudre de charbon.

Pour faire l'*acier artificiel* on n'a point recours à la fufion; on fe fert de fer tout forgé. Le point important pour faire le meilleur acier artificiel, eft de choifir le fer le plus parfait, c'eft-à-dire le plus malléable tant à chaud qu'à froid : on le forge d'abord en lames ou en barres, plutôt petites que groffes; on prend un creufet cylindrique, plus haut d'environ trois pouces que les barres de fer qu'il s'agit de transformer en acier; on met au fond du creufet une couche d'une poudre ou mêlange qu'on nomme *cément*, & dont la matiere varie fuivant les différentes manufactures. Comme le but eft ici de furcharger le fer de principe inflammable, les matieres qui en contiennent beaucoup y font très propres, pourvu cependant qu'elles ne contiennent ni foufre, ni acide vitriolique, qui rameneroient le fer à l'état pyriteux.

Les matieres dont on compofe ce cément font les charbons de fubftance végétale ou animale, mêlés avec des cendres, des os calcinés, des cornes, poils ou peaux d'animaux. On met au fond du creufet une couche de cément; on place enfuite les barreaux de fer verticalement dans ce creufet, & on les éloigne les uns des autres & des parois du creufet d'environ un pouce; on remplit enfuite exactement, avec le cément, tous les interftices, en forte que le creufet en foit exactement plein, & que les barreaux en foient totalement couverts, au moins d'une épaiffeur de deux pouces : on couvre le creufet avec un couvercle, que l'on lute bien exactement; on le place dans un fourneau où l'on puiffe entretenir un feu égal, & on le tient rouge pendant huit ou dix heures : après ce temps le fer fe trouve converti en acier d'autant meilleur, qu'il étoit lui-même de meilleure qualité : la trempe qu'on lui fait éprouver enfuite eft deftinée à lui donner la dureté qu'on exige ordinairement dans l'acier.

Dans cette opération le métal ne fait que fe furcharger du principe inflammable qui métallise les parties de terre martiale qui ne s'étoient point trouvées métallisées : ainsi le fer, pourvu qu'il fût déja bon, n'en devient que meilleur ; mais si ce fer contenoit, avant la cémentation, quelques parties terreuses non métalliques, elles n'en peuvent point être séparées par cette opération, parcequ'il n'y a point eu de fusion. Comme le meilleur fer forgé qui est dans le commerce, n'est jamais aussi exactement purifié de ces matieres étrangeres, que celui qu'on convertit en acier dans les travaux en grand des Aciéries, il s'ensuit qu'en général l'*acier artificiel* qu'on fait par cémentation, n'est pas aussi parfait que celui qu'on fait par la fonte.

L'acier qui n'a reçu que les préparations dont on vient de parler, differe du fer par sa couleur qui est plus sombre & plus brune ; par son grain qui est beaucoup plus fin & beaucoup plus serré ; par une ductilité, une flexibilité, & en quelque sorte par une mollesse plus grande : mais la grande différence de l'acier d'avec le fer, celle qui le rend très précieux pour une infinité d'usages, & dans beaucoup d'arts, c'est la dureté extrême qu'il est capable d'acquérir par la trempe. Cette opération, quoique fort simple, produit des effets bien merveilleux.

La *trempe* consiste à faire rougir l'acier, & à le plonger tout rouge dans l'eau froide pour l'éteindre & le refroidir subitement. En un instant toutes les qualités de ce métal sont changées par cette opération : de très ductile & presque mou qu'il étoit auparavant, il devient si dur & si roide, qu'il ne se laisse plus entamer par la lime ; qu'il est en état lui-même d'entamer, de percer & de diviser les corps les plus durs ; qu'il ne cede en aucune maniere au marteau, & se laisse plutôt briser par morceaux, comme un caillou, que de s'étendre : il est sonnant, fragile, très élastique, & susceptible de prendre le poli le plus vif & le plus beau.

Quoique l'acier soit d'un usage si important pour faire diverses especes d'outils, ce qui rend encore bien plus général l'usage qu'on en peut faire, c'est qu'on peut diversifier à volonté sa dureté & sa ductilité ; le

point

point effentiel dépend de la trempe. Plus l'acier eft chaud quand on le trempe, & plus l'eau dans laquelle on le trempe eft froide, plus il acquiert de dureté; mais en même temps il devient d'autant plus aigre, fragile & caffant, qu'on lui a donné par ce moyen une plus grande dureté. Cette trempe fi forte eft néceffaire pour certaines limes, & pour quelques outils deftinés à entamer des corps très durs. Au contraire, moins l'acier eft chaud quand on le trempe, & moins l'eau dans laquelle on le trempe eft froide, moins auffi il acquiert de dureté; mais en revanche il conferve plus de ductilité, ce qui donne la facilité d'en faire une infinité d'outils propres à divifer les corps qui ne font pas de la plus grande dureté. Ces outils ont l'avantage d'être beaucoup moins fujets à s'épointer & à s'ébrécher que ceux qui font trempés fi fec. Le degré de la trempe & la bonté des outils dépendent de l'habitude, & de l'habileté de l'ouvrier qui les fait.

Comme la trempe eft un point fort effentiel pour l'acier, & que la meilleure eft en général celle qui donne le plus de dureté en confervant le plus de ductilité au métal, on a imaginé de tremper l'acier dans différentes fubftances, comme dans du fuif, de l'huile, de l'urine, dans de l'eau chargée de fuie, de fel ammoniac, ou d'autres fels. Ces pratiques particulieres font la bafe de plufieurs fecrets qu'on a dans différentes manufactures, & qu'on ne peut guere apprécier qu'en en faifant un examen exact & fuivi.

Une propriété bien commode de l'acier, relativement à fa trempe & à fa dureté, c'eft qu'on peut détremper & radoucir les morceaux d'acier, à tel degré qu'on le juge à propos : il ne s'agit pour cela que de les faire chauffer plus ou moins, & de les laiffer refroidir lentement; on peut même, par ce moyen, enlever toute la dureté à l'acier trempé le plus fec. Les lames d'acier bien polies, mifes fur un feu de charbon, prennent différentes couleurs à leur furface, & paffent fucceffivement par prefque toutes les nuances à mefure qu'elles chauffent davantage : ces nuances font dans leur ordre ; le blanc, le jaune, l'oranger, le pourpre, le violet, & enfin le bleu qui difparoît lui-même pour ne plus laiffer que la couleur d'eau, fi on chauffe trop fort ou trop long-temps. Les différentes nuances indiquent le degré de recuit de plufieurs uftenfiles : la plus ufitée eft le bleu, comme on le voit fur les refforts d'acier, qui ont tous cette couleur Voyez le *Dictionnaire de Chymie*, d'où nous avons extrait une bonne partie de cet article.

Dans le commerce on trouve de l'acier tout trempé, parceque dans plufieurs Aciéries on eft dans l'ufage de le tremper auffi-tôt qu'il eft fait, apparemment afin que les acheteurs puiffent mieux juger de fa qualité. Quand on veut fe fervir de cet acier, on eft obligé de le détremper pour pouvoir l'étendre, le limer, & lui faire prendre la forme de l'outil qu'on en veut faire, après quoi l'ouvrier le retrempe à fa maniere ; mais on trouve auffi, chez les Marchands, de l'acier d'Angleterre en petits barreaux, qui n'eft point trempé.

On peut défaire en quelque façon l'aciet, & le ramener à la condition de fimple fer, par une manœuvre toute femblable à celle par laquelle on le fait, c'eft-à-dire par la cémentation. Mais alors, au lieu de compofer le cément avec des matieres charbonneufes, capables de fournir du phlogiftique, il faut au contraire que le cément ne foit compofé que de matieres exemptes de principe inflammable, & propres à l'abforber, comme font les terres calcaires & la chaux : en le cémentant pendant huit ou dix heures avec ces matieres, on le ramene à la condition de fer.

Dans les Aciéries on marque l'acier pour diftinguer de quel genre il eft ; mais les ouvriers expérimentés ne fe trompent guere au grain. Voici cependant la méthode dont on fait ufage pour diftinguer le bon acier d'avec le mauvais. On prend dans des tenailles le morceau que l'on deftine à en faire un ouvrage ; on le fait chauffer doucement, comme fi on fe propofoit de le fouder. Quand l'acier eft fuffifamment chaud, on le porte fur une enclume, & on le frappe à coups de marteau jufqu'à ce qu'il ait perdu la couleur de cerife ; on le remet au feu ; on le fait rougir un peu plus que cerife ; on le laiffe refroidir ; on le polit, & l'on confidere s'il a des veines, des pailles, des cendrures, des piquures ; car après ces opérations, les défauts paroîtroient très diftinctement.

Il vient de l'acier d'Allemagne, de Hongrie, d'Efpagne, d'Italie, de Piémont ; & on en fabrique auffi en quantité dans plufieurs provinces & villes de France, fur-tout à Rive & à Vienne en Dauphiné, à Clamecy en Auvergne, à Saint-Dizier en Champagne, à Nevers & à la Charité-fur-Loire, aux environs de Dijon, Befançon & Vefoul en Bourgogne. Le meilleur de tous fe nomme *Acier de Carme*, du nom de la ville de *Kernent* en Allemagne, où il fe travaille. On l'appelle auffi *Acier à la double marque*, & on ne l'emploie que pour les ouvrages les plus fins, comme rafoirs, lancettes, & autres inftruments de chirurgie.

L'*acier d'Allemagne* vient en barils d'environ deux pieds de haut, & du poids de cent cinquante livres. Il n'eft plus fi bon qu'il l'étoit autrefois.

L'*acier de Hongrie* eft propre à faire de gros inftruments, comme cifeaux, ferpes, haches, & pour *acérer* les enclumes & les bigornes.

L'*acier de Rive*, près de Lyon, n'eft pas mauvais ; mais il n'eft propre qu'à de gros inftruments.

L'*acier de Nevers* eft très inférieur à l'acier de Rive : il n'eft bon pour aucun inftrument tranchant ; on n'en peut faire que des focs de charrue.

L'*acier de Piémont* eft des deux fortes, le naturel & l'artificiel. Le naturel eft le meilleur ; l'un & l'autre fe vendent en carreaux.

L'*acier de grain*, de *motte* ou de *mondragon*, vient d'Efpagne. Il eft en groffes maffes, en forme de grands pains plats, qui ont quelquefois dix huit pouces de diametre, & quatre ou cinq pouces d'épaiffeur ; il eft bon pour les gros ouvrages, particuliérement pour les outils dont on fe fert pour couper le fer à froid.

Enfin, le *petit acier* ou *acier commun*, qu'on nommoit autrefois *Soret, Clamecy* & *Limoufin*, ou du nom des autres villes ou provinces de France où il se fabrique, est le moindre de tous, & celui aussi qui se vend à plus bas prix.

L'*acier de Damas*, capitale de Syrie, étoit autrefois d'une grande réputation ; & l'on en voit encore des sabres & des épées dans des cabinets de curieux.

Mais le bon acier est propre à toutes sortes d'ouvrages entre les mains d'un ouvrier qui sait l'employer. On fait tout ce qu'on veut avec l'acier d'Angleterre. M. de *Réaumur*, de l'Académie Royale des Sciences, a étudié & découvert si exactement & si à fond la nature de l'acier, & la maniere la plus parfaite de le fabriquer, que les François ne doivent plus regretter aucun acier étranger, & peuvent mettre le leur en parallele avec ceux qui ont été jusqu'ici les plus estimés. Il seroit long d'examiner ici les principes de M. de *Réaumur* sur ce métal ; mais on pourra, en lisant l'ouvrage de ce fameux Académicien, s'instruire avec plus d'étendue sur la nature & la fabrique de l'acier.

L'acier non œuvré paie les droits d'entrée & de sortie du royaume & des provinces réputées étrangeres, à raison de tant le cent pesant ; savoir, d'une livre deux sols de sortie, & de six livres d'entrée, par l'Arrêt du Conseil du 2 Novembre 1687.

L'Art de l'Aciérie n'a point été établi en maîtrise.

AFFERTEUR *ou* **AFFRÉTEUR.** On donne ce nom à celui qui loue un vaisseau, & qui paie pour le fret tant par mois, par voyage ou par tonneau.

Le prix du fret varie selon les circonstances, suivant qu'il y a plus ou moins de vaisseaux dans l'endroit d'où l'on veut faire les exportations, ou qu'il en va plus ou moins dans les lieux où l'on destine les importations.

Pour la sureté des marchandises & de l'affrétement qui est le prix du louage du vaisseau en totalité ou en partie, le capitaine qui est chargé des ordres du propriétaire, s'engage lui & son vaisseau de remettre à qui il appartient les marchandises chargées pour le lieu destiné & pour le compte des propriétaires. Pour cet effet, il est obligé de donner trois connoissements parfaitement égaux & qui constatent l'engagement. Le capitaine en garde un pardevers lui, l'Affréteur garde le second, & envoie le troisieme à son correspondant, avec une lettre d'avis, par laquelle il lui marque avoir chargé dans tel vaisseau telle marchandise.

Ce qu'on appelle *Contrat d'affrétement* sur l'Océan, se nomme *Nolissement* sur la Méditerranée.

Lorsque le Roi donne quelqu'un de ses vaisseaux à fret, il ne veut point que ceux qui travaillent par ses ordres fassent rien pour l'Affréteur, que celui-ci n'ait payé comptant au moins la dixieme partie du fret dont on sera convenu. *Voyez* l'article MARINE, dans le *Dictionnaire raisonné de la France*, qui se vend chez le même Libraire que celui-ci.

AFFICHEUR. C'est celui qui fait métier d'afficher un placard ou feuille de papier au coin des rues pour annoncer quelque chose avec publicité, comme jugements rendus, effets à vendre, meubles perdus, livres imprimés nouvellement ou réimprimés, &c.

Les peuples qui se sont acquis de la réputation par la sagesse de leur gouvernement, ont toujours eu des hommes destinés pour ces mêmes fins. Comment auroient-ils instruit le public des loix qu'il devoit observer, s'ils ne les avoient pas fait afficher pour les rendre publiques ? Les Grecs les exposoient dans leurs places sur des rouleaux de bois plus longs que larges, sur lesquels ils les écrivoient : & les Romains les faisoient graver sur des planches d'airain.

Cet usage passa dans les Gaules avec la domination de ces derniers : il ne fut point aboli par les conquêtes de nos rois ; & François I le confirma par son édit du mois de Novembre 1539.

Le droit de faire publier & afficher n'appartient en chaque ville qu'au juge qui a la jurisdiction ordinaire & territoriale. Lorsque, dans une même ville, il y a plusieurs juges ordinaires, c'est au premier & principal magistrat de la ville qu'il appartient, comme étant une suite & une dépendance de la police. Le Prévôt de Paris est en possession de ce droit de temps immémorial. Lamarre en rapporte les preuves dans son *Traité de la Police*, liv. 1, tit. 25, chap. 2.

A Paris, les affiches ordinaires doivent être autorisées par une permission du Lieutenant de police.

Les Afficheurs sont tenus de savoir lire & écrire ; leur nom & l'indication de leur demeure doivent être enrégistrés à la chambre royale & syndicale des libraires & imprimeurs Ils font corps avec les Colporteurs, & doivent, comme eux, porter au devant de leur habit une plaque de cuivre sur laquelle est gravé *Afficheur*.

Les huissiers ont aussi le droit d'afficher, parceque, dans le cas de saisie réelle, ils font obligés d'exposer des placards en certains endroits, lors des criées de l'immeuble saisi, ce qu'ils font tenus de faire de quatorze en quatorze jours.

Leurs affiches, ainsi que leur procès verbal de criée, doivent contenir le nom, la qualité, le domicile du poursuivant & du débiteur, la description des biens saisis par tenants & aboutissants, & dans le cas où c'est un fief, par la description du principal manoir, des dépendances & appartenances Elles doivent être marquées, sous peine de nullité, aux armes du roi, & non à celles d'aucun autre seigneur, & apposées à la principale porte de l'église paroissiale sur laquelle est situé l'immeuble saisi, à celle du débiteur, & à celle du siege où se poursuit la saisie réelle.

Il y a à Paris une feuille périodique qui porte le titre d'*Affiches* de cette ville. C'est une compilation exacte de toutes les affiches les plus intéressantes. On y trouve les biens de toute espece à vendre ou à louer, les annonces des livres nouveaux, les effets perdus ou trouvés, les nouvelles découvertes, les spectacles, les morts, le cours & le change des effets commerçables. Elle paroît réguliérement deux fois toutes les semaines.

AFFINEUR. On donne en général ce nom à tous ceux entre les mains desquels une substance solide, quelle qu'elle soit, passe pour recevoir une préparation qui la rende plus propre aux ufages auxquels on la deftine.

On donne quelquefois le nom d'*Affineurs* à ceux qui raffinent le fucre ; mais ils portent plus ordinairement le nom de *Raffineurs*. (*Voyez* ce mot.) Celui d'*Affineur* eft particuliérement affecté à ceux qui s'occupent de l'affinage de l'or & de l'argent.

Il y a différents moyens d'affiner les métaux parfaits indeftructibles, tels que l'or & l'argent. Ces moyens font tous fondés fur les propriétés effentielles de ces métaux, & prennent différents noms, fuivant leurs efpeces.

L'affinage de l'or fe fait en mettant fondre l'or dans un creufet : on y ajoute peu-à-peu, lorfque l'or eft fondu, quatre fois autant d'antimoine : lorfque le tout fera dans une fonte parfaite, on verfera la matiere dans un culot ; & lorfqu'elle fera refroidie, on féparera les fcories du métal : enfuite on fera fondre ce métal à feu ouvert, pour en diffiper l'antimoine, en foufflant deffus ; ou, pour abréger l'opération, on y jettera à différentes reprifes du falpêtre. L'antimoine n'eft préférable au plomb, pour affiner l'or, que parcequ'il emporte l'argent, au lieu que le plomb le laiffe, & même en donne.

Il y a l'affinage de l'or par la voie humide qui fe fait par l'efprit de nitre, qui diffout l'alliage de l'or, & l'en fépare : on ne peut faire cet affinage que lorfque l'alliage furpaffe de beaucoup en quantité l'or. On affine auffi l'or par la cémentation, er mettant couche fur couche des lames d'or & du cément compofé avec de la brique en poudre, du fel ammoniac & du fel commun, & on calcine le tout au feu : il y en a qui mettent du vitriol ; d'autres du ver-de-gris, &c.

On peut affiner l'or par le nitre, comme on affine par ce moyen l'argent, excepté qu'il ne faut pas y employer le borax, parcequ'il gâte la couleur de l'or : l'or mêlé d'argent ne peut s'affiner par le falpêtre.

Il y a pour l'argent l'affinage au plomb, qui fe fait avec une coupelle bien feche, qu'on fait rougir dans

un fourneau de réverbere, enfuite on y met du plomb.
Pour connoître la quantité qu'il en faut employer,
on met une petite partie d'argent avec deux parties de
plomb dans la coupelle ; & fi l'on voit que le bouton
d'argent n'eft pas bien net, on ajoute peu-à-peu du
plomb jufqu'à ce qu'on en ait mis fuffifamment : on
laiffe fondre le plomb avant que de mettre l'argent ;
il faut même que la litharge qui fe forme fur le plomb
fondu, foit fondue auffi : c'eft ce qu'on appelle, en
terme d'art, *Plomb découvert* ou *en nappe*. Le plomb
étant découvert, on y met l'argent. Si on enveloppe
l'argent, il eft plus à propos de l'envelopper dans une
lame de plomb, que dans une feuille de papier, parcequ'il feroit à craindre que le papier ne s'arrêtât à la
coupelle. L'argent dans la coupelle fe fond, & tourne
fans ceffe de bas en haut, & de haut en bas, formant
des globules qui groffiffent à mefure que la maffe diminue, & qui deviennent fi gros, qu'ils fe réduifent
à un qui couvre toute la matiere. Lorfque l'argent eft
dans cet état, on dit qu'il fait l'*opale*; & pendant ce
temps, il paroît tourner. Enfin on ne le voit plus remuer; il paroît rouge, il blanchit, & on le diftingue
avec peine de la coupelle ; dans cet état, il ne tourne
plus. Si on le retire trop vîte pendant qu'il tourne encore, l'air le faififfant, il végete, & il fe met en
fpirale ou en maffe hériffée, quelquefois même il en
fort de la coupelle.

L'affinage de l'or & de l'argent par le plomb dans
la coupelle, fe fait par la deftruction, la vitrification
& la fcorification de tout ce que ces métaux contiennent de fubftances métalliques étrangeres & deftruc-
tibles.

Le vaiffeau dans lequel on fait l'affinage eft plat &
évafé, afin que la matiere qu'il contient préfente à
l'air la plus grande furface poffible. Cette forme le fait
reffembler à une coupe, & lui a fait donner le nom
de *Coupelle*. Pour ce qui eft du four ou fourneau, il
doit être en forme de voûte, afin que la chaleur fe
porte fur la furface du métal pendant tout le temps de
l'affinage.

Les manœuvres pour l'affinage de l'or par la coupelle, sont absolument les mêmes que celles de l'argent. Si l'or qu'on affine contient de l'argent, cet argent reste aussi avec lui, après l'affinage, dans la même proportion, parceque ces deux métaux résistent aussi bien l'un que l'autre à l'action du plomb : on doit alors séparer cet argent d'avec l'or, par l'opération du départ.

L'affinage de l'argent au salpêtre se fait en faisant fondre de l'argent dans un creuset, dans un fourneau à vent. Quand l'argent est fondu, c'est ce qu'on appelle la *matiere en bain*. L'argent étant dans cet état, on jette du salpêtre dans le creuset, & on remue bien le tout ensemble ; ce qu'on appelle *braser la matiere en bain*.

Il faut ensuite retirer le creuset du feu & verser par inclination dans un baquet plein d'eau, où l'argent se met en grenaille, pourvu qu'on remue l'eau avec un balai ou autrement : si l'eau est en repos, l'argent tombe en masse. On fond ainsi l'argent trois fois, en y mettant du salpêtre & un peu de borax chaque fois ; & la troisieme fois, on laisse refroidir le creuset sans y toucher, ou on le verse dans une lingotiere ; ensuite on le casse, & on y trouve un culot d'argent.

L'affinage se fait en petit ou en grand : ces deux opérations sont fondées sur les mêmes principes généraux dont on vient de parler, & se font à-peu-près de même, quoiqu'il y ait quelque chose de différent dans les manipulations. Comme l'affinage en petit se fait précisément comme l'essai, qui n'est lui-même exactement qu'un affinage fait avec toute l'attention imaginable, on pourra voir ce qui concerne cet affinage au mot ESSAYEUR.

A l'égard de l'affinage en grand, il se fait à la suite des opérations par lesquelles on a tiré l'argent de sa mine.

Il y a une autre espece d'affinage qui se fait par la voie humide, & qu'on nomme *départ*. Cette opération s'emploie pour avoir à part l'or & l'argent qui se trouvent mêlés & fondus ensemble.

Le départ eſt fondé ſur la propriété que l'or a de ne pouvoir être diſſous par aucun autre acide que l'eau régale ; tandis qu'au contraire l'argent eſt diſſoluble par l'eau forte ſimple ou eſprit de nitre. Lorſqu'on a un lingot ou maſſe d'or ou d'argent, & qu'on veut avoir ces métaux ſéparément, il faut examiner d'abord lequel de ces deux métaux ſe trouve dans cette maſſe en plus grande quantité que l'autre.

Quand c'eſt l'or qui domine, on peut faire le départ par l'eau régale, qui eſt un mélange d'acide nitreux & de ſel ammoniac.

L'eau régale diſſout l'or, & laiſſe l'argent en une eſpece de poudre, que les Chymiſtes nomment *lune cornée.*

Quand, au contraire, c'eſt l'argent qui domine dans la maſſe dont on veut faire le départ, on fait cette opération par l'eau forte ou eſprit de nitre, qui diſſout l'argent ſans attaquer l'or. Cette derniere opération eſt la plus ordinaire, parcequ'il arrive rarement qu'on ait des mélanges où la quantité de l'or ſoit plus grande que celle de l'argent. D'ailleurs, lorſque cela arrive, il eſt aſſez d'uſage d'augmenter la quantité d'argent dans la proportion néceſſaire pour pouvoir faire le départ par l'eau forte.

Dans les monnoies il reſte toujours quelque partie d'argent dans les caſſes qui ont ſervi aux affinages, de même qu'il en demeure parmi les glettes ou impuretés qui ont coulé des caſſes. Pour retirer ces parties d'argent, on affine les caſſes & les glettes : c'eſt ce qu'on nomme en terme de monnoyeurs, l'affinage des caſſes ou des coupelles, des glettes ou des litharges.

Il y avoit autrefois des monnoyeurs qui portoient le titre d'affineurs & départeurs d'or des monnoies de Paris & de Lyon. Par les réglements de 1555, ils devoient ſe retirer dans les hôtels des monnoies ; mais en 1757, le Roi ſupprima ces charges & les recréa en diminuant d'un cinquieme les droits qui y étoient attachés. Feu M. le Maréchal de Belle-Iſle leva ces charges aux Parties Caſuelles, & le 31 Décembre 1759, il en fit donation au Roi, ſous la condition que le Roi en voudroit bien permettre l'application à fon Ecole Royale Militaire. Le Roi a confirmé cette difpofition par Lettres Patentes du mois de Février 1760 ; en forte qu'aujourd'hui ce font ceux qui ont à bail les fonctions de ces charges, qui font l'affinage.

On donne auffi le nom d'affineurs aux ouvriers qui affinent le fer dans les affineries ; à ceux qui tondent le drap d'affinage, ou qui, en terme de manufacture de lainage, donnent au drap la meilleure & derniere tonture qu'ils peuvent lui donner ; à ceux qui paffent fucceffivement le chanvre par plufieurs peignes de fer, dont les dents vont toujours en augmentant de fineffe, & c'eft ce que les cordiers appellent paffer le chanvre & le lin par l'affinoir, pour le rendre meilleur & plus fin.

Les affineries font en général les bâtiments où les ouvriers affineurs travaillent chacun dans leur genre, & où les métaux & autres fubftances folides reçoivent la perfection qu'elles n'ont pu acquérir par la premiere main-d'œuvre.

AFFILEUR. *Voyez* COUTELIER.

AGENT DE CHANGE. Ce nom que les auteurs confondent prefque toujours avec celui de Courtier, eft celui qu'on donne aux perfonnes qui font établies dans plufieurs villes de commerce, pour négocier, entre les Banquiers & Commerçants, les affaires du change, l'achat ou la vente des marchandifes & autres effets.

Dans les provinces ils ont le titre d'Agents de change, banque & commerce ; mais à Paris ils y ajoutent celui de *finance*, parceque leurs fonctions s'étendent fur toutes les négociations relatives à ces différents objets.

Dans la capitale comme dans les provinces, les fonctions qui leur font attribuées, conftituent l'effence du caractere public qu'ils portent ; auffi les diftingue-t-on des courtiers, qui font ceux qui s'ingerent ténébreufement, en fraude & contre le vœu exprès des édits, arrêts & réglements, dans des fonctions qui ne leur appartiennent pas.

L'honoraire de l'Agent de change s'appelle *droit* ; le falaire du Courtier fe nomme *courtage*.

Depuis Charles IX jufqu'à préfent, les édits, arrêts & déclarations concernant les Agents de change du royaume, offrent une chaîne de fuppreffions, de rétabliffements, de réductions & d'accroiffements dans leur nombre à Paris.

Charles IX fut le premier qui en 1572 créa trente Agents de change en titre d'office : en 1595, Henri IV en réduifit le nombre à huit ; il fut porté à vingt en 1634, & à trente par l'Edit du mois de Décembre 1638. Louis XIV créa de nouveaux offices en 1645 : les chofes demeurerent en cet état jufqu'en 1705, que tous les officiers de change & de banque furent fupprimés dans toute l'étendue du royaume, à la réferve de ceux de Bourdeaux & de Marfeille.

A leur place le Roi créa cent feize nouveaux offices, pour être diftribués dans les principales villes du royaume, avec la qualité de Confeillers du Roi, Agents de banque, commerce & finance. Ces nouvelles charges furent encore fupprimées, pour Paris, par l'édit de 1708, qui au lieu de vingt Agents de change établis par celui de 1634, en porta le nombre à quarante, qui fut augmenté jufqu'à foixante, par les vingt que le Roi y ajouta en 1714. Ayant été fupprimés de nouveau en 1720, on établit par commiffion foixante autres Agents de change pour faire leurs fonctions : ceux-ci fupprimés à leur tour, on créa d'autres Agents de change en titre d'office par l'édit de Janvier 1723.

A Paris, leur nombre eft aujourd'hui fixé à quarante ; ils forment un corps fous le nom de compagnie, élifent des Syndics, font nommés en commiffion par le Roi, fur le rapport de M. le Contrôleur général, jouiffent de leur état en vertu de provifions du grand fceau, & de tous les titres, honneurs & prérogatives qui leur font accordés par l'édit de Janvier 1723 ; ils portent en conféquence la qualité de Confeillers du Roi, peuvent être Secrétaires de Sa Majefté, ne dérogent point à la nobleffe, doivent avoir une probité fans reproche, & ne peuvent point être tréforiers, receveurs, ni caiffiers de quelque perfonne que ce puiffe être, ni banquiers, ni porter bilan fur la place ; ils font obligés d'avoir un livre paraphé d'un Conful, coté & numéroté felon l'ordonnance de 1673.

Dans les villes où les Agents de change ne font pas établis en titre d'office, ils font choifis par les Confuls, Maires & Echevins, devant lefquels ils font tenus de prêter ferment ; à Paris, c'eft M. le Lieutenant civil qui les reçoit, fuivant l'arrêt du Confeil du 14 Septembre 1724.

Dans la négociation de certains papiers publics, qui quelquefois perdent beaucoup, & dont l'acheteur ne paie pas la moitié de la fomme totale portée dans les effets, à caufe de leur variation, l'Agent de change prend fon droit fur le papier, c'eft-à-dire, fur la fomme qu'il valoit autrefois, & non fur l'argent qu'on le paie, felon le cours de la place.

Le droit qui leur eft attribué par le Roi, pour les négociations dont ils font chargés, eft réglé à un quart pour cent qui fe paie moitié par le vendeur, & moitié par l'acquéreur. En fait de marchandife, leur droit eft demi pour cent, & fe paie de la même maniere.

En cas de difcuffion entre les parties, les juges à qui il appartient d'en connoître, fe reglent fur les certificats que donnent les Agents de change.

AGRÉEUR. C'eft celui qui fournit tout ce qu'il faut à un navire pour le mettre en état de faire un voyage ; qui paffe le funin, frappe les poulies, oriente les vergues, eft en état de faire manœuvrer, & met en bon ordre tout ce qui eft de fa charge.

Indépendamment du fourniffage du funin, voiles, canons, poudre, balles & meches, l'Agréeur doit voir encore fi tous les cordages font bien garnis, s'ils font fuffifants & en bon état.

On entend par agrès ou agrêts, les cordages, poulies, vergues, voiles, caps de moutons, cables, ancres, & tout ce qui eft néceffaire pour naviger.

Le mot *apparaux* qu'on joint ordinairement à celui d'agrès, désigne quelque chose de plus, mais moins cependant que celui d'équipement, sous lequel on comprend les gens de l'équipage & les victuailles.

AGREUR, COURTIER JAUGEUR D'EAU-DE-VIE. *Voyez* ce mot.

AGRICULTURE. Cet art, le premier, le plus utile, le plus étendu, & le plus essentiel de tous, est celui de cultiver la terre & de la rendre fertile, en y faisant venir des fruits & des plantes.

L'agriculture, le premier de tous les arts nécessaires, presque aussi ancienne que le monde, foible dans ses commencements, pour ne pas avoir eu des instruments propres au labourage, aussi parfaits que ceux qu'on a inventés depuis, fut plus ou moins pratiquée ou négligée, selon le sol, le climat, le goût ou le génie de ceux qui s'y appliquoient.

Les hommes les plus illustres de l'antiquité en firent leur occupation. La culture des champs fut le premier objet de la législation de tout Etat policé; elle fut en honneur dans les plus beaux jours de la Grece & de Rome. Pline dit, dans le troisieme chapitre du dix-huitieme livre de son histoire naturelle, que
» les champs étoient cultivés par les mains mêmes
» des Généraux Romains; qu'il sembloit que la terre
» se plaisoit à se voir labourée par des Guerriers qui
» avoient remporté les honneurs du triomphe. Soit
» qu'ils traitassent l'agriculture avec autant de soin
» que la guerre, & qu'ils préparassent les terres avec
» la même attention qu'ils disposoient les camps,
» soit que tout réussît mieux entre les mains de gens
» vertueux, parcequ'ils font les choses avec plus
» d'exactitude, elle nous donnoit autrefois, ajoute-t-il,
» ses fruits avec abondance, parcequ'elle prenoit,
» pour ainsi dire, plaisir d'être cultivée par des char-
» rues couronnées par des mains triomphantes. Pour
» répondre à cet honneur, elle multiplioit ses pro-
» ductions. Ce n'est plus la même chose; abandonnée
» à des fermiers mercénaires, nous la faisons valoir
» par des esclaves ou par des forçats, & l'on seroit

» tenté de croire qu'elle a reſſenti cet affront. «

Un art ſi univerſellement pratiqué ne manqua pas d'écrivains. Indépendamment des Catons, des Varrons, des Columelles, chaque nation a produit les ſiens. La nôtre a eu ſes Etiennes, ſes Liébauts, ſes Croiſcens : & combien n'en a-t-elle pas depuis l'établiſſement des ſociétés royales d'agriculture !

Trop long-temps négligée chez nous, l'agriculture commence à y être moins mépriſée : grace aux lumieres & à la bienfaiſance des Princes, par-tout elle reprend ſes droits ; le labourage ſe perfeƈtionne ; on défriche de tous les côtés ; les campagnes deviennent plus riantes, & l'abondance renaît de toutes parts.

Les ſociétés d'agriculture font paſſer aux laboureurs les lumieres qu'elles ont acquiſes par leurs obſervations ; elles réforment les méthodes ſouvent fauſſes ou haſardées dans leurs principes, autoriſées par le préjugé, & abandonnées enfin ou perfeƈtionnées par une ſuite de découvertes utiles qu'elles s'efforcent de faire tous les jours.

Il n'eſt pas poſſible de bien traiter de l'agriculture qu'on n'ait pardevers ſoi beaucoup d'expériences acquiſes par une longue pratique, & qu'on n'ait fait valoir de grands domaines, compoſés de différentes ſortes de terres, ainſi que de diverſes produƈtions, parceque ce n'eſt que ſur la quantité d'épreuves réitérées & comparées pendant pluſieurs années les unes avec les autres, qu'on découvre ce qu'il y a de mieux à faire ſur une ſeule des parties de l'agriculture.

Dans les commencements, les outils dont on ſe ſervoit pour ſillonner la terre devoient être bien peu commodes, & les premiers hommes auroient vécu bien frugalement ſans le ſecours des fruits que la nature leur préſentoit de toutes parts, ſi la néceſſité qui nous rend induſtrieux n'eût inſenſiblement perfeƈtionné l'agriculture. On inventa peu à peu les inſtruments propres à défricher & à labourer la terre. Chaque pays, chaque climat a ſes outils aratoires particuliers. On a même cherché à épargner la peine du laboureur, en inventant une machine avec laquelle on laboure, on feme, & on couvre la femence tout à la fois.

Le *femoir à cylindre*, au moyen duquel on fait ces trois opérations du labourage, eft une machine qui confifte en une boîte portée entre un avant-train & un arriere-train, fupportés fur des roues : on met dans cette boîte le grain que l'on veut femer ; il tombe fur une planche difpofée en plan incliné, & va à chaque inftant fe ramaffer dans un coin de la boîte, où roule un cylindre mu par le mouvement des roues qui fervent à traîner la machine : ce cylindre eft garni dans toute fa circonférence de petites loges creufes qui fe rempliffent de grain ; & le cylindre, en tournant, porte ces grains dans des tremies terminées par une ouverture par laquelle la femence fe répand, & va tomber dans le fond du fillon à mefure qu'il eft tracé par le *foc* qui précede ; vient enfuite une *herfe*, qui eft une piece de bois armée de dents, & qui fert à recouvrir la femence à mefure qu'elle tombe.

Le *femoir* met le cultivateur en état d'économifer une partie de la femence. A l'aide de cette machine tous les grains font mis en terre à la profondeur néceffaire ; & ils font tous recouverts de terre. Dans la maniere ordinaire de femer à poignée, il y a beaucoup de grains qui reftent fur la furface du terrein, ou qui ne font pas fuffifamment enfoncés en terre ; d'autres qui le font trop. La feule maniere ordinaire de recouvrir les grains que l'on a femés, eft de faire paffer la *herfe*, inftrument de bois ordinairement de forme triangulaire, armé de longues dents de bois ou de fer. Cette herfe, traînée par des chevaux, répand la terre qui étoit fur le bord des fillons, les recouvre, & enterre ainfi le grain : fes dents brifent les mottes & émiettent la terre : on la promene plufieurs fois, & toujours en fens différents, fur la terre enfemencée. La herfe fert encore pour tirer hors du champ les racines des plantes que la charrue a arrachées. Suivant d'habiles

biles cultivateurs, on ne sauroit trop herser; car lorsqu'on fait passer la herse dans un temps où la terre n'est ni trop seche, ni trop humide, elle la divise en petites molécules, & y produit un effet merveilleux.

Quelque utiles que soient les semoirs, il ne faut pas compter pouvoir faire usage de ces instruments dans les terres où il se rencontre beaucoup de roches, ou même quantité de grosses pierres, non plus que dans les terreins fort argilleux, & qui forment quantité de grosses mottes: en un mot on ne peut se servir de ces semoirs que dans les terres labourées à plat, ou en larges planches.

Pour cultiver les terres avec tout l'avantage dont elles sont susceptibles, il faut nécessairement en connoître la nature. Telle demande à être travaillée d'une façon, & telle d'une autre. Une terre n'est bonne qu'à rapporter tels grains, & une autre n'est bonne qu'à une autre espece. Il faut donc savoir donner la culture à propos, & après les derniers labours, semer sur chaque terrein les grains & les plantes qui lui sont les plus propres.

Il y a des pays où l'on ensemence les terres tous les ans, d'autres où on les distribue en trois parties égales, ce qu'on appelle mettre ces terres en soles.

La premiere méthode n'épuise-t-elle pas trop les terres? ne vaudroit-il pas mieux en laisser une partie en jachere? Cette question n'est pas encore bien décidée, puisque les laboureurs qui habitent les provinces où ces divers usages sont établis, croient avoir leurs raisons pour les conserver.

Du labour des terres.

De quelque façon qu'on ensemence les terres, que ce soit tous les ans, qu'on les mette en avoine la seconde année, ou qu'on les laisse en jachere, il est constant qu'on ne sauroit trop souvent labourer la terre & la rendre trop meuble.

On donne communément trois labours aux terres en jachere. Le premier, le plus avantageux & le plus usité, se fait vers l'automne, c'est-à-dire, aux environs de la S. Martin. Dans quelques endroits, il n'a que quatre doigts de profondeur, dans d'autres il en a davantage. Mais on doit labourer à petits sillons serrés pour ouvrir la terre & détruire les mauvaises herbes. Leur ayant donné le temps de pourrir jusqu'au mois de décembre, on revient au champ avec la charrue, non pour écorcher légérement la terre, comme ci-deſſus, mais pour donner plus profondément le premier des trois véritables labours, qu'on appelle labour en planté.

Ce labour eſt ſuivi de l'émottage qui ſe fait avec le caſſe-motte, mais plus ſouvent avec une herſe garnie de dents de fer. On épierre enſuite, on ôte les ſouches, on eſſarte les ronces & les épines lorſque le cas le requiert.

Le ſecond labour, qu'on appelle binage, & qui eſt plus profond que le premier, ſe donne à la fin de l'hiver. Lorſque le premier labour a été fait avant cette ſaiſon, on recule ou l'on avance le travail ſelon la température de l'air, la force des terres, & le temps qu'on a commencé à le donner.

Avant de donner le troiſieme labour, qui eſt plus profond que les deux premiers, on fume les terres dès qu'on voit que l'herbe commence à monter ſur le guéret, ou huit ou quinze jours avant qu'on veuille les emblaver.

Il y a des terres qui demandent juſqu'à quatre & cinq labours, telles ſont les terres fortes lorſqu'elles donnent beaucoup d'herbe. Tous les labours qui excedent les trois principaux dont nous avons parlé plus haut, ſont ordinairement très légers, & ne ſont, à proprement parler, que des demi-labours qu'on fait avec le ſimple ſoc de la charrue ſans coutre & ſans oreilles.

Dans quelques endroits les hommes labourent les terres à la beche, & les mettent en planches & en ſillons, conformément à l'uſage de leur pays. En Italie on ſe ſert de bufles; en Sicile, d'ânes; en France nous n'employons communément que des chevaux ou des bœufs, quoiqu'il y ait quelques provinces où on laboure avec des ânes.

Les bœufs ont pluſieurs avantages ſur les chevaux: ils commencent le travail plutôt & le finiſſent plus tard, ſont moins maladifs, coûtent moins en nourriture & en harnois, & ſe vendent quand ils ſont vieux, ou qu'ils ne peuvent plus ſervir. On les accouple ſerrés lorſqu'on veut qu'ils tirent également.

Ce n'eſt point aſſez de connoître la qualité des terres, pour leur donner le nombre & la profondeur des labours néceſſaires; il faut encore ſavoir choiſir un temps convenable, & ne labourer jamais ni trop tôt ni trop tard. La premiere façon décide ordinairement des autres.

Lorſque la terre eſt trop ſeche on ne fait que l'égratigner par un labour ſuperficiel; on courroit riſque de diſſiper ſa ſubſtance ſi le labour étoit trop profond.

Si la terre eſt molle, le labour la met en mortier, elle ne devient preſque jamais meuble & la ſemence n'y réuſſit pas; au lieu qu'elle vient à merveille lorſque la terre a été labourée après que les pluies ou les brouillards l'ont adoucie.

Les terres graſſes, humides, fortes, & les nouveaux défrichements, demandent à être labourés auſſi fortement qu'on doit travailler légérement les terres ſablonneuſes, pierreuſes, ſeches & légeres.

On laboure horizontalement & non verticalement ſur les collines, de peur que l'eau des pluies n'entraîne dans les fonds les terres & les engrais. Les terres qui ont beſoin de l'arroſement des pluies ſe labourent en planche; les argilleuſes & humides, en talus, en dos d'âne & en ſillons élevés, pour empêcher que la trop grande humidité de la terre ne pourriſſe les ſemences.

Il y a des terres qu'on laboure à uni, ſans ſillons ni planches. On prend la terre avec l'oreille d'une charrue à tourne-oreille; on verſe toutes les raies du même côté, de ſorte qu'après le labour on n'apperçoit point d'enrue.

Les labours réitérés diviſent les molécules de la terre en multipliant ſes pores, en approchant des plantes plus de nourriture; & en expoſant ſucceſſivement différentes parties de la terre aux influences du ſoleil & des pluies, ils les rendent plus propres à la végétation.

On a tant fait d'ouvrages ſur la culture des terres, qu'on ne manque point de méthodes ſur ce ſujet. Les principes en ſont-ils toujours bien certains? La nouvelle culture n'exige-t-elle pas plus de frais que l'ancienne? Le profit excede-t-il la dépenſe? Les nouvelles méthodes valent-elles mieux que les anciennes pour préſerver les laboureurs des accidents qui rendent leurs efpérances vaines ? L'indécifion de ces queftions fait qu'il eft rare que les nouvelles méthodes prévalent fur les anciennes, à moins qu'elles ne foient conftatées par plufieurs expériences à l'évidence defquelles on ne peut fe refufer.

Comme ce n'eft point ici le lieu de faire un traité d'agriculture, nous ne nous étendrons pas davantage fur cet objet ; nous invitons feulement ceux qui poffedent de grands domaines, & qui, fans un fuccès certain & un dérangement de leur fortune, peuvent fe livrer à des expériences couteufes, à les faire, pour ajouter par une pratique conftante & uniforme ce qui manque à la fpéculation de beaucoup d'auteurs.

Du défrichement des terres.

Les bonnes terres étant pour l'ordinaire couvertes de bois ou de plantes dont les hommes ne fauroient fe nourrir, il a fallu qu'ils commençaffent par les défricher, & les labourer enfuite pour en retirer leur fubfiftance.

Tous les terreins ne font pas propres à tout : on ne peut donc en connoître la qualité qu'en les ouvrant en plufieurs endroits, & en examinant les différentes couches de terre qui s'y rencontrent. On divife les terres incultes en trois efpeces, en mauvaifes, en médiocres & en bonnes.

Les fables vifs & brûlants, foit blancs, jaunâtres ou rouges, font mal à propos réputés pour ftériles, parcequ'il n'eft pas de terrein, pour ingrat qu'il paroiffe, qui ne produife lorfqu'il eft travaillé, & qui ne dédommage des peines & des foins qu'on y donne.

Il y a des fables vifs qui ne pouffent rien, ce font ceux dont la qualité eft la moindre. Il y en a qui donnent de la mouffe, de la petite bruyere mince, clair-femée & entremélée de quelques brins d'herbe : on les défriche à peu de frais, & après y avoir fait brûler les racines qu'ils contiennent, on y feme du farrafin ou bled noir.

Il eft peu de terreins fablonneux fous lefquels on ne trouve de la terre graffe, de l'argille, de la glaife ou de la marne. Toutes ces terres font bonnes pour

couvrir le fable & l'améliorer, & il n'en coute pas
beaucoup de faire, de diftance en diftance, des trous
pour les en tirer.

Pour ne pas fe tromper fur le degré de bonté des
fonds qu'on veut défricher, on n'a qu'à examiner fi la
terre qu'on aura tirée d'un trou, s'enfle fi fort à l'air
au bout de vingt-quatre heures, que le même trou
ne puiffe plus la contenir, parceque l'air, la rofée &
l'humidité en ont augmenté le volume. Elle a plus ou
moins de degrés de bonté, felon qu'il refte plus ou
moins de terre après que les trous font recomblés.

Les terres médiocres font celles qui font légeres, fablonneufes ou graveleufes, mais qui ne font pas propres, comme le fable vif, à faire du mortier lorfqu'on
les mêle avec de la chaux.

Cette efpece de terre, dont la couleur eft tantôt blanche, jaune, rouge, brune ou noire, qui produit ordinairement de la bruyere noire ou blanche, des joncs
marins, de la fougere, du genet, des ronces & des
épines entremêlées de quelques herbes, eft plus ou moins
fertile, fuivant qu'on trouve plus ou moins éloignée de
fa fuperficie une couche de terre graffe, argilleufe ou
glaifeufe, & que fes productions fauvages font plus
hautes, plus épaiffes, plus fortes & plus vivaces.

Après s'être débarraffé pendant l'hiver de l'eau, des
pierres & des groffes racines, s'il y en a, on fe fert d'une
écobue pour défricher le terrein, (cet inftrument ainfi
que ceux qui concernent le labourage font affez connus
pour ne pas avoir befoin d'en faire la defcription). On
en enleve des gazons de quatre pouces d'épaiffeur, on
les fait brûler par tas, & on régale les cendres fur la
terre avant le premier labour.

La femence une fois jettée & couverte par le laboureur, on fait venir des femmes ou des enfants pour
émotter la terre des fillons, & brifer le gazon s'il s'y
en trouve.

Les terres font regardées comme les meilleures lorfqu'elles fe calcinent dans les fourneaux qu'on a faits pour
brûler les gazons, & elles font réputées être d'une
moindre qualité quand elles fe vitrifient & qu'elles
produifent peu de cendres. Celles qui ont au-deffous

d'elles un lit d'argille ou de terre compacte, au travers duquel l'eau ne filtre pas, doivent être mises en fillons, parcequ'autrement les eaux pluviales ne s'égoutteroient pas affez, les rendroient trop froides, trop humides & les noieroient fouvent.

Un bon laboureur ne doit point tracer indifféremment fes fillons, mais leur donner leur direction du feptentrion au midi, afin qu'ils préfentent leur pointe au foleil, & que les côtés en reçoivent également les rayons.

Les bonnes terres font en général toutes celles qui prennent aux pieds, & dont les productions fauvages font plus fortes & plus vives. Elles font communément plus propres à porter du froment que toutes les autres. On les écobue comme les terres médiocres; elles brûlent plus lentement, mais auffi elles fe calcinent mieux & donnent plus de cendres.

Lorfqu'on trouve des terres de cette troifieme efpece, qui pouffent fi peu d'herbes & d'autres productions fauvages, qu'il n'eft pas poffible d'y lever des gazons affez garnis d'herbes pour les brûler enfuite; au lieu de les écobuer, on les fait bécher au printemps, on les laiffe hâler & fécher pendant près d'un mois ou fix femaines; après ce temps, on y envoie des femmes qui fecouent les gazons avec des rateaux de fer, féparent les racines d'avec la terre, les font brûler par tas, & en répandent les cendres peu de temps avant qu'on les laboure.

On ne doit point fe flatter que les premieres récoltes foient auffi confidéra's les que celles qui fe font quelques années après. Ce n'eft que peu-à-peu que les terres nouvellement défrichées acquierent une certaine fertilité.

De toutes les façons de défricher les terres, celle dont nous venons de parler paffe pour la meilleure.

Dès que les défrichements font en valeur, il faut les clore de haies, de foffés, & y planter quelques arbres de diftance en diftance. Par ce moyen, on les garantit de l'incurfion des beftiaux, le grain y vient mieux; & ces clôtures font d'une utilité fi reconnue, qu'on ne peut trop les recommander.

Des engrais.

Ce feroit inutilement qu'on défricheroit, qu'on laboureroît les terres, quelque long-temps qu'on les tînt en jachere, fi l'on n'avoit le foin de réparer leur épuifement par des engrais convenables. Le fumier de cheval ou de bœuf donne trop d'herbes, & vaut mieux pour les prairies que pour les terres labourables. Celui de brebis eft le meilleur, foit qu'on les faffe parquer dans les champs, comme il eft d'ufage en plufieurs endroits, foit qu'on les tienne dans des étables fur une litiere de paille ou de bruyere. On fe fert encore de chaux, de plâtre, de cendres de toute efpece, de récurures des marres, des vafes de la mer ou des rivieres, du limon des étangs, de fougere tendre, & de feuilles qu'on a fait pourrir en tas.

Indépendamment de tous ces engrais, il eft peu de terres qui n'en renferment quelqu'un, propre à améliorer leur fuperficie. On eft heureux quand on ne le trouve pas bien profond, parcequ'il en coute moins pour l'excaver.

La marne & le fable font les principaux de ces engrais. Celui-ci, quoiqu'infertile par lui-même, divife à chaque labour les terres les plus compactes; en fe mêlant avec elles, il diminue leur ténacité, les rend plus poreufes, fait que l'eau les pénetre mieux, & que les rayons du foleil les échauffent plus facilement. On ne fauroit affigner le temps ou l'on a commencé à marner. Cette pratique fe perd dans l'antiquité la plus reculée; Varron l'a trouvé établie dans les Gaules, lorfqu'il y commandoit les armées romaines, c'eft-à-dire il y a plus de deux mille ans.

Il faut bien prendre garde de confondre la marne avec l'argille, la craie & le tuf blanc, parceque ces terres nuifent plus à la fertilifation qu'elles ne la favorifent. L'argille ne fond jamais; & quoique dans les temps pluvieux elle s'encroûte des parties les plus légeres de la terre, elle conferve toujours tant de dureté, que, femblable aux pierres, elle empêche la fortie des grains qui font fous elle, ainfi que le font la craie & le tuf blanc. On a beau les pulvérifer quand on les emploie, ils durciffent dans la fuite, & nuifent également à la fortie des grains.

Les diverfes couleurs de la marne ne font rien à la

bonté de cet engrais ; il n'y a que sa qualité qui peut la rendre moins bonne : la graveleuse est la moins estimée ; la coquilliere lui est supérieure ; la crétacée n'a, pour ainsi dire, qu'un effet passager ; l'argilleuse demande à être exposée long-temps à l'air avant qu'elle mûrisse, & qu'on puisse l'employer utilement. La meilleure de toutes est celle qui, après avoir été tirée en motte de sa carriere, se pulvérise en deux ou trois jours ; qui, mise dans l'eau, se gerce, bouillonne & fond comme une pierre à chaux ; qui donne à l'eau une onctuosité à peu près semblable à celle du savon, & qui, mise au feu, décrépite comme du sel.

Lorsqu'on a reconnu aux signes ci-dessus avoir trouvé de la bonne marne, on s'en sert avec succès dans les terres froides & humides, & dans celles qui donnent beaucoup d'herbes, parcequ'en les brûlant elle échauffe ces mêmes terres par la dissolution de ses parties salines.

Il est d'expérience que la marne échauffe tant par le moyen de ses sels, que, si on en mettoit trop dans les terres, elles ne produiroient rien de quelques années. Pour la répandre à propos, il vaut mieux la mettre à plusieurs fois.

Quoique les terres se ressentent pendant vingt-cinq à trente ans de la fertilité de la marne, il est sûr que, lorsque, par sa trop grande quantité, elle ne brûle pas les terres la premiere année, elle ne les fertilise qu'à la troisieme année ; ce qui augmente par degré jusqu'à la douzieme ou quinzieme année, mais qui aussi diminue insensiblement après ce temps-là.

Quelque bonne que la marne soit, elle ne doit pas dispenser de fumer les terres. On les fume moins à la vérité, parceque les sels de la marne donnent plus d'activité à ceux du fumier, & occasionnent une plus vigoureuse végétation.

Le plâtre qui est une espece de chaux est aussi une excellent engrais, & cette propriété se conserve même dans les plâtres des démolitions réduits en poudre : ils soulevent & allegent les terres fortes.

Les habitants de chaque canton trouvent des engrais qui leur sont particuliers. A quelques lieues de Tours, on trouve des bancs immenses de coquilles fossiles : on nomme ces coquilles *falum*, & les mines dont on les retire *falumieres*. Cet engrais est des plus excellents pour fertiliser les terres ; son effet se fait appercevoir dès la premiere année, & continue d'être sensible pendant six ans, jusqu'à ce qu'enfin, réduites en poudre trop impalpable, elles ne produisent plus aucun effet pour alléger les terres. Celles où on a répandu du *falum*, doivent être fumées, comme celles qu'on a marnées.

La cendre des *tourbes brûlées* est aussi un excellent engrais, sur-tout pour les prés, les tréfles, les luzernes : on ne l'emploie point ordinairement pour le froment, l'avoine & autres grains.

La plupart des engrais dont nous venons de parler, ne conviennent qu'aux terres fortes. Le véritable engrais des terres légeres est la *terre glaise*, qui quelquefois peut se trouver sous le terrein léger, à peu de profondeur. L'usage de cette terre glaise est très utile si elle est de bonne qualité, c'est-à dire, si elle n'est pas trop vitriolique, car il paroît que celle-ci est nuisible à la végétation. On tire la glaise deux ans avant de la répandre sur les terres légeres, afin que les impressions du soleil, des pluies, des gelées, commencent à la diviser. On la répand sur les terres avant l'hiver, afin que les gelées achevent la division ; & lorsqu'elle est bien seche, elle se pulvérise en partie, & étant ensuite humectée par les pluies, elle donne du corps à la terre trop légere.

Les végétaux sont en général d'excellents engrais, & ils sont d'autant meilleurs qu'ils ont plus de disposition à tomber en putréfaction. Il y a un moyen très avantageux de fertiliser les terres par leurs propres productions ; ce qui est commode sur-tout pour les endroits où le transport des fumiers est trop difficile. On a reconnu qu'une terre ensemencée de sainfoin, de luzerne, &c. lorsqu'on la défrichoit, donnoit, pendant plusieurs années de suite, d'excellentes récoltes, sans avoir besoin d'être fumée. La raison en est que, pendant les sept ou huit ans que ces terres rapportent des luzernes ou autres semblables fourrages, les feuilles & les jeunes branches qui y pourrissent fournissent un excellent engrais. On peut encore ensemencer des terres de sarrasin, de vesces, de feves, &c. & donner un labour à ces terres, lorsque ces plantes sont parvenues à leur hauteur ; elles s'y pourriffent, allegent la terre & l'améliorent. Quoi qu'il en foit, il eft certain que les fumiers, qui font un mêlange de fubftances végétales & animales pourries enfemble, font encore de meilleurs engrais que les plantes fimplement pourries. On emploie avec fuccès dans les terres voifines de la mer, le *varec*, les *algues*, le *goëmon*, en un mot toutes les plantes marines, foit qu'on les faffe pourrir avec les fumiers, foit qu'on les réduife en cendres pour les répandre.

Toutes les matieres animales fourniffent d'excellents engrais ; mais le plus commun eft fourni par les excréments des animaux, foit tout purs, foit mêlés avec des fubftances végétales. Ces engrais font particuliérement connus fous le nom de *fumiers* : on en diftingue en général de quatre efpeces ; favoir, les excréments humains, qui, lorfqu'ils ont refté long-temps expofés à l'air, fe réduifent en une poudre connue fous le nom de *poudrette*, & qui porte la plus grande fertilité dans la terre : le *fumier des pigeons*, qui eft auffi très chaud, & qui fe feme comme le bled, eft auffi très bon ; enfin les fumiers de brebis, de chevre, & ceux de cour, qui comprennent la litiere qui a féjourné fous les chevaux, les mulets, les ânes, les bœufs, les vaches, les cochons.

Privileges accordés aux Laboureurs.

Une profeffion auffi néceffaire & auffi laborieufe méritoit une protection des plus marquée ; auffi en a-t-elle joui dans tous les temps. La loi divine défend de faire du dégât dans un champ ou dans une vigne, & veut qu'on répare le dommage qu'on y aura fait. Les loix romaines ont ordonné que celui qui, de nuit, voleroit le champ d'autrui, feroit battu de verges, s'il avoit moins de quatorze ans, feroit livré au propriétaire du champ, & lui ferviroit d'efclave jufqu'au parfait dédommagement ; que celui qui mettroit le feu à un tas de bled, feroit fouetté & brûlé vif, s'il l'y avoit mis exprès, ou battu de verges à la difcrétion du Préteur, fi c'étoit par fa négligence ; & que celui qui voleroit quelques outils d'agriculture feroit puni de mort. Les Athéniens avoient tant d'égards pour cette profeſſion, qu'ils ne permettoient pas qu'on tuât le bœuf qui avoit ſervi à la charrue, ils ne vouloient pas même qu'on l'immolât en ſacrifice.

Ce n'eût pas été aſſez de veiller à la conſervation des champs, & aux choſes néceſſaires au labourage, ſi on n'eût pourvu à la tranquillité & à la ſureté du laboureur, comme étant le pere nourricier de la patrie. Le grand Conſtantin fit des loix pour défendre à tout créancier de ſaiſir, pour dettes civiles, les eſclaves des laboureurs, les bœufs & les inſtruments du labourage ; les receveurs de ſes deniers devoient, ſous peine de mort, laiſſer vivre en paix le laboureur indigent ; &, dans les temps où les provinces étoient obligées de fournir des chevaux de poſte aux couriers, & des bœufs aux voitures publiques, ce Prince excepta de ces corvées le bœuf & le cheval qui ſervoient au labour.

Les empereurs Valere & Valentinien le jeune condamnerent à un exil perpétuel & à la confiſcation de leurs biens, les ſeigneurs de village qui, s'étant érigés en tyrans, mettoient le laboureur à contribution, & le contraignoient à des corvées nuiſibles à la culture des terres.

Les mêmes loix qui protégeoient le laboureur, veilloient auſſi à ce qu'il remplît ſon devoir. Les champs laiſſés en friche appartenoient à celui qui les cultivoit de nouveau ; & le premier occupant étoit en poſſeſſion des terres abandonnées, quand perſonne ne les réclamoit pendant l'eſpace de deux ans.

Les ordonnances de nos rois ne ſont pas moins favorables à l'agriculture, que l'étoient les loix romaines. Les édits de Henri III, Charles IX, Henri IV, qui ont été confirmés par ceux de Louis XIII, Louis XIV & Louis le bien aimé, condamnent à la ſeule réparation du dégât des champs, quand il eſt accidentel ; à la réparation & punition corporelle, lorſqu'il eſt médité. Si les beſtiaux, diſent-ils, ſe répandent dans les bleds, ils ſeront ſaiſis, & le berger ſera châtié. Ils défendent aux gentilshommes de chaſſer dans les vignes, les bleds & les terres enſemencées, & s'oppoſent fortement à ce qu'on ſaiſiſſe les meubles, les harnois, les inſtruments & les beſtiaux du laboureur.

Ces ordonnances sont de la plus exacte justice. Quel est celui qui voudroit se donner autant de peine qu'en exige l'agriculture, avancer les dépenses nécessaires, & jetter sur la terre le grain qu'il a dans son grenier, s'il n'étoit comme sûr que ses travaux seront récompensés par une heureuse & abondante moisson ?

Nous traiterons de la maniere de recueillir les grains à l'article MOISSONNEUR.

AGRIMINISTE. C'est ainsi qu'on nomme l'ouvrier qui travaille à tous les ornemens propres à la décoration des robes des dames.

Il n'est pas possible de faire un détail de tous ces ouvrages qui s'exécutent par des ouvriers qui sont du corps des rubanniers ; parcequ'étant variés à l'infini, &, pour ainsi dire, éphémeres, ils ne doivent leur existence qu'au caprice des femmes, à la sagacité ou à la fantaisie des fabricants.

Malgré la tyrannie de la mode, ou plutôt par l'effet même de cette tyrannie, le goût change si souvent, que peu de temps après leur naissance, ils se voient relégués au fond d'une garde-robe, ou livrés à des personnes qui, par la médiocrité de leur fortune, ne peuvent pas se satisfaire sur les agrémens nouveaux, quelque disposées qu'elles soient à s'en orner.

Les premiers ouvrages qui parurent en ce genre furent connus sous le nom de *soucis d'hannetons*. On est redevable au métier de rubannerie, comme étant seul en possession de ce qu'on nomme *bas métier*, de la fabrique de ces ornemens, qui fut très simple dans son principe, & qui aujourd'hui est extrêmement étendue.

Ce bas métier est fait d'une simple planche, bien corroyée, longue de deux pieds & demi, sur un pied de large, dont les extrémités sont percées de deux trous pour recevoir deux montants, sur l'un desquels est placée une pointe aiguë & polie qui sert à la tension de l'ouvrage qu'on veut faire, & sur l'autre sont mises les soies qu'on veut employer.

C'est sur ce bas métier qu'on peut placer sur les genoux, & qui est le même dont se servent les perruquiers pour la tresse de leurs cheveux, qu'on travaille toutes ces petites parures. Nous ferons mention de celles qui paroissent les plus essentielles, & qui sont les moins sujettes au changement.

Les soies tendues sur ce métier font l'effet de la chaîne des autres ouvrages : on les sépare au moyen d'un fuseau de buis qu'on y introduit, & dont la tête empêche la sortie au travers d'elles : ce fuseau tient les soies ouvertes, & leur sert de contrepoids lorsque le mouvement des montants leur occasionne du lâche. Les différents passages & entrelacements des soies qui sont contenues sur le petit canon qui sert de navette, font l'office de la trame, & forment différents nœuds qu'on varie à l'infini dans divers espaces.

Lorsque ces espaces ou longueurs contenues entre les deux montants sont remplis de nœuds, on les enroule sur le montant à pointe, pour faire place à une autre longueur : l'ouvrage ainsi fait jusqu'au bout, on le coupe entre le milieu des deux nœuds, pour être employé de nouveau à l'usage qu'on lui destine.

Les premiers nœuds coupés sont appellés nœuds simples, & forment deux especes de petites touffes de soie, dont le nœud fait la jonction : de ces nœuds sont formés, toujours à l'aide de la chaîne, d'autres ouvrages un peu plus étendus, qu'on nomme travers : on en fait encore d'autres plus considérables qu'on nomme quadrilles.

Toutes ces opérations sont nécessaires pour donner la perfection à chaque partie, ou au tout qu'on veut former. Plus un ouvrier a de goût & de génie, plus les parties ci-dessus sont artistement arrangées, & plus il donne de valeur à son ouvrage par la variété des desseins, la diversité des couleurs, l'imitation des fleurs naturelles & d'autres objets agréables.

Ces ouvrages, qu'on regarde souvent avec un œil indifférent, forment des effets très galants, & ornent très bien les habillements des dames ; on les emploie même sur les vestes : on en fait aussi des aigrettes, des pompons, des bouquets de côté, des bouquets à mettre dans les cheveux, des bracelets, des ornements de coeffure & de bonnets ; pour leur donner plus d'éclat, on les garnit quelquefois de soie effilée de différentes couleurs, & on leur fait représenter des chenilles, des étoiles, des soucis d'hannetons, des juliennes ou autres fleurs : on y emploie encore la chenille , le cordonnet , la milaneze pour le corps de l'ouvrage , & l'or, l'argent, les perles & la foie, lorfqu'il eft queftion d'en former des franges.

Chaque ouvrage a fon nom particulier : nous ne le rapporterons pas , pour éviter une ennuyeufe prolixité.

La derniere main-d'œuvre fe fait fur le haut métier , à baffes liffes & à plate navette , par le fecours d'une nouvelle & derniere chaîne.

Ces agréments font quelquefois tout de foie ; mais ordinairement il y en a plus d'entremêlés de foie & de cordonnet : ce dernier eft un fil de Bretagne qu'on a couvert de foie par le moyen d'un rouet, à-peu-près comme les luthiers filent une corde de violon & de baffe : la foie forme la chaîne des agréments, & le cordonnet la trame.

Les Agriminiftes n'ont point d'autres ftatuts que ceux des Rubanniers dont ils font corps.

AIGUILLETIER. On peut diftinguer ce nom d'avec celui d'AIGUILLIER : l'Aiguilletier eft l'ouvrier qui fait & vend des lacets , aiguillettes, & autres chofes femblables dont les bouts font ferrés.

Il peut encore vendre des nœuds d'épaule , & toute forte de menue mercerie , comme cordons de canne & de chapeaux , lifieres d'enfants , jarretieres , &c.

L'aiguillette, dont ceux qui y travaillent ont pris le nom d'aiguilletiers , eft un cordon tiffu de fil , de foie , d'or ou d'argent , ferré par les deux bouts , & qui fert à attacher quelque chofe à une autre.

On donnoit autrefois ce nom aux nœuds d'épaule ; mais cet ajuftement n'étant plus de mode chez les gens du monde, a paffé aux cavaliers de certains régiments , & aux domeftiques.

On appelle encore aiguillettes, des touffes de ruban, ou de cordons ferrés qui fervent quelquefois d'ornement aux impériales des carroffes de deuil.

Les aiguilletiers faifoient autrefois à Paris un corps de communauté , ils avoient leurs ftatuts particuliers ; mais comme ils étoient peu nombreux , par les lettrespatentes enregiftrées au Parlement le 21 Août 1764 , ils ont été réunis & incorporés à la communauté des Epingliers, Aiguilliers, Alêniers, pour ne faire , ainfi que les Chaînetiers, qu'un feul & même corps de métier, dont les ſtatuts ſont communs : chaque maître a la liberté de faire & vendre concurremment tous les ouvrages des ſuſdites profeſſions.

AIGUILLIER. C'eſt l'artiſan qui fait & vend des aiguilles, alênes, burins, carrelets, & autres petits outils ſervant aux orfevres, cordonniers, bourreliers & autres.

Si l'on s'en rapporte à ce qu'en diſent les Muſulmans, ſelon les auteurs du Dictionnaire de Trévoux, cette profeſſion doit être une des plus anciennes, puiſqu'ils regardent Enoch comme en étant l'inventeur.

Quoi qu'il en ſoit, cet art conſiſte à faire de petits inſtruments d'acier trempé, déliés, polis, ordinairement pointus par un bout, & percés d'une ouverture longitudinale par l'autre, qu'on nomme aiguilles.

Quoique tous ces petits inſtruments portent le même nom, ils ne ſont pas travaillés de la même façon ; les uns ſont pointus & non percés, d'autres ſont percés & non pointus, & il y en a qui ne ſont ni l'un ni l'autre.

L'aiguille eſt, comme le marteau, un de ces inſtruments néceſſaires à preſque tous les métiers.

Les tailleurs, chirurgiens, artilleurs, bonnetiers, faiſeurs de bas au métier, horlogers, ciriers, drapiers, gaîniers, perruquiers, coeffeuſes, faiſeuſes de coeffes à perruque, piqueurs d'étuis, de tabatieres & autres ſemblables ouvrages ; ſelliers, ouvriers en ſoie, brodeurs, tapiſſiers, chandeliers, emballeurs, oculiſtes, graveurs, orfevres, ſe ſervent de celles qui ſont propres à chacun de leurs métiers : il y a en outre des aiguilles de tête, à matelas, à empointer, tricoter, enfiler, preſſer, brocher, relier, natter, & à bouſſole, ou aiguille aimantée.

A meſure que l'occaſion ſe préſentera nous donnerons la deſcription de toutes ces aiguilles.

Les aiguilles à coudre ou à tailleur, dont il ſemble que les autres aient emprunté le nom, ſe diſtribuent en aiguilles à boutons, à galons, à boutonnieres, & en aiguilles à rabatre, à coudre & à rentraire. A proportion que les tailleurs trouvent plus de réſiſtance dans les choſes qu'ils ont à coudre, ils ſe ſervent d'aiguilles plus ou moins fortes.

Comme l'acier d'Allemagne n'a plus les mêmes qualités qu'il avoit autrefois, on emploie par préférence l'acier de Hongrie dans la fabrique des aiguilles. Pour s'en servir comme il faut, on lui fait subir diverses épreuves sous le martinet, on lui ôte ses angles, on l'étire & on l'arrondit. Dès qu'il n'est plus en état de supporter le martinet, on continue de l'étirer & de l'arrondir au marteau.

Dès que cette opération est faite, on prend une filiere à différents trous, dont chacun est proportionné au degré de finesse qu'on veut donner aux aiguilles. On fait chauffer le fil d'acier pour le tréfiler, c'est-à-dire, pour le dégrossir à la filiere, & on lui donne jusqu'à trois tréfilages successifs, pour l'amener au point que l'on veut.

Il sembleroit que pour rendre le tréfilage plus aisé, on devroit se servir d'un acier ductile & doux, au lieu d'un acier fin, & par conséquent cassant, qu'exige l'usage des aiguilles. Mais lorsque les ouvriers entendent bien leurs intérêts, qu'ils ne veulent rien épargner pour rendre leur ouvrage aussi bon qu'il doit l'être, ils font leurs aiguilles de façon qu'elles ne sont ni molles ni cassantes; pour cet effet ils graissent leur fil de lard à chaque tréfilage, afin qu'il soit moins reveche & plus facile à passer par les trous de la filiere, & qu'il acquiere la dureté qui lui convient.

L'acier suffisamment tréfilé ou dégrossi, on le coupe par brins, à-peu-près d'égale longueur; on le donne ensuite à un second ouvrier qui les palme, c'est-à-dire, qui les prend de quatre en quatre par le bout où doit être la pointe pour applatir sur l'enclume l'autre bout, qui doit faire le cul de l'aiguille.

L'applatissement fait, on passe toutes les aiguilles palmées par le feu, on les laisse refroidir, & un autre ouvrier, assis devant un billot à trois pieds, frappe d'un poinçon à percer sur une des faces applaties de l'aiguille, & la perce.

On transporte ensuite ces aiguilles percées sur un bloc de plomb, où un ouvrier, qu'on nomme le *troqueur*, ôte, à l'aide d'un autre poinçon, le petit morceau d'acier qui est resté dans l'œil de l'aiguille. Cette manœuvre s'appelle *troquer les aiguilles.*

Les

Les aiguilles troquées paſſent entre les mains d'un autre ouvrier qui les évide, c'eſt-à-dire, qui pratique à la lime la petite rainure qu'on apperçoit des deux côtés du trou & dans ſa direction.

Les aiguilles évidées, leur rainure faite, & leur cul arrondi, ce qui eſt du diſtrict de l'évideur, on pointe l'aiguille, c'eſt-à-dire qu'on forme la pointe à la lime: la même manœuvre ſert à en former le corps, ce qu'on appelle dreſſer l'aiguille.

Dès qu'on a pointé & dreſſé les aiguilles, on les range ſur un fer long, plat, étroit & courbé par le bout ; on les fait rougir à un feu de charbon, & lorſqu'elles ſont bien rouges, on les laiſſe tomber dans un baſſin d'eau froide pour les tremper.

Cette derniere opération eſt la plus eſſentielle & la plus délicate de toutes, parceque c'eſt d'elle que dépend la bonne qualité d'une aiguille ; trop de chaleur la brûle & la rend caſſante, trop peu la laiſſe molle & pliante. C'eſt donc au coup d'œil d'un ouvrier expérimenté à juger par la couleur de l'aiguille quand il eſt temps de la tremper.

Après la trempe on fait le recuit, c'eſt-à-dire qu'on met les aiguilles dans un poële de fer ſur un feu plus ou moins vif, ſelon que les aiguilles ſont plus ou moins fortes. Lorſque trop de chaleur ne détruit pas la trempe, ou que trop peu ne laiſſe pas les aiguilles inflexibles & caſſantes, l'effet du recuit eſt de les empêcher de ſe caſſer facilement, pourvu que l'ouvrier ait attention à ne leur donner que le degré de chaleur qu'il leur faut.

Lorſqu'on jette les aiguilles dans l'eau pour les faire tremper, il leur arrive quelquefois de ſe courber, de ſe tordre & de ſe défigurer. Pour remédier à ces défauts, on les fait recuire, & on les redreſſe avec le marteau.

On travaille enſuite à les polir, & pour cet effet on prend douze à quinze mille aiguilles, on les range en petits tas les unes auprès des autres ſur un morceau de treillis neuf, couvert de poudre d'émeri. Dès qu'elles ſont rangées, on répand par-deſſus de la poudre d'émeri ſur laquelle on jette un peu d'huile ; on roule le treillis, on en fait une eſpece de bourſe oblongue, on la ſerre fortement par les deux bouts avec des cordes ;

on la porte fur la table à polir , fur laquelle on met une planche épaiffe, chargée d'un poids proportionné , fufpendue par deux cordes. Un ou deux ouvriers font aller & venir cette charge fur le rouleau ou bourfe pendant un jour & demi ou deux de fuite , & pour lors les aiguilles, enduites d'émeri, fe poliffent infenfiblement , felon leur longueur , par le frottement continuel des unes contre les autres.

Lorfqu'il y a plufieurs ouvriers à polir , le poids eft fufpendu par quatre cordes égales, & la table eft pofée horizontalement. Lorfqu'on n'emploie qu'un ouvrier , le poids n'eft fufpendu que par deux cordes , & pour lors la table eft inclinée. En Allemagne on fe fert de moulins à eau pour faire agir les poliffoires.

Les aiguilles étant polies , on les leffive, c'eft-à-dire qu'on les jette dans de l'eau chaude & du favon pour en détacher le cambouis qui s'eft formé par l'huile & les particules d'acier & d'émeri dont les aiguilles étoient enduites.

Après la leffive , on étale du fon fur lequel on étend les aiguilles encore humides ; elles s'en couvrent en les remuant un peu , & lorfqu'elles en font chargées, on les met avec ce fon dans une boîte ronde , fufpendue en l'air par une corde , & qu'on agite jufqu'à ce qu'on juge que le fon & les aiguilles ont perdu leur humidité. On fe fert encore mieux d'une boîte quarrée , traverfée par un axe , à une des extrémités duquel eft une manivelle qui fert à mettre en mouvement la boîte , les aiguilles & le fon : c'eft ce qu'on appelle vanner les aiguilles.

Après avoir fait deux ou trois fois cette opération avec deux ou trois fons différents , on tire les aiguilles du van, on les met dans des vafes de bois ; & comme il n'eft pas poffible qu'il n'y en ait plufieurs dont la pointe ou le cul ne fe foient caffés dans la poliffoire & dans le van , on les trie en féparant les bonnes des mauvaifes.

En les triant on leur met à toutes la pointe du même côté , ce qu'on appelle détourner les aiguilles. Il ne s'agit plus que de les empointer pour les finir ; c'eft ce qu'un ouvrier exécute en faifant rouler la pointe des aiguilles fur une pierre d'émeri qui eft en mouvement au moyen d'une roue à main.

L'affinage étant fait, on les essuie avec des linges mollets & secs ; on fait des paquets qu'on distingue par numero : la grosseur des aiguilles va toujours en diminuant depuis le premier numero jusqu'au numero vingt-deux.

Chaque paquet doit porter le nom & la marque de l'ouvrier, être couvert de gros papier blanc, plié en six ou sept doubles, ficelé, & ensuite recouvert de deux vessies de cochon ; on le ficelle encore, & on l'enveloppe d'une grosse toile d'emballage pour que les aiguilles ne puissent point se courber.

L'aiguille à meche, dont se servent les chandeliers pour fabriquer des chandelles moulées, est un fil de fer, long d'un pied, qui a un petit crochet à un bout & une espece d'anneau à l'autre. On s'en sert pour passer la meche dans le moule en la tirant vers le haut par l'ouverture d'en bas. Les chandeliers ont encore une seconde aiguille pour enfiler les chandelles avec des pennes & les mettre en linures. Ces pennes sont les bouts de fil qui restent de la chaîne des toiles après que les tisserands ont levé leur ouvrage de dessus le métier. Cette seconde aiguille, longue d'un pied, ressemble à l'aiguille de rembourrage.

L'aiguille à relier est une longue aiguille d'acier, recourbée vers la pointe, & qui a plus ou moins de longueur, suivant le format des livres. Elle sert aussi aux plieuses & couseuses pour porter d'une nervure à l'autre le fil qui traverse le milieu de chaque cahier, & qui l'arrête aux ficelles qui sont placées perpendiculairement sur le cousoir.

Les aiguilles à sellier ont quatre quarres, &, selon les divers ouvrages, elles sont grosses, moyennes ou fines.

Les aiguilles à empointer sont des especes de carrelets beaucoup plus longs & plus forts que ceux des selliers. Les marchands drapiers, merciers & manufacturiers s'en servent pour arrêter, avec de la ficelle ou du gros fil, les plis des pieces d'étoffe, ce qui s'appelle les empointer.

L'aiguille à tête ou à cheveux est un morceau d'acier, de fer, de laiton poli, d'argent ou d'or, long d'environ quatre pouces, ayant d'un côté une tête plate, trouée en longueur, & de l'autre une pointe peu piquante. Elle sert à séparer & passer les cheveux des dames quand elles se coëffent.

L'aiguille à réseau est un petit morceau d'acier ou de fer, fendu par les deux bouts, dont on fait les réseaux sur lesquels les perruquiers cousent les tresses des cheveux dont ils forment les perruques.

L'aiguille à emballer est une grosse aiguille de fer ou d'acier, longue de cinq à six pouces, ronde du côté de la tête, triangulaire & tranchante du côté de la pointe qui est fort évidée.

Quoique les chirurgiens se servent d'aiguilles ordinaires pour coudre les bandes & autres pieces d'appareils, ils en ont de particulieres pour les différentes opérations dont nous allons parler.

Celles qu'ils emploient pour la réunion des plaies, ou pour la ligature des vaisseaux, sont tellement courbes, que tout le corps de l'aiguille contribue à former un arc. La tête, dont le volume est moindre que le corps, est percée d'une ouverte longuette, entre deux rainures latérales, plus ou moins profondes, selon la dimension de l'aiguille. Le corps de l'aiguille commence où finissent les rainures; il doit être rond & commencer un triangle en approchant de la pointe. Cette pointe, qui est la partie la plus large de l'aiguille, doit en comprendre le tiers & former un triangle dont la base est plate en dehors, & les angles qui terminent sa surface, tranchants & très aigus; large dans son commencement, cette pointe doit diminuer insensiblement en allant vers sa fin, afin que son extrémité soit assez fine pour faire le moins de douleur qu'il est possible, & qu'en même temps elle soit assez solide pour ne point s'émousser en perçant le tissu de la peau. Ces aiguilles different de grandeur & de degrés de courbure selon qu'on en a besoin pour la profondeur des plaies.

Les aiguilles pour la suture des tendons ont le corps rond; & leur pointe, plate sur leur extrémité, ne coupe point sur les côtés.

Les aiguilles pour le bec de lievre sont droites; leur corps est extrêmement cylindrique; elles n'ont point d'œil; leur pointe applatie est tranchante sur les côtés, & a la forme d'une langue de vipere, pour couper en perçant, & faire une plus grande ouverture au reſte de l'aiguille. Il y a des praticiens qui les font faire en or afin qu'elles ne ſe rouillent pas dans les plaies.

L'aiguille pour la ligature de l'artere intercoſtale, dont l'invention eſt due à M. Goulard, Chirurgien de Montpellier, & de la Société Royale des Sciences de cette ville, reſſemble à une petite algalie ou ſonde creuſe, a la tête en forme de plaque ; ſon corps cylindrique a trois pouces de longueur ; ſa pointe, tranchante ſur les côtés & percée de deux trous, a à ſon extrémité un demi-cercle capable d'embraſſer une côte.

Les aiguilles pour abattre la cataracte ſont longues de trois pouces, droites, ont la pointe en langue de ſerpent bien tranchante, doivent être d'un acier pur & bien trempé, & ſont montées ſur un manche d'ivoire, de bois ou de métal.

L'aiguille à anevriſme, qui eſt une humeur molle qui s'engendre de ſang & d'eſprits répandus ſous la chair par la relaxation ou la dilatation d'une artere, a le corps rond, la tête en forme de petite palette pour pouvoir la tenir avec plus de ſureté, a une grande courbure, & forme une panſe pour donner plus de jeu à l'inſtrument. Sa pointe n'eſt point triangulaire comme celle des autres aiguilles ; elle l'a en forme de cylindre applati, dont les côtés ſont obtus. M. Petit en a imaginé une autre pour la même opération ; elle eſt plate, large, & un peu courbée en S.

L'aiguille pour l'opération de la fiſtule à l'anus doit être d'un argent mou & fort pliant ; elle a ſept pouces de longueur, une demi-ligne d'épaiſſeur, deux lignes de largeur à l'endroit de ſa tête, & en diminuant peu à peu elle ſe termine en pointe.

L'aiguille à ſetons eſt un ſtylet d'argent, boutonné par une de ſes extrémités, & ayant à l'autre un œil ou chas propre à porter une bandelette de linge effilé qu'on nomme ſeton, afin d'entretenir la communication des deux plaies.

L'aiguille des ciriers eſt un morceau de fer long, dont les blanchiſſeurs de cire ſe ſervent pour déboucher le trou de la grêloire lorſque la cire s'y arrête.

L'aiguille des gaîniers, longue d'un pouce, ſert à

faire les trous dans les ouvrages où l'on a befoin de mettre des petits clous d'ornement ; elle eft pointue par un bout & n'eft point ouverte par l'autre.

L'aiguille des gantiers eft petite ; fon cul n'eft ni rond ni long ; fa pointe eft faite de façon qu'une de fes trois faces eft plus large que les deux autres, afin que dans la couture des peaux extrêmement fines, les points foient imperceptibles, & qu'en fendant plutôt la peau qu'en la trouant, on puiffe y faire une couture auffi fine qu'on le veut.

L'aiguille à matelas a douze ou quinze pouces de lon- gueur ; les tapiffiers s'en fervent pour piquer de ficelle les matelas & autres ouvrages.

L'aiguille à faire les filets eft faite avec du bois pour les ouvrages à grandes mailles ; pour les petites elle eft de fer : par une de fes extrémités elle eft terminée en pointe obtufe, & par l'autre en fourchette, fur laquelle on met la ficelle ou le fil dont on veut faire le filet.

Les aiguilles des piqueurs d'étuis ou de tabatieres font une efpece de petit poinçon dont on fe fert pour forer les pieces qu'on veut piquer.

L'aiguille de chaffe eft un morceau de fer dont on foutient la chaffe ou battant des métiers de drap, quand on veut la hauffer ou baiffer, l'avancer ou reculer fui- vant le befoin. Cette aiguille ouverte a un pied de lon- gueur, & elle eft taraudée de l'autre de la même longueur.

Les aiguilles à preffer font de groffes aiguilles de fer, longues de quelques pouces & triangulaires par leur pointe. Elles fervent aux ouvriers en tapifferie, pour ar- ranger, féparer, preffer les foies & les laines qu'ils ont placées entre les fils de laine pour former plus parfaite- ment le contours du deffein qu'ils ont à exécuter.

Les aiguilles à tricoter font de fils de fer, de laiton ou d'argent, longs, menus, polis & arrondis par les bouts, pour faire des bas, des gants, & autres ouvrages en fil, foie, laine ou coton.

Les aiguilles d'enfouble font des pointes d'aiguilles caffées, dont on remplit l'enfouble de devant des métiers à velours cifelé, & autres petits velours, pour les arrêter à mefure qu'on les fabrique, & en même temps pour contribuer à une égale tenfion de la chaîne.

Il y a de trois fortes d'aiguilles à brodeur, les aiguilles à paſſer, à ſoie, à friſure ou à barillon. La premiere a le trou oblong, au lieu que l'aiguille à coudre l'a quarré. La ſeconde eſt plus menue ; la troiſieme l'eſt davantage. Les brodeurs ont encore des aiguilles à enlever, qu'ils nomment aiguilles à liſiere, & d'autres extrêmement menues qui leur ſervent à faire le petit point.

Les aiguilles à tapiſſerie en laine ſont groſſes, fortes, & ont l'œil large & oblong.

Les aiguilles de faiſeurs de bas au métier, & celles des bonnetiers, ſont plates par un bout, aiguës & recourbées par l'autre.

Les aiguilles à perruquier ſont très fortes, aiguës par un bout & percées par l'autre : elles ſont plus longues que les aiguilles ordinaires.

Les voiliers ſe ſervent de trois eſpeces d'aiguilles, d'aiguilles à couture, d'aiguilles à œillets, & d'aiguilles de ralingue. Les premieres ſervent pour coudre les voiles ; les ſecondes pour faire des boucles de certaines cordes, & les appliquer ſur des troncs qu'on appelle œillets, où l'on paſſe des garcettes. Les troiſiemes, qui ſont doubles ou ſimples ſelon le beſoin, ſont employées à coudre & à appliquer les cordes dont on fait des ourlets aux voiles.

L'aiguille aimantée eſt une petite verge de fer, poſée au milieu de la bouſſole ſur une pointe de cuivre, au-deſſus de laquelle elle ſe meut. Sa direction eſt toujours vers le nord, & elle eſt la plus ſure guide des vaiſſeaux.

Il n'eſt pas étonnant qu'un métier dont les ouvrages demandent autant de préparation que l'aiguille à coudre, ſe ſoit ſoutenu peu de temps dans une ville capitale comme Paris, où on les donne à auſſi bon marché, & où les vivres ſont auſſi chers. Auſſi ce corps d'artiſans, qui formoit autrefois une communauté, dont les ſtatuts datoient du 15 Septembre 1599, ayant de la peine à ſubſiſter, a été obligé vers la fin du dernier ſiecle de ſe réunir à celle des maîtres épingliers, en vertu des lettres-patentes de 1695.

Après avoir fait quelques changemens dans leurs ſtatuts, on réduiſit les jurés des deux communautés au nombre de trois, dont deux furent pris du corps des aiguilliers, & le troiſieme de celui des épingliers.

Par leurs ſtatuts ils ſont qualifiés de maîtres aiguil-

D iv

liers., alêniers, faiſeurs de burins, carrelets, &c.

On ne peut être reçu maître qu'à l'âge de vingt ans, après avoir été apprentif pendant cinq ans, & après avoir ſervi un maître pendant trois ans en qualité de compagnon.

Les fils de maîtres ſont reçus après un ſeul examen, & ſont exempts de chef-d'œuvre.

Chaque maître doit avoir ſa marque particuliere, dont l'empreinte eſt miſe à une table de plomb, & dépoſée chez le Procureur du Roi du Châtelet.

Le négoce des aiguilles eſt conſidérable; la plus grande quantité vient de Rouen, d'Evreux, & ſur-tout d'Aix-la-Chapelle.

On ne fabrique guere plus à Paris que de grandes aiguilles à broder, pour la tapiſſerie, pour les métiers à bas; en un mot, celles qui ſe font à peu de frais, & qui ſe vendent cher.

AJUSTEUR. On donne ce nom aux ouvriers des monnoies qui ajuſtent les *flans*, & les mettent au juſte poids que doivent avoir les eſpeces, en limant ceux qui ſont trop peſants, & en rejettant ceux qui ſont trop légers.

Les Ajuſteurs ſe ſervent d'une balance, qu'on nomme *ajuſtoire*, pour donner au flan le poids qu'il doit avoir pour être monnoyé, & ciſaillent les foibles pour les remettre en fonte.

Les flans ſont des quarreaux d'argent recuits, qu'on coupe & qu'on lime juſqu'à ce qu'ils ſoient réduits au poids qu'ils doivent avoir; pour les peſer on ſe ſert des poids appellés *deneraux*: lorſque les flans ſont trop forts, on les diminue avec des *écouenes* ou *écouanes*, qui ſont des limes faites en maniere de rapes avec des cannelures, par des angles entrants & ſortants: cette opération s'appelle *ajuſter la breve*.

Les Ajuſteurs doivent auſſi blanchir les flans, ce qu'ils nomment *amatir*, parcequ'ils rendent le métal mat & non poli; lorſqu'ils ſont en cet état, ils les marquent au balancier, d'où ils ſortent en ayant le fond poli & le relief mat: ce qui vient de ce que la gravure des quarrés eſt ſeulement adoucie, pendant que les faces en ſont parfaitement polies. La grande preſſion que le flan ſouffre entre les quarrés, fait qu'il en prend juſqu'aux moindres traits. Les parties polies du quarré rendent polies celles du flan qui leur correfpondent, au lieu que celles qui font gravées, & feulement adoucies, font remplies de pores imperceptibles, qui laiffent fur le flan autant de petits points en relief qu'elles ont de pores, ce qu'on appelle encore *mat.*

Le blanchiment pour l'argent, & la couleur pour l'or, qui rendent le flan mat dans toute fon étendue, font des préparations indifpenfables pour avoir de belle monnoie. Quoique les ouvriers foient toujours payés pour les faire comme il faut, l'avidité du gain les leur fait fouvent négliger.

Lorfque les flans font ajuftés & préparés comme ci-deffus, le prévôt de la monnoie les remet entre les mains du maître, avec ceux qui ont été rebutés comme foibles, & les limailles, le tout poids pour poids : on appelle cela *rendre la breve.*

Le maître paie pour lors au prévôt deux fols par marc d'or, & un fol par marc d'argent, pour être diftribués à ceux qui ont ajufté la breve.

Les ajufteurs, ainfi que les monnoyeurs, ne peuvent être reçus en cette qualité, s'ils ne font d'eftoc & ligne, c'eft-à-dire, fi leurs ancêtres n'ont pratiqué le même métier : *voyez* MONNOYEUR.

ALGÉBRISTE. C'eft celui qui enfeigne & réfout tous les problêmes de l'algebre.

Cet art, qui nous vient originairement des Arabes, eft très ancien : on prétend que les Indiens l'apprirent aux Perfans, que ceux-ci l'enfeignerent aux Arabes, qui le porterent en Efpagne, d'où il s'eft répandu chez les autres nations Européennes.

Quoi qu'il en foit de fon origine, dont on n'eft pas bien certain ; que ce foit les Grecs ou les Indiens qui en foient les inventeurs, cet art qui eft la méthode de faire en général le calcul de toute forte de quantités, en les repréfentant par des figures très univerfelles, fe divife en algebre vulgaire & en algebre fpécieufe.

La vulgaire ou nombreufe, eft celle des anciens, qui, fans faire ufage des démonftrations, fe fervoient des nombres pour la folution des problêmes d'arithmétique.

L'algebre fpécieufe ou nouvelle, dont *François Viete*, originaire François, fut l'inventeur en 1590, confifte à

donner des marques ou fymboles à toute forte de quantités connues ou inconnues ; à la place des nombres, elle
emploie des lettres de l'alphabet pour défigner les efpeces
& les formes des chofes fur lefquelles elle exerce fes rai-
fonnements, ce qui foulage beaucoup l'imagination de
ceux qui s'y appliquent.

Depuis *Viete*, *Harriot*, *Defcartes* & *Newton* l'ont portée au point de perfection où elle eft aujourd'hui.

L'application de l'algebre au calcul des infinis a donné
naiffance à une nouvelle branche du calcul algébrique,
qu'on appelle le *calcul différentiel.*

La multiplication des lettres dont on fe fert dans l'algebre, explique la multiplication des dimenfions ; & comme le nombre en pourroit être fi grand qu'il feroit incommode de les compter, on écrit feulement la racine, &
l'on ajoute à droite l'expofant de la puiffance, c'eft-à-dire
le nombre des lettres dont la puiffance qu'on veut exprimer eft compofée ; ainfi, dans a^1, a^2, a^3, a^4, le dernier a
veut dire un a multiplié quatre fois par foi-même :
ainfi des autres à proportion.

Voici quelles font les principales notes de l'algebre.
Ce figne ─┼─ fignifie *plus* ; ainfi 9 ─┼─ 3, fignifie 9 plus 3.
Celui-ci ── fignifie *moins* ; ainfi 14 ── 2 veut dire 14
moins 2. Cet autre ══ eft la marque de l'égalité ; ainfi
9 ─┼─ 3 ══ 14 ── 2 veut dire que 9 plus 3 eft égal à 14
moins 2, chaque nombre faifant celui de 12.

∷ Ces quatre points entre deux termes devant & deux
termes après, marquent que les quatre termes font en
proportion geométrique : ainfi 6 · 2 ∷ 12 · 4, veut dire
que comme fix eft à deux, de même douze eft à quatre. ∻ C'eft le fymbole d'une proportion continue :
∻ 3 · 9 · 27, fignifie que 3 eft autant de fois en 9,
que 9 en 27.

: Ces deux points au milieu de quelques nombres,
marquent la proportion arithmétique qui eft entre ces
nombres ; 7 · 3 : 13 · 9, veut dire que 7 furpaffe 3, comme 13 furpaffe 9. Il y a quelques Algébriftes qui mettent
trois points difpofés de cette maniere ·.· à la place des
deux ci-deffus.

÷ Cette note marque la proportion arithmétique continue ; ÷ 3 · 7 · 11, fignifie que 3 eft furpaffé par 7 autant que 7 par 11.

Deux lettres enſemble marquent une multiplication de deux nombres : ainſi *b d* eſt le produit de deux nombres, comme 2 & 4, dont le premier s'appelle *b* & le ſecond *d*.

√ Signifie racine : √4, c'eſt-à-dire la racine de 4 qui eſt 2, lequel multiplié par lui-même fait 4.

ALLUMETTIER. On donne ce nom à celui qui fait des allumettes, qui ſont de petits bâtons de bois ſec, de roſeau, de chenevotte, ou de toute autre matiere aiſément combuſtible, ſoufrés par les deux bouts, & dont on ſe ſert pour allumer une chandelle ou une bougie, &c.

Les ouvriers qui travaillent aux allumettes emploient communément du bois de tremble bien ſec, dont ils ſcient des rondins de trois pouces de longueur, & partagent ces tranches en deux ou en trois parties à-peu-près égales, ſuivant la groſſeur des rondins.

Ces parties de tranches étant préparées, ils les tiennent de la main gauche, pendant que de la droite ils ſe ſervent d'une *plane* pour les couper en petites tablettes, ſelon la direction des fibres du bois ; ils retournent enſuite toutes ces tablettes qu'ils mettent enſemble pour les couper tranſverſalement, & de la même épaiſſeur qu'ils les ont déja coupées longitudinalement.

La plane, ou couteau à main, eſt un inſtrument long de près de deux pieds, dont un bout, replié en forme d'anneau, eſt inſéré dans un piton qui eſt attaché ſur le banc où l'ouvrier coupe le bois, afin qu'au moyen de ce point de direction, cet outil ne vacille pas ; l'autre bout a un long manche de bois que l'ouvrier tient dans ſa main droite, pour s'en ſervir dans les opérations où il en a beſoin.

Le bois des tranches étant diviſé au moyen de la plane en petits bâtons quarrés, on en prend une poignée ordinaire qu'on lie par le milieu avec des fils de *pennes*, qui ſont ceux qui reſtent de la chaîne des toiles après que les tiſſerands ont levé leur ouvrage de deſſus le métier. Le paquet étant lié on le frappe avec une petite palette, afin que les petits bâtons quarrés ne dépáſſent point la ſuperficie des deux bouts : on les trempe enſuite dans du ſoufre fondu.

On fait encore des allumetes pour ſoufrer le vin ; elles ſont de groſſe toile, d'un pouce & demi de largeur, & de quinze à dix-huit de longueur : les marchands de vin les nomment *meches* : *voyez* CABARETIER.

On se sert encore de ces allumettes pour ce qu'on appelle à Bourdeaux *muetter* le vin.

Dans les années où la vendange n'a pas pu mûrir, & que les vins sont nécessairement verds, les Hollandois qui aiment à boire les vins de Bourdeaux très doux, ordonnent à leurs commissionnaires de faire faire des vins muets pour donner de la liqueur aux vins naturels de cette province : *voyez* VIGNERON.

Les allumettes communes paient de droit deux sols par cent d'entrée, & un sol de sortie.

A L U N. L'alun est une sélénite vitrifiable, ou un sel vitriolique à base de terre argilleuse.

On trouve dans le commerce trois especes d'alun ; savoir, l'alun de glace ou de roche, qui se prépare en France, en Angleterre, en Italie & en Flandre ; l'alun de Rome, qui se prépare à Civita-Vecchia, & l'alun de Smyrne, qui se prépare dans les environs de la ville qui porte ce nom.

L'alun de glace ou de roche est ainsi nommé, parcequ'il est tiré des matieres minérales, & qu'il est ordinairement cryftallisé en grosses masses nettes & transparentes, semblables à de l'eau glacée : on le tire des pyrites, & de plusieurs terres pyriteuses & alumineuses.

Les pyrites font des substances minérales, composées de beaucoup de soufre, d'une petite quantité de matiere métallique qui est minéralisée par le soufre, d'une certaine quantité de terre calcaire & de terre argilleuse : voy. le *Dictionnaire de Chymie*, & le *Dictionnaire raisonné d'Hiftoire Naturelle*. Toutes ces matieres font tellement combinées dans les pyrites, que lorsqu'elles font dans leur état naturel, elles ne fournissent que peu ou point de substance dans l'eau : on est obligé d'avoir recours à des manipulations préliminaires avant de pouvoir parvenir à en séparer l'alun.

Pour cela on forme un grand tas de pyrites fous des hangards, afin de les garantir de la pluie : on les arrose de temps en temps avec de l'eau, & on les y laisse pendant environ un an, jusqu'à ce qu'elles foient fleuries ou tombées en efflorescence. Pendant ce temps, l'action combi-

née de l'air & de l'eau décompofe les pyrites, le foufre
fe décompofe, fon phlogiftique fe diffipe, l'acide vittio-
lique fe combine en même temps avec les terres argil-
leufes & calcaires, & avec la matiere métallique lorfque
c'eft du fer ou du cuivre qui eft contenu dans les pyrites.
La décompofition de ces pyrites & toutes ces combinaifons fe font fimultanément : il en réfulte fouvent une
chaleur qui eft affez grande pour enflammer une partie
du foufre.

Lorfque les pyrites font fuffifamment fleuries, ce que
l'on reconnoît lorfqu'elles font couvertes d'une infinité de
petits cryftaux qui ont une faveur ftyprique & aftringente,
alors on met ces pyrites dans des auges de bois qu'on remplit d'eau aux deux tiers ; on remue ce mélange de temps
en temps, afin d'accélérer la diffolution des fels. Lorfque
l'eau en eft fuffifamment chargée, on la conduit par des
tuyaux de bois dans un attelier difpofé pour cela, & on
la fait évaporer dans des chaudieres de plomb qu'on a
foin de tenir toujours pleines, en les rempliffant avec de
la même liqueur. Lorfqu'elle eft évaporée au point convenable par la cryftallifation, on la décante dans une très
grande cuve de bois, tandis qu'elle eft bouillante, & on
la laiffe repofer afin que la terre jaune du vitriol fe dépofe. Lorfque la liqueur eft fuffifamment éclaircie, on la
diftribue dans plufieurs autres cuves moins grandes, &
on l'y laiffe pendant plufieurs jours, en ayant foin de
l'agiter légérement deux ou trois fois par jour, afin de
faciliter la précipitation des matieres étrangeres à l'alun.
On décante enfuite la liqueur, & on la remet de nouveau
dans une chaudiere de plomb avec ce que l'on appelle le
fondant, qui n'eft rien autre chofe que la leffive des Savon-
niers, ou une forte leffive de cendre gravelée, qui occafionne la précipitation des matieres étrangeres. On refait
évaporer cette liqueur jufqu'à ce qu'elle foit à pellicule ;
& lorfqu'elle eft fuffifamment dépurée par le repos, &
que le fédiment s'eft attaché au fond des chaudieres, on
met la liqueur dans des bariques ou tonneaux, aux parois
defquels l'alun fe cryftallife dans l'intervalle de vingt ou
trente jours. Au bout de ce temps on pratique des trous
au fond & autour des tonneaux pour faire égoutter la liqueur qui ne s'eft point cryftallifée.

C'eft par ces procédés généraux qu'on prépare l'alun de glace en France, en Suede, en Allemagne, avec les pyrites ou pierres pyritueufes qui peuvent fournir de l'alun. Cet alun fe diftribue enfuite dans le commerce par gros tonneaux qui contiennent environ un millier chacun.

Il n'eft pas rare, quand on caffe les tonneaux, de ne trouver qu'un feul bloc de cryftal d'alun qui ne préfente aucune forme réguliere ; mais lorfqu'on fait cryftallifer l'alun réguliérement, il forme des cryftaux plats triangulaires dont les trois angles font tronqués, ce qui forme des folides à fix côtés.

Le travail de l'alun paroît fimple, d'après le détail que nous venons de donner ; néanmoins il faut de l'expérience & de l'habitude pour amener ce fel à fa perfection, furtout lorfqu'il eft extrait des matieres pyriteufes ; parceque comme les pyrites contiennent un peu de fer, elles fourniffent dans la liqueur alumineufe une certaine quantité de vitriol de mars qui altere la pureté de l'alun, & le rend d'un fervice moins général dans la teinture, que l'alun qui eft parfaitement pur. C'eft même un défaut qu'on remarque à la plupart des aluns qu'on trouve dans le commerce, & qui ont été préparés avec les matieres dont nous venons de parler : ce qui oblige fouvent les teinturiers, finguliérement ceux qui travaillent en foie, à employer de l'alun de Rome, parcequ'il ne contient jamais de fer, & qu'il eft préparé avec des matieres qui ne font point pyriteufes : *voyez* TEINTURIER.

On a quelquefois affaire à des pyrites qui ont de la peine à tomber en efflorefcence par l'action combinée de l'air & de l'eau : on eft dans l'ufage de calciner légérement ces pyrites avant de les expofer fous les hangards, & on les traite enfuite comme nous venons de le dire. Les pyrites qui ont ainfi befoin d'être calcinées auparavant, pour en tirer l'alun, font celles qui contiennent beaucoup de foufre ; la calcination fert à en brûler une partie.

Les pyrites qui ont fervi à la premiere opération dont nous venons de parler, fe traitent comme la premiere fois, & on en tire l'alun de la même maniere.

On tire auffi une grande quantité d'alun affez pur auprès de Pouzzol, dans le voifinage de Naples, dans un lieu appellé *Solfatara.* M. l'Abbé Nollet, qui a vifité cet endroit, & qui en a examiné les travaux, dit que la matiere dont on le tire est une terre affez femblable à la marne, par la confistance & par la couleur, & qu'on ramasse dans la plaine même.

On remplit de cette terre, jufqu'aux trois quarts, des chaudieres de plomb de deux pieds & demi de diametre & de profondeur. Ces chaudieres font enfoncées jufqu'à fleur de terre, fous un grand hangard, éloigné des fourneaux à foufre d'environ quatre cents pas. On jette de l'eau dans chaque chaudiere, jufqu'à ce qu'elle furnage la terre de trois ou quatre pouces. La chaleur du terrein de cet endroit fuffit pour échauffer la matiere, ce qui économife bien du bois. Par le moyen de cette digeftion, la partie faline fe dégage de la terre, & s'éleve à la fuperficie, d'où on la tire en gros cryftaux.

L'alun en cet état eft encore chargé de beaucoup d'impuretés : on le porte à un bâtiment qui eft à l'entrée de la *Solfatara*, & on le fait diffoudre avec de l'eau chaude, dans un grand vafe de pierre qui a la forme d'un entonnoir. L'alun s'y cryftallife de nouveau, & devient plus pur. On ne fe fert, comme la premiere fois, que de la feule chaleur du fol.

L'*alun de Rome* fe travaille dans le territoire de *Civita-Vecchia*, environ à quatorze lieues de Rome. On le tire d'une pierre blanche dure que l'on fait calciner, & que l'on met enfuite en tas fur des places environnées de foffés remplis d'eau; on l'arrofe avec cette eau trois ou quatre fois par jour, pendant fix femaines, ou jufqu'à ce que la pierre calcinée entre dans une efpece d'effervefcence, & fe couvre d'une efflorefcence de couleur rougeâtre : alors on la fait bouillir dans des chaudieres, & l'on procede pour la cryftallifation, de la maniere que nous l'avons dit plus haut. Cet alun n'eft point en groffes maffes, comme celui qu'on nomme *alun de roche*, mais en morceaux gros comme des noix, comme des amandes, ou comme des œufs. Cet alun eft mêlé auffi de pouffiere un peu rougeâtre. J'ai examiné, dit l'auteur du Dictionnaire de Chymie, avec foin la pureté de l'alun de Rome, & je l'ai trouvé infiniment meilleur à cet égard que l'alun de roche. Il ne contient pas un atome de matiere métallique ou vitriolique; auffi eft-il préféré pour certaines teintures, dont la plus petite quantité de vitriol martial altéreroit la beauté, Son prix eſt toujours au-deſſus de celui de l'alun de roche.

On prépare, dans les environs de Smyrne, un alun qui eſt très pur, avec une pierre à-peu-près de même eſpece que celle de laquelle on retire l'alun dans les environs de Rome, & qui ſe traite preſque de la même maniere.

AMADOUEUR. C'eſt ainſi qu'on nomme les ouvriers qui font une eſpece de meche noire avec des agarics ou excreſcences fongueuſes qui viennent ſur des vieux chê-nes, frênes, ormes, ſapins & autres arbres.

On fait cuire ces champignons dans de l'eau commune, on les bat après les avoir ſéchés, on leur donne enſuite une forte leſſive de ſalpêtre, après laquelle on les remet ſécher au four.

C'eſt ainſi qu'on prépare & qu'on acheve de donner la derniere façon à l'amadou, que l'on ſait être très propre à recevoir & à entretenir le feu que l'on excite avec l'acier & le caillou frappés l'un contre l'autre.

Au moyen de cette invention, on a dans un inſtant l'élément qui eſt ſi néceſſaire à preſque tous les beſoins des hommes. Le commerce d'amadou eſt aſſez conſidéra-ble dans les pays où il y a beaucoup de fumeurs, il paie quinze ſols par cent de droit d'entrée. En place d'amadou, on ſe ſert dans les Indes d'une plante légumineuſe ou pa-pilionacée, nommée *ſola*, dont la tige épaiſſe, blanche & ſpongieuſe, réduite en charbon, prend feu comme no-tre amadou.

AMIDONNIER-CRETONNIER. Les artiſans qui fa-briquent & vendent de l'amidon fait avec des recoupes de froment ou avec des racines, ſe nomment Amidonniers.

Si l'on veut s'en rapporter au témoignage de Pline, les habitants de Chio furent les premiers inventeurs de l'ami-don, & cet auteur prétendoit que le meilleur venoit de cette iſle.

L'amidon eſt un ſédiment de bled gâté, ou de griots & recoupettes de bon bled dont on fait une pâte blanche & friable, ainſi que nous allons le détailler.

Le bled moulu, paſſé au bluteau, ſe diviſe en ſix parties différentes, en fleur de farine, en groſſe farine, en griots, en recoupettes, en recoupes & en ſon.

Il eſt expreſſément défendu aux amidonniers d'employer

ployer de bon bled dans la composition de leur amidon.
Ils ne peuvent se servir que de griots, de recoupettes ou
de bleds gâtés, qu'ils font moudre pour en faire de l'amidon commun.

L'*eau sure*, c'est-à-dire, celle qui doit servir de levain,
& produire la fermentation, est la principale chose dont
un Amidonnier a besoin ; il se la procure en délayant dans
un seau d'eau chaude, deux livres du levain ou pâte aigrie que les Boulangers emploient pour faire lever leur
pâte : au bout de deux jours l'eau devient sure : mais
comme un amidonnier n'en auroit pas suffisamment pour
procéder à ses opérations, il ajoute à cette premiere eau
un demi-seau d'eau chaude, la laisse reposer, & renouvelle la même manœuvre jusqu'à ce qu'il ait une quantité
suffisante d'eau sure.

Au défaut de levain de Boulanger, on met dans un
chauderon quatre pintes d'eau commune, autant d'eau-
de-vie, deux livres d'alun de roche ; on fait bouillir le
tout ensemble, & on a de l'eau sure propre à faire de
l'amidon.

Quand on n'a pas de levain, on emprunte d'un Amidonnier voisin de l'eau sure dont on se sert pour *mettre en
trempe*, & dont on met un seau sur chaque tonneau de
matiere en été, & trois ou quatre seaux en hiver. Si l'on
emploie du levain de Boulanger, la quantité varie selon
la saison ; il en faut moins en été qu'en hiver, & sur-tout
on doit bien prendre garde que le levain ne se gele.

Après avoir mis la quantité de levain ci-dessus indiquée dans des demi-queues de Bourgogne, défoncées
par un bout, on verse par-dessus de l'eau pure jusqu'au
bondon, & on acheve de remplir les tonneaux de recoupettes, de griots ou de farine de bled gâté moulu gros,
qu'on met par égale moitié : c'est ce qu'on appelle mettre
en trempe.

Les statuts des Amidonniers veulent qu'on laisse tremper les matieres pendant l'espace de trois semaines, dans
des eaux pures, nettes & claires ; mais comme la perfection de l'ouvrage n'est pas toujours ce qui intéresse
le plus un ouvrier, lorsqu'il croit qu'en donnant sa
marchandise à un plus bas prix, il en aura un plus grand
débit, les Amidonniers ne les laissent ordinairement

tremper que dix jours en été, & quinze en hiver.

Ces matieres fuffifamment *trempées* fe précipitent au fond du tonneau, & pour lors on voit furnager ce qu'on appelle l'*eau graffe*, qui n'eft qu'une efpece d'huile que la fermentation des matieres a renvoyée fur la furface de l'eau.

Cette eau jettée, on prend un fas de toile de crin de dix-huit pouces de diametre fur autant de hauteur; on le pofe fur deux lattes, qui font mifes horizontalement fur un tonneau bien rincé : on verfe dans le fas trois feaux de matiere en trempe, fur laquelle on jette deux feaux d'eau claire : on remue le tout avec le bras, ce qu'on répete jufqu'à trois fois en remettant à chaque fois deux feaux d'eau claire, après l'écoulement des deux premiers feaux.

Les ftatuts recommandent encore aux Amidonniers d'avoir de bons fas & de bien laver leur fon.

On vuide dans un tonneau les réfidus qui demeurent dans les fas, & on continue de paffer de la matiere en trempe fur le même tonneau jufqu'à ce qu'il foit plein : ces réfidus bien lavés font bons pour la nourriture & l'engrais des beftiaux.

Le lendemain de cette opération, quoique les ftatuts difent trois jours après, on enleve avec une fébille de bois l'eau fure, ou le levain des Amidonniers qui a paffé à travers le fas avec la matiere en trempe. On vuide de cette eau jufqu'à ce qu'on voie le *blanc* qui eft dépofé au fond de chaque tonneau, dans lequel on met une fuffifante quantité d'eau claire, pour pouvoir battre, broyer & démêler l'amidon avec une pelle de bois.

Deux jours après ce rafraîchiffement on jette l'eau dont on s'eft fervi jufqu'à ce qu'on voie paroître le premier blanc, que les Amidonniers appellent indifféremment le *gros* ou le *noir*, & qui couvre le vrai amidon ou le fecond blanc du deffous : ce gros ou noir fait le profit le plus confidérable des Amidonniers, parcequ'ils le vendent ou qu'ils le gardent pour engraiffer des porcs.

Dès qu'on a enlevé de deffus le fecond blanc, le gros ou le noir, on verfe un feau d'eau claire fur les craffes qu'on a laiffées en tirant ce noir; & après avoir bien rincé le deffus du fecond blanc ou de l'amidon, on met ces rinçures dans un autre tonneau ; leur dépôt forme l'amidon commun.

Après que le deſſus du ſecond blanc eſt bien rincé, on trouve au fond de chaque tonneau une épaiſſeur d'amidon proportionnée à la bonté des recoupes & griots dont on s'eſt ſervi. Les bleds gâtés en rendent davantage, mais l'amidon n'en eſt pas auſſi beau, & il n'a jamais la blancheur de celui qui eſt fait de recoupettes & de griots de bon bled.

On paſſe enſuite *les blancs*, c'eſt-à-dire qu'on tire l'amidon d'un tonneau pour le verſer dans un autre, dans lequel on met aſſez d'eau pour le battre, broyer & délayer avec une pelle de bois ; ce qu'on appelle *démêler les blancs*.

Dès que les blancs ſont bien démêlés, on en met dans un tamis de ſoie ſur un tonneau bien rincé, juſqu'à ce que les blancs qui paſſent au travers du tamis, aient rempli le tonneau.

Deux jours après cette opération, on tire l'eau du tonneau juſqu'à ce qu'on ſoit au blanc qui couvre l'amidon, on prend enſuite un pot de terre où l'on met ce blanc, & après on jette un ſeau d'eau claire pour rincer le deſſus de l'amidon : cette nouvelle rinçure, miſe dans le même pot de terre avec l'eau blanche, ou le blanc ci-deſſus, dépoſe un amidon commun. Pour ce qui eſt de l'amidon, on le leve du fond des tonneaux, & après l'avoir bien rincé, on le met dans des paniers d'oſier, arrondis par les coins, & garnis en dedans de toiles qui ne ſont point attachées aux paniers ; c'eſt ce qu'on appelle *lever les blancs*.

Le lendemain que les blancs ſont levés, on monte les paniers pleins d'amidon dans un grenier, dont l'aire doit être d'un plâtre bien blanc & bien propre ; les paniers étant renverſés ſur l'aire du grenier, & l'amidon demeurant à nud, on diviſe chaque bloc en ſeize parties, on les laiſſe ſur le plancher juſqu'à ce que toute l'eau en ſoit écoulée : on appelle cette manœuvre *rompre l'amidon*. Les perſonnes qui voudroient connoître la théorie de la fabrication de l'amidon, la trouveront expliquée par M. *Baumé*, dans la nouvelle édition de ſes *Eléments de Pharmacie théorique & pratique*, qui ſe vend chez *Samſon*, quai des Auguſtins, au coin de la rue Gît-le-cœur.

Dès que cet amidon rompu est suffisamment sec, on le porte aux *essuis*, c'est-à-dire qu'on l'expose à l'air sur des planches situées horizontalement aux fenêtres des greniers : chaque morceau d'amidon étant suffisamment *essuyé*, on le ratisse de tous les côtés : ces ratissures servent à faire de l'amidon commun, mais pour cela il faut écraser les morceaux ratissés, les porter dans une étuve, les ranger de trois pouces d'épaisseur sur des claies couvertes de toile, & retourner cet amidon soir & matin, sans quoi il deviendroit verd de blanc qu'il étoit : cette derniere opération s'appelle *mettre l'amidon à l'étuvée*.

Au sortir de l'étuve, l'amidon est sec & commerçable.

On divise l'amidon en fin & en commun. L'amidon fin sert à faire de la poudre à poudrer les cheveux, on en fait entrer dans les dragées & autres compositions semblables. Le commun est employé par les Cartonniers, Relieurs, Afficheurs, & par tous les artisans qui font usage de beaucoup de colle.

Les Amidonniers ne sauroient être trop attentifs pour leur propre profit à bien choisir les issues, recoupettes & griots, à prendre par préférence ceux que donnent les bleds plus gras, parcequ'ils en retirent un amidon plus beau & en plus grande quantité.

Les statuts portent, 1°. que le gros amidon qu'on vend aux Confiseurs, Chandeliers, Teinturiers du grand teint, Blanchisseuses de gaze & autres, doit demeurer quarante-huit heures dans le four & huit jours aux essuis.

2°. Qu'aucun Amidonnier ne pourra acheter du bled gâté, sans la permission du Magistrat auquel la police en appartient, & que l'amidon qui en proviendra sera fabriqué avec autant de soin que l'amidon fin.

3°. Qu'ils ne pourront le vendre qu'en grain & jamais en poudre, sous quelque prétexte que ce soit.

La négligence de ces statuts & les abus qui se sont introduits dans la fabrication de l'amidon, ayant été assez considérables pour mériter l'attention de la Cour, par son édit du mois de Février 1771, registré en Parlement le 20 Août de la même année, Sa Majesté défend aux Amidonniers d'acheter de bons grains pour en faire de l'amidon, de tirer une premiere farine des bleds germés & gâtés, pour la vendre aux Boulangers qui en font du pain,

& d'introduire dans la fabrication de leur amidon des matieres prohibées par les réglements, parcequ'un pareil procédé de leur part contribue au rehauffement du prix des grains dans des années peu abondantes, occafionne des maladies, & produit quelquefois des accidents funeftes. Pour remédier à ces inconvénients, l'article IV de cet édit permet aux Commis prépofés pour la perception des deux fols impofés pour chaque livre d'amidon, de vifiter les atteliers des Amidonniers, &, lorfqu'ils les trouveront en faute, de les dénoncer par des procès-verbaux en bonne forme aux Officiers de police & aux Magiftrats chargés de l'exécution de leurs réglements; & l'article V.I leur défend, fous peine de cinq cents livres d'amende, de vendre aux Boulangers aucune farine provenant des bleds germés ou gâtés qu'ils font dans le cas d'employer. L'article III défend auffi fous peine de confifcation des amidons, matieres & uftenfiles fervant à la fabrication & préparation, & de mille livres d'amende, d'en fabriquer ailleurs que dans les villes, bourgs & lieux où il s'en fabrique actuellement; Sa Majefté fe réfervant cependant d'étendre ladite permiffion dans d'autres lieux, & dans les cas où les circonftances l'exigeront. Par le même édit, le droit d'entrée pour les amidons étrangers eft fixé à quatre fols pour livre.

Le meilleur amidon eft blanc, doux, tendre & friable; on s'en fert à faire de la colle, de l'empois blanc ou bleu; il eft auffi employé en médecine, il eft regardé comme pectoral, propre à adoucir & épaiffir les férofités âcres de la poittrine, & à arrêter le crachement de fang: il a encore d'autres propriétés dont les Médecins font ufage felon l'exigence des cas.

Au commencement de ce fiecle, M. *de Vaudreuil* trouva le fecret de faire de l'amidon avec la racine de l'*arum*, ou *pied-de-veau;* en 1716, il obtint pour vingt ans un privilege exclufif pour lui & pour fa famille.

Il y a plufieurs autres plantes dont les racines peuvent être propres à faire de l'amidon.

On en fait auffi avec les pommes de terre ou truffes rouges, M. *de Chife* en fut l'inventeur. L'amidon que ces plantes donnent fut jugé par l'Académie royale des Sciences, en 1739, faire un empois plus épais que l'empois ordinaire, à cela près que l'azur ne s'y mêloit pas auffi bien; & comme il n'étoit point fait de grains, on pourroit en faire ufage dans des années de difette.

Quoique tous les Amidonniers ne faffent point le commerce du creton, ils prennent cependant le titre d'*Amidonniers Cretonniers*.

Les Cretonniers font ceux qui achetent des Bouchers les réfidus des fuifs en rame qu'ils ont fait fondre; ces réfidus font les pellicules qui renfermoient le fuif, qui quelquefois font accompagnées de quelques morceaux de viande, & qui demeurent après qu'on en a extrait le fuif : on les nomme *cretons*.

On met ces cretons dans de grandes chaudieres de fonte qu'on pofe fur des fourneaux, pour les faire fondre de nouveau, & en tirer le peu de fuif que les Bouchers y ont laiffé; ils les mettent avec des *boulées*, c'eft-à-dire, avec les ratiffures des caques dans lefquelles les Bouchers mettent leur fuif : après en avoir tiré avec une cuiller tout le fuif qu'on a pu, on met dans un feau de fer percé à jour ce qui eft demeuré dans le fond de la chaudiere; on le porte dans un preffoir, & au moyen d'une piece de bois, qu'on nomme un billot, qui eft fous la vis, & qui entre dans le feau; en portant fur un cerceau de fer de la circonférence du feau, & qui a cinq à fix pouces de largeur fur un démi-pouce d'épaiffeur, on preffe ces réfidus autant qu'on le peut, on en fait fortir tout le fuif qui coule du feau dans une efpece d'auge de bois, qui le conduit dans une chaudiere qui eft enfevelie dans la terre; & du refte on en fait une efpece de pain de fuif qui fert à engraiffer des porcs & autres animaux.

Le fuif qui fort de ces cretons eft d'un brun noir : ceux qui l'emploient, comme les Corroyeurs, Hongroyeurs & autres, pour adoucir leurs cuirs, ne peuvent l'acheter que des Amidonniers Cretonniers, parceque par l'article trente-quatre de leurs ftatuts, ils font les feuls en poffeffion de faire la fonte des boulées & fuifs bruns provenants des cretons des Bouchers, de qui ils les achetent pour en faire la préparation néceffaire aux artifans ci-deffus.

Par l'article trente-deux de leurs réglements, les Amidonniers Cretonniers ne peuvent faire ni fabriquer leur amidon & fuif de creton à Paris; il faut que leur manufacture foit dans les fauxbourgs & banlieue, à peine de confifcation de leurs marchandifes, & de quinze cents livres d'amende ; & , fous quelque prétexte que ce foit, ils ne peuvent s'établir qu'aux lieux où il y aura facilité pour l'écoulemeut des eaux, & fans une permiffion expreffe du Lieutenant Général de Police.

Malgré les oppofitions de diverfes communautés, les Amidonniers Cretonniers obtinrent enfin au mois de Mars 1744, des lettres-patentes de Sa Majefté, enregiftrées au Parlement le 12 Janvier 1746, pour autorifer & confirmer leurs ftatuts & réglements, qui avoient été rédigés en trente-neuf articles, & affurer à leur corps le droit de communauté.

L'apprentiffage eft de deux ans, après lefquels, fur le brevet quittancé & le certificat de fes fervices, l'apprentif peut être admis à la maîtrife : le chef-d'œuvre eft d'environ un cent d'amidon parfait chez l'un des Jurés, lequel amidon tourne au profit de la communauté : les fils de maître font exempts de chef-d'œuvre.

Les Amidonniers ni leurs veuves ne peuvent prêter leur nom à qui que ce foit, directement ou indirectement, pour faire le commerce de l'amidon & du creton ; s'affocier avec aucun maître ou veuve des communautés employant l'amidon, les retirer & loger dans leur maifon, fous quelque prétexte que ce puiffe être, à peine de confifcation des marchandifes en cas de contravention, & de cent livres d'amende au profit de la communauté plaignante ; de débaucher les compagnons des uns des autres, ni les prendre fans un confentement par écrit des maîtres qu'ils auront quittés, à peine de cinquante livres d'amende.

Les Amidonniers donnent à leur principal attelier le nom de *trempis*.

AMINEUR. Dans les greniers à fel, les *Amineurs* font ceux qui font prépofés pour mefurer le fel dont on fait la diftribution au peuple. Dans les endroits où les greniers à fel ne font pas établis, on les appelle *Mefureurs de fel*.

Indépendamment de leur fonction du mefurage du fel, les Amineurs doivent avoir des connoiffances particulieres fur la fabrique & la qualité des fels. Par l'article dix-sept de la déclaration du Roi du 19 Mai 1711, il est dit : » Voulons que les Amineurs de chaque grenier soient » nommés pour la visite & confrontation des échantil- » lons de faux sel trouvé chez les particuliers, sans que » lesdits Amineurs puissent être reprochés par les par- » ties «. L'arrêt du Conseil, du 3 Décembre 1712, or- donne que lorsqu'il y aura contestation sur la qualité de sels de capture, les officiers des greniers à sel seront te- nus de nommer pour tiers expert un Mesureur ou Ami- neur du grenier, & leur fait défenses d'en nommer d'au- tres.

Depuis que les *Radeurs* en titre d'office ont été sup- primés dans les greniers à sel, les Amineurs font leur fonction, & se servent pour cet effet d'une *radoire*, qui est un instrument de bois plat, d'environ deux pieds de long, dont les côtés, l'un quarré & l'autre rond, s'appellent *rives*.

Le réglement de la Cour des Aides du 4 Septembre 1765, leur prescrit de placer la mesure de maniere que le sel tombe toujours au milieu, de ne point *rader* avant que le sel ne *grêle*, c'est-à-dire, ne tombe en grêle sur tous les bords, & de prêter serment devant l'Officier Contrôleur.

Comme ces Jurés-Mesureurs de sel, ou Amineurs, for- ment une communauté, ils prennent aussi la qualité d'*E- talonneurs des mesures de bois*, & de *Compteurs de Salines* ; leurs principales fonctions sont de faire le mesurage des sels dans les greniers & bateaux ; de faire aussi l'*épalement* ou étalonnage des mesures de bois destinées tant pour le sel que pour les grains, graines, fruits, légumes, &c. sur les étalons de fonte, ou mesures matrices & originales, qu'ils gardent dans une chambre particuliere qu'ils ont à l'hôtel-de-ville ; de compter les marchandises de salines lorsqu'elles se déchargent des bateaux, d'en prendre les déclarations, de tenir regiftre, tant des qualités des marchandises qui s'enlevent, que des noms des charretiers qui en font les voitures ; d'aller en visite, une fois l'année, chez les marchands qui font les regrats des marchandises de grains, graines, farines, fruits & légumes, pour con- noître si les mesures dont ils se servent ont été bien & duement étalonnées & marquées à la lettre de l'année,

& fi elles n'ont point été altérées ni corrompues.

ANCRES (fabrique des). L'ancre eft un inftrument de fer à double crochet, qu'on jette dans le fond de la mer ou des rivieres, pour arrêter ou fixer les vaiffeaux fur la fuperficie de l'eau dans les endroits où on le juge à propos.

Elle eft compofée de plufieurs parties, favoir d'un anneau, que l'on nomme ordinairement *arganeau* ou *organeau*, qu'on entortille de petites cordes qu'on nomme *boudinure* ou *emboudinure*, & qui fert pour y attacher un cable ; de la *verge*, autrement *vergue* ou tige droite, dont l'extrémité eft percée d'un trou proportionné à l'anneau ; de la *croifée* ou *croffe*, qui eft foudée au bout de la verge, & dont chaque moitié de croifée eft appellée *bras* ou *branche* ; de deux *pattes*, qui font des efpeces de crochets ou pointes recourbées, l'une à droite & l'autre à gauche, à-peu-près femblables à des hameçons.

Toutes ces parties font foudées ou jointes enfemble, en telle forte qu'elles ne font qu'une feule & même piece très forte & très folide, qui a prefque la figure d'une arbalête ; il n'y a que l'anneau qui foit mobile, étant paffé dans un trou à l'extrémité de la verge, du côté du jas.

Le *jas*, qu'on nomme auffi l'aiffieu ou le jouet de l'ancre, eft un affemblage de deux pieces de bois de même proportion & figure, jointes enfemble par des chevilles de fer au-deffous du trou de la verge ; en forte que le bout de la verge paffe au travers du jas où il fe trouve comme encaftré, ainfi que les tenons ou bras de la croifée de l'ancre. Ce jas empêche que l'ancre ne fe couche de plat fur le fable, & fait que l'une des pattes s'enfonce dans le terrein folide qui fe trouve au fond de la mer, afin d'arrêter le vaiffeau par le moyen du cable attaché d'un bout à l'anneau, & qui de l'autre va fe joindre au vaiffeau où il eft amarré : on fait ordinairement le jas de la même longueur que la verge ; & quand il eft au fond de l'eau, il fe trouve toujours couché fur le fable, en forte que l'ancre a l'une de fes pattes enfoncées dans la terre, & l'autre eft au-deffus qui ne fait aucune fonction.

On ne peut point douter que l'invention des ancres ne foit très ancienne, & n'ait fuivi de près, fi elle n'a accompagné, la témérité du premier navigateur. Appollonius de Rhodes, Etienne de Byfance, parlent des ancres de pierre dont les anciens fe fervoient comme le font aujourd'hui les habitants de l'ifle de Ceylan. Dans quelques endroits des Indes, les ancres font des efpeces de machines de bois chargées de pierres ; & on prétend que les vaiffaux arrêtés par cette efpece d'ancre demeurent plus fermes que ceux qui font fur une ancre de fer, ou fur une fimple pierre.

On a fait des ancres à une, deux, trois & quatre dents ou pattes ; les premieres ne font plus d'ufage ; la troifieme & la quatrieme efpece font fujettes à bien des inconvénients : on fe fert de l'expreffion de *talinguer le cable* lorfqu'on l'ajufte dans l'anneau.

Quoique toutes les ancres foient faites de la même maniere, on les divife en quatre claffes : la plus grande, qu'on nomme *ancre maîtreffe*, ne fert jamais que dans les gros temps, & dans le danger évident où le navire tomberoit en côte, c'eft-à-dire, que pouffé par les vents ou les courants, il iroit échouer & fe brifer fur la côte : celle qu'on nomme la *feconde ancre* fert à tenir le bâtiment en rade : la troifieme eft l'ancre *d'affourché* ou *d'affou-che* ; on la mouille après en avoir jetté une autre à la partie oppofée, pour affourcher le vaiffeau, l'empêcher de tourner fur fon cable, de s'éloigner, de fe tourmenter, & de chaffer fur fon ancre : la quatrieme s'appelle *l'ancre de toue*, on s'en fert pour haler le navire & le faire avancer avec le cabeftan ou virevau, lorfqu'il s'agit d'entrer dans un havre ou d'en fortir, de changer de place dans les rades, & de rappeller le vaiffeau à la mer lorfque le vent le jette à la côte.

L'*ancre à demeure* eft une très groffe ancre, qui demeure toujours dans un port ou dans une rade, pour fixer & touer les vaiffeaux.

L'*ancre de veille* eft celle qu'on tient toute prête à être mouillée.

L'*ancre du large* eft celle qui eft mouillée vers la mer lorfqu'il y en a une autre qui eft mouillée vers la terre, & qu'on nomme *ancre de terre*.

Lorfque deux ancres font mouillées à l'oppofite l'une de l'autre, on les nomme *ancre de flot & de jufant* ; la premiere eft pour tenir contre le flux, & la feconde contre le reflux de la mer : les cables dont on fe fert dans cette occafion s'appellent *hanfieres.*

Pour indiquer les endroits où font les ancres, on met un *orin* ou groffe corde accollée aux deux bras de l'ancre, & qui aboutit à un gros liege, ou à un baril qui flotte fur l'eau.

Lorfqu'on a connu par la fonde que l'endroit fur lequel on doit mouiller l'ancre eft un fond fablonneux ou de mauvaife tenue, on met des planches à fes pattes, ce qu'on appelle *aider l'ancre*, afin que le fer ne creufe & n'élargiffe trop le fable.

On dit que les vaiffeaux *chaffent fur leurs ancres*, lorfque par la violence des coups de mer, ou que les fonds ne font pas bons, ils labourent & s'éloignent du lieu où l'on a mouillé.

Ceux qui entreprennent d'envoyer des vaiffeaux en armement, ne fauroient trop s'attacher à la bonté des ancres, parceque la vie de l'équipage y eft intéreffée, & que la confervation des navires & des marchandifes en dépend. Ils ne fauroient être trop attentifs à ce que le fer qu'on emploie pour les fabriquer ne foit ni trop doux ni trop aigre, les deux extrémités étant également dangereufes, parceque le trop d'aigreur le fait caffer, & le trop de douceur le rend pliant & le fauffe. C'eft pourquoi ceux qui veulent avoir de bonnes ancres font faire un alliage de fer d'Efpagne, qui eft doux, avec le fer de Suede, qui eft aigre, & leur donnent ainfi le degré de bonté convenable.

L'ancre dont nous venons de donner la defcription & d'indiquer les ufages, eft un affemblage de barres plates & pyramidales, arrangées les unes fur les autres, & forgées enfemble de façon qu'elles aient plus de diametre & moins de longueur que la piece qu'on veut forger, parcequ'elles s'étendent & diminuent d'épaiffeur en les forgeant.

Toutes ces barres liées enfemble avec des liens de fer foudés, qu'on fait entrer par le petit bout du paquet, & qu'on chaffe enfuite à grands coups, reçoivent plus d'épaiffeur à mefure qu'elles s'éloignent du centre, afin que le feu agiffe davantage fur elles.

Quand on a percé la croûte de charbon qui enveloppe

le paquet, on connoît qu'il eſt aſſez chaud & propre à être ſoudé lorſqu'il paroît net & blanc. Alors, à l'aide de la potence & de ſa chaîne qui embraſſe le paquet, on le porte aiſément ſous le martinet, & on le ſoude en quatre ou cinq coups qu'on lui donne ; c'eſt ce qu'on appelle *forger la verge de l'ancre*. On fait enſuite le trou par où doit paſſer l'organeau ; on coupe le ringard ; on forme le quarré & les tenons ; on perce le trou qui doit recevoir la croiſée ; on procede enſuite à forger la croiſée & les pattes qu'on fait avec des barres de fer forgées comme ci-deſſus, & applaties dans leurs extré- mités.

Lorſqu'on a encollé l'ancre, c'eſt-à-dire après qu'on a ſoudé la croiſée à la verge, on la rechauffe & on tra- vaille à ſouder la *balevre*, c'eſt-à-dire à frapper avec un marteau & réparer les inégalités qui reſtent néceſſaire- ment à l'endroit où s'eſt fait l'encollage.

Quoique la machine qui meut le martinet ſoit la choſe la plus importante d'un attelier où l'on fait les ancres, nous n'en faiſons pas la deſcription parcequ'elle nous entraîneroit dans un trop long détail. Nous ren- voyons les curieux aux planches de l'Encyclopédie : elles les inſtruiront beaucoup mieux que nous ne ſaurions le faire.

Quelque bien faites que ſoient les ancres, il y auroit de l'imprudence à s'en ſervir avant de les avoir éprou- vées, ſoit en les élevant en haut au moyen d'une grue, & les laiſſant tomber ſur un tas de vieux fer ; ſoit en attachant les bras de l'ancre à un pieu enfoncé dans la terre, & en paſſant dans l'organeau une corde qu'on tire juſqu'à la caſſer, par le moyen d'un cabeſtan Lorſ- que l'ancre a réſiſté à ces diverſes épreuves, elle eſt cenſée bonne.

On fait des ancres de toutes groſſeurs & longueurs, mais toujours proportionnées aux efforts qu'elles ont à ſoutenir. On abat en rond tous leurs angles pour rendre plus doux le frottement contre les cables & les rochers. Les ancres d'un grand vaiſſeau ſont moins fortes à pro- portion que celles d'un petit, parcequ'en ſuppoſant que les deux vaiſſeaux ont dans l'eau une égale étendue de bois, relative à leur grandeur, on a expérimenté que la mer, qui déploie une égale force contre un petit vaiſſeau & contre un grand, donne lieu à l'eau d'agir également ſur une étendue égale ; ce qui fait qu'on ſupplée par le poids de l'ancre à la légéreté d'un petit vaiſſeau qui n'a pas la même force que le grand pour réſiſter à la violence de l'eau.

La longueur d'une ancre de ſix mille livres peſant doit être à-peu-près de quinze pieds, & ſa groſſeur de dix pouces. On doit toujours proportionner le poids des ancres à la force de l'équipage & à la grandeur du vaiſſeau.

On forgeoit autrefois les ancres à force de bras dans tous les ports du royaume ; aujourd'hui on les forge au martinet, & c'eſt là la meilleure façon, parcequ'un marteau peſant huit cents livres doit mieux ſouder qu'un marteau peſant quinze ou ſeize livres. On ſe ſert de charbon de terre par préférence à celui de bois, parcequ'il donne plus de chaleur, & qu'elle pénetre davantage dans une maſſe auſſi conſidérable.

La courbure des bras de l'ancre eſt encore quelque choſe de très eſſentiel : on réſerve quelquefois cette opération pour la derniere : elle ſe fait ſans le ſecours du marteau. On attache avec des cordes la verge de l'ancre contre un pieu : on allume du feu ſous la patte qu'on doit recourber : la matiere devient molle au point que deux ou trois hommes recourbent les bras en tirant une corde qui eſt attachée à cette patte, & qu'on fait paſſer ſur une poulie qu'on a arrêtée contre la forge. On tâche de leur donner la courbure d'un arc de cercle de cinquante ou ſoixante degrés.

Les ancres pour les vaiſſeaux du Roi ſe fabriquent dans l'Arſenal de Coſne ſur la riviere de Loire.

Dans les villes où il y a maîtriſe, le droit de fabriquer des ancres pour les particuliers appartient aux *Taillandiers*.

APLAIGNEUR. C'eſt le nom que portent les ouvriers qui, chez les couverturiers, font venir la laine avec des chardons, ou qui, dans les manufactures de draps, font venir le poil avec de ſemblables chardons aux étoffes en laine au ſortir des mains du tiſſerand. On les connoît encore ſous le nom d'*applaneurs*, d'*apprêteurs*, de *laineurs*, ou *garniſſeurs*.

Lorſque la couverture eſt miſe en travers ſur une perche, & que ſes deux liſieres ſont bien couſues enſemble, deux Aplaigneurs tirent du *voiturier*, c'eſt-à-dire
de deſſus les planches qui ſont diſpoſées par divers étages
dans l'attelier, cinq voies de chardons ; chacun d'eux
place cinq voies de ſon côté, ce qui fait en tout ce qu'on
nomme *une voiture.*

Ces chardons, montés ſur deux rangs, forment un
demi-cercle ſur les ailes ou bras d'une croix, dans laquelle ils ſont enchaſſés & poſés perpendiculairement les
uns ſur les autres. Ces bras ſont deux petits morceaux
de bois, paſſés chacun dans une mortaiſe faite au travers
de ce qu'ils nomment le *poteau* ou le *montant de la croix.*
Quand les chardons ſont bien rangés dans le vuide qui
eſt entre les ſuſdits petits morceaux de bois, on les fixe
par une forte ficelle qui prend à un bout des ailes, paſſe
par-deſſus tous les chardons, & vient s'arrêter à l'autre
bout.

Chaque voie eſt compoſée de deux croix garnies
comme ci-deſſus. Chaque Aplaigneur en prend une de
chaque main, après avoir couvert ſes trois derniers doigts
d'une *targette*, c'eſt-à-dire d'une plaque de cuir faite en
forme d'un ancien écu ou targette, ſous laquelle il y a une
petite courroie pour aſſujettir la targette ſur leurs doigts,
ſans quoi ils s'écorcheroient par leur frottement continuel
ſur la couverture.

Lorſque les deux Aplaigneurs ſont prêts, ils avancent
à pas égaux ſur le milieu de la couverture, & reculent
enſuite de même en paſſant ſur elle leur voie de chardons du haut en bas.

La premiere voie de chardons eſt compoſée de ceux
qui ont déja ſervi, parceque des chardons neufs écorcheroient trop la laine en la faiſant venir ſur la couverture.
La ſeconde voie eſt de chardons moins uſés, & ainſi par
degrés juſqu'à la cinquieme voie.

Dès qu'on a fini le premier côté, on découd la couverture, on la retourne de l'autre côté, & on la recoud par
ſes liſieres ; chaque Aplaigneur y emploie cinq autres
voies de chardons, comme il a déja fait du premier côté.
Le dernier côté eſt toujours fini le premier pour le travail ;
dès qu'il eſt achevé on prend des chardons neufs pour *tra-*

verfer les queues, c'eſt-à-dire, pour faire venir la laine aux endroits de la couverture où elle étoit couſue, & où les Aplaigneurs n'avoient pu paſſer des chardons : on ſe ſert des mêmes chardons pour finir le côté par où on a commencé, & la couverture en eſt plus également travaillée.

Dès que les vingt voies de chardons ci-deſſus ont été employées pour chaque couverture, on les donne à des Manœuvres que les Aplaigneurs ont ſous eux, & qu'ils nomment *cureux*, pour en ôter la bourre faniſſe qui s'y eſt attachée, & que les Marchands Couverturiers vendent enſuite pour faire des étoffes pour les Payſans, ou pour mêler avec d'autre laine dans les matelas.

Pour avoir leurs voies de chardons plus à portée, les Aplaigneurs les mettent ſur un chevalet fait en forme de banc, percé des deux côtés de trois pouces de largeur ſur preſque toute ſa longueur, afin d'y enchaſſer les queues de leurs croix. Il y a au bout de ce chevalet une eſpece de petite caſſe où ils mettent leurs targettes lorſqu'elles ne leur ſervent point, & un petit couteau à lame courte & pointue, qu'ils appellent un *couteau à époutiller*, dont ils ſe ſervent pour ôter les ordures qui ſe trouvent dans les couvertures.

Toute eſpece de chardons n'eſt pas bonne pour faire venir la laine, on ne peut y employer que le chardon franc, parcequ'il a les pointes recourbées en bas, au lieu que le chardon ſauvage a ſes pointes dreſſées vers la tête.

Ce ſont auſſi les Aplaigneurs qui rendent impénétrables à la pluie les draps qu'on deſtine à faire des redingotes, ſurtouts, & l'habillement des troupes, en donnant deux bonnes voies de chardon mort du côté de l'endroit pour en ôter la laine morte, & enſuite deux coupes à l'endroit de la piece & une à l'envers, de ſorte que le drap ſe trouve lainé à poil & à contre-poil ; & quand il a reçu à la foulerie les préparations néceſſaires, il devient feutré comme l'étoffe d'un chapeau ſur laquelle l'eau gliſſe.

APPLANISSEUR. Dans les manufactures des draps, ces ouvriers ſont plus connus ſous le nom de *Preſſeurs* ; & leur métier n'eſt point, comme on l'a dit mal-à-propos dans l'édition du *Dictionnaire de Commerce* faite à Copenhague en 1759, de donner une ſeconde préparation au drap après une premiere tonture, mais de mettre dans leurs plis les draps qui ont été teints, & de les preffer ; ce qui eſt la derniere façon qu'on leur donne avant de les livrer aux Marchands.

Dans l'attelier où fe tiennent les Applaniſſeurs ou Preſ-feurs, il y a une preſſe, un moulinet, une table couverte de toile cirée, des cartons fins & communs, des cartons de vélin, & des plaques de fonte.

La preſſe eſt compoſée de deux fortes jumelles de bois de chêne, & de deux ſommiers ; le ſommier de deſſus eſt percé dans ſon milieu, & a une platine de cuivre qui y eſt adaptée & tenue par quatre chevilles de fer à vis : au milieu de cette platine paſſe une groſſe vis de fer dont les filets s'engrenent dans ceux de la platine, & dont le *bou-lon* ou le bout qui eſt quarré s'enchaſſe dans le milieu d'une lanterne de fer à ſix fuſeaux : au-deſſus de la lan-terne on met le mouton, c'eſt-à-dire, une piece de bois épaiſſe de ſept à huit pouces, & d'une figure fort longue ; fur ce mouton il y a une plaque de fer arrêtée par quatre chevilles de fer en vis ; fur le milieu de cette plaque eſt enclavée une écuelle de cuivre, dans laquelle eſt encaſtré & roule le bouton ou le pivot de la grande vis.

Pour que le mouton ne puiſſe deſcendre trop bas lorſ-que les draps ſont en preſſe, il y a fur chaque jumelle un crochet à potence fur leſquels il s'arrête. Lorſqu'il y a trop de draps pour qu'il puiſſe y parvenir, on ſe ſert à la place des crochets d'une cheville de fer, qu'on met dans les trous qui ſont à chaque jumelle, & qui ſont de huit à dix pouces plus hauts que les crochets.

Le moulinet eſt une piece de bois debout diſtante de la preſſe de trois ou quatre pas, enchaſſée par ſes extrémités entre deux poûtres : il tourne perpendiculairement ſans pouvoir vaciller de côté ni d'autre, & a dans ſon milieu une manivelle ou barre qui le traverſe également des deux côtés.

Autant qu'on peut faire tourner la lanterne de la preſſe à force de bras, on n'emploie que des barres ordinaires ; mais quand la force de cinq à ſix hommes n'eſt plus ſuf-fiſante pour la faire deſcendre, on ſe ſert d'une groſſe barre qu'on enchaſſe d'un bout entre deux fuſeaux de la lanterne, & qui a un gros crochet de fer à l'autre bout,

pour

pour y attacher le cable qui eft autour du moulinet au-
deffus de la manivelle, & qu'on roule avec force fur la
fufée du moulinet : on déroule le cable à chaque fois qu'il
faut changer la barre pour la mettre de nouveau entre
deux autres fufeaux de la lanterne.

La table couverte de toile cirée fert pour étendre proprement les draps, les plier en double, de forte que les
deux lifieres foient bien jointes enfemble, & les mettre
enfuite dans les plis qu'ils doivent avoir, en obfervant de
mettre à chaque pli un carton fin du côté de l'endroit du
drap, ou quelquefois un carton de vélin, felon que la
fineffe du drap l'exige, & un carton plus commun à l'envers. Dès qu'on a fini de plifler les pieces de drap, on les
met fous la preffe avec un plateau de bois au-deffus ; ce
qu'on fait à chaque piece, afin que l'étoffe ne fe jette pas
d'un côté ni d'un autre.

Les plaques de fonte fervent à ce que les applaniffeurs
appellent preffer à chaud, c'eft-à-dire, donner du luftre
aux draps. Lorfque chaque piece de drap eft pliée comme
ci-deffus, on fait chauffer plus ou moins deux plaques
de fonte de la grandeur des cartons : on en met une
deffus la piece & l'autre deffous, afin de donner plus ou
moins de luftre aux étoffes qu'on preffe : on ne fe fert de
ces plaques que pour les étoffes ordinaires, & on ne les
emploie jamais pour les belles écarlates.

Les pieces qu'on ne veut pas luftrer ne demeurent que
douze ou treize heures fous la preffe : mais on preffe à
trois fois différentes les draps auxquels on veut donner du
luftre ; la premiere fois, on les laiffe pendant trois jours
fous la preffe ; la feconde fois, quatre jours ; la troifieme,
fix à fept jours, & même davantage, lorfqu'on n'a pas
befoin de la preffe. Il eft bon d'obferver qu'il n'y a rien
de fi pernicieux pour les étoffes, que de les catir à chaud :
les ouvriers ne le font que pour couvrir les défauts
de leurs étoffes, & pour s'exempter de leur donner tous
les lainages & teintures qui leur feroient néceffaires pour
les rendre d'une bonne qualité.

Les ordonnances de Louis XII, Charles IX & Henri IV,
& l'arrêt du Confeil du 3 Décembre 1697, rendu en conféquence du réglement général des manufactures, du mois
d'Août 1669, qui rappelle l'exécution des ordonnances de

nos Rois, défendent à tous Manufacturiers & Tondeurs d'avoir chez eux aucune presse à fer, airain & à feu, & de s'en servir pour presser aucune étoffe de laine ; & aux Marchands de commander & d'exposer en vente aucunes étoffes pressées à chaud, sous les peines y portées.

Des réglements aussi sages sont tombés en désuétude : le bien public demanderoit qu'on les remît en vigueur.

APOTHICAIRE. La Pharmacie ou Apothicairerie est un art qui enseigne à connoître, choisir, préparer & mêler les médicaments.

La connoissance des drogues simples est cette partie de l'*Histoire Naturelle* que l'on nomme *Matiere médicale* ; elle apprend à connoître toutes les drogues simples qui font d'usage en médecine.

L'*élection*, ou le choix des médicaments, enseigne comment on doit les choisir ; en quel temps on doit se les procurer ; la maniere de les sécher, & celle de les conserver.

La *préparation* enseigne comment il faut préparer les médicaments simples avant de les employer.

Enfin la *mixtion* est cette partie de la Pharmacie qui enseigne à mêler les drogues simples, pour en former des médicaments composés.

Ce sont là les quatre objets qui font tout le sujet de la Pharmacie : ils exigent beaucoup de connoissances & de capacité de la part de ceux qui embrassent cette profession. C'est souvent d'un médicament bien ou mal préparé, que dépendent la guérison des malades & le succès & la réputation du Médecin qui traite la maladie.

Dans le temps où les connoissances humaines commençoient à se développer, la Pharmacie ne pouvoit être qu'une espece d'empirisme, tel que l'étoit aussi la Médecine elle-même. Un seul homme s'occupoit de l'art de guérir, & en exerçoit les différentes parties. Mais à mesure que l'on a acquis des connoissances, les principes de Médecine, de Chirurgie & de Pharmacie se font développés, & on a divisé l'art de guérir en trois branches, par des loix & des statuts qui font particuliers à chacun de ces corps.

Lorsque la Pharmacie commença à prendre une sorte de consistance, elle s'occupoit d'une infinité de choses qui n'avoient pas un but bien direct avec l'art de guérir : mais ces différents objets pouvoient donner trop d'occupation au Pharmacien qui avoit beaucoup de recherches & d'expériences à faire pour perfectionner la Pharmacie qui faisoit l'objet principal de son travail ; ainsi il arriva que d'autres Artistes s'occuperent de ces divers objets, ce qui a formé successivement plusieurs branches d'industrie qui sont essentiellement dépendantes de la Pharmacie : telles sont

L'art du *Confiseur*, qui ne s'occupe que des confitures, & de toutes sortes de sucreries, qui ne sont point employées comme médicaments ;

L'art du *Parfumeur*, qui s'occupe des eaux de senteur, des eaux de toilette, & généralement de tout ce qui a rapport à entretenir le corps propre, & à le parfumer ;

L'art du *Vinaigrier*, qui a pour objet la confection du vinaigre, & la préparation des vinaigres aromatiques qui sont employés dans les aliments, & qui servent aussi à la toilette.

Il y a encore plusieurs autres Corps réglés qui sont sortis de la Pharmacie par la négligence des Apothicaires, parceque vraisemblablement ils ne s'en occupoient pas assez pour être en état d'en fournir le commerce ; tel que l'art du Distillateur d'eau-forte & autres acides minéraux, &c.

La Pharmacie est encore à la veille de perdre une partie de son domaine, si les Apothicaires ne surveillent pas sérieusement les Herboristes, qui, depuis plusieurs années, ont fait des tentatives & des efforts pour s'ériger en communauté, & pour s'emparer de l'objet de toutes les plantes indigenes, fraîches ou seches, à l'exclusion des Apothicaires : ce qui ne pourroit que devenir préjudiciable pour le public, par le défaut d'éducation nécessaire pour acquérir toutes les connoissances de botanique qu'exige cette partie de la matiere médicale.

De la connoissance des médicaments.

On nomme *médicaments* tout ce qui, étant appliqué extérieurement, ou donné intérieurement, a la propriété d'occasionner des changements salutaires dans nos humeurs.

On divife les médicaments en fimples & en compofés.

Les médicaments fimples font ceux que la nature fournit, & que l'on emploie tels qu'ils font, ou du moins auxquels on ne fait fubir que de légeres préparations.

Les médicaments compofés font ceux qui réfultent du mélange des drogues fimples.

Les Pharmaciens divifent la matiere médicale en trois regnes, comme le font les Naturaliftes ; favoir, le regne végétal, le regne animal & le regne minéral. Mais cette branche de l'hiftoire naturelle eft trop étendue pour que nous puiffions en traiter ici. Nous renvoyons aux différents Auteurs qui en ont parlé. M. Valmont de Bomare a publié récemment un Dictionnaire raifonné d'hiftoire naturelle, dans lequel on peut trouver des connoiffances fort fatisfaifantes fur cet objet.

De l'Election des médicaments.

Ce que l'on nomme élection, eft cette partie qui enfeigne à bien choifir & à bien difcerner les bons médicaments fimples d'avec ceux qui font mauvais ou fophiftiqués. Cette partie de la pharmacie renferme encore la récolte des médicaments fimples : elle confifte à favoir cueillir les plantes, les fleurs, les racines, les graines, les écorces, les bois, les excrefcences, les gommes, les réfines, &c. dans des lieux convenables, & dans des faifons favorables ; parcequ'on a remarqué que prefque toutes les fubftances qu'on vient de nommer, dégénerent, changent de nature, & peut-être de vertu, lorfqu'elles viennent dans des lieux & dans des climats qui ne leur conviennent pas.

Nous n'avons pas la facilité de récolter les fubftances exotiques ou étrangeres dans les temps les plus convenables ; on eft obligé de s'en rapporter à ceux qui en font commerce. Il eft donc effentiel de connoître leur odeur, leur couleur, leur faveur, pour favoir fi elles ont toutes les qualités qu'elles doivent avoir. Nous ne fommes pas dans le même cas d'incertitude à l'égard des fubftances indigenes.

On doit cueillir les plantes lorfqu'elles font dans leur parfaite maturité, c'eft-à-dire, quand les fleurs commencent à fe développer : on doit choifir auffi un temps fec & ferein, & attendre que la rofée du matin foit diffipée.

Il faut arracher les *racines* de terre en automne, peu de temps après que les feuilles & les tiges font tombées : les racines, dans cette faifon, font remplies d'un fuc mieux formé, & qui a plus de vertu que celui des racines arrachées dans une autre faifon. Quand on les cueille dans le printemps, il eft difficile de les conferver pendant une année, fans qu'elles foient piquées par les vers.

Le temps le plus convenable pour cueillir les *fleurs*, eft lorfqu'elles commencent à s'épanouir. Celles qui font parfaitement épanouies ont moins de vertu.

Il y a beaucoup de fleurs dont le principe odorant réfide dans le calice, & non dans les pétales ; telles font fur-tout les fleurs des plantes labiées.

Il y a d'autres plantes dont les fleurs n'ont point de calice, & qui font néanmoins très odorantes. L'odeur réfide dans les pétales de ces fleurs ; tels font les lis blancs & jaunes, la tubereufe, la jacinthe, le narciffe, la tulipe, &c. C'eft dans le temps de la fécondation, un peu avant leur épanouiffement, qu'elles ont le plus d'odeur. Toutes ces fleurs, foumifes à la diftillation, fourniffent des eaux odorantes, mais jamais d'huile effentielle, du moins par la diftillation ordinaire : il y a lieu de préfumer qu'elles en contiennent toutes, mais qu'on ne peut la retenir à caufe de fa volatilité & de fa fluidité : elle fe méle & fe diffout vraifemblablement dans l'eau avec laquelle elle diftille.

Les *femences* ou *graines* font des parties des végétaux qui contiennent en petit le végétal qu'elles doivent reproduire. Les graines font compofées d'une écorce qui fert à garantir les femences des accidents qui pourroient endommager le germe, & de deux lobes qui renferment dans leur fein le germe du végétal, & qui doivent fervir au développement de l'embryon.

Les lobes des femences ne font pas de même nature dans toutes les graines. Les uns contiennent un fuc qui eft en même temps huileux & mucilagineux : on nomme ces femences *femences huileufes* ou *émulfives*. Les lobes des autres femences contiennent une matiere mucilagineufe parfaitement defféchée, qui ne fournit jamais d'huile par

l'expreſſion, & qui ſe réduit facilement en poudre ou en
farine : on nomme celles-ci *ſemences farineuſes*. Enfin il
y a d'autres ſemences qui ſont, pour ainſi dire, toutes
ligneuſes, de l'intérieur deſquelles il eſt difficile de ſéparer, par la pulvériſation, une ſubſtance différente de
celle de l'écorce, parceque l'intérieur de ces ſemences eſt
auſſi dur que l'extérieur, & que toute leur ſubſtance ſe
réduit en poudre : on nomme ces dernieres *ſemences ſeches*.

Les *fruits*, à proprement parler, ſont la même choſe
que les ſemences : ils renferment tout ce qui eſt néceſſaire
pour la multiplication de l'eſpece. On doit les cueillir
lorſqu'ils ſont dans leur parfaite maturité ; mais lorſqu'on veut les faire ſécher, il faut les prendre avant leur
dernier degré de maturité.

Les *bois* ſont, ou très ligneux, & peu chargés de ſubſtances diſſolubles dans l'eau, ou *réſineux*, *gommeux* &
extractifs. On fait choix de ceux qui ſont dans un moyen
âge.

On doit obſerver les mêmes choſes pour les *écorces* : on
a ſoin néanmoins de choiſir celles des jeunes arbres. Le
temps le plus convenable pour ſe procurer les écorces non
réſineuſes, eſt l'automne ; mais pour celles qui le ſont, il
convient de les amaſſer au printemps, lorſque la ſeve eſt
prête à ſe mettre en mouvement.

Les *animaux* & les parties des animaux dont on fait
uſage dans la Pharmacie, doivent être choiſis ſains : on
doit n'employer que des animaux qui ont été tués, &
non ceux qui ſont morts de vieilleſſe ou de maladie.

Les *matieres minérales* ou *foſſiles* ſe ramaſſent en tout
temps ; elles ne ſont aſſujetties à aucunes regles : il ſuffit
de choiſir celles qui ſont dans le meilleur état.

De la deſſiccation des drogues ſimples.

La deſſiccation des drogues ſimples eſt une choſe eſſentielle dans la Pharmacie : c'eſt ſuivant la maniere dont
on y procede, que l'on conſerve plus ou moins bien leur
qualité. Le meilleur moyen eſt d'expoſer les ſubſtances
qu'on veut faire deſſécher, dans une étuve, ou ſur le four
d'un Boulanger : on étend les plantes le plus mince qu'il

est possible, afin qu'en présentant plus de surface elles sechent plus promptement.

Les plantes qui ont été séchées par cette méthode conservent leur couleur vive & brillante, parcequ'elles n'ont point souffert d'altération pendant leur dessiccation, au lieu que celles qu'on fait sécher lentement sont sujettes à se chaufourer & à fermenter, & elles n'ont jamais d'aussi belles couleurs. Toutes les plantes, quoique bien séchées, se rident & se contournent : si l'on veut éviter cet inconvénient, on peut les faire sécher dans le sable, afin de leur conserver leur port naturel.

Il y a des plantes qu'on est dans l'usage d'employer fraîches, parceque, pendant la dessiccation, elles perdent toutes leurs propriétés ; telles sont les plantes anti-scorbutiques, les fleurs liliacées, les roses muscates, &c.

Il faut faire sécher les semences huileuses dans un endroit aéré, à l'abri du soleil & de toute chaleur artificielle : si on les faisoit sécher de la même maniere que nous le disons à l'égard des plantes, leur huile se rappelleroit à la surface, & elles ranciroient en très peu de temps.

Les *oignons* doivent être séchés au bain-marie, au degré de chaleur de l'eau bouillante, à cause du suc visqueux qu'ils contiennent, & qui a de la peine à se dissiper.

On doit faire sécher de la même maniere les matieres animales, molles ou liquides, à cause de la facilité qu'elles ont à se gâter, & à passer à la putréfaction.

Lorsqu'on a récolté & séché les drogues simples, comme nous venons de le dire, on les conserve, les unes dans des boîtes garnies de papier intérieurement, d'autres dans des bouteilles & dans des magasins secs, afin de les garantir de l'humidité de l'air.

Des vaisseaux & instruments qui servent à la Pharmacie.

Les vaisseaux qui servent à la Pharmacie sont de deux especes principales : les uns sont instruments, & servent à la confection des médicaments ; les autres sont seulement employés à conserver ces mêmes médicaments lorsqu'ils sont faits.

Les vaiſſeaux que nous conſidérons comme inſtruments, ſont des alambics de verre, de grès & de métal, comme de cuivre, d'argent, &c.

Les vaiſſeaux qui ſervent aux évaporations, ſont les baſſines d'argent, de cuivre, de fer, de terre verniſſée, de grès, de verre, &c.

Ces ſortes de vaiſſeaux changent de nom ſuivant leur forme; néanmoins tous ſervent au même uſage, qui eſt de faire évaporer des liqueurs : c'eſt à l'Artiſte de ſavoir faire un choix convenable du vaiſſeau qu'il doit employer, relativement à ſa forme & à ſa nature, afin que les matieres qu'il travaille ne puiſſent point le corroder, & fournir quelque choſe de leur ſubſtance dans le médieament qu'il fabrique. Les principaux vaiſſeaux d'évaporation ſont des marmites, des terrines, des capſules, &c.

Les vaiſſeaux qui ſervent à la pulvériſation, ſont les rapes, les moulins, les mortiers de fer de fonte, de verre, de porcelaine, de marbre, &c.

Ceux qui ſervent à une pulvériſation plus complette, que l'on nomme *porphyriſation*, ou broyage des matieres terreuſes & métalliques, ſont les tables de porphyre, d'agate, les grès fins & durs, avec leur molette de même matiere.

La pharmacie a tant de vaiſſeaux qui lui ſont propres, qu'il ſeroit difficile d'en faire une énumération exacte : nous nous ſommes contentés de citer les principaux.

Les vaiſſeaux à conſerver les médicaments ſont les pots, les bouteilles de faïance, de verre, de cryſtal, de porcelaine, &c.

On nomme *pots à canon* ceux qui ſervent à conſerver les électuaires, confections & opiates : ceux qu'on nomme *piluliers* ſervent à conſerver les pilules & les trochiſques. On nomme *chevrettes* ceux qui ont un bec au-deſſus du ventre; ils ſervoient autrefois, chez les Apothicaires, à conſerver les ſyrops & les huiles, mais aujourd'hui il n'y a que certains Epiciers qui s'en ſervent pour donner à leurs boutiques l'apparence de celles des Apothicaires. On conſerve les poudres dans des bouteilles & dans des bocaux de verre ou de cryſtal. On obſerve que ces ſortes de vaiſſeaux ſe bouchent le plus exactement qu'il eſt poſſible.

Des Poids qui font d'usage en Pharmacie.

La livre de Médecine est composée de douze onces ;
mais celle qui est d'usage à Paris est composée de seize
onces, ou de deux marcs d'orfevres. Une livre de seize
onzes se désigne par ce caractere . . . . ℔ j.
  La demi-livre ou huit onces . . . . ℔ ß.
  L'once ou huit gros . . . . ℥ j.
  La demi-once ou quatre gros . . . . ℥ ß.
  Le gros ou dragme, qui vaut trois scrupules ou soi-
xante & douze grains . . . . ʒ j.
  Le demi-gros . . . . ʒ ß.
  Le scrupule, qui contient vingt-quatre grains . . Ɔ j.
  Le demi-scrupule, qui contient douze grains . . Ɔ ß.
  Le grain ou la soixante-douzieme partie du gros Gr. j.

Des Mesures.

Les mesures ne doivent être employées dans la Pharmacie, que pour l'eau, ou pour toutes les liqueurs qui
ont à-peu-près la même pesanteur, comme les infusions,
les tisanes, &c. & pour les choses seulement où la derniere exactitude n'est pas absolument nécessaire ; mais
pour les choses importantes, & qui ont des pesanteurs
différentes sous le même volume, on doit toujours avoir
recours à la balance. Par exemple, une pinte d'eau ne pese
pas autant qu'une pinte de syrop ; une pinte d'eau pese
plus qu'une pinte d'huile ; & il en est de même des autres
choses où les pesanteurs spécifiques varient : il faut de
nécessité les doser en poids, & non en mesure.

La pinte de Paris contient deux livres, ou trente-deux
onces d'eau froide, au terme de la congelation.

La chopine contient seize onces.

Le demi-septier contient huit onces.

Le poiçon contient quatre onces.

Le demi-poiçon contient deux onces.

On ordonne quelquefois un verre de médecine, un
verre de tisane, &c. il doit contenir quatre onces.

La cuillerée est encore ordonnée assez souvent dans les
formules magistrales pour doser les syrops & les liqueurs :
elle doit contenir environ une demi-once : on la désigne
par ces lettres cochlear. j.

Des mesures de plusieurs ingrédients, qu'on désigne par des abréviations.

La *brassée* ou *fascicule* se désigne par *fasc. j.* : c'est ce que le bras plié peut contenir.

La *poignée* ou *manipule* est ce que la main peut empoigner : on la désigne par *man. j.* ou *m. j.*

La *pincée* ou *pugille* est ce que peuvent pincer les trois premiers doigts de la main : on la désigne par *pugill. j.* ou seulement *p. j.*

Les fruits, & certaines choses où les morceaux sont taillés, se désignent par N°. I, ou N°. II, &c.

On entend par *ana* ou par *aa*, de chacun partie égale, qu'on désigne encore par P. E.

Par Q. S. on entend une quantité suffisante.

Par S. A. on entend selon l'art, ou suivant les regles de l'art, ce qu'on désigne encore par *ex arte*.

B. M. signifie bain-marie.

B. V. signifie bain de vapeurs.

℈. signifie *récipé* ou *prenez*.

Ce sont là à-peu-près toutes les abréviations qu'on emploie dans les formules magistrales, & dans les dispensaires de Pharmacie, pour les compositions officinales.

De la Préparation des Médicaments simples.

La préparation des médicaments simples consiste à les rendre propres aux usages de la Médecine, pour pouvoir les mêler plus commodément ensemble, & en faire des médicaments composés.

La préparation des médicaments a trois objets.

1°. De leur procurer la facilité de se garder plus long-temps.

2°. D'augmenter leur vertu en séparant ce qui est inutile.

3°. De les rendre plus faciles à prendre & moins dégoûtants.

La définition que nous venons de donner est applicable à la plupart des drogues simples qu'on fait entrer dans les compositions.

Il y a dans la pharmacie un grand nombre de préparations particulieres à chaque espece de drogues, qui présentent un détail trop long pour entreprendre de les traiter ici.

Les préparations qu'on regarde comme principales, sont celles du fungus de chêne, celles des cloportes, des cantharides, &c. celles des sucs tirés des végétaux, &c.

M. Baumé, dans ses *Eléments de Pharmacie*, divise les liqueurs qui peuvent porter le nom de sucs, en trois classes principales, savoir :

1°. Les *sucs aqueux*, c'est-à-dire, ceux dans lesquels le principe aqueux est dominant.

2°. Les *sucs huileux*, & les graisses des animaux, les baumes naturels, les résines pures qui ne sont que des baumes épaissis.

3°. Enfin les *sucs laiteux*, qui sont des émulsions naturelles. Ces derniers contiennent en même temps de la gomme & de la résine ; ce sont eux qui nous fournissent les *gommes résines*.

Les sucs aqueux fournissent par évaporation & par crystallisation des sels essentiels qui participent de la nature des végétaux d'où ils sont tirés ; ces mêmes sucs fournissent encore les sels minéraux, comme sont le nitre, le tartre vitriolé, le sel de Glauber, & le sel marin.

Ces mêmes sucs, évaporés jusqu'à un certain point, fournissent des extraits que M. Baumé divise en plusieurs classes dont nous parlerons.

Les sucs aqueux fournissent encore un genre de médicaments que l'on nomme *fécules*.

Les sucs huileux sont les huiles mêmes. Ces substances sont inflammables, ont un degré de consistance onctueux, & pour l'ordinaire ne se mêlent point avec l'eau. M. Baumé divise les sucs huileux en fluides, comme l'huile d'olive, l'huile de lin, l'huile d'amandes douces, &c. & en solides, comme le beurre de cacao, l'huile épaisse de muscade, le suif, &c.

Le même Auteur subdivise ensuite les huiles, en *huiles grasses* proprement dites, soit qu'elles soient fluides ou solides, & en *huiles essentielles*.

Les huiles grasses ne peuvent s'enflammer que lorsqu'elles sont échauffées au point qu'elles commencent à fe décompofer ; ces huiles d'ailleurs ne s'élevent point dans la diftillation au degré de chaleur de l'eau bouillante ; elles n'ont que peu ou point d'odeur , & elles font peu d'impreffion fur l'organe du goût.

Les huiles effentielles au contraire font prefque toujours dans un état d'évaporation ; elles s'enflamment facilement & fans être échauffées ; elles s'élevent dans la diftillation au degré de chaleur de l'eau bouillante ; elles font actives , pénétrantes ; elles ont beaucoup de faveur & d'odeur.

Parmi les huiles effentielles , il y en a plufieurs qui fe cryftallifent par un froid modéré. Les baumes naturels font des huiles effentielles épaiffies. Les réfines doivent être confidérées comme les huiles effentielles defféchées.

Certains fucs huileux & réfineux , comme font le benjoin, le ftorax calamite & liquide, fourniffent , comme les fucs aqueux, du fel effentiel, qu'on peut tirer par la cryftallifation, mais qu'on tire ordinairement par la fublimation.

Enfin les fucs laiteux qui fourniffent les gommes-réfines, reffemblent au lait des animaux, ou aux émulfions. Ils font tous compofés d'huile , de réfine, de gomme, & d'un peu de matiere extractive. Ce font ces dernieres fubftances qui fervent d'intermede pour divifer les matieres huileufes, & leur procurer la facilité de fe mêler intimement avec l'eau. C'eft de cette grande divifion des huiles dans l'eau que provient la couleur blanche des fucs laiteux & des émulfions, telles que l'orgeat, par exemple.

Le lait des animaux eft un fuc laiteux femblable à ceux dont nous parlons, & qui doit fa blancheur à la partie butireufe qui eft unie à l'eau par l'intermede du fromage. La partie féreufe, que l'on nomme *petit lait*, contient plufieurs fels qu'on tire par l'évaporation & la cryftallifation d'une partie de l'eau contenue dans le petit lait.

Des Pulpes.

On nomme pulpe la fubftance tendre & charnue qu'on tire des fruits, & autres végétaux chargés d'une fuffifante quantité d'humidité, en les frottant fur un tamis de crin.

De la Pulvérisation.

La pulvérisation est une opération méchanique par le moyen de laquelle on divise & on réduit en molécules très déliées les substances quelconques.

On pulvérise les drogues simples, 1°. pour les rendre plus faciles à prendre, & afin qu'étant plus divisées, elles produisent mieux leurs effets ; 2°. pour qu'elles puissent se mieux mêler avec d'autres substances, & afin d'en faire des médicaments composés.

On pulvérise les substances de deux manieres différentes, par contusion & par le moyen de la porphyrisation.

La *pulvérisation par contusion* consiste à piler dans un *mortier* avec un *pilon* les substances que l'on veut réduire en poudre. Cette maniere de pulvériser est employée pour réduire en poudre toutes les substances végétales & animales qui sont dures, ligneuses, fibreuses, cartilagineuses, &c.

Lorsque les matieres ont été pilées dans le mortier pendant un certain temps, on les passe au travers d'un tamis de soie ou de crin, plus ou moins fin, afin de séparer la poudre fine d'avec ce qui a échappé au pilon.

La *porphyrisation* est une opération méchanique, par le moyen de laquelle on réduit les corps durs en molécules plus déliées que par la simple pulvérisation par contusion.

Les corps qui sont du ressort de cette espece de pulvérisation, sont les matieres pierreuses, terreuses, vitreuses & métalliques, parcequ'elles ne pourroient pas se réduire en poudre suffisamment fine, si on se servoit du premier genre de pulvérisation. En broyant ces substances, on y mêle ordinairement de l'eau, mais quelquefois aussi on les broie sans eau.

Les substances qui ont été broyées avec de l'eau, se divisent en petites pyramides, que l'on nomme *trochisques*. Pour cet effet, on met dans un entonnoir la matiere broyée, qui contient encore toute son eau ; on pousse, par le moyen d'un petit bâton, un peu de la matiere qu'on fait tomber, de très bas, sur un papier, & la pâte se dispose en petites pyramides. On distribue ainsi les matieres broyées , afin qu'elles fe deſſechent plus promptement , ſans quoi la plupart ſeroient ſuſceptibles de s'empuantir & de ſe gâter.

On conferve dans les boutiques un grand nombre de ſubſtances tirées des trois regnes , que l'on a pulvériſées chacune féparément. Cela forme des *poudres ſimples* , & devient commode pour en former des *poudres compoſées* , à meſure qu'on en a beſoin : néanmoins il y a un grand nombre de poudres compoſées que les Apothicaires ſont obligés d'avoir toujours prêtes.

La plupart des Diſpenſaires recommandent de pulvériſer enſemble toutes les ſubſtances qui doivent former les poudres compoſées.

De la Mixtion des Médicaments.

La mixtion des médicaments a pour objet le mélange des médicaments ſimples pour en former ce que l'on nomme médicaments compoſés.

Les *médicaments compoſés* ſe diviſent en deux eſpeces principales ; ſavoir , en *médicaments officinaux* , & en *médicaments magiſtraux*. Les uns & les autres ſe diviſent en *médicaments internes* & en *médicaments externes*. Ce plan eſt celui qu'on a ſuivi dans toutes les Pharmacopées ; mais nous ne nous y conformerons pas ici , parcequ'il ne nous paroît pas préſenter des idées aſſez nettes ſur l'objet de la Pharmacie.

On nomme médicaments officinaux ceux que tiennent tout prêts les Apothicaires , pour y avoir recours au beſoin. Ces ſortes de remedes ſont faits de maniere à pouvoir ſe conferver pendant un certain eſpace de temps. Pluſieurs même ne peuvent ſe faire qu'une fois l'année , & dans certaines ſaiſons.

Les remedes magiſtraux ſont ceux que les Apothicaires préparent à meſure qu'ils ſont preſcrits. Ces ſortes de remedes ſe preſcrivent toujours en petite quantité ; ils ne ſont faits que pour durer peu de temps , la plupart même ſont de nature à ne ſe conferver qu'un jour ou deux.

On nomme *formule* la maniere de preſcrire à l'Apothicaire les médicaments qu'il doit préparer. Les formules ſont magiſtrales & officinales.

En formulant une recette méthodiquement, il y a quatre chofes à confidérer. 1°. La *bafe*. 2°. L'*adjuvant* ou *auxiliaire*. 3°. Le *correctif*. 4°. L'*excipient*.

La bafe de la formule doit prédominer fur toutes les autres drogues, relativement à fes propriétés actives, & elle doit toujours être placée la premiere dans la formule. La bafe eft quelquefois fimple, & quelquefois elle devient compofée lorfqu'on fait entrer dans la formule plufieurs fubftances de même vertu & de même activité.

L'*adjuvant* doit avoir la même vertu que les drogues qui forment la bafe ; il fert à diminuer le volume, parce-qu'il doit être plus actif.

Le *correctif* eft employé pour mafquer la faveur & l'odeur de certaines drogues qu'on fait entrer dans les formules ; fon effet eft encore de fortifier les vifceres, & de les mettre en état de réfifter à l'activité des remedes qui peuvent occafionner des irritations.

L'*excipient* porte auffi le nom de *menftrue* ; c'eft lui qui donne la forme & la confiftance aux médicaments. Il doit être approprié à la bafe, à la maladie, au tempérament, &c.

On ne doit pas s'attendre que nous entrions ici dans le détail de toutes les compofitions qui font d'ufage en Pharmacie ; elles font en trop grand nombre, & on peut même encore les multiplier davantage, fuivant le befoin ou l'oftentation. Nous nous contenterons donc de donner dans un ordre méthodique, une connoiffance exacte des différentes claffes de médicaments, auxquels il fera facile de rapporter tous ceux qu'on pourroit imaginer, en ayant cependant égard à la nature du médicament, c'eft-à-dire, à fa forme, à fa confiftance, & à ce qui le conftitue, fans s'embarraffer s'il doit fervir pour l'intérieur ou pour l'extérieur, d'autant plus que tous les médicaments qui font faits pour l'ufage intérieur, peuvent s'employer & s'emploient en effet tous les jours à l'extérieur ; & que d'un autre côté quelques-uns d'entre les médicaments qui font faits pour l'extérieur, font employés à l'intérieur avec beaucoup de fuccès par plufieurs bons Praticiens : d'où il réfulte que la divifion ordinaire des médicaments compofés en internes & en externes, ne forme pas un plan affez méthodique.

Des Efpeces.

On nomme *efpeces* la réunion de plufieurs fubftances coupées menu & mêlées enfemble. On fait avec ces efpeces, des infufions en forme de thé, & qu'on prend de la même maniere.

On fait auffi de ces efpeces pour fervir à d'autres ufages ; on en enferme dans de petits facs de toile pour appliquer fur certaines parties malades.

On nomme encore *efpeces* les poudres compofées avec lefquelles on fait les électuaires.

Des Infufions.

L'infufion eft une opération par le moyen de laquelle on charge à froid, ou à l'aide d'une douce chaleur, une liqueur de certains principes des fubftances qu'on fait infufer.

Toutes les liqueurs peuvent fervir de véhicule aux infufions : les matieres végétales, animales, & certaines matieres minérales, peuvent fervir de fujets d'infufion. C'eft à l'Artifte à favoir choifir à propos le véhicule qui convient le mieux à la fubftance qu'il fe propofe de faire infufer, & aux matieres qu'il fe propofe d'extraire. On connoît dans la Pharmacie beaucoup de ces infufions ; il y en a de fimples & de compofées.

Celles qui fe font dans l'eau portent fpécialement le nom d'infufions ; elles fe font comme devant fervir de boiffon ordinaire aux malades, & cela ne forme que des remedes magiftraux ; mais on fait de ces infufions dans d'autres véhicules qui forment des remedes officinaux. Il s'en fait également de fimples & de compofées.

Les infufions fimples qui fe font dans le vin, portent le nom de vin avec celui de la fubftance qu'on y fait infufer, comme *vin de quinquina*, lorfque c'eft du quinquina, & *vin fillitique*, lorfque c'eft de l'oignon de fille qu'on a fait infufer dans du vin, &c.

Les infufions qui fe font dans l'eau-de-vie, dans l'efprit de vin, dans l'éthèr, portent le nom de *teinture*, d'*élixir*, de *quinteffence*, de *baume*, &c.

Les

Les infufions qui fe font dans le vinaigre portent le nom de vinaigre avec celui de la fubftance qu'on y a fait infufer.

Celles qui fe font dans l'huile portent le nom d'huile avec le nom de la drogue qu'on y a fait infufer.

Celles qui fe font dans la graiffe, portent le nom de *pommade* & d'*onguent*. Il y a de ces infufions dans lefquelles on fait entrer plufieurs fubftances ; alors on leur a donné des noms particuliers pour les diftinguer d'avec les infufions fimples.

Voilà à-peu-près toutes les infufions officinales qui font d'ufage dans la Pharmacie. On en peut faire & on en fait quelquefois, lorfqu'elles font prefcrites, dans du petit lait ou dans du lait, dans des huiles effentielles, dans des acides minéraux dulcifiés & non dulcifiés, dans des eaux minérales, &c.

Des Décoctions.

La décoction eft une opération par le moyen de laquelle on fait cuire les médicaments fimples dans un véhicule convenable, à l'aide d'une chaleur capable de faire entrer le menftrue en ébullition.

Les décoctions font ordinairement plus chargées de parties extractives que les fimples infufions ; mais elles contiennent moins de principes volatils, parcequ'ils fe diffipent en tout ou en grande partie pendant l'ébullition.

Toutes les matieres végétales, animales, & certaines fubftances du regne minéral, entrent dans les décoctions. Tous les menftrues dont nous avons parlé à l'article des infufions, peuvent fervir de véhicule aux décoctions : ordinairement cependant on ne fait pas de décoctions avec l'efprit de vin, l'eau-de-vie & l'éthèr. On fe fert quelquefois de vin pour faire des décoctions ; mais c'eft ordinairement pour fervir à l'extérieur. Les vins médicinaux, qui font deftinés pour l'intérieur, doivent être préparés par infufion à froid.

Des Extraits.

Les extraits font des médicaments qui contiennent

Tome I.   G

fous un petit volume, les principes fixes & efficaces des fubftances d'où on les a tirés.

Les extraits fe préparent avec différents menftrues, tels que l'eau, le vin, le vinaigre, l'eau-de-vie, l'efprit de vin, l'éthèr, &c. On choifit le menftrue qui convient le mieux à la fubftance que l'on fe propofe d'extraire.

Il y a de deux efpeces générales d'extraits, de parfaitement *fecs*, & de *mous*, qui ont à-peu-près la confiftance d'une confiture. Les extraits qui font parfaitement fecs, ne contiennent que peu ou point du véhicule qui a fervi à les former. Ceux qui ont été préparés fuivant la méthode de M. le Comte de Lagaraye, font connus fous le nom impropre de fels effentiels. Les extraits qui font mous retiennent une certaine quantité du véhicule qui a fervi à les préparer.

M. Baumé diftingue plufieurs fortes d'extraits :

1°. Les *extraits gommeux* ou *mucilagineux*. Ils reffemblent à de la colle, & ils fe réduifent en gelée en refroidiffant ; tels font ceux qu'on tire de la graine de lin, de la femence de pfyllium, de la femence de coing, de la gomme arabique, de la gomme adragant, de la raclure d'ivoire ou de corne de cerf, &c. Ces extraits fe préparent avec de l'eau.

2°. Les *extraits gommeux-réfineux* font ceux qu'on tire de la plupart des végétaux qui fourniffent dans l'eau en même temps de la gomme & de la réfine ; tels font ceux du jalap, de la cafcarille, du quinquina, des baies de genievre, &c.

3°. Les *extraits favonneux* font ceux qui, outre les principes des extraits gommeux-réfineux, contiennent encore des fels effentiels qui divifent & atténuent la fubftance réfineufe, & la mettent hors d'état de fe féparer d'avec la fubftance gommeufe ; tels font, par exemple, les extraits de chardon bénit, de fumeterre, de creffon, de bourrache, de bugloffe, de chicorée fauvage, &c.

4°. Enfin les *extraits réfineux purs* font les réfines proprement dites qu'on fépare des fubftances par le moyen de l'efprit de vin, de l'eau-de-vie & de l'éthèr.

Ces derniers extraits ne font point diffolubles dans l'eau, au lieu que tous les autres le font en totalité ou en partie.

De la Diſtillation.

La diſtillation eſt une opération par le moyen de laquelle on ſépare, à l'aide du feu, les ſubſtances volatiles d'avec les fixes; ou une évaporation qu'on fait dans des vaiſſeaux clos, afin de recueillir & conſerver à part les ſubſtances que le feu fait évaporer.

Il y a trois eſpeces de diſtillation; ſavoir, l'une que l'on nomme *per aſcenſum*, l'autre *per deſcenſum*, & la troiſieme *per latus*.

La premiere eſt celle qu'on emploie ordinairement : elle ſe fait en plaçant le feu ſous le vaiſſeau qui contient la matiere à diſtiller. La chaleur fait élever les vapeurs au haut du vaiſſeau, & elles ſe condenſent en liqueur.

La ſeconde eſt lorſqu'on met le feu au-deſſus de la matiere qu'on veut diſtiller : les vapeurs qui ſe dégagent des corps, ne pouvant s'élever comme dans la diſtillation ordinaire, ſont forcées de ſe précipiter en bas dans un vaiſſeau qu'on a diſpoſé à cet effet.

Enfin la troiſieme maniere de diſtiller, que l'on nomme *per latus*, ou par le côté, eſt la diſtillation qu'on fait dans une cornue. Nous renvoyons à l'art du Diſtillateur ce que nous avons à dire de cette derniere eſpece de diſtillation.

On fait dans la Pharmacie un grand nombre de médicaments par diſtillation; telles ſont les eaux des plantes qu'on prépare avec l'eau ſimple; ces mêmes plantes qu'on diſtille avec du vin en place d'eau, ou avec de l'eau-de-vie, ou avec de l'eſprit de vin, ou avec du vinaigre. Toutes ces diſtillations ſe font à feu nud, ou au bain-marie; c'eſt à l'Artiſte à ſavoir approprier le degré de chaleur qui convient à la matiere qu'il diſtille.

Lorſqu'on diſtille les plantes avec de l'eau, on obtient ce que l'on nomme *eau diſtillée des plantes*. Lorſque celles qu'on a employées ſont aromatiques, on obtient en même temps une huile qui ſurnage l'eau avec laquelle elle diſtille. On la ſépare quand la diſtillation eſt finie. On nomme cette huile, *huile eſſentielle*, parcequ'elle eſt chargée de preſque toute la partie odorante de la plante. Nous en avons parlé plus haut, page 91.

L'eau qui paſſe avec les huiles eſſentielles eſt ordinairement blanche, laiteufe, & elle ne peut s'éclaircir que dans un très long efpace de temps : cela vient de ce que cette eau tient dans un état de demi-diffolution la partie la plus ténue & la plus fluide de l'huile effentielle. La difficulté que cette eau a à s'éclaircir vient de l'extrême divifion de cette huile, & de fon adhérence avec l'eau.

On prépare de la même maniere les eaux qu'on diftille avec le vin, avec l'eau-de-vie, avec l'efprit de vin & avec le vinaigre ; mais il y a cette différence, que lorf-que ce font des liqueurs fpiritueufes qu'on emploie dans ces diftillations, il convient de fe fervir du bain-marie. Il eft bon de faire obferver encore que par l'intermede des liqueurs fpiritueufes, l'huile effentielle des végétaux fe diffout, & n'eft point apparente comme quand on dif-tille ces mêmes végétaux avec de l'eau ; mais on peut faire reparoître les huiles effentielles, qui font auffi dif-foutes, en mêlant ces liqueurs fpiritueufes dans une grande quantité d'eau. Le mêlange devient blanc & lai-teux ; l'eau & l'efprit de vin s'uniffent enfemble ; l'huile effentielle fe fépare ; elle eft dans un grand état de di-vifion ; elle donne au mêlange le blanc laiteux dont nous parlons ; une grande partie de cette huile, ainfi féparée, vient nager à la furface après un certain temps de repos.

On fait ufage, dans la Pharmacie, d'un grand nombre de ces eaux diftillées ; il y en a de fimples & de compo-fées. On peut pour le détail confulter les Eléments de Pharmacie de M. Baumé.

Des Médicaments qu'on prépare avec le miel & avec le fucre.

La plupart des fucs dépurés des végétaux, les infu-fions, les décoétions, font de nature à ne pouvoir fe conferver que fort peu de jours : on a imaginé de les affaifonner avec du miel ou du fucre, pour leur procu-rer la facilité de fe garder plus long-temps, & pour adoucir la faveur dégoûtante de certaines de ces liqueurs qu'on ne pourroit faire prendre aux malades fi elles étoient pures.

Ces mêlanges forment un genre de médicaments qui portent le nom de *miel* & de *fyrop*, avec le nom de la fubſtance qu'on emploie, lorſque ces ſyrops ſont ſimples ; comme *ſyrop de capillaire*, lorſque c'eſt du capillaire qu'on a employé ; *ſyrop de guimauve*, lorſque c'eſt de la guimauve, &c. mais les ſyrops compoſés ont d'autres noms qui ſont le plus ſouvent relatifs à leur propriété dominante.

Les ſyrops par conſéquent pourroient être nommés des *conſerves liquides*, parcequ'effectivement ce ſont des conſerves compoſées d'une liqueur qu'on a chargée des parties extractives des différentes ſubſtances, & débarraſſée des parties terreuſes.

Avant que le ſucre fût connu, on n'employoit que du miel dans la Pharmacie ; mais depuis que le ſucre eſt devenu commun, il a été ſubſtitué dans la plupart des médicaments où le miel entroit.

Les ſyrops qui ſont préparés avec le miel, portent ordinairement le nom de miels.

Ceux qui ſont faits avec le ſucre, portent le nom de ſyrops.

On fait les ſyrops avec des ſucs dépurés, ou avec des infuſions & des décoctions faites dans de l'eau, dans du vin, dans des ſucs dépurés, &c.

On diviſe les ſyrops en ſimples & en compoſés ; les *ſyrops ſimples* ſont ceux dans leſquels il n'entre que la partie extractive d'une ſeule drogue ; les *ſyrops compoſés* ſont ceux où il en entre pluſieurs. Ces mêmes ſyrops ſimples & compoſés ſont encore diviſés en altérants & en purgatifs. On nomme *ſyrops altérants* ceux qui agiſſent très doucement dans le corps, & qui ne produiſent point d'évacuation ſenſible. Les *ſyrops purgatifs* au contraire ont la propriété d'évacuer & de faire ſortir les humeurs hors du corps : il y en a quelques-uns qui ſont émétiques.

Les ſyrops néanmoins ne peuvent ſe conſerver qu'un certain temps, & il convient de les renouveller au moins tous les ans ; ceux qui peuvent ſe faire en tout temps, doivent ſe renouveller plus ſouvent.

Des Ratafias.

On fait des ratafias avec les ſyrops d'une ſaveur &

d'une odeur agréables, & de l'eau-de-vie, ou de l'esprit de vin affoibli avec partie égale d'eau. Quelquefois on distille l'esprit de vin ou l'eau-de-vie sur des substances aromatiques ; on les mêle ensuite avec du sucre & de l'eau, ou avec des syrops, pour faire également des ratafias. L'on peut, au moyen de ces principes généraux, faire quelque ratafia que ce soit. On prépare quelquefois des ratafias médicamenteux, & singuliérement de purgatifs ; mais ce genre de médicaments ne se pratique que dans certaines Pharmacies étrangeres, & point à Paris.

Des Gelées.

Les gelées font des syrops chargés de matieres mucilagineuses, qu'on a fait cuire jusqu'à un certain point, de maniere que, lorsqu'ils font refroidis, ils prennent l'apparence d'une colle. Les gelées font par conséquent des conserves molles de sucs dépurés, ou des infusions & des décoctions qui font propres à les former. Les conserves ne different des syrops que par le degré de cuisson & leur consistance : *voyez* CONFISEUR.

Des Marmelades, des Conserves médicamenteuses, des Electuaires, des Confections, des Opiates, &c.

Jusqu'à présent nous n'avons parlé que des conserves de substances qui ont été extraites & tenues en dissolution, ce qui forme des genres de médicaments qui font transparents, & qui ne contiennent rien de la substance ligneuse des drogues : mais il y a un autre genre de conserves qui forme dans la Pharmacie une très grande classe, & que l'on a divisée suivant la dénomination que nous avons donnée dans le titre du présent article. Toutes ces compositions font absolument les mêmes, & ne different essentiellement les unes des autres que par les noms.

Les *marmelades* font ordinairement des conserves de fruits récents, ou de racines récentes réduites en pulpe, & quelquefois de ces mêmes substances feches, qu'on réduit également en pulpe, & qu'on mêle avec du sucre en poudre, ou cuit à la plume : *voyez* CONFISEUR.

Les *conserves médicamenteuses* fe font exactement de

la même maniere ; mais comme la plupart font fujettes à fe gâter, M. Baumé propofe, dans fes *Eléments de Pharmacie*, de faire, avec les poudres des végétaux, toutes celles qui en font fufceptibles, & de ne les préparer qu'à mefure qu'on en a befoin.

Les *électuaires* font des conferves abfolument de même efpece, mais compofées de différents ingrédients de toute efpece, de poudres, de pulpes, d'extraits, de baumes, de matieres métalliques préparées, &c. mêlées avec du fucre ou du miel.

Plufieurs des électuaires portent le nom de *confections*, d'autres portent le nom d'*opiates* ; mais ces diverfes compofitions font de vrais électuaires.

On divife les électuaires en fimples & en compofés. Les *électuaires fimples* font des conferves qui ne font faites qu'avec une feule drogue, & le fucre ou le miel. Les *électuaires compofés* font ceux dans la compofition defquels on fait entrer plufieurs fubftances. On divife encore les électuaires en altérants & en purgatifs.

On divife aufli les électuaires en mous, qui font ceux dont nous venons de parler, & en folides, qu'on nomme aufli *tablettes*, *rotules*, *morfulis*, & quelquefois *trochifques*.

Les tablettes fe font de deux manieres, 1°. avec le fucre cuit à la plume, dans lequel on mêle les ingrédients qui doivent former l'électuaire, que l'on coule enfuite tout chaud fur une table un peu huilée, & qu'on coupe promptement par petits quarrés, ou par lofanges, ou fous d'autres formes.

La feconde maniere de former des tablettes, confifte à mêler les poudres avec une fuffifante quantité de mucilage. C'eft ordinairement celui de gomme adragant que l'on emploie. On forme du tout une pâte molle qu'on étend par le moyen d'un rouleau, comme font les Pâtifliers pour étendre leur pâte. On divife enfuite cette pâte fous la forme qu'on juge à propos.

Des Pilules.

Les pilules font des électuaires plus ou moins compofés, & qui ne different de ceux dont nous venons de parler que par le degré de confiftance. Les pilules ont, pour l'ordinaire, une confiftance moyenne entre les électuaires mous & les électuaires folides. On divife les maffes de pilules par petites potions, que l'on arrondit entre les doigts, autant que cela eft poffible ; on les roule enfuite dans de la poudre de réglifle, afin qu'elles n'adherent point enfemble : quelquefois on recouvre les pilules avec des feuilles d'argent, ou avec des feuilles d'or. Cela fe fait en roulant les pilules dans ces feuilles métalliques ; ce qui s'appelle *argenter* ou *dorer la pilule*.

Des Trochifques.

Les trochifques font des médicaments qui font ordinairement parfaitement fecs. Ils font compofés des mêmes ingrédients que les pilules & les électuaires ; ils en different feulement en ce qu'on n'emploie jamais de fucre pour les lier ou pour les former. Ce font toujours quelques fubftances mucilagineufes dont on fe fert à cet effet, parceque le fucre a la propriété d'attirer l'humidité de l'air au bout d'un certain temps, & que ces médicaments doivent être toujours parfaitement fecs.

On divife le mélange, après qu'il a été réduit en pâte, en petites pyramides triangulaires, en petites plaquettes à-peu-près comme des lentilles, en petits grains longuets, femblables à des grains d'avoine, &c. on les fait fécher enfuite, & on les garde pour l'ufage.

Des Emplâtres.

Les emplâtres font des médicaments qui ont de la folidité & de la fermeté tant qu'ils font froids, & qui fe ramolliffent par la chaleur. Ils font compofés d'huile, de cire, de graiffe, de poudres des fubftances tirées des trois regnes, &c.

Il y a deux efpeces générales d'emplâtres.

1°. Il y a des emplâtres qui doivent leur confiftance & leur folidité à la cire jaune ou blanche, à la réfine, &c.

Dans ces efpeces d'emplâtres il n'y a point ordinairement de matieres métalliques qui leur donnent de la confiftance ; ces emplâtres n'exigent aucun degré de cuiffon.

2°. Il y a d'autres emplâtres qui se font par le moyen de la cuite des préparations de plomb, comme le minium, la litharge, le blanc de céruse, le sel de Saturne, &c. avec les huiles & les graisses.

Ce sont ces préparations qui donnent à ces sortes d'emplâtres presque tout le degré de consistance qu'on leur connoît.

Ces sortes d'emplâtres peuvent être regardées comme des especes de savons métalliques ; on fait également entrer dans leur composition de la cire, de la résine, des extraits, des poudres, des huiles essentielles, &c.

Les emplâtres qui se font par le moyen de la cuite des préparations de plomb, sont encore de deux especes. Dans les uns on met une certaine quantité d'eau pour cuire la litharge, afin que l'huile ou les graisses ne brûlent point ; de cette façon ils cuisent comme au bain-marie, parcequ'ils ne supportent qu'un degré de chaleur semblable à celui de l'eau bouillante, ou très peu supérieur.

Les emplâtres qui se cuisent de cette maniere sont toujours d'un blanc sale.

Les autres se cuisent sans eau : de cette maniere l'huile reçoit un bien plus grand degré de chaleur. L'huile souffre un commencement de décomposition ; elle se brûle en partie, & l'emplâtre est noir. Au moyen de cette manipulation, les préparations de plomb se combinent plus promptement avec les huiles & les graisses.

Lorsque les emplâtres sont cuits, & suffisamment réfroidis, on est dans l'usage de les rouler en petits cylindres, de les envelopper de papier, & de les étiqueter : on nomme ces petits rouleaux d'emplâtres *magdaléons*.

Les Statuts & Réglements du Corps des Apothicaires sont de 1484, sous Charles VIII ; de 1514, sous Louis XI ; de 1516 & 1520, sous François I ; de 1571, sous Charles IX ; de 1583, sous Henri III ; de 1594, sous Henri IV. Ils ont été renouvellés & confirmés par Lettres-Patentes de Louis XIII en 1611, 1624, & le 28 Novembre 1638.

Les loix qui leur ont permis de vendre & débiter les médicaments, leur ont interdit de pratiquer la médecine. Les Médecins ont pareillement renoncé à l'exercice & au commerce de la Pharmacie : en conséquence d'un décret de la Faculté de Médecine de Paris de l'an 1301, il eſt défendu aux Apothicaires de donner des médicaments aux malades ſans une ordonnance des Médecins. C'eſt ainſi que l'ordonne Louis XIII dans ſes lettres du 14 Octobre 1619. » Comme il ſe commet très ſouvent des abus » en la compoſition des remedes dont il s'enſuit jour- » nellement de grands inconvénients, parcequ'au mé- » pris des ordonnances des Médecins, & ſans aucune » connoiſſance des maladies, les Apothicaires ſe mêlent » de donner des drogues dont la mauvaiſe qualité pro- » cure la mort à pluſieurs de nos ſujets : pour à quoi ob- » vier, ordonnons qu'ils ne fourniront aucunes drogues » aux malades ſans l'ordonnance des Médecins, hors le » cas d'une extrême néceſſité «.

Mais la Pharmacie étant devenue un commerce de médicaments, & quantité de gens ſe mêlant de médecine & de chirurgie, les Apothicaires ont été forcés de ceſſer de ſe conformer à cet article de leur ſtatut ; ils débitent les médicaments à ceux qui en demandent, ſoit verbalement ou ſur de ſimples ordonnances non ſignées.

Chaque Apothicaire doit avoir dans ſa boutique les noms des Médecins inſcrits ſur un tableau.

Pour aſſurer le public de la fidélité des Apothicaires dans leurs remedes, les anciennes ordonnances ont réglé que la Faculté feroit la viſite de leurs boutiques ; en conſéquence le Doyen de cette Faculté, deux Profeſ-feſſeurs de Pharmacie, & deux Docteurs adjoints, en font tous les ans la viſite conjointement avec les Maîtres Gardes des Apothicaires. Les viſites ont pour objet d'examiner ſi leurs médicaments ſont bien préparés, & s'ils ſont de bonne qualité & en bon état.

Les Médecins doivent ſigner les formules des remedes qu'ils ordonnent, nommer les malades pour leſquels ils les preſcrivent, dater leurs ordonnances du jour & de l'année ; & les Apothicaires ſont tenus de les garder chez eux en liaſſe, pour y avoir recours au beſoin, & prouver qu'ils n'ont rien donné ſans y avoir été autoriſés par les Médecins.

Les Apothicaires ne peuvent pas non plus exercer la chirurgie. Les Privilégiés de la Cour promirent le 5 Octobre 1631 de ſe conformer en tout aux réglements du corps des Apothicaires.

Les Apothicaires de la Cour font une efpece de corps féparé des Apothicaires de Paris ; ils ont des ftatuts particuliers, rédigés le 2 Juin 1642, regiftrés au Greffe de la Prévôté de l'Hôtel du Roi le 13 Juin de la même année, & au Grand-Confeil le 13 Novembre 1671.

Avant d'être pourvus de leurs charges, ils doivent ou avoir été reçus maîtres en quelque ville du royaume, ou être munis de certificats de dix années de fervice chez quelque maître. Ils font auffi obligés de fubir un examen devant les premiers Médecins des maifons auxquelles ils font attachés, & faire leur chef-d'œuvre pardevant eux. Ils peuvent exercer publiquement la pharmacie, tenir leurs boutiques ouvertes tant à Paris que dans les autres villes du royaume, & font en droit de faire infcrire leur nom dans les tableaux annuels de ceux qui ont dans le lieu de leur réfidence le libre exercice de la Pharmacie.

Les *Apothicaires privilégiés, fuivant la Cour*, forment auffi une communauté diftinćte des Apothicaires des maifons royales, & indépendante de la communauté des Apothicaires de Paris. Chacune de ces trois communautés a fes ftatuts & réglements particuliers.

Le premier Médecin du Roi a le droit de commettre un Médecin pour fon Lieutenant, lequel convoque les affemblées des deux dernieres communautés, préfide à tous leurs aćtes, perçoit la moitié des amendes & confifcations fur les contrevenants aux réglements ; & pour s'indemnifer des frais qu'il eft obligé de faire, il prend trente fols par an de chaque Apothicaire privilégié.

La communauté des *Apothicaires-Epiciers* de Paris poffede de temps immémorial la garde de l'étalon des poids : *voyez* EPICIER.

Le corps des maîtres Apothicaires eft gouverné par trois Gardes qui font choifis parmi les maîtres Apothicaires.

L'Apothicaire, lors de fa réception, eft d'abord reçu Marchand Epicier, & n'eft reçu maître Apothicaire qu'après qu'on s'eft affuré de fa capacité, indifpenfable dans l'art de la Pharmacie, mais moins néceffaire fi on fe bornoit à ne faire que le commerce de l'Epicerie, qui exige à la vérité une fuffifante connoiffance des drogues fimples, mais aucune fur l'objet de la Chymie & fur la préparation des médicaments.

Voici les formalités que l'on obferve dans la réception d'un maître Apothicaire.

On examine s'il eft apprentif de Paris, & on exige de lui la repréfentation de fon certificat de quatre ans d'apprentiffage, & celui de fix ans en qualité de garçon chez un ou plufieurs Maîtres.

Ces pieces font examinées dans une affemblée générale de tous les maîtres Apothicaires; lorfqu'elles font trouvées en regle, & que perfonne n'a rien à dire fur la probité & fur les mœurs de l'afpirant à la maîtrife, il eft infcrit fur les livres en cette qualité. Alors les Gardes lui nomment un conducteur, & convoquent une nouvelle affemblée de tous les Maîtres, dans laquelle on tire au fort cinq Interrogateurs, & les Gardes lui en nomment cinq autres. L'afpirant alors va faire une vifite chez tous les Apothicaires, leur porte un billet d'invitation à l'effet de fe trouver à l'examen qui doit fe faire trois jours après, en préfence du Doyen de la Faculté & des deux Médecins Profeffeurs en Pharmacie, chez lefquels il va également porter des billets de convocation.

Après ces différentes formalités, l'Afpirant eft interrogé, 1°. par les Médecins, 2°. par les trois Gardes Apothicaires, & 3°. par les Apothicaires dont les noms ont été tirés au fort, & par ceux qui ont été nommés par les Gardes, en obfervant l'ordre de leur réception. Cette interrogation dure l'efpace de trois heures.

L'examen étant fini, l'Afpirant fe retire, & il eft admis ou refufé à la pluralité des voix, fuivant la capacité qu'on lui a reconnue.

Lorfqu'il a été admis à la pluralité des voix, l'un des Médecins lui annonce qu'on a été fatisfait de fes réponfes, & qu'il peut prendre fes arrangements pour fubir le fecond examen que l'on nomme l'*Acte des plantes*, & duquel font exempts les fils de Maîtres.

Les Afpirants à la maîtrife font encore tenus à faire un chef-d'œuvre, après quoi ils prêtent ferment devant M. le Lieutenant de Police.

Les veuves des Apothicaires, tant qu'elles font en viduité, peuvent continuer le commerce & tenir bouti-

APP 109

que ouverte, pourvu qu'elles aient un garçon qui ait été examiné & approuvé par les Maîtres & Gardes Apothicaires : mais cette formalité n'est point observée. Ces veuves ne peuvent faire des apprentifs.

Il y a aujourd'hui à Paris environ quatre-vingt-quatre Maîtres Apothicaires.

APPAREILLEUR. C'est celui qui est chargé de la conduite d'une bâtisse, qui préside à l'*appareil*, c'est-à-dire, aux mesures, à l'arrangement, à la coupe, & à l'assortiment des pierres ; qui les trace de la figure & de la grandeur dont elles doivent être, & qui fournit aux tailleurs de pierre les patrons & panneaux sur lesquels ils doivent en faire la taille & la coupe.

Dès que l'Appareilleur a entre ses mains le plan de l'Architecte, il trace sur l'endroit qui lui est le plus commode la figure & les proportions de chaque piece qu'il doit faire, ce qu'on nomme l'*épure*. D'après cette épure, tracée par panneaux ou par équarrissement, il donne la coupe de chaque pierre ; & ensuite il préside à la pose & au raccordement. Il est donc absolument nécessaire qu'un Appareilleur sache la coupe des pierres pour exécuter les desseins des Architectes dans les bâtiments, & ceux des Ingénieurs dans les fortifications.

Il n'importeroit pas moins qu'un Appareilleur sût dessiner l'architecture, pour savoir profiler, former des courbes élégantes, gracieuses & sans jarrets.

Malgré les cours publics qu'on fait tous les ans à Paris pour instruire les Appareilleurs & les rendre plus habiles, la plupart ne connoissent que le simple méchanisme de l'art.

On appelle *pierre de grand appareil* celle qui est fort épaisse, & de *petit appareil* celle qui a peu d'épaisseur. Quand on met les pierres de même hauteur, on dit qu'elles sont de même appareil.

On nomme encore *Appareilleurs* les ouvriers qui, chez les Bonnetiers, apprêtent les bas, les bonnets ; & dans la soirie, ceux qui préparent les soies pour être employées dans la manufacture & fabrique des étoffes.

APPRÉCIATEUR. Ce sont des personnes préposées pour mettre un prix légitime aux marchandises. On nomme ainsi à Bourdeaux ceux qui, dans le bureau du

Convoi & de la Comptablie , apprécient & eſtiment les marchandiſes qui y entrent ou qui en ſortent , pour ré- gler ſur quel pied elles doivent payer le droit d'entrée & de ſortie.

Comme les débiteurs ſont condamnés à payer ſuivant l'eſtimation qui a été faite par les Appréciateurs , ceux-ci ſont tenus d'avoir un regiſtre paraphé & numéroté par le Directeur , & d'y tranſcrire toutes les déclarations qui s'expédient jour par jour , ſans y rien augmenter ni diminuer ſans l'ordre exprès de leurs ſupérieurs ; de procéder à la viſite & ouverture des marchandiſes qui ſont entrées dans le bureau lorſque les Marchands le requièrent , pour en reconnoître la qualité & la quantité ſur leſquelles ils ſe déterminent à une juſte eſtimation de chaque marchandiſe ſuivant le prix courant ; de rapporter ſur leur regiſtre le poids , la qualité & la quantité des marchandiſes qu'ils ont trouvées dans leur viſite , & qu'ils ont enſuite eſtimées ; d'expédier une billette aux marchands pour acquitter leurs marchandiſes ſur le prix de l'eſtimation qu'ils en ont faite , & d'en- regiſtrer ſur des regiſtres particuliers les marchandiſes & leurs appréciations.

Pour ce qui eſt des marchandiſes qu'on ne porte pas au bureau , comme les bois qui viennent par mer , les Appréciateurs doivent s'en rapporter aux *Viſiteurs d'iſſue,* c'eſt-à-dire à ceux qui ſont prépoſés pour examiner ce qui ſort de la ville , & au rapport des Commis qui ont aſſiſté à la décharge & port des bois , ainſi que pour les goudrons, gommes, poix , huile de baleine , harengs , ſar- dines , &c. Ils ſont la même choſe pour les marchandiſes qui viennent par bateau du côté de Toulouſe ou d'Agen. Quant à celles qui viennent par terre , comme par les co- ches , meſſagers , rouliers , & autres voituriers , ils les acquittent ſur le certificat des bureaux par où elles ont paſſé.

APPRÊTEUR. On donne ce nom aux ouvriers qui peignent ſur le verre ou qui y appliquent des couleurs particulieres avec une *peinture d'apprêt.*

On prétend que l'origine de la peinture ſur verre vient de ce qu'ayant apperçu dans les fourneaux des verriers des morceaux de verre de différentes couleurs , on les rangea par compartiments pour en orner les fenêtres ; que charmé de l'agréable effet de l'affemblage de ces pieces coloriées, on voulut s'en fervir pour repréfenter toutes fortes de figures & même des hiftoires entieres, en fe fervant de couleurs détrempées avec la colle. S'étant bientôt apperçu que les injures de l'air effaçoient ces couleurs en peu de temps, on en cherchea d'autres, qui, après avoir été couchées fur le verre blanc, puffent fe parfondre & s'incorporer avec lui en le mettant au feu. On y réuffit fi heureufement que la beauté de nos anciennes vitres d'églife en eft une preuve incontestable.

Quels que foient les inventeurs de cette peinture, dont les commencements ne font pas affez connus pour en fixer l'époque, il eft certain, par le témoignage de l'Abbé *Suger*, en parlant des vitrages qu'il fit faire à S. Denis, que l'art de peindre fur le verre étoit connu avant le douzieme fiecle.

Si l'on n'eft plus dans l'ufage de vitrer ainfi nos églifes modernes, ce n'eft pas que cette invention fe foit perdue, mais c'eft parcequ'on ne veut pas s'en donner la peine, faire la dépenfe qu'elle exige, & que les vitres ordinaires donnent beaucoup plus de clarté. Cette peinture étoit autrefois fort ufitée, fur-tout pour les vitraux des grandes églifes ; mais on paroît s'en être dégoûté, parcequ'elle ôte une partie du jour. Il eft certain cependant que les ornements de peinture employés avec goût & avec ménagement fur les vitres des croifées, font un très bel effet, & paroiffent ajouter quelque chofe à la majefté des grands édifices publics.

Les premieres peintures qui ont paru fur les vitres de nos anciennes églifes, n'étoient que des efpeces de mofaïques compofées de pieces de verre de différentes couleurs, que l'on difpofoit avec fymmétrie, pour en faire des deffeins d'ornement. On repréfenta enfuite des figures dont les couleurs étoient tracées en noir de détrempe, ainfi que les ombres & les draperies, que l'on hachoit fur des verres colorés dont on affortiffoit le mieux qu'il étoit poffible les nuances à l'objet qu'on vouloit repréfenter. Mais ces efpeces de peintures étant toujours néceffairement très imparfaites, on chercha le moyen de peindre fur le verre blanc, & on y réuffit par une méthode qui approche beaucoup de la peinture en émail, & dans laquelle on emploie les mêmes ingrédients colorants.

Quoique les verriers puissent faire des verres de couleur en y ajoutant divers ingrédients lorsqu'ils mettent leur matiere en fusion ; qu'ils fassent un verre de couleur d'un rouge de pourpre en y mêlant beaucoup de *manganese*, qui est une substance fossile, métallique & friable ; qu'ils colorient le verre en jaune avec de la rouille de fer ; qu'ils lui donnent une couleur bleue avec du cuivre rouge calciné plusieurs fois ; une verte, avec du cuivre calciné & la rouille de fer, ou avec du minium, c'est-à-dire avec de la chaux rouge de plomb ; tous ces verres ne pourroient donner tout au plus que des compartiments de mosaïque & jamais de véritables peintures.

Les anciens verres colorés avoient beaucoup d'épaisseur ; souvent ils n'étoient pénétrés que d'une seule couleur, sans apprêt ni demi-teinte, comme sont ceux des vitraux des anciennes églises ; il y en avoit aussi d'entiérement coloriés, c'est-à-dire où la couleur s'étoit répandue dans toute la masse du verre ; on en voyoit d'autres où la couleur ne paroissoit que sur les côtés des tables du verre, & ne pénétroit que de l'épaisseur d'un tiers de ligne, plus ou moins, selon la nature des couleurs, puisque le jaune entre plus avant que les autres. Quoique toutes ces couleurs ne fussent ni bien nettes ni bien vives, les vitriers trouvoient ces verres d'un usage plus commode, parceque, quoiqu'ils fussent déja coloriés, ils pouvoient y appliquer toute sorte de couleur, & s'en servir lorsqu'ils vouloient traiter des draperies, les enrichir de fleurons, ou représenter des ornements d'or & d'argent, ou des couleurs différentes.

Pour cet effet ils se servoient d'éméri pour user la piece de verre du côté qu'elle étoit chargée de couleur ; après l'avoir découverte jusqu'au verre blanc, ils mettoient les couleurs qu'ils vouloient du côté où le verre n'étoit pas colorié, pour empêcher que les nouvelles couleurs ne se brouillassent avec les autres, en mettant les pieces au feu ; de sorte qu'elles se trouvoient diversement brodées & figurées. Quand ils vouloient que ces ornements parussent d'argent ou bleus, ils se contentoient de découvrir

couvrir la couleur du verre, fans y mettre rien de plus, & par ce moyen ils donnoient des rehauts & des éclats de lumiere fur toutes fortes de couleurs.

Le noir fe faifoit, dit-on, avec deux tiers de rouille de fer & un tiers de rocaille, le tout bien broyé enfemble.

Le blanc, avec du fablon ou avec de petits cailloux blancs, bien calcinés à plufieurs reprifes, & un quart de falpêtre; à quoi on ajoutoit, lorfqu'on vouloit s'en fervir, un peu de gyps ou plâtre cuit bien broyé.

Il entroit dans le jaune quelques feuilles d'argent fin, brûlé, & mêlé dans le creufet avec du foufre & du falpêtre. On le battoit enfuite; on le broyoit bien fur le porphyre; & enfin on le broyoit encore de nouveau jufqu'à neuf fois, en y amalgamant une égale quantité d'ochre rouge.

Le rouge étoit compofé de litharge d'argent, d'écailles de fer, de ferrette, de rocaille & de fanguine; de chacune également. Cette couleur, la plus difficile de toutes, demandoit beaucoup d'attention; & on n'en acquéroit le vrai degré de perfection qu'à force d'expériences.

La couleur verte fe faifoit avec une once de cuivre brûlé, ou *as uftum*, autant de mine de plomb, quatre onces de fable blanc pouffé au feu. Après la premiere calcination, on y ajoutoit une quatrieme partie de falpêtre, une fixieme à la feconde; & on les calcinoit encore une troifieme fois avant de s'en fervir.

La couleur de l'azur fe faifoit à-peu-près comme celle du verd; on mettoit feulement du foufre à la place du cuivre brûlé.

Le pourpre fe faifoit avec du périgueux.

Le violet avec le foufre & le périgueux.

Les terraffes avec trois onces de mine de plomb & une once de fable.

Les carnations étoient l'effet de la ferrette & de la rocaille.

Les cheveux, les troncs d'arbres, & autres femblables teintes s'exécutoient avec la ferrette, la paille ou écailles de fer, & la rocaille.

Quand toutes ces couleurs étoient bien préparées, & qu'on vouloit peindre fur le verre, on commençoit par

Tome I.   H

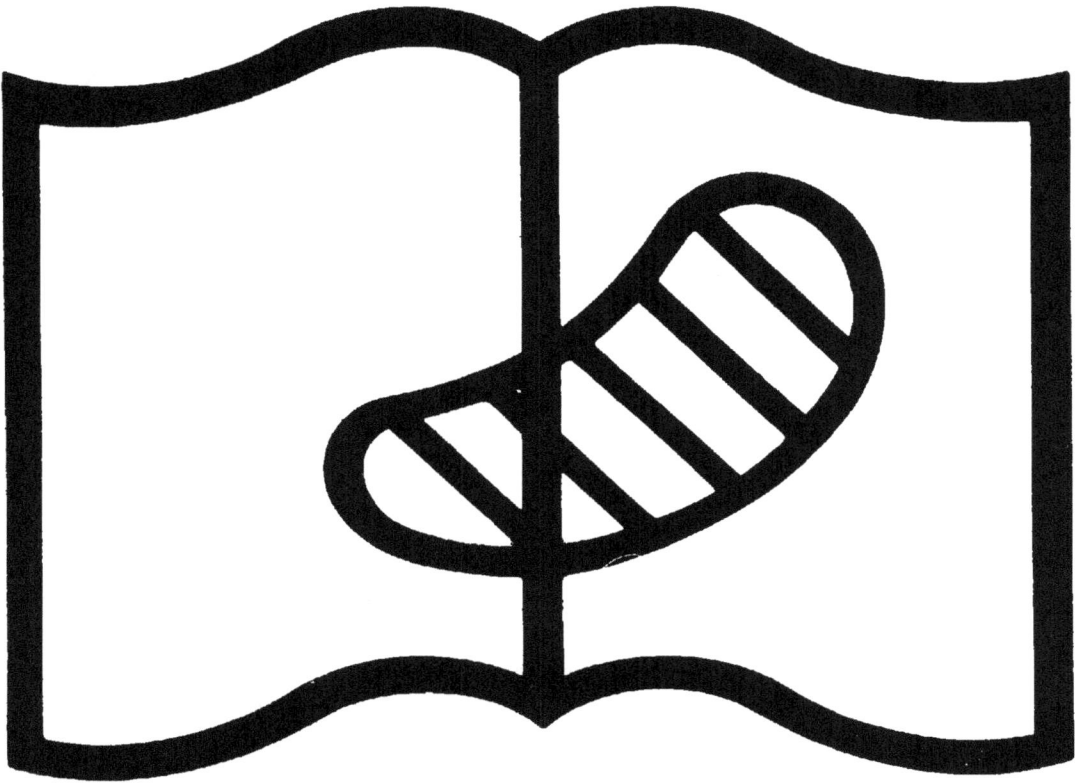

Original illisible

NF Z 43-120-10

réduire en grand le deffein dont on vouloit fe fervir, & partager le carton fur lequel on l'avoit tracé en autant de parties qu'il y avoit de pieces de verre à peindre ; & on avoit le foin de numéroter également les unes & les autres.

Après avoir diminué de chaque piece l'épaiffeur des plombs, on les appliquoit fur la partie du deffein qu'on vouloit repréfenter, & on les deffinoit avec du noir délayé dans un peu d'eau de gomme ; ce qu'on faifoit en fuivant avec le pinceau les contours qui paroiffoient au travers du verre.

Quand ces premiers traits étoient bien fecs, ce qui étoit l'affaire de deux jours lorfque ce n'étoit qu'un ouvrage de grifaille, on donnoit au verre un lavis très clair, fait avec de l'urine, de la gomme arabique & un peu de noir ; & fuivant qu'on vouloit fortifier les ombres, on donnoit le lavis plus ou moins fort. Il falloit cependant prendre garde de ne pas mettre de nouvelles couches que les premieres ne fuffent entiérement féchées, & d'enlever la couleur avec la hampe du pinceau aux endroits qu'on vouloit éclairer pour leur donner les jours & les rehauts néceffaires.

Pour faire tenir les autres couleurs on employoit de l'eau de gomme, à-peu-près comme pour la miniature. On obfervoit de les coucher légérement pour ne point enlever les traits du deffein ; ou même, pour plus de fureté, on les appliquoit de l'autre côté à caufe du jaune qui eft contagieux pour les autres couleurs avec lefquelles il fe confond aifément ; & de ne point mettre couleur fur couleur, ni couche fur couche, que les premieres ne fuffent parfaitement feches.

Le jaune eft prefque le feul qui pénetre tout-à-fait le verre & qui s'y incorpore. Les autres couleurs, particuliérement le bleu, qui eft très difficile à employer, reftent fur la fuperficie, ou du moins entrent peu dans la fubftance du verre.

Lorfque toutes les pieces étoient achevées de peindre, on les portoit au fourneau pour cuire les couleurs. Ce fourneau, qui étoit de brique, avoit deux pieds fix pouces de tout fens en quarré, partagé en deux dans fa hauteur par quatre ou cinq barres de fer affez fortes pour porter la poële dans laquelle on mettoit cuire les cou-

leurs ; il y avoit au-deſſous de cette eſpece de grille une
ventouſe pour y mettre & entretenir le feu ; & au-deſſus
une petite ouverture de quelques pouces de large pour
tirer & remettre les eſſais pendant le temps de la cuiſſon.

La poële où l'on cuiſoit les couleurs, étoit de bonne
terre bien cuite, propre à réſiſter au feu, quarrée &
profonde de ſept à huit pouces, avec un petit trou
pour l'eſſai ; ce trou répondoit à celui du fourneau qui
étoit deſtiné au même uſage. Il s'en falloit de deux
pouces que cette poële touchât aux parois du fourneau,
afin que le feu de deſſous l'environnât mieux de tous
les côtés.

Le fond de la poële étoit couvert de trois lits de plâtre, ou de chaux en poudre, ſéparés par deux lits de
vieux verre caſſé, afin que la trop grande ardeur du
feu ne pénétrât pas trop le verre peint. On plaçoit horizontalement ſur le dernier lit de plâtre ou de chaux,
une couche de verre peint. Ce premier rang de verre
étoit couvert à ſon tour de la poudre ci-deſſus à la hauteur d'un doigt, & ainſi alternativement juſqu'à ce que
la poële fût remplie. On faiſoit cependant attention que
le tout finît par un lit de plâtre.

Dès que la poële étoit ainſi préparée, on couvroit le
fourneau d'une table de terre cuite, ou de pluſieurs tuiles
ſoutenues de petits triangles de fer, qui portoient ſur
les côtés, & qu'on lutoit exactement avec de la terre
glaiſe, en laiſſant néanmoins cinq petites ouvertures
qui lui ſervoient comme de cheminée, une à chacun des
quatre angles, & l'autre au milieu.

Tout étant en état, on donnoit le feu à l'ouvrage,
on le modéroit pendant les deux premieres heures, & on
l'augmentoit à meſure que la cuiſſon avançoit : ce qui
étoit ordinairement fait au bout de dix à douze heures.
On commençoit par mettre du charbon dans le fourneau ; & on finiſſoit par du bois très ſec, afin que la
flamme couvrît toute la poële & ſortît par les cheminées
du haut du fourneau.

Pendant les dernieres heures de la cuiſſon, on exami-
noit les eſſais de temps en temps ; on les tiroit par l'ouverture du fourneau qui répondoit à celle de la poële,
pour voir ſi le jaune étoit fait & ſi les autres couleurs
étoient cuites. Dès qu'on avoit jugé par les eſſais que la
H ij

cuisson étoit bonne, on se hâtoit d'éteindre le feu, de peur qu'il ne brûlât les couleurs, & qu'étant poussé à un degré trop violent, il ne cassât le verre.

Voilà quelle étoit la façon dont les anciens usoient pour peindre & cuire les verres qui ont été en si grande réputation pendant plusieurs siecles, & qui ont fait pendant long-temps l'ornement des vitraux des principales églises.

Les modernes ayant jugé à propos de se débarrasser d'une méthode aussi fatigante, & qui exigeoit autant de soin, en imaginerent une autre; ils couperent des pieces de verre blanc, de maniere que leur assemblage ne traversât point les parties principales du dessein; les numeroterent, & y appliquerent avec le pinceau des émaux transparents, broyés fin, & délayés avec de l'eau & du borax ou de la gomme arabique; ils mirent ensuite ces pieces dans une poële faite exprès, & dans un fourneau destiné à cette opération. Maître *Claude*, & frere *Guillaume*, de l'ordre de S. Dominique, Marseillois d'origine & peintres sur verre de profession, furent les premiers qui inventerent cette nouvelle méthode, & qui, à la requisition de *Jules II*, porterent en Italie le goût de la peinture sur verre.

On doit observer qu'il n'y a que le verre dur qui puisse supporter la violence du feu; le crystal de nos glaces est trop tendre & trop rempli de sel; dans la cuisson il fondroit avec les émaux qu'on auroit mis par-dessus; il arriveroit même que le crystal changeroit de couleur par la force du feu.

Cette méthode a son mérite; mais les couleurs n'en font pas aussi éclatantes que celles de l'ancienne fabrique, dont il nous reste entre autres un très beau monument dans les anciens vitrages qui décorent les charniers de l'église de S. Etienne-du-Mont à Paris. Rien n'égale la beauté des couleurs de ces vitraux dont la peinture est très délicate. Sur le panneau qui représente le banquet du pere de famille, il y une mouche si bien imitée que plusieurs connoisseurs l'ont prise pour être naturelle, après l'avoir observée même de bien près.

La différence qu'il y a entre l'ancienne & la nouvelle maniere de peindre sur verre, c'est que dans celle-ci les émaux ne font que s'attacher à la superficie du verre

par la force du feu , & ne se parfondent point , excepté
le jaune qui , non seulement s'incorpore entiérement
dans le verre , mais même s'y étend. C'est par cette
raison que les artistes évitent autant qu'ils le peuvent
de mettre cette couleur à côté du bleu , parcequ'en s'é-
tendant sous celui-ci , il le change en couleur verte.

Quelques auteurs disent que pour la cuite du verre
peint , on peut se servir indifféremment de chaux ou
de plâtre en poudre ; mais nous pensons qu'il y auroit
beaucoup d'inconvéniens à se servir de plâtre , parcequ'il pourroit se cementer avec le verre peint , le rendre
laiteux , & par conséquent le gâter entiérement. Peut-
être même pourroit-on substituer plus efficacement du
sablon fin & bien tamisé au lit de chaux qu'on n'emploie que pour donner au verre une assiette plus solide ,
& l'empêcher de se déjetter pendant le ramollissement
qu'il éprouve lors de la cuite des couleurs.

On peint aussi à l'huile sur le verre avec des couleurs
transparentes , comme la laque , l'émail , le verd-de-
gris , & les huiles ou vernis colorés , qu'on couche uniment pour servir de fond. Quand ces couleurs sont seches , on y met des ombres , & on emporte les hachures
des clairs avec une plume taillée exprès. Cette peinture
se conserve long-temps , pourvu que le côté du verre où
la couleur est appliquée ne soit pas exposé au soleil :
voyez Peinture.

On nomme encore *Apprêteurs* ceux qui , au moyen
d'un apprêt , mettent les étoffes dans leur dernier degré de perfection ; ceux qui donnent à la bougie de table
les premiers jets , & la roulent dans l'eau sans en tailler
le bout ; les *Fondeurs de caracteres d'imprimerie* , lorsque pour leur donner la derniere façon 'ils polissent avec
un couteau fait exprès les deux côtés des lettres , & les
ratissent jusqu'à ce qu'elles soient au degré précis d'épaisseur qu'elles doivent avoir ; les *Vergetiers* , qui mettent
ensemble les plumes & les soies de même grosseur , de
même grandeur & de même qualité ; ceux qui passent
au feu le bois d'une raquette pour le rendre plus pliant
& lui faire prendre la forme qu'il doit avoir , & qu'il
n'auroit point sans cette précaution.

AQUITECTEUR. Par-tout où il y a des aqueducs , il
faut nécessairement des Aquitecteurs pour travailler à leur

entretien & à celui des bâtiments deſtinés ou à diſtribuer les eaux dans une ville, ou à en expulſer les immondices.

Les Aquiteƈteurs ſont ceux qui veillent à ce que les aqueducs ſoient en bon état ; qu'ils conſervent le niveau de l'eau pour la conduire d'un lieu à un autre ; que les tuyaux qu'ils renferment ne laiſſent point fuir l'eau ; que les réſervoirs ſoient toujours pleins ; que ſelon le beſoin qu'ont les eaux de couler naturellement, ou de devenir jailliſſantes, ils reſſerrent plus ou moins leurs tuyaux ; qu'ils choiſiſſent & poſent bien leurs ajutages, ſoit ſimples ou compoſés ; & que relativement à l'eau qu'ils ont, ils en dépenſent le moins qu'il eſt poſſible.

Dans la fouille des terres & la perquiſition des tuyaux, on obſerve que les aqueducs ne ſont jamais conſtruits en droite ligne, & qu'ils ont de fréquentes ſinuoſités, afin que l'eau courant avec moins d'impétuoſité, elle endommage moins les canaux & en ſorte plus belle & plus ſaine.

On doit auſſi laiſſer des ſoupiraux d'eſpace en eſpace, afin que ſi l'eau venoit à être arrêtée par quelque accident, elle pût ſe dégorger juſqu'à ce qu'on ait dégagé ſon paſſage.

Rome poſſede encore une partie des aqueducs dont ſes premiers habitants la décorerent peu de temps après ſa fondation. Chacun d'eux eſt une merveille de l'art, & ne prouve pas moins la patience & le courage que l'habileté & la ſomptuoſité des Romains. Nous n'entrerons dans aucun détail à ce ſujet, mais nous ferons obſerver que l'aqueduc que Louis XIV a fait faire proche de Maintenon, pour porter les eaux de la riviere de Bucq à Verſailles, eſt peut-être le plus grand aqueduc qui ſoit à préſent dans l'univers. Au reſte, pour ce qui concerne la conduite & la dépenſe des eaux, *voyez* le mot FONTAINIER.

ARBALÈTRIERS. Ouvriers qui faiſoient les arbalètes.

Quoique cet inſtrument ne ſoit plus en uſage, les Arquebuſiers prennent le nom d'*Arbalétriers* dans leurs lettres de maîtriſe, parceque c'étoit eux qui faiſoient autrefois les arbalètes.

L'*arbalête* étoit compoſée d'un arc d'acier, monté ſur un fût de bois ; d'une corde, & d'une *fourchette* ou *enrayoir* : on la bandoit avec effort par le moyen d'un fer

propre à cet ufage : on s'en fervoit à tirer des balles, des
fleches & des dards ; lorfqu'on en tiroit des gros traits
appellés *matras*, on les nommoit *arbalêtes à jalet*.

On en attribue l'invention aux Phéniciens, mais *Vegece*
affure qu'elle eft due aux Majorquins.

Il étoit défendu aux Eccléfiaftiques de tirer de l'arc ou
de l'arbalête. Le Concile de Latran, tenu en 1139, fit un
Canon contre les Arbalêtriers, & leur défendit d'exercer
leur art contre les Chrétiens & les Catholiques : il ne paroît pas, dit M. de Fleury, dans fon Hiftoire Eccléfiafti-
que, que cette défenfe ait jamais été obfervée.

ARCHITECTE. L'Architecte eft celui qui donne les
plans & les deffeins d'un bâtiment, qui conduit l'ouvrage
& qui commande aux Maçons, Charpentiers, Couvreurs
& autres ouvriers qui travaillent fous lui. Le bon Architecte eft un homme qui, fans compter les connoiffances
générales qu'il eft obligé d'acquérir, doit poffeder bien
des talents : il doit faire fon capital du deffein, comme
l'ame de fes productions ; des mathématiques, comme le
feul moyen de régler l'efprit, & de conduire la main dans
fes différentes opérations ; de la coupe des pierres, comme la bafe de toute la main-d'œuvre d'un bâtiment ; de
la perfpective, pour acquérir les connoiffances des différents points d'optique, & les plus-valeurs qu'il eft obligé
de donner aux hauteurs de la décoration, qui ne peuvent
pas être apperçues d'en-bas. Il doit joindre à ces talents des
difpofitions naturelles, l'intelligence, le goût, le feu &
l'invention, parties qui lui font non feulement néceffaires, mais qui doivent accompagner toutes fes études.
C'eft, fans contredit, par le fecours de ces connoiffances
diverfes que les Desbroffes, les Mercier, les Dorbets, les
Perrault & les Manfards, ont mis le fceau de l'immorta-
lité à leurs ouvrages, dans la conftruction des bâtiments
des Invalides, du Val-de-Grace, du Château de Verfailles,
de ceux de Clagny, de Maifons, des Quatre-Nations, du
Luxembourg & du Périftyle du Louvre.

Les anciens Auteurs prétendent que les Egyptiens furent les premiers qui éleverent des bâtiments fymmétri-
ques & proportionnés ; mais comme les regles de leur architecture ne font pas parvenues jufqu'à nous, qu'il ne
nous refte de leurs édifices qu'une architecture folide &

coloſſale, telles que ſont ces fameuſes pyramides, qui, depuis tant de ſiecles, ont triomphé des injures du temps, on leur préfere les anciens Grecs, dont nous tenons les ordres *dorique*, *ionique* & *corinthien* : après eux, les Romains inventerent le *toſcan* & le *compoſite*, qui ne ſont qu'une imitation imparfaite des trois premiers ordres, dont nous faiſons cependant un uſage utile dans nos bâtiments.

Ces cinq ordres comprennent tellement ce qu'il y a de plus exquis dans l'architecture, eu égard aux proportions obſervées dans ces ordres, que malgré les diverſes occaſions qu'ont eu nos plus habiles Architectes d'exercer leurs talents, ils n'ont jamais pu parvenir à compoſer de nouveaux ordres, qui aient pu approcher de ceux des Grecs & des Romains.

L'architecture ſe reſſentit, comme les autres arts, de la chûte de l'Empire d'Occident ; elle tomba dans un oubli dont elle ne s'eſt relevée que pluſieurs ſiecles après. Pendant ce temps d'ignorance où les ſciences & les beaux arts furent comme anéantis dans le cinquieme ſiecle, les Viſigots détruiſirent les plus beaux monuments de l'antiquité, & l'architecture fut réduite à un tel excès de barbarie, qu'on négligea la juſteſſe de ſes proportions, & la correction du deſſein, dans leſquels conſiſte tout le mérite de cet art.

L'abus des principales regles de l'architecture fit naître une nouvelle méthode de bâtir, que l'on nomma l'*architecture gothique*, & qui a ſubſiſté juſqu'à Charlemagne, qui entreprit de rétablir celle des anciens. Hugues Capet, & Robert ſon fils, qui avoient du goût pour cet art, encouragerent les artiſtes françois : l'architecture changea inſenſiblement de face ; mais de groſſiere que le goût gothique l'avoit rendue, on la porta à un excès oppoſé en la faiſant trop légere. Les Architectes du treizieme ou quatorzieme ſiecle, qui avoient quelque connoiſſance de la ſculpture, ne faiſoient conſiſter la perfection de leurs ouvrages que dans la délicateſſe & la multitude des ornements, qu'ils entaſſoient avec beaucoup de travail & de ſoin, quoique ſouvent d'une maniere fort capricieuſe.

Ils furent redevables de ce goût aux Arabes & aux Maures, qui, de leurs pays méridionaux, l'introduiſirent en France, comme les Vandales & les Goths y avoient apporté du nord le pefant goût gothique.

C'eft à la fagacité & à l'application des Architectes de France & d'Italie, des deux derniers fiecles, que l'architecture doit le recouvrement de fa premiere fimplicité, de fa beauté & de fes proportions.

Les principales connoiffances d'un Architecte confiftent dans la matiere, la forme, la proportion, la fituation, la diftribution & la décoration des bâtiments. Les Grecs, les Romains, les Italiens & les François fe font diftingués en écrivant fur ce fujet : nos Architectes ne fauroient trop les confulter.

On diftingue ordinairement trois efpeces d'architecture ; la *civile*, qu'on nomme fimplement *architecture*, la *militaire*, & la *navale*.

On entend par *architecture civile* l'art de compofer & de conftruire les bâtiments pour la commodité & les différents ufages de la vie ; tels font les édifices facrés, les palais des Rois & les maifons des particuliers ; auffi-bien que les ponts, places publiques, théâtres, arcs de triomphe. On entend par *architecture militaire* l'art de fortifier les places, en les garantiffant, par des conftructions folides & bien difpofées, contre l'effort des bombes, du boulet, &c. C'eft ce genre de conftruction qu'on appelle *fortification*. On entend par *architecture navale* celle qui a pour objet la conftruction des vaiffeaux, des galeres, & généralement de tous les bâtiments flottants, auffi-bien que de celle des ports, môles, jettées, corderies, magafins, & autres bâtiments érigés fur les bords de la mer.

L'architecture civile eft un des premiers arts qui ont été mis en pratique. De tous les temps l'homme s'eft vu forcé de chercher des afyles contre les injures de l'air & l'attaque des bêtes féroces : c'eft donc à la néceffité que l'architecture doit fa naiffance. Les réflexions & les comparaifons que firent les hommes fur leurs ouvrages, leur formerent le goût. On parvint d'abord à connoître les regles de la proportion. On y ajouta enfuite les ornements que les lumieres & le génie de chaque fiecle ont fuggérés aux peuples en différents temps. L'architecture, embellie, corrompue & rétablie fucceffivement, a varié, comme nous l'avons dit, fuivant le bon ou le mauvais goût des nations.

Il y a encore ce qu'on appelle l'*architecture en perspec-tive* & l'*architecture feinte*.

L'architecture en perspective est celle dont les parties font de différentes proportions, & diminuées à raifon de leurs diftances, pour en faire paroître l'ordonnance en général plus grande ou plus éloignée qu'elle ne l'eft réellement ; tel eft le fameux efcalier du Vatican, bâti fous Alexandre VII fur les deffeins du Cavalier *Bernin*.

L'architecture feinte eft celle qui a pour objet de re-préfenter tous les plans, faillies & reliefs d'une archi-tecture réelle, par le feul fecours du coloris. Tels font quelques frontifpices qu'on voit en Italie, & les douze pavillons du Château de Marly. On s'en fert pour les feux d'artifice, les décorations des théâtres, les pompes funebres, & dans les arcs de triomphe qu'on peint géo-métralement & en perfpective fur toile & fur bois, à l'occafion des entrées & des fêtes publiques.

En jettant un coup d'œil fur la maniere dont les pre-miers hommes fe font formé leurs habitations, l'ef-pace immenfe que l'induftrie humaine a eu à parcourir en deviendra plus frappant, & notre admiration fe por-tera naturellement fur des chofes auxquelles nous ne ré-fléchiffons feulement pas, par l'habitude que nous avons de les voir. Les premieres retraites des hommes furent les antres & les cavernes, dont le féjour leur dut bientôt paroître auffi trifte que mal-fain ; ils auront cherché à fe procurer des habitations plus commodes & plus agréa-bles. Les premiers logements auront été proportionnés aux facilités locales de chaque contrée, & relatifs aux lumieres & au génie des différentes peuplades. Les ro-feaux, les cannes, les branches, les feuilles d'arbres, les écorces, les terres graffes, ont été les matériaux dont on a d'abord fait ufage. Les premieres maifons des Grecs ne furent que d'argille : ces peuples furent quelque temps à ignorer l'art de la cuire, pour en conftruire des bri-ques : *voyez* l'état préfent de cet art au mot BRIQUETIER. On a vu autrefois des peuples, comme on en voit encore à préfent, fe conftruire, faute de matériaux & fur-tout d'intelligence, des cabanes avec des peaux & des os de chiens de mer, & d'autres grands poiffons.

D'autres ont commencé par entrelacer groffiérement des branches, & à enduire de terre ces efpeces de claies :

on a donné à ces cabanes la forme d'une glaciere : un trou pratiqué à la pointe du toit donnoit issue à la fumée. Ce genre d'habitations s'est perpétué chez plusieurs nations, tant anciennes que modernes. On a pu aussi construire les premieres maisons de troncs d'arbres élevés les uns sur les autres, & rangés quarrément. On voit encore aujourd'hui les restes de ces pratiques originaires dans quelques villages d'Allemagne, de Pologne & de Russie.

On n'avoit besoin, pour la construction de ces bâtiments, ni d'un grand nombre d'outils, ni de beaucoup de machines. On aura abattu originairement les arbres de la même maniere que les Sauvages les abattent, c'est-à-dire par le moyen du feu : ils les minent peu-à-peu avec de petits tisons, qu'ils ont soin d'entretenir & de rapprocher : le même secret leur sert à les couper en bille : ils placent des tisons de distance en distance sur le corps de l'arbre qu'ils veulent débiter.

On aura inventé successivement quelques instruments pour tailler les bois & pour les planer. Les premiers outils étoient faits de certaines pierres dures ; il existe encore dans les cabinets des curieux de ces anciens outils. La plupart des nations de l'Amérique ne se servent point d'autres instruments pour tailler les bois & les débiter. On aura imaginé ensuite de faire des outils de métal, dont le nombre n'a pas été considérable dans les premiers temps. On peut juger des connoissances des anciens peuples par celles des Péruviens, avant l'arrivée des Espagnols ; ils n'employoient que la *hache* & la *doloire* pour travailler leurs bois ; la *scie*, les *clous*, le *marteau*, & les autres instruments de charpenterie, leur étoient inconnus.

Le temps où l'on a commencé des édifices de pierres taillées nous est absolument inconnu. On en doit dire autant de l'invention de la *chaux*, du *mortier* & du *plâtre* ; ces découvertes se font faites insensiblement, & de proche en proche.

L'architecture cependant n'a pu faire un certain progrès que depuis qu'on a été en possession d'une quantité d'arts, dont le secours lui est absolument nécessaire. Il a fallu inventer les machines propres à voiturer & à élever les fardeaux considérables, trouver le secret de dompter les animaux, & imaginer le moyen de les faire servir

au tranfport des matériaux ; il a fallu enfin trouver l'art
de travailler les métaux, fur-tout le fer. Cependant l'état
des bâtiments chez les Mexicains & les Péruviens nous
a prouvé que, fans charrettes, ni traîneaux, ni bêtes
de fomme, fans échafauds, fans machines propres à
la conftruction des bâtiments, fans même l'ufage du fer,
on pouvoit conftruire des édifices. Il en exifte encore aujourd'hui chez eux, dont la vue caufe le plus grand
étonnement ; ils ont tout fait à force de bras, avec la
longueur du temps & une patience invincible.

Mais l'homme, aidé de fon induftrie, fe rend bien
plus facilement maître de la nature ; ici cinq ou fix hommes, en marchant fur la roue d'une grue, machine connue de tout le monde, élevent en très peu de temps, par
le poids feul de leur corps, des pierres énormes, que les
efforts d'un très grand nombre d'hommes réunis ne feroient parvenus qu'après un très long temps à mettre en
place. La machine ingénieufe dont nous parlons a de
plus l'avantage, que la partie fupérieure, qui foutient
la pierre énorme que l'on éleve, tourne comme fur un
pivot avec la plus grande facilité ; par ce moyen on fufpend la pierre au-deffus de l'endroit que l'on defire, &
on l'abaiffe enfuite doucement à volonté, en lâchant
feulement la roue très lentement.

La premiere architecture fut fans doute très groffiere ; mais les peuples s'étant policés, & leurs connoiffances s'étant augmentées à proportion, on fongea
à embellir & à orner les édifices. L'architecture alors
appella plufieurs arts à fon fecours : à l'aide du cifeau,
on fubftitua des colonnes de pierre ou de marbre aux po-
teaux qui originairement fervoient à foutenir les cabanes. Telle eft l'origine de ces belles colonnades qui
font l'ornement des palais. Il en a été de même des autres ornements de l'architecture. C'eft fur cette architecture, dans cet état d'élégance & de perfection, que
nous allons jetter préfentement un coup d'œil.

La géométrie & la méchanique font les feuls outils de
l'Architecte. Il cherche à tirer le plus grand parti poffible du terrein fur lequel il doit bâtir ; il conftruit les
maifons des particuliers avec une belle fimplicité ; il y
procure toutes les aifances & les commodités poffibles ;
il embraffe de la penfée, & proportionne par avance aux

difpofitions du terrein, l'ordonnance d'un grand palais, une vafte cathédrale, le baſſin d'un port, un canal de communication entre deux mers, ou d'une riviere à une autre ; il calcule toutes les dimenſions qui ſont néceſ-ſaires pour la conſtruction d'un pont.

Les colonnes & pilaſtres qui ſoutiennent ou qui or-nent les grands bâtiments, ſont ce qu'on nomme en ar-chitecture *ordre*. Chaque ordre eſt compoſé de colonnes dont chacune a ſa baſe & ſon chapiteau, & le tout eſt couronné d'une architrave, d'une friſe & d'une corniche. On diſtingue trois ordres principaux d'architecture, le *dorique*, l'*ionique* & le *corinthien*, noms qui prouvent que la Grece fut le berceau de la belle architecture. Les ordres ne different entre eux que dans la proportion de leurs membres ou de leurs parties, & dans la figure des chapiteaux qui couronnent les colonnes.

L'Architecte, homme de goût, ſe détermine pour l'eſpece d'ordre qui convient au genre de bâtiment qu'il conſtruit. Comme le caractere diſtinct de l'*ordre dorique* eſt la ſolidité, c'eſt celui qu'il emploie ordinairement dans les grands & vaſtes édifices, où la délicateſſe des ornements paroîtroit déplacée ; comme aux portes des citadelles, des villes, aux dehors des temples, aux places publiques. On reconnoît cet ordre à ſa ſimplicité : il n'a aucun ornement ſur ſa baſe ni ſur ſon chapiteau ; la hauteur de la colonne, avec ſa baſe & ſon chapiteau, eſt de huit diametres.

Veut-il à la nobleſſe joindre plus d'élégance, il fait uſage de l'*ordre ionique*, qui tient le milieu entre la ma-niere ſolide & la maniere délicate. Dans cet ordre la co-lonne, y compris la baſe & le chapiteau, eſt de neuf diametres de hauteur ; le chapiteau en eſt orné de vo-lutes, & ſa corniche de denticules.

Conſtruit-il le palais d'un Roi, il fait uſage de l'*ordre corinthien*, le plus délicat & le plus riche de tous les ordres d'architecture : ſon chapiteau eſt orné de. deux rangs de feuilles, de huit grandes volutes & de huit petites ; ſa colonne, avec ſa baſe & ſon chapiteau, a dix diametres de hauteur, & ſa corniche eſt ornée de modillons. L'invention de ce bel ordre eſt due au haſard. Callimaque, célebre artiſte Corinthien, ayant remarqué, en paſſant près d'un tombeau, un panier qu'on avoit

mis fur une plante d'acanthe, fut frappé de l'arrangement fortuit & du bel effet que produifoient les feuilles
naiffantes de cette acanthe, qui environnoient le panier;
il conçut depuis le deffein d'employer, dans les colonnes
qu'il fit à Corinthe, les ornements que le hafard lui avoit
montrés; ils produifirent le plus bel effet dans l'exécution.

Il eft un autre ordre que l'on nomme *compofite*, parcequ'il participe de l'ionique & du corinthien. Cet ordre
eft encore plus orné que le corinthien. Les grands Maîtres de l'art & les perfonnes d'un goût éclairé fe plaignent
de ce qu'on emploie trop fouvent cet ordre qui s'éloigne
de la belle architecture des Grecs. Cet ordre compofite a
fon chapiteau orné de deux rangs de feuilles imitées de
l'ordre corinthien, & de volutes prifes de l'ordre ionique ; fa colonne eft de dix diametres de hauteur, & fa
corniche a des denticules ou modillons fimples. Lorfqu'on fait ufage de différents ordres, on a foin de placer
le plus délicat fur le plus folide. |

L'Architecte, après avoir coupé & dreffé le deffein du
bâtiment, en confie la conduite à un *Maître Maçon*, ou
préfide lui-même à l'exécution. C'eft une tête qui dirige
une infinité de bras : *voyez* le mot MAÇON. L'*appareilleur*,
qui marque les pierres de mife, & qui diftribue les patrons pour en régler les mefures de la coupe : *voyez* AP-
PAREILLEUR. Le *fcieur*, qui découpe les gros blocs en diverfes lames : *voyez* SCIEUR. Le *tailleur*, qui mene fon
maillet & fon cifeau fur les lignes qu'on lui a tracées.
Le *hallebardier*, qui, avec le fimple apprêt d'un levier &
de deux rouleaux, fait arriver la plus lourde maffe fur le
chantier. Le *bardeur*, qui, en arcboutant fes épaules contre d'autres, aide à voiturer la piece taillée fur le *bar*,
qui eft une efpece de groffe civiere portée par quatre ou
fix hommes, ou qui la charrie fur le *binard*, qui eft une
petite voiture traînée par fept ou huit hommes jufqu'au
pied des engins préparés pour la guinder au lieu de fon
affife : *voyez* BARDEUR. Le *pofeur*, qui fait donner à
cette pierre fon à plomb par l'obéiffance du ciment encore humide : *voyez* POSEUR. L'*aide-maçon*, qui eft
celui qui fait éteindre la chaux, corroie le mortier, ou
qui gâche le plâtre.

Quoiqu'au premier efpect l'action d'éteindre la chaux
paroiffe une opération très fimple, il y a cependant un

certain art dans la manipulation, qu'on n'acquiert que par l'expérience. Trop de pierres à chaux, mifes à la fois dans le petit baffin, exigeroient une trop grande quantité d'eau qu'on ne feroit pas toujours à portée de leur fournir pour les réduire dans une parfaite fufion, & courroient rifque de fe brûler. Les parties folubles de la chaux n'étant pas également divifées par une fuffifante quantité d'eau, il s'en trouveroit de mal éteintes que l'aide-maçon corroieroit difficilement avec fon *bouloir*, qui eft une longue perche au bout de laquelle eft emmanché un morceau de bois horizontal de la longueur de fept à huit pouces, fur la largeur & épaiffeur de quatre à cinq pouces. Au refte une chaux mal éteinte, ou brûlée, tourne en pure perte pour le propriétaire, parcequ'elle ne rend jamais autant que celle dont les parties font également diffoutes.

Si c'eft une opération effentielle dans l'aide-maçon de favoir bien éteindre la chaux, celle de bien faire le mortier ne l'eft pas moins. Indépendamment d'un corroiement long & pénible, il faut qu'il connoiffe la qualité du fable ou de l'arene qu'il emploie ; & fuivant que l'un ou l'autre eft plus ou moins gras ou plus ou moins maigre, il doit y mêlanger une quantité proportionnée de chaux, relative à l'une de ces deux qualités ; c'eft-à-dire que lorfque le fable & l'arene font naturellement gras, il y faut moins de chaux, tout comme il en faut davantage dans le cas oppofé ; fans quoi il auroit beau corroyer long-temps l'un & l'autre, fon mortier feroit trop gras ou trop maigre, ce qui en rendroit l'exploitation inutile ; parceque dans le premier cas celui qu'on emploieroit à crépir des murs fe gerceroit peu de temps après, introduiroit l'eau pluviale, & fe détacheroit infenfiblement du mur ; & que dans le fecond, le mortier, trop maigre, ne feroit pas avec le moilon une liaifon affez folide & telle qu'il convient.

Dès que le mortier eft fait, l'aide-maçon ne s'occupe qu'à le tenir en tas & toujours frais, qu'à le gacher & l'arrofer de temps en temps afin qu'il féche moins, & qu'à charger l'oifeau du *goujat*, pour que celui-ci le porte dans les endroits où les pofeurs en ont befoin : *voyez* GOUJAT.

Quand l'aide-maçon travaille dans les pays où l'on

n'emploie que du plâtre, il est obligé de battre celui qui est trop gros, de le réduire en poussiere, de le passer à une claie d'osier ; &, selon les divers besoins du maçon, de le mettre, ou plus gros ou plus fin, dans un auget, avec assez d'eau pour que l'ouvrier puisse l'employer tout de suite.

Ces ouvriers, & bien d'autres qui montrent le plus d'activité, ignorent ou négligent de considérer quel effet produira la piece qu'ils conduisent : on ne voit que confusion dans leurs mouvements. Ce sont tous travaux dispersés çà & là, sans ordre & sans beauté. Les ouvriers qui couvrent la plaine, travaillent, pour ainsi dire, à l'aveugle. L'Architecte qui commande tant d'actions différentes, y voit du sens & des rapports. Il congédie enfin tout son monde, & ce qui n'étoit qu'une idée renfermée dans sa tête, est devenu, pour le commun usage, une magnifique réalité.

Quant au détail des opérations exécutées par les principaux ouvriers qui travaillent sous l'ordre de l'Architecte, *voyez* APPAREILLEUR, MAÇON, TAILLEUR DE PIERRES.

L'architecture est, comme nous venons de le voir, une science si importante & qui demande tant de savoir, que M. Colbert, ce ministre zélé des arts, établit en 1671 une Académie d'architecture, que le Roi confirma par lettres-patentes du mois de Février 1717. D'abord elle étoit composée d'Architectes célebres, d'un Professeur & d'un Secrétaire : quant aux Académiciens, ils obtenoient des brevets qui les nommoient. Par le nouveau réglement, cette Académie est mise sous la protection du Roi, dont elle reçoit les ordres par le Directeur Général des Bâtiments. Elle est composée de deux classes. Dans la premiere il y a dix Architectes, un Professeur & un Secrétaire Perpétuel. La seconde classe est remplie par douze autres Architectes. Ceux de la premiere classe ne peuvent faire les fonctions d'Entrepreneurs ; ceux de la seconde classe peuvent entreprendre dans les bâtiments du Roi seulement.

Les Officiers des bâtiments du Roi, savoir les Intendants, les Contrôleurs Généraux, &c. ont séance aux assemblées de l'Académie.

Il y a dans cette Académie deux Professeurs ; l'un enseigne

feigne l'architecture, ou l'art de décorer ; l'autre la géométrie ou le toifé, la coupe, la méchanique. On diftribue à la S. Louis deux médailles aux éleves. La premiere, qui eft d'or, donne droit d'être penfionnaire à
l'Académie Royale de Rome.

Plufieurs Architectes Grecs & Latins avoient donné des
ouvrages fur l'architecture, mais qui ne font point venus
jufqu'à nous. *Vitruve* peut être regardé comme le feul
Architecte ancien dont nous ayons des préceptes par
écrit. Cet Architecte vivoit fous le regne d'Augufte. Il
compofa dix livres d'architecture qu'il dédia à ce Prince ;
mais le peu d'ordre, & l'obfcurité qui fe trouve répandue dans fon ouvrage, ont donné lieu à plufieurs Architectes d'y faire des notes. Celles de Perrault, homme
de lettres & favant Architecte, font les plus eftimées.

Quoiqu'il y ait beaucoup de différence entre l'Architecte & le Maître Maçon, l'un exerçant un art libéral,
& l'autre feulement un métier, on les confond cependant
fouvent enfemble, à caufe que les uns & les autres peuvent être également reçus parmi les Architectes-Experts-
Jurés du Roi, créés par les édits du mois de Mai 1690,
& la déclaration du mois d'Août 1691.

Ces Officiers Architectes font de deux fortes ; les uns,
qu'on nomme *Jurés-Experts Bourgeois*, & les autres,
Jurés-Experts Entrepreneurs : leur nombre eft de foixante,
trente des uns & trente des autres.

Les fonctions qui leur font attribuées par ces édits &
déclaration, font de faire feuls, à l'exclufion de tous
autres, tant dans la ville, prévôté & vicomté de Paris,
qu'en toutes les autres villes & lieux du royaume, toutes
vifites, prifées & eftimations, tant à l'amiable que par
juftice, de tous ouvrages de maçonnerie, charpenterie,
couverture, menuiferie, ferrurerie, fculpture, dorure,
peinture, arpentage, mefurage de terres, & généralement de tout ce qui concerne cet art.

ARÇONNEUR. C'eft l'ouvrier qui arçonne la laine,
le poil, le coton, l'ouate, pour être employés aux
divers ufages de quelques artifans, mais particuliérement à la chapelerie.

L'*arçon* reffemble par fa forme à un archet de violon ;
il eft long de fix à fept pieds, & il a une corde de boyau,
bien bandée, qui, étant tirée & agitée avec la main par

le moyen d'un petit morceau de bois qu'on nomme *co-che* ou *bobine*, de huit à dix pouces de long, mais dont le milieu eſt fort enflé pour donner plus de priſe pour la tenir de la main droite quand on veut arçonner, fait voler la matiere ſur une claie

Cet arçon eſt compoſé d'un bâton cylindrique qu'on appelle *perche*, & qui a ſept à huit pieds de longueur; à l'un de ſes bouts eſt fixée à tenon & mortaiſe une petite planche de bois chantournée, qu'on appelle *bec de corbin*; ſur ſon épaiſſeur il y a une petite rainure dans laquelle ſe loge la corde de boyau, qui, après avoir paſſé dans une fente pratiquée du côté de la petite planche, va s'en-tortiller & ſe fixer à des chevilles de bois qui ſont placées au côté de la perche diamétralement oppoſé au bec de corbin; à l'autre bout de la perche eſt de même fixée à tenon & mortaiſe une planche de bois qu'on appelle *panneau*; on évide cette planche dans ſon milieu pour la rendre plus légere; on laiſſe ſes extrémités plus épaiſſes, & on la met dans le même plan que le bec de corbin. L'épaiſſeur qui eſt du côté de la perche, fait qu'elle s'y applique plus fortement; celle qui eſt pratiquée de l'au-tre côté ſert à recevoir le *cuiret*, qui eſt un morceau de peau de caſtor que l'on tend ſur l'extrémité du bord du panneau; ce cuiret ſert à couvrir la *chanterelle*, & à em-pêcher que la corde n'y touche immédiatement, au moyen des cordes qui ſont attachées à ſes extrémités. Ces cordes font le tour de la perche, & ſont tendues par des petits *taraux*, qui les tordent enſemble deux à deux de la même maniere que les menuiſiers bandent la lame d'une ſcie.

On attache enſuite au moyen d'un nœud coulant une corde à l'extrémité de la perche où eſt le panneau. Dès qu'elle y eſt fixée, on la fait paſſer deſſus le cuiret, & on la conduit dans la rainure du bec de corbin, d'où elle revient par la fente pratiquée à l'extrémité de la petite planche contournée juſqu'aux chevilles où elle doit être fixée & ſuffiſamment tendue.

Pour éloigner le cuiret du panneau, laiſſer un vuide entre deux, & faire rendre à la corde un ſon propor-tionné à ſa tenſion, on ſe ſert de la *chanterelle*, qui eſt une petite piece de bois ou cheville d'une ligne ou en-viron d'épaiſſeur, & qu'on appelle ainſi parcequ'elle donne à la corde de l'arçon une efpece de ton mufical, comme d'une trompette marine. Ce fon fait connoître à l'ouvrier quand elle eft affez tendue pour *arçonner* la matiere.

Sur le milieu de la perche de l'arçon, il y a une *poignée*, c'eft-à-dire une courroie de cuir ou de toile, qui fert à entourer le deffus de la main gauche de l'Arçonneur. Cette courroie empêche que le poids du panneau & du bec de corbin ne faffe tomber la corde à boyau fur la claie, & aide l'Arçonneur à foutenir l'arçon dans fa fituation horizontale.

Lorfqu'on veut arçonner, on met fur deux tretaux une claie d'ofier, dont les doffiers font deux autres claies pofées à fes extrémités, courbées en dedans, & qui fervent à arrêter les matieres qu'on arçonne fur celle qui eft pofée horizontalement ; un côté de la claie eft appliqué contre le mur, & celui qui eft vis-à-vis de l'ouvrier a deux pieces de peau qui ferment les angles que la claie & les doffiers laiffent entre eux, & qui retiennent les matieres qu'on arçonne.

L'Arçonneur tient de fa main gauche, & le bras tendu, la perche de l'arçon qui eft fufpendu horizontalement par une corde qui tient au plancher ; en forte que la corde à boyau de l'arçon eft prefque dans un même plan horizontal que la perche. De fa main droite il tire à lui la corde à boyau, qui échappe en gliffant fur la rondeur du bouton, & va frapper avec la force élaftique que la tenfion lui donne fur le poil ou la laine précédemment cardée ; ce qui divife l'étoffe & la fait paffer par petites parties de la gauche à la droite de l'ouvrier : cela s'appelle *faire voguer*. On répete cette opération jufqu'à ce que le poil ou la laine foient fuffifamment arçonnés, & pour cela on les raffemble fur la claie avec un *clayon*, qui eft un quarré d'ofier qui a deux poignées & dont le côté a un peu plus d'un pied : on s'en fert pour ramaffer au milieu de la claie l'étoffe éparfe.

Les Cardeurs, qui prennent auffi le nom de Maîtres Arçonneurs, fe fervent de l'arçon pour préparer les cotons & les laines qu'on emploie dans les robes de chambres, couvertures & courtepointes piquées. C'eft auffi au moyen de cet inftrument que les chapeliers forment les *capades*, qui font une certaine étendue de laine ou de poil qu'on a formée par le moyen de l'arçon.

ARDOISIER. L'Ardoifier eft l'ouvrier qui travaille l'ardoife brute, en fait des lames plates & unies pour fervir, au lieu de tuile ou de chaume, à la couverture des maifons.

Les anciens ne connoiffoient point cette efpece de couverture : l'ardoife, dont le nom eft nouveau, leur fervoit de moilon pour la conftruction de leurs murs : on s'en fert encore à cet ufage dans les pays où il s'en trouve des carrieres : la plus grande partie des murs d'Angers eft bâtie de blocs d'ardoife, dont la couleur rend cette ville d'un afpect trifte.

L'ardoife tient de la nature d'une argille pétrifiée; elle eft de couleur bleue, grife ou rouffe : tendre au fortir de la terre, elle acquiert beaucoup de dureté après qu'elle a été expofée à l'air ; profondément enfoncée dans la terre, elle differe de toutes les autres pierres qui font dans les carrieres, en ce que celles-ci font plus tendres à mefure qu'on defcend plus bas, au lieu que l'ardoife eft plus dure & plus feche à mefure qu'on creufe davantage.

La plus belle & la meilleure ardoife nous vient d'Angers ; & quoique les ardoifieres de cette ville rapportent beaucoup de profit, il y a long-temps qu'elles auroient été abandonnées, fi MM. Poquet de Livoniere, Confciller au Préfidial, & fon fils, Docteur en Droit françois, n'euffent dreffé des mémoires pour empêcher l'exécution de l'avis que le fieur Verri, Receveur de cette ville, donna en 1723, à M. le Comtrôleur Général, d'y établir un impôt.

L'ardoife n'eft pas tellement propre à l'Anjou, qu'on n'en trouve beaucoup dans nos autres provinces. Charleville en fournit d'auffi bonne que celle de l'Anjou, quoiqu'elle ne foit pas auffi bleue ni auffi noire : *Murat* & *Prunet* en Auvergne en ont plufieurs carrieres : on en trouve en Flandre, auprès de la petite ville de Fumai, fur la Meufe, au-deffus de Givet : on en tire des côtes de Genes, qui eft très dure. L'Angleterre en fournit de la bleue & de la grife, fous le nom de *pierre de Horsham*, qu'on trouve communément dans le Comté de Suffex.

Lorfqu'on veut ouvrir une carriere, on commence par enlever les terres : il n'y a rien de fixe fur leur profondeur, quelquefois la roche eſt à leur ſurface, quelquefois elle en eſt fort éloignée.

Indépendamment des frais conſidérables qu'il en coute pour exploiter les ardoiſieres, les ouvriers y courent de très grands dangers : il n'arrive que trop ſouvent que les *fondis* & *cabrements*, ou les éboulements des terres, entraînent hommes, chevaux & engins au fond de la carriere, y écraſent & enſeveliſſent les malheureux ouvriers : les voies & les ſources d'eau y cauſent quelquefois des inondations ſi ſubites, qu'on ne peut ni les prévoir ni les éviter dans des ſouterreins auſſi profonds.

Dès qu'on a découvert quelque veine qu'on croit abondante & de bonne qualité, on ſe ſert pour l'enlevement des fouilles, d'une eſpece de tourniquet que peu d'hommes font agir ; lorſque le creux eſt plus profond, on emploie des chevaux pour faire mouvoir les roues d'une machine plus compoſée & plus forte, qui fait alternativement monter & deſcendre des *baſſicots* & des ſeaux, les premiers pour monter l'ardoiſe en maſſe, & les autres pour vuider l'eau qui ſe trouve dans les ardoiſieres.

Quoique la roche ſoit découverte & qu'on en ait déja tiré pluſieurs belles ardoiſes, on n'eſt pas encore ſûr d'être dédommagé de ſes frais, quelque jugement que les ouvriers en portent à l'inſpection de la *coſſe*, c'eſt-à-dire, de la premiere ſurface que préſente le rocher immédiatement au-deſſous de la terre, parceque la coſſe peut donner une bonne ardoiſe, & le fond de la carriere n'offrir que des *feuilletis* & des *chats*, deux défauts qui rendent l'ardoiſe mauvaiſe. On nomme *feuilletis*, l'ardoiſe qui eſt trop tendre & parſemée de veines ; elle n'a pas la conſiſtance requiſe pour ſe diviſer exactement par lames : on appelle *chats*, les ardoiſes dont l'exceſſive dureté les rend caſſantes & inutiles à tout autre emploi qu'à celui de bâtir. On travaille donc long-temps en aveugle : auſſi ceux qui en font les frais courent riſque de faire fortune ou de ſe ruiner, ſelon que l'ardoiſe ſe trouve bonne ou mauvaiſe.

Dès que l'ouverture de la carriere eſt faite, on travaille à la premiere *foncée*, c'eſt-à-dire qu'on perce le rocher d'environ neuf pieds de profondeur, en obſervant de lui donner à l'extrémité du banc un pied de plus de profondeur, pour déterminer la pente des eaux qu'on pourroit rencontrer : la largeur de la foncée eſt arbitraire.

Comme il eſt rare que l'ardoiſe ſe trouve d'une bonne qualité dans les premieres foncées, qui ſont diſtribuées comme de grands & longs degrés d'un eſcalier, on continue les foncées juſqu'à ce qu'on ſoit parvenu à trouver une ardoiſe convenable ; alors chaque ouvrier ſe ſaiſit d'une *pointe*, qui eſt un inſtrument de fer quarré par un bout, & aigu par l'autre : on fait un *chemin* ſur la *niſe* du banc à quatre, cinq, ſix pouces, plus ou moins, de ſon bord, c'eſt-à-dire qu'on pratique un petit enfoncement ſur la *niſe*, ou ſurface ſupérieure du banc, à-peu-près comme les *Perriers* font dans les carrieres.

Ce chemin forme une eſpece de rainure qui eſt un peu plus large que la tête aiguë de l'inſtrument dont on s'eſt ſervi pour la faire : on enfonce dans toute la longueur de la rainure des *fers* moyens (qui ſont une eſpece de coins fourchus) à un pied de diſtance les uns des autres. Les ouvriers rangés ſur la même ligne, & armés de leur maillet, frappent tous en en même temps ſur les fers, qui étant enfoncés également, ébranlent le banc dans toute ſa longueur, & en ſéparent des parties plus grandes.

A ces fers moyens, on fait ſuccéder des plus grands fers, après leſquels on emploie les *quilles*, c'eſt-à-dire, des fers encore plus grands, qui ne different des premiers que par leur volume & par leur extrémité, qui n'eſt pas fourchue : cette derniere opération détache le bloc d'ardoiſe du rocher.

Quoique le bloc qu'on en a ſéparé ſoit entier, il n'eſt pas toujours également propre à en tirer des ardoiſes, parcequ'il s'y rencontre quelquefois des veines blanches, qu'on appelle *chauves* lorſque leur direction verticale ſuit celle du chemin, & *finnes* quand leur direction eſt oblique ou fait angle avec la direction du chemin. Les *finnes* gâtent l'ardoiſe, les *chauves* ne donnent que du feuilletis, ce qui fait perdre beaucoup de temps aux ouvriers, & leur fait dire qu'ils ont fait une *enferrure*, ou qu'ils ont *enferré* une piece.

Lorſque le bloc ſe trouve bon, on le deſcend dans la derniere foncée, & après y avoir fait une trace ou chemin avec une pointe, on ſe ſert d'une eſpece de coin, qu'on appelle un *alignouet*, ſur lequel on frappe pour ſé-

parer le bloc dans toute fon épaiffeur ; il arrive quelquefois qu'avant que d'en venir à cette féparation, les ouvriers font obligés de fe fervir d'un gros pic, pour en détacher des gros morceaux qu'on fous-divife avec un pic
moyen en *crenons*, c'eft-à-dire, en morceaux moins gros,
& qu'une feule perfonne peut porter.

Pendant que cette manœuvre s'opere, d'autres ouvriers
travaillent à enlever les *efcots*, ou petits reftes qui font
demeurés fur le banc dont on a détaché le bloc. Comme
ces *efcots* embarrafferoient beaucoup dans la carriere, on
les met dans un fceau, qu'on enleve promptement du
fond de la foncée, avec la machine qu'on appelle le *trait*
ou *bafcule ;* ou bien on les met dans un bafficot, qui a
des bandes de fer qui s'élevent de fix à fept pouces, &
qui font terminées par une boucle à laquelle font attachés les *bertots* ou *cordes* qui font paffées dans un crochet de fer qui tient le bafficot fufpendu ; ce crochet eft
traverfé d'une goupille qui empêche les *bertots* de s'en
écarter : au bout du bafficot il y a un *lucet* ou *planche* qui
y eft fixée par deux tenons.

La premiere ardoife que l'on tire n'eft jamais fi bonne
que celle que l'on trouve dans le fond, & elle n'eft propre qu'à bâtir des murs : on a de la peine à la divifer en
feuilles minces. Après cette premiere, on en trouve encore d'une médiocre qualité, mais cependant on peut
l'employer pour des bâtiments de peu de conféquence ;
elle eft pefante, & on la nomme ardoife *poil roux*, à caufe
de fa couleur roufsâtre. On trouve encore une efpece d'ardoife qu'on nomme *poil gros noir.* Il n'y a point de meilleure ardoife que celle qui eft d'un bleu foncé & noirâtre,
& qu'on nomme *poil noir.* L'humidité contribue à la rendre parfaite, & il eft évident que l'ardoife inférieure eft
plus humectée que la fupérieure.

Lorfque les blocs d'ardoife font détachés & divifés en
plufieurs morceaux, on les tranfporte dans des hottes près
du chef de la carriere : & on enleve les vuidanges, & les
fragments d'ardoifes inutiles, dans des hottes différentes
de celles qui fervent au tranfport des *blocs* d'ardoife : on
les diftingue en *hottes à quartier*, & *hottes à vuidanges.*
Le doffier des unes & des autres eft rembourré de paille ;
mais le panier des *hottes à vuidanges* eft plus grand que
celui des *hottes à quartier.* On occupe jufqu'à cinquante

ouvriers dans une carriere, fans compter les *hotteurs*, qui font toujours en grand nombre.

Dès que les ouvriers s'apperçoivent qu'il paroît quelques gouttes d'eau à l'ouverture d'une foncée, ils font un trou comme une efpece de puits dans la partie inférieure de la foncée, pour que l'eau qui forme différentes petites rigoles vienne fe rendre dans ces creux deftinés à la recevoir. On en pratique même plufieurs fuivant le befoin & les circonftances, fur-tout aux bancs où l'on voit que l'eau fuinte davantage. Ces trous ou puits fe nomment *cuves*. Quand on a formé une *foncée*, on fe fert pour vuider l'eau, de la *bafcule* ou du *trait*, & cette opération fe fait avec un ou deux hommes ; l'un aide au *feau* à puifer l'eau dans la partie inférieure de la *foncée*, & l'autre l'éleve en haut par le moyen de la *bafcule*. Les machines pour vuider les eaux s'établiffent fur le côté de la carriere, que l'on nomme le *chef*. Pour établir ces machines fur un terrein folide, & empêcher l'éboulement des terres, on commence par élever dans l'intérieur même de la fouille, un mur deftiné à foutenir le chef de la carriere, & l'on fait en forte que le haut de ce mur excede de quelques pieds le niveau du terrein où eft placée la carriere, afin que les machines étant dans un lieu élevé, l'écoulement des eaux qu'elles doivent enlever, fe faffe plus facilement. Ce mur eft conftruit avec des *blocs* d'ardoife, liés avec du mortier, & a ordinairement vingt pieds d'épaiffeur, & jufqu'à quarante de hauteur. Près de fon extrémité fupérieure, on fcelle plufieurs *poutrelles* égales les unes aux autres : elles foutiennent trois montants, & un autre à fleur du mur avec lequel elles font affemblées. Il y a, à l'extrémité fupérieure des deux montants, une longue piece de bois, & deux autres montants à l'autre extrémité de la piece de bois, plus forts & appuyés par une traverfe horizontalement fur deux montants. La diftance de l'un à l'autre doit être affez grande pour qu'un cheval attaché à un arbre puiffe tourner entre ces deux derniers montants. Il y a un arbre pofé entre l'un & l'autre, qui a un pivot à fon extrémité, & c'eft ce même pivot qui entre dans la traverfe dont nous venons de parler. L'aire que doit parcourir le cheval, a ordinairement vingt-cinq pieds de diametre : il y a deux cables entortillés dans un tambour que porte le pivot ; les deux cables ont cha

tun une poulie, & les poulies ont chacune leur aiffieu
foutenu par deux traverfes. Entre les deux poutrelles qui
foutiennent les quatre montants, regne un efpace vuide,
pofitivement au-deffus du pont, ou de la cuve creufée au
fond de la carriere; de forte que quand il y a un feau au
bout de chaque cable, & que ce cable eft fuffifamment
développé de deffus fon tambour, un feau fe remplit dans
le puits, tandis que l'autre fe vuide au haut de la carriere. Chaque feau contient communément près de deux
muids d'eau : on les garnit, pour les rendre plus folides,
de plufieurs frettes de fer. Il y a deux anfes tournantes,
de maniere qu'ils fe vuident d'eux-mêmes dans une auge
de bois. On monte auffi des parties d'ardoife avec la
même machine, en attachant aux cables une caiffe dans
laquelle on les infinue. C'eft de cette façon qu'on monte
les blocs & les fragments d'ardoife au haut de la carriere, & l'on fe fert le moins qu'on peut de hotteurs,
fur-tout quand le terrein eft uni : car pour lors on emploie des chariots ou autres voitures, foit pour tranfporter les blocs aux ouvriers d'en haut, foit pour enlever
les vuidanges.

Dans quelques carrieres on emploie pour puifer l'eau
des pompes ordinaires, mais leur entretien eft confidérable.

Les ouvriers doivent prendre garde de donner affez de
talus aux flancs de la perriere, pour éviter les éboulements qui n'arrivent que trop fouvent par leur faute. Il
eft de leur intérêt d'y prendre garde : car outre l'éboulement de la perriere, ils s'expofent aux dangers les
plus évidents, & à être enfevelis fous les ruines.

Lorfque l'ardoife eft tranfportée au haut de la carriere,
il y a des ouvriers qu'on nomme *fendeurs*, qui la taillent
& la préparent comme celle que nous voyons journellement fous nos yeux fur le toit des maifons.

Les fendeurs font munis d'une forte de guêtres compofées de mauvais haillons coufus les uns fur les autres,
& fi multipliés qu'elles ont trois ou quatre pouces d'é-
paiffeur; ils portent des fabots bien conditionnés. Cet
ajuftement, miférable en lui-même, leur devient abfolument utile pour leurs travaux.

Un ouvrier fendeur commence par divifer le bloc qu'il
appuie contre fa cuiffe gauche, afin de travailler l'ar-

doife avec plus d'aifance ; il tient de fa main gauche un cifeau , & frappant avec un maillet de fa main droite , il le réduit en plufieurs parties plus maniables : il donne enfuite au bloc la longueur que doit avoir une ardoife de grand échantillon , & pour y parvenir il le partage en faifant une petite *rainure*, & en frappant avec le cifeau fur le plat du bloc : cela s'appelle *faire les répartons*. Le même ouvrier abat le *bifeau* qui fe trouve ordinairement fur l'épaiffeur du *bloc*, pour que le fendeur le divife plus aifément. Cette opération fe nomme *faire la prife*. Il faut enfuite réduire les *répartons* à l'épaiffeur d'une ardoife ; on fe fert pour cela d'un cifeau & d'un maillet. La premiere divifion que l'on fait fur le *bloc* quand il a été réduit en *répartons* s'appelle *contrefendis*, la feconde & derniere *fendis*. Quand le fendeur eft fatigué , fon attitude étant d'être debout , & le corps courbé , il fe délaffe à prendre la place du tailleur, qui fend lui-même à fon tour ; cette diverfité de travaux leur donne du foulagement. L'ardoife fe fend fort aifément , mais les deux morceaux ont rarement la même longueur & la même largeur. Elle a des nœuds comme le bois , mais ils font moins fréquents.

Quand l'ardoife eft divifée en plufieurs parties , il eft queftion de les tailler. Cette opération n'eft pas longue ; Le tailleur eft affis à terre , fes jambes étendues fous un petit *appentis* ou une efpece de toit qui le met à l'abri des injures de l'air , & qu'il nomme *tue-vent*. Chaque *tailleur* a entre fes jambes un *billot* qu'on nomme *chaput* ; & appliquant la partie d'ardoife fur ce *chaput*, il coupe avec un outil de fer qu'il nomme *doleau* tout ce qui déborde le bord du billot. Chaque fois que le doleau tombe fur l'ardoife , il détache net la partie qu'il frappe , de forte qu'en deux ou trois coups l'ardoife eft coupée & taillée : c'eft ce que l'ouvrier appelle *rondir*.

On feroit tenté de croire, à la grandeur déterminée des ardoifes , que les ouvriers prennent quelque précaution pour la couper : cependant il n'en eft rien. Ils font fi habitués à donner à l'ardoife de chaque efpece les dimenfions qui lui conviennent , qu'ils s'en acquittent très bien fans y faire la moindre attention.

De toutes les qualités de l'ardoife , la plus belle & la

plus eſtimée eſt la *quarrée*. Elle eſt faite du cœur de la pierre, a une figure triangulaire, porte environ huit pouces de largeur ſur onze pouces de longueur, & doit être ſans aucune rouſſeur.

Le *gros noir* ou *quarrée forte*, pour la diſtinguer de la premiere qu'on appelle *quarrée fine*, eſt de la ſeconde qualité ; elle n'a ni tache ni rouſſeur, & ne differe de la quarrée que parceque le morceau de pierre dont on la tire n'a pas aſſez de dimenſion pour en faire une ardoiſe quarrée.

Le *poil noir*, qui fait la troiſieme eſpece, reſſemble en tout au *gros noir*, excepté qu'elle eſt plus mince & plus légere.

Le *poil taché* a les mêmes dimenſions que le *poil noir*, mais elle n'a pas la même netteté, & a ſouvent quelques taches rouſſes.

Le *poil roux* eſt toute rouſſe ; on la tire de la coſſe ou premiere foncée, au lieu que le *poil taché* ſe trouve dans preſque toutes les foncées.

La *quarte* ou *quartelette* eſt de même figure & de même qualité que la quarrée, mais elle eſt moins large & plus mince.

L'*éridelle* eſt étroite & longue, a deux côtés de taillés & ſes autres extrémités brutes.

La *fine* eſt propre à couvrir des dômes, parcequ'elle eſt naturellement convexe, comme étant tirée de pierres dont les couches ont cette forme.

On diſtingue encore les ardoiſes par leur échantillon. La *grande quarrée* fait le premier, & couvre environ cinq toiſes d'ouvrage par millier. La *grande quarrée fine* fait le ſecond échantillon & donne cinq toiſes & demie de couverture. Le troiſieme échantillon eſt de là *petite fine* qui ne couvre qu'environ trois toiſes. La quatrieme eſt de la *quartelette* & ne donne par millier que deux toiſes & demie de couverture.

Des *copeaux* ou *déchet des pierres* on fait encore des ardoiſes de trois ſortes, ſavoir, la *tillette*, la *cartelette* ou *carlette*, & le *fendis*.

On fait différents ouvrages avec l'ardoiſe ; elle eſt propre à faire des tombes, des tables, des carreaux d'appartements. Les Géometres s'en ſervent auſſi pour tracer des figures de mathématiques avec une pierre blanche ; parcequ'en effuyant les traits avec un linge on les détruit aifément. Les ardoifes fe vendent au cent, au millier, & à la fourniture, qui eft de vingt & un milliers, fournies de quatre au cent. Quand elles font prifes fur la *perriere* on en met dix au cent pour dédommager les acheteurs des rifques de la voiture, cette marchandife étant fort facile à fe caffer.

L'ordonnance de Paris fur la *moifon* des ardoifes, chap. 29, art. 4, veut que l'ardoife qui fera deftinée à la conftruction des bâtiments de Paris & des environs, foit faite & fabriquée des pierres tirées de la troifieme foncée, qui fe trouvera au moins à vingt-fept pieds de profondeur, & que l'ardoife qui fera tirée des deux premieres foncées refte dans la province, pour couvrir les bâtiments de la ville d'Angers & des environs.

L'ordonnance a déterminé les deux efpeces d'ardoife qu'on doit employer pour la confommation de la ville de Paris, & pour l'entretien des maifons du Roi. Le Parlement a confirmé cet article de l'ordonnance par un arrêt du 5 Août 1669. Il eft arrêté par cet article que l'on ne fabriquera que de deux qualités d'ardoife ; l'une, appellée *quarrée forte*, qui aura 10 à 11 pouces de long, fur 6 à 7 de large, & 2 lignes d'épaiffeur ; l'autre, nommée *quarrée fine*, qui aura 12 à 13 pouces de longueur, fur 7 à 8 pouces de largeur, & une ligne d'épaiffeur, de quartier fort, fin & fonnant. Ces deux fortes d'ardoifes font taxées par ce même arrêt ; la quarrée forte à 22 livres, la quarrée fine à 21 livres ; & il eft ordonné qu'elles feront féparées dans les bateaux & dans les magafins. La bonne ardoife doit avoir un fon clair, & un œil d'un bleu léger. Un moyen certain de s'affurer fi elle eft de nature à ne fe point imbiber d'eau, c'eft de placer une ardoife perpendiculairement dans un vafe où il y ait un peu d'eau, & de l'y laiffer dans cette pofition pendant une journée. Si l'ardoife eft bonne, c'eft-à-dire d'une contexture ferme, elle n'attirera point l'eau au-delà de fix lignes au-deffus de fon niveau ; & peut-être n'y auroit-il que les bords, qui, étant un peu défunis par la taille, fe trouveront humectés. Au contraire, fi l'ardoife eft de mauvaife qualité, elle s'imbibera d'eau, comme une éponge, jufqu'à la furface fupérieure.

. Les Entrepreneurs des perrieres firent des repréſentations dans le temps, & ſe plaignirent du tort que ce réglement feroit à leur commerce; mais ils ne furent point écoutés : au contraire, il fut confirmé par une nouvelle ordonnance, rédigée en 1672, & depuis on n'a pas changé l'ordonnance.

Par le premier des trois articles de cette ordonnance, qui eſt le quatrieme ſervant de réglement pour la moiſon, qualité, & viſite des ardoiſes qui arrivent pour la proviſion de la capitale, il eſt enjoint aux marchands trafiquants d'ardoiſes pour Paris, de n'en faire venir que de deux qualités; ſavoir de la *quarrée forte* de 10 à 11 pouces de longueur ſur 6 à 7 de largeur, & de 2 lignes d'épaiſſeur, ſans être traverſine ni mêléе de finnes; & de la *quarrée fine* de 12 à 13 pouces de largeur & une ligne d'épaiſſeur, ces deux ſortes d'ardoiſes étant faites de quartiers forts & ſonnants, & tirées de la troiſieme foncée de chaque perriere.

Il leur eſt auſſi défendu de mêlanger les qualités d'ardoiſe, & pour cela il eſt ordonné aux marchands & voituriers d'en faire différentes piles dans leurs magaſins & bateaux.

Il eſt enfin ordonné aux Jurés Couvreurs de venir au bureau de la ville faire leur rapport des quantités & qualités qui ſont arrivées à chaque marchand; d'en repréſenter les échantillons, pour le prix en être taxé; avec défenſes aux marchands de les expoſer en vente que les échantillons n'aient été portés au bureau.

Les ardoiſes les plus fines & les meilleures s'envoient à Paris & à Rouen. La *groſſe noire*, & quelques autres de moindre qualité, ſe débitent ordinairement pour le pays du Maine, & depuis Saumur juſqu'à Orléans. Le *poil noir* & le *poil gros noir* ſont propres pour Nantes, & vers le bas de la riviere de Loire. On envoie plus communément dans les pays étrangers de la *quarrée fine* & de la *quarrée forte*, parcequ'étant d'un plus petit volume que les autres, elles ſont moins d'encombrement dans le vaiſſeau.

On eſtime qu'année commune il ſe fabrique tous les mois dans les diverſes ardoiſieres de l'Anjou un million de milliers d'ardoiſes de toute eſpece.

Les droits de fortie que l'on paie en France pour les ardoifes, font de quinze fols, & ceux d'entrée de dix fols pour le millier en nombre.

L'art de l'Ardoifier n'a point été établi en maîtrife; mais il n'appartient qu'aux Maîtres Couvreurs d'employer l'ardoife pour la couverture des maifons, dans les endroits où il y a maîtrife : *voyez* COUVREUR.

ARGENTEUR. Ouvrier dont l'art eft d'appliquer & fixer de l'argent en feuilles fur des ouvrages en tous métaux, fur papier, bois, écaille, toile, &c. & de faire paroître ces ouvrages, en tout ou en partie, comme s'ils étoient d'argent.

On ne fait pas précifément en quel temps cet art a commencé, ni ceux qui en furent les premiers inventeurs. Il y a cependant lieu de préfumer qu'il doit fon origine au luxe des peuples, qui, n'étant pas affez riches pour avoir en matiere d'argent certains meubles, ou certains ornements dont ils fe fervoient, imaginerent de leur appliquer quelque couleur qui les fît regarder comme s'ils étoient réellement d'un métal auffi précieux.

Lorfqu'on veut donner l'apparence de l'argent à ce qui n'en eft pas, on y applique fortement des feuilles d'argent; & après les avoir répandues également par-tout, on doit les unir fi bien que l'œil ne puiffe pas s'appercevoir qu'une piece argentée differe d'une pareille qui eft d'argent. L'ouvrage paffe pour mauvais lorfqu'on y trouve quelque inégalité, & pour mal-fait lorfque fa furface eft mal adhérente, légere & raboteufe, pour avoir employé de l'argent qui n'eft pas de bon aloi.

On argente différemment fur les métaux que fur toutes les autres matieres. On fe fert du feu dans le premier cas, & dans le fecond on fait ufage de quelques matieres glutineufes qui prennent fur les feuilles d'argent, & fur les les pieces qu'on doit argenter.

Pour agenter fur fer ou fur cuivre, on commence par *émorfiler* l'ouvrage, c'eft-à-dire que, lorfque cet ouvrage a été fait au tour, on en ôte le *morfil* ou *vives arêtes* avec des pierres à polir. Après que les pieces ont été bien *émorfilées*, on les fait *recuire*, c'eft-à-dire qu'on les met rougir dans le feu; & après qu'elles font un peu refroidies, on les plonge dans de l'eau feconde où on les

laiſſe pendant peu de temps : ſorties de cette eau , on les
ponce , c'eſt-à-dire , on les éclaircit en les frottant à
l'eau avec une pierre ponce. Dès qu'elles ſont éclaircies ,
on les fait rechauffer un peu ; aſſez cependant pour qu'en
les replongeant dans l'eau ſeconde , l'ébullition qu'elles
cauſent en y entrant, ſoit accompagnée d'un peu de bruit.
On ne fait cette eſpece de ſeconde trempe que pour donner à chaque piece des petites inégalités inſenſibles, qui
la diſpoſent à prendre mieux les feuilles d'argent dont
on doit la couvrir.

Lorſqu'on veut que l'argenture ſoit ſolide & durable ,
on hache les pieces , c'eſt-à-dire qu'on y pratique en tout
ſens un nombre prodigieux de traits , qu'on appelle hachures , & qu'on fait avec le tranchant d'un couteau d'a-
cier , dont la forme & la grandeur ſont proportionnées
à l'ouvrage qu'on doit hacher.

Lorſque cette opération eſt faite , on met bleuir les
pieces hachées , c'eſt-à-dire qu'on leur donne un degré
de chaleur qui change leur ſurface en bleu. Ce degré de
chaleur leur eſt ſi néceſſaire qu'on ne ſauroit les finir
ſans le leur continuer ; & comme on ne pourroit les tenir
à nud dans la main, on les monte ſur des tiges ou chaſſis
de fer qu'on nomme des mandrins. Ces mandrins varient
dans leur forme & dans leur grandeur relativement aux
ouvrages qu'on veut argenter. Les pieces plates, comme
les aſſiettes, ſont montées ſur un mandrin à chaſſis ou à
couliſſe. Les pieds des chandeliers, & de toutes les pieces
percées, ſont tenus par une broche de fer terminée par
une vis ; & au moyen d'un écrou on fixe l'ouvrage ſur
cette broche, qu'on appelle auſſi un mandrin. Ainſi, ſelon
la différence des ouvrages , on dit un mandrin à aiguiere,
à aſſiette , à plat , & à chandelier.

Chaque feuille d'argent dont on ſe ſert a cinq pouces
en quarré , & quarante-cinq de ces feuilles doivent peſer
un gros.

On commence par en mettre deux à la fois ſur une
piece chaude , ce qu'on appelle charger. On prend les
feuilles de la main gauche avec des brunelles ou pinces ,
& de la droite on tient un bruniſſoir à ravaler , c'eſt-à-
dire , à preſſer & frotter fortement les feuilles appliquées
ſur la piece.

Ces bruniſſoirs ont une forme & une grandeur diffé-

rente fuivant les divers ouvrages auxquels on les emploie. Les uns font droits, les autres courbés ; mais ils
font tous d'un acier bien trempé, très poli, & parfaitement arrondis par leurs angles, pour ne pas faire de
raies en allant & venant fur l'ouvrage.

Lorfque le feu a trop pénétré la piece en quelque endroit, on la *grattebose*, c'eft-à-dire qu'on emporte avec
un inftrument de laiton, appellé *grattebose*, une efpece
de pouffiere noire qui s'eft formée à la furface de la piece :
on la charge enfuite comme auparavant.

Les Argenteurs travaillent toujours deux pieces à la
fois. Pendant qu'une chauffe ils bruniffent l'autre.

Quand les deux premieres feuilles d'argent font bien
appliquées, on fait rechauffer la piece comme auparavant. On y met par deffus quatre ou fix feuilles d'argent à la fois, & on continue jufqu'à trente, quarante,
cinquante & foixante feuilles, felon qu'on veut donner
à la piece une argenture plus durable & plus belle. Pour
rendre ces feuilles adhérentes entre elles & les deux premieres, on paffe par deffus à chaque fois le *brunissoir à
brunir*, qui ne differe du *brunissoir à ravaler* que par la
longueur de fon manche.

Chaque piece étant revêtue de la quantité de feuilles
d'argent qu'on juge à propos de lui donner, on la brunit
à fond en appuyant fortement le bruniffoir contre elle.

Comme on argente le bois, la toile, le cuir, &c. de
la même façon qu'on les dore, nous en parlerons à l'article du doreur.

Pour défargenter une piece on la fait chauffer pendant
deux fois ; & on la trempe autant de fois dans de l'eau
feconde qui prend peu à peu toute l'argenture ; il faut
cependant bien prendre garde de ne pas l'y laiffer tremper
trop long-temps, parceque l'eau feconde prendroit trop
fur le corps de la piece, y formeroit des inégalités, &
lui donneroit une furface raboteufe & défagréable quand
on la réargenteroit.

Les ftatuts des Argenteurs datent depuis Charles IX. Ils
font les mêmes que ceux des Doreurs fur cuivre & autres
métaux, avec lefquels les Argenteurs ne font qu'une
même communauté : *voyez* DOREUR.

ARITHMÉTICIEN. C'eft celui qui, fachant parfaitement

ment l'arithmétique, fait profession de l'enseigner aux autres.

Quoiqu'on ne puisse rien dire de bien assuré sur l'origine & l'invention de l'arithmétique, il y a quelque apparence qu'étant utile à la premiere introduction du commerce parmi les hommes, elle a pu être connue avant le déluge, dans le temps où l'écriture sainte nous apprend que les sciences & les arts commencerent à se découvrir. Les Musulmans disent qu'*Enoch*, ou *Edois*, selon eux, en fut l'inventeur ; d'autres en font honneur aux Phéniciens, comme étant réputés les premiers commerçants du monde.

Joseph prétend, dans ses antiquités judaïques, qu'Abraham la communiqua aux Egyptiens, que ceux-ci la transmirent aux Grecs beaucoup plus parfaite qu'ils ne l'avoient reçue des Chaldéens. Les Grecs la communiquerent aux Romains, d'où elle a passé jusqu'à nous. On peut dire à la louange de nos Astronomes & de nos Mathématiciens, qu'ils l'ont tirée de l'enfance où elle étoit chez les anciens, & qu'ils l'ont portée au dernier degré de perfection où il semble qu'elle puisse atteindre.

On ne la connoissoit point en Russie avant le Czar Pierre le Grand. Le calcul des Moscovites étoit auparavant long, ennuyeux, & sujet à beaucoup d'erreurs, avec leurs grains qu'ils enfiloient dans un fil d'archal ; au lieu que les originaires du Pérou, qui comptent encore à leur ancienne maniere avec des grains de maïs qu'ils arrangent différemment, comme le faisoient autrefois les Russes, font leurs opérations arithmétiques avec bien plus de vîtesse & de sureté.

Les Indiens sont si versés dès leur plus tendre jeunesse à compter sur leurs doigts, que sans le secours de la plume ils font toutes sortes de calculs ou par la force de leur imagination, ou par quelque méthode méchanique qui est propre à leur façon de calculer.

Les Chinois ne connoissent point le zéro ; ils ne calculent point par des regles d'arithmétique, mais ils se servent à leur place d'un instrument composé d'une petite planche d'un pied & demi de long, sur le travers de laquelle ils passent dix à douze petits bâtons coulants. En les assemblant, ou en les retirant les uns des autres, ils comptent à-peu-près comme nous ferions avec des jetons.

Ils operent avec une si grande facilité qu'ils suivent sans peine un homme, quelque vîte qu'il life un livre de compte : à la fin toutes les opérations font faites ; & ils ont comme nous la maniere d'en faire la preuve.

L'arithmétique enseigne à supputer, compter, & calculer avec justesse & facilité, soit en ajoutant diverses sommes ensemble, soit en les tirant & soustrayant les unes des autres, soit en les multipliant les unes par les autres, soit enfin en les divisant & les partageant. Aussi ses regles principales & essentielles font, l'*addition*, la *soustraction*, la *multiplication*, & la *division*. Quoique pour faciliter & expédier tous les calculs du commerce on ait imaginé les regles de trois, de compagnie, de change, de troc, d'escompte, d'alliage, de réduction ou rabais, & quelques autres ; la science d'un habile Arithméticien consiste à savoir additionner, soustraire, multiplier, & diviser facilement toutes sortes de nombres, parceque toutes les regles, quelles qu'elles soient, ne peuvent se faire que par l'application des quatre principales.

L'arithmétique se divise en théorique, en pratique, instrumentale, logarithmique, numérale, spécieuse, décimale, binaire, tétractique, vulgaire, duodécimale, & sexagésimale ; en celle des infinis, & en arithmétique politique.

La *théorique* est la science des propriétés & des rapports des nombres abstraits, avec les raisons & les démonstrations des différentes regles. Telle est celle qu'on trouve dans les septieme, huitieme, & neuvieme livres d'Euclide.

La *pratique* est l'art de trouver des nombres par le moyen de certains nombres donnés, dont la relation aux premiers est connue ; comme si on demandoit de déterminer le nombre égal aux deux nombres donnés, six & huit. *Tartaglia*, Vénitien, fut le premier qui, en 1556, donna un cours complet de l'arithmétique pratique.

L'*instrumentale* est celle où les regles communes s'exécutent par le moyen des instruments qu'on a imaginés pour calculer avec plus de facilité & de promptitude, comme les bâtons de *Neper*, l'instrument de *Moreland*, celui de *Leibnits*, & la machine arithmétique de *Pascal*.

La *logarithmique* s'exécute avec les tables des logarithmes.

La *numérale* enseigne le calcul des nombres ou des quantités abstraites désignées par des chiffres. On en fait les opérations avec des chiffres ordinaires ou arabes.

La *spécieuse* est celle qui apprend le calcul des quantités désignées par les lettres de l'alphabet. C'est ce qu'on appelle ordinairement l'algebre ou l'arithmétique littérale.

La *décimale* s'opere par une suite de dix caracteres, de maniere que la progression va de dix en dix. Telle est l'arithmétique commune.

La *binaire* est celle où l'on n'emploie uniquement que deux figures, l'unité ou 1, & le zéro ou 0. M. *Dangicourt* prétend que de toutes les méthodes où l'on feroit usage d'un plus grand nombre de caracteres, celle-là est la plus facile pour découvrir les loix des progressions.

La *tétractique* est celle où l'on ne se sert que des nombres 1, 2, 0. On a un traité de cette arithmétique par *Derhard Veigel*. Comme la binaire, elle est moins de pratique que de curiosité, puisqu'on peut exprimer les nombres d'une maniere beaucoup plus abrégée par l'arithmétique décimale.

La *vulgaire* roule sur les entiers & les fractions.

La *duodécimale* & la *sexagésimale* procedent par douzaines, ou par soixantaines, ou pour mieux dire, c'est la doctrine des fractions duodécimales & sexagésimales. A l'imitation des bâtons de *Neper*, *Samuel Reghier* a inventé une espece de baguettes sexagésimales au moyen desquelles on fait avec facilité toutes les opérations de cette arithmétique.

L'*arithmétique des infinis* est la méthode de trouver la somme d'une suite de nombres dont les termes sont infinis, & d'en déterminer les rapports. *Wallis* est le premier qui ait traité cette méthode à fond, & qui ait enseigné l'usage qu'on pouvoit en faire en géométrie.

L'*arithmétique politique* sert à calculer la puissance d'un Etat & la politique de son commerce. Au calcul des récoltes, elle ajoute le calcul des moyens de la consommation, ou de la vente qui est la plus avantageuse. Au calcul des hommes, elle joint leur valeur par leur travail. A celui des valeurs numéraires, elle ajoute le crédit courant des négociants, & leur crédit possible. Enfin c'est celle dont les opérations ont pour but des recherches utiles à l'art de gouverner les hommes qui habitent un pays ; à la quantité de nourriture qu'ils doivent confommer ; au travail qu'ils peuvent faire ; au temps qu'ils ont à vivre ; à la fertilité des terres , & à la fréquence des naufrages.

Cette arithmétique eſt infiniment utile aux Politiques, & ſur-tout aux Miniſtres d'Etat qui s'en ſervent pour la perfection de l'agriculture , du commerce tant intérieur qu'extérieur des colonies , & pour le cours & l'emploi de l'argent. Le Chevalier *Petty* , Anglois , eſt le premier qui ait publié pluſieurs eſſais ſous ce titre.

Charlemagne fut le premier de nos Rois qui amena de Rome des maîtres d'arithmétique , & qui en établit des écoles dans toute l'étendue de ſon royaume.

Il y a des Experts-Jurés Ecrivains-Arithméticiens ; ils font corps avec les Ecrivains & ont les mêmes ſtatuts.

ARMURIER. C'étoit celui qui faiſoit autrefois les armes défenſives dont les gens de guerre ſe couvroient, comme le heaume , le gorgeron , la cuiraſſe , la cotte de mailles , les braſſarts , les cuiſſarts , le morion , le hauſſecol , les taſſettes , les genouilleres , les gantelets , &c. Ils portoient auſſi le nom de *Heaumiers* , à cauſe du heaume ou caſque , comme étant la principale & la plus honorable piece de l'armure.

Les caſques & les cuiraſſes n'étoient guere en uſage chez les militaires françois du temps de nos premiers Rois ; l'introduction s'en fit peu-à-peu. *Guillaume le Breton & Rigord* , tous les deux Hiſtoriens de Philippe Auguſte, remarquent que ce fut de leur temps, ou peu auparavant, que les Chevaliers réuſſirent à ſe rendre preſque invulnérables en imaginant de joindre tellement toutes les pieces de leur armure, que la lance, l'épée, ni le poignard, ne puſſent pénétrer juſqu'à leur corps, & de les rendre ſi fortes qu'elles ne puſſent être percées : auſſi recommandoient-ils aux Armuriers de donner à leurs armes la meilleure trempe poſſible.

Cette maniere de s'armer tout de fer a duré long-temps en France : elle étoit encore en uſage ſous Louis XIII; & ſur la fin du regne de ce Prince, preſque toute la cavalerie françoiſe étoit armée dans ce goût-là.

Les chevaux étoient auſſi couverts d'armures de fer. Cela paroît par une lettre de Philippe le Bel, du 20 Janvier

1303, au Bailli d'Orléans, par laquelle il est ordonné que ceux qui avoient cinq cents livres de revenu dans ce royaume, en terres, aideroient d'un Gentilhomme bien armé & bien monté, d'un cheval de cinquante livres tournois, & couvert de couverture de fer. En 1353, le Roi Jean écrivit aux bourgeois de Nevers & d'autres villes, qu'ils euffent à envoyer à Compiegne, dans la quinzaine de Pâques, le plus grand nombre d'hommes & de chevaux couverts de mailles qu'ils pourroient, pour marcher contre le Roi d'Angleterre.

L'infanterie avoit auffi fes armes défenfives. M. *de Puyfegur* dit dans fes Mémoires, qu'en 1387 les Piquiers des régiments des Gardes & de tous les vieux Corps avoient des corcelets, & qu'ils en porterent jufqu'à la bataille de *Sedan*, qui fut donnée en 1641. Les Piquiers des Gardes Suiffes les ont confervés jufqu'au temps qu'on retrancha les piques, fous Louis X I V.

La cavalerie a aujourd'hui des plaftrons à l'épreuve du piftolet, & les Officiers doivent avoir des cuiraffes d'un fer poli, dont le devant eft à l'épreuve du moufquet, & le derriere à celle du piftolet.

On confond mal-à-propos les Armuriers avec les Arquebufiers; ces deux métiers font totalement différents: le premier étoit dans toute fa vigueur que le fecond n'exiftoit pas encore.

Les premiers ftatuts des Armuriers-Heaumiers furent donnés par Charles V I, en 1409; ce Prince les érigea en corps de jurande: mais ces anciens ftatuts ayant été négligés & prefque éteints, on leur en donna de nouveaux en 1662, qui ayant été examinés & approuvés par le Maréchal *de Briffac*, Gouverneur de Paris, & enfuite par le Lieutenant Civil & le Procureur du Roi au Châtelet, furent enfin confirmés & homologués par les lettres patentes de Charles I X, à *Houdan*, au mois de Septembre de la même année, & enregiftrées au Parlement le mois de Mars fuivant.

Ces derniers ftatuts contenoient vingt-deux articles, dont l'un porte qu'il leur fera permis de faire tous harnois pour armer hommes, fpécialement les corcelets, corps de cuiraffes, hauffe-cols, taffettes, braffarts, gantelets, harnois de jambes, habillements de tête, bourguignotes fervant à hommes d'armes, bourguignotes

& morions fervant à gens de pied, tant à l'épreuve qu'à la légere ; harnois de jambes, ou *tonnelets* à courir en lice ; enfin, harnois *tonnelets*, & *baffins* fervant à combattre à la barriere.

Depuis que la mode des armures eft paffée, la communauté des Armuriers eft totalement tombée à Paris : elle y étoit autrefois une des plus nombreufes ; mais elle diminua infenfiblement, & fe trouva réduite à foixante maîtres fur la fin du feizieme fiecle. En 1723, elle n'avoit plus que deux maîtres, qui étoient les enfants du célebre Drouart, & qui foutenoient la réputation de leur pere, qui fut le dernier juré de fon corps. Les ancêtres de ce Drouart étoient en réputation, depuis plus de deux cents ans, de fabriquer les meilleures & les plus riches armures de l'Europe, fans même en excepter celles de Milan, qui ont toujours été fort eftimées.

Les deux derniers Drouart prenoient la qualité de feuls Armuriers-Heaumiers du Roi & des Princes, comme étant les feuls qui fourniffent au Roi, aux Princes & aux grands Seigneurs des corps de cuiraffe. Ils avoient leur boutique au haut de la rue S. Denis, dans la rue de la *Heaumerie*, rue qui porte fa dénomination de leur métier.

Les Armuriers avoient S. Georges pour patron, & leur confrairie étoit à S. Jacques de la Boucherie, où ce faint eft repréfenté de hauteur naturelle, armé de pied en cap d'armure d'acier poli, monté fur un cheval caparaçonné à l'antique, & avec un harnois d'acier.

C'eft préfentement à *Befançon* qu'eft établie la fabrique des corps de cuiraffe dont on fe fert dans la cavalerie françoife : on en fait néanmoins venir quelques-uns de Suiffe.

ARPAILLEUR. On donne ce nom à ceux qui s'occupent à chercher & à tirer l'or du fable des rivieres qui roulent des paillettes de ce métal. Il ne faut pas les confondre avec ceux qui travaillent à la découverte des mines, & auxquels on donne quelquefois le même nom.

Quoique l'or fe tire ordinairement des mines, on en trouve auffi dans les fables que charrient quelques rivieres & quelques torrents : on appelle ordinairement cet or, or en poudre, poudre d'or, ou paillettes d'or.

Cet *or vierge*, c'eft-à-dire, qui n'a point paffé par le feu, & qui fe trouve mêlé avec différentes efpeces de terres ou de fables, eft toujours pur, n'ayant avec lui ni foufre ni arfenic : au moyen de plufieurs lavages on le fépare des terres ou des fables dans lefquels il eft incorporé.

L'or fe trouve quelquefois en petits grains ou en poudre, & pour lors il eft mêlé avec du fable dont la couleur eft rouge, jaune ou brune ; quelquefois auffi il y eft en paillettes ou en petites lames.

On en trouve fous la forme de grains rouges ; mais cette couleur ne lui vient que des matieres étrangeres qui fe font attachées à fon extérieur, & qui reffemblent à de la rouille de fer. Il y en a d'un rouge foncé, & dont les grains font femblables à des grenats tranfparents : celui qui a les grains noirs, participe un peu de la couleur noire du fable avec lequel il eft mêlé. On en rencontre quelquefois de lenticulaires, qui contiennent beaucoup d'or, & qui font fi friables, qu'ils fe brifent dès qu'on les frappe. Il y en a de forme fphérique & de malléables, qui font auffi ductiles que du plomb, & d'autres qui, étant affemblés en une petite maffe, paroiffent avoir été polis.

Dans la Sibérie, il y a plufieurs rivieres qui entraînent de l'or avec leur fable, mais particuliérement la grande riviere qui vient du fud de cette province, & va s'emboucher dans la Mer Cafpienne.

Nous avons en France plufieurs rivieres qui roulent de l'or dans leur fable, comme l'Ariege, la Salat, la Garonne, & autres qui ont leur fource dans les Pyrénées ; ce qui dénote combien ces montagnes abondent en mines d'or.

Dans les coulées des montagnes du Chili, on fépare l'or de la terre par le moyen du lavage ; l'induftrie & l'appât du gain ont apris la même opération aux habitants des bords de la Garonne, & fur-tout aux Agenois, qui avant ou après la récolte des froments, vont avec leurs femmes & leurs enfants prendre du fable de la riviere dans des paniers, & en extraire l'or après plufieurs lavages. Le moins qu'ils en trouvent chaque jour, vaut toujours mieux que le falaire des journées qu'ils emploieroient à travailler pour les particuliers.

Dans la partie de l'Autriche où le Danube répand de l'argent fur fes bords, il y a toujours un grand nombre d'ouvriers occupés à le recueillir : pour n'en rien perdre, ils fe fervent d'auges qui font foulevées d'un côté par des pieds de bois ; un des ouvriers y met de la terre qu'il prend auprès du fleuve, un fecond y jette de l'eau avec une grande cuiller ; la terre s'enfuit avec l'eau, le métal refte le long de l'auge, on le porte enfuite à la fonderie où il reçoit la perfection qu'il doit avoir.

ARPENTEUR. On appelle ainfi celui qui mefure les terreins & les évalue en arpents ou en toute autre mefure convenue dans le pays où fe fait l'arpentage.

L'arpentage, qui eft la mefure des poffeffions champêtres, eft un art très ancien ; il porte indifféremment le nom de *géodéfie*, ou mefurage des terres, ou bien celui de *pl nimétrie*, qui fignifie mefure des furfaces.

Les mefures, ainfi que les inftruments dont les Arpenteurs fe fervent pour leurs opérations, varient fuivant les différentes provinces où elles font établies. Les Arpenteurs doivent y faire attention, & fur-tout obferver que lorfque l'arpentage n'eft point déclaré dans un titre, ils doivent fe conformer à la coutume des lieux pour le mefurage des terres, & non à l'ufage de l'endroit où le contrat a été paffé.

Pour connoître l'étendue d'un terrein, il faut commencer par en avoir la figure & les dimenfions, & après en avoir trouvé la fuperficie en toifes ou en pieds quarrés, les réduire en arpents ou à la mefure du pays où l'on fait l'arpentage. Pour cet effet on met des *piquets* à tous les angles d'un champ pour les appercevoir plus diftinctement ; on mefure les côtés du terrein *piqueté* avec une toife, une perche, ou une chaîne ; on prend enfuite les diftances qui fe trouvent entre les côtés paralleles, on les écrit fur un brouillon, on les calcule, & on les réfout en arpents ou autre mefure.

Lorfqu'on veut opérer plus promptement, plus furement, & en même temps d'une façon plus fimple, on fe fert de la *planchette* qui eft quarrée & de bois très uni, plus large que longue, entourée d'un chaffis de buis qui fert à attacher une feuille de papier fur laquelle on tire toutes les lignes dont on a befoin.

Cet inftrument étant placé de niveau & pofé fur un pied à trois branches, on y applique une *alidade* ou regle mobile fur laquelle eft enchaffée la tête d'un petit boulon de cuivre, qui porte un écrou à fon extrémité pour retenir une *vifiere* ou *bafcule*, qui eft percée par un petit canal fermé à l'un de fes bouts par une plaque de cuivre où il y a un trou prefque imperceptible, & dont l'autre bout a une pareille plaque qui porte, dans le milieu d'une ouverture de même grandeur, un *dard* ou *petite pointe* fervant à fituer le trou oculaire dans la direction de l'objet qu'on apperçoit en regardant dans cette vifiere.

Lorfque le trou oculaire & le dard font dans une direction égale du bord de la regle, on eft sûr de la juffeffe de l'opération.

L'inftrument bien établi à un des angles du champ qu'on veut mefurer, on en dirige les rayons fur tous les autres angles où l'on a planté des fignaux ; on toife la diftance de ce premier lieu de ftation à celui où l'on fe propofe d'aller ; & on continue ainfi pour avoir par la fection des lignes dirigées fur la pointe des mêmes angles, la pofition de ces angles fur le papier.

Les avantages de la planchette confiftent à n'être pas obligé de faire un brouillon & de le mettre au net, d'avoir l'exacte ouverture des angles fans mefurer la diftance qui eft entre des points déterminés par leurs côtés ; de ne pas avoir befoin d'une regle à niveau pour réduire à l'horizon les côtés d'un champ incliné ; d'appercevoir fur le terrein même les erreurs qui peuvent fe gliffer foit dans les mefures, foit en prenant un piquet pour un autre ; & d'avoir tout de fuite l'exacte figure d'une poffeffion réduite à fa *bafe productive*, ou à ce qu'elle peut produire quand elle eft fituée fur une pente.

Si la poffeffion dont on veut lever la figure eft plantée en bois, & telle qu'on ne puiffe appercevoir les piquets qui font placés diagonalement, on forme avec la planchette un angle égal à celui du terrein, on mefure la diftance qu'il y a d'un piquet à l'autre, & ainfi de fuite d'un angle à un autre pour en prendre l'ouverture & la diftance qui eft entre eux ; on revient enfuite au piquet dont on eft parti, que l'on trouve correfpondre au même endroit qui eft déterminé fur le papier par la premiere ftation, & pour lors on a exactement la figure du bois.

Lorfqu'il eft queftion d'avoir la figure de la bafe productive d'un bois fitué en pente, cela n'eft pas auffi aifé que d'avoir celle des poffeffions planes, où les coins oppofés fe voient réciproquement. Mais pour peu qu'on ait d'attention, qu'on opere avec foin & avec ordre ; qu'on aille fucceffivement d'angle en angle autour du bois, on arrivera de la derniere ftation au point dont on fera parti, & on aura par conféquent fur la planchette la figure qu'on demande.

Dans les étendues confidérables de terrein, comme étangs, marais, bruyeres, bois, &c. où il n'eft pas queftion de détail, on en renferme exactement la figure dans un quarré, ou dans un rectangle ; on prend avec l'échelle du plan & le compas les dimenfions de chaque figure, qui, jointes enfemble, forment le rectangle & font connoître leur étendue. Toutes ces fuperficies fouf-traites & calculées, on a le contenu du terrein.

Les *échelles géométriques* dont fe fervent les Arpen-teurs pour la réduction de leurs plans, font *fimples* ou *compofées*. Les *fimples* fe font par la repréfentation de certaines mefures fur une même ligne, en les divifant par des égales ouvertures de compas. Par exemple, la toife fe partage en fix parties égales, qui repréfentent les pieds dont elle eft compofée. On divife enfuite le pre-mier pied en douze parties égales, qui font autant de pouces, & on met ces pouces en trois ou en quatre par-ties pour défigner le tiers ou le quart du pied. Quand on fait une échelle qui eft affujettie à un certain nombre de toifes, comme de cinquante toifes, on la divife en cinq ou en dix parties égales, fur lefquelles on marque le nombre des toifes : mais comme dans les plans qui ren-ferment un grand détail on eft obligé de renouveller fou-vent cette échelle fimple ; pour remédier à cet inconvé-nient, on fait une *échelle compofée* ou *décimale* où l'on peut prendre avec précifion les plus petites dimenfions.

Pour cet effet on trace fur une regle de cuivre ou de bois, ou même fur le papier, fix lignes horizontales, que l'on coupe enfuite par autant de lignes perpendicu-laires, également diftantes les unes des autres. On tire après cela une diagonale dans la premiere tête du premier quarré formé par les lignes horizontales & perpendicu-laires dont nous venons de parler. On regarde comme la premiere tête la diftance qui eft entre la feconde & la troifieme ligne perpendiculaire, & ainfi des autres, ce qui fait une échelle compofée ou décimale.

Lorfqu'on veut s'en fervir, & que, par exemple, on

veut prendre trois toifes & un pied , on pofe la pointe du compas vis-à-vis de la cinquieme ligne perpendiculaire fur la feconde ligne horizontale , & on l'ouvre jufqu'à la diagonale qui eft formée à la tête de la feconde ligne , & qui va fe terminer à la queue de la premiere ligne perpendiculaire , & alors on a trois toifes & un pied.

Si on a befoin de cinq pieds au-deffus d'un certain nombre de toifes , on prend cette longueur fur la fixieme ligne horizontale ; & en ouvrant le compas jufqu'à la diagonale , on a le nombre de toifes & de pieds qu'on demande. Au refte on peut confulter dans l'ouvrage publié en 1768 , portant pour titre , *La fcience de l'Arpenteur* , d'où nous tirons ces détails , la table des décimales , & fon application dans l'arpentage.

Lorfqu'il eft queftion de divifer un champ entre plufieurs cohéritiers , il ne fuffit pas de le partger exactement en autant de parties qu'il y a d'héritiers ; il faut encore que l'Arpenteur connoiffe la qualité du terrein , pour ne pas donner le bon à l'un , le médiocre ou le mauvais à l'autre ; qu'il faffe plus grande la portion où le terrein eft le moins bon , pour dédommager celui à qui elle écherra de la plus grande valeur de celle où le terrein eft meilleur.

Le talent de l'Arpenteur ne doit pas fe borner à lever la figure d'un feul terrein ; on a fouvent befoin du plan de différentes poffeffions qui fe tiennent , & quelquefois on veut un plan détaillé d'une terre feigneuriale. Dans ce dernier cas on commence par établir fur un papier la pofition refpective des clochers , & généralement de tous les objets diftincts , fitués fur les frontieres & dans l'intérieur de la terre dont il s'agit. Ces objets déterminés fervent non feulement à dreffer un canevas exact , mais encore à vérifier le détail. Pour cet effet on fe fert de la planchette qu'on fixe & qu'on met de niveau ; on marque fur le papier la verticale du point de ftation ; de ce point on dirige une ligne dans la direction d'un clocher ou d'une tour , d'une croix , d'une chêne , d'une chapelle , d'une juftice , &c. & enfin on trace une derniere ligne dans la direction de la bafe au bout de laquelle on a mis un fignal. On envoie encore un rayon du cercle à un des angles d'un champ voifin de ce point de ftation ; on va fucceffivement d'un champ à un autre en se servant de leur côté commun pour les lier sur le papier comme ils le sont sur le terrein. Dès que le papier qui couvre la planchette est plein, on lui en substitue un autre sur lequel on met la limite du travail qui est fait sur le premier. Lorsqu'on veut vérifier son plan, on se fixe sur les *points fondamentaux*, c'est-à-dire sur les objets qu'on a déterminés pour servir de *stations*. On envoie un rayon sur chacun de ces objets que l'on voit, & on examine si le bord de la regle de l'alidade passe précisément sur le papier par l'endroit de l'objet déterminé. On pourra alors être sûr que le travail est exact & que le plan est juste.

Quand on veut rendre son plan plus intelligible, on en marque les massifs avec un *lavis noir*, ou couleur noire faite avec l'encre de la Chine. Les saillies qui posent à terre se tracent par des lignes planes ; celles qui sont supposées au dessus sont marquées par des lignes ponctuées. *Laver un plan* c'est le colorier de différentes couleurs pour distinguer chaque partie du plan. On trace avec l'encre de la Chine les lignes de profil. On se sert du carmin pour marquer les édifices ; du jaune, pour distinguer les bâtiments qu'on veut exécuter de ceux qui sont faits ; du verd, pour les gazons, les taluts & les glacis ; de la couleur d'eau, pour les fossés & les rivieres ; du *bistre* ou brun, pour les terres, les bois & les ponts ; du bleu, pour les ouvrages en fer.

Un Arpenteur doit nécessairement être un bon arithméticien pour faire un calcul exact du toisé ; il devroit aussi savoir quelque peu le dessein pour être en état de lever un plan & lui donner les proportions convenables. S'il ne connoît simplement que le méchanisme de son art, il est l'esclave de ses regles. Lorsque sa mémoire est en défaut, ou qu'il se présente quelques cas imprévus, il ne sait plus ce qu'il fait, & il s'expose à commettre à chaque instant des erreurs considérables ; au lieu que lorsqu'il est bien instruit des principes de son art, il y trouve des ressources infinies, il voit clair dans ses opérations ; & quoiqu'il paroisse s'écarter de la route ordinaire, il va droit à son but, quelque chemin qu'il prenne.

L'arpentage a trois parties ; la premiere consiste à prendre les mesures sur le terrein même ; la seconde à

mettre fur le papier ces mefures ; & la troifieme à trouver l'aire du terrein. On divife encore la premiere en
deux parties , qui confiftent à faire les obfervations des
angles , & à prendre les mefures des diftances. On fait
les obfervations des angles avec quelqu'un des inftruments fuivants ; le graphometre , le demi-cercle , la
planchette , la bouffole , &c. Les diftances fe mefurent
avec la chaîne ou l'odometre. La feconde partie de l'arpentage s'exécute par le moyen du rapporteur & de l'é-
chelle d'Arpenteur. La troifieme partie confifte à réduire
les différentes divifions , les différents enclos , &c. en
triangles , en quarrés , en parallélogrammes, en trapezes,
mais principalement en triangles ; enfuite l'on détermine
l'aire ou la furface de ces différentes figures.

Le bâton d'Arpenteur eft un inftrument peu connu : il
eft compofé d'un cercle de cuivre , ou plutôt d'un limbe
circulaire gradué , & de plus divifé en quatre parties
égales par deux lignes droites qui fe coupent au centre à
angles droits ; à chacune des quatre extrémités de ces
lignes & au centre font attachées deux vifieres , & le tout
eft monté fur un bâton.

On trouve dans un ouvrage qui parut en 1768 , & qui
a pour titre *L'Arpenteur Foreftier* , une méthode nouvelle pour calculer & conftruire toutes fortes de figures ,
fuivant les principes géométriques & trigonométriques,
avec un traité d'arpentage appliqué à la réformation des
forêts. Les détails , qu'il feroit trop long de décrire ici,
y font très bien expofés.

Tout Arpenteur doit faire ferment en juftice , mais
principalement les Arpenteurs pour les eaux & forêts de
France. L'ordonnance de 1669 veut qu'aucun ne puiffe
être reçu qu'au préalable il n'ait été informé de fes bonnes
vie & mœurs , & qu'il n'ait donné caution de mille
livres.

Dans le temps que la charge de Grand Maître , ou de
Grand Arpenteur de France , exiftoit , c'étoit lui qui inf-
tituoit les Arpenteurs , & qui étoit en poffeffion de ne
donner des commiffions qu'à ceux dont il recevoit de
l'argent, ce qui occafionnoit beaucoup d'abus. En 1686,
le Roi lui défendit de délivrer aucune commiffion à l'a-
venir, fupprima fa charge en 1688 , & ordonna l'année
fuivante que tous ceux qui auroient eu des commiffions

du Grand Arpenteur, feroient tenus, en payant une certaine fomme, de prendre des nouvelles provifions de Sa Majefté.

Ce droit de créer des Arpenteurs étoit tellement attaché à l'office de Grand Maître de France, qu'en 1554 Henri II érigea fix Arpenteurs dans chaque Bailliage ou Sénéchauffée de Bretagne, pour exercer leur charge fous le Grand Arpenteur, avec pouvoir de mefurer, d'arpenter bois, buiffons, forêts, garennes, terres, eaux, ifles, mettre des bornes, & faire des partages ; & ce néanmoins fans préjudicier aux droits des Barons qui ont confervé jufqu'à préfent le droit d'inftituer des Arpenteurs pour leurs juftices.

Par l'édit du mois de Novembre 1690, le Roi fupprima tous les anciens offices d'Arpenteurs, & créa des Experts Prifeurs & Arpenteurs jurés pour faire un même corps avec les Jurés Experts créés au mois de Juillet de la même année, & dont les fonctions étoient de faire les arpentages, mefurages, prifées des terres, vignes, prés, bois, pâtis, communes, ainfi qu'il étoit attribué aux Arpenteurs créés par les édits de 1554 & 1575.

En 1689 on créa de nouveaux Arpenteurs dans chaque Bailliage ou Maîtrife particuliere des eaux & forêts ; & par l'édit de 1690 le Roi créa féparément dix Arpenteurs pour la Prévôté & Vicomté de Paris.

Dans chaque département il y a un Arpenteur prépofé pour être à la fuite du Grand Maître pendant qu'il fait fes vifites & adjudications, & pour faire, en préfence du Sergent de garde, les *affiettes* des bois qui lui ont été indiquées par l'ordre du Grand Maître. Ces *affiettes* confiftent à faire des tranchées & layes néceffaires pour le mefurage, & à marquer de fon marteau le plus près de terre qu'il peut, & dans les angles, tel nombre de pieds corniers, arbres de lifieres & parois qu'il eftime convenable ; avec défignation dans fon procès-verbal du côté fur lequel il aura fait des faces pour imprimer fon marteau, celui du Roi & celui du Grand Maître. Il doit auffi faire mention dans fon procès-verbal s'il a emprunté quelques arbres pour fervir de pieds corniers, dire leur âge, qualité, nature, groffeur, & leur diftance les uns des autres par perches & par pieds.

Il eft pareillement obligé d'obferver le nom des ventes

où il les a pris, d'énoncer la contenance des places vuides, & de se servir au moins de l'un des pieds corniers de l'ancienne vente. Enfin il est tenu de dresser un plan & figure de la piece qu'il aura *assiettée*, lesquels avec son procès-verbal, signé des Gardes & Sergent, doivent être remis au Greffe de la Maîtrise, & une expédition envoyée au Grand Maître.

Un bon Arpenteur doit encore savoir l'altimétrie, qui est cette partie de la géométrie pratique qui enseigne à mesurer les lignes perpendiculaires & obliques, & toutes les hauteurs soit accessibles, soit inaccessibles.

Touchant les Arpenteurs, il y a eu plusieurs édits, déclarations & arrêts du Conseil qui sont rapportés dans le Dictionnaire des Arrêts.

Par l'ordonnance de Henri II, & par celle de Charles IX, les Arpenteurs sont crus à leur serment ; & par celle de Henri III, ils sont exempts du logement de gens de guerre.

Quand on dit que les Arpenteurs sont crus à leur serment, on doit bien s'imaginer que ce n'est que lorsqu'il n'y a point de fraude de leur part : ainsi un Arpenteur ou un Expert, élu par les parties, ou nommé d'office par le Juge pour visiter des lieux ou des ouvrages, qui auroit fait par fraude un faux rapport, seroit condamné par le Juge à une amende arbitraire, & aux dépens, dommages & intérêts envers les parties, si la fraude étoit prouvée.

ARQUEBUSIER, ARTILLER, ou ARTILLEUR. L'Arquebusier, qu'on nommoit autrefois *artiller*, fabrique toutes les petites armes à feu, telles que sont les arquebuses, les carabines, les fusils, les mousquets, les mousquetons, les pistolets ; il en forge les canons, en fait les platines, & les monte sur des fûts de bois.

L'arquebuse, qui a donné son nom à l'artisan qui la faisoit, est la plus ancienne des armes à feu. Elle étoit de la longueur d'un fusil ou d'un mousquet, se bandoit ordinairement avec un rouet, & avoit une petite ouverture pour communiquer le feu à la poudre.

Cette arme qui devoit avoir, selon *Hanzelet*, quarante calibres de longueur, & porter une balle d'une once & sept huitiemes, avec autant pesant de poudre, ne commença à être en usage en France que sous le regne de Louis XII.

Il y avoit encore des petites arquebufes dont le canon n'avoit qu'un pied de long. On les appelloit *piftolets à rouet*. On n'en trouve plus que dans les arfenaux & dans les cabinets d'armes où l'on en conferve encore par curiofité.

Le *rouet* qui donnoit le mouvement à tous les refforts de l'arquebufe, étoit une petite roue d'acier qu'on appliquoit contre la platine de l'arquebufe ou du piftolet. Cette roue avoit dans fon centre un aiffieu qui la traverfoit. Du côté que l'aiffieu entroit dans la platine, étoit attachée une petite chaîne qui s'entortilloit autour de cet aiffieu à mefure qu'on le faifoit tourner, & bandoit le reffort auquel elle tenoit. Une clef inférée dans le bout extérieur de l'aiffieu, fervoit à bander le reffort, & faifoit tourner le rouet de gauche à droite. Le même mouvement faifoit retirer de deffus le baffinet de l'amorce une petite couliffe qui le couvroit, & pour peu qu'on tirât la détente avec le doigt, comme on fait aujourd'hui à un piftolet, on lâchoit le chien qui, étant armé d'une pierre, faifoit feu en tombant fur le rouet d'acier & le communiquoit à l'amorce.

Il y avoit encore des *arquebufes à croc* & des *arquebufes à vent*.

Les premieres étoient fi maffives & fi pefantes qu'il falloit deux hommes pour les porter, & qu'on ne pouvoit les tirer qu'en les appuyant fur des fourchettes de fer qu'on avoit foin de charger de pierres. On garniffoit les creneaux & les meurtrieres de ces arquebufes à croc, & on s'en fervoit pour la défenfe des places. On les chargeoit de la même maniere qu'on charge aujourd'hui nos canons; on y mettoit le feu avec une meche, & elles portoient beaucoup plus loin que nos fufils. Les premieres qui parurent furent employées par l'armée impériale de Bourbon pour chaffer *Bonivet* de l'Etat de Milan. *Bayard*, & *Vendeneffe* frere de *la Palice*, en furent bleffés & en moururent.

L'*arquebufe à vent* étoit une machine qui fervoit à pouffer des balles avec une grande violence par la force élaftique de l'air. Elle étoit compofée de deux canons qui s'enchaffoient l'un dans l'autre. On mettoit une balle dans le canon intérieur, dans lequel, à l'aide d'une pompe, on confervoit & preffoit l'air qui y étoit introduit par la foupape,

pape, près de la bafe de la pompe ; & cet air condenfé la renoit exactement fermée. Tout auprès il y avoit une feconde foupape qui étoit preffée en bas par un reffort fpiral , & dont la queue traverfoit une petite boîte de cuir gras qui ne donnoit aucun paffage à l'air. Cette queue qui fe recourboit , fe jettoit en dehors de l'arquebufe dans une cannelure , de forte qu'on pouvoit la mouvoir en dedans & en arriere par le moyen de la clef du fufil auquel elle étoit attachée. Dès qu'on tiroit cette queue en arriere, la foupape s'ouvroit & laiffoit échapper l'air qui, en fortant par la lumiere fituée au fond du canon, alloit frapper la balle qui en recevoit un égal degré de vîteffe à celui qu'auroit pu lui communiquer la poudre d'une charge d'un fufil ordinaire.

Comme la clef ouvroit & fermoit la foupape fort brufquement , il ne s'échappoit du canon que peu d'air à la fois ; de forte que , lorfqu'il étoit bien chargé d'air, on pouvoit tirer plufieurs fois fans être obligé de recharger le fufil. Pour cet effet on mettoit les autres balles dans un *petit canal* ou *réfervoir* que l'on tournoit par le moyen d'un robinet , pour les placer fucceffivement dans la direction du petit canon, ou pour les déplacer lorfqu'on ne vouloit pas les tirer. Mais le reffort de l'air diminuant à mefure qu'il en fortoit , les dernieres balles étoient pouffées beaucoup plus foiblement. Au refte comme ces fortes d'armes faifoient peu de bruit dans l'inftant du coup, furtout en plein air, c'eft apparemment ce qui a donné lieu aux hiftoires, ou plutôt à la fable de la *poudre blanche,* qui produifoit fon effet fans bruit.

Lorfque l'extrémité d'une arquebufe n'avoit point la forme d'une croffe de fufil , & qu'elle reffembloit à une canne, on l'appelloit une *canne à vent. Marin*, bourgeois de Lifieux , en fut l'inventeur, & le premier qui eut l'honneur de préfenter à Henri IV une arquebufe à vent. Ainfi c'eft mal à propos qu'on en attribue l'invention à quelques ouvriers de Hollande.

Un fufil de chaffe eft compofé d'un canon , d'une platine , d'une monture , c'eft-à-dire d'un fût & d'une garniture.

Le *canon* eft compofé de deux pieces effentielles ; favoir , fon corps & fa culaffe ; on entend par *culaffe*, cette piece de fer adaptée à vis au *tonnerre* du canon , c'eft-à-

Tome I. L

dire à l'endroit où l'on perce le trou par lequel le feu est communiqué du bassinet au corps du canon ; ce trou se nomme *lumiere*.

Le canon se forge à chaud. Pour forger un canon, on prend une barre de fer, on la chauffe, on l'étend à coups de marteau dans sa largeur sur l'enclume, observant de la rendre bien mince sur les bords. Après cette opération on la reploie ; on y passe au milieu un morceau de fer cylindrique, sur lequel on arrondit le canon ; on le soude ensuite dans sa longueur ordinaire de six en six pouces à la fois, plus ou moins, selon l'habileté de l'artiste : quand le canon est soudé, on y passe intérieurement une *meche* pour le calibrer comme on le desire, & le polir. La *meche* est une tringle de fer à l'extrémité de laquelle il y a un morceau d'acier quarré. On lime ensuite le canon par dessus, on y pose trois ou quatre *tenons*, c'est-à-dire trois pieces de fer pour recevoir les *goupilles* ou les *tiroirs* qui sont du nombre des parties de la garniture.

Les *goupilles* sont des morceaux de fil de fer, qui passent dans les tenons pour tenir le canon avec le bois ; & les *tiroirs* sont des morceaux de fer, plats, servant au même usage. Ils sont fendus & retenus par une goupille, & peuvent aller & venir à volonté, ce qui leur a fait donner le nom de tiroir. Après cette opération on taraude le tonnerre, c'est-à-dire qu'on y forme intérieurement des filets avec un instrument de fer appellé *tarau*, pour recevoir la vis de la culasse. Ensuite on ajuste au milieu, & à quatre ou cinq pouces au bout du canon, un *guidon*, qui est un petit morceau de métal taillé en forme de grain d'orge, pour diriger l'œil du tireur ; ensuite on fait le *trou* qu'on nomme *lumiere*, & qui, comme nous l'avons dit, sert à faire communiquer le feu du bassinet dans l'intérieur du canon.

La partie nommée *platine* est composée de plusieurs pieces, dont les unes sont extérieures & les autres intérieures. Les parties extérieures sont le corps de la platine, & le bassinet dont il y a deux sortes ; savoir, le bassinet détaché & le bassinet d'une seule piece. Le bassinet détaché doit être ajusté avec une vis qu'on nomme *vis de bassinet*. Celui d'une seule piece doit être forgé avec le corps de la platine. Les parties de la platine sont en outre une batterie portant sa vis, un ressort de batterie & sa vis, un chien composé de son corps & de sa vis, de sa mâchoire, & de son clou qui passe dans la noix. Le corps de la platine a encore deux pivots taraudés pour recevoir les deux grandes vis. Le corps de platine est la partie sur laquelle sont assemblées toutes les autres. Le bassinet est celle qui correspond à la lumiere du canon; elle est ainsi nommée parcequ'elle a la forme d'un petit bassin oblong. C'est dans ce bassinet que l'on met la poudre d'amorce. La *batterie* est une piece doublée d'une plaque d'acier qui reçoit la pierre à feu à la chûte du chien. Le *chien* est la partie qui porte la pierre, & qui touche sur la batterie lorsque le coup part. La *mâchoire* enfin est la piece qui pince la pierre & qui l'assujettit.

Les parties intérieures de la platine sont le grand res-fort & sa vis, la noix, la bride sur la noix & sa vis, une gachette, un ressort de gachette & sa vis.

Le *grand ressort* est composé d'un œil pour recevoir la vis, & d'un pivot, afin de maintenir le cul du grand ressort, & d'une griffe qui se meut avec les griffes de la noix. La *noix* est composée de deux crans pour recevoir le *bandé* & le *demi-bandé*, & armer le chien. Elle est encore composée d'un petit pivot qui passe dans la bride. La *bride* est une piece qui tient réunies la noix & la ga-chette pour les rendre plus solides. La *gachette* est la piece qui entre dans les crans de la noix pour faire partir le chien, & qui entre dans le bandé & le demi-bandé.

Toutes les différentes pieces que nous venons de dé-tailler se forgent séparément, & s'assemblent avec ajus-tage & à vis. On entend par *ajustage* les pieces bien jointes & bien unies ensemble.

La *garniture* peut être faite de divers métaux, comme fer, cuivre, or, ou argent, suivant la richesse de l'arme qu'on se propose de faire. Sous le nom de garniture, on comprend également plusieurs pieces; savoir, une pla-que, un porte-vis ou contre-platine, une piece de dé-tente, une sous-garde, une goupille, trois ou quatre porte-baguettes, dont un doit être à queue.

La *plaque* est une piece attachée par deux vis sous la partie inférieure de la crosse ou du bois. Le *porte-vis* est une piece qui reçoit les têtes des deux grandes vis qui re-tiennent la platine. La *piece de détente* est celle qui reçoit la vis de la culasse du canon. La *détente* est une piece qui va fe joindre à la queue, & qui fert à faire marcher la platine. La *fous-garde* eft une piece qui couvre la détente, & qui eft attachée par deux vis & une goupille. Les *porte-baguettes* font des petits cylindres de métal qui font creux, & placés de diftance en diftance le long du bois pour recevoir la baguette. Toutes les pieces de la garniture font plus ou moins décorées, felon le goût de l'artifte.

Les *fûts* qu'on emploie pour l'arquebuferie font de bois de noyer ou d'érable. C'eft à l'ouvrier à choifir celui qui convient le mieux à la beauté de l'arme qu'il veut monter deffus. Les baguettes font de noyer, de chêne ou de baleine.

On coupe le fût fur des calibres, c'eft-à-dire fur des modeles formés fur une planche d'un pouce d'épaiffeur. Quant à l'ordre qu'on fuit pour monter toutes les pieces d'un fufil, il n'y a point de regle décidée. Les uns commencent par une piece & les autres par l'autre.

On forge à Paris les meilleurs canons, & on y travaille auffi les plus excellentes platines. Cependant plufieurs emploient pour les armes communes des canons & des platines venant de Sedan, de Charleville, & autres lieux. Les Arquebufiers doivent faire auffi tout ce qui eft propre à monter, démonter, charger & décharger toutes les armes qu'ils fabriquent.

A l'égard des *baguettes* qui font ordinairement de chêne, de noyer, ou de baleine, elles viennent, pour la plus grande partie, de Normandie & de Livourne, & fe vendent au paquet. Ce font les Arquebufiers qui les ferrent.

De toutes les marchandifes de contrebande, les armes, tant offenfives que défenfives, font celles dont la fortie hors du royaume eft la plus rigoureufement punie par les ordonnances. Non feulement il y a confifcation & amende prononcée contre ceux qui exportent des armes fans permiffion & paffeport, mais encore les marchands & voituriers font fujets à des peines afflictives, fuivant la nature de la contravention.

L'invention de la poudre à canon & des armes à feu n'étant pas ancienne en France, les ouvriers qui fe font appliqués à la fabrique de ces nouvelles armes ne datent leurs premiers ftatuts que du regne de Henri III, qui donna en leur faveur des lettres-patentes au mois de Décembre 1575, & qui furent enregiſtrées au Parlement le 23 Mars de l'année 1577.

Ces réglements qui avoient été dreſſés par les maîtres de la nouvelle communauté en 1574, conſiſtoient en ving-huit articles, dont le vingt-cinquieme portoit qu'il leur ſeroit donné par Sa Majeſté un certain lieu en butte pour à cette fin de faire un jeu tous les premiers Dimanches du mois, ſoit en temps de paix ou de guerre, là où ſeront reçus les capitaines, gentilshommes, & enfants de la ville pour y tirer. Il fut enfin établi, tel qu'on le voit aujourd'hui, dans les foſſés de la porte S. Antoine.

Comme quelques autres métiers entreprenoient ſur de certains ouvrages de l'arquebuſerie au préjudice de ce corps ; que l'expérience & le temps avoient appris que les vingt-huit articles des premiers réglements ne ſuffiſoient pas pour conſerver la paix entre les maîtres, & régler les ouvrages appartenants au métier de l'arquebuſerie ; dans une aſſemblée générale de ce corps tenue au commencement de l'année 1634, il fut dreſſé ſix nouveaux articles pour être ajoutés aux anciens, dont ils demanderent l'homologation au Prévôt de Paris ; qui la leur accorda ſur le vu du Procureur du Roi du Châtelet, & qui fut confirmée par ſentence du Lieutenant Civil le 4 Mai de la même année.

Par le premier article il leur eſt permis de faire toutes ſortes d'arbalêtes d'acier, garnies de leurs bandages ; arquebuſes, piſtolets, piques, lances, & fuſtels ou bâtons à deux bouts ; monter leſdites arquebuſes, piſtolets, hallebardes ; les orner d'ouvrage de ciſelure & de damaſquinure d'or ou d'argent, ſelon le génie de l'ouvrier & le goût de celui qui les commande ; de les ferrer & vendre publiquement.

II. Qu'ils pourront pareillement fabriquer & vendre dans leurs boutiques tous autres bâtons ouvragés en rond & au rabot, privativement à tous autres métiers.

III. Qu'aucun maître ne pourra tenir ſous peine d'amende plus de deux compagnons, à moins que les autres n'en aient autant.

IV. Que les fils des maîtres ne ſeront reçus maîtres qu'après avoir fait l'expérience accoutumée. Il ne faut point ici confondre l'expérience avec le chef-d'œuvre. L'expérience conſiſte à voir ſi celui qui ſe préſente pour être reçu maître eſt en état de travailler. Le chef-d'œuvre eſt un ouvrage que les Jurés donnent à faire à l'aſpirant à la maîtriſe.

V. Que les compagnons, épouſant les filles des maîtres, feroient une expérience ſemblable à celles des fils de maîtres.

VI. Qu'aucun maître ne pourroit être élu juré qu'il n'eût été auparavant maître de la confrairie, à peine de nullité de l'élection, & d'un demi-écu d'aumône contre chacun des maîtres qui auroient donné leur voix à celui qui n'auroit pas été maître de confrairie.

La communauté des Arquebuſiers, dans laquelle ſe ſont fondues celles des arbalêtriers & des armuriers, n'eſt aujourd'hui compoſée à Paris que de ſoixante & dix maîtres.

ARRUMEUR ou ARRIMEUR. Ce ſont des perſonnes établies ſur les ports de mer, particuliérement en Guienne & dans le pays d'Aunis, & que les marchands chargeurs paient pour avoir ſoin de placer & de ranger leurs mar-chandiſes dans les vaiſſeaux, ſur-tout celles qui ſont en tonneaux & dont on craint le coulage.

Outre qu'il eſt de la derniere conſéquence que les mar-chandiſes ſoient bien *arrimées* dans un vaiſſeau pour leur propre conſervation ; lorſque l'arrimage eſt mal-fait, que les marchandiſes ne ſont pas dans la place qu'elles doivent occuper ; que les plus peſantes ſont trop ſur le devant ou ſur le derriere d'un navire, elles retardent également ſa marche, & peuvent même contribuer à ſa perte. Auſſi, par l'ordonnance de 1672, il eſt défendu de défoncer les futailles vuides & de les mettre en fagots ; il eſt en même temps ordonné qu'elles ſeront remplies d'eau ſalée pour ſervir à l'*arrimage* des vaiſſeaux, parce-qu'autrement le vaiſſeau devenant plus léger, & n'ayant plus ſa charge ordinaire, ſeroit plus expoſé à être le jouet des flots & des vents, iroit trop ſur l'avant ou ſur l'arriere, & auroit de la peine à gouverner.

Les Arrimeurs mettent les marchandiſes les plus pe-ſantes dans le fond de cale & auprès du leſt, ont ſoin de mettre du bois de fendage & des coins entre les fu-tailles, afin qu'en les ſerrant bien les unes contre les au-tres, elles ne cedent point à la violence du roulis, & ne ſe briſent pas en ſe heurtant les unes contre les autres.

Chaque vaisseau doit avoir en sortant du port ses Arrimeurs particuliers pour travailler à la disposition, l'ordre & l'arrangement des marchandises, & à la cargaison du vaisseau.

ARTIFICIER. L'Artificier est celui dont la profession est d'employer la poudre à canon, en la renfermant dans différents cartouches de carton, pour en former des pieces d'artifice, destinées aux réjouissances publiques, ou au divertissement des particuliers. La forme de ces artifices varie autant que leurs noms. L'Artificier ne se borne point à donner au feu qui résulte de ses préparations une seule nuance; il lui en procure plusieurs autres très agréables à la vue, en ajoutant dans la composition de ses artifices certaines matieres métalliques.

Le carton propre à l'artifice se nomme *carte de moulage*. Il est fait de plusieurs feuilles de bon papier gris pour le milieu, & de papier blanc pour l'extérieur, qui sont collées ensemble avec de la colle de farine: il faut qu'il soit assez mince pour que l'on puisse le rouler commodément pour en former le cartouche. Il suffit de s'en procurer de trois épaisseurs; savoir, de trois feuilles pour les petites fusées, jusques & compris celles de dix-huit lignes de diametre; de cinq feuilles pour celles d'au-dessus; & de huit feuilles pour les pots à aigrettes.

La colle pour le carton & pour le moulage se fait avec de la fleur de farine de froment; on la détrempe bien dans de l'eau, & l'ayant mise sur le feu, on la laisse bouillir jusqu'à ce qu'elle ait perdu son odeur de farine, & on y ajoute de l'alun en poudre; ensuite on passe ce mélange par un tamis de crin, en ayant soin de le manier pour diviser les grumeaux, & ôter tout ce qui pourroit être un obstacle à la perfection du collage. On se sert pour cette opération de grandes brosses de poil de porc.

Quand on a collé deux cents cartons, on les met en presse entre deux planches bien unies; ou, au défaut de presse, on se contente de charger les planches avec quelque chose de pesant. Les cartons ayant été six heures en presse sont suspendus à des cordes avec des crochets de fil de laiton jusqu'à ce qu'ils soient absolument secs; alors, on les remet encore en presse pour ôter la courbure qu'ils peuvent avoir prise en séchant.

L. iv

On se sert d'*étoupille* pour amorcer les fusées, & pour conduire le feu d'une piece à une autre.

... La matiere de l'étoupille n'est autre chose que du coton filé, mis en plus ou moins de doubles, suivant la grosseur qu'on desire donner à l'étoupille. On fait tremper ce coton pendant quelques heures dans de l'eau-de-vie, & encore mieux dans de l'esprit de vin ; & quand il en est suffisamment imbibé, on répand dessus du poussier de poudre à canon, & on manie le coton dans le plat où il a trempé pour qu'il se pénetre & se couvre de cette pâte de poudre. Lorsqu'il en est suffisamment couvert, on le retire du plat en le passant légérement dans les doigts, pour étendre la pâte de maniere qu'il en soit couvert par-tout également, & on le met ensuite sécher à l'ombre sur des cordes.

L'étoupille étant seche, on la coupe par morceaux de deux pieds & demi de longueur ; on en forme des bottes ou paquets, & on les conserve dans un endroit bien sec.

Les *amorces* proprement dites se font autrement que les étoupilles. On prend de la poudre en grain que l'on humecte d'un peu d'eau, & on la broie sur une table avec une molette de bois, jusqu'à ce qu'elle ait pris la consistance d'une pâte bien fine. On s'en sert pour coller & retenir l'étoupille dans la gorge des fusées.

L'état de l'Artificier exige bien des commodités qui ne se rencontrent pas indifféremment dans toutes les maisons. Premiérement, il a besoin d'une petite chambre sur terre pour charger ses fusées volantes : cette opération ne se fait pas sans bruit, puisqu'on y emploie le maillet, dont les coups réitérés pendant long-temps demandent un lieu qui en amortisse le retentissement. L'Artificier doit encore s'attacher à avoir une chambre qui ne soit point humide pour y faire certains ouvrages, comme, par exemple, pour mêler les matieres, faire les cartouches, & les petits artifices.

Le salpêtre, le soufre, le charbon & le fer, sont les matieres les plus ordinaires dont on fasse usage dans l'artifice. Leurs différentes combinaisons varient leurs effets & la couleur des feux : ces couleurs consistent en une dégradation de nuances du rouge au blanc. Le soufre, lorsqu'il prédomine, donne un bleu clair, & le fer produit des

étincelles dont l'éclat a fait nommer *feu brillant* la compofition dans laquelle entre cette matiere. La dofe de
charbon & de foufre qui doit donner le plus de force au
falpêtre n'eft pas la même pour l'artifice que pour la poudre à canon ; il en faut moins pour la poudre , attendu
que la trituration qui divife le charbon & le foufre en
plus petites parties qu'ils ne peuvent l'être dans les compofitions d'artifice , multiplie en quelque forte ces matieres en multipliant leurs furfaces : *voyez* POUDRIER.

Les matieres dont nous avons parlé, doivent être pul-
vérifées & tamifées de maniere à pouvoir fe mêler intimement entre elles. La limaille de fer n'eft fufceptible
d'aucune préparation ; on en trouve communément de
toute faite chez les ouvriers qui travaillent le fer.

Pour former les *cartouches* propres à renfermer l'artifice , on roule le carton fur une baguette qu'on nomme
baguette à rouler : on lui donne de diametre les deux tiers
de l'intérieur du moule qui doit fervir à charger le cartouche. Le moule fert à foutenir le cartouche lorfqu'on le
charge , & à régler la hauteur du maffif.

Le carton doit être entiérement collé , à l'exception du
premier tour qui enveloppe la baguette : on trempe dans
l'eau le dernier tour du carton avant de le coller, pour
lui ôter le reffort qu'il a naturellement , & qui feroit dé-
rouler le cartouche après qu'il eft formé.

Les cartouches pour les *lances* & pour les *conduites de
feu,* doivent être faits de papier ; ceux des *ferpenteaux,* &
autres petites fufées de cinq à fix lignes de diametre extérieur, font faits de cartes à jouer : on termine ces efpeces
de cartouches par deux tours de papier gris dont le dernier eft collé.

Il ne faut pas attendre que les cartouches foient entiérement fecs pour les *étrangler ;* cet état de féchereffe rendroit l'opération plus pénible & plus fujette à des imper-
fections.

Avant d'étrangler les cartouches, on commence par
rogner fur la baguette, avec des cifeaux, le bout qui doit
être étranglé, pour que les bords de cette partie qui doit
avoir la forme d'une calotte foit à l'uni. Après cette opération, on prend une corde ou une ficelle d'une groffeur
proportionnée à celle de la fufée, & on attache cette
ficelle par un bout à un piton viffé dans un poteau, ou

fcellé dans le mur, & par l'autre bout l'Artificier l'attache à fa ceinture, ou à un bâton qu'il place derriere &
en travers de fes cuiffes, de maniere qu'il foutienne le
corps lorfque l'Artifte fait effort pour étrangler le cartouche. Dans cette fituation, & la corde étant tendue,
on pofe le cartouche deffus; puis on prend la partie de
la corde qui eft entre foi & le cartouche, & l'on en fait
deux tours fur le cartouche, dans la partie que l'on veut
étrangler, à un demi-diametre extérieur de fon extrémité:
on enfonce une baguette dans cette partie, la tenant de
la main droite, & le cartouche de la gauche, & l'on ferre
la corde en jettant le corps en arriere, & tournant chaque fois le cartouche pour en bien arrondir l'étranglement, jufqu'à ce qu'il ne refte qu'un trou à pouvoir paffer avec peine une petite broche de fer; alors il eft fuffifamment étranglé. Il faut avoir foin de frotter la corde
avec du favon, pour empêcher que le cartouche qui eft
encore humide lorfqu'on l'étrangle, ne s'y attache & ne
fe déchire. Il ne faut pas tarder à lier les cartouches
quand ils font étranglés; fans quoi l'étranglement feroit
fujet à fe relâcher. On les lie en paffant trois boucles de
ficelle dans la gorge, & ferrant à chaque boucle; ce qui
s'appelle le *nœud de l'Artificier*.

Lorfque le cartouche eft préparé, par exemple, pour
une *fufée*, on le met debout dans un moule; on verfe la
poudre de compofition dans ce cartouche; l'on fe fert
d'une baguette pour l'entaffer, & on frappe deffus à
coups égaux pour bien comprimer cette poudre; on met
enfuite par-deffus un tampon de papier chiffonné que
l'on frappe bien, & fur lequel on rabat une partie du
carton, enfuite on perce ce carton de deux ou trois trous,
afin que le feu puiffe prendre aifément à la compofition
lorfqu'on veut faire partir la fufée.

Après cette opération on retire la fufée de deffus la
partie du moule qu'on appelle *broche*; on délie la corde
qui rempliffoit l'étranglement, & on rogne la partie du
cartouche qui excede le carton rendoublé: la broche fert
à ménager un vuide dans l'intérieur de la fufée. Ce vuide,
qu'on nomme l'*ame de la fufée*, la fait monter en préfen-
tant au feu une plus grande furface de matiere inflammable, qui, fe réduifant en vapeur dans ce vuide, fait,
dit l'Abbé Nollet, l'office d'un reffort qui agit d'une part

contre le corps de la fufée, & de l'autre contre la colonne d'air fur laquelle repofe la fufée, & qui ne cede pas auſſi vîte qu'elle eſt frappée.

Les fufées font rarement fimples, elles font prefque toujours garnies d'un *pot* terminé par un chapiteau en forme de cône, dans lequel font renfermées différentes petites pieces d'artifice, comme *étoiles, ferpenteaux*, &c. qui, lorfque la fufée s'eſt élevée auſſi haut qu'elle peut aller, en terminent l'effet d'une maniere très agréable.

Pour garnir la fufée, on commence par verfer dans le pot une pincée de pouſſier, & en frappant un peu contre, on le fait entrer dans les trous qu'on a ménagés pour la communication du feu. On verfe enfuite dans le pot un peu de la même compofition dont on a chargé la fufée ; c'eſt ce qui s'appelle la *chaſſe* ; & on arrange par-deſſus cette chaſſe les ferpenteaux ou les étoiles que la fufée doit jetter, en obfervant de n'en pas mettre plus pefant que le corps de la fufée. Une fufée dont la garniture fe-roit trop pefante, ne s'éleveroit que médiocrement & re-tomberoit à terre en faifant un demi-cercle. On place quelques petits tampons de papier chiffonné dans les in-terftices des ferpenteaux ou des paquets d'étoiles, pour empêcher qu'ils ne ballottent. Après quoi on ferme le pot avec un rond de papier qu'on a eu foin de taillader par les bords pour empêcher qu'il ne faffe des plis, & que l'on colle deſſus.

On obferve, avant de mettre les paquets d'étoiles dans le pot, de les paſſer dans du pouſſier, pour les difpofer à prendre feu plus fubitement.

Le pot étant garni, on place par-deſſus un *chapiteau* qui eſt fait d'une fimple épaiſſeur de carton, & qu'on y aſſujettit avec de la colle. Le chapiteau étant placé bien droit fur le pot, on colle fur la fciſſure une bande de pa-pier brouillard, tant pour cacher cette fciſſure, que pour empêcher que le chapiteau ne fe décolle en féchant. On amorce enfuite la fufée, en prenant un morceau d'étou-pille plié double, & de groſſeur proportionnée, que l'on fait entrer dans le trou formé par la broche, à la hauteur d'un diametre extérieur de la fufée, & on la colle dans la gorge avec de l'amorce. On finit par coller un rond de papier fur la gorge ; c'eſt ce que les Artificiers nomment *bonneter*.

La plupart des Artificiers ne mettent point de pots aux petites fusées de caisses ; ils se contentent de rouler & coller au haut de ces fusées un quarré de papier gris , qui déborde la fusée de la hauteur de la garniture qu'ils veulent y placer. Après qu'ils y ont mis la chasse & la garniture , ils lient le papier par-dessus la garniture pour la renfermer.

La *baguette* que l'on attache aux *fusées volantes* sert à les maintenir droites , en contrebalançant leur pesanteur, contre laquelle le feu agit par l'un des bouts qui doit toujours être tourné vers le bas , & qu'elle force à garder la situation verticale. Le bois le plus léger est le plus propre pour les baguettes. Dans les provinces où les roseaux sont communs , on s'en sert de préférence à tous les autres bois. Plus les baguettes sont longues , plus les fusées montent droit : on leur donne au moins huit fois la longueur du moule de la fusée , ou plutôt une longueur telle qu'en plaçant sous la baguette un couteau à un pouce ou deux de distance de la fusée , le tout puisse se trouver en équilibre.

On a imaginé en Angleterre , pour éviter les accidents causés par la chûte des grosses baguettes , d'en préparer de maniere que , lorsque la fusée s'est élevée , & a fait son effet , elle met le feu à de petits saucissons de poudre qui entourent la baguette , & la divisent en l'air en une multitude de parties , ce qui fait de plus un joli effet. On place les fusées volantes sur une espece de chevalet, lorsqu'on veut y mettre le feu pour les faire élever.

Le *chevalet* est un poteau dont la partie supérieure a la figure d'un rateau ; on le plante en terre , ou bien il est soutenu sur terre par un pied en forme de croix : on place les fusées entre les dents du rateau pour les soutenir verticalement.

Les pieces d'artifice appellées *marrons* sont faites de poudre grainée , renfermée dans un cartouche de carton de forme cubique , & recouvert d'un ou de deux rangs de ficelle collée de colle-forte : on perce un trou dans l'angle de ce cartouche , & on y place une étoupille avec de l'amorce. Ces marrons éclatent avec beaucoup de bruit. Les *marrons luisants* ne different des autres qu'en ce qu'ils sont recouverts de pâte d'étoiles. Nous dirons plus bas ce que c'est que cette pâte.

Les *faucissons* ne different des marrons que par la forme ; l'effet en est le même : leurs cartouches sont ronds : on les emploie pour terminer avec bruit certains artifices, tels que les *lances*, les *jets*, & autres.

Les *étoiles*, élevées par les fusées volantes, font un effet admirable : on les fait d'une pâte composée de salpêtre, de soufre & de pousser. On forme avec cette pâte des especes de pastilles rondes & plates, de la forme d'une dame à jouer. On les perce par le milieu pour y mettre l'étoupille qui les enflamme. Si elles étoient trop grosses, elles ne feroient pas un aussi bel effet, parcequ'elles retomberoient trop bas. L'effet des *faucissons volants* est de monter en spirale, & de terminer leur vol par un coup. Ce mouvement spiral leur est donné par l'*étoupille*. Cette étoupille contournée brûle plus vîte que la composition du faucisson, & donne entrée à la matiere enflammée, qui suit les révolutions de la spirale, & en imprime les mouvements à la fusée.

Le *ballon*, ou *bombe d'artifice*, est une imitation de la vraie bombe, & se jette de même avec un mortier, soit de métal, soit de bois ou de carton.

Les bombes d'artifice se font en bois ou en carton. Celles qui sont en bois sont composées de deux hémispheres qui se ferment en s'emboitant l'un dans l'autre : on garnit ces bombes d'un mêlange de différentes especes d'artifices, comme serpenteaux, faucissons, étoiles & autres parmi lesquels on répand de la composition pour faire crever le cartouche. On adapte à la bombe une fusée d'une longueur convenable, & remplie d'une composition qui brûle assez lentement pour donner à cette bombe d'artifice le temps de s'élever.

Les mortiers & les pots de carton que l'on destine à jetter des bombes, doivent toujours être recouverts, dans toute la longueur de leur cylindre, d'un rang de bonne corde collée de colle-forte, sans quoi ils auroient peine à résister à l'effort de la poudre.

Lorsqu'on veut faire partir un grand nombre de fusées volantes tout à la fois, on les place dans une caisse longue, traversée par une planche percée de trous à égale distance, & proportionnés à la grosseur des baguettes, comme la caisse doit l'être à leur longueur ; cette planche percée se nomme la *grille*. On la couvre de feuilles de papier ; les baguettes des fusées y font leur trou en les plaçant dedans : ce papier sert à retenir du poussier, ou quelque composition vive que l'on répand dessus pour communiquer le feu à toutes les fusées en même temps. Les fusées destinées à cet usage se nomment *fusées de caisse*.

Les Artificiers font aussi des *fusées de table*, ainsi nommées, parcequ'il faut une table ou quelque autre plan fort uni pour les tirer. L'effet de cette fusée est de tourner en forme de soleil sur la table où on la pose, jusqu'à ce que le feu, qui a commencé par les trous latéraux dont elle est percée, se soit communiqué par l'intérieur de la fusée à quatre autres trous pratiqués dessous, qui l'élevent en l'air, tandis que le feu qui sort par les trous latéraux continue à lui donner le mouvement de rotation : c'est un soleil qui s'éleve en l'air dans une situation horizontale.

Les fusées courent sur la corde par le même méchanisme que nous les avons vu s'élever en l'air. Les *fusées à double vol*, qui reviennent sur elles-mêmes, se font en attachant ensemble deux fusées, dont l'une ne s'enflamme qu'après l'autre, & en direction contraire. On nomme *jet* ou *gerbe* toute fusée chargée en massif, & qui doit agir sans quitter la place où elle est fixée ; telles sont les fusées des *soleils fixes*, des *soleils tournants*, & celles qui servent à imiter en feu les jets d'eau, les nappes d'eau, les cascades, &c.

Le soleil fixe est un assemblage de jets chargés en feu brillant, disposé en forme de rayons autour d'un moyeu, & garnis d'une étoupille de communication de l'un à l'autre, pour qu'ils prennent tous feu à la fois. On nomme *gloire* les soleils à plusieurs rangs de jets. Il n'y a de différence entre les soleils tournants & les *girandoles* que dans la position qu'on leur donne pour les tirer, qui, en les mettant dans un autre point de vue, paroît en changer l'effet. On les nomme soleils lorsqu'ils sont placés verticalement, & girandoles quand leur plan est parallele à l'horizon. Un soleil tournant est une roue que le feu d'une ou de plusieurs fusées qui y sont attachées fait tourner, agissant comme dans les fusées volantes par l'action du ressort de la matiere enflammée contre l'air qui lui résiste. On forme des desseins en feu, en plaçant derriere des découpures de carton, des soleils tournants renfermés entre des planches pour contenir leur feu, & pour qu'ils ne soient vus qu'à travers les découpures ; cet artifice employé en décoration fait un très grand effet. Un soleil tournant étant placé au milieu d'un panneau de menuiserie figuré en étoile, & bordé de planches ou de cartons pour soutenir son feu, il en prendra la forme & représentera une étoile, & de même toute autre figure dans laquelle il seroit renfermé.

Nous sommes redevables au Pere d'Incarville de l'art qu'ont les Chinois de représenter en feu des figures d'animaux & des devises. On fait avec du soufre en poudre impalpable & de la colle de farine mêlés ensemble, une espece de pâte dont on couvre des figures d'osier, de carton ou de bois, après les avoir enduites de terre grasse pour les empêcher de brûler. La couche de pâte de soufre étant posée, on la saupoudre de poussier pendant qu'elle est encore assez humide pour qu'il s'y attache. Lorsqu'elle est bien seche, on colle des étoupilles sur les principales parties, pour que le feu se porte par-tout en même temps, & on couvre la figure en entier de papier collé. Les Chinois peignent ces figures de la couleur des animaux qu'elles représentent. Leur durée en feu est proportionnée à l'épaisseur de la couche de pâte qui les couvre ; comme cette pâte ne coule point en brûlant, les figures conservent leur forme jusqu'à ce que la pâte soit entiérement consumée.

Les Artificiers font des feux pour brûler sur l'eau & dans l'eau : l'opposition de deux élémens aussi contraires que le feu & l'eau, fait regarder la chose comme merveilleuse, quoique dans le fond ces *artifices d'eau* n'aient rien de plus extraordinaire que les autres. Toutes les matieres qu'on emploie pour les artifices destinés à brûler dans l'air à sec, peuvent servir pour les artifices d'eau, par le moyen des enduits dont on couvre les cartouches de ces derniers pour les rendre impénétrables à l'eau. On emploie pour cet effet des vernis composés avec des huiles & des matieres résineuses, & quelquefois du goudron pur pour enduire la partie extérieure des cartouches.

Les *grenouilleres* font pour les artifices d'eau ce que les serpenteaux font pour l'artifice d'air : on les nomme aussi *dauphins* ou *canards* ; leur effet est de serpenter sur l'eau, de s'élancer à plusieurs reprises en l'air , & de finir par éclater avec bruit. Un fourreau sert à soutenir la fusée sur l'eau : ce fourreau a une coudure qui lui imprime un mouvement inégal & tortueux ; le poussier dont on a mis une demi-charge après trois charges de composition, la fait élancer en l'air lorsque le feu parvient à cette matiere.

Les *plongeons* sont des fusées qui éclairent d'une lumiere très blanche & vive , en plongeant de temps en temps dans l'eau pour reparoître avec le même éclat ; on en charge aussi de feux saillants qui représentent des jets d'eau & des arbres fleuris, & qui plongent de même. Ces effets sont produits par des charges alternatives de poudre grainée & de composition. Ces fusées ne s'éteignent pas lorsqu'elles sont plongées dans l'eau ; au contraire elles y cheminent , parceque la matiere enflammée fait résistance à l'eau , & s'oppose à son introduction dans la fusée. La cause qui la fait mouvoir dans l'eau est la même que celle qui fait monter en l'air les fusées volantes.

Après avoir donné une idée de la façon de préparer les pieces d'artifices les plus essentielles , il nous reste à dire un mot de la maniere de dresser la carcasse de charpente sur laquelle on les place ordinairement.

Avant que de former le dessein d'un feu d'artifice , on en fixe la dépense , & on se regle sur la somme qu'on veut y employer , tant pour la grandeur du théâtre & de ses décorations , que pour la quantité d'artifices nécessaires pour le garnir convenablement.

Les revêtements de la carcasse de charpente se font ordinairement de toile peinte à la détrempe , & les bords sont terminés par des chassis de planches contournées en arcades, en festons, en consoles ou en trophées, suivant que le dessein l'exige.

On fait ces ouvrages à part , & lorsque toutes les pieces sont bien faites & numérotées, on les apporte sur la place où l'on veut tirer le feu d'artifice , & on les assemble en très peu de temps.

Un Artificier doit avoir attention , avant que d'arranger ses pieces d'artifices sur un théâtre , de prévenir les incendies qui rendent confus le jeu des artifices , & diminuent l'ordre & la beauté du spectacle. Pour prévenir ces accidents ,

accidents, on doit couvrir toutes les parties situées de niveau, comme plates-formes & galeries, d'une couche de terre graffe recouverte d'un peu de fable répandu pour pouvoir marcher deffus fans glifler. Outre ces précautions, on doit avoir des gens actifs, vêtus de peau, munis de baquets pleins d'eau, & toujours prêts à éteindre le feu, en cas qu'il vînt à s'attacher à quelques parties du théâtre. Pour mettre ces hommes en fureté, il eft à propos de leur ménager une retraite à couvert, pour qu'ils puiffent s'y retirer dans le moment du jeu de certains artifices, dont les feux fortent en grand nombre. Il faut de plus que ces retraites communiquent aux efcaliers par où l'on monte fur le théâtre d'artifice.

Un Artificier, dans l'exécution, ne doit rien négliger pour que les pieces d'artifice dont il a fait provifion offrent aux yeux des feux fucceffifs & une belle fymmétrie.

Si le feu d'une illumination précede celui d'artifice, on commence dès avant la fin du jour par allumer ce qui doit former l'illumination, & lorfque la nuit eft affez noire pour que les feux paroiffent dans toute leur beauté, on annonce le fpectacle par une falve de boîtes ou de canons, après quoi on commence par des fufées volantes, qu'on tire à quelque diftance du théâtre d'artifice, ou fucceffivement, ou par douzaines.

Après ces préludes, un *courantin*, deftiné à allumer toutes les lances à feu qui bordent le théâtre, part de la fenêtre où eft la perfonne la plus diftinguée, qui y met le feu quand il eft temps, & va tout d'un coup commencer à éclairer le fpectacle.

L'art de l'Artificier eft libre, & n'a point été érigé en maîtrife. Les perfonnes qui defireroient des détails étendus fur cet art, peuvent confulter le *Manuel de l'Artificier*, dont nous avons tiré une bonne partie de cet article.

Il y a encore des Artificiers qui font particuliérement attachés au corps de l'artillerie; ce font eux qui compofent tous les feux d'artifice qu'on peut jetter dans les places qu'on attaque, ou au bas de celles qu'on défend. *Cafimir Simierowits*, Polonois, a écrit un excellent traité fur tout ce qui concerne les feux d'artifice, tant pour la guerre, que pour la paix. *Joachim Brechtelius* a donné auffi un fort bon ouvrage fur ce fujet.

ASSUREUR. C'eſt celui qui aſſure un vaiſſeau ou les marchandiſes de ſon chargement, qui s'oblige & répond, moyennant la *prime d'aſſurance* qu'on lui paie comptant, en argent ou en *billets de prime* qui ont cours dans le commerce, d'indemniſer l'Aſſuré des pertes & dommages qui pourroient arriver à ſon bâtiment ou à ſes marchandiſes, ſuivant qu'il eſt porté par la *police d'aſſurance*.

L'Aſſureur n'eſt point tenu à ſupporter les pertes qui arrivent par la faute des maîtres & des mariniers, à moins que le cas ne ſoit expreſſément énoncé dans la police d'aſſurance, comme déchets, diminutions & pertes qui arrivent par le vice propre de la choſe; dépenſes faites pour les pilotages, touages, lamanages, droits de congé, viſites, rapports, ancrages, & tous autres droits impoſés ſur les navires & marchandiſes.

L'aſſurance eſt donc un trafic par lequel on répond, pour une certaine ſomme, de tous les effets que les particuliers expoſent ſur la mer.

Lorſque les Juifs furent chaſſés de France en 1182, ſous le regne de Philippe Auguſte, ils inventerent les polices d'aſſurance, & s'en ſervirent pour faciliter le tranſport de leurs effets dans tous les pays où ils allerent s'établir. Ils en renouvellerent l'uſage en 1321, ſous Philippe le Long, lorſqu'ils furent chaſſés du royaume. La loi romaine, *ſi navis ex Aſia venerit*, avoit en quelque façon prévu les aſſurances.

La prime d'aſſurance eſt toujours balancée avec les haſards que court la choſe aſſurée, le bon ou mauvais état d'un vaiſſeau, le plus ou le moins de capacité du capitaine, le voyage plus ou moins long, les parages plus ou moins dangereux, les différentes ſaiſons des départs & des retours, le temps de paix & le temps de guerre, & les divers degrés de protection que l'Etat peut accorder à la navigation marchande de ſes ſujets; de ſorte que l'aſſuré paie une prime plus forte à proportion des riſques qu'il y a, afin que, par cette augmentation de la prime, l'Aſſureur ſoit avantageuſement indemniſé des riſques qu'il court. Auſſi, dans preſque tous les cas, l'aſſurance eſt un marché avantageux pour l'Aſſureur, & un gain, pour ainſi dire, certain en temps de paix.

Lorſque les dangers deviennent trop évidents, il ne ſe fait plus d'aſſurances, parceque l'Aſſureur ne trouveroit

pas fon indemnité dans la prime qu'on lui offritoit, &
que celle qu'il exigeroit feroit trop forte pour que l'affuré
pût la payer fur les bénéfices de fon commerce; mais,
lorfque les chofes font à l'ordinaire, au moyen d'un contrat de convention paffé entre l'affuré & les Affureurs,
ceux-ci fe chargent de tous les rifques de la mer, & s'o-
bligent aux pertes & dommages qui peuvent arriver fur
la mer, tant au vaiffeau, qu'aux marchandifes de fon
chargement pendant fon voyage, foit que ces pertes arrivent par tempêtes, naufrages, échouements, aborda-
ges, changements de route, de voyage ou de vaiffeau,
du confentement des Affureurs, jet en mer, feu, pertes,
pillage, arrêt du prince, déclaration de guerre, repré-
failles, & généralement toutes fortes d'événements de
mer, moyennant 1, 2, 3, 4, &c. & quelquefois 40, 50,
80, pour cent, fuivant les rifques qu'il a à courir.

On peut auffi affurer la liberté des perfonnes, le prix
de leur rachat, mais jamais leur vie, non plus que le
fret à faire d'un bâtiment, le profit à efpérer de quelques
marchandifes, & les gages des matelots.

L'affuré eft libre de faire la police d'affurance comme
il le veut, pourvu qu'il accufe la vérité, & qu'il mette
une jufte appréciation aux chofes qu'il veut affurer, fans
quoi il y auroit dol de fa part. Il peut auffi faire affurer
féparément ou conjointement la cargaifon, le corps &
quille du bâtiment, avec fes agrès, apparaux & victuailles pour l'aller feulement du vaiffeau, ou pour le retour,
ou bien pour l'un & pour l'autre enfemble.

Toute affurance comprend tout le temps d'une courfe;
celle qui fe feroit par mois feroit réputée ufuraire.

Les polices font ordinairement dreffées par un des commis du greffe de la *Chambre des Affurances*, dans les villes
où les affurances font établies, & où il y a des compa-
gnies d'affurance : on peut encore les faire faire pardevant
notaires.

Ces polices doivent contenir le nom, le domicile, la
qualité du propriétaire ou du commiffionnaire, & les effets
de celui qui fe fait affurer; les noms du navire & du maître; ceux du lieu, havre ou port où les marchandifes
auront été chargées, & d'où elles doivent partir; des
ports où le vaiffeau doit charger ou décharger, & de ceux
où il devra entrer; du temps où les rifques commenceront

& finiront pour les Aſſureurs ; des ſommes qu'on entend aſſurer ; de la valeur de la prime ; de la ſoumiſſion des parties aux arbitres en cas de conteſtation ; & généralement de tout ce dont on doit convenir ſelon les us & coutumes de la mer.

Indépendamment de ces aſſurances publiques, il y en a encore de ſecretes , qui ſe font même en temps de guerre , par leſquelles, dans les correſpondances qu'on a avec les étrangers, on ſpécifie que c'eſt pour le compte d'un ami , tel qu'il puiſſe être , ſans être tenu à nommer perſonne.

Loſqu'il arrive que l'aſſuré reçoit des avis que le navire ou les marchandiſes aſſurées ſont perdues , priſes ou retenues, il doit, ſans délai, devant un notaire, greffier ou ſergent royal, paſſer un acte authentique , par lequel il dénonce en forme à ſes Aſſureurs la perte du navire ou des marchandiſes, & déclare qu'il les leur cede, tranſporte & en fait abandon , à la charge par eux de lui payer les ſommes aſſurées dans le temps porté par la police d'aſſurance.

On aſſure encore les marchandiſes qui ſe voiturent & tranſportent par terre ; cette aſſurance ſe fait communément par convention verbale. On ne peut aſſurer les marchandiſes de contrebande ou en fraude des droits du prince, pour les faire paſſer par terre ou par eau d'un pays à un autre.

Quand les aſſurances ſont *fruſtratoires* , c'eſt-à-dire, loſqu'elles n'ont point lieu , par défaut du départ du vaiſſeau ou autrement, l'aſſuré doit payer demi pour cent à ſes Aſſureurs ; quand elles ont lieu par le fait de l'Aſſureur, c'eſt lui qui paie ce demi pour cent. Dans tous les cas, l'aſſuré court toujours le riſque du dixieme de ſa cargaiſon pour avoir de quoi contribuer à différentes avaries dont l'Aſſureur n'eſt point tenu, à moins qu'elles ne ſoient ſtipulées dans la police d'aſſurance.

Il y a des Chambres d'aſſurance établies à Paris , à Bourdeaux & dans divers ports de mer.

ATTACHEUSE. Dans les manufactures de ſoierie, on donne ce nom aux ouvrieres dont la fonction eſt d'attacher non ſeulement les cordes qui ſervent dans les métiers, mais encore de mettre les *ſemples* , le corps, les arcades & les aiguilles en état de travailler. *Voyez* SOIERIE (manufacture de).

ATTLAS : *voyez* BOUILLE-COTONIS.

AUBERGISTE. C'eſt ainſi qu'on nomme ceux qui tiennent les auberges, à l'effet de nourrir & coucher les voya-
geurs, & leur fournir des écuries pour leurs montures &
leur ſuite.

Depuis que l'hoſpitalité n'eſt plus en uſage, on a été
obligé d'établir & de multiplier les auberges. Elles ſont
ſous la protection des loix, à cauſe des avantages que le
public en retire. Les Aubergiſtes, pour ſe procurer le
paiement de la dépenſe qu'ont fait leurs hôtes, ont action
ſur leurs équipages & leurs hardes, autres cependant que
celles qui ſont abſolument néceſſaires pour ſe couvrir.

Les anciens avoient des auberges comme nous, dont
nous ignorons la police ; mais les nôtres ont leurs loix
par leſquelles il leur eſt défendu de recevoir les domiciliés
des lieux où elles ſont établies, d'y donner retraite à des
gens ſuſpects, ſans avertir les officiers de la police ; d'y
ſouffrir aucuns vagabonds, gens ſans aveu, blaſphéma-
teurs : il eſt ordonné à ceux qui les tiennent, de veiller à
la ſureté des choſes & des perſonnes.

Dans toutes les villes bien policées, les Aubergiſtes
ſont tenus de donner avis tous les jours aux officiers de
police des gens qui entrent chez eux, & de leur repréſenter tous les mois leurs regiſtres pour être viſés. Dans la
capitale, ils ſont obligés de porter ſur un regiſtre le nom
& la qualité de ceux qui logent chez eux, la date de leur
entrée & de leur ſortie, & d'en rendre compte à l'inſpec-
teur de police.

Il y a encore des auberges où l'on va manger ſans y
prendre ſa demeure ; on paie à tant par tête, en comptant ou ſans compter le vin & les autres liqueurs ; nous
en parlerons à l'article TRAITEUR.

AVICTUAILLEUR. C'eſt celui qui fournit les *victuailles* ou des vivres pour les voyages de long cours que
fait un vaiſſeau marchand.

AVIRONNIER. C'eſt celui qui fait les *avirons* ou rames dont on ſe ſert dans les bateaux pour faire remorquer,
ou deſcendre les fleuves ou les rivieres ; on s'en ſert auſſi
dans les galeres pour les faire manœuvrer ſur mer, &
dans les vaiſſeaux, pour les empêcher de dériver lorſque
le calme eſt trop long.

L'invention des rames remonte à l'origine de la conſtruction de ces machines auxquelles des matelots intré-
pides oſerent ſe livrer pour ſe promener ſur les eaux, ou
pour ſe tranſporter par curioſité dans les iſles qui étoient
voiſines de leurs habitations.

Ces avirons, dont la longueur & la groſſeur ne ſont
point déterminées, parcequ'elles ſont relatives aux beſoins auxquels on les emploie, ſe font avec du bois d'aune, de tremble ou de tilleul qu'on tire exprès. On ſe
ſert de la hache pour dégroſſir le bois, de l'erminette pour
donner à la *pale*, ou partie inférieure de l'aviron qui
entre dans l'eau, la largeur & la forme qui lui convient;
de la *planette*, ou couteau à deux mains, pour arrondir le
travers ou la partie ſupérieure de l'aviron, qui eſt ronde,
& à laquelle on attache un anneau ; & enfin du petit rabot pour polir entiérement l'ouvrage.

Quelque avantage qu'il y eût à tenir les rames très
longues, parceque leur point d'appui deviendroit plus
fixe, & qu'elles auroient une plus grande diſtance entre
l'eau & le rameur, on a été obligé de ſe fixer à une certaine longueur, parceque la force du rameur étant bor-
née, il fatigueroit trop ſi la rame avoit une étendue trop
conſidérable. C'eſt pourquoi leur longueur & leur figure
ſont relatives aux endroits où on les emploie, & au nombre des perſonnes qui s'en ſervent.

Les rames alongées du côté de l'eau exigent une navigation fort libre. On ne peut point s'en ſervir dans
les petites rivieres, dans celles qui ont beaucoup de ſinuoſités, qui ont beaucoup d'iſles ou de rochers, même
dans les ports où une trop grande quantité de bateaux forme des embarras continuels. Il faut donc que les rames varient de forme & de dimenſions, ſuivant les circonſtances des lieux, & les diverſes manieres de les employer.

Dans les ports de mer il y a des artiſans qui ne s'occupent que de ce métier; dans les ports ordinaires des rivieres, ce ſont les charpentiers de bateaux qui font les
avirons, mais ceux-ci ne ſavent point leur donner une
forme auſſi dégagée que la donnent les Avironniers des
ports de mer.

AULMULCIER. Avant l'invention des bonnets, ceux
qu'on appelle aujourd'hui marchands Bonnetiers de la

ville & fauxbourgs de Paris , portoient le nom d'*Aulmul-ciers*. Les membres du cinquieme des six corps des marchands de Paris prennent la qualité de Marchands Bonnetiers - Aulmulciers - Mitonniers , dans les derniers statuts qu'ils eurent sous Henri IV en 1608.

Ceux qui travailloient les bonnets au tricot , & qui demeuroient tour à tour dans le fauxbourg Saint-Marcel, avoient des statuts bien plus anciens , qui leur furent donnés le 26 Août 1527 par le Bailli de Saint-Marcel , & qui furent renouvellés par celui de Sainte-Genevieve le 7 Janvier 1619.

Pendant plus de mille ans , on ne s'est couvert la tête en France que d'*aumuces* & de *chaperons*. Ceux-ci étoient en usage du temps des Mérovingiens. On commença sous Charlemagne à les fourrer d'hermine & de menu noir. Le siecle d'après , on les fit de peaux , & on leur donna le nom d'*aumuces* pour les distinguer des chaperons qu'on faisoit d'étoffe , & qui étoient beaucoup plus grossiers que les aumuces. Sous Charles V , on rabattit sur les épaules l'aumuce & le chaperon , & on commença à se couvrir d'un bonnet.

L'aumuce n'étoit pas tellement affectée aux laïques , tant hommes que femmes , qu'elle ne devînt aussi le vêtement des chanoines, chanoinesses & des moines ; autrefois ils s'en couvroient la tête en hiver, aujourd'hui ils la portent sur le bras en été.

Les dessus des aumuces , telles qu'on les porte aujourd'hui , sont faits de peaux de petit gris rapportées ; elles ont quatre ou cinq pieds de longueur sur neuf à dix pouces de largeur par le haut , & deux pieds & plus par le bas ; les dessous sont de lapin blanc moucheté ; très peu sont doublées tout entieres d'hermine : d'un côté, le bas est garni de queues d'hermines ; de l'autre , on pratique une espece de poche pour y pouvoir mettre des livres. Cette espece de poche sert encore dans quelques cathédrales de couverture de tête aux chanoines officiants , lorsqu'ils sortent de la sacristie pour venir à l'autel.

Depuis que les Aulmulciers ont été réunis à la communauté des bonnetiers , ce sont les *Pelletiers-Fourreurs* qui travaillent les aumuces. *Voyez* PELLETIER.

AUNEUR. Ce sont des personnes préposées pour visiter les aunes des marchands, & auner eux - mêmes les

M iv

étoffes pour voir si elles ont la longueur & la largeur portées par les ordonnances.

Il y avoit anciennement à Paris une communauté de
cinquante Jurés Auneurs & Visiteurs de toile ; elle fut supprimée par l'édit du mois de Septembre de 7 9, rétablie
par l'édit de Juin 1730, & supprimée de nouveau par
celui de 1768.

Pour obvier à l'adresse que certains particuliers pourroient avoir en aunant, & a la facilité qu'ils auroient de
tromper la bonne foi du public, il fut ordonné par le
quarante-quatrieme article du réglement des manufactures
de lainage, du mois d'Août 1669, que toutes sortes de
marchandises seroient aunées bois à bois, ou pince à
pince, justement & sans *évent* (l'évent étoit un pouce
au-delà de l'aune qu'on donnoit autrefois en mesurant),
sous peine de 50 livres d'amende pour chaque contravention des Auneurs qui en useroient autrement.

L'arrêt du conseil du 3 Octobre 1689 accorda à l'a-
cheteur le choix de faire auner toutes les pieces des marchandises, tant par la lisiere que par le dos ou faîte, &
d'en payer le prix sur le pied du moindre aunage qu'elles
contiennent, soit qu'il ait été fait par le dos ou par la
lisiere. A Paris, l'usage est d'auner les toiles, le pouce
devant l'aune.

Cette communauté de cinquante Jurés-Auneurs-Visi-
teurs de toiles prêtoit serment devant le Lieutenant Général de Police : il lui est attribué pour droits 12 deniers
par aune sur toutes sortes de toiles, tant fines que grossieres, étrangeres ou du royaume ; canevas, coutils,
treillis, crépons, bougrans, serviettes, mousselines,
batistes, futaines, basins, toiles de coton & de lin, &
autres ouvrages de fil, qui sont amenés & vendus à la
ville & fauxbourgs de Paris ; même sur les toiles & autres ci-dessus nommées, fabriquées dans icelle ville &
fauxbourgs.

Les Auneurs ont deux bureaux où ils font leurs fonctions, & où ils perçoivent leurs droits. L'un est à l'Hôtel des Fermes, & l'autre à la Halle aux toiles.

Par la déclaration du 30 Septembre 1704, les maîtres
& gardes des marchands drapiers & merciers sont rentrés
dans le droit qu'ils avoient anciennement, & demeurés
en possession de choisir & nommer, à leur volonté, douze

Auneurs, qui ne font aucune vifite fur les marchandifes, mais qui les aunent fous la halle aux draps ou dans les magafins & boutiques des marchands, lorfqu'ils en font requis par eux, par les forains ou leurs commiffionnaires.

Par cette même déclaration, il leur eft accordé un droit par piece, fuivant la qualité des étoffes ; favoir 20 fols par piece pour celles qui font de la premiere qualité, 10 f. pour les moyennes, & 3 fols pour les moindres.

En 1726, ce droit ayant caufé des difcuffions entre les douze Auneurs des marchands drapiers & les marchands manufacturiers de Beauvais, Reims, Amiens & autres qui, fous le prétexte de la franchife qui leur avoit été accordée, prétendoient ne rien payer pour l'entrée de leurs étoffes à la foire S. Germain ; parcequ'il avoit été ordonné par un arrêt du Confeil du 24 Janvier 1713, que les droits réglés par la déclaration de 1704 feroient payés par les marchands forains, & tous autres, fur les draps & autres étoffes de laine qui feroient conduites à la foire S. Germain pendant qu'elle tient ; même fur celles qui n'y auroient pas été vendues, fauf aux forains de les faire tranfporter après la foire dans la halle aux draps, pour y être vendues fans payer de nouveaux droits. Par édit du mois d'Avril 1768, enregiftré le 22 du même mois, le Roi a fupprimé tous les offices d'Auneur de toiles & draps, & a ordonné que dans tous les lieux où les droits attribués auxdits offices fe percevoient avant le 18 Mai 1767, ils continueroient à être perçus au profit de Sa Majefté jufqu'au 31 Décembre 1774 ; & qu'enfin les fonctions attribuées auxdits offices feroient remplies par des commis ou prépofés nommés par le Roi, après ferment par eux prêté devant les Juges qui doivent connoître de ces matieres.

Il y a encore dans toutes les fabriques du royaume, ainfi qu'en Angleterre, des Auneurs établis pour auner les étoffes & les toiles, & voir fi elles font conformes aux réglements pour l'aunage & pour la fabrique.

Les Auneurs ne peuvent être courtiers, commiffionnaires, facteurs, ni acheter aucune draperie pour leur compte.

BAI

BACHOTEUR. C'eſt un batelier ou paſſeur d'eau, occupé ſur les ports de Paris, & autres endroits de la Seine, à voiturer le public ſur l'eau au-deſſous de la ville, dans des *bachots* ou petits bateaux légers dont on ſe ſert pour les rivieres, & qui ordinairement n'ont point de bordage.

Les Bachoteurs ſont tenus de ſe faire recevoir à l'hôtel-de-ville, d'avoir leurs bachots en bon état, & ne peuvent point commettre de garçons à leur place. Lorſqu'ils ſont convaincus de s'être fait remplacer par quelque homme ſans expérience, ou d'avoir reçu dans leurs bachots plus de ſeize perſonnes, ils ſont condamnés pour la premiere fois à cinquante livres d'amende, confiſcation de leurs bachots, & trois mois de priſon. Le 20 Septembre 1735, la Ville rendit une ſentence conforme à ces réglements, contre un Bachoteur qui avoit paſſé au-deſſous de Paris vingt-trois perſonnes au lieu de ſeize, portées par les ordonnances & réglements.

Les bachots doivent être numérotés & viſités tous les quinze jours par un officier de la Ville.

Il n'eſt pas permis aux femmes & aux enfants des Bachoteurs de ſe trouver ſur les ports pour aider leurs maris ou leurs peres.

Leurs ſalaires ſont réglés à quatre ſols par perſonne pour Seve & S. Cloud, deux ſols pour Chaillot & Paſſy, deux ſols ſix deniers pour Auteuil, & ainſi à proportion de la diſtance, à raiſon de deux ſols pour chaque lieue.

Ils doivent charger par rang, à moins qu'un particulier ne choiſiſſe par préférence un autre bachot que celui qui ſe trouve être à ſon tour à paſſer.

Le Lieutenant de Police fait veiller à ce qu'ils ne ſe prêtent à aucun mauvais commerce, & que leurs bachots ſoient attachés avec une chaîne & un cadenas pendant la nuit.

BAHUTIER : *voyez* COFFRETIER.

BAIGNEUR. On donne ce nom à ceux qui tiennent des bains pour la commodité du public.

Les *baignoires* dont ils se servent font ordinairement de cuivre rouge ; elles ont quatre pieds & demi de longueur sur deux pieds & demi de largeur, & vingt-six pouces de hauteur ; elles font arrondies par leurs angles, & étamées en dedans pour empêcher que le verd-de-gris ne s'y mette ; elles font quelquefois décorées en dehors de peintures à l'huile relatives à leur ufage. Pour qu'on y foit plus commodément & avec plus de propreté, on y met des oreillers & des linges piqués aux deux côtés. Au fond de la baignoire il y a une bonde qui fert à l'écoulement des eaux, à mefure qu'on veut en remettre de la chaude, ou la renouveller en entier. Il eft d'ufage de les mettre dans des niches qui prennent la forme de leurs grands côtés, & de les couvrir d'un baldaquin décoré de quelque étoffe.

On fait auffi des baignoires de bois, qui, à leur grandeur près, font affez femblables à celles de cuivre rouge.

L'ufage des bains eft de la plus haute antiquité. On les trouve établis chez prefque tous les peuples dont on nous a confervé l'hiftoire, & fur-tout chez les Orientaux. Quoique plus fréquentés dans les pays chauds, ils n'en étoient pas moins établis dans les pays froids, furtout pendant les temps où l'on a ignoré l'ufage du linge, & où l'on ne portoit fur la peau que des étoffes de laine.

On diftingue les *bains* en *naturels* & en *artificiels*. Les bains naturels font ou froids, comme ceux des rivieres, ou chauds & propres à la guérifon de plufieurs maux, comme ceux des eaux thermales, minérales, bourbeufes, &c.

Les *bains artificiels*, c'eft-à-dire ceux qui font dans des édifices publics ou particuliers, font également utiles au recouvrement de la fanté & à la propreté du corps. On les prend, felon le befoin, chauds, froids ou tiedes.

Quant à l'heure où l'on doit prendre les bains, elle eft affez indifférente par rapport aux bains chauds ; les tiedes doivent fe prendre le matin & le foir, & les froids dans le milieu du jour. Par rapport aux bains qu'on prend dans les rivieres ou dans la mer, il convient de s'y rendre un peu avant le coucher du foleil, de fe mettre à l'ombre autant qu'il eft poffible, & de choifir un endroit où l'eau ne croupiffe ni ne foit trop agitée. Pour ce qui est des bains domestiques, il est bon de les prendre dans une salle vaste, bien aérée, ni froide ni chaude, & où il n'y ait point de fumée ; de ne point trop s'exposer à l'impression de l'air, & d'avoir un lit & des gens prêts à rendre les services dont on peut avoir besoin.

La nécessité de ces précautions & l'importance des bains pour la conservation ou le recouvrement de la santé, doivent nous faire regretter, dit l'Auteur du mémoire sur la maniere d'agir des bains d'eau douce & d'eau de mer, que le ravage des temps & les circonstances aient fait négliger les bains publics, d'autant que le besoin que la plupart des hommes en ont dans divers cas doit faire desirer que cet usage se rétablisse.

Chez les Grecs & les Romains, les esclaves faisoient l'office de baigneurs tant dans les bains publics que dans les bains particuliers. C'étoient eux qui avoient le soin de changer l'eau des bains, de lui donner le degré de chaleur convenable, d'oindre d'huile ceux qui se baignoient, & de les frotter ensuite pour ouvrir les pores de la peau & en enlever la crasse ; ils y chantoient une chanson qui leur étoit particuliere, selon Athénée, qui assure que si cela étoit permis à ceux qui servoient aux bains, il n'étoit point honnête à ceux qui se baignoient d'en faire autant.

Lorsque le luxe & la vie voluptueuse eurent banni la modestie, & que la débauche se fut glissée chez les Romains, il n'y eut plus ni honnêteté ni police dans les bains. On n'observa plus de ne les tenir ouverts qu'après deux ou trois heures après midi, & de les tenir fermés avant le lever & après le coucher du soleil. Les femmes n'y furent plus séparées d'avec les hommes ; on ne s'y servoit plus d'esclaves du même sexe auxquels ils étoient destinés ; on n'y alloit plus que pour satisfaire ses vices ou cacher ses intrigues ; les maîtres des bains affectoient même d'y avoir de belles femmes à l'envi les uns des autres, pour s'attirer un plus grand nombre de chalands.

Ce désordre continua jusqu'à la renaissance des mœurs. Les magistrats firent défense à quelque homme que ce fût de se servir aux bains de femmes ou de filles pour garder ses habits, ou pour lui rendre d'autres services, & aux femmes de se servir d'esclaves mâles, sous peine d'être notés d'infamie les uns & les autres. L'Empereur

Adrien défendit le mélange d'hommes & de femmes dans les bains sous les peines les plus rigoureuses. *Marc Aurele* & *Alexandre Sévere* confirmerent cette loi ; & ce fut sous le regne de ces princes qu'on vit rétablir la modestie dans les bains , & qu'on sépara une seconde fois les bains des hommes d'avec ceux des femmes.

Nous avons en France deux especes de bains publics sur les rivieres. Les plus anciens sont de grands bateaux appellés *toues*, faits de sapin, & couverts d'une toile à voile. Autour de ces bateaux il y a de petites échelles attachées par des cordes pour descendre dans un endroit de la riviere où l'on trouve des pieux enfoncés d'espace en espace , qui soutiennent ceux qui prennent les bains. Il y a de ces bains qui sont uniquement destinés pour les hommes , & d'autres pour les femmes.

D'autres bains plus modernes sont distribués par cellules où chacun peut prendre le bain séparément. Enfin depuis quelques années on en a établi de mieux entendus encore, qui sont distribués par petites chambres, & à divers étages , dans de grands bâtiments qui sont sur l'eau. Chaque chambre a son petit lit de repos , sa baignoire avec des tuyaux garnis de robinets pour y conduire l'eau chaude ou froide à la volonté de celui qui se baigne. On y est servi par son domestique ou par un du bain ; on y est essuyé & frotté avec du linge très propre ; on y prend un bouillon si l'on veut , & chacun est enfermé sous la clef.

Quelque voisines que soient les chambres, pas une ne communique avec l'autre, si ce n'est lorsque deux personnes en ouvrent la communication de concert, pour pouvoir s'entretenir ensemble pendant le bain. Les femmes ont leurs bains séparément, & dans un endroit où il n'est pas permis aux hommes d'entrer. Les dames peuvent se faire servir par leurs femmes de chambre ou par des femmes qui sont attachées aux bains. Si après le bain on veut faire sa toilette , on y trouve des gens pour s'y faire accommoder.

L'ouverture des bains étoit annoncée tous les jours chez les Romains par une espece de cloche, & on payoit pour y entrer une somme très modique. Ils n'étoient gratuits que lorsque les Empereurs faisoient des largesses aux peuples à l'occasion de quelque rejouissance publique.

Les bains qu'on prend dans les bateaux publics de la Seine à Paris, font ouverts pendant tout le jour & une partie de la nuit, & coutent cinq fols par perfonne. Chaque fexe a fon bateau particulier; il n'eft pas permis à l'un d'eux non feulement d'aller, mais même de s'approcher du baignoir de l'autre.

Ceux qu'on prend dans les maifons des Baigneurs coutent trois livres par bain. La police la plus exacte y eft obfervée. Pour éviter toute forte d'indécence, il eft défendu aux jeunes gens de fe baigner publiquement fur les ports pendant le jour, & ordonné aux fentinelles qui y veillent de les conduire en prifon au Châtelet, pour y être punis felon l'exigence du cas. Toutes les villes bien policées font obferver rigoureufement les mêmes réglemens.

Les Baigneurs font fous l'infpection & la jurifdiction du premier Chirurgien du Roi. Avant qu'on rétablît en Angleterre l'Ordre du Bain, le bain a été en ufage en France dans la création des Chevaliers. C'étoit au Grand Chambellan à préparer les bains des nouveaux Chevaliers : les robes dont ils étoient vêtus en entrant au bain lui appartenoient de droit.

BAILLEUL. C'eft le nom que l'on donne à des gens qui font métier de renouer les membres difloqués, & de remettre en place les côtes enfoncées & rompues. On les appelle auffi *Renoueurs*.

Comme plufieurs particuliers s'ingéroient dans le métier de Bailleul fans y être autorifés, l'article 101 de l'édit du mois de Novembre 1634 fait défenfe à tous Bailleuls, Renoueurs d'os, qui ne font pas compris dans les états de la maifon royale, & enregiftrés en la Cour des Aides, d'avoir aucun étalage, ni d'exercer dans la ville & fauxbourgs de Paris cette partie de la chirurgie, s'ils n'en ont été jugés capables par le premier Chirurgien du Roi ou fon Lieutenant, & par les quatre Prévôts en charge, aux conditions que les Bailleuls ou Renoueurs d'os feront la légere expérience, & paieront les droits portés par l'article 123 du même édit.

En conféquence de cet article, le fieur *Guillaume Bottentuit Langlois*, célebre reftaurateur de diflocations & fractures, & Maître Chirurgien à Paris, obtint à la Police, le 25 Janvier 1726, une fentence qui fit défenfes au nommé *Bellet*, maître Couvreur à Paris, de plus entreprendre fur la profeffion de Chirurgien-Bailleul-Renoueur, & pour l'avoir fait le condamne à trois livres d'amende, dix livres de dommages & intérêts, & en tous les dépens.

Dans l'article XVIII des ftatuts des Chirurgiens d'Avignon, il y eft dit que nul de ceux qui fe mêlent de réduire les os, foit qu'ils foient de cette ville ou non, ne pourront toucher aux fractures & luxations remifes & traitées par quelque maître fans le faire appeller & demander fon agrément, fous peine de dix écus d'amende.

Par l'édit du mois de Décembre 1666, les Bàilleuls font obligés, comme les autres Chirurgiens, d'avertir dans les vingt-quatre heures après le premier appareil le Commiffaire de leur quartier, des bleffés qu'ils panfent chez eux ou ailleurs, & même dans les hôpitaux, ainfi que de la qualité & des circonftances de leurs bleffures, à peine de deux cents livres d'amende pour la premiere contravention, d'interdiction de la maîtrife pour la feconde, & de privation de la maîtrife pour la troifieme.

Il n'eft guere de villes ou de bourgs tant foit peu confidérables, où l'on ne trouve encore quelque Bailleul qui s'eft établi fans avoir ni qualité ni principes de fon métier, & qui, pour avoir une plus grande confiance dans le public, fe fait paffer pour avoir hérité de fon pere le fecret de renouer les os ; fecret que, felon eux, les peres n'apprennent à un de leurs enfants qu'au lit de la mort ; fecret qui fe tranfmet ainfi de génération en génération, & qui fait tout à coup d'un homme, auparavant très inepte, un habile Chirurgien, pour ne pas dire un dangereux charlatan.

Si on en excepte ceux qui fervent par quartier chez le Roi, les Bailleuls ne font érigés ni en corps de métier ni en officiers.

BALANCIER. Ouvrier qui fait les divers inftruments dont on fe fert dans le commerce pour pefer toutes fortes de marchandifes, denrées, métaux, & autres chofes qui s'achetent & fe vendent au poids, & dont on veut connoître la pefanteur.

La balance eft une machine qui fert à faire connoître l'égalité ou la différence de pefanteur, & à mettre en équilibre deux quantités égales de matiere, de forte que fi l'on connoît le poids de l'une, on fait combien pefe l'autre.

On ignore le temps auquel les balances ont été inventées. Il eſt à préſumer qu'elles ont paru peu de temps après l'établiſſement du commerce. Il n'y a que les peuples chez leſquels la connoiſſance des arts n'eſt pas parvenue qui ignorent l'uſage de la balance.

Les Chinois dont on vante tant l'antiquité & les connoiſſances antérieures aux nôtres, ſe ſervent d'une petite balance qui a quelque rapport avec la romaine, & qui eſt compoſée d'un petit plat, d'un bras ou branche, & d'un poids courant. Le bras eſt d'ébene ou d'ivoire, de la longueur & groſſeur d'une plume à écrire, diviſé en de très petites parties ſur trois faces différentes ; il eſt ſuſpendu par des filets de ſoie à l'un des bouts en trois différents points, afin de peſer avec plus de facilité toute ſorte de poids, ſi petits qu'ils ſoient.

Quand cette balance a une longueur un peu conſidérable, elle eſt d'une préciſion ſi grande que la moindre choſe fait pencher ſenſiblement le baſſin. Pour la rendre plus portative, on la renferme ordinairement dans un étui de bois verniſſé, fort léger & très propre.

Il y a deux ſortes de balance, l'ancienne & la moderne. La premiere s'appelle *romaine* ou *peſon*, qu'il ne faut cependant pas confondre avec le *peſon à reſſort*, qui nous vient de Beſançon. La romaine conſiſte en un levier ou fléau mobile ſur un centre ſuſpendu vers une de ſes extrémités. Les corps graves ayant été attachés du côté gauche, on meſure leur peſanteur par les points qui ſont marqués ſur le levier à l'endroit où s'arrête en équilibre un poids mobile qu'on fait courir vers la droite le long du plus grand côté.

Cette romaine eſt compoſée d'une verge ou branche de cuivre, de fer ou de bois qu'on appelle improprement *fléau* ou *flayau*, ſur laquelle ſont marqués les petits points de diviſion, tant du côté fort que du côté foible, pour connoître le poids des marchandiſes qu'on veut peſer.

D'un crochet qui eſt attaché par un *touret* ou boulon à une *garde* ou membrure placée à l'extrémité de la verge du côté gauche, de façon à pouvoir toujours tomber en bas, ſoit qu'on tourne la verge du côté du fort ou du foible.

foible. C'eſt ſur ce crochet qu'on attache les marchandiſes qu'on veut peſer.

D'une *garde forte*, qu'on appelle auſſi membrure, qui
eſt placée près de la garde du crochet en rétrogradant du
côté droit. Cette garde eſt appellée *forte* parcequ'elle
ſert à peſer les marchandiſes d'un poids conſidérable.

D'un anneau à crochet attaché par un touret au haut
de la garde-forte qui ſert à ſoutenir la romaine en l'air.

D'une *garde-foible*, qui eſt auſſi nommée *membrure*,
qui eſt attachée auprès de la garde-forte ; en ſorte que
celle-ci ſe trouve placée entre la garde du crochet & la
garde-foible, mais plus éloignée de la garde-foible d'une
fois & demie qu'elle ne l'eſt de la garde du crochet.

D'un *anneau* ou crochet, attaché au haut de la garde-
foible, qui y eſt joint par un touret. L'uſage de cet anneau eſt ſemblable à celui de la garde-forte.

De trois broches, clous, ou pivots, qui paſſent au
travers de la verge, dont l'un ſoutient la garde du crochet, l'autre la garde-forte, & le troiſieme la garde-
foible.

D'un anneau, ou *bec de corbin* mobile, qu'on fait courir ſur la verge du côté le plus long qui eſt vers la droite.

Enfin d'une maſſe, poire ou contre-poids, qui eſt attachée à l'anneau mobile par une S, lequel anneau ſert
pour trouver l'équilibre de la marchandiſe & en connoître le poids.

Il y a des romaines de pluſieurs grandeurs ; celles dont
on ſe ſert dans les marchés & foires ſont plus petites,
afin qu'elles ſoient plus portatives. Depuis quelques années il eſt défendu par un réglement de police de ſe ſervir de peſons ou romaines dans les boucheries de Paris.

Dans les bureaux des douanes & les arſenaux de France,
il y en a avec leſquelles on peut peſer juſqu'à douze milliers. Celles-là ſont les véritables romaines, les autres
ne ſont que des peſons.

La balance moderne dont on ſe ſert communément
aujourd'hui, conſiſte en un levier ou *fléau* ſuſpendu préciſément par le milieu : il y a un *plat* ou *baſſin* ſuſpendu
par des cordes à chacun des deux bouts du fléau. Le fléau
eſt une piece de fer un peu enflée vers le milieu, qui a
des trous à chaque bout pour y attacher les cordes qui
ſoutiennent les baſſins de la balance, & qui eſt partagée

en deux par une aiguille qui eſt attachée au milieu perpendiculairement.

Il y a cette différence entre la balance moderne & la
romaine, que dans celle-ci le contre-poids eſt toujours le même, & ne fait que s'appliquer à différents
points, au lieu que dans l'autre le contre-poids varie, &
le point d'application eſt toujours le même.

Pour qu'une balance ſoit juſte, il faut que les points
de ſuſpenſion ſoient exactement dans la même ligne que
le centre de la balance, & qu'ils en ſoient également
diſtants ; que les bras ſoient d'une longueur convenable, afin qu'on s'apperçoive plus aiſément s'ils ſont
égaux, & que l'erreur qui peut réſulter de leur inégalité,
ſoit peu de choſe ; qu'il y ait le moins de frottement
poſſible autour du point fixe, ou centre de la balance ;
qu'en changeant les poids qui ſont dans chaque baſſin,
& en les mettant les uns à la place des autres, on puiſſe
s'appercevoir s'ils conſervent leur même équilibre.

Ainſi les qualités eſſentielles d'une balance ſont 1°.
d'être bien mobile, c'eſt-à-dire que la plus petite différence entre les deux quantités de matiere dont elle eſt
chargée, faſſe trébucher le fléau, afin qu'on puiſſe regarder ſon état d'équilibre comme un ſigne certain d'une
égalité parfaite dans les maſſes de part & d'autre ; 2°.
d'avoir ſes bras toujours bien égaux & dans une même
direction, afin que deux maſſes égales puiſſent être toujours en équilibre. Pour réunir toutes ces perfections
dans la conſtruction d'une balance, il faut y apporter
beaucoup d'attention, ſans quoi elle ne ſeroit pas exacte.

La mobilité d'une balance dépend du plus ou moins de
frottement qui ſe fait à l'axe ; de la poſition du centre
de peſanteur qui ne doit jamais s'écarter du centre de
mouvement ; de la longueur des bras, parcequ'un très
petit poids peut faire un grand effort, étant éloigné du
point d'appui. Pour lui donner plus de mobilité par la
diminution du frottement, il faut que la preſſion au
point d'appui ſoit la moindre qu'il eſt poſſible. C'eſt
pourquoi on fait l'axe un peu en couteau : l'écrou qui le
porte eſt très dur pour qu'il ne ſe creuſe pas avec le temps,
& que par là il ne diminue conſidérablement la mobilité
de la balance.

Ces trous ſont ordinairement faits pour donner plus

de liberté aux anneaux. Quoique le centre de ces trous soit dans la même ligne que celui de l'axe, les deux bras du fléau ne sont pas pour cela dans la même direction. C'est pourquoi les Balanciers doivent y faire attention, parcequ'autrement le centre de pesanteur se trouveroit hors du centre de mouvement.

Quoique l'égalité des bras soit requise pour l'exactitude d'une balance, elle peut cependant être en équilibre independamment de ce qu'un des deux bras sera plus court que l'autre, pourvu qu'il soit aussi pesant. Cet équilibre ne subsistera à la vérité que pendant que les bassins seront vuides ; mais dès qu'ils seront chargés de quantités égales de matiere, le bassin, qui sera suspendu au plus long bras, l'emportera sur l'autre, parceque des poids égaux ne peuvent être en équibre qu'à des distances égales du point d'appui.

Il y a plusieurs sortes de balances modernes ; savoir, les *balances fines*, ou *trébuchets*, ou *balances d'essai* ; les *balances sourdes* ; les *balances hydrostatiques*, & les *balances à chandelier*.

Les *balances fines* sont de petites balances dont on se sert pour peser les monnoies d'or & d'argent, les matieres & choses précieuses qui sont en petite quantité. Elles doivent être travaillées avec la derniere précision. Il en vient de Lyon & du Forez. Celles qu'on fait à Paris sont les plus estimées ; elles sont ordinairement si justes qu'on a vu, à ce qu'on prétend, trébucher pour la quatre-mille-quatre-vingt-seizieme partie d'un grain. M. *Boizard* dit, dans son traité des monnoies, pour la millieme partie d'un grain. On suspend ces balances dans une grande lanterne, afin que l'air ne les agite pas, & que les pesées soient plus justes : on les appelle pour lors *balances d'essai*.

Les *balances sourdes* sont aussi d'usage dans les monnoies. Les deux bouts de leur fléau sont plus longs que leur clou, & leur chape est soutenue en l'air par une *guindoule* ou *guignolle*, selon le nom que lui donnent les ouvriers.

La *balance hydrostatique* sert à trouver la pesanteur spécifique des corps liquides & solides ; elle est nécessaire pour connoître les degrés d'alliage de toute espece, la qualité & la richesse des métaux, mines & minéraux, &

les proportions de quelque mélange que ce foit, parce-qu'un corps plus pefant que l'eau pefe moins dans l'eau que dans l'air, du poids d'une maffe d'eau de même volume que lui ; d'où vient qu'en retranchant le poids du corps dans l'eau de fon poids dans l'air, la différence donnera le poids d'une maffe d'eau égale à celle du corps folide.

Pour parvenir à cette opération, on pefe d'abord dans l'eau un plateau couvert de différents poids qui répondent au poids du corps qu'on veut pefer. Après avoir fufpendu celui-ci à l'autre extrémité du plateau, on le met dans l'eau, & on s'apperçoit par la quantité du poids qu'il faut ôter de deffus le plateau, combien pefe un volume du fluide égal à celui du corps.

La balance hydroftatique eft auffi très utile pour connoître la pefanteur fpécifique d'une liqueur, comparer les pefanteurs fpécifiques de deux liqueurs, les gravités fpécifiques de deux corps folides, & la gravité fpécifique d'un corps folide avec celle d'une liqueur.

Les *balances à chandelier*, c'eft-à-dire celles dont on fe fert pour le commerce de la chandelle, font de deux fortes, des grandes pour les groffes pefées, & des petites pour le détail. Les dernieres ont leurs baffins en forme de petits chauderons de quatre ou cinq pouces de profondeur, & font ainfi faites pour que les chandelles qu'on y pefe puiffent s'y mettre & s'y tenir toutes droites. Les grandes balances font à peu près comme celles dont fe fervent les autres marchands qui vendent au poids, avec cette différence, que les baffins en font plus plats, & prefque point concaves, afin qu'en y mettant les chandelles couchées en pile l'une deffus l'autre, elles ne portent point à faux & ne puiffent fe caffer.

Les balances communes en général font de différentes grandeurs, felon les fardeaux ou marchandifes que l'on a à pefer.

M. *de Roberval*, Profeffeur Royal de Mathématiques à Paris, imagina une balance très différente des autres : on en trouve la defcription dans le Journal des Savants du mois de Février 1669. Le même Journal de 1676, page 263, parle d'une *balance arithmétique* inventée par M. *Caffini*, dont l'ufage eft de connoître le poids & le prix des marchandifes.

Les Balanciers reçoivent les fléaux des balances tout forgés des mains des forgerons.

La premiere opération du Balancier est de dégroffir à la lime le fléau de la balance qu'il veut conftruire. Quand il eft fuffifamment dégroffi, il s'affure du milieu du fléau par le moyen d'un compas ; il en abat enfuite les carres près des deux bouts ; c'eft-à-dire qu'il leur donne une forme qui n'eft ni ronde, ni quarrée ; il évide enfuite les bouts du fléau pour y paffer les *effes* qui font des morceaux de fil de fer ou de laiton tournés en S, auxquels doivent être attachés les cordons des baffins. L'ouvrier foude, au milieu des ouvertures pratiquées aux deux extrémités du fléau, des pitons qui doivent être d'acier pour qu'ils puiffent réfifter plus long-temps que s'ils étoient de fimple fer. Ces pitons font deftinés à foutenir les effes.

Après ces opérations, il fend avec une lime plate le milieu du fléau pour y fouder l'*aiguille* ou *languette* qui marque l'inclinaifon la moins fenfible de la balance, & qui fert à faire connoître la différente pefanteur des chofes qui font fur les baffins de la balance. L'aiguille étant placée, l'ouvrier foude la *chaffe*, qui eft cette partie en forme de porte, au milieu de laquelle eft placée l'aiguille.

Lorfque l'aiguille qui eft dans le milieu du fléau fe trouve toute droite, & de niveau avec les deux côtés de la chaffe, c'eft une marque que la balance eft jufte & d'équilibre. La chaffe étant foudée, le Balancier y ajufte à fon extrémité fupérieure un touret en forme d'anneau qui fert à fufpendre la balance en l'air, après quoi il paffe au travers de la chaffe & de l'aiguille un clou pour les contenir enfemble. Il place enfuite les effes dans les pitons, & paffe trois cordes dans les trous pratiqués aux baffins à égale diftance ; ces cordes viennent fe réunir enfemble, & font fortement attachées aux effes.

Le Balancier ne fabrique point les baffins, ce font les Chauderonniers-Planeurs qui font cet ouvrage. Quand il fe trouve un baffin plus lourd que l'autre, l'ouvrier met aux cordes du côté oppofé, près des effes, un morceau de plomb ; mais fi ce font des balances fines appellées autrement *trébuchets* dont on fe fert pour pefer de l'or, des diamants ou autres chofes précieufes, il lime fur les bords le baffin qui eft plus épais, fans ajouter du plomb aux cordes ou lacets.

La longueur des cordes doit être de deux fois le diametre du bassin.

Tous les Marchands, Manufacturiers, Ouvriers & Artisans, qui vendent leurs marchandises au poids, se servent de l'une ou de l'autre balance, c'est-à-dire, de la balance commune, ou de la romaine appellée aussi peson.

Le Balancier fait aussi le *peson à ressort*, dont nous avons parlé plus haut.

Ce sont les petits Marchands qui vont aux foires, les Etapiers, les Fourriers & les Vivandiers d'armée, qui se servent le plus ordinairement du peson à ressort.

Il y en a de différentes grandeurs, pour peser depuis une livre jusqu'à cinquante. Les premiers qui parurent à Paris, furent apportés de Besançon, ce qui a donné lieu à quelques-uns de croire que c'est à cette ville que l'on a obligation de l'invention de cette machine; cependant bien des gens veulent qu'elle vienne d'Allemagne.

Le peson à ressort est composé de plusieurs pieces.

1°. D'un anneau qui sert à le suspendre en l'air.

2°. D'une menue branche presque quarrée, ordinairement de cuivre, & quelquefois de fer ou de buis, sur l'une des faces de laquelle sont marquées les différentes divisions des poids. C'est au haut de cette branche que l'anneau est attaché par une esse.

3°. D'un ressort de fil d'acier en forme de tire-bourre arrêté au bas de la branche par un écrou, la branche passant de haut en bas au travers du ressort.

4°. D'une boîte ou canon de figure cylindrique, qui renferme la branche & le ressort.

5°. Enfin d'un crochet attaché par une esse au bas de la boîte, & qui sert à accrocher la marchandise que l'on veut peser.

Pour se servir du peson à ressort, il faut le tenir par l'anneau, suspendu en l'air perpendiculairement; ce qui fait que le poids de la marchandise tirant le crochet en bas, resserre le ressort; de sorte que la branche sortant par le haut de la boîte à proportion du poids, l'on découvre les divisions qui y sont marquées par des raies & des chiffres, ce qui dénote la pesanteur de la marchandise.

Ce peson, quoiqu'assez industrieusement fait, & assez commode en apparence, n'est cependant pas si juste que le *peson à contre-poids*, ou romaine. Le défaut de justesse provient de ce que le reſſort eſt ſujet à ſe relâcher & à s'affoiblir par ſon trop grand uſage.

Le Balancier vend des poids de toute eſpece. Les poids de fer ſont ordinairement quarrés, & ont un anneau auſſi de fer pour les prendre plus commodément, ſur-tout ceux dont la peſanteur eſt conſidérable. La plus grande quantité de ceux dont on ſe ſert à Paris viennent des forges de fer qui ſont dans les provinces, quoique néanmoins il s'en fonde auſſi quelques-uns dans cette ville. Il y en a depuis un quarteron juſqu'à cent livres. C'eſt de ces poids qu'on ſe ſert pour peſer les marchandiſes les plus peſantes, & du plus grand volume.

Les poids de plomb ſervent au contraire à peſer les marchandiſes les plus légeres, ou celles qui ſont en plus petite quantité. Tous ces poids ſe font ou s'achevent par les maîtres Balanciers, & s'étalonnent ſur ceux de la Cour des Monnoies. On appelle *poids étalonné* celui qui a été marqué par les Officiers de la Cour des Monnoies, après avoir été vérifié & peſé ſur le *poids matrice* qui ſe garde dans le Cabinet de cette Cour; l'étalonnage s'en fait avec un poinçon d'acier.

Outre le poinçon d'étalonnage, chaque Balancier eſt tenu d'y mettre ſa propre marque, qui eſt ordinairement la premiere lettre de ſon nom.

L'Ordonnance du mois de Mars 1673 enjoint à tous négociants & marchands, tant en gros qu'en détail, d'avoir chacun à leur égard des poids étalonnés, & leur fait défenſes de ſe ſervir d'autres, à peine de faux & de 150 livres d'amende.

Si, malgré toutes ces ſages ordonnances, on ſoupçonnoit une balance d'être trompeuſe; comme elle ne peut l'être que par l'inégalité de longueur des bras, ou par l'inégalité du poids des baſſins, on peut s'en aſſurer à l'inſtant : il n'y a qu'à changer les poids qui ſont dans chaque baſſin, & les mettre l'un à la place de l'autre : ces poids qui étoient auparavant en équilibre, ceſſeront alors d'y être, ſi la balance eſt trompeuſe.

On ne peut point douter que la communauté des Balanciers ne ſoit très ancienne à Paris, & une des plus utiles pour la commodité & la ſureté du négoce, par leurs anciens ſtatuts, qui ont été renouvellés par les arrêts du Conſeil en 1691 & 1695, & ſont enregiſtrés en la Cour des

Monnoies, que les Balanciers reconnoiffent pour leur Jurifdiction en ce qui concerne leur art & métier ; ils doivent y être reçus maîtres, y prêter le ferment, y faire étalonner les poids de cuivre qu'ils fabriquent, & y prendre
les petits poids matrices fur lefquels ils coupent ces légeres feuilles de laiton dont on fe fert dans les trébuchets
& petites balances des Joailliers, Epiciers, Droguiftes &
Apothicaires, pour pefer les plus petites chofes.

Chaque Balancier a fon poinçon, qui lui eft donné par
les Jurés, & dont l'empreinte eft confervée fur une table
de cuivre, au Greffe de la Cour des Monnoies, pour y
avoir recours dans le befoin, & pour y faire le rengrene-
ment, c'eft-à-dire, pour en réparer l'empreinte. Ce poinçon
qui fert à marquer leur ouvrage, eft compofé de la premiere lettre du nom du maître, & furmonté d'une couronne fleurdelifée, afin que chacun puiffe répondre de fon
travail, s'il fe trouvoit quelque altération aux poids &
aux balances.

Les balances font marquées au fond des baffins, les
romaines au fléau, & les poids au-deffous. L'étalonnage
de la Cour des Monnoies fe connoît à une fleur de lis
feule, qu'on imprime avec un poinçon. Les chiffres romains marquent la valeur du poids. Les feuilles de laiton
ne s'étalonnent point ; le Balancier les forme fur la matrice, & les marque de fon poinçon.

Les deux Jurés, ou l'un d'eux, a droit par leurs ftatuts,
confirmés par plufieurs arrêts du Parlement, d'affifter aux
vifites que font les maîtres & gardes des Epiciers, ou autres des fix corps des marchands, qui dans leur profeffion
ufent de balance & des poids, afin de juger avec eux
des défauts que peuvent avoir les fufdits poids & balances, & des abus qui s'y commettent. Cette police qui paroît fi raifonnable, vu la capacité & la connoiffance que
doivent avoir les maîtres Balanciers dans ce qui eft le
principal objet de leur métier, ne s'obferve plus ; & ce
qui eft très préjudiciable au public, c'eft que cette communauté, qui à peine fubfifte encore, n'eft guere en état
de faire valoir un privilege fi intéreffant pour tout le
monde.

Cette communauté ne confiftoit à Paris, en 1691,
qu'en fix maîtres ; mais leur ayant été permis de recevoir
quelques maîtres fans qualité, en conféquence de plu-

ſieurs finances payées ſous le regne de Louis XIV, elle ſe trouva compoſée de dix maîtres en 1717. Il y,en a aujour-d'hui quinze.

L'apprentiſſage eſt de cinq ans, & deux ans de ſervice chez les maîtres : on ne peut travailler à Paris, comme compagnon, qu'on n'ait fait ſon apprentiſſage chez un maître de cette ville. Les aſpirants doivent chef-d'œuvre, & les fils des maîtres expérience. Les veuves jouiſſent de tous les droits de la maîtriſe, excepté celui de faire des apprentifs.

Saint Michel eſt le patron de leur confrairie, érigée en l'égliſe des Saints Innocents, aux environs & attenant de laquelle, tous ou preſque tous les Balanciers ent tou-jours eu & ont encore leurs ouvriers & leurs boutiques.

BALLONIER. Ouvrier qui fait les ballons.

Ces ballons ſont des groſſes balles de cuir, rondes & creuſes, qui couvrent une veſſie qu'on remplit de vent par une languette ou ſoupape : l'air qu'on y a introduit par ce moyen, fait reſſort & rend le ballon élaſtique. En France il n'y a guere que les enfants qui jouent dans les colleges des parties de ballon ; on s'en ſert de même en Italie, particuliérement à Rome, Genes & Florence.

On joue au ballon avec un *braſſart*, qui eſt une douille de bois de chêne aſſez mince, de la longueur de l'avant-bras, qu'on y fait entrer à force avec des mouchoirs, ſerviettes, ou autres linges : on peut, avec le bras ainſi armé, recevoir le ballon, & le pouſſer ſi fort que l'on veut ſans ſe bleſſer. La ſurface du braſſart eſt taillée en groſſes dents, afin que le coup ne gliſſe pas ſur le ballon.

Le jeu du ballon n'étoit pas inconnu aux anciens, mais au lieu des *braſſarts* de bois, ils ſe ſervoient de courroies d'un cuir fort, dont ils faiſoient pluſieurs tours ſur leur bras.

On donne en général le nom de *ballon* à tout corps fait par art, dont la figure eſt ſphérique ou à-peu-près, & qui eſt creux, de quelque nature qu'il ſoit compoſé, & à quelque uſage qu'on l'emploie. Les Artificiers appellent ainſi une eſpece de bombe de carton qu'ils jettent en l'air par le moyen d'un mortier : *voyez* ARTIFICIER.

BANQUIER. C'eſt celui qui fait la banque, c'eſt-à-dire, qui négocie, commerce, trafique, fait des traites & des remiſes d'argent, donne des lettres de change pour

faire tenir de place en place, & eft proprement un marchand d'argent, qui a des correfpondances dans les pays
étrangers, ou dans les villes du royaume.

Dans l'ancienne Rome, les Banquiers étoient des perfonnes publiques, chez lefquelles on faifoit les dépôts,
les ventes & les achats : ils étoient à-peu-près ce que font
aujourd'hui nos Notaires.

Le nom de Banquier vient du mot Italien *banca* (banc,
fiege ou table), où ils s'affeyoient dans les places de
commerce, dont on a fait le nom de *banca-rota* pour défigner un *banqueroutier*, c'eft-à-dire, un homme dont le
fiege ou banc a été rompu pour faillite & dérangement
d'affaires.

Comme l'ufure étoit permife à Rome, ces Banquiers
faifoient profiter l'argent qu'on leur remettoit entre les
mains, & en tiroient un gros intérêt fans l'aliéner. En
France, la banque n'eft permife que par néceffité, &
pour faire tenir de l'argent d'un lieu à un autre, par le
moyen des lettres de change qu'on tire d'une ville à l'autre. Nos Banquiers ont des comptoirs dans toutes les
places de commerce.

Lorfqu'ils traitent avec les particuliers, ils exigent
une petite remife qu'on appelle le change, pour leur
tenir lieu des fommes qu'ils font obligés d'avoir dans
leur caiffe. Cette remife eft un quart, un tiers, un demi
pour cent par mois, fuivant le cours du change.

De Rubis prétend dans fon hiftoire de Lyon, livre III,
page 289, que les premiers Banquiers qui parurent dans
cette ville, & qui y attirerent depuis le commerce des
foires, furent les Guelphes & les Gibelins qui, ne voulant pas retourner dans leur pays où il ne fe croyoient
pas en fureté, obtinrent au troifieme fiecle, moyennant
une groffe fomme qu'ils payerent au Roi, la permiffion
de fe retirer à Lyon, ou par-tout ailleurs où bon leur
fembleroit en France, & d'y lever train de banque. Le
Pere *Meneftrier*, dans fon hiftoire de Lyon, fait remonter à l'an 1209 l'époque des Banquiers établis dans cette
ville.

Par l'article 6 du titre premier de l'ordonnance du
mois de Mars 1673, les Banquiers font réputés majeurs
pour le fait de leur commerce & banque, & ne peuvent
être reftitués pour caufe de minorité.

Il n'est pas nécessaire en France d'être marchand pour faire la banque ; elle est permise à toutes sortes de personnes, même aux étrangers. En Italie le commerce de la banque ne déroge point à la noblesse, particuliérement dans les républiques. La plupart des cadets de condition la font pour soutenir leur maison. Pendant plusieurs siecles nos principales banques, & celles des autres Etats de l'Europe, ont été tenues par des gentilshommes Italiens, & particuliérement par des Nobles Vénitiens & Génois.

» Dans les Etats qui font le commerce d'économie,
» dit l'Auteur de l'Esprit des loix, on a heureusement
» établi des banques qui, par leur crédit, ont formé de
» nouveaux signes de valeurs ; mais on auroit tort de les
» transporter dans les Etats qui font commerce de luxe :
» les mettre dans des pays gouvernés par un seul, c'est
» supposer l'argent d'un côté & de l'autre la puissance ;
» c'est-à-dire d'un côté la faculté de tout avoir sans au-
» cun pouvoir, & de l'autre le pouvoir sans aucune fa-
» culté. «

Tout négociant qui fait la banque, & qui veut avoir de l'ordre, doit tenir deux livres principaux ; l'un appellé *livre des traites*, pour y écrire toutes les lettres de change qu'il tire sur ses correspondants ; & l'autre, *livre des acceptations*, sur lequel il doit écrire par ordre de date les lettres de change qu'il est obligé d'acquitter, en marquant le nom du tireur, la somme, le temps de l'échéance, & le nom de ceux qui les lui ont présentées. La *banque rendue facile aux principales nations de l'Europe*, par *Pierre Giraudau* l'aîné, & le *traité des changes & des arbitrages*, par *Senebier*, font des ouvrages que peuvent consulter ceux qui voudront s'instruire sur le négoce de la banque.

Quoique le nom de *banque* se donne ordinairement aux endroits où les Banquiers s'assemblent pour leur trafic & commerce, ils ont cependant d'autres dénominations, selon l'usage des pays où elles font établies. A Paris, on dit la *place du change* ; à Lyon, le *change* ; à Bourdeaux, Rouen & ailleurs, la *bourse* ; à Marseille, la *loge* : on dit aussi les banques de Paris, d'Amsterdam, de Venise, de Hambourg & autres principales villes de commerce, pour désigner certaines sociétés, villes ou communautés qui se chargent de l'argent des particuliers pour le faire valoir à gros intérêts, ou pour le mettre en sûreté. Nous dirons un mot des principales, & de leurs réglements.

Celle de Venise, qui est proprement un bureau de dépôt public, & une caisse générale & perpétuelle pour tous les marchands & négociants, a été établie par un édit solemnel de cette République, qui porte que les paiements des marchandises en gros, & des lettres de change, ne pourront se faire qu'en banque, à moins qu'il ne soit autrement spécifié dans ces lettres; que les débiteurs seront obligés de porter leur argent à la banque, & les créanciers de recevoir leur paiement en banque; de maniere que les paiements se font par un simple transport des uns aux autres. Celui qui étoit créancier sur le livre de banque, devient débiteur dès qu'il a cédé sa partie à un autre, lequel est couché pour créancier en sa place. Ainsi les parties ne font que changer de nom, sans que pour cela il soit nécessaire de faire aucun paiement réel & effectif. Le fonds de cette banque est fixé à cinq millions de ducats, ce qui fait environ vingt-cinq millions de France.

Celle d'Amsterdam fut établie le 31 Janvier 1609, à peu près sur le pied de celle de Venise. Elle est aussi une caisse perpétuelle pour les négociants, & son fonds est monté à des sommes si prodigieuses qu'on ne l'estime pas moins de trois mille tonnes d'or, évaluées à cent mille florins la tonne.

Celle de Hambourg n'est pas aussi considérable; le Sénat n'y a aucune inspection; les bourgeois & le corps de ville en sont, pour ainsi dire, les cautions & les répondants; elle a beaucoup de réputation dans toute l'Europe, & particuliérement dans le nord. Elle fut établie en 1619, dans la vue de conserver la bonne monnoie de l'empire, & d'en soutenir le commerce.

Celle de Paris commença le 2 Mai 1716, sous la direction du sieur Law & compagnie, à qui Sa Majesté avoit permis d'en faire l'établissement; elle fut convertie en banque royale par arrêt du Conseil du 4 Décembre 1718; elle étoit assez semblable à celles de Venise & d'Amsterdam dans plusieurs de ses fonctions, & dans quantité d'articles de sa police.

Les principaux motifs de son établissement furent d'augmenter la circulation de l'argent, de faire cesser l'usure, de suppléer aux frais de voiture des especes entre Paris & les provinces ; de faciliter aux étrangers les moyens de faire des fonds dans le royaume , & de donner au peuple plus d'aisance pour le débit des denrées & le paiement des impositions.

Quelque utile que parût d'abord cette banque , le succès ne répondit pas à l'espérance qu'on en avoit conçue ; au contraire , elle causa beaucoup de trouble dans le commerce intérieur & extérieur du royaume ; elle perdit promptement son crédit , cause de l'impossibilité de convertir les billets de banque en argent. Ces inconvénients étant plus grands que les avantages qu'on s'en étoit promis , Sa Majesté , toujours attentive à la plus grande commodité & au plus grand bien de ses sujets , trouva à propos de la supprimer le 26 Décembre 1720.

Celle d'Angleterre fut établie sous Guillaume III , à l'hôtel des épiciers qui est dans le *Poultry* , pour fournir par prêt d'argent aux besoins de l'Etat , en payant huit pour cent d'intétêt. Cette banque a les mêmes officiers que ceux de l'Echiquier : le Parlement en est garant , & c'est lui qui assigne les fonds nécessaires pour les emprunts qu'elle fait pour l'Etat.

La banque de Vienne en Autriche , qui a subi tant de révolutions , fut établie par l'empereur Léopold en 1703 , sur les sages conseils de ses ministres & de quelques négocians de cette ville , pour acquitter les dettes passives que la chambre impériale avoit contractées pendant la guerre qui se faisoit alors en Flandres. Sa Majesté impériale constitua , pour les fonds de cette banque , quatre millions de florins pris sur les revenus annuels de ses divers Etats. Les difficultés presque insurmontables qui se rencontrerent au commencement de son établissement , l'empêcherent d'avoir d'abord la confiance publique ; mais ces obstacles ayant été levés , elle reprit une partie de son crédit le 24 Décembre 1705. L'empereur Joseph , successeur de Léopold , la transféra sur la ville & le magistrat de Vienne.

Le 29 Octobre 1736 , Christian VI établit dans la ville de Copenhague une banque d'assignation , de banque & de prêt ; permit que les fonds pussent en être faits , tant par ses propres sujets , que par les étrangers , & que les intéressés lui donnassent la forme dont ils conviendroient entre eux ; la prit fous fa protection, & s'obligea en fon nom & en celui de fes defcendants & fucceffeurs au trône, de lui laiffer la libre difpofition de tous fes fonds.

Elle prête à quatre pour cent à des perfonnes fuffifantes, & fur les obligations de change des communautés des corps de métiers, lorfqu'il y a plus d'une perfonne à qui on puiffe s'en tenir, & que les commiffaires de la banque les trouvent affez folides ; elle difcompte ou efcompte également à quatre pour cent, lorfque les lettres & les obligations de change font préfentées par des perfonnes fures.

Cette banque eft regardée comme l'ame & le reffort du Danemarck, & comme ayant rendu un fervice important à l'Etat par la réduction de l'intérêt, qu'on efpere voir baiffer encore, & qu'on payoit auparavant à cinq & à fix pour cent.

Avoir un compte en banque, c'eft s'y faire *créditer* ou *débiter*, felon qu'on veut faire des paiements à fes créanciers, ou en recevoir de fes débiteurs en *argent de banque*, c'eft-à-dire en billets ou écritures de banque.

Avoir crédit en banque, c'eft être écrit fur les livres de la banque, comme fon créancier ; y *avoir débit*, c'eft en être le débiteur.

Avoir un compte en banque, c'eft lorfque les particuliers ou négociants y portent des fonds pour la premiere fois.

Donner crédit en banque, c'eft faire enregiftrer dans les livres de la banque le tranfport mutuel qui fe fait par les créanciers & les débiteurs, des fommes qu'ils ont en banque, ce qu'on appelle un *virement de parties*.

Créditer quelqu'un en banque, c'eft le rendre créancier de la banque : le *débiter*, c'eft l'en rendre débiteur.

Les *écritures en banque* font les diverfes fommes pour lefquelles les particuliers, marchands, négociants & autres fe font écrire en banque.

Les *Banquiers en Cour de Rome* font ceux qui, à l'exclufion des autres, ont le pouvoir de faire folliciter & obtenir par leurs correfpondants, toutes les bulles, difpenfes, provifions & autres actes qui s'expédient à la Daterie, & que le Pape s'eft réfervé d'accorder feul. Par l'édit du mois de Mars 1673, ils font créés en titre d'office dans toutes les villles où il y a parlement ou préfidial. Ils doivent leur origine aux Guelphes qui, pendant les guerres civiles d'Italie, se réfugierent à Avignon & dans les terres d'obédience. La faveur où ils étoient auprès des Papes, pour avoir pris leur parti, leur fit accorder la permission de faire venir les graces & expéditions de la cour de Rome ; mais, s'étant rendus odieux par de grosses usures, on les appella *carsins* ou *cahorsins*, du nom de *Cahors*, ville capitale du Querci, dont le Pape Jean XXII, qui occupoit pour lors le Saint Siege, étoit originaire. On appelloit en chancellerie *lettres Lombardes*, celles qu'on expédioit en faveur des Lombards & Italiens qui vouloient trafiquer ou tenir banque dans ce royaume, & pour lesquelles ils paioient le double des autres. Il y a encore à Paris une rue des Lombards qui a retenu ce nom des Banquiers de cette nation qui y habitoient.

BARBARICAIRE. C'est un peintre qui exécute des repréfentations d'hommes & d'animaux en tapifferie avec des foies de différentes couleurs. La tapifferie est un genre de peinture, & on ne doit point être furpris qu'on donne le nom de *Peintres* à ces excellents artiftes qui font avec l'aiguille des tableaux auffi beaux que tous ceux que les peintres font avec le pinceau : *voyez* HAUTE-LICIER & BASSE-LICIER.

BARBIER. Le Barbier est l'artifan qui fait la barbe. L'ufage de porter la barbe dans fon état naturel, de lui donner une certaine forme, ou de la rafer tout-à-fait, a beaucoup varié ; ces coutumes ont été même, chez certaines nations, des fujets de guerre ou de revolte. Les Tartares ont fait une longue & fanglante guerre aux Perfans, les ont déclaré infideles, quoique de leur communion à d'autres égards, précifément à caufe que ceux-ci ne fe faifoient point la mouftache à la mode, ou fuivant le rit des Tartares.

L'incommodité qu'on trouva à la barbe donna lieu à plufieurs peuples de s'en débarraffer. Plutarque dit qu'Alexandre donna ordre aux Macédoniens de fe faire rafer, de peur que leurs ennemis ne les priffent par la barbe.

Cet ufage n'étoit pas cependant général chez eux, puifqu'on voit des médailles d'Archelaüs, d'Amyntas, & de Philippe, pere d'Alexandre, où ces princes paroiffent fans barbe.

Au rapport de Varron, ce fut Ticinius Menas qui, à fon retour de Sicile, amena le premier à Rome une provision de Barbiers. Avant ce temps-là les Romains avoient conservé leur barbe pendant l'espace de 154 ans. Ces Barbiers n'exerçoient point leur métier dans des boutiques, ils rasoient au coin des rues, & indifféremment par-tout où ils se trouvoient. Julien l'Apostat les chassa de sa cour. Scipion l'Africain fut le premier qui fit venir la mode de se faire raser chaque jour. Les jeunes Romains étoient dans l'usage de se faire des visites de cérémonie à l'occasion de la premiere coupe de leur barbe, qu'on renfermoit dans une boîte d'or ou d'argent, & qu'on consacroit à quelque Divinité, sur-tout à Jupiter Capitolin. Adrien rétablit à Rome l'usage de porter des barbes longues pour cacher les cicatrices de son visage : cette coutume dura jusqu'à Constantin qui la fit couper. Héraclius la reprit, & depuis lui, tous les Empereurs Grecs l'ont portée.

Les Francs & les Goths ne porterent qu'une moustache jusqu'au temps de Clodion, qui ordonna aux François de laisser croître leur barbe & leurs cheveux, pour faire voir qu'ils étoient libres, & pour se distinguer des Romains. Les barbes & les longues chevelures durerent jusqu'à Louis le Jeune, qui fit raser la sienne sur certaine remontrance que lui fit Pierre Lombard, Evêque de Paris. Depuis cette époque, lorsqu'on rasoit pour la premiere fois les enfants des personnes de qualité, cette opération se faisoit par des gens autant ou plus qualifiés qu'eux, & qui par-là devenoient les parrains & les peres adoptifs des enfants.

La discipline ecclésiastique a beaucoup varié sur l'article de la barbe ; tantôt, suivant les canons, il y avoit de la mollesse à se faire raser ; tantôt les longues barbes convenoient mieux à la gravité sacerdotale ; quelquefois il y avoit trop de faste à porter une barbe vénérable. Ce qui fait voir que la décence est souvent relative, & que ce qui convient à certaines personnes dans un temps, ne leur est plus convenable dans un autre.

A l'imitation des rois de Perse, nos premiers rois faisoient nouer & tresser leur barbe avec de l'or.

Aux Indes, les Barbiers vont par les rues avec un instrument de cordes nouées, qui, en s'entrechoquant, font assez de bruit pour avertir ceux qui veulent se faire raser.

Dans le dernier siecle, les Russiens étoient tellement
attachés

attachés à leur barbe, que, nonobstant les ordres que le Czar Pierre I leur avoit donnés de se faire raser, il fut contraint de tenir sur pied un bon nombre d'Officiers pour couper la barbe de haute lutte à ceux qu'on ne pouvoit réduire autrement à s'en défaire.

Les Barbiers n'étoient presque point connus dans les premiers temps de notre monarchie ; mais la propreté ayant été regardée avec raison comme un moyen très propre à la conservation de la santé, on s'accoutuma insensiblement à ne plus regarder les longues barbes comme un signe de liberté. Les Barbiers devinrent communs ; & comme pour lors les fonctions de la chirurgie étoient peu relevées & peu connues, les Barbiers s'en emparerent & en firent les fonctions avec les Chirurgiens ; le premier Barbier du Roi fut commis pour être le chef de la barberie & de la chirurgie réunies ensemble, jusqu'à ce que la jurisdiction de ces deux corps fût fixée pour toujours à la place de premier Chirurgien du Roi, par la réunion de celle de premier Barbier du Roi.

Le luxe & la mode ayant donné lieu à l'établissement des perruques, aux accommodages & aux autres travaux de la barberie, les Barbiers se trouvant surchargés dans leur exercice, se séparerent des Barbiers-Perruquiers. Chacune de ces communautés reprit les fonctions de son état, fut gouvernée par une police particuliere ; & pour qu'il y eût quelque distinction entre les uns & les autres, les *Barbiers-Chirurgiens* devoient avoir leur boutique vitrée de petits carreaux, & des bassins de cuivre jaune pour enseigne ; ceux des *Barbiers-Perruquiers* devoient être blancs, & leur boutique vitrée de grands carreaux, dont les chassis devoient être peints en bleu, sous peine, contre les uns & les autres, en cas de contravention, de 50 livres d'amende, & de 300 livres de dommages contre les contrevenants, pour Paris ; de 10 livres d'amende & 100 livres de dommages pour la province.

Les droits du premier Barbier du Roi sur la chirurgie & la barberie remontoient à une si haute antiquité, que les livres n'en existoient plus : les plus anciens qui les ont remplacés sont du mois de Décembre 1371. Henri III ayant érigé tous les Arts & Maîtrises en corps de Jurande, par son édit de Décembre 1581, y comprit les Barbiers. Henri IV confirma en 1592 les privileges qui leur avoient

Tome I. O

été accordés ; mais depuis 1714 les Chirurgiens se sont donné beaucoup de soins pour rétablir la chirurgie dans ses véritables droits, en détruisant la mésalliance qu'elle avoit contractée avec les Barbiers.

Par les statuts de 1634, les Barbiers ne pouvoient avoir plus d'un apprentif à la fois, qui devoit demeurer chez son maître, à peine de nullité d'apprentissage, afin qu'en y logeant & couchant, il eût plus de temps pour s'instruire, & qu'on pût mieux veiller à ses mœurs & à sa conduite.

Quoiqu'il ne fût point permis aux veuves d'affermer leur boutique, & qu'il leur fût prescrit de les tenir elles-mêmes ; malgré ces défenses, elles les affermoient, & cela causoit souvent des altercations entre elles & la communauté des maîtres. Afin d'éteindre pour toujours les abus que produisoient les privileges des veuves, les Chirurgiens passerent avec elles un contrat qui fut homologué au parlement le 28 Juillet 1669, par lequel il fut arrêté que, pour leur tenir lieu de leur privilege de tenir boutique, la communauté pairoit à chacune d'elles 50 liv. de pension par an.

Aujourd'hui les maîtres Chirurgiens, ne s'occupant plus que de leur art, ont abandonné le métier de la barberie, comme n'étant pas digne d'eux. Ce sont les *Barbiers-Perruquiers* qui ont droit de tenir boutique ouverte pour faire la barbe, & d'y mettre des bassins pour enseigne. *Voyez* au mot PERRUQUIER.

BARDEUR. Nom des ouvriers qui travaillent dans les atteliers de maçonnerie, particuliérement quand les bâtiments se construisent avec de la pierre de taille, & qui sont employés à porter sur une espéce de civiere ou *bard*, les pierres à mesure qu'elles sortent des mains du Tailleur de pierre, ou à les traîner sur les *binards*, qui sont des chariots forts, montés sur des roues, que les Bardeurs tirent par-devant, tandis que d'autres les poussent par-derriere.

Le bard est composé de deux longues pieces de bois équarries & assemblées parallélement par quatre ou six traverses de deux pieds de long ou environ. Ces traverses n'occupent que le milieu des pieces équarries, où elles forment un fond ou une grille sur laquelle on pose les fardeaux ; le reste des pieces équarries qui demeure isolé,

va en diminuant, est arrondi, se termine par une tête
formant une coche ou un arrêt en dessous, & sert de manche ou bras des deux côtés de la grille ou du fond. L'arrêt de la coche retient les bretelles des Bardeurs, & les
empêche de s'échapper des bras. Quand les poids sont
lourds, deux ou quatre manœuvres se mettent au bras,
& deux autres passent encore un levier sous la grille ; ces
derniers s'appellent *Arbalétriers*.

Pour garantir les arêtes & autres formes délicates des
pierres taillées ou sculptées, de l'impression des traverses,
on couvre la grille de nattes ; ces nattes s'appellent *torches*.

BAS AU MÉTIER (Fabrique des). On appelle aujourd'hui *bas*, ce qu'on nommoit anciennement *chausses*,
& qui est cette partie de l'habillement du pied & de la
jambe, qui sert à couvrir leur nudité, & à les garantir
de la rigueur du froid.

Autrefois l'on ne se servoit communément en France
que de bas ou chausses de drap, ou de quelque autre étoffe
de laine drapée, dont le trafic se faisoit à Paris par des
especes d'artisans qui de là se nommoient *Drapiers-
Chaussetiers*, & qui formoient alors une communauté particuliere, qui a été réunie ensuite au corps de la draperie.

Depuis que l'on s'est attaché à faire des bas au tricot,
& que l'on a trouvé la maniere d'en fabriquer sur le métier avec la soie, le fleuret, la laine, le coton, le poil,
le chanvre ou le lin filé, l'usage des bas d'étoffe s'est
presque entiérement perdu ; en sorte que présentement on
ne parle quasi plus que de bas au tricot, ou de bas au
métier.

Ces sortes de bas, soit au métier, soit au tricot, sont
des especes de tissus formés d'un nombre infini de petits
nœuds ou especes de bouclettes entrelacées les unes dans
les autres, que l'on nomme des *mailles* ; & ce sont ces
ouvrages qui font la principale partie du négoce de la
Bonneterie.

Les bas au tricot, que l'on nomme aussi *bas à l'aiguille* ou *bas brochés*, se font avec de longues & menues
aiguilles, ou petites broches de fil de fer ou de laiton
poli, qui, en se croisant les unes sur les autres, entrelacent les fils, & forment les mailles dont les bas sont

composés, ce qui s'appelle *tricoter* ou *brocher* les bas, ou les travailler à l'aiguille.

La maille est une très belle invention ; mais, dit M. l'Abbé Pluche, quoique le travail en soit simple, il est tel cependant que ni la gravure ni aucune description ne sont propres à le faire concevoir. Heureusement, ajoute-t-il, ce travail n'est point rare ; & si l'insertion d'une nouvelle maille dans une autre déja faite n'est pas d'abord facile à bien entendre, on trouve par-tout des mains prêtes à en montrer l'assemblage, & des bouches qui mettent de la netteté dans tout ce qu'elles disent.

Il seroit difficile de pouvoir précisément dire à qui l'on doit l'invention du tricot. Ceux qui se fondent sur ce que les premiers ouvrages au tricot qu'on ait vus en France, venoient d'Ecosse, prétendent que ce sont les Ecossois qui en sont les inventeurs ; ils appuient même leur sentiment sur ce que la communauté des maîtres Bonnetiers au tricot des fauxbourgs de Paris prenoit pour patron S. Fiacre, qu'on prétend avoir été fils d'un roi d'Ecosse. Les statuts de cette communauté sont du 16 Août 1527.

L'article XIX des statuts de la Bonneterie, du mois de Juillet 1608, défend de faire des bas au tricot en moins de trois fils.

Les maîtres Bonnetiers au tricot étoient distingués des maîtres Bonnetiers-Aulmulciers-Mitonniers & des faiseurs de bas au métier ; mais Louis XIV ayant ordonné, par son édit du mois de Décembre 1678, la réunion de tous les corps & communautés des arts & métiers des faubourgs avec les corps & communautés de la ville de même qualité, après plusieurs procès entre ces deux communautés, la réunion fut absolument décidée par un arrêt du Conseil du Roi du 23 Février 1716, qui n'eut cependant de pleine & entiere exécution qu'en 1718. *Voyez* BONNETIER.

En 1723, ces deux communautés furent encore augmentées considérablement par la réunion de celle des maîtres Fabricants de bas & autres ouvrages au métier.

Les bas au métier sont des bas ordinairement très fins, qui se manufacturent par le moyen d'une machine de fer poli, très ingénieuse, dont il n'est pas possible de bien décrire la construction, à cause de la diversité & du nombre de ses parties, & dont on ne comprend même le jeu qu'avec une certaine difficulté quand on l'a devant les yeux.

Ce métier eſt une des machines les plus compliquées & les plus conféquentes que nous ayons : on peut la regarder comme un ſeul & unique raiſonnement dont la fabrication de l'ouvrage eſt la concluſion ; auſſi regne-t-il entre ces parties une ſi grande dépendance, qu'en retrancher une ſeule, ou altérer la forme de celles qu'on juge les moins importantes, c'eſt nuire à tout le méchaniſme. Ce qui doit encore beaucoup ajouter à l'admiration, c'eſt que cette machine eſt ſortie de la main de ſon inventeur preſque dans l'état où nous la voyons. La main-d'œuvre eſt fort peu de choſe ; la machine fait preſque tout d'elle-même : ſon méchaniſme en eſt d'autant plus parfait & plus délicat.

On tombe dans l'étonnement à la vue des reſſorts preſque innombrables dont cette machine eſt compoſée, & du grand nombre de ſes divers & extraordinaires mouvements. Combien de petits reſſorts tirent la ſoie à eux, puis la laiſſent aller pour la reprendre & la faire paſſer d'une maille dans l'autre d'une maniere inexplicable ; & tout cela ſans que l'ouvrier qui remue la machine y comprenne rien, en ſache rien, & même y ſonge ſeulement ! En un clin d'œil cette machine forme des centaines de mailles à la fois, c'eſt-à-dire qu'elle fait en un moment tous les divers mouvements que les mains ne font qu'en pluſieurs heures.

Les Anglois ſe vantent d'en être les inventeurs ; mais c'eſt en vain qu'ils en veulent ravir la gloire à la France. Tout le monde ſait préſentement qu'un François ayant inventé cette ſurprenante & utile machine, & trouvant quelques difficultés à obtenir un privilege excluſif qu'il demandoit pour s'établir à Paris, paſſa en Angleterre où ſa machine fut admirée, & où il fut lui-même magnifiquement récompenſé.

Ils devinrent ſi jaloux de cette nouvelle invention, qu'il fut long-temps défendu ſous peine de la vie de tranſporter hors de leur iſle aucune machine à faire bas, ni d'en donner aucun modele aux étrangers : mais comme ce fut un François qui inventa cette belle machine, ce fut auſſi un François qui la rendit à ſa patrie, & qui, par un effort prodigieux de mémoire & d'imagination, fit à Paris, au retour d'un voyage de Londres, le premier métier ſur lequel ont été faits tous les autres qui ſont en France, en Hollande, & presque par-tout ailleurs. Ce qui prouve que les Anglois n'en sont pas les inventeurs, c'est qu'ils ne savent à qui l'attribuer en Angleterre, qui est le pays du monde où les honneurs qu'on rend aux inventeurs leur permettent le moins de rester ignorés.

On dit que Henri II fut le premier de son royaume qui commença à porter des bas de soie.

La premiere manufacture de bas au métier qui se soit vue en France, fut établie en 1656, dans le Château de Madrid au bois de Boulogne, près de Paris, sous la direction du sieur *Jean Hindret.*

Ce premier établissement ayant eu un succès considérable, le sieur Hindret forma en 1666 une compagnie qui, sous la protection du Roi, porta la manufacture de bas au métier à un si haut degré de perfection, qu'en 1672 on érigea une communauté de maîtres ouvriers en bas au métier en faveur des ouvriers qui y travailloient. On leur donna des statuts non seulement pour les régler entre eux, mais encore pour empêcher qu'ils ne portassent préjudice à la fabrique de bas au tricot, qu'on regarde toujours comme très nécessaire pour l'entretien d'une partie considérable du menu peuple.

Nous parlerons de ces statuts à la fin de cet article.

Nous ne ferons pas la description des parties du métier ni des opérations qui résultent de leur assemblage, les curieux peuvent consulter là-dessus les planches de l'Encyclopédie où l'on est entré dans le détail le plus exact. Pour ne pas rendre cet article trop long, nous nous bornerons à détailler la manœuvre de l'ouvrier.

Tout bas se commence par un ourlet. Voici comment on le fait. On passe la soie dans la tête de la premiere aiguille, & on l'y arrête en la tordant ; on embrasse ensuite en dessous les deux suivantes ; on ramene la soie en dessus sur la premiere ; puis on la passe en dessous, & on embrasse la quatrieme & la cinquieme sur lesquelles on la ramene, & sur la troisieme sous laquelle on la passe ; & on embrasse la sixieme & la septieme sur lesquelles on la ramene, & sur la cinquieme sous laquelle on la passe ; & on embrasse la huitieme & la neuvieme, & ainsi de suite.

Lorsqu'il se rencontre des nœuds dans la soie ou qu'elle

fe caffe, on peut continuer l'ouvrage fans faire ce que les ouvriers appellent une *enture*. Pour cet effet on étend bien fur les aiguilles la partie du fil de foie qui tient à l'ouvrage, & l'on couche l'autre partie, non pas bout à bout avec la premiere, mais on la paffe entre la cinquieme, la feptieme, & avant le bout du fil qui tient à l'ouvrage, en forte que le fil fe trouve double fur ces cinquieme & feptieme aiguilles : & l'on continue de travailler comme fi le fil étoit entier.

Un bas n'eft pas par-tout de la même venue ; on eft obligé de le rétrecir de temps en temps. Lorfqu'on veut rétrecir d'une maille, on prend un petit outil qu'on appelle *poinçon* ; on s'en fert pour porter la maille de la troifieme aiguille fur la quatrieme, celle de la feconde fur la troifieme, celle de la premiere fur la feconde, & la premiere fe trouve vuide.

Cette opération eft néceffaire pour que la lifiere foit plus nette ; car fi la maille fe trouvoit au bord de la lifiere, elle tireroit trop. Il faut même, pour que la lifiere ne foit pas trop ferrée, bien repouffer l'ouvrage en arriere, & ne pas accoler la *platine* avec la foie quand on la jette. On rétrecit une maille de chaque côté du métier, de quatre rangées en quatre rangées, & l'on ne commence à rétrecir qu'un pouce au-deffus de la façon, ou de cet ornement qu'on pratique au-deffus des coins.

Il arrive quelquefois, après le coup de preffe, qu'un bec d'aiguille ne fe releve pas, mais demeure dans fa chaffe. Lors donc qu'on a cueilli (c'eft-à-dire qu'on a pris la foie au fortir de deffous la derniere aiguille, & qu'on l'a étendue fous les becs), & qu'on vient à abattre l'ouvrage, il y a une maille qui ne fera pas travaillée, & qu'il faudra relever, pour ne pas avoir été mife dans la tête de l'aiguille & avoir paffé par-deffus : il peut même fe trouver plufieurs mailles non travaillées de fuite, voici comment on s'y prend pour les relever. On faifit avec le poinçon la derniere qui eft bien formée à l'ouvrage, & on la paffe dans la tête de la tournille ou d'une aiguille emmanchée ; puis on prend avec le poinçon la bride de deffus cette maille ; on paffe cette bride fur la tournille : à mefure qu'elle avance le long du bec, la bonne maille fort de deffous ; bientôt la bonne maille fe trouve entiérement fortie & fort loin du bec, & la bride à portée de passer dessous. Quand elle y est, on presse avec le poinçon le bec de l'aiguille, & on le tient dans la chasse ; on fait avancer la bride dans la tête de la tournille qu'on a tirée, & passer la bonne maille par-dessus le bec ; alors la maille se trouve relevée. S'il y en a plusieurs de tombées, on continue de la même maniere, en traitant toujours celle qui se trouve dans la tête de la tournille comme la bonne, & la bride qui est au-dessus comme la mauvaise, ou comme la maille à relever ; & quand on est à la derniere, on la met dans la tête de l'aiguille.

On entend par *bride* la petite portion de soie qui, au lieu de passer dans la tête de l'aiguille, a passé par-dessus, & n'a pas été travaillée.

Cette opération doit se faire en-dessous, ou à l'endroit, c'est-à-dire du côté de l'ouvrage qui ne regarde pas l'ouvrier, sans quoi les mailles relevées formeroient un relief à l'envers, & par conséquent un creux à l'endroit.

Lorsqu'il y a quelque grosseur dans la matiere, qu'une aiguille a le bec de travers, qu'étant trop fatiguée elle ne presse pas, il arrive qu'une aiguille n'aura point de maille & que sa voisine en aura deux ; dans ce cas, on arrête la premiere sous le bec de l'aiguille, on fait tomber la seconde, on forme une bride qu'on releve & qu'on porte sur l'aiguille vuide.

Il y a encore des *mailles mordues* dont la moitié est dans la tête de l'aiguille & la moitié dehors. Pour y remédier on fait entiérement tomber la maille mordue, & on la releve en plein.

La *tige* du bas est ce pouce d'ouvrage qui est au-dessus des *façons*, & sur lequel on rétrecit.

Sur un métier de quinze pouces, on laisse cinq pouces un quart de distance du milieu d'une façon au milieu de l'autre. Si le métier a moins de quinze pouces, la distance est diminuée à proportion.

Dans le travail de la façon, c'est-à-dire de cette espece de fleur qui est au-dessus du coin, on continue de rapetisser d'une aiguille de chaque côté de quatre en quatre rangées. Pour reconnoître les milieux des façons, on fait un peu lever les deux aiguilles qui les indiquent.

Dans les façons on fait de deux especes de mailles qui

ne font pas de la nature de celles dont le reste du bas est tricoté. Ce font des mailles portées & des mailles retournées. La maille portée est celle qui, sans sortir de son aiguille, est portée dans la tête de celle qui la suit immédiatement en allant vers la gauche de l'ouvrier. La maille retournée est celle qu'on fait tomber & qu'on releve sur la même aiguille ; de maniere qu'elle fasse relief à l'envers, & creux à l'endroit du bas.

Les façons faites, il s'agit de partager les talons. Pour cet effet on prend la maille des aiguilles qui marquoient les milieux des façons, & on la jette sur les aiguilles voisines en allant à la gauche de l'ouvrier ; on prend ensuite la maille de chacune des aiguilles voisines de ces aiguilles vuides, en allant à droite, & on la jette sur les aiguilles qui leur sont voisines, en allant aussi à droite.

On a donc en deux endroits de la largeur du bas deux aiguilles vuides qui partagent cette largeur en trois parties, qu'on travaille avec trois fils de soie séparés, & qu'on jette chacun séparément. Le milieu de ces trois parties est pour le dessus du pied, & les deux autres sont pour le talon. On travaille le dessus sans le rapetisser, au lieu qu'on rétrecit d'une maille chaque partie du talon de six en six rangées. Cette maille rétrocéde sur l'aiguille pleine le plus à droite de l'ouvrier, & sur celle qui est le plus à gauche, aux extrémités qui doivent se réunir pour former la couture du talon.

On continue de rétrecir jusqu'à ce que les parties du talon n'aient plus chacune que deux pouces & demi. Alors on forme la pointe du talon en rétrecissant les deux parties, trois, quatre, cinq fois, selon la finesse du bas, & cela de quatre en quatre rangées.

On finit le talon par une rangée lâche qui se fait en descendant les platines, comme quand on veut croiser, & en repoussant la barre à moulinet avec le talon des ondes. On avance ensuite sous les becs, en prenant bien garde d'amener trop, car on jetteroit le dessus du pied en bas. La rangée lâche est faite afin de pouvoir, à l'aide de la tournille, la diviser en deux & terminer le talon.

Pour cet effet on prend la premiere maille avec la tournille, & la maille suivante avec le poinçon. A mesure que la seconde passe sur le bec de la tournille, l'autre fort de deſſous la tête. Celle-ci eſt loin du bec quand celle-là eſt à portée d'entrer deſſous. Quand elle eſt entrée, on preſſe le bec de la tournille avec le poinçon ; on tire la tournille, & la premiere paſſe ſur le bec & forme avec celle qui eſt deſſous le commencement d'une eſpece de chaînette qu'on exécute exactement, comme quand on releve les mailles tombées ; avec cette différence, que les mailles tombées ſe relevent dans une direction verticale, & que cette chaînette ſe forme horizontalement.

Pour arrêter la chaînette, on fait ſortir la derniere maille qui eſt ſous la tête de la tournille qu'on avance ; on met le fil de ſoie à ſa place ; on preſſe enſuite le bec de la tournille, on la tire, la maille paſſe ſur le bec, & par conſéquent le fil de ſoie au travers d'elle. On recommence cette opération pluſieurs fois. Cela fait, on jette bas les talons ſans aucun danger, & l'on continue le deſſus du pied.

Le deſſus du pied s'acheve comme on l'a commencé ; quand il eſt fini, on monte le talon ſur le métier par le côté de la liſiere de devant.

Lorſque les coins ſont finis, il ne reſte plus que la ſemelle à faire ; pour cet effet on monte les coins par leur largeur bout à bout, ce qui forme un intervalle de cinq pouces. C'eſt là-deſſus qu'on travaille la ſemelle à laquelle on donne la longueur convenable.

Les grands bas d'homme ont ordinairement trente-deux pouces depuis le bord de l'ourlet juſqu'à la pointe du talon, ceux des femmes n'ont que vingt-neuf pouces.

Les grands bas d'homme, depuis le bord juſqu'à la façon, portent vingt-huit pouces, ceux des femmes dix-neuf. La façon eſt de deux pouces.

Le talon commence à la hauteur des coins ; il a juſqu'à ſa pointe neuf pouces dans les bas d'homme, & huit dans ceux de femme.

Les coins ont la même hauteur que les talons.

Lorſque les talons ſont finis, on les met bout à bout ; on travaille la ſemelle, & on continue le deſſus du pied.

Pour travailler la façon on a un modele qui eſt tracé ſur un papier diviſé en petits quarrés de dix en dix. On fait faire aux mailles marquées par chaque petit quarré quelque changement qui les diſtingue ſur le bas, en les portant ou en les retournant. Ainſi tous les petits quarrés marqués d'un point défignent les mailles portées ou retournées.

Lorfque les bas ont été tricotés ou faits au métier, il faut qu'ils paffent par un grand nombre d'opérations qui font proprement du reffort du Manufacturier-Bonnetier ; auffi fe font-elles chez lui. La premiere de ces opérations eft la *foule ;* la machine avec laquelle on l'exécute s'appelle une *fouloire :* elle avoit été conftruite jufqu'à préfent de bois de chêne ; mais fon peu de durée a engagé le fieur Pichard, Marchand Bonnetier à Paris, à en faire conftruire une de pierre ; & il y a lieu de penfer que fon exemple fera fuivi. La feconde opération eft celle de la *forme.* Au fortir des mains du foulon ou du teinturier, il faut enformer les bas, c'eft-à-dire les remplir d'un moule de bois applati qui eft de la forme de la jambe. Si on les laiffoit fécher, on ne pourroit plus les *enformer* fans les mouiller, ce qui les gâteroit.

La troifieme opération confifte à les *raccoûtrer,* c'eft-à-dire à réparer les défauts que les marchandifes rapportent, foit du métier à bas, foit de la foule. Cette réparation fe fait à l'aiguille avec la même matiere dont le bas eft compofé. La quatrieme opération eft de *draper :* elle confifte à tirer légérement, avec le *chardon à Bonnetier,* la laine des marchandifes qu'on veut rendre plus épaiffes & plus chaudes : les bas ainfi préparés portent le nom de *bas drapés.*

La cinquieme opération eft la *tonte* qui fe fait fur les marchandifes drapées par le moyen de cifeaux à tondre. Cette opération exige une certaine habitude pour s'en acquitter avec fuccès. La fixieme opération eft la *teinture.* Après la tonte on envoie à la teinture les ouvrages faits de laine blanche : *voyez* TEINTURIER.

La feptieme opération confifte à *rapprêter* les marchandifes paffées à la teinture. Rapprêter c'eft repaffer légérement au chardon, ce qu'on appelle *éclaircir,* & tondre enfuite. Quand les marchandifes ont paffé par toutes les opérations précédentes, on leur donne encore une derniere façon qui confifte à les mettre à la preffe pour les *catir.* Cette opération s'exécute en mettant les marchandifes à la preffe entre deux plaques de fer chaud. Après toutes ces opérations il ne refte plus au Bonnetier qu'à renfermer fa marchandife dans des armoires, & à veiller à ce que les vers ne s'y mettent point.

Les ftatuts qu'on donna à la premiere manufacture de bas au métier établie en 1656, réglerent la qualité & la préparation des foies, le nombre des brins de foie, la quantité des mailles vuides qu'il faut laiſſer aux liſieres, le nombre d'aiguilles fur leſquelles ſe doivent faire les entures, & enfin le poids des bas.

Defenſe fut faite d'établir aucun métier ailleurs qu'à Paris, Dourdan, Rouen, Caen, Nantes, Oleron, Aix, Touloufe, Nifmes, Ufez, Romans, Lyon, Metz, Bourges, Poitiers, Orléans, Amiens & Reims, où ils étoient déja établis.

D'employer des foies fans être débouillies au favon, bien teintes, bien féchées, nettes, fans bourre, doubles, adoucies, plates & nerveufes ; d'employer de l'huile dans ledit travail.

D'employer pour le noir des foies autres que non teintes, dont les ouvrages feront envoyés tout faits aux teinturiers.

De mettre dans les ouvrages en laine, fil, coton & caftor, moins de trois brins, & d'employer aucun fil d'*eftame* ou d'*étaim* tiré à feu : on nomme de ce nom le fil de laine retors.

De fouler les ouvrages au métier avec autre chofe que du favon blanc ou verd, à bras ou à pieds.

De débiter aucun ouvrage fans y mettre un plomb qui portera d'un côté la marque du maître, de l'autre celle de la ville.

Défenſe de tranfporter hors du royaume aucun métier, à peine de confifcation, & de mille livres d'amende.

Défenſe aux maîtres ouvriers en bas au métier de rien entreprendre fur ceux de bas au tricot, & à ceux-ci d'entreprendre rien fur les premiers.

On fait auffi fur le métier à bas des culottes, des caleçons, des mitaines, des veftes, même des habits. Par les deffeins qu'on exécute aux coins, il eft évident qu'on pourroit y faire des fleurs & autres deffeins, & qu'en teignant la foie à propos, on imiteroit fur les ouvrages de bas au métier le chiné & le flambé des autres étoffes.

Pour rétablir le bon ordre & faire ceffer les troubles, Louis le Bien-aimé donna une déclaration le 8 Février 1720, regiftrée en Parlement le 9 Mars fuivant, qui fixe la police & la difcipline des Marchands Fabricants de bas au métier.

Sa Majefté ordonna qu'au lieu des droits ci-devant établis, il fera payé pour les propriétaires des métiers à faire bas, demeurant dans le Fauxbourg S. Antoine, le Temple, S. Jean de Latran, & autres lieux privilégiés, la fomme de trente livres par métier, fous peine de confifcation defdits métiers.

Que l'apprentiffage fera de cinq années, & qu'il fera payé pour l'enregiftrement de chaque brevet la fomme de trente livres, dont vingt-quatre pour l'acquittement des dettes de la communauté, vingt fols pour le droit de confrairie, trois livres aux Jurés, vingt fols au Greffier, & autant au Clerc; que dans le cas du tranfport d'un brevet d'apprentiffage, il fera payé trente-cinq livres, dont vingt-neuf pour les dettes de la communauté, & le refte comme ci-deffus.

Que le compagnonage fera auffi de cinq années, & qu'à la fin de leur apprentiffage les apprentifs feront tenus de fe faire enregiftrer au bureau de la communauté en qualité de compagnons, pour lequel enregiftrement ils paieront la fomme de trois livres ; & fuppofé qu'ils ne l'aient pas fait, il eft défendu aux maîtres, fous peine de cinq cents livres d'amende, de leur donner à travailler en qualité de compagnons.

Qu'après les dix ans d'apprentiffage & de compagnonage, ceux qui afpireront à la maîtrife juftifieront par un extrait baptiftaire en bonne forme, qu'ils font de la Religion Catholique, Apoftolique & Romaine, & qu'ils feront un chef-d'œuvre qui fera marqué de leur nom & furnom.

Que tous les frais de la réception à la maîtrife, y compris les lettres, feront fixés à cinq cents cinquante livres, dont trois cents cinquante pour être employées à l'acquit des dettes de la compagnie, douze livres pour le droit de confrairie, & les cent quatre-vingt-huit livres reftantes diftribuées pour le droit de préfence, ou en la fabrique de jettons d'argent, pour être les uns & les autres partagés.

Que les fils des maîtres ne pourront être reçus qu'à l'âge de dix-fept ans, & qu'ils feront exempts de la moitié des droits, ainfi que ceux qui épouferont des filles de maîtres.

Qu'aucun ferrurier, arquebufier ou autre, ne pourra faire aucune piece de métier à bas que pour les maîtres de la communauté, à peine de mille livres d'amende ; qu'ils paieront la fomme de cinquante livres pour chaque métier qu'ils auront fait, & qu'ils ne pourront pas les envoyer dans les lieux & villes où la fabrique de bas eft permife, qu'ils n'aient fait leur déclaration au bureau de la communauté, & qu'ils n'aient un paffe-avant délivré par un des Jurés.

Que chaque maître aura un regiftre pour y infcrire les noms & demeures des ouvriers qu'il fera travailler hors de chez lui dans les lieux prétendus privilégiés, & qu'il y fera mention des matieres qu'il leur aura fournies & des paiements qu'il leur aura faits, afin que fi les regiftres ne fe trouvent pas conformes aux matieres trouvées chez les ouvriers, elles foient faifies, confifquées & vendues, moitié au profit de la communauté, & moitié au profit de l'Hôpital-Général.

Qu'il y aura douze Jurés, dont fix grands & fix petits ; que la fonction des Petits-Jurés fera d'aller faire la vifite dans les lieux où il n'eft pas permis d'avoir des métiers, en fe faifant affifter d'un Commiffaire au Châtelet.

Que tous les maîtres feront obligés, fous peine de trois cents livres d'amende & de confifcation, de faire enregiftrer fur le livre de la communauté tous les nouveaux métiers qu'ils feront fabriquer.

Qu'à peine d'être déchus de leur maîtrife, rayés de la lifte, & de mille livres d'amende, ils ne pourront vendre aucun ouvrage qu'il ne foit apprêté, parfait, & marqué conformément aux réglements de 1700 & 1708.

Qu'aucun graveur ne fera, fans une permiffion expreffe du Lieutenant de Police, aucuns poinçons de marque pour autres que pour les maîtres, à peine de confifcation defdits poinçons & de cinq cents livres d'amende.

Qu'aucun fabricant ne feroit de bas d'eftame à deux fils, & qu'aucun négociant ne pourroit en acheter ni en vendre de femblables tant en gros qu'en détail.

Que les marchands qui auront acheté en blanc des bas & autres ouvrages au métier, & qui voudront les faire teindre & apprêter, feront tenus, avant que d'en détacher le plomb, d'en faire la déclaration au bureau des fabricants defdits ouvrages.

Que chaque fabricant aura son plomb pour l'appo-
sition duquel il sera payé six deniers par chaque ouvrage,
& que ceux qui seront trouvés sans plomb seront con-
fisqués, & les fabricants ou marchands chez lesquels
ils seront trouvés, condamnés aux amendes portées par
les réglements.

On compte qu'il y a à Paris deux mille cinq cents métiers de bas, treize cents à Lyon, & quatre mille cinq
cents à Nismes, sans compter ceux qui sont répandus
dans toutes les autres villes du royaume.

BASIN (fabrique de). Le basin est une étoffe croisée
qui doit être toute de fil de coton, tant en chaîne qu'en
traine, & qui se fabrique, à très peu de chose près, comme la toile ordinaire : *voyez* TISSERAND.

La première fabrique en fut établie à Lyon, vers l'an
1580 ; les ouvriers qui s'y établirent dès le commencement, y furent appellés du Milanez & du Piémont, où
ces sortes de manufactures avoient été inventées, & flo-
rissoient depuis long-temps.

Cet établissement devint si considérable, qu'il y eut
bientôt à Lyon & aux environs jusqu'à deux mille de
ces ouvriers. Ce commerce monta jusqu'à un million par
an ; les deux tiers de ces basins alloient chez l'étranger,
particuliérement en Espagne & en Portugal.

Cette fabrique a beaucoup déchu depuis, à peine y en
a-t-il quelques métiers à Lyon ; & on croit que ce sont les
impositions qu'on a mises sur le coton filé, qui l'ont fait
tomber dans cette ville : elle se soutient cependant encore
avec quelque réputation dans le Beaujolois & le reste
de la généralité de Lyon, & il y en a en différentes provinces.

On fait des basins de différentes qualités & façons, de
larges, d'étroits, de fins, de moyens, d'unis avec du poil
d'un côté ; d'autres à petites raies imperceptibles sans
poil, & d'autres à grandes raies ou barres aussi sans poil.
Il y en a dans lesquels on fait entrer du fil de chanvre ou
de lin, & quelquefois du fil d'étoupe ; mais ces sortes de
matieres sont défendues par les réglements qui concernent la manufacture des basins.

Ceux de Troyes sont les plus estimés : il s'en consom-
me beaucoup dans le royaume, & il s'en fait des envois
considérables chez l'étranger. Toutes les autres manufac-

tures se modelent sur celle de cette ville, & on l'a regardée comme si importante, qu'en 1701, on a fait un réglement expressément pour elle.

Il est dit dans ce réglement, que les basins, ou bombasins larges, soit unis ou à petites raies, ou à grandes raies, auront demi-aune & un pouce de large en peigne & sur le métier; qu'ils seront composés de vingt-quatre portées de quarante fils chacune, & que la piece aura vingt-quatre aunes de longueur; que ceux à petites raies auront cent soixante raies dans l'étendue de leur largeur.

Que les basins à trente-six barres auront demi-aune moins un pouce de large en peigne & sur le métier, & seront composés de vingt-deux portées de quarante fils chacune; que la piece contiendra vingt-quatre aunes de long; qu'ils auront effectivement trente-six barres également compassées dans leur largeur, & que chaque barre aura trois raies.

Que les basins étroits, unis, ou à petites raies, ou à vingt-cinq barres, seront de demi-aune moins un vingt-quatrieme de large en peigne & sur le métier; que la piece contiendra vingt-deux aunes, & qu'ils seront composés; savoir, les unis, de vingt portées; ceux à petites raies, de cent quarante raies; & ceux à vingt-cinq barres, chaque barre de trois raies.

Que les basins à la mode, ou de la nouvelle façon, ne se pourront faire que de demi-aune un pouce de large, & de vingt-quatre aunes de long, ainsi que les basins larges; ou de demi-aune moins un vingt-quatrieme de large, & de vingt-deux aunes de long, ainsi que les basins étroits; & qu'ils seront composés d'un nombre de portées ou de raies convenables à la largeur qui leur sera donnée, que le nombre des portées & des fils en sera augmenté à proportion de leur degré de finesse & de leurs différentes qualités, afin qu'ils puissent se trouver de l'une des largeurs ci-devant marquées.

Que les chaînes des basins seront montées de fils de coton, filés d'un égal degré de finesse, & qu'elles seront également serrées, tant du côté des lisieres que dans le milieu, d'un bout de la piece à l'autre.

Que tous les basins seront fabriqués de pur coton, sans aucun mélange d'étoupe, de fil de chanvre ou de lin; que les barres & les raies seront de fil de coton retors, rots, & les pieces suffisamment remplies de trame, & frappées sur le métier, afin de soutenir & conserver leur largeur.

Que les lames & rots dont les maîtres tisserands & leurs ouvriers se serviront pour faire les basins, seront également compassés, en sorte que les dents des peignes ne soient pas plus larges au milieu qu'aux deux extrémités. Par lames, on entend la partie du métier qui est faite de plusieurs petites ficelles attachées par les deux bouts à de longues tringles de bois appellées *liais* ; elles servent, par le moyen des marches qui sont en bas, à faire hausser & baisser alternativement les fils de la chaîne, entre lesquels on glisse la navette, pour porter successivement le fil de la trame d'un côté à l'autre du métier : on appelle *rots*, le chassis des tisserands, par les ouvertures duquel passent les fils de la chaîne d'une étoffe.

Que les tisserands ne pourront vendre ni livrer aux marchands aucunes pieces de basin, quand même elles auroient été par eux ordonnées, qu'auparavant elles n'aient été vues & visitées dans le bureau, par les Jurés de leur communauté, & par eux marquées d'un plomb, portant d'un côté ces mots, *Fabrique de Troyes*, & de l'autre les armes de cette ville ; pour les frais de laquelle marque il doit être payé huit deniers pour chaque piece.

Quoiqu'il y ait en France de très bonnes manufactures de basins, on en tire cependant des pays étrangers, particuliérement de Hollande, de Bruges & des Indes orientales, parcequ'ils sont plus fins & d'une qualité différente des nôtres.

Ceux de Hollande sont ordinairement rayés, on les estime pour leur grande finesse & leur bonne qualité : leur largeur la plus ordinaire est de cinq huitiemes d'aune, & leur longueur d'environ douze de nos aunes.

Ceux de Bruges sont appellés *bombasins*, (terme que nos manufacturiers ont emprunté des Flamands pour désigner les basins qu'ils fabriquent) ; ils sont, comme les nôtres, unis, à poil, rayés à petites raies imperceptibles, & à grandes raies ou barres de trois petites raies chacune. Les unis ou à poil sont ordinairement de cinq douziemes de large, sur environ douze aunes de Paris de long. Les rayés ou barrés sont de près d'un pouce moins large, & de deux troisiemes moins longs que les unis.

Tome I.　　　　　　　　　　　　　P

Il se fait à Bruges de quatre sortes de basins de diffé-rente qualité : on les connoît à certaines marques, ho-ches ou coupes de ciseaux qui sont aux chefs des pieces.

La premiere qualité & la plus estimée est appellée basin double lion, parceque les pieces sont marquées de deux lions rouges ; la seconde est nommée basin simple lion, d'un seul lion rouge qui est marqué sur la piece ; la troi-sieme est le basin B, de la lettre qui se trouve à la tête de la piece ; la quatrieme est le basin C, à cause de cette lettre qui est au bout de la piece.

On fait encore dans cette manufacture de deux sortes de basins : le basin F F, double lion, à cause de ces deux lettres, & de deux lions marqués en rouge au chef & au premier bout de la piece ; ceux-là sont les plus estimés : & le basin F, simple lion, à cause de cette lettre & d'un seul lion marqués en rouge au chef de la piece.

Les basins qui viennent des Indes Orientales sont blancs & sans poil ; il y en a de deux façons, les uns croisés ou sergés, & les autres à carreaux ou ouvrés. Les meilleurs sont ceux qui se fabriquent à Bengale, à Pon-dichery, & ailleurs.

On emploie les basins à faire des camisoles, des ju-pons, des corsets, des courtepointes, des tours de lits pour l'été, des rideaux de fenêtres, des vestes, &c. Ceux des Indes sont les plus propres pour faire des rideaux.

Les bombasins de toutes sortes paient, suivant le ta-rif de 1664, trente sols par piece de douze aunes pour droits d'entrée : ceux de Lille paient moitié moins : ceux des pays étrangers paient quatre livres par piece de quinze aunes, excepté ceux du cru & fabrique du pays des Suisses. Les basins étrangers ne peuvent entrer dans le royaume que par Rouen, lorsqu'ils viennent par mer, & par Lyon, lorsqu'on les voiture par terre. Les droits de sortie sont comme mercerie.

BASSE-LICIER. On entend par ce mot l'ouvrier qui travaille à la *basse-lice*, & le marchand qui la vend.

La basse-lice est une espece de tissu ou tapisserie faite de soie ou de laine, quelquefois rehaussée d'or & d'ar-gent, où sont représentées diverses figures de personna-ges, d'animaux, de paysages, ou autres semblables cho-ses, suivant la fantaisie de l'ouvrier, ou le goût de ceux qui les lui commandent.

Les ouvriers appellent entre eux *baffe-marche*, ce que le public ne connoît que fous le nom de baffe-lice : ce nom lui a été donné dans les manufactures à caufe des deux *marches* que le fabricant a fous les pieds pour faire hauffer & baiffer les lices, ainfi qu'on l'expliquera dans la fuite de cet article.

La *baffe-lice* eft ainfi nommée, par oppofition à une autre efpece de tapifferie qu'on nomme *haute-lice*, non pas à caufe de la différence de l'ouvrage, qui, à proprement parler, eft le même, mais de la différence de la fituation des métiers fur lefquels on les travaille ; celui de la baffe-lice étant pofé à plat, & parallele à l'horizon ; & au contraire celui de la haute-lice étant dreffé perpendiculairement, & tout debout.

Le métier fur lequel fe travaille la baffe-lice eft affez femblable à celui des tifferands. Les principales pieces font les roines, les enfubles ou rouleaux, la camperche, le clou, le wich, les treteaux ou foutiens, & les arcboutants. Il y en a encore quelques autres, mais qui ne compofent pas le métier, & qui ne fervent qu'à y fabriquer l'ouvrage, comme font les fautriaux, les marches, les lames, les lices, &c. on va les expliquer toutes.

Les *roines* font deux fortes pieces de bois qui forment les deux côtés du chaffis ou métier, & qui portent les enfubles. Pour augmenter la force de ces roines, elles font non feulement foutenues par-deffous avec d'autres fortes pieces de bois, en forme de *treteaux ;* mais afin de les affermir, elles font encore arcboutées au plancher, chacune avec une efpece de foliveau, qui les empêche d'avoir aucun mouvement, quoiqu'il y ait quelquefois jufqu'à quatre ou cinq ouvriers appuyés fur l'enfuble de devant, & qui y travaillent à la fois. Ce font ces foliveaux qu'on appelle les *arcboutants*.

Aux deux extrémités des roines font les deux rouleaux ou enfubles, chacune avec fes deux tourillons, & fon wich. Pour tourner les rouleaux, on fe fert du *clou*, c'eft-à-dire d'une groffe cheville de fer, longue environ de trois pieds.

Le *wich* des rouleaux eft un long morceau, ou plutôt une perche de bois arrondie autour, de plus de deux pouces de diametre, & à peu près de toute la longueur de chaque enfuble. C'eft à ces deux wichs que font arrêtées

P ij

les deux extrémités de la chaîne que l'on roule fur celui des rouleaux qui eſt oppoſé au baſſe-licier ; l'autre fur lequel il s'appuie en travaillant ſert à rouler l'ouvrage à meſure qu'il s'avance.

La *camperche* eſt une barre de bois qui paſſe tranſverſalement d'une roine à l'autre preſque au milieu du métier, & qui ſoutient les *ſautriaux*, qui ſont de petits morceaux de bois à peu près de la forme de ce qu'on appelle le fléau dans une balance. C'eſt à ces ſautriaux que ſont attachées les cordes qui portent les *lames* avec leſquelles l'ouvrier, par le moyen des deux marches qui ſont ſous le métier & fur leſquelles il a les pieds, donne du mouvement aux lices, & fait alternativement hauſſer & baiſſer les fils de la chaîne.

Le deſſein ou tableau que les Baſſe-liciers veulent imiter, eſt placé au deſſous de la chaîne où il eſt ſoutenu de diſtance en diſtance par trois cordes tranſverſales, ou même plus s'il en eſt beſoin : les extrémités de chacune de ces cordes aboutiſſent & ſont attachées des deux côtés aux roines par une mentonniere qui en fait partie. Ce ſont ces cordes qui font approcher le deſſein contre la chaîne. Le métier étant monté, on ſe ſert pour y travailler de deux inſtruments dont l'un ſe nomme le *peigne*, & l'autre ſe nomme la *flûte*.

La *flûte* tient lieu dans cette fabrique de la navette des tiſſerands. A l'égard du peigne, qui a ordinairement des dents des deux côtés, il eſt ou de buis ou d'ivoire, & il ſert à ſerrer les fils de la trame les uns contre les autres, à meſure que l'ouvrier les a paſſés & placés avec la flûte entre ceux de la chaîne.

Lorſque le Baſſe-licier veut travailler (ce qui doit s'entendre auſſi de pluſieurs ouvriers, ſi la largeur de la piece permet qu'il y en ait pluſieurs qui travaillent à la fois), il ſe met au devant du métier, aſſis fur un banc de bois, le ventre appuyé fur l'enſuble, un couſſin ou oreiller entre deux ; & en cette poſture, ſéparant avec les doigts les fils de la chaîne, afin de voir le deſſein, & prenant la flûte chargée de la couleur convenable, il la paſſe entre ces fils, après les avoir hauſſés ou baiſſés par le moyen des lames ou des lices que font mouvoir les marches fur leſquelles il a les pieds ; enſuite, pour ſerrer la laine ou la ſoie qu'il a placée, il la frappe avec le

peigne à chaque paſſée qu'il fait. On appelle *paſſée* l'aller
& le venir de la flûte entre les fils de la chaîne.

Il eſt bon d'obſerver que chaque ouvrier ne fait agir
qu'une laine ſéparée en deux demi-laines, l'une devant,
l'autre derriere. Chaque demi-laine, qui a ordinairement
ſept ſeiziemes d'aune, meſure de Paris, eſt compoſée
de plus ou moins de lices, ſuivant la fineſſe de l'ouvrage,
comme on l'a déja dit.

Ce qu'il y a de plus ſingulier dans le travail de la
baſſe - lice, & qui lui eſt commun avec la haute-lice,
c'eſt qu'il ſe fait du côté de l'envers ; en ſorte que l'ouvrier ne peut voir ſa tapiſſerie du côté de l'endroit qu'a-
près que la piece eſt finie & levée de deſſus le métier :
voyez HAUTE-LICIER.

La baſſe-lice eſt la maniere la plus ancienne de travailler, & celle qui eſt encore le plus en uſage ; car on
ne fait guere de la haute-lice qu'aux Gobelins. Cependant la baſſe-lice a pluſieurs inconvénients conſidérables :
les objets ſe trouvent ſur les tapiſſeries, par la maniere
dont on les travaille, à contre-ſens de ce qu'ils ſont ſur
les tableaux : ces tableaux ſont perdus par la néceſſité où
on eſt de les couper par bandes pour les appliquer ſous le
métier ; enfin, & ce qui eſt le plus grand inconvénient,
on ne peut corriger les défauts de l'ouvrage, parcequ'on
n'en peut juger que lorſque toute la piece eſt finie.

Ces différents inconvénients de la baſſe-lice firent chercher dans le ſiecle paſſé, pendant lequel les arts firent
tant de progrès, une autre maniere de faire des tapiſſeries
qui en fût exempte. On imagina en conſéquence la *haute-
lice*, c'eſt-à-dire qu'on renouvella après plus de deux
mille ans l'ancienne maniere de faire des tiſſus. Par cette
nouvelle ſituation des métiers, on obtint tous les avantages qu'on deſiroit. Les tableaux n'étoient plus ſous la
chaîne, mais derriere l'ouvrier : on les conſerva dans toute
leur beauté : les objets ſe trouverent du même ſens ſur les
tapiſſeries que ſur les tableaux ; & l'ouvrier, pouvant conſulter à chaque inſtant ſon tableau, eut la facilité de
changer & de corriger dans ſon travail toutes les fautes
de coloris ou de deſſein. La *haute-lice* remédioit très heu-
reuſement à tous les inconvénients. Mais on ne tarda
pas à reconnoître que la beauté dans l'exécution, & la
promptitude dans le travail, ſont des avantages qui

s'excluent presque toujours mutuellement. Les tapisseries de *haute-lice* étoient beaucoup plus longues à faire que les autres ; le travail étoit beaucoup plus fatigant , par la nécessité où étoient les ouvriers de tirer les lices situées au-dessus de leurs têtes ; enfin elles devinrent si cheres , qu'il n'y eut que les Souverains , les Princes , ou les particuliers les plus riches qui pussent en acheter.

On a donc cherché tout nouvellement les moyens de perfectionner la basse-lice pour remédier à l'excessive cherté des tapisseries de *haute-lice*, & pouvoir faire des ouvrages de basse-lice qui eussent toute la perfection qu'on peut leur donner. M. *Vaucanson*, si connu par son grand génie pour la méchanique, a reconnu que l'immobilité des métiers est un des plus grands obstacles à la perfection de l'ouvrage, en conséquence il a imaginé de faire un métier mobile sur deux pivots fixés respectivement au milieu des deux petits côtés d'un parallélogramme dont il est composé. Ce métier satisfit à tout ce qu'on en attendoit, l'ouvrier pouvant d'un coup de main l'incliner & le mettre dans la position dont il a besoin pour voir son travail, l'examiner, le nuancer, le corriger.

Pour donner à la *basse-lice* toute la perfection possible, il falloit encore remédier au renversement des objets, & pouvoir travailler en ayant le tableau à côté de soi ; c'est ce que M. *Neilson*, Entrepreneur, vient de faire d'une maniere fort simple : il substitue sous la chaîne un trait des objets sur des papiers transparents ; de sorte que ces papiers étant retournés, ces objets viennent sur la tapisserie du même sens que sur le tableau. M. Vaucanson est aussi parvenu à tendre la chaîne de ces métiers d'une maniere toujours égale, ce qui n'avoit pas lieu auparavant ; on ne la tendoit qu'avec des rouleaux qu'on tournoit avec des leviers, en sorte que la piece de tapisserie se trouvoit toujours plus haute à un bout qu'à l'autre. Ici, dit l'Auteur de l'Histoire de l'Académie, le méchanicien vint au secours de l'artiste pour lui faciliter les moyens de travailler plus facilement & plus commodément. On n'accélérera jamais le progrès des différents arts que par un commerce plus intime des uns avec les autres.

Les Basse-liciers font de la communauté des tissutiers-

rubanniers. On fe réferve à parler à l'article de la haute-
lice de tout ce qui concerne les manufactures de l'une &
l'autre forte de tapifferie ; de leur établiffement en France
&dans les pays étrangers ; des privileges des Haute-liciers
& de leurs ouvriers & compagnons ; des réglements qui
doivent s'obferver entre les uns & les autres ; des hauteurs ordinaires des tapifferies ; enfin de tout ce qui eft important ou curieux fur cette matiere par rapport au commerce qui s'en fait en France & dans les pays étrangers.

BATELIER. C'eft celui qui conduit un bateau. Ce nom
fe prend plus ordinairement pour les maîtres paffeurs
d'eau à Paris.

Quoique ce corps ne foit pas du nombre des grandes
communautés des arts & métiers, & qu'il n'ait pas été
érigé en jurande, c'eft cependant un des plus anciens de
cette ville. En creufant les fondements du magnifique
autel que le Roi Louis XIV fit ériger dans le chœur de
Notre-Dame, on y trouva un monument du temps de
l'Empereur Tibere, où les Bateliers de la Seine font appellés *nauta parifiaci*. Ils avoient leurs officiers, leurs
ftatuts, confrairie, privileges & apprentifs. Mais les dé-
penfes des longues guerres du regne précédent ayant
obligé à chercher des fonds extraordinaires dans la création de divers offices, fur la fin du dernier fiecle on érigea les Bateliers de Paris en officiers paffeurs, & on réduifit leur nombre à vingt.

Quoique ces offices foient héréditaires, ils font obligés de prendre leurs lettres du Prévôt des Marchands, de
prêter ferment entre fes mains, & font tenus, comme auparavant, d'obferver & exécuter les ordonnances de la
ville.

Leurs deux fyndics font obligés de fe trouver journellement, l'un au port Saint-Paul, & l'autre au port Saint-
Nicolas, pour veiller à ce que le public foit bien fervi,
& les ordonnances & ftatuts réguliérement obfervés.

Leurs veuves jouiffent des privileges qui font attachés
à ces offices, ont part à la bourfe commune, dont la recette fe fait dans un bureau établi pour cela, & chaque
jour on rend compte de l'argent qu'on a reçu.

On ne peut être reçu maître qu'après deux années d'apprentiffage, & qu'on n'ait fait expérience devant les
maîtres.

Les maîtres Paſſeurs ou Bateliers doivent avoir des *flettes*, ou petits bateaux, garnies de leurs avirons & crocs en nombre ſuffiſant, aux endroits déſignés par les Prévôt des Marchands & Echevins, pour paſſer ceux qui ſe préſentent depuis le ſoleil levant juſqu'au couchant, avec défenſes de paſſer la nuit, à peine de ſaiſie & même de vente de leurs flettes.

Quoiqu'il n'y ait dans un bateau que cinq paſſagers, ce nombre eſt déclaré ſuffiſant pour obliger un batelier à les paſſer, ſans en attendre davantage, ni pouvoir exiger d'autre ſalaire, à peine de concuſſion, que celui qui leur eſt attribué par les Prévôt des Marchands & Echevins.

Les maîtres bateliers ſont reſponſables de toutes les pertes & exactions arrivées dans leurs bateaux conduits par leurs compagnons & garçons, & ſont condamnés ſolidairement avec eux à la reſtitution des choſes perdues, & au paiement des amendes encourues.

Ce ſont eux qui, dans les grandes réjouiſſances, comme aux entrées ſolemnelles des rois & reines dans la ville de Paris, à leur mariage, à la naiſſance d'un dauphin, & autres pareilles occaſions, font ſur la riviere de Seine, ordinairement devant les galeries du château du Louvre, ces joutes & ces jeux de l'oie qui valent aux vainqueurs quelques privileges que le Roi, s'il y eſt préſent, ou les Prévôt des Marchands & Echevins, en ſon nom, ont coutume de leur accorder.

BATISTE (Fabrique de la). C'eſt le nom que porte une ſorte de toile de lin très fine & très blanche, qui ſe fabrique à Valenciennes, Cambrai, Arras, Bapaume, Vervins, Péronne, Saint-Quentin, Noyon & autres endroits des provinces du Hainaut, Cambreſis, Artois & Picardie.

Il y a de trois ſortes de Batiſtes, de claires, de moins claires & de beaucoup plus fortes, qu'on appelle *Batiſtes hollandées*, parcequ'elles approchent des toiles de Hollande, étant, comme elles, très ſerrées & très unies.

Les claires & les moins claires ſe font pour l'ordinaire en Artois, en Picardie & dans le Cambreſis ; leurs largeurs ſont de deux tiers & de trois quarts & demi. Les plus claires ſe mettent par demi-piece de ſix aunes, & les autres par demi-piece de ſept aunes.

Les hollandées ſe manufacturent preſque toutes à Va-

lenciennes & aux environs ; elles font en pieces de douze
à quinze aunes de long , fur deux tiers de large, mefure
de Paris.

Quoique les ouvriers faffent les batiftes claires de douze
à quinze aunes , les courtiers qui les vendent fur les lieux,
font dans l'ufage de les réduire toutes fur le pied de douze
aunes , en coupant de chaque piece ce qui peut excéder ;
& ces pieces , réduites à douze aunes , font le plus fouvent coupées en deux pour en faire des demi-pieces.

Quand les morceaux qui ont été coupés de ces pieces ,
font jufte de deux aunes, on les nomme *coupons* ; mais
lorfqu'ils ont moins , on les joint enfemble bout à bout
avec du fil , & , en cet état, ils font vendus fur le pied
de l'aune courante.

Les Fabricants envoient leurs batiftes en petits paquets
carrés , couverts d'un papier brun battu , liés d'une ficelle. Chaque paquet eft d'une piece entiere, & lorfqu'il
eft de deux demi-pieces, chacune a fon enveloppe particuliere.

Les coupons & les morceaux coufus font empaquetés
de la même façon , & font renfermés , ainfi que les pieces , dans des caiffes de bois blanc , dont les planches font
réunies enfemble par le moyen de petites chevilles de
bois , au lieu de clous.

On fe fert de la batifte pour faire des fichus ou mouchoirs de col , des garnitures de tête , & d'autres chofes
femblables pour les femmes : on en fait auffi des furplis ,
des rochets , des rabats , des manchettes , des cravates.

Il y a une autre forte de toile de batifte écrue , à laquelle on donne le nom de *toile d'ortie* , non pas qu'elle
foit faite avec le fil qu'on peut tirer de cette plante , mais
parcequ'elle eft d'un lin grifâtre. On la fabrique à Saint-
Quentin & aux environs ; à Paris, on la nomme communément *toile d'ortie.*

Ces pieces de toile d'ortie font de douze à quatorze
aunes de long , fur deux tiers de large , mefure de Paris.
On en fait des veftes , des doublures de juftaucorps ,
& des jupons pour l'été.

A Beauvais , Compiegne & Basle , on fait la demi-
hollande. A Vervins, Péronne , Noyon , Saint-Quentin ,
on manufacture des linons & batiftes.

Les toiles de batifte ou façon de batifte , de Gand ,

Cambrai & autres semblables, paient, pour droits d'entrée, suivant l'arrêt du 22 Mars 1692, 8 livres par piece de quinze aunes, & ne peuvent entrer par mer que par le port de Rouen, & par terre, que par la ville de Lyon. Quant à la maniere dont on fait la toile de batiste, elle ne differe point essentiellement de l'opération du *Mousselinier: voyez ce mot.

BATTEUR EN GRANGE. C'est à la campagne l'ouvrier ou l'homme de journée qui frappe le bled avec un *fléau* pour faire sortir le grain de l'épi.

L'art, si simple en apparence, de séparer le grain d'avec l'épi a été, pour les hommes, le sujet de bien des réflexions & d'un grand nombre d'expériences. La pratique la plus usitée dans l'antiquité, étoit de préparer en plein air une place en battant bien la terre, d'y répandre ensuite les gerbes, & de les faire fouler par des bœufs ou par d'autres animaux, qu'on faisoit passer & repasser dessus plusieurs fois. On se servoit aussi de grosses planches hérissées de chevilles ou de cailloux pointus, qu'on traînoit sur les gerbes ; c'est encore la méthode dont on se sert en Turquie : on étend les épis dans une grande place, on les dispose de façon qu'ils forment un grand cercle, afin qu'on puisse passer également par-tout, que le bled sorte, & que la paille soit bien moulue ; pour cet effet, on a soin de retourner souvent la couche de bled qui est fort épaisse, avec deux planches, longues de cinq pieds, larges d'un pied & demi, épaisses de trois pouces, terminées d'un côté en angle aigu, & attachées à un attelage de chevaux ou de bœufs : on enfonce dans ces planches une grande quantité de petits cailloux tranchants ; on étend cette espece de herse sur la paille, on la charge d'une grosse pierre qui sert de siege à celui qui tient les guides d'une main, & un fouet de l'autre pour diriger ces animaux à son gré ; il se promene ainsi tout le jour, tantôt d'un côté, tantôt d'un autre, jusqu'à ce que la paille soit bien hachée, & que les épis soient dépouillés de leurs grains. Après cette opération, on jette le tout en l'air, le grain va s'accumuler en monceau à quelques pas de là ; & la paille hachée, emportée par le vent, va former un autre tas un peu plus loin. Cette paille ainsi hachée est excellente pour la nourriture des bestiaux, & se vend beaucoup mieux que la paille entiere. Enfin on a imaginé de froisser les épis par le moyen de voitures pesantes, telles que les chariots, les traîneaux : en Italie & en Gascogne on suit cette méthode. A la Chine, la maniere de battre le bled est de faire passer sur les épis un rouleau de marbre brut. Toutes ces pratiques subsistent encore aujourd'hui dans la plupart des pays chauds.

Parmi nous, la maniere la plus ordinaire est de battre le bled au fléau. Le *Batteur en grange* bat le bled en hiver sur l'aire de la grange ; il range les gerbes par terre, en mettant les épis les uns contre les autres, & frappe le bled à grands coups de fléau, instrument très simple, qui n'est qu'un long morceau de bois, au bout duquel est attaché, avec une forte courroie, un morceau de bois plus court, mais qui conserve toute sa mobilité : c'est à l'aide de ce petit morceau de bois qui reçoit le mouvement qu'on lui imprime en haussant & baissant le fléau, que l'on sépare le bled de son épi, en retournant plusieurs fois les différentes poignées de chaque gerbe : par cette méthode, on détache très bien les grains sans les écraser.

Quelque bons que soient tous ces procédés, ils sont cependant un peu longs ; &, comme tout ce qui tend à abréger la main-d'œuvre doit être précieux à la société, nous allons donner le détail d'une machine avec laquelle on peut battre plus de bled en un jour, sans qu'il reste un seul grain dans les épis, que quarante hommes ne sauroient en battre dans leur journée, en suivant les méthodes ordinaires.

On construit un hangard, plus ou moins grand, dans un emplacement plat & commode, sur le bord d'une riviere ou d'un ruisseau, pour y former un canal ; on affermit le terrein où l'on veut établir la machine, & on l'unit de façon que la caisse du bled roule à plomb ; & afin que les roulettes qui la supportent ne puissent pas tracer sur le terrein des ornieres trop profondes, on y met des plateaux en dessous. On plante ensuite deux piliers qui servent de pivots à un grand rouleau, dont la grandeur & le diametre doivent être relatifs à l'étendue qu'on veut donner à la caisse : on attache à ce rouleau plusieurs rangs de chevilles de bois, ou de dents.

A un de ses bouts, qui est au-delà du pilier qui le soutient, ce rouleau a un petit lanternon qui s'engrene dans les dents d'une roue à éperon, que l'on a attachée à l'arbre de la grande roue à *gourgolles*, lorfqu'on peut avoir une chûte d'eau ; ou à *aubes* ou *palettes*, qui font des planches fixées à la circonférence de la roue, lorfqu'elle eft placée dans le lit de la riviere ; ou enfin à *couronne*, c'eft-à-dire, dont les dents font pofées verticalement, lorfque ce font des hommes ou des chevaux qui la tournent : dans quelque pofition qu'elle foit, il eft aifé d'en arrêter le mouvement quand on le juge à propos.

La caiffe ou plate-forme, fur laquelle le bled eft étendu, doit être plus longue que large, avoir des bords d'un demi-pied de hauteur tout autour, afin que le grain ne puiffe pas en fortir ; être foulevée par quatre rangs de roulettes qui fervent à la faire aller & venir légérement fur le plancher qui doit être deux fois plus long que la plate-forme. Les piliers qui foutiennent le rouleau, font placés exactement à la moitié de la longueur du *fol* ou plancher, pour empêcher la caiffe de s'en écarter, lui fervir de borne, & la tenir toujours fous le rouleau, de façon qu'en avançant une fois, & en retournant au point d'où elle eft partie, les épis font parfaitement dépouillés, parcequ'il n'y en a aucun qui n'ait reçu un grand nombre de coups de fléaux, que le rouleau fait élever avec fes dents, & enfuite retomber. Plus les dents de la grande roue à couronne font ferrées, plus le jeu du rouleau eft égal. Les chevilles dont il eft garni dans fa circonférence, s'accrochent en paffant à tous les *battoirs* ou fléaux, elles les foulevent fans ceffe & les relâchent ; en retombant, ils frappent les épis qui, lorfqu'ils font fecs, fe dépouillent fans peine de leurs grains par les coups fucceffifs qu'ils reçoivent. Ces fléaux ne fortent jamais de leur place, & ne peuvent point fe déranger, parcequ'ils font affez près & affez ferrés pour ne pouvoir pas fe croifer les uns fur les autres. Lorfqu'ils s'élevent ou qu'ils retombent, le liteau qui traverfe la caiffe, & auquel ils font fufpendus avec une corde, ne les laiffe jamais fortir du point où ils doivent être, foit en s'élevant, foit en tombant, parcequ'un boulon de fer les traverfe & les unit tous. Dans cette maniere de procéder, on ne perd pas un inftant ; les hommes ou les chevaux qui ont fervi à faire aller la machine, prennent haleine & fe repofent pendant qu'on remet de nouvelles gerbes. Ces fléaux font

mis fur une barre de fer qui traverfe la caiffe, & qui tient
à deux autres piliers, diftants des premiers de la longueur
des fléaux qui font courbes des deux côtés, afin qu'en
portant fur la barre de fer, & en s'engrenant aux dents
du rouleau, ils tombent à plat fur la paille.

La plate-forme eft mife en mouvement par une *ma-
nette* deftinée à guider une *barre* ou piece de bois qui
entre à chaque bout dans l'un des crans de la roue à crochet, qui eft arrêtée à chaque dent par un *cliquet* ou reffort, de façon que les épis vont & reviennent fucceffivement fous les fléaux. Ce cliquet arrête la plate-forme,
lorfque la branche fe retire pour venir reprendre la dent
fuivante. L'arbre de la roue à crochet traverfe le fol ; on
y entortille une corde auffi longue que la caiffe à laquelle
elle eft attachée : à mefure que la roue à crochet tourne,
la corde fe roule dans fon arbre, & tire néceffairement
la caiffe, jufqu'à ce qu'elle le touche ; alors on ôte le
cliquet, on fort de la manivelle la branche de bois ou
de fer avec une fourche, on pofe une autre branche &
un autre cliquet fur la roue à crochet qui eft du côté oppofé de la caiffe ; la corde s'entortille de nouveau à l'arbre dans un fens différent, & par ce moyen elle eft
obligée de revenir à l'endroit d'où elle étoit partie ; après
fon retour, on arrête la roue pour donner le temps d'enlever la paille & de mettre d'autres gerbes.

Cette opération eft fi prompte qu'on bat, au moyen de
cette machine, quatre paillées pendant le temps que huit
hommes en feroient une ; & comme les Batteurs ne peuvent en faire tout au plus que huit par jour, on en ga-
gneroit vingt-quatre de plus, fans compter celles qu'on
feroit pendant le temps qu'ils prennent leur repas ou
qu'ils fe repofent ; ainfi on auroit au moins par jour trente
paillées de plus.

Quel avantage n'en réfulteroit-il pas pour les fermiers
qui font fouvent obligés d'attendre long-temps pour faire
battre leurs bleds, parceque les Batteurs font rares ou
qu'ils font occupés à achever de lever leur récolte ! Une
ou deux de ces machines fuffiroient pour toutes les fermes
qui dépendent d'un village ; il en couteroit beaucoup
moins de frais ; le bled feroit plus net, n'y ayant ni
terre ni gravier, inconvénient qu'on ne peut éviter
en battant les bleds dans des aires, parceque les coups

redoublés des fléaux en font toujours fortir de la terre, du gravier, ou un fable très fin qui s'incorpore avec le grain, & fe mêle fi bien avec la farine, quand on le fait moudre, qu'il n'eft pas poffible de l'en féparer au blutoir, ce qui rend la farine graveleufe, & ce qui doit altérer la fanté.

Quoiqu'au premier afpect cette machine paroiffe devenir inutile pendant plus des trois quarts de l'année par le défaut d'exercice, on peut cependant en tirer parti en y mettant à côté un moulin à moudre du bled, que le même courant d'eau feroit aller. Pour cet effet, il n'y a qu'à fubftituer à la grande roue une roue à couronne dont les dents s'engrenent dans le lanternon du rouleau, & une autre roue à couronne qui tourne horizontalement, & s'engrene de même audit lanternon. Un cheval, attaché au bras qui tient à cette roue, peut la faire tourner, ou, à défaut d'un cheval, deux hommes la feront mouvoir en pouffant ce même bras.

Lorfque les grains font féparés de leurs épis, le Batteur les met dans une efpece de grande corbeille d'ofier, de forme fémi-circulaire, qui n'a point de rebord d'un côté, & à laquelle, de l'autre côté, font attachées deux mains auffi d'ofier; cette corbeille fe nomme le *van* : il met dedans une certaine quantité de bled, & fe tenant debout, il imprime à ce van qu'il pofe fur fes genoux, & qu'il agite par le mouvement de fes bras & de fon corps, une forte de mouvement circulaire qui fait rapprocher d'un des bords, à raifon de la force centrifuge, les enveloppes du grain & toutes les matieres étrangeres les plus légeres, qu'il fépare & rejette avec la main. Ce van demande une certaine adreffe pour être bien manié.

L'ancienne maniere de *vanner* le bled pour le nettoyer, & qui fubfifte encore aujourd'hui en Italie & dans plufieurs pays chauds, confiftoit à avoir une pelle de bois à jetter en l'air le grain mêlé avec la paille, & à fe placer de maniere que le vent emportât la paille.

Lorfque le bled eft bien nettoyé, avant de le porter au grenier, il le mefure dans une efpece de feau que l'on nomme *minot*, de hauteur & de largeur toujours conftantes dans chaque pays, & dont un certain nombre donne la mefure qu'on nomme le *feptier*.

BATTEUR D'OR. Ouvrier qui, à force de battre

l'or ou l'argent fur le marbre, avec un marteau, dans des moules de vélin ou de boyau de bœuf, réduit ces deux métaux en feuilles très légeres & très minces, propres à dorer ou argenter le cuivre, le fer, l'acier, le bois, &c.

Cet art eft très ancien ; & quoique les Romains ne l'aient pas pouffé auffi loin que nous, il eft sûr que d'abord après la ruine de Carthage & pendant la cenfure de *Lucius Mummius*, on commença à dorer les planchers des maifons de Rome ; que les lambris du Capitole furent les premiers fur lefquels on en fit l'effai ; que dans la fuite le luxe devint fi grand que les particuliers firent dorer les plafonds & les murs de leurs appartements.

Pline nous affure qu'ils ne tiroient d'une once d'or que cinq à fix cents feuilles de quatre doigts en quarré, mais qu'on auroit pu en tirer un plus grand nombre, vu leur épaiffeur ; que les plus épaiffes portoient le nom de *preneftines*, d'une ftatue de la Fortune placée à Prenefte, & qui étoit dorée de ces feuilles épaiffes ; & qu'on appelloit *queftoriales* celles qui étoient d'une moindre épaiffeur.

Nos Batteurs d'or font leurs feuilles fi minces & fi déliées, qu'on eft furpris que l'induftrie & la patience de ces ouvriers aient pu aller jufques là. On a remarqué qu'une once d'or fe peut divifer en 1600 feuilles de trois pouces une ligne en quarré, ce qui fait quinze cents quatre-vingt-dix mille quatre-vingt-douze fois plus que fon premier volume ; d'autres difent fix cents cinquante-un mille cent cinquante-neuf fois.

L'or fe bat fur un bloc de marbre, ordinairement noir, très uni, d'un pied en quarré, élevé de terre de trois pieds. On fe fert pour le battre de trois efpeces de marteaux, en forme de maffes ou maillets de fer poli ; le premier, de trois à quatre livres pefant, fert pour *chaffer* ; le fecond, de onze à douze livres, pour *fermer* ; & le dernier, de quatorze à quinze livres, pour *étendre & achever* : ce font trois termes de l'art qui comprennent depuis la premiere jufqu'à la derniere façon de l'or qu'on bat en feuille.

On fe fert auffi de quatre moules de différentes grandeurs ; favoir, ceux de vélin, dont le plus petit, de quarante à cinquante feuilles, fe nomme le *petit moule à cau-*

cher , & l'autre , d'environ deux cents feuilles, eſt appellé *grand moule à caucher.*

Les deux autres, de cinq cents feuilles chacun, ſont d'un certain boyau de bœuf bien dégraiſſé & préparé , auquel on a donné le nom de *baudruche.* Comment les hommes ſe ſont-ils aviſés d'aller chercher ſur le boyau d'un bœuf cette pellicule déliée , ſans laquelle ils auroient eu bien de la peine à étendre l'or ? Ce ne ſont ſurement pas des conſidérations philoſophiques qui les ont conduits là. La baudruche étoit-elle trouvée avant qu'on l'employât à cet uſage , ou bien eſt-ce le beſoin qu'on en avoit qui l'a fait chercher ?

Le plus petit moule s'appelle *chaudret* , & le plus grand ſe nomme le *grand moule à achever.* Chaque moule ſe met dans deux morceaux de parchemin appellés *fourreaux* , parcequ'effectivement le moule ſe fourre dedans pour le tenir en état.

Pour ce qui eſt de la méthode de préparer & de battre l'or , elle ſe pratique de la maniere ſuivante.

Les Batteurs d'or le prennent en chaux chez l'Affineur de la monnoie, à cent trois livres l'once, ou à vingt-quatre karats moins un quart, c'eſt-à-dire avec ce peu d'alliage , dont le mêlange ôte toujours à l'or de ſa ductilité. Les opérations principales ſont la fonte , la forge, le tirage au moulin , & la *batte.* On peut appliquer ce qu'on dira de l'or aux autres métaux ductiles.

On fond l'or dans le creuſet avec le borax ; & quand il a reſté ſuffiſamment en fuſion , on le jette dans la *lingotiere* , qu'on a fait chauffer auparavant pour en ôter l'humidité , & qu'on a eu ſoin de frotter de ſuif.

Ces précautions ſont néceſſaires , elles garantiſſent de deux inconvéniens également nuiſibles ; l'un , en ce que les parties de la matiere fondue , qui toucheroient l'endroit humide , pourroient rejaillir ſur l'ouvrier ; l'autre, en ce que les particules d'or qui s'inſinueroient, dans l'effervence cauſée par l'humidité , entre les particules de la matiere , y produiroient des petites loges vuides ou ſouflures , ce qui rendroit l'ouvrage défectueux. Après la fonte , on le fait recuire au feu pour l'adoucir & en ôter la graiſſe de la lingotiere.

Quand le lingot eſt refroidi , on le tire de la lingotiere

pour

pour le forger. On le forge fur une enclume, avec un marteau qu'on appelle *marteau à forger*, & qui pefe environ trois livres.

Si l'on deftine la matiere forgée & étirée au marteau à paffer au moulin, il fuffit de la réduire fur l'enclume à l'épaiffeur d'environ deux lignes au plus. Le but de l'artifte dans le tirage fe borne à deux chofes ; la premiere, à adoucir les coups de marteau qui avoient rendu la furface du métal raboteufe ; la feconde, à étendre en peu de temps le métal très également.

Si l'on ne fe fert point du moulin, on forge jufqu'à ce que la matiere ait à-peu-près l'épaiffeur d'une forte demi-ligne ; puis on la coupe tout de fuite en parties qui ont un pouce & demi de long, fur un pouce de large : ce qu'on ne fait qu'après le tirage au moulin, fi l'on s'en fert. Ces portions s'appellent *quartiers*. On coupe ordinairement cinquante-fix quartiers. L'ouvrier prend entre fes doigts un nombre de ces quartiers ; il les applique exactement les uns fur les autres, & il leur donne la forme quarrée fur l'enclume. Il étend la matiere vers les bords avec la panne du marteau ; il s'avance enfuite vers le milieu, & en fait autant à l'autre côté ; après quoi, il forge le milieu, & réduit, par cette maniere de forger, tous les quartiers du même paquet, & tous à la fois, à l'épaiffeur d'une feuille de papier gris, & à la dimenfion d'un quarré dont le côté auroit deux pouces.

Le moulin eft compofé d'un banc très folide, vers le milieu duquel fe fixe, avec des fortes vis, le chaffis du moulin. Ce chaffis eft fait de deux jumelles de fer, d'un pouce & demi d'épaiffeur, fur deux pouces & demi de largeur, & quatorze pouces de hauteur. Ces jumelles font furmontées d'un couronnement qui, avec la traverfe inférieure, fert à confolider le tout. Le couronnement & les jumelles font unis par de longues & fortes vis. Dans les deux jumelles font enarbrés deux cylindres d'acier, polis, de deux pouces de diametre, fur deux pouces & demi de longueur ; le fupérieur traverfe des pieces à couliffes qui, à l'aide d'une vis placée de chaque côté, l'approchent ou l'écartent plus ou moins de l'inférieur, felon que le cas le requiert. L'axe du cylindre eft prolongé de part & d'autre du chaffis ; à fes deux extrémités équarries s'adaptent deux manivelles d'un pied & demi de rayon, qui mettent les cylindres en mouvement. Les cylindres mobiles fur leur axe étendent, en tournant, la matiere ferrée entre les furfaces, & la contraignent de glifler par le mouvement qu'ils ont en fens contraires.

Ceux qui ne fuivent plus l'ancienne méthode & qui fe fervent du moulin au lieu du marteau qui le fuppléoit autrefois, obtiennent, par le moyen de cette machine, un long ruban qu'ils roulent fur une latte, afin qu'il prenne un pli aux deux côtés de la latte qu'ils retirent enfuite, pour que le ruban ne fe détorcille pas, qu'il conferve fon pli aux endroits où il l'a pris, que les furfaces de fes tours reftent bien exactement appliquées les unes fur les autres : ils font avec des petites lanieres de peau d'anguille, deux ligatures qui les contiennent en cet état : ils élargiffent enfuite la portion de ruban comprife entre les deux ligatures, avec le même marteau qui a fervi à forger, en chaffant la matiere avec la panne du marteau vers les bords, d'abord d'un des côtés du ruban, puis de l'autre ; enfuite ils frappent fur le milieu pour égalifer l'épaiffeur, & augmenter encore la largeur.

Lorfque la portion comprife entre les ligaments eft forgée, ils ôtent les ligatures, inferent leurs doigts au milieu des plis, & amenent vers le milieu les portions qui étoient d'un & d'autre côté au-delà des ligatures. Cette portion étant forgée comme la précédente, le ruban fe trouve également épais & large dans toute fa longueur. Cette épaiffeur eft à-peu-près d'une demi-ligne ou même davantage.

L'or étant dans cet état, on prend des feuillets de vélin ; on en place deux entre chaque quartier ; on en met encore en deffus & en deffous ; & fur les feuillets vuides, on paffe encore deux feuillets de parchemin : cet affemblage s'appelle le *premier caucher* ; & les feuillets vuides avec les feuillets de parchemin, ou fans eux, s'appellent *emplures*. Les emplures fervent à amortir l'action des coups de marteau fur les premiers quartiers, & à garantir les outils. On couvre le caucher de deux fourreaux. Le fourreau eft une enveloppe de plufieurs feuillets de parchemin appliqués les uns fur les autres, & collés par les deux bouts. Quand on a mis le caucher dans un de ces fourreaux, on fait entrer en même temps & le caucher & ce premier fourreau dans le fecond, mais en fens contraires.

Le caucher ainfi arrangé, on le bat fur un marbre noir, qui a un pied en quarré, & un pied & demi de haut. Ce marbre a à fa partie fupérieure une efpece de boîte ouverte du côté de l'ouvrier : cette boîte s'appelle la *caiffe*, elle eft de fapin ; elle eft revêtue en dedans de parchemin collé, & embraffée du côté de l'ouvrier par la peau dont il fe fait une efpece de tablier : ce tablier fert à recevoir les *lavures*. On entend par les lavures les parties de matiere qui fe détachent d'elles-mêmes, ou qu'on détache des cauchers. Il faut que la furface du marbre & du marteau foit fort unie.

On doit battre le premier caucher jufqu'à ce qu'on ait amené les quartiers à l'étendue ou environ des feuillets de vélin qui les féparent. Au fortir du premier caucher, on partage les quartiers en quatre parties égales avec le cifeau : on a donc deux cents vingt-quatre nouveaux quartiers dont on forme un fecond caucher.

Le fecond caucher eft double du premier : il eft féparé par le milieu en deux parts divifées par quatre feuillets de parchemin ; d'ailleurs il a auffi fes deux fourreaux, comme le premier, & les feuillets de vélin font de la même grandeur & de la même forme. Quand ce fecond caucher eft enfourré, comme le premier, on le bat de la même maniere avec le même marteau, jufqu'à ce que l'opération foit finie. On défemplit enfuite le fecond caucher : pour cet effet, on écarte les deux parchemins & les emplures ; on prend la premiere feuille d'or que l'on rencontre, & on l'étend fur un couffin ; on enleve le fecond feuillet de vélin, & l'on prend la feconde feuille d'or, que l'on pofe fur la premiere, de maniere cependant que la feconde foit plus reculée vers la gauche que la premiere ; en un mot on range les feuilles en échelle, puis, avec un couteau d'acier, émouffé par le bout, & à l'aide d'une pince de bois léger, on les prend toutes quatre à quatre, & on les coupe en quatre parties égales, ce qui donne huit cents quatre-vingt-feize feuilles.

Cette divifion étant faite, on arrange ces huit cents quatre-vingt-feize feuilles avec des emplures de baudruche, efpece de peau bien déliée & bien plus fine que le vélin. Cet affemblage s'appelle *chaudret*. Le feuillet du chaudret a environ cinq pouces en quarré ; il eft auffi de baudruche. Le chaudret s'enfourre comme les cauchers.

On bat environ deux heures le chaudret ; & lorfqu'on s'apperçoit que les feuilles défafleurent, la troifieme opération eft finie. On a à côté de foi un couffin couvert de peau de veau ; on leve les feuillets de baudruche de la main gauche, & de la droite on enleve avec une pince de bois les feuilles d'or ; on les rogne avec un couteau d'acier, & on les range par échelle fur le couffin ; on les divife en quatre parties égales, ce qui donne quatre fois huit cents quatre-vingt-feize feuilles d'or : on divife ce nombre en quatre portions d'environ huit cents feuilles chacune, & l'on arrange ces huit cents feuilles d'or de la maniere fuivante.

On prend deux feuillets de parchemin, vingt-cinq emplures de baudruche, une feuille d'or, & on les arrange ainfi de fuite jufqu'à huit cents inclufivement. Cet affemblage forme ce qu'on appelle un *moule*. Le chaudret, divifé en quatre, donne de quoi former quatre moules, qui fe travaillent l'un après l'autre.

La feuille du moule a la forme d'un quarré, dont le côté a fix pouces : on le bat plus ou moins, fuivant les circonftances. On fe fert pour cela d'abord d'un marteau rond qui pefe fept à huit livres, enfuite d'un fecond marteau pefant quatre ou cinq livres ; & pour finir l'opération on fe fert d'un marteau qui pefe douze à quinze livres, & qu'on appelle *marteau à achever*. Quand la batte eft finie, les feuilles défafleurent toutes, & pour lors il n'eft plus queftion que de tirer l'or battu d'entre les feuilles du moule, & de les placer dans les *quarterons*. Les quarterons font des livrets de vingt-cinq feuillets d'or ou d'argent battu. Il y a des quarterons de petite & de grande mefure : les premiers n'ont que trois pouces en quarré, & les feconds en ont quatre.

On diftingue l'or battu en feuilles en trois efpeces, en or fin, en or pâle ou verd, & en or commun. L'or fin eft celui qu'on emploie dans toute fa pureté, & comme il fort de l'affinage : l'or pâle ou verd eft mélangé par once d'or de quatre gros de blanc ou d'argent : dans l'once d'or commun, il entre jufqu'à douze grains de rouge ou de cuivre de rofette, & fix grains de blanc ou d'argent.

Sur chaque quatre onces d'or que l'on réduit en feuilles, il y a un déchet de dix-fept gros tant en lavures, rognures ou autrement ; mais cet or n'eft pas tout-à-fait perdu pour les batteurs, puifqu'en rendant les rognures en poudre impalpable, & en les broyant fur un marbre avec du miel, ils en font ce qu'on appelle l'or en coquille dont on fe fert pour divers ouvrages.

Quoique l'opération du Batteur d'or paroiffe très fimple, puifqu'il n'eft queftion, ce femble, que de battre ce métal, il y a cependant peu d'arts où le favoir-faire foit auffi fenfible; tel ouvrier habile fait plus & de meilleur ouvrage dans un jour, qu'un autre n'en feroit de mauvais en un jour & demi.

·Les temps pluvieux & humides, les hivers nébuleux, humectent les vélins, ramolliffent les baudruches, & rendent le travail très pénible. Quelles obligations les Batteurs d'or n'auroient-ils pas à la phyfique, fi elle pouvoit trouver un jour quelque remede à tous ces inconvénients !

Comme il n'eft pas poffible d'affujettir les ouvrages des Batteurs d'or à la marque, leur communauté paie mille écus à la Monnoie pour ce droit : on ne doit pas même craindre qu'ils mettent dans leur or plus d'alliage qu'il ne faut, parceque le peu de profit qu'ils en pourroient retirer ne les dédommageroit pas de la perte de leur temps, parceque plus l'or eft pur, plus il eft ductile, & fe travaille plus facilement.

L'or battu, qu'on nomme *or d'Ulm*, paie par caiffe pefant cent cinquante livres, quinze livres de droit d'entrée à la douane de Lyon; l'or faux & l'or de baffin, quatre livres.

Les Batteurs d'or à Paris font au nombre de foixantehuit, & y forment un corps de maîtres marchands, ayant des ftatuts, privileges & réglements fuivant lefquels ils fe conduifent dans leur communauté : ils ne font pas plus de trente environ, dont les uns ne battent que de l'or uniquement, & les autres de l'argent, ayant néanmoins le choix de l'un ou de l'autre commerce, & pouvant même les faire tous les deux à la fois.

BAUDROYEUR. Ouvrier qui corroyoit les cuirs qu'on vouloit mettre en couleur; ils formoient autrefois à Paris une des quatre communautés d'artifans qui travailloient aux cuirs au fortir des mains du tanneur, & qui leur donnoient la derniere préparation. Les Baudroyeurs avoient leurs jurés & leurs ftatuts particuliers : on ne fait point dans quel temps s'eſt faite leur réunion à la communauté des *Corroyeurs*, qui depuis ont pris le nom de Corroyeurs-Baudroyeurs : *voyez* CORROYEUR.

BAYETTE (Manufacture de). C'eſt une eſpece de *revéche* ou de *flanelle* de laine, très groſſiere & très large, non croiſée, fort lâche, & tirée à poil d'un côté. La fabrication de cette étoffe étant à-peu-près ſemblable à celle du drap en toile, *voyez* DRAPIER.

On les appelle *bays* à Colcheſter en Angleterre, où l'on en fabrique beaucoup, & elles portent le nom de *baiques* en Flandre où l'on en fait conſidérablement, particuliérement à Tournay, à Lille & à Neuf-Egliſes.

Il y a peu d'années que nos ouvriers ſe ſont aviſés d'en établir des manufactures qui ont très bien réuſſi à Beauvais, Caſtres, Montpellier & Niſmes.

Leur largeur varie depuis une aune un quart juſqu'à une aune trois quarts ; les pieces ont vingt-huit à trente & une aunes de longueur, meſure de Paris.

On en débite beaucoup en Eſpagne, en Portugal, & en Italie, où nos marchands, ainſi que les Anglois & les Flamands, en envoient de toutes ſortes de couleurs. Celles d'une aune & demie de largeur ſont les plus propres pour le commerce d'Eſpagne.

Il ſe fabrique encore à Albi, & aux environs de cette ville, une autre eſpece de bayette de laine, dont le prix eſt des plus médiocres ; elle n'a que demi-aune moins un ſeizieme de largeur, meſure de Paris.

Quoique l'article XXX du réglement général des manufactures du mois d'Août 1669, porte que les drapants ou ſergers ne pourront faire aucune étoffe de quelque prix modique qu'elle ſoit, qu'elle n'ait une demi-aune de large, meſure de Paris ; cependant l'arrêt du Conſeil du 15 Juillet 1673 a bien voulu ſe relâcher en faveur de cette manufacture.

Les bayettes paient pour les droits de ſortie du royaume & des provinces réputées étrangeres trois livres par cent peſant. Celles d'Angleterre paient pour droit d'entrée vingt livres par piece de vingt-cinq aunes, & ſoixante livres par piece de ſoixante aunes, ſelon l'arrêt du 20 Décembre 1687 ; avec défenſe d'entrer en France par d'autres ports que ceux de Calais & S. Valery. Celles de Flandre ne paient que quatre livres par piece de vingt aunes , conformément au tarif de 1664.

BERGAME (fabrique de) : *voyez* HONGRIE.

BERGER. C'eſt celui qui ſoigne les moutons & les brebis , qui les tond , qui les garde. Seul il ne pourroit y
ſuffire ; mais il eſt aidé dans ce travail par des chiens
que la nature ſemble avoir deſtinés à cet uſage , & qu'on
nomme par cette raiſon *chiens de Berger.* Ces domeſtiques
obéiſſants veillent à la garde & à la conduite du troupeau le jour & la nuit : le jour ils conduiſent toute la
troupe , & ils ont grand ſoin de défendre les bleds contre l'avidité des moutons ; ſi ceux-ci ſont entre deux
pieces de bled , deux chiens ſe promenent continuellement en long & en large , l'un d'un côté & l'autre de l'autre : ils fondent ſur ceux qui oſent y venir , & les empêchent d'en approcher. Les chiens ſervent d'autant mieux
le Berger , qu'il les a mieux inſtruits ; il les releve de
temps en temps , ſans quoi les chiens ne pourroient y
ſuffire , ſur-tout lorſque le troupeau eſt nombreux. La
nuit il les place au coin du parc pour faire ſentinelle ,
& défendre les moutons contre les loups. Dans les pays
où les loups ſont fréquents , ces chiens ſont ſoutenus par
des dogues de forte race.

Le Berger porte en main une houlette qui eſt un bâton
emmanché d'une pelle de fer dont il ſe ſert très adroite-
ment pour lancer des pierres ou des mottes de terre à ſes
chiens lorſqu'ils ne ſont pas dociles. Il porte ſur lui pluſieurs courroies avec des anneaux auxquels il attache les
chiens qu'il veut faire reſter tranquilles : il mene ſon
troupeau dans les meilleurs pâturages , tantôt d'un côté ,
tantôt de l'autre , pour donner à l'herbe le temps de re-
pouſſer. Comme les moutons ſont très ſenſibles à l'ardeur du ſoleil , un de ſes ſoins eſt de les en garantir ;
pour cet effet il les conduit le matin du côté du couchant ,
& l'après midi au levant , en ſorte qu'ils aient toujours le
ſoleil derriere eux , & la tête à l'ombre de leur corps. Sa
plus grande occupation eſt de regarder ſon troupeau ,
d'obſerver ſi quelqu'un d'entre ſes moutons eſt incommodé , pour le ſoigner , & d'avoir ſur-tout un ſoin particulier des brebis lorſqu'elles agnelent.

Depuis le mois de Mai juſqu'à la Touſſaint , le Berger
reſte aux champs & fait *parquer* ſes moutons : voici la
maniere ordinaire. On renferme de claies que l'on ſou-

tient en dehors avec des piquets, un efpace de terre labourée proportionné au nombre du troupeau ; les moutons ainfi réunis engraiffent là terre par leurs urines & par leurs excréments : on change le parc une fois pendant la nuit, c'eft-à-dire qu'on les laiffe dans le premier parc depuis le foir jufqu'à minuit, & qu'on les fait paffer depuis minuit jufqu'au foleil levant dans l'autre ; le Berger a pour habitation une petite cabane roulante, qu'il change de place ainfi que fon parc. Un parc de cent moutons peut amender pendant l'été huit arpents de terre. Cet engrais fait un effet fi merveilleux que les bleds y viennent des plus beaux, fans qu'on foit obligé d'y tranfporter d'autres fumiers ; on verra au mot *fermier* le grand avantage qui réfulte pour la beauté des laines, de faire parquer les moutons toute l'année.

Le Berger obferve l'âge de fes brebis, de fes *beliers* & de fes moutons, afin de tirer du troupeau les brebis qui ont cinq ou fix ans, parcequ'elles n'agnelent plus. C'eft à leurs dents qu'il connoît leur âge : à trois ans elles font toutes égales, mais à mefure que l'animal veillit, elles s'émouffent, fe déchauffent, & elles deviennent inégales & noires. Comme la beauté des agneaux dépend de la force & de la vigueur des beliers, il a grand foin de les bien nourrir, de leur donner du chenevis, de l'orge, & de les tenir féparés des brebis, hors le temps qu'il veut les faire faillir : il a foin d'avoir des beliers qui aient au moins trois ans, ce font les plus propres à la génération, un feul fuffit à vingt-cinq ou trente brebis. Lorfque le fermier fait grand profit des agneaux, il ordonne au Berger de ne faire accoupler les brebis que vers le mois d'Août, afin d'avoir des agneaux vers le mois de Janvier, temps où ils font très rares ; mais lorfque le fermier eft éloigné des grandes villes, il a plus de profit à faire multiplier fon troupeau, c'eft pourquoi il permet l'accouplement aux beliers dans le mois de Novembre. Par cette attention les agneaux, dont le tempérament eft très délicat, venant au monde dans une belle faifon, en deviennent plus beaux & plus forts.

C'eft fur-tout lorfque les brebis font près d'agneler, que le Berger renouvelle fes foins, & qu'il veille pour leur prêter fecours en cas que l'agneau ne fe préfente pas bien. Auffi-tôt qu'il eft né, il le met droit fur les jambis, l'approche des tettes de fa mere, & l'enferme avec elle pendant quatre jours. Il nourrit amplement les brebis qui ont des agneaux ; & aussi-tôt que ces jeunes animaux commencent à bondir, il les mene aux champs avec leurs meres.

Lorsque les agneaux ont cinq à six mois, le Berger les châtre. Cette opération détruit leur pétulance ; & il en résulte une plus grande abondance de laine, bien supérieure en bonté à celle des brebis. Voici la maniere dont le Berger fait cette opération. Il fait une incision sur la bourse du belier, & en fait tomber les testicules qui se détachent d'eux-mêmes en serrant la bourse ; ensuite il frotte la plaie avec du sain-doux. On peut aussi lier simplement avec une corde les bourses au-dessus des testicules, & par cette compression l'on détruit les vaisseaux qui y aboutissent. Ces jeunes animaux reviennent très facilement de cette opération, sur-tout lorsqu'elle est faite dans une saison tempérée.

Un autre travail du Berger est de tondre les brebis & moutons une fois l'an dans le mois de Mai, & les agneaux dans le mois de Juillet. Il choisit un beau jour, un temps doux : il lie chaque bête par les quatre pieds, il l'étend sur une grande nappe, & avec de grands ciseaux il lui coupe toute la laine très près de la chair ; il lui frotte ensuite le dos avec un baume fait d'huile & de vin mêlés ensemble ; s'il lui fait quelque coupure, il y met aussi-tôt du sain-doux ou de la lie d'huile d'olive.

Il met à part les diverses especes de laine qu'il retire sur chaque mouton ; savoir la *mere laine*, qui est celle du col & de dessus le dos, c'est la meilleure ; ensuite celle de la gorge, de dessous le ventre, celle de la queue & des cuisses, & des autres parties du corps. Ces laines sont d'autant plus belles, plus propres, plus soyeuses, que l'espece des moutons a été mieux choisie, & que le Berger a tenu son troupeau plus proprement. Il se fait encore un autre triage des laines : on en sépare ce qui est au cœur de chaque poignée, c'est le plus fin qu'on nomme *prime* ; ce qui en approche le plus se nomme *feconde* ; on appelle *tierce* ce qui vient ensuite. Tout ce qui est jaune, altéré, est mis au rebut, & s'emploie à des ouvrages grossiers. La laine blanche est la plus estimée ; celle qui est tondue sur une bête morte ou malade est sujette à la vermine.

Le Berger intelligent eſt le médecin de ſon troupeau. Il n'eſt guere d'eſpece d'animaux plus délicats. Voit-il quelque mouton attaqué du *claveau* ou *clavée*, ce qu'il reconnoît à de petits clous qui s'élevent ſur ſon corps, il le ſépare auſſi-tôt du troupeau, parceque ce mal eſt contagieux ; il coupe les clous, & met dans la plaie de la poix-réſine. Un mouton a-t-il la jambe rompue, il lui met des écliſſes & la baſſine avec de l'huile & du vin : ſi ſes moutons ſont enflés pour avoir mangé de mauvaiſes herbes, il les ſaigne : par le ſoin qu'il prend de veiller à l'origine du mal, il empêche quelquefois tout un troupeau d'être attaqué de maladies contagieuſes. On ſent combien un Berger habile fait de profit au fermier.

BIJOUTIER : *voyez* JOUAILLIER.

BIMBLOTIER ou BIMBELOTIER. C'eſt le marchand qui fait ou vend des colifichets d'enfants. Son nom vient de *bimblot* (colifichet). Il y a deux ſortes de bimblots : les uns qui conſiſtent en petits ouvrages fondus d'un étain de bas aloi ou de plomb, telles ſont toutes les petites pieces qu'on appelle *ménage d'enfant* : les autres conſiſtent dans toutes ces bagatelles, tant en bois, qu'en linges, étoffes & autres matieres dont on fait des jouets ; comme poupées, carroſſes, &c. Ce ſont les *Merciers* qui ſont trafic de ces derniers *bimblots* ; les *maîtres Miroitiers, Lunettiers, Bimblotiers*, ſont le trafic des autres. Pour ſavoir juſqu'où va ce commerce, il n'y a qu'à ſe rappeller ce qui s'en vend au premier jour de l'an.

On ne ſauroit croire combien l'art de faire ces bagatelles, & le débit qu'on s'en procure, forment un commerce conſidérable. Il s'en conſomme non ſeulement beaucoup à Paris & dans les provinces ; on en envoie auſſi chez l'étranger, & juſques dans l'Amérique Eſpagnole. On fait d'aſſez grands profits ſur toutes ces belles poupées qu'on envoie toutes coeffées & richement habillées dans les Cours étrangeres, pour y porter les modes Françoiſes des habits, ſoit des dames, ſoit des cavaliers.

C'eſt auſſi de ce corps des *Bimblotiers* que ſont les marchands qui préparent le plomb de chaſſe : ils emploient du plomb fondu avec lequel il font des *balles*, des *lingots*, & du petit plomb en grains plus ou moins gros, qu'on nomme *dragées*. Il y a deux manieres de les faire, ou à l'eau ou au moule. La dragée fondue à l'eau eſt ſujette à

être creuſe , & par conſéquent à perdre la vîteſſe qui lui
eſt imprimée beaucoup plus promptement que ne la perd
la dragée coulée au moule ; mais d'un autre côté elle eſt
plus belle , plus exactement ſphérique , & ſe fabrique
plus facilement & plus vîte.

Pour réduire le plomb en dragées par le moyen de l'eau,
on le fait fondre dans une grande chaudiere de fonte ; on
y peut mettre à la fois juſqu'à douze ou quinze ſaumons
de plomb , faiſant en total environ 1200 livres. Lorſque
le plomb eſt dans une fuſion convenable , ce qui ſe reconnoît lorſqu'en y plongeant une carte elle n'eſt pas
plus d'une minute à s'enflammer , on y jette environ une
demi-livre d'*orpin* concaſſé , qui eſt une ſubſtance compoſée d'arſenic & de ſoufre. L'orpin s'enflamme ; mais
pour le faire brûler plus lentement on recouvre ſa flamme
de la craſſe , ou plutôt de la chaux de plomb qui eſt à la
ſurface de la chaudiere. On remet enſuite de nouvel orpin : ſur une fonte de plomb de 1200 livres , on en met
ainſi quelquefois ſucceſſivement juſqu'à une livre ou cinq
quarterons , ſuivant que le plomb eſt plus ou moins pur,
plus ou moins ductile , plus ou moins aigre. On reconnoît que le plomb a eu aſſez d'orpin pour être bien réduit
en dragées , lorſqu'en le prenant dans une cuiller de fer ,
& le faiſant couler dans de l'eau par un filet le plus menu
& le plus lent poſſible , il ſe réduit en tombant dans l'eau
en dragées rondes ; ſi au contraire il n'a pas eu aſſez d'orpin , les gouttes s'alongent & prennent une figure de
larmes ou d'aiguilles.

Lorſqu'on eſt ſûr par les eſſais , que le plomb eſt en
état de bien prendre la forme de dragées , on entretient la
chaudiere dans une chaleur égale ; on place au-deſſus d'un
tonneau une paſſoire de fer ou de tôle mince , percée de
trous d'une ligne de diametre , & écartés les uns des autres d'un demi-pouce ; on verſe dans cette paſſoire le
plomb fondu qui tombe dans le tonneau en dragées de
différents échantillons. Si le plomb , en atteignant l'eau,
au lieu de faire un bruit égal & aigu , produit des petille-
ments ſourds , le plomb eſt trop chaud , & il ſe forme
une grande quantité de dragées creuſes ; il faut donc le
laiſſer refroidir : lorſqu'il eſt au degré de chaleur convenable , le plomb que l'on verſe dans la paſſoire coule fort
vîte ; & l'on a de la grenaille depuis la *cendrée* la plus

fine jufqu'à la dragée la plus forte. Lorfque l'eau dans laquelle on forme les dragées commence à s'échauffer, il faut la renouveller, car alors les dragées fe forment moins rondes. Si l'on tient la paffoire trop élevée au-deffus de l'eau, le plomb s'applatit, ce qui vient fans doute de ce qu'il frappe l'eau avec trop de force. Lorfque la grenaille eft faite on la fait fécher, & enfuite on la fépare par fortes, en la paffant par des cribles de peau fufpendus ; ce qui s'appelle *mettre d'échantillon*. Après cette opération la dragée eft terne. Pour l'éclaircir & lui donner cet œil brillant qu'on lui voit chez le marchand, on en prend environ 300 livres d'un même échantillon, que l'on met dans une boîte à huit pans, de la longueur de deux pieds, d'un pied de diametre. Cette boîte eft traverfée d'un aiffieu de fer d'un pouce en quarré, aux extrémités duquel il y a deux manivelles, & elle eft foutenue de maniere qu'on peut la faire tourner : on met la dragée dans l'intérieur de la boîte, & fur trois cents livres de plomb on y ajoute une demi-livre de mine de plomb : un ou deux hommes font tourner cette boîte fur elle-même pendant l'efpace d'une bonne heure : par ce mouvement la dragée, mêlée avec la mine de plomb, fe lifle, s'éclaircit, devient brillante, & c'eft par cette raifon qu'en la maniant, les doigts fe chargent d'une couleur de mine de plomb.

Lorfqu'on veut fabriquer de la *dragée moulée*, on fait fondre le plomb comme nous l'avons dit ci-deffus. Enfuite on prend un moule compofé de deux parties, qui fe meuvent à charniere ; lorfque le moule eft fermé, elles forment en fe réuniffant de petites chambres concaves ; c'eft là le lieu où le plomb fe moule en dragées. Ces chambres fphériques communiquent à la gouttiere pratiquée le long des branches, par des efpeces d'entonnoirs, qui font formés, moitié fur une des chambres, moitié fur l'autre. Ces petits canaux ou entonnoirs fervent de jet au plomb que l'on verfe à un des bouts de la gouttiere ; il fe répand fur toute fa longueur, enfile chemin faifant tous les petits *jets* qu'on lui a ménagés, & va remplir toutes les petites chambres fphériques, & former autant de dragées ou de grains qu'il fe trouve de chambres.

Le plomb étant refroidi, on ouvre le moule, & on en tire une branche de plomb, qui porte fur toute fa longueur les grains ou dragées attachées. Ces branches tirées du moule passent entre les mains d'une *coupeuse* qui, avec une tenaille, sépare toutes les dragées ; elle mouille de temps en temps ses tenailles dans l'eau, afin que le plomb soit moins tenace & se détache plus facilement. Les petits cylindres de plomb qui séparoient chaque dragée sont reportés dans la chaudiere pour être fondus. Les *dragées coupées* passent au *moulin* : c'est là qu'elles se polissent, & que s'affaissent ou du moins s'adoucissent les inégalités qui y restent de la coupe des jets par lesquels elles tenoient à une branche commune.

Le moulin des Bimblotiers est une espece de caisse quarrée, hérissée en dedans de clous : un homme ou deux la font tourner avec des manivelles. Dans ce mouvement les dragées se frottent les unes contre les autres, & sont à chaque instant jettées contre les clous ; c'est ainsi qu'elles s'achevent, & qu'elles deviennent propres à l'usage de la chasse.

La fabrique des balles & celle des lingots ne different de celle des dragées que par la grandeur des moules dont on se sert pour les fondre.

La bimbloterie paie comme mercerie trois livres par cent pesant pour droit de sortie, à moins que ce ne soient de ces riches poupées qu'on envoie pour les modes, qui paient par estimation.

BISCUIT DE MER (manufacture de). C'est un pain extrêmement desséché au moyen de quatre cuissons qu'on lui donne pour les voyages de long cours, & de deux pour les petits voyages. Il est fait de farine de froment épurée de son ; & il faut que la pâte en soit bien levée.

Il n'y a point de port de mer où il n'y ait de ces manufactures. Le biscuit qu'on y prend pour les voyages de long cours est fait six mois avant l'embarquement ; celui dont on sert sur les vaisseaux du Roi n'est fait qu'un mois auparavant.

Le biscuit & l'eau sont les deux choses les plus nécessaires pour l'armement des vaisseaux ; lorsque l'un ou l'autre se gâte, les équipages languissent, & périssent souvent lorsqu'ils sont engagés à faire de longs voyages. Ç'a été sans doute pour les entreprendre avec plus de sécurité, & pour éviter des malheurs semblables, que l'homme, toujours industrieux dès qu'il s'agit de sa conservation ou de fa fortune, trouva, après plufieurs expériences, la maniere d'avoir du pain qui pût fe garder fort long-temps fans perdre fon goût ni fa qualité nutritive. On ignore quel eft celui auquel la marine eft redevable de cette invention.

Pour avoir du bifcuit de la meilleure qualité, on choifit du froment dont le grain foit rouge & glacé, & fur-tout bien purgé de la nielle, de l'ivraie, & de tout ce qui pourroit lui donner un mauvais goût, & accélérer fa corruption. Le meilleur eft celui de trois ou quatre mois; on fe fert auffi de celui d'un an, pourvu qu'il n'ait pas été échauffé.

Quoique les farines un peu échauffées puiffent fervir à faire du pain frais, il ne feroit pas prudent de s'en fervir pour le bifcuit. On connoît celles qui font propres à cet ufage lorfqu'elles n'ont aucune odeur; qu'elles fentent la noifette quand on en met fur la langue; qu'elles font fort douces au toucher, & point fableufes; ce qu'on connoît en en jettant une poignée dans un vafe plein d'eau, puifque le fable va au fond auffi-tôt.

On commence l'opération du bifcuit par mettre dans le *pétrin* un morceau de levain, c'eft-à-dire environ vingt livres de pâte de la derniere fournée. On verfe fur ce levain dix pots d'eau bien nette, & plus que tiede, mais plus chaude en hiver qu'en été; on délaie enfuite une quantité de farine fuffifante pour confommer cette eau, ce qui fait une pâte bâtarde qui n'eft ni trop molle, ni trop forte, qui pefe environ foixante livres, & qu'on met dans un coin du pêtrin, environnée de toutes parts de farine pour la foutenir. Cette pâte renfermée étant levée cinq ou fix heures après, on y ajoute de la farine & de l'eau jufqu'à en augmenter le poids de trente livres.

Lorfque le Boulanger juge à propos de la pêtrir, il augmente encore cette pâte de trente autres livres, ce qui fait en tout une maffe de cent vingt livres, dont il réferve la moitié pour fervir de levain à la fournée fuivante. On ne fauroit faire trop d'attention à ce que le Boulanger ne pêtriffe pas deux fournées fur un même levain, parceque le bifcuit ne fe conferveroit pas; & l'on doit avoir foin de faire ajouter en hiver un huitieme de levain de plus.

On fe fert à *Breft* d'une méthode différente. Après avoir

fait le levain comme ci-deſſus, juſqu'à la concurrence de ſoixante livres, on l'augmente ſix heures après juſqu'à deux cents, qu'on diviſe en quatre parties, dont trois ſervent pour pêtrir les trois premieres fournées, & la quatrieme eſt réſervée pour recommencer le travail du lendemain.

On boulange enſuite la pâte en la maniere ordinaire. Lorſqu'elle eſt ſortie du pêtrin & miſe ſur une table, on la retourne pluſieurs fois, juſqu'à ce qu'elle ſoit bien ferme & reſſuyée ; on la met ſur le champ en *galettes*, qui ſont faites de quatorze onces de pâte, & qui ne peſent que huit à neuf onces quand elles ſont cuites.

Après qu'on l'a miſe du poids qu'on veut lui donner, on la tourne & retourne en forme de boule avec la main pour la rendre plus dure ; on l'applatit avec un rouleau dont le milieu eſt plus gros que les deux bouts, afin de laiſſer dans le milieu une eſpece de creux ; dès qu'elle eſt finie on la marque d'une croix avec une *croiſoire ;* un peu avant que de la mettre au four, on la pique de cinq à ſix coups de *piquet*, ou inſtrument de fer à trois pointes ; & afin de lui donner le temps de lever, on la laiſſe une demi-heure ſur la table avant de l'enfourner.

On connoît que le four eſt chaud quand ſa voûte paroît d'un blanc cendré. On peut pour la premiere fournée le chauffer avec du bois qui ne ſoit pas ſec, mais aux autres le plus ſec eſt le meilleur, attendu que la pâte peut preſſer ; & on obſerve de laiſſer blanchir le four.

Dès que les galettes ſont dans le four auſſi près les unes des autres que faire ſe peut, on le ferme bien joint, & on y met quelques pelletées de braiſe contre la porte ; un quart d'heure après on l'ouvre pour voir ſi le biſcuit a pris couleur. S'il a pris celle qu'il lui faut, on laiſſe le four ouvert environ un demi-quart d'heure ; on le referme enſuite, & un bon quart d'heure après on tire les galettes du four, & on en rompt quelques-unes pour ſavoir ſi elles ſont cuites.

On connoît la cuiſſon à ce que les bords ſont rouſſeâtres en dedans, & que le peu de mie qui ſe trouve au milieu eſt ſec quoiqu'encore ſpongieux. Lorſqu'on a mis la main ſur cette mie, & que l'on y ſent quelque moiteur, c'eſt une preuve qu'elle n'eſt pas encore cuite ; on laiſſe pour lors les autres galettes dans le four autant de temps qu'on juge qu'il eſt néceſſaire pour en deſſécher toute l'humidité. On les laiſſe enſuite refroidir, après les avoir retirées du four, & on les y fait paſſer encore une ou pluſieurs fois, comme nous l'avons dit, ſuivant la deſtination du biſcuit.

Ce ſeroit inutilement qu'on prendroit tant de précautions pour la cuiſſon du biſcuit, ſi on négligeoit de faire ce qui contribue à ſa conſervation. Dès qu'il eſt ſorti du four, on le porte à la ſoute, qu'on a bien nettoyée & chauffée pendant l'eſpace de quatre jours. Cette ſoute eſt un magaſin au-deſſus du four, boiſé haut & bas de tous côtés, & dont les joints des planches ſont très bien calfatés. Lorſqu'il eſt plein on ne l'ouvre que pour en délivrer le biſcuit. Il faut un mois pour reſſuyer le biſcuit, & autant pour le rendre raſſis avant de l'embarquer.

En Provence on le met dans de grands greniers aérés, où l'on croit qu'il ſe reſſuie mieux que dans une ſoute où il eſt renfermé avec toute ſa chaleur. On obſerve cependant de tenir les fenêtres de ces greniers fermées pendant les temps de pluie & d'humidité.

On n'eſt pas moins attentif à profiter d'un beau temps lorſqu'on veut l'embarquer & le mettre dans les ſoutes d'un vaiſſeau qui doivent avoir été chauffées pendant ſix jours & ſix nuits avec du charbon, & bien doublées de fer blanc & calfatées, bien nattées haut & bas & de tous côtés avec des nattes de Provence, comme étant meilleures que les autres.

On n'ouvre jamais les ſoutes que l'une après l'autre, à meſure qu'on en a beſoin; & on ne prend le biſcuit qu'à l'entrée de l'écoutille. C'eſt le moyen de le conſerver plus long-temps.

BISETTIÈRE. Nom des ouvrieres qui travaillent à faire de la biſette.

La biſette eſt une petite dentelle de fil de lin blanc, très baſſe & de peu de valeur, que les payſannes font pour leur uſage ou pour vendre.

Ces dentelles ſe travaillent ſur l'oreiller de la même façon que les autres, avec des fuſeaux & des épingles, en ſuivant une eſpece de deſſein.

On en fait de fines, de moyennes & de groſſes à Giſors, S. Denis en France, Montmorency, Villiers-le-Bel, & les environs de ces lieux, qui ſont les endroits où il s'en fabrique le plus.　　　　　　　　　　　　Les

Les merciers & les lingeres emploient beaucoup de cette dentelle, quoiqu'elle ne foit qu'une marchandife de peu de valeur : *voyez* DENTELLE.

BISEURS, REPAREURS, ou TEINTURIERS DU PE-TIT TEINT. On donnoit autrefois le nom de *bifeurs* ou *répareurs* à ceux qu'on nomme aujourd'hui maîtres Tein-turiers du petit teint, parcequ'il n'eft permis qu'à eux de faire le *bifage* ou *réparage*. On les appelloit auffi *Teinturiers de Georget*, du nom d'un Teinturier des Gobelins, qui s'appliqua le premier à faire cette forte de feconde teinture, & qui y excelloit.

Le bifage ou réparage fignifie la façon qu'on donne à une étoffe lorfque le Teinturier la met dans une autre couleur que celle où elle avoit été teinte la premiere fois. On ap-pelle *étoffe bifée* celle qui a été reteinte & réparée.

La différence qu'il y a entre le grand & le petit teint, c'eft qu'on deftine à celui-ci les moindres étoffes & dont la valeur n'excede pas quarante fols l'aune. Le réglement du mois d'Août 1669 a également fixé les drogues que chacun de ces deux corps doit employer pour la teinture.

Les Bifeurs ne peuvent teindre que les frifons, tiretaines, petites fergettes à double façon, de Chartres & d'Amiens, doublures affortiffantes aux échantillons qui leur font don-nés par les particuliers, marchands, & autres ; toutes fortes de hardes de foie, laine ou fil, neuves ou vieilles ; en noir, gris, noifette, mufc, & autres femblables couleurs.

Les drogues dont ils peuvent fe fervir font la gaude pour l'adouciffage des noirs & le *rabot* des gris ; la racine, l'é-corce, & la feuille de noyer, la coque de noix, la ga-rouille, la noix de galle, le fumac, le rocou, la fuie, la couperofe, le bois d'Inde, l'ofeille, & le verdet.

Les ftatuts des Teinturiers du petit teint font très an-ciens ; ils datent de l'année 1383, & leur furent donnés par le Prévôt de Paris fur l'avis & de l'agrément des teinturiers du bon teint, des drapiers, tifferands, foulons & cha-peliers.

Ayant été obligés par l'ordonnance d'Orléans de faire ré-former leurs ftatuts, & de prendre de nouvelles lettres-pa-tentes de confirmation, ils les obtinrent de Charles IX au mois de Mai 1575, & ont eu le foin de les faire confirmer par les Rois fes fucceffeurs. Leurs dernieres lettres-patentes du mois de Décembre 1679, enregiftrées au Parlement le 6 Fé-

Tome I. R

vrier 1680, difent qu'en conféquence du réglement général pour les teintures de 1679, il n'y aura dans Paris que douze maîtres Teinturiers du petit teint ; que l'apprentiffage, qui fera de quatre ans, fe fera indifféremment chez les maîtres Teinturiers du grand ou du petit teint ; que le compagnonage fera de trois ans confécutifs chez un maître du petit teint, afin que celui qui voudra fe faire recevoir maître puiffe en apprendre la façon ; que le chef-d'œuvre fera de quatre pieces de teinture, deux de drap, dont la premiere aura reçu le pied de guede & de garance par un teinturier du bon teint, & la feconde n'aura eu que le pied de guede feulement, lefquelles deux pieces de drap feront teintes en noir ; & deux de petites étoffes, dont l'une teinte en caftor & l'autre en pain bis, fans aucune participation du grand teint.

Que les fils de maître ne feront que deux ans d'apprentiffage, & feront deux ans compagnons chez leur pere ou chez un étranger ; qu'ils ne feront tenus qu'à l'expérience qui fera de teindre une piece de drap en noir, & une piece d'étoffe légere à leur choix.

Que chaque maître fera obligé de recevoir la vifite des Jurés de la communauté du grand teint, comme celle de fes propres Jurés.

BLANC DE BALEINE (préparation du). Le blanc de baleine eft une matiere graffe & onctueufe qui fe tire de la tête & d'autres parties du cachalot, & autres gros poiffons du genre des cétacées. On tire auffi de la graiffe de ces mêmes poiffons une huile connue fous le nom d'*huile de baleine*. Nous traiterons ici de ces deux objets.

Il n'eft point de pêche plus difficile & plus périlleufe que celle des baleines. Affez robuftes pour ne pas craindre l'âpreté des mers du nord, & affez hardis pour méprifer les montagnes de glace à travers lefquelles il falloit paffer, les Bafques, & fur-tout les habitants du pays de Labour, furent les premiers qui oferent tenter une entreprife auffi dangereufe, & qui aient enhardi les peuples maritimes de l'Europe, principalement les Hollandois, aux dangers qu'on court dans cette pêche. Elle s'eft même étendue jufques dans la Ruffie où il s'eft formé une compagnie approuvée du Gouvernement, en faveur de laquelle on a défendu qu'il entrât dans les ports de la Ruffie aucune huile de baleine autre que celle qui auroit été faite par les fujets de l'Impératrice des Ruffies, ou qui ne proviendroit pas de leur pêche.

Lorfque les Bafques ou autres envoient à la pêche de la baleine dans une faifon favorable, chaque bâtiment porte avec lui cinq ou fix chaloupes, embarque des vivres pour fix mois, plufieurs *funins* bien *épiffés*, de cent vingt braffes de longueur, des *harpoires* auxquelles eft attaché un manche de-bois de fix pieds, qui fe fépare du *harpon* après qu'on a percé la baleine. Ce harpon a trois pieds de long; fa figure triangulaire reffemble par le bout à une fleche. Celui qui le lance fe met à l'avant d'une chaloupe, & court fouvent de grands rifques, parceque, dès que la baleine eft bleffée, elle donne de fi furieux coups de queue & de nageoires, qu'ils tuent fouvent le harponneur & renverfent la chaloupe.

Lorfque la baleine eft harponnée, elle fuit & plonge dans la mer; on ajufte alors les funins ou cordages les uns au bout des autres; on fuit la baleine avec la chaloupe, on s'en approche auffi près qu'on le peut pour la tuer à coups de fleches ou de dards. Les autres chaloupes remorquent celle où la baleine eft attachée; le bâtiment fait toujours voile, afin d'être à portée de mettre à bord la baleine harponnée. Comme on ne peut harponner une baleine fans l'approcher de fort près, & que la chofe n'eft pas aifée, M. *Bond* propofa, dans un mémoire préfenté à la Société Royale de Londres, de fe fervir, à la place de l'arc & du harpon, de la balifte des anciens, ou de celle de *Folard*, en y faifant quelques changemens : on en peut augmenter les forces à volonté, en y multipliant le nombre des refforts ou des cables, & en donnant plus de longueur au levier qui les tend; cet inftrument peut agir dans toute forte de directions, & on peut le placer fur un pied à l'avant de la chaloupe. D'ailleurs cet inftrument eft fi fimple, qu'il n'eft perfonne qui, en peu de temps, ne puiffe apprendre à s'en fervir.

Huile de Baleine.

Autrefois les pêcheurs Bafques, pour faire cette huile, tranfportoient, comme le font encore aujourd'hui les Hollandois, le lard des baleines dans des futailles pour le fondre à la terre la plus voifine, ou chez eux; mais *François Soupife*, bourgeois de Sibourre, ayant imaginé de bâtir un fourneau de brique fur le fecond pont, & de tenir auprès, des tonneaux d'eau pour garantir le bâtiment du feu, facilita à ses compatriotes le moyen de faire fondre & cuire les graisses dans les vaisseaux, à flot ou en pleine mer, & leur procura un profit trois fois plus considérable que celui des Hollandois, que la crainte du feu a empêchés de les imiter.

Dès qu'on a enlevé le lard de la baleine avec des couteaux à manche de bois & faits exprès, on le porte à bord, où on le réduit en petits morceaux, pour qu'il soit plutôt fondu dans la chaudiere. Pour hâter l'opération, deux hommes remuent ces morceaux sans cesse avec des pelles de fer. On se sert de bois pour faire le premier feu, & ensuite des résidus du lard qui a rendu la plus grande partie de son huile. Lorsque la chaudiere est presque pleine, on en tire l'huile avec des cuillers, on la passe à un tamis, & on l'entonne ensuite dans des bariques.

L'huile de baleine que les François font est plus claire & moins fétide que celle que préparent les étrangers, parceque ceux-ci gardent & transportent la graisse de ce poisson avant de la faire fondre, ce qui l'a rend rouge & de mauvaise odeur, au lieu que nos pêcheurs la fondent aussi-tôt qu'ils l'ont tirée de la baleine.

Le grand usage qu'on fait de cette huile, tant pour brûler que pour une infinité d'ouvrages où l'on ne sauroit s'en passer, en rend le commerce très considérable. On l'emploie pour faire du savon noir, pour engraisser le brai, enduire & spalmer les navires, préparer les laines, corroyer les cuirs: les peintres s'en servent pour certaines couleurs.

Croiroit-on que les Basques qui ont encouragé les autres peuples à la pêche des baleines, l'aient comme abandonnée, à cause du peu de profit qu'ils en ont retiré pour avoir préféré le détroit de Davis aux côtes de Groenland ?

Les Hollandois ne travaillent point le lard de la baleine comme les Basques. Après l'avoir coupé en petits morceaux, ils le mettent dans des bariques où ils le laissent rancir. A leur retour de la pêche, ils vuident ces bariques dans un bac où ils remuent le lard pour le délayer en quelque sorte, & le mieux disposer à se fondre. Ils le jettent ensuite dans une chaudiere qui est placée sur le feu, dans un massif de brique & de maçonnerie. Pour faire refroidir l'huile plus promptement, ils ont dans le même attelier trois rangs de bacs pleins d'eau, & disposés de façon que les uns sont moins élevés que les autres , & qu'ils communiquent entre eux par des gouttieres. A mesure qu'l'huile se forme , ils la jettent avec des cuillers dans le premier rang de bacs d'où elle passe successivement jusqu'au troisieme, d'où on la tire ensuite pour l'entonner dans des futailles.

Les Hambourgeois laissent tellement rancir le lard de la baleine dans des quartaux qu'ils appellent *kartels*, qu'il se réduit presque de lui-même en huile ; & ils prétendent que, par cette méthode, ils en retirent un cinquieme plus d'huile que ceux qui le fondent tout de suite.

Chaque attelier a une chaudiere , une grande cuve pour y vuider les *kartels*, trois autres cuves pour clarifier l'huile ; un tamis pour la passer ; diverses cuillers pour la tirer de la chaudiere ; quelques rabots de cuivre pour la remuer à mesure qu'elle fond ; & un pot de cuivre pour remplir les *kartels*, lorsque l'huile est faite.

Leurs chaudieres sont de cuivre , larges & plates , comme de grandes casseroles ; ils les maçonnent & les murent comme celles des teinturiers.

La maniere de fondre leur est commune avec les Hollandois ; mais au lieu de faire passer l'huile dans divers bacs pleins d'eau comme ceux-ci , ils la versent dans une cuve à moitié pleine d'eau, sur laquelle ils posent le tamis ; & à l'aide d'un petit robinet , ils font passer l'huile dans deux autres cuves où il y a de l'eau pour que l'huile soit plutôt froide.

Il y a des fondeurs tant en Hollande qu'à Hambourg , qui font fondre une seconde fois les résidus du lard qu'on nomme *grillons* ou *cretons* ; mais l'huile qui en provient est si noire & de si mauvaise qualité que la plupart les négligent.

Toutes les baleines n'ont pas la graisse de la même couleur ; les unes l'ont blanche, d'autres l'ont jaune ; celle-ci est la meilleure. On fait peu de cas de la rouge , parcequ'elle provient , dit-on, de baleines mortes naturellement, & qu'elle donne très peu d'huile, dont la qualité est très mauvaise.

Blanc de Baleine.

Le blanc de baleine n'est autre chose qu'une préparation de la cervelle de cachalots.

Lorsqu'on a ôté la peau du haut de la tête des cachalots, qui n'ont point de crâne ou couvercle dur & osseux par-deſſus le cerveau , on trouve , au-deſſous de quatre doigts d'épaiſſeur de graiſſe, une membrane épaiſſe, & de plus une autre cloiſon qui, pour la conſiſtance , eſt aſſez ſemblable à la premiere , & qui s'étend dans toute la tête , depuis le muſeau juſqu'à la nuque. La premiere chambre qui eſt entre ces deux membranes, renferme la partie du cerveau la plus précieuſe , & dont on prépare le meilleur blanc de baleine. Un réſeau, ſemblable à un gros crêpe , diviſe cette chambre en pluſieurs cellules.

Il y a une autre chambre au-deſſous de la premiere : elle a depuis quatre juſqu'à ſept pieds & demi de hauteur, ſelon la groſſeur du poiſſon ; elle ſe trouve au-deſſus du palais, & eſt remplie d'une matiere blanche, qui eſt renfermée dans de petites cellules, dont les parois reſſemblent à la pellicule intérieure d'un œuf. Au premier blanc de baleine qu'on enleve , il en ſuccede de nouveau, juſqu'à remplir onze petits tonneaux ; cette matiere ſort d'un vaiſſeau qui eſt gros comme la cuiſſe d'un homme auprès de la tête du poiſſon, & qui, en s'étendant tout le long de l'épine, n'a que la groſſeur du doigt vers la queue où il ſe termine. Quand on enleve la graiſſe du cachalot, on évite de rencontrer ce vaiſſeau , parceque , ſi on le coupoit , tout le blanc de baleine s'écouleroit par l'ouverture.

A Bayonne & à Saint-Jean de Luz , qui ſont les endroits où l'on prépare le blanc de baleine, on fait fondre la cervelle du cachalot à petit feu ; on la jette enſuite dans des moules de terre, faits à-peu-près comme ceux qu'on emploie dans les ſucreries. Lorſqu'elle eſt refroidie & qu'elle s'eſt égouttée de ſon huile, on la refond & on la fait égoutter de nouveau , juſqu'à ce qu'elle ſoit bien purifiée & bien blanche ; on la coupe enſuite & on la met en écailles telles que nous les voyons.

En 1705, il n'y avoit plus à Saint-Jean de Luz que deux ouvriers qui la ſuſſent bien préparer : depuis ce temps-là le nombre en eſt augmenté.

Il y en a qui ſophiſtiquent la cervelle du cachalot avec de la cire , mais on le connoît à l'odeur & à la couleur qui eſt d'un blanc mat. Pour ne pas s'y tromper en l'achetant, il faut choiſir des écailles belles , blanches , claires , tranſparentes, d'une odeur ſauvagine ; comme cette marchandiſe craint beaucoup l'air , on la tient dans les barils mêmes dans leſquels elle vient , ou dans des bouteilles de verre bien fermées.

On fait auffi un autre blanc de baleine où il n'entre que la graiffe du cachalot ; il eft très inférieur à l'autre , & on le connoît à ce qu'il jaunit dès qu'il eft expofé à l'air.

Le blanc de baleine eft de quelque ufage dans la médecine ; cependant fa confommation fe réduiroit à bien peu de chofe, fi les dames ne le faifoient entrer dans les pâtes dont elles fe fervent pour laver les mains & pour blanchir la peau.

Les François paient pour droits d'entrée trois livres par barique pefant de 500 à 520 livres; les Hollandois fept liv. dix fols , ainfi que les Dunkerquois & les villes anféatiques ; les autres paient douze livres. Les droits de fortie font de huit fols par barique d'huile.

BLANC D'ESPAGNE , *voyez* TROYES.

BLANCHARDS (manufacture de). Ces toiles de lin font ainfi appellées de ce que le fil a été à demi blanchi avant que d'être employé à leur fabrication.

Elles fe manufacturent toutes en Normandie , dans les villages & lieux dépendants des élections de Pont-Audemer, de Bernay & Lifieux. Elles ne font ni groffes ni fines : leur chaîne eft de deux mille fils ; leur largeur en écru eft de quinze feiziemes , qui reviennent en blanc à fept huitiemes. La longueur des pieces eft de foixante à foixante-fix aunes , pliées par petits plis d'un quartier; elles fe vendent au cent d'aunes courantes , mefure de Paris.

Avant d'être mifes au blanchiffage , elles doivent paffer par la halle aux toiles de Rouen pour y être vifitées & marquées. La marque qu'on applique aux deux bouts de la piece , eft imbibée d'un noir détrempé dans l'huile , & repréfente un mouton tenant une croix : ce font les armes de la ville de Rouen.

Lorfque ces toiles font marquées & vifitées , on les porte blanchir dans les blanchifferies des environs de Rouen, & dans celles qui font le long de la riviere de Rille. On les envoie enfuite dans les Indes Efpagnoles , où ceux qui travaillent aux mines , s'en fervent pour faire des chemifes.

BLANCHIMENT DES TOILES. L'art de blanchir les toiles confifte à leur faire perdre la couleur jaune , fale ou grife qu'elles ont au fortir des mains du Tifferand : on nomme *blanchifferie* le lieu où fe fait cette opération.

Les toiles reçoivent bien des façons différentes avant qu'on puiffe les porter au marché ; elles occupent conféquemment beaucoup de mains. La maniere de les gouverner dans les blanchifferies eft le point le plus important. C'eft de là que dépendent leurs qualités effentielles, qui font la blancheur & la force.

Il y a tout lieu de croire qu'on a découvert de bonne heure dans les climats chauds, que le foleil & la rofée, ou les fréquents arrofements, pouvoient blanchir la toile. Cette méthode eft certainement la plus ancienne qu'on connoiffe : on en fait encore ufage dans les Indes Orientales. Il y en a deux autres plus généralement ufitées, la Hollandoife & l'Irlandoife ; tous les Blanchiffeurs fuivent à préfent l'une ou l'autre.

Les habiles Blanchiffeurs fuivent la méthode Hollandoife, quand ils ont des toiles fines à blanchir ; mais, quand ils n'en ont que de groffieres, ils ont recours à l'Irlandoife, à caufe de fon bon marché, ou à une autre qui en approche beaucoup. Voici la méthode Hollandoife.

On affortit d'abord la toile par paquets d'une égale fineffe ; on y attache des anneaux de ficelle, on l'enfile, & on la fait *macérer*. Cette premiere opération confifte à faire tremper la toile ; elle fe pratique de la maniere fuivante : on plie féparément chaque piece de toile, on la met dans un grand vaiffeau de bois, & l'on verfe par-deffus une quantité fuffifante d'eau tiede, ou bien parties égales d'eau & de leffive, dont on ne s'eft fervi que pour blanchir de la toile ; ou enfin de l'eau où l'on aura mis de la farine ou du fon de feigle, jufqu'à ce que le tout foit parfaitement imbibé, & que l'eau furnage. Environ fix heures après qu'on a laiffé tremper la toile dans l'eau chaude, & douze heures après qu'elle a été dans la froide, la liqueur entre en fermentation, il s'éleve des bulles d'air, une pellicule fe forme fur la furface de l'eau, la toile s'enfle, & s'éleve quand elle n'eft pas retenue par un couvercle. Au bout de trente-fix ou quarante-huit heures, l'écume tombe au fond. Il faut tirer la toile avant que cette précipitation fe faffe.

On tire enfuite la toile, on la lave bien ; on la plie en deux, fuivant la longueur, & en plufieurs doubles ; on la fait fouler au moulin, afin d'emporter la craffe que la fermentation en a détachée ; on l'étend enfuite dans une prairie pour la faire fécher. Quand elle eft parfaitement feche, on paffe à la feconde opération, qui eft le coulage de la leffive.

Cette premiere leffive fe fait dans une chaudiere qui con-

tient environ cent foixante & dix *gallons* , mefure d'Ecoſſe ,
(le gallon contient environ quatre pintes de Paris.) On
remplit cette chaudiere d'eau juſqu'aux trois quarts ; on la
fait bouillir , & dès qu'elle commence à bouillir, on y met
la quantité de cendres néceſſaire : ſavoir trente livres de
cendres bleues , & autant de cendres blanches , deux cents
livres de cendres de Marcoſt , ou , s'il n'eſt pas poſſible d'en
avoir , environ trois cents livres de ſoude , trois cents livres
de potaſſe ou cendres blanches de Moſcovie. Il faut bien
broyer & bien piler ces trois dernieres eſpeces de cendres. On
fait bouillir cette eau pendant un quart d'heure , & on remue ſouvent les cendres avec des pelles de bois , c'eſt ce
qu'on appelle *braſſer*. On ôte enſuite le feu ; on laiſſe repoſer
la liqueur juſqu'à ce qu'elle ſoit claire & limpide , ce qui
demande au moins ſix heures : on peut enſuite s'en ſervir.
On ſe ſert de cette premiere leſſive , qu'on peut appeller la
mere leſſive , pour en faire une ſeconde , qui eſt celle dont
on ſe ſert pour couler. Pour cela on met dans une autre chaudiere (qui tient quarante gallons , mefure d'Ecoſſe) , trente-
huit gallons d'eau , deux livres de ſavon liquide , & deux
gallons de la mere-leſſive.

Lorſqu'on a tiré les toiles bien ſeches de la prairie , on
les arrange dans un cuvier par rangées , en faiſant en ſorte
que leurs extrémités ſoient expoſées à la vue , afin que la
leſſive qu'on doit jetter deſſus les pénetre également. On fait
chauffer cette leſſive , & , quand elle eſt au degré de la
chaleur du corps , on la verſe ſur la toile : un homme qui
a des ſabots la preſſe & la foule avec les pieds. A chaque lit
qu'on met dans la cuve , on réitere la même opération ,
juſqu'à ce que le cuvier ſoit plein , ou que l'on n'ait plus
de toile à y mettre.

Après l'avoir laiſſée quelque tems dans le cuvier, on la fait
écouler dans une chaudiere par le moyen d'un robinet , & ,
lorſqu'elle y a reçu un plus fort degré de chaleur, on la
verſe de nouveau ſur la toile. On répete la même choſe
pendant ſix ou ſept heures. On laiſſe enſuite la toile tremper dans cette leſſive pendant trois ou quatre heures , après
quoi on fait écouler la leſſive , & on la jette , ou bien on
la réſerve pour les premiers coulages.

Ces deux opérations étant finies , on porte la toile de grand
matin à la prairie ; on l'étend ſur l'herbe, on l'y laiſſe
expoſée à l'air & au ſoleil ; & pendant les ſix premieres

heures, on l'arrofe fouvent, fans jamais lui permettre de fécher. On la laiffe enfuite fans l'arrofer, jufqu'à ce qu'il paroiffe quelques endroits fecs; on ne l'arrofe plus après fept heures du foir, à moins que la nuit ne foit fort feche. Le lendemain dans la matinée, on l'arrofe deux fois, ou même quatre, fi le temps eft fort fec; mais s'il ne l'eft pas, on ne la mouille point. Lorfqu'elle eft bien feche, on l'ôte de la prairie.

On fait ainfi paffer la toile alternativement de la leffive à la prairie, & de la prairie à la leffive, depuis dix jufqu'à feize fois, & même davantage. Si on la coule feize fois, comme on vient de le dire, on augmentera graduellement la force de la leffive les huit premieres fois, & on la diminuera par degrés les huit dernieres.

La quatrieme opération confifte à faire paffer la toile par les acides. Voici la maniere dont cela fe pratique. On verfe dans une grande cuve du lait de beurre ou du lait aigri, en quantité fuffifante pour humecter le premier rang de toiles qu'on a attachées par plis affez lâches, & que trois hommes foulent les pieds nuds. Sur ce premier rang de toile on verfe enfuite une quantité fuffifante de lait aigri & d'eau, pour imbiber le fecond rang. Cela fe continue jufqu'à ce que toute la toile à laquelle on applique les acides foit fuffifamment humectée, & que la liqueur la furmonte. On tient cette toile abaiffée par un couvercle percé de plufieurs trous, qu'une barre attachée à une des folives du plafond empêche de s'élever. Après que la toile a été dans cette liqueur acide pendant quelques heures, il s'éleve des bulles d'air, il paroît à la furface une écume blanche; & cette fermentation dure cinq ou fix jours. Quelque temps avant qu'elle finiffe, on tire la toile & on la *repame*. *Repamer*, c'eft battre les toiles dans une eau courante, en les y jettant de deffus un petit pont qui traverfe la riviere, & qui n'eft élevé que d'un pied ou deux au-deffus de la furface de l'eau. On la porte enfuite au moulin, afin de la débarraffer de toute la malpropreté que la fermentation en a détachée. Cette machine répond parfaitement bien au but qu'on fe propofe: fon mouvement eft facile, régulier & fûr; il fait tourner la toile en la preffant doucement, & le courant de l'eau la lave continuellement : il faut feulement avoir foin qu'il ne refte point d'eau dans les plis de la toile, qui certainement s'en trouveroit endommagée en ces endroits-là.

La cinquieme opération confiste dans le favonnage. Voici la maniere dont elle fe pratique : deux femmes fe placent, vis-à-vis l'une de l'autre, à un baquet fait de planches très épaiffes ; fes bords font inclinés en dedans, & ont environ quatre pouces d'épaiffeur. On met dans ce baquet une tinette ou vafe de bois plein d'eau chaude. La toile eft pliée de façon qu'on favonne d'abord la lifiere dans fa longueur, jufqu'à ce qu'elle foit impregnée d'eau de favon. On frotte de cette maniere le paquet entier, & on le porte enfuite à la leffive.

On ne met point de favon dans cette leffive, auffi ne s'y en trouve-t-il point d'autre que celui dont la toile eft impregnée ; mais on renforce par degré les cendres, jufqu'à ce que la toile paroiffe d'un blanc uniforme, & qu'on n'y apperçoive plus de couleur brune. Lorfqu'elle eft parvenue à ce point, on affoiblit la leffive beaucoup plus vîte qu'on ne l'avoit renforcée, en forte que la derniere qu'on verfe fur la toile eft plus foible que toutes celles qu'on y avoit mifes.

De la leffive, la toile va à la prairie, où on l'arrofe comme on l'a dit plus haut ; mais il faut avoir foin de couvrir tout-à-fait fes bords, & de l'attacher avec des anneaux de ficelle à des chevilles, afin qu'elle ne fe déchire pas. On applique de nouveau les acides ; on la reporte au moulin ; on la lave enfuite, & on l'arrofe fur la prairie, jufqu'à ce qu'elle foit blanchie au point où on la defire ; alors on la met au bleu, on l'amidonne & on la fait fécher.

Telle eft la méthode dont on fe fert pour blanchir les toiles fines. La fuivante eft la méthode Irlandoife, & eft en ufage pour les groffes toiles.

On affortit les toiles fuivant leurs qualités : on les fait macérer comme les fines, on les *repame*, on les porte au moulin, & on les fait fécher ; enfuite on les fait bouillir plufieurs fois dans la leffive de la maniere fuivante.

On compofe la premiere leffive avec deux cents livres de foude, cent livres de cendres blanches de Mofcovie, & trente livres de cendres blanches ou bleues. On fait bouillir ces cendres pendant un quart d'heure, dans cent cinq gallons d'eau, mefure d'Ecoffe ; on remplit jufqu'aux deux tiers la chaudiere, où l'on fait bouillir la toile avec de l'eau & cette mere-leffive, en mettant environ neuf parties d'eau fur une de leffive. Quand cette leffive eft froide, on y met autant de toile qu'on le peut, pourvu que la leffive la couvre entiérement ; on fait peu-à-peu bouillir la leffive, & on l'entretient bouillante pendant deux heures ; on tire enfuite la toile, on l'étend fur la prairie, & on l'arrofe comme on l'a dit ci-deffus en parlant des toiles fines.

A la troifieme chaudiere, on augmente un peu la force de la leffive, & l'on va toujours en augmentant par degrés jufqu'à la quatrieme & la cinquieme, qui eft tout ce qu'on peut faire en un jour ; on nettoie la chaudiere, & le lendemain on recommence avec de nouvelle leffive. Si la toile n'eft point feche lorfqu'on eft prêt à la faire bouillir, on n'attend pas qu'elle le foit, comme il faut le faire quand il s'agit de la fine. Après l'avoir fait égoutter fur un ratelier fait à ce deffein, on la fait bouillir, après avoir augmenté la force de la leffive proportionnellement à la quantité d'eau qui refte dans la toile.

La méthode ordinaire d'appliquer les acides à la groffe toile, confifte à verfer dans une cuve de l'eau chaude dans laquelle on mêle du fon ; on y met un lit de toile, & on répand deffus une plus grande quantité d'eau & de fon : on met enfuite un fecond lit de toile, & l'on continue de la forte jufqu'à ce que la cuve foit tout-à-fait pleine. Plufieurs hommes foulent le tout avec les pieds, & on l'affujettit de façon que la toile ne puiffe s'élever.

On laiffe ordinairement la toile dans l'acide environ deux jours & trois nuits. Quand on a tiré la toile de l'acide, il faut la bien nettoyer & la bien laver. On la remet après cela à des gens qui ont foin de la bien favonner fur une table, & de la frotter enfuite entre des planches deftinées à cet ufage. Au fortir de là on l'envoie au moulin, & l'on verfe de l'eau chaude deffus pendant tout le temps, fi cela fe peut faire commodément. Deux ou trois favonnages de la forte fuffifent, & la toile en exige rarement davantage.

Quand on a commencé les acides, on diminue par degrés la force de la leffive ; & communément il fuffit après cela de faire bouillir trois fois la toile pour l'amener au point où on la fouhaite : on la met enfuite à l'amidon, puis au bleu ; on la fait fécher, & on la met à la preffe dans une machine deftinée à cet ufage.

Par tout ce qui a été dit dans cet article, on voit que l'art du blanchiment des toiles fe réduit à employer, 1°. des matieres fermentefcibles qui mettent la toile elle-même dans un état de fermentation. Ce mouvement inteftin tend à détacher la matiere colorante de la toile.

2°. Les leſſives alkalines qui, trouvant la toile dans cette diſpoſition, ſe combinent avec cette même ſubſtance colorante de la toile, & la rendent diſſoluble dans l'eau.

3°. L'acide que l'on introduit dans la toile, immédiatement après qu'elle a déja acquis un certain degré de blancheur, & qui, joint à l'action combinée de l'air & de l'eau, acheve de la blanchir entiérement. Cet effet vient de l'acide qui travaille perpétuellement ſur la matiere colorante, & qui la détruit. On peut comparer cet effet à celui du blanchiment de la cire, lequel vient en plus grande partie de l'acide même de la cire qui ſe développe, & qui agit ſur la matiere colorante, à l'aide de l'action combinée de l'air & de l'eau : *voyez* CIRIER.

On fait auſſi beaucoup de cas du blanchiſſage des toiles fines qu'on fait en Picardie, aux environs de S. Quentin.

On commence par les mettre tremper dans l'eau claire pendant l'eſpace d'un jour, pour les bien laver & nettoyer de toutes leurs ordures. On les retire enſuite de cette eau pour les jetter dans un cuvier rempli d'une leſſive froide qui a déja ſervi.

On les lave de nouveau dans l'eau claire après cette leſſive, on les étend ſur un pré, où, par le moyen des eſcopes ou pelles de bois creuſes à longs manches, & dont on attribue l'invention aux Hollandois, on les arroſe d'une eau claire qu'on prend dans de petits canaux qu'on a pratiqués dans le pré.

Après un certain temps qu'elles y ont demeuré étendues, on les fait paſſer à une leſſive neuve qu'on fait couler toute chaude, & qu'on prépare différemment ſuivant les toiles.

Après cette ſeconde leſſive, on les lave encore dans l'eau claire, on les remet ſur le parc, & on réitere ces diverſes opérations juſqu'à ce que les toiles ſoient dans le degré de blancheur qu'on veut leur donner.

Dès qu'elles ſont ſuffiſamment blanches, on leur donne une leſſive douce & légere, pour les diſpoſer à reprendre la douceur que les autres leſſives plus âcres & plus fortes ayoient pu leur ôter, & on les lave après dans l'eau claire.

En ſortant de cette eau on les remet au *frottage*, qui conſiſte à les frotter avec du ſavon noir, qui commence à les dégraiſſer, & qui donne à leurs liſieres une blancheur qu'elles n'auroient pas ſans cela.

Après qu'elles ont été entiérement dégorgées du ſavon,

& bien aigayées dans l'eau claire , on les fait tremper dans du lait de vache qu'on a écrémé , ce qui acheve de les dégraisser, de les blanchir , de leur redonner toute leur douceur , & leur fait jetter un petit coton : on les-relave ensuite dans l'eau claire pour la derniere fois.

Dès que toutes ces façons ont été données, on les passe au *premier bleu* , c'est-à-dire , dans une eau où l'on a fait délayer quelque peu d'amidon avec de l'émail ou azur de Hollande , dont le plus gras & le plus pâle est le meilleur, parcequ'il ne faut pas donner aux toiles un bleu trop apparent.

Le blanchissage des toiles étant fini par cette derniere opération , les Blanchisseurs les remettent aux propriétaires qui leur font donner les apprêts convenables , & ont soin de les faire bien plier auparavant , pour effacer tous les faux plis qu'elles ont contractés dans les diverses préparations qu'on leur a données.

On a imaginé depuis peu une nouvelle machine pour blanchir & dégraisser plus commodément les toiles ; elle consiste en un gros cylindre de chêne , de trois pieds deux pouces de longueur , & deux pieds huit pouces de diametre ; il roule dans une caisse ronde , comme les moulins à cidre , & est traversé dans son milieu par un aissieu de fer de deux pouces de grosseur , dont un bout entre dans une mortaise qui est pratiquée dans l'arbre qui tourne au centre de la caisse ; la mortaise a un pied & demi de longueur , afin que l'aissieu qui y est inséré , monte & descende à volonté , & que le cylindre, étant toujours de niveau , communique également son poids sur les toiles ou étoffes qui sont par-dessous , & en fasse sortir toute la crasse au moyen de l'eau qui entre continuellement dans la caisse.

Pour donner aux toiles la quantité d'eau qui leur est nécessaire , on met sur la roue horizontale qui est au haut de l'arbre , une caisse de fer blanc qui est percée par un tuyau qui traverse la roue , marche devant le cylindre & répand de l'eau sur les toiles en forme d'arrosoir ; ce qui fait qu'on peut faire écouler de la caisse autant d'eau sale qu'on en fait entrer de propre , & que les toiles sont également arrosées par-tout.

Lorsqu'au lieu de blanchir des toiles on veut dégraisser des étoffes avec du savon ou de la terre , on ferme les trous de la *caisse* ou *auge* dans laquelle elles sont : après qu'elles ont été bien cylindrées, & que l'eau est chargée de crasse, on débouche tous les trous, & on fait sortir l'eau sale en y introduisant à plusieurs reprises de nouvelle eau claire.

Les ouvriers qui portent par-tout le nom de Blanchisseurs de toiles, sont appellés en Normandie, *curandiers*, & leur blanchisserie *curanderie*. Par les articles X L V I, X L V I I & XLIX du réglement des toiles pour la Normandie, du 24 Décembre 1701, il leur est très expressément défendu de se servir de chaux dans le blanchissage des toiles qui leur sont données à blanchir.

BLANCHISSEUSE. C'est le nom de celle qui, pour ôter les taches du linge, ou le décrasser, le lave sur le bord des ruisseaux, ou dans des bateaux sur les rivieres, après l'avoir lessivé ou savonné.

La premiere opération des blanchisseuses consiste à *essanger* le linge, c'est-a-dire, à le mouiller avant de le ranger couche par couche dans le cuvier; elles mettent ensuite dans une grande chaudiere d'eau, de la cendre avec de la soude, en proportion du linge qu'elles ont à lessiver.

Lorsque l'eau de la chaudiere forme des petites bulles sur sa superficie, on commence à *couler la lessive*, c'est-à-dire qu'on la porte avec un petit seau dans le *cuvier*, en observant de commencer par donner au linge de l'eau tiede : on en augmente la chaleur à mesure que la lessive se fait, & on finit par lui donner l'eau bouillante.

La lessive étant faite, on fait écouler toute l'eau du cuvier, & on en tire le linge pour le porter dans des bateaux sur la riviere : en hiver elles y tiennent des chaudieres pour que le linge se décrasse mieux : elles frappent ensuite le linge sur le bord du bateau ou sur des bancs avec des battoirs, en ayant soin de le plonger dans l'eau de temps en temps, jusqu'à ce qu'il soit suffisamment nettoyé.

Dès que les *hotteuses* ont remporté le linge chez les Blanchisseuses, elles le mettent sécher pendant l'hiver dans un endroit où il y a un poële, & dans les beaux jours sur des *étendoirs* ou longues perches qu'on leur permet de faire sceller dans le mur à côté de leurs fenêtres.

La Mare, titre premier, pages 557 & 558 de son Traité de la Police, dit qu'il leur est défendu de laver le linge en certains endroits à Paris, & aux porteurs d'eau de puiser auprès des bateaux des Blanchisseuses.

Aux environs de Paris, quelques Blanchisseuses se servent

de chaux à la place de foude, ce qui brûle le linge & le rend extrêmement dur & défagréable au toucher. Lorfqu'on veut favoir s'il y a eu de la chaux dans la leffive, on n'a qu'à donner un petit coup de doigt au linge lorfqu'il eft fec, en en voit fortir une efpece de poufliere, qui fe forme des petites parties de la chaux qui ont demeuré dans le linge.

Quelques riches particuliers qui ont beaucoup de linge, & qui veulent l'avoir extrêmement blanc, l'envoient blanchir en Hollande, où les eaux qui filtrent à travers les dunes font parfaitement douces & claires.

Lorfqu'il eft queftion de blanchir & d'enlever la craffe du linge fin, les Blanchiffeufes le paffent d'abord à une eau tiede avec du favon noir : on n'ignore pas que le favon, étant mêlé avec de l'eau, augmente confidérablement la force diffolvante de ce liquide, lui donne la propriété de fe mêler avec les corps tenaces, de les délayer, & de les détacher des corps auxquels ils font adhérents.

Après avoir laiffé tremper le linge fin pendant quelque temps dans un baquet avec la premiere eau de favon dont elles l'ont lavé, elles le paffent au favon blanc, & le rincent enfuite dans une eau bien claire pour lui ôter l'odeur de favon.

Les Hongrois n'ufent point de charbon pour repaffer leur linge, & font beaucoup plus d'ouvrage que nos Blanchiffeufes. Leur blanchiffoir eft une table de fix pieds de longueur fur deux de largeur : les rouleaux font proportionnés à cette table. Lorfqu'une chemife eft lavée & encore humide, on la plie comme on veut qu'elle le foit, on la roule autour du rouleau qui eft à l'extrémité oppofée au blanchiffoir, on la couvre d'une ferviette : on garnit de même le rouleau le plus près de l'ouvrier avec des draps, ou quelque autre linge que ce foit ; on met enfuite les rouleaux fous une caiffe, qui a ordinairement quatre pieds de longueur fur deux de largeur, dont le fond eft fait d'une planche bien unie : les bords de cette caiffe font un peu élevés pour contenir de groffes pierres. Le Blanchiffeur tire à foi & repouffe quatre ou cinq fois cette caiffe qui, en même temps, fait aller les rouleaux : après ce procédé il pouffe la caiffe plus avant, & la fait pencher d'un côté tandis qu'un bois quarré la retient de l'autre ; la caiffe fe foutenant de ce côté, il tire un rouleau, retourne la chemife, & recommence la même opération de l'autre côté pour le fecond rouleau.

Après

Après cette opération le linge fort de cette efpece de calandre, beau, ferme & brillant; on y paffe indifféremment le gros comme le plus fin. Pour que ce travail fe faffe bien, il faut que la caiffe foit placée entre deux piliers, de façon qu'elle puiffe fe mouvoir fans fortir de la place qu'elle doit parcourir, & que la planche du fond, ainfi que les rouleaux, foient bien polis.

BLANCHISSEUSE DE BAS DE SOIE. C'eft celle qui, après avoir nettoyé des bas de foie qui ont été portés, leur donne un nouveau luftre, & les fait paroître comme neufs.

Les bas étant attachés paire par paire pour les empêcher de fe mêler, on fait fondre du favon noir dans de l'eau tiede, dont on verfe dans un vafe quelconque pour le premier lavage, ce qu'on appelle décraffer. Après cette premiere opération, on fait une feconde eau avec du favon blanc, dans laquelle on favonne & laiffe tremper les bas jufqu'à ce qu'ils foient totalement blancs. Dès que les bas font fortis de cette feconde eau de favon, on les tourne à l'envers, & pour bien les évider on les lave dans une eau bien claire jufqu'à ce qu'il n'en forte plus de favon. Toutes ces opérations étant finies, on les paffe dans une eau bleue, faite avec de l'indigo; & on obferve, lorfqu'on les étreint, de ne pas trop les tordre, parcequ'il fe formeroit des raies bleues dans les plis intérieurs. On les met enfuite fécher fur une corde, & lorfqu'ils font à demi fecs, on les attache par les deux bouts à des baguettes pofées horizontalement fur un tonneau défoncé par les deux bouts. Pour blanchir une trentaine de paires de bas, on met au fond du tonneau un réchaud de braife qui fupporte une petite écuelle de terre dans laquelle il y a du foufre en *canon*, ou en *bâton*, de la groffeur d'une noix. Lorfque le foufre eft fondu & qu'il eft enflammé, on ôte l'écuelle de deffus le réchaud, & on couvre l'extrémité fupérieure du tonneau avec une couverture de laine pour empêcher la fumée de s'extravafer. On laiffe les bas ainfi couverts jufqu'à ce que le foufre foit confommé, & que la fumée foit entiérement abforbée, ce qui eft l'affaire tout au plus d'un quart d'heure.

Ces bas étant ainfi foufrés, on met chaque paire fur une forme, de maniere que l'envers du premier bas enformé porte fur le bois, & que l'envers du fecond foit en dehors, c'eft-à-dire qu'il faut que les deux endroits fe touchent. On prend enfuite un *moine*, ou verre qui a une poignée & qui eſt plat par deſſous; & avant que les bas ſoient finis de ſéc cher ſur la forme, on les moire en faiſant monter le moine de bas en haut, & en obſervant de ne pas appuyer en deſcendant ſur l'endroit déja paſſé, parceque les bas ne pourroient bas moirer.

BLATIER : *voyez* GRAINETIER.

BLEU D'OUTREMER (fabrication du). Dans la préparation du bleu d'outremer, on commence par s'aſſurer ſi le *lapis lazuli*, ou pierre d'azur, qui en eſt la baſe, & qui le rend ſi cher, eſt d'une qualité propre à donner un beau bleu.

Les ouvriers prétendent éprouver ſa bonté en en mettant des morceaux ſur des charbons ardens. Si après avoir été rougis au feu ils ne perdent rien de leur éclat lorſqu'ils ſont refroidis, c'eſt une preuve de leur bonté. On les eſſaie encore en les faiſant rougir ſur une pelle de fer, & en les jettant tout rouges dans de très fort vinaigre blanc. S'ils ne perdent rien de leur couleur, la pierre eſt d'une bonne eſpece.

Après qu'on s'en eſt bien aſſuré, voici comment on la travaille pour en tirer le bleu d'outremer. On fait rougir pluſieurs fois le lapis lazuli, & à chaque fois on l'éteint dans l'eau, ou encore mieux dans du vinaigre très fort. Plus cette opération eſt réitérée & plus facilement on le réduit en poudre. Après avoir réduit le lapis en morceaux, on les humecte avec de l'eau, du vinaigre, ou de l'eſprit de vin, & on les broie enſuite ſur un porphyre juſqu'à ce qu'ils ſoient réduits en poudre impalpable. On lave cette poudre dans l'eau, on la fait ſécher, & on la met à l'abri de la pouſſiere pour en faire l'uſage ſuivant.

On prend une livre d'huile de lin bien pure, autant de cire jaune, de colophane, & de poix réſine, & deux onces de maſtic blanc ; toutes ces matieres étant mêlées enſemble, on les fait bouillir doucement dans l'huile de lin pendant une demi-heure, & après les avoir paſſées à travers un linge, on les laiſſe refroidir. On ajoute à cette maſſe la moitié en poids de la poudre ci-deſſus, on la pêtrit longtemps ; & lorſque tout eſt bien mêlé, on la pêtrit de nouveau avec de l'eau chaude qu'on verſe par-deſſus & qu'on laiſſe repoſer quelques jours : dès que le bleu s'eſt dépoſé au fond du vaſe, on en ôte l'eau ; & lorſque la poudre eſt ſeche, le bleu d'outremer eſt fait.

On fait la pâte dont nous venons de parler, de diverſes

manieres ; mais nous ne parlerons que de celle qui, à la place des ingrédients ci-deſſus, n'emploie que ſix onces de chacune des drogues ſuivantes ; peix réſine, térébenthine, cire vierge, & maſtic, avec deux onces d'encens, & autant de lin. On travaille le tout comme ci-deſſus.

M. *Kunckel* a ſuivi une autre méthode pour faire le bleu d'outremer. Après avoir caſſé le lapis en petits morceaux de la groſſeur d'un pois ordinaire, il fit calciner ces fragments, les éteignit à pluſieurs repriſes dans du vinaigre diſtillé, & les ayant enſuite réduits en une poudre très déliée, il prit par égales portions de la cire vierge, de la colophane, qu'il mêla au double du lapis réduit en poudre, & qu'il fit fondre dans un plat de terre verniſſé, en jettant peu à peu de cette poudre, & remuant avec ſoin ces matieres pour les mieux mêlanger.

Lorſque les matieres étoient bien fondues, il les verſoit dans de l'eau claire où il les faiſoit repoſer ſept à huit jours, & d'où il les tiroit enſuite pour les mettre dans de grands vaſes de verre qu'il rempliſſoit d'une eau auſſi chaude que la main pouvoit le ſouffrir. Quand l'eau où on les avoit pêtries étoit bien colorée, il continuoit de mettre les matieres dans de nouvelles eaux juſqu'à ce que toute la couleur en fût exprimée.

Au moyen de ces divers lavages, la même maſſe donne trois ou quatre ſortes de bleu d'outremer ; mais le plus précieux & le plus beau eſt celui qu'on retire de la premiere eau, après l'avoir laiſſé repoſer, ainſi que les autres, pendant trois ou quatre jours.

On reconnoît que le bleu d'outremer a été falſifié lorſqu'il perd ſa couleur au feu, & qu'il peſe moins que le véritable.

On fait avec la fleur du barbeau ou bluet un très beau bleu, preſque égal à celui d'outremer.

Pour y procéder, on prend les feuilles du milieu de cette fleur, parcequ'elles ſont plus chargées de bleu, & qu'elles donnent une couleur beaucoup plus belle que les feuilles extérieures, qui ſont larges, & dont la nuance du bleu eſt plus claire. On ſépare les feuilles du milieu de ces dernieres le jour même qu'on les a cueillies, ou peu après. Quand on en a une certaine quantité, on en exprime le plus de ſuc qu'on peut, auquel on ajoute un peu d'alun ; on a pour lors un bleu très durable, tranſparent, d'une couleur très éclatante, & qui le cede peu à l'outremer.

Quand on ne veut extraire des feuilles qu'une couleur propre à teindre en bleu, on prépare un fourneau semblable à celui dont on se sert pour le safran. De peur de brûler les fleurs, & pour qu'il en résulte une plus belle couleur, on allume un petit feu de charbon de bois, pour communiquer une chaleur douce au haut du fourneau qu'on couvre d'une peau sur laquelle on met plusieurs feuilles de papier blanc. Sur ces feuilles on met deux ou trois pouces d'épaisseur de fleurs, qu'on arrose d'eau un peu gommée après les avoir pressées & applaties avec un couteau. On couvre ces fleurs de deux ou trois autres feuilles de papier sur lesquelles on met une planche chargée de quelque poids léger.

Quelques minutes après cette opération on leve la planche, on prend le papier avec les deux mains pour retourner les fleurs sur le fourneau, & les arroser de nouveau avec de l'eau gommée. On continue jusqu'à ce que les feuilles s'unissent comme un gâteau ; & on voit à chaque fois qu'on les retourne qu'elles deviennent plus obscures ; on les retire lorsque le gâteau de fleurs paroît d'un bleu très chargé tirant sur le noir ; & on en compose ensuite une très bonne teinture.

BLEU DE PRUSSE. Le bleu de Prusse ou de Berlin a été ainsi nommé parceque sa préparation a été trouvée en Prusse où on la tenoit extrêmement secrete, jusqu'à ce que M. *Woodward* la découvrît & la rendît publique en 1724.

Quoique ce bleu ne soit pas aussi beau que celui d'outremer pour les peintures à l'huile ou en détrempe, on l'emploie cependant souvent par préférence, parcequ'il est à beaucoup meilleur marché. Voici quelle est la maniere de le préparer. On commence par faire une lessive de sang de bœuf, c'est-à-dire qu'on le met sécher pour le réduire en poudre, & qu'on le calcine avec autant de sel alkali fixe, fait de parties égales de tartre cru & de salpêtre. Cette calcination se fait dans un creuset dont le tiers demeure vuide : on fait un grand feu qu'on continue jusqu'à ce qu'il ne sorte plus de flamme de la matiere. Sur quatre onces de poudre de sang de bœuf on met autant de sel alkali fixe, une once de vitriol d'Angleterre un peu calciné, dissous dans six onces d'eau de pluie, & ensuite filtré ; huit onces d'alun cryftallin, fondu dans deux pintes d'eau bouillante, & deux à trois onces d'esprit de sel. Tous ces ingrédients mêlés en-

femble fermentent confidérablement; on en fait enfuite une
leflive avec de l'eau bouillante; & après avoir fuffifamment
agité ces matieres dans des vafes, on coule le mélange qui
eft trouble & de la couleur de verd de montagne; on le fait
filtrer à travers un linge fur lequel il demeure une fécule
verdâtre qu'on amaffe pour la mettre dans une petite terrine
neuve; on verfe fur cette fécule autant de bon efprit de fel
qu'on le juge néceffaire, & dans l'inftant elle fe change en
très beau bleu, qu'on a foin de bien remuer en plein air
pour en augmenter la vivacité.

Après cette opération on laiffe repofer la matiere pendant
une nuit, parceque ce repos en rend la couleur plus belle &
plus vive; on la lave enfuite plufieurs fois avec beaucoup
d'eau de pluie, en laiffant repofer chaque fois la fécule qui
tombe au fond de l'eau, & en verfant celle-ci par inclination. Ces lotions fe réiterent jufqu'à ce que l'eau devienne
infipide & que la fécule n'ait plus d'acrimonie. Quand les
lotions font finies & que la matiere eft au point où on la
veut, on la fait fécher & on la garde pour l'ufage auquel
on la deftine. Tous les ingrédicnts dont nous avons parlé
plus haut ne donnent qu'un peu plus d'une once de matiere
bleue; & il faut être accoutumé à une certaine méthode chymique pour bien réuffir à la préparation de cette belle couleur.

On lit dans l'Encyclopédie qu'en Angleterre on fait un
bleu auffi beau que celui de Pruffe, en fe fervant de fimple
charbon de bois à la place du fang de bœuf. Ce procédé eft,
dit-on, fi avantageux qu'on en retire un bleu plus foncé &
en quantité double de celle que donneroit le fang de bœuf.
Les Anglois ne laiffent point refroidir le mélange calciné
du fel alkali & du charbon; ils expofent fimplement la fécule à l'air, la remuent de temps en temps, & n'ont pas
befoin d'efprit de fel, pourvu que le degré de calcination
du fel alkali & du charbon foit au point qu'il le faut.

On fabrique à Paris beaucoup de bleu de Pruffe. La premiere manufacture fut établie au Temple par M. *Autereffe*.
Il y en a trois aujourd'hui, dont celle de M. *Dheur*, fauxbourg S. Marcel, paffe, de l'aveu des artiftes qui emploient
le bleu de Pruffe, pour faire le bleu le plus beau.

Les ingrédients qu'il y fait entrer ne font pas tout-à-fait
les mêmes qu'on emploie en Pruffe. A fix livres de poudre
de fang de bœuf il ajoute fix onces de fel de tartre, trois

onces de vitriol d'Angleterre, & trois onces d'alun cryſtal-
lin, leſquels lui rendent à la fin des opérations ſept livres
de bleu en pâte, qui ſe réduiſent à une livre un quart loiſ-
que le bleu eſt ſec.

Après que la calcination eſt faite, on la met pendant
une demi-heure dans une chaudiere d'eau bouillante, qui
contient cinq ſeaux d'eau, & qui eſt renfermée dans une
maçonnerie où elle n'eſt point à demeure, parcequ'on l'en
tire toutes les fois qu'on veut la vuider à fond.

Pendant que le réſidu de la calcination bout dans cette
premiere chaudiere, après l'avoir tiré de deſſus les toiles
pour le faire ce qu'on appelle *paſſer en leſſive*, & dont l'eau
qui en découle forme le bleu, on en a une ſeconde beaucoup plus petite où l'on fait fondre l'alun & le vitriol ; &
après leur fuſion on verſe les deux liqueurs dans une *jane*
ou tonneau préparé exprès. La fermentation s'y fait quelquefois ſi vive, que les liqueurs, s'exhalant en écume, ſortent en partie du tonneau ; on remue enſuite la fécule avec
un gros bâton, afin que les deux liqueurs s'incorporent
mieux, & pour lors le bleu ſe trouve fait.

Un quart d'heure après on le ſort de la *jane* pour le mettre dans des futailles où on le lave juſqu'à ce que l'eau ſoit
inſipide. Quand on le tire de la *jane* il eſt de couleur de
café au lait ; le lendemain qu'il eſt dans les futailles ſa ſurface eſt verte, & la couleur bleue ne vient qu'après la dif-
ſolution des ſels qui eſt occaſionnée par les divers lavages,
& que l'eau entraîne avec elle.

Dès que la fécule eſt bien lavée & réduite à un beau bleu,
on la paſſe dans un tamis de crin à demi fin, qu'on met ſur
des lattes tranſverſales qui appuient ſur des tretaux où ſont
des toiles bien propres ſur leſquelles on la laiſſe pendant
quatre ou cinq jours, ou juſqu'à ce qu'il n'en coule plus
d'eau.

La fécule devenue en pâte, on la coupe par petits morceaux, on la met ſur des planches ; & pour lui donner une
couleur plus vive, on la fait ſécher à l'ombre autant que
faire ſe peut.

Le marc de la calcination, c'eſt-à-dire ce qui reſte de la
leſſive du ſang de bœuf, après avoir paſſé ſur les toiles &
en avoir extrait toute la liqueur, eſt infiniment meilleur à
brûler que les mottes & la tourbe, ne fume jamais, & ne
donne aucune odeur déſagréable ; on le met ordinaire-

ment en petits pains pour le faire fécher ; les cendres qui en proviennent, après qu'ils ont été brûlés, font excellentes pour les blanchiffeufes de linge ; elles les préferent même à la foude.

BLEU DE SAXE : *voyez* BLEU D'AZUR à l'art. MINES.

BLONDIER. Nom des ouvriers qui travaillent à faire des blondes.

La blonde, qui reffemble affez à la dentelle, & qui n'en differe fouvent que par la matiere, fe fait comme elle avec des fufeaux fur un oreiller.

On emploie de diverfes efpeces de foie ; la plus groffe eft pour les fonds ; & on fe fert de celle qui eft la plus fine pour en faire des *grillages*. Le *grillage* eft un plein deffiné diverfement, felon les goûts, & travaillé avec un feul fufeau pour chaque fil ou trait, chargé d'un fil qui n'a qu'un double : il y a encore de petits grillages qui forment autant de quarrés un peu inclinés.

On double toujours la foie la plus fine, & prefque jamais la groffe, à moins que ce ne foit fimplement en deux fils.

On ne fait qu'à Lyon la *foie montée* qui eft faite avec un brin de foie ou deux entortillés au rouet fur une autre foie, comme le font l'or & l'argent. Les Blondiers font obligés d'en tirer de cette ville, ou d'y envoyer la leur pour y être préparée. Cette foie n'eft pas d'un ufage bien commun, parcequ'étant cordonnée, elle produit des ouvrages lourds & qui n'ont point d'œil. Les Blondiers ne l'emploient que fur des ordres particuliers ; & quoiqu'elle foit d'une qualité bien inférieure à celle dont on fait les étoffes, elle vaut cependant une piftole de plus.

Les Blondiers achetent leurs foies en *moches*, c'eft-à-dire fans être encore teintes & fans apprêt. Ces *moches* font compofées de trois parties égales, dont chacune a cinq *écales*. L'*écale*, qui fait la cinquieme partie d'un tiers de *moche*, contient plufieurs *centaines* dans lefquelles on la divife encore. Ces *centaines*, qui font l'endroit par où l'on commence à dévider un écheveau, & où font les deux bouts de foie liés enfemble & entortillés, ne fe voient point, parcequ'elles font appliquées les unes fur les autres de diftance en diftance par des legeres couches d'une gomme auffi blanche que la matiere, pour empêcher la foie de s'écarter & de fe mêler.

L'opération la plus difficile de tout l'apprêtage est celle, de trouver les *centaines* qui font indistinctes & sans ligature dans une *écale*. Pour la rendre plus aisée, on se sert de la *tournette*, qui est un instrument de bois composé de deux cylindres, & qui sert à dévider la soie. Le meilleur moyen de réussir est de prendre d'abord peu de soie, & d'en augmenter peu à peu le volume jusqu'à l'entiere division, en la tournant toujours autour des *tournettes* ; suivant que la séparation s'en fait plus ou moins nette, on voit si on a rencontré la centaine ; quand on l'a découverte, on la lie par le milieu de peur qu'elle ne se mêle avec une autre ; on la couvre afin qu'elle ne s'évente point ; & on la dévide ensuite avec une *tournette*, ou un dévidoir, sur des bobines.

Cet ouvrage qui demande beaucoup de patience va cependant assez vîte lorsque la soie est bonne, puisqu'un ouvrier peut en dévider cinq onces par jour ; mais quand elle est pleine de *morvolant*, qui est une soie mêlée qui tombe dans le déchet & qui empêche la suite du dévidage, l'ouvrier ne gagne qu'une fort petite journée.

Quand la soie est dévidée, on double celle qui est destinée à faire le *toilé*, en quatre, cinq ou six brins, selon qu'elle est plus ou moins fine, & elle prend alors le nom de *filet*. Le fabricant la distribue aux ouvriers qui en chargent leurs fuseaux, & en exécutent les desseins sur un oreiller.

Les fuseaux chargés de *filet* font plus gros que les autres, parceque le brin qui les couvre est doublé de plusieurs soies, comme on vient de le dire. Pour faire l'ouvrage on arrête la soie avec des épingles jaunes aux angles, aux bords, & aux parties du dessein où il est nécessaire de la fixer.

La texture & le jeu des fuseaux se font comme dans la dentelle de fil : *voyez* DENTELLE.

La blonde est composée de trois parties, du *réseau*, du *grillage*, & du *toilé* ; quelques ouvrieres la travaillent si bien qu'elle imite les dentelles d'Angleterre, de Malines & de Valenciennes.

Le *réseau*, comme le porte son nom, est un tissu à jour & à claire voie ou à mailles ouvertes. Le *toilé* au contraire est ainsi nommé parceque le point en étant beaucoup plus serré, il ressemble assez à de la toile extrêmement fine. Le *grillage* differe du toilé en ce qu'il est moins serré & fait par petits quarrés un peu inclinés.

Il y a des blondes de fantaifie & des blondes travaillées. Celles de fantaifie font d'un moindre prix , fujettes au caprice de la mode & des goûts ; elles reçoivent leur dénomination de la reffemblance qu'elles ont avec certains objets naturels ou imités , les plantes , animaux , ouvrages , ornements , & faifons où elles paroiffent , & de la réputation & de la vogue du fabricant.

Le *Bergopzoom* eft une blonde dont le deffein parut dans le temps que cette ville fut prife.

La *chenille* a fon principal toilé en fleurs , environné d'un brin de chenille.

Le *perfil* eft compofé d'une infinité de petits toilés qui reffemblent à une feuille de perfil.

Le *point à la Reine* eft fait de plufieurs quadrilles pleins , mêlés de quadrilles vuides. Les premiers font compofés de trois petites branches diftinctes & à plufieurs brins , qui montent & defcendent obliquement , en fe traverfant deffus & deffous vers le milieu , & qui font foutenues en haut & en bas par des points tranfverfaux qui regnent dans toute la piece. Il n'y a point d'ouvrage dans les feconds.

Le *pouce du Roi* eft celle dont le grand toilé repréfente un éventail ouvert , & fendu à fa bafe par le milieu.

La *prieure* eft un toilé continué , qui ferpente entre deux rangs de grillages ou de *pleins*. On l'appelle encore la *couleuvre*.

La blonde travaillée eft d'un deffein correct & bien choifi, exécutée avec délicateffe, & a une beauté intrinfeque qui ne dépend ni du caprice , ni de la mode , ni des circonftances : elle imite beaucoup la dentelle.

Quand toutes ces blondes n'ont pas affez de luftre au fortir des mains des ouvriers , on les repaffe avec une bouteille de verre femblable à celle dont fe fervent les blanchiffeufes de bas de foie , & on prend garde de paffer très légérement , parcequ'une preffion trop répétée les rendroit trop liffes & trop luifantes.

On fait encore des blondes mêlées de noir , de rouge , & autres couleurs, pour les robes des dames ; les marchands de modes en emploient beaucoup pour garnir les coeffures , les manchettes , les palatines , & pour en faire des ajuftements de femme.

Lorfqu'après l'avoir portée quelque temps , la blonde perd de fa blancheur & qu'elle devient d'un roux fale , on l'envoie ordinairement aux blanchisseuses de blonde, qui font un secret de leur maniere de blanchir. Voici en quoi consiste ce secret. On fait successivement deux eaux de savon au bleu, dans lesquelles on fait bouillir les blondes une heure chaque fois, après quoi on les fait encore bouillir dans une seule eau sans bleu & sans les rincer ; on les met ensuite à la gomme arabique avec de l'eau-de-vie & de l'alun ; après on les frotte légérement, & on les repasse à demi mouillées.

BOBELINEUR : *voyez* Savetier.

BOBINEUSE. On donne ce nom aux ouvrieres qui sont particuliérement occupées dans les manufactures de lainage à dévider sur des bobines ou rochets le fil destiné à former des chaînes : *voyez* Drapier.

BOISSELIER. Le Boisselier est l'artisan qui vend des boisseaux, des litrons, des seaux, des soufflets, des pelles, des lanternes, des caisses de tambour, & autres menus ouvrages de bois.

Les Boisseliers achetent les corps des boisseaux tout faits & tout arrondis : ils les tirent ordinairement de la province de Champagne.

Le corps du boisseau est de bois de chêne ou de hêtre, ou encore mieux de bois de noyer. On refend ces bois à la scie comme des planches de volige : lorsqu'ils sont bien amincis au rabot, on les fait bouillir dans l'eau, & avec une machine faite exprès on les plie tout chauds, sans qu'ils se cassent.

Quand le Boisselier veut faire un boisseau, il prend un corps ainsi préparé, & commence par en unir les bords avec une plane absolument semblable à celle dont se servent les tonneliers : après cette opération il cloue les deux bouts ensemble en dedans & en dehors.

Quand le corps est cloué il le diminue tout au tour, à l'endroit où doit être placé le fond, avec un instrument appellé *jabloire*, qui est fait comme un couteau à gaîne, à l'exception que la lame peut s'alonger & se raccourcir au besoin. L'ouvrier trace ensuite avec un compas, sur une planche, la rondeur du fond du boisseau ; après cette manœuvre, il abat les quatre angles de la planche, & arrondit le fond avec la plane.

Le fond étant arrondi, il le fait entrer de force dans la place qui lui est destinée, & cloue un cercle de chêne en dedans de l'épaiffeur du corps du boiffeau, ce qui contribue à affujettir le fond, & à le rendre inébranlable.

Enfin l'ouvrier coupe des bandes de tôle, & les cloue au fond, dans la forme d'une croix de Saint André; après cela, il met un cercle de fer dans la partie fupérieure, & un autre dans la partie inférieure du boiffeau, & enfin il place entre les deux cercles, tout autour du corps, des bandes de tôle en zigzag.

Le boiffeau fert à vendre à la mefure les corps ou chofes feches, comme les grains, qui font le froment, le feigle, l'orge, l'avoine, &c. certains légumes, tels que les pois, les feves, les lentilles, &c. les graines, qui font le chenevis, le millet, la navette, &c. certains fruits fecs, tels que les châtaignes, les noix, les navets, les oignons, &c. & enfin certaines chofes qui font en poudre, telles que les farines, le gruau, le fon, les cendres, &c.

Le boiffeau differe fuivant les provinces, & change même dans prefque toutes les jurifdictions.

En plufieurs endroits, & particuliérement à Lyon, il eft appellé *bichet*.

Il feroit peut-être à fouhaiter, pour le bien & la facilité du commerce de tous les Etats, qu'il y eût une regle fixe & générale pour tous les poids & mefures. On pourroit prendre pour étalon le pied cube d'eau douce, qui eft la regle de tous les poids & de toutes les mefures de contenence dans le Danemark : on détermineroit alors très facilement le rapport de la capacité & du poids des différentes mefures entre elles.

Quoi qu'il en foit, on fait ufage, pour mefurer les grains, de diverfes mefures, qui font le *minot*, qui fe fubdivife en *boiffeaux*, *demi-boiffeaux*, *quarts* & *litrons*.

Le minot qui fert à mefurer les grains, doit avoir, fuivant les ordonnances & réglements, onze pouces neuf lignes de hauteur, fur un pied deux pouces huit lignes de diametre ou de largeur, entre les deux fûts : il contient trois boiffeaux : chaque boiffeau contient deux demi-boiffeaux, ou quatre quarts de boiffeau, ou feize litrons ; & le litron fe divife en deux demi-litrons ; en forte que le boiffeau eft compofé de trente-deux demi-litrons, ou feize litrons, ou huit demi-quarts, ou quatre quarts, ou enfin de deux demi-boiffeaux.

Le feptier de grains eft compofé de quatre minots, & les

douze septiers font le muid ; ainsi le muid est de quarante-huit minots.

Il est ordonné , par une Sentence de l'Hôtel-de-Ville de Paris , du 29 Décembre 1670 , que le boisseau aura huit pouces deux lignes & demie de haut , & dix pouces de diametre : le demi-boisseau doit avoir six pouces cinq lignes de haut , & six pouces neuf lignes de large ; le demi-quart , quatre pouces trois lignes de haut , & cinq pouces de diametre ; le litron , trois pouces & demi de haut , & trois pouces dix lignes de diametre ; & le demi-litron , deux pouces dix lignes de haut , sur trois pouces une ligne de large.

Les Boisseliers ne se servent point d'outils qui leur soient particuliers ; ils n'ont besoin que de couteaux , marteaux , planes , &c. comme bien d'autres artisans. Ils sont à Paris au nombre de soixante & dix , & ils sont de la communauté des Tourneurs. *Voyez* TOURNEUR.

BOLLETIER : *voyez* OUVREUR.

BONNETIER. Le Bonnetier proprement dit est celui qui fabrique ou fait fabriquer & vend toute sorte de bonnets ; mais aujourd'hui on donne ce nom aux Marchands du cinquieme des six corps de Paris , qui ont le droit de vendre & fabriquer toutes sortes de marchandises tissues de mailles au tricot ou sur le métier , comme bas , gants , chaussons , camisoles , caleçons , soit en soie , soit en laine ou autres matieres , comme fil de chanvre , de lin ou de coton , poil de chevre , de castor , &c. Ils ont aussi le droit de vendre toutes sortes de bonnets de drap ou de laine , tant quarrés , qu'autres.

L'usage des bonnets ne commença en France qu'en 1449 , à l'entrée de Charles VII dans la ville de Rouen ; on se servoit auparavant de chaperons ou de capuchons. M. *Legendre* fait remonter plus haut leur origine , & prétend qu'ils commencerent sous Charles V. *Pasquier* assure que *Patrouillet* fut l'inventeur des bonnets quarrés , que le clergé & les gens de robe substituerent aux premiers bonnets qui étoient ronds & de couleur jaune ; il dit cependant que le clergé d'Angleterre en avoit fait usage long-temps avant qu'ils fussent connus en France.

Il y avoit autrefois à Paris de deux sortes de Bonnetiers : les uns , appellés par leurs statuts *marchands Bonnetiers-Aulmulciers-Mitonniers* , ne tenoient de boutique que dans la ville ; les autres étoient les maîtres Bonnetiers au tricot, qu'on nommoit *maîtres Bonnetiers-Apprêteurs-Foulonniers-Appareilleurs*, à caufe que c'étoit eux qui fe mêloient ordinairement d'apprêter, fouler & appareiller toute forte d'ouvrages de bonneterie.

Pour éteindre les difputes qui regnoient entre ces deux communautés, l'arrêt du Confeil du 23 Février 1716 ordonna leur réunion, qui n'eut lieu qu'en 1718; aux conditions que, conformément à l'édit du mois de Décembre 1678, la communauté des Bonnetiers des fauxbourgs feroit fupprimée; que les maîtres des fauxbourgs, reçus avant l'arrêt du Parlement de 1714, feroient cenfés & réputés marchands Bonnetiers de la ville; qu'eux, leurs veuves & leurs enfants jouiroient des mêmes privileges que ceux de Paris; que les ftatuts de ceux des fauxbourgs, qui étoient du 26 Août 1527, feroient abrogés, & que ceux de la ville leur deviendroient communs.

Par ces ftatuts, on ne peut être reçu dans le corps de la bonneterie, que l'on n'ait au moins 25 ans; fervi les marchands Bonnetiers pendant cinq ans en qualité d'apprentif, & cinq ans en qualité de garçon; fait un chef-d'œuvre qui confiftoit autrefois à tricoter à l'aiguille deux bonnets à ufage d'homme, appellés *crémyoles*, en trois fils de mere-laine, & un bas d'eftame, façon d'Angleterre, en quatre ou cinq fils de fine laine d'eftame, & à les fouler & appareiller.

Après l'achat des laines, les Bonnetiers les diftribuent à des ouvriers qui les préparent à-peu-près comme celles de la draperie : *voyez* DRAPIER.

De peur que la bonneterie de Paris, qui eft fans contredit la meilleure du royaume, ne perdît de fon crédit par des mauvais ouvrages diftribués fur fon compte, Sa Majefté ordonna en 1713, 16 & 21 que toutes les marchandifes de bonneterie qu'on porteroit à Paris, feroient vifitées à la douane; que, dans le cas de contravention, on les faifiroit; que le Lieutenant de Police en feroit le juge, & que le tiers des marchandifes prifes en fraude feroit adjugé aux commis.

Le corps de la bonneterie a fes armoiries : elles font d'azur, à la toifon d'argent, furmontées de cinq navires auffi d'argent, trois en chef & deux en pointe, & une confrairie établie en l'Eglife de Saint Jacques de la Boucherie, fous la protection de S. Fiacre.

Il y a à la tête du Corps fix Maîtres ou fix Gardes : trois font appellés *Anciens* : le plus ancien des trois s'appelle le

premier ou le *grand Garde :* les trois autres font nommés nou-
veaux Gardes. On ne peut être élu premier Garde qu'on n'ait
été nouveau Garde.

L'élection de deux Gardes fe fait tous les ans après la
S. Michel, au bureau de la bonneterie. Les fix Gardes portent en cérémonie la robe confulaire, c'eft-à-dire la robe
d'un drap noir, à collet, à manches pendantes, à parements & bords de velours noir. Dans les comptes que les
Gardes ont à rendre, ils font entendus par fix anciens hors
de charge, nommés à la pluralité des voix.

Ce cinquieme corps s'eft accru en 1716 de la communauté
des maîtres Bonnetiers & ouvriers au tricot des fauxbourgs.
Au moyen de cette réunion, le nombre des marchands Bonnetiers fe trouve aujourd'hui à Paris d'environ 540.

BOQUILLONS. Ce font des ouvriers occupés dans les
coupes des bois deftinés pour les falines ; ils font foumis à
l'infpection des *Veintres* qui font au nombre de quatre, dont
deux demeurent dans la faline, & les deux autres ont infpection fur les ouvriers Boquillons, & ont foin de les mettre
en nombre fuffifant dans les coupes.

BOTTELEUR. Ce font ceux qui mettent le foin en bottes. La Mare dit dans fon traité *de la Police,* qu'il leur eft
défendu de faire aucun marché en bloc pour le bottelage de
la marchandife, mais feulement au cent.

BOTTIER. C'eft l'ouvrier qui fait & vend toutes fortes
de bottes fortes, molles, & bottines.

Les bottes fortes fe font de cuir fort. Pour faire une botte
forte, on commence par en *lever la tige,* c'eft-à-dire par la
couper. Quand elle eft levée, on la coud du côté qui doit
fe trouver devant la jambe, & après qu'elle a été coufue,
on la met fur l'*embouchoir,* qui eft un cylindre de bois de
trois pieces. La botte étant fur l'embouchoir, on la cire
avec de la cire noire.

Après qu'elle a été bien cirée, on la *coeffe,* c'eft-à-dire
qu'on y met une genouillere de cuir de vache en chauderon, demi-chaffe, ou bonnet. On entend par *genouillere en
chauderon,* celle qui eft prefque ronde ; par *demi-chaffe,*
celle qui eft échancrée derriere la cuiffe ; & par *bonnet,* celle
qui eft toute ronde. La genouillere étant placée, on joint
à la tige l'*empeigne* ou *avant-pied.* On monte enfuite la
botte fur la forme pour faire le foulier, ce qui s'exécute de
la même maniere qu'un foulier ordinaire.

Les bottes molles fe font de veau ou de peau de chevre.
Pour faire une botte molle, on commence par en couper
la tige, & la coudre du côté qui doit fe trouver fur le mollet; on joint enfuite la tige avec l'avant-pied; on monte
la botte fur la forme, & on fait le foulier.

La botte eft donc une chauffure de cuir fort, dont on
fe fert pour monter à cheval. Elle eft faite d'une *genouil-*
lere, d'une *tige* auffi large en haut près du genouil qu'en
bas près du coudepied, d'un foulier armé d'un éperon qui
tient à la tige.

La *botte forte* a la tige dure & ne fait aucun pli; la *botte*
molle eft celle qui fait plufieurs plis au-deffus du coudepied; les *bottes à la houffarde* & *à l'angloife* font molles &
n'ont point de genouillere; la *botte à baleine* eft une botte
molle qui eft foutenue par plufieurs brins de baleine enfermés dans des fourreaux. Il y a encore différentes efpeces de
bottes & de bottines dont voici le nom & la forme.

Les *bottes à contre-fort* ont des pieces rapportées fur la tige
pour les rendre plus fermes.

Les *bottes de cour* ont la genouillere évafée en forme d'entonnoir ou de chauderon; c'eft pourquoi on les nomme
quelquefois *bottes à chauderon*.

Les *bottes des couriers* font beaucoup plus fortes que les
autres; leurs garnitures font jointes l'une à l'autre par des
jarretieres à boucles, & elles font les feules qu'on puiffe
mettre indifféremment à l'une ou l'autre jambe.

Les *bottes de demi-chaffe* different des *bottes de chaffe* ou
à chauderon, en ce que le dedans de la genouillere eft échan-
cré. Il y a encore de ces bottes qu'on nomme *à quatre cou-*
tures, parcequ'elles font ornées fur les quatre faces de quatre cordons en maniere de couture.

Les *bottes des Gardes du Roi* ont les genouilleres grandes,
quarrées, & les garnitures rondes.

Les *bottes des Moufquetaires* ont un pli derriere le talon,
qui les fait plier en marchant.

Les bottines different des bottes fortes & des bottes molles, en ce que la tige & la genouillere font fendues en long
par le côté & fe rejoignent par des boucles ou des boutons,
en forte qu'elles fuivent précifément le moule de la jambe,
& le foulier n'y eft pas attaché.

Les *bottines fortes à tringles* font celles dont la tige eft auffi
forte que celle des groffes bottes; elles n'ont point de pied,

& fe ferment au bas de la jambe par une tringle de fer , qui regne tout le long de la tige , & s'emboîte dans un anneau.

Les *bottines à paffants* fe ferment par des boutonnieres de cuir coufues le long de la tige , & qui fe paffent les unes dans les autres jufqu'à la derniere qui s'arrête par un bouton.

Les *bottines à la dragonne* font faites à-peu-près comme les bottines à tringle , excepté que la genouillère eft fermée avec des attaches & des boucles.

Les Bottiers emploient les cuirs tout préparés ; ils font du corps des Cordonniers , & ne fe fervent point d'autres outils qu'eux. *Voyez* CORDONNIER.

BOUC ET DAIM (préparation des peaux de). Quand on veut préparer ces peaux dans les Indes Orientales , ou les met fécher fur des cordes , après avoir ôté la cervelle de l'animal , qu'on expofe au foleil ou auprès du feu , fur de la mouffe ou du gazon fec , afin de la conferver. Quelque temps après , on les fait tremper dans l'eau , d'où on les tire pour en ratiffer le poil avec une vieille lame de couteau enchaffée dans un morceau de bois fendu en travers.

Dès que le poil en a été ôté , on les met avec une certaine quantité de cervelle defféchée dans une chaudière fur le feu , jufqu'à ce qu'elles aient un degré de chaleur au-deffus de celui qu'a ordinairement le fang.

Après que cette opération les a fait écumer & rendu parfaitement nettes , on les tord féparément avec de petits bâtons , jufqu'à ce qu'il n'en forte plus d'eau. On les laiffe pendant quelques heures dans cet état , après quoi on les détord , & on les met fur une efpece de chaffis , fait de deux perches traverfées par deux autres , & liées enfemble avec l'écorce même de ces perches : on les étend enfuite de toute leur longueur fur des cordes ; & à mefure que les peaux féchent , on les gratte avec une hache émouffée , ou avec un morceau de bois ou de pierre applatie , afin d'en faire fortir l'eau , & d'en détacher la graiffe. On répete cette opération jufqu'à ce que les peaux foient parfaitement feches.

Ce font les Indiennes qui font toute cette manœuvre , & qui façonnent ces peaux. Elles font fi adroites à ce métier , qu'une feule femme peut préparer ainfi huit à dix peaux par jour.

BOUCANIER : *voyez* TANNEUR.

BOUCHER. C'eft celui qui prépare , habille , coupe , vend la viande à la boucherie , & qui eft autorifé à faire

tuer

tuer de gros beſtiaux, & à en vendre la chair en détail.

Il ne paroît pas qu'il y ait eu des Bouchers chez les anciens Grecs, au moins du temps d'Agamemnon. Les héros d'Homere dépeçoient & faiſoient ſouvent cuire eux-mêmes leurs viandes; & cette fonction, ſi déſagréable à la vue, n'avoit alors rien de choquant : la néceſſité & l'habitude lui ôtoient tout ce qu'elle a de vil à nos yeux.

A Rome, il y avoit deux corps ou colleges de Bouchers, dont les enfants ne pouvoient point quitter la profeſſion, ſans abandonner à ceux dont ils ſe ſéparoient la partie des biens qu'ils avoient en commun avec eux. L'un de ces deux corps ne s'occupoit que de l'achat des porcs, comme ſont nos charcutiers; l'autre étoit pour l'achat des bœufs : ils avoient les uns & les autres des tueries & des échaudoirs comme on en a aujourd'hui.

Les Romains firent paſſer dans les Gaules, avec leur domination, la police de leurs boucheries. De temps immémorial, il y avoit à Paris un corps compoſé de certain nombre de familles de Bouchers; les étrangers n'y étoient point admis : les enfants ſuccédoient à leurs peres, les collatéraux à leurs parents; les mâles ſeuls avoient droit aux biens que cette ſociété poſſédoit en commun; les familles qui ſe trouvoient ſans deſcendants en ligne maſculine, n'y avoient plus de part.

Ces Bouchers étoient en droit d'élire entre eux un chef à vie, ſous le titre de *Maître des Bouchers*, un greffier & un procureur. Ces officiers faiſoient les affaires de la communauté, & jugeoient en premiere inſtance les conteſtations particulieres. Ce privilege leur fut confirmé par Henri II en 1550, & ils l'ont conſervé juſqu'en 1673, que toutes les juſtices ſubalternes furent réunies à celle du Châtelet.

Comme autrefois les Bouchers étoient obligés de parcourir continuellement les campagnes pour acheter des beſtiaux, on les diſpenſoit des charges onéreuſes & publiques; on facilitoit & on aſſuroit leur commerce autant qu'on le pouvoit, mais c'étoit toujours aux conditions de ne pas ſortir de leur état. Les Bouchers n'ont pas aujourd'hui les mêmes avantages, mais ils ſont libres; leur engagement avec le public commence vers les fêtes de Pâques, &, s'ils le veulent, il finit au carême ſuivant.

Il importeroit beaucoup pour la ſalubrité de l'air & la propreté de la ville que les *tueries & échaudoirs* fuſſent ſur la riviere, comme elles y font dans plufieurs villes du royaume. Ce projet, fouvent propofé & ordonné par divers arrêts, n'a point encore été exécuté, parcequ'on a préféré la tranquillité publique que la réunion des garçons bouchers pourroit troubler.

La police veille à ce que les viandes foient faines, que le prix en foit jufte, & que le commerce foit difcipliné.

Ils ont en été, dans l'intérieur de Paris, trois marchés par femaine, qui fe tiennent les lundis, mercredis & vendredis, & en hiver, le vendredi feulement, où il ne fe vend que des veaux, dont la place porte le nom; au dehors, ils en ont deux qui fe tiennent à Poiffy les jeudis, & à Sceaux les lundis. Il y a dans l'un & l'autre marché une caiffe publique, établie par l'édit du mois de Décembre 1743, pour leur faire des avances pendant quinze jours feulement, moyennant le droit qui fe perçoit fur tous les beftiaux qui s'achetent.

Ce droit, que l'article premier de l'édit fixe à un fol pour livre du prix de tous les beftiaux vendus, eft parvenu aujourd'hui au denier dix-fept par l'augmentation de divers fols pour livre. Les Bouchers, prétendant que ce droit les ruinoit, préfenterent un mémoire au Confeil, fur la fin de l'année 1767, pour la fuppreffion de cette caiffe; mais, par une déclaration du Roi de 1768, fondée fur des motifs plus puiffants que leurs raifons, Sa Majefté a jugé à propos d'ordonner la continuation de cette caiffe.

La viande fe vend *aux poids & à la main*. Les Bouchers fe fervoient autrefois de romaines; elles leur ont été défendues par une ordonnance de police.

Il eft permis aux Bouchers de travailler les dimanches & les fêtes, pendant les chaleurs de l'été, & on a pour eux la même indulgence que pour tous les ouvriers occupés à la fubfiftance du peuple.

La communauté des maîtres Bouchers eft une des plus anciennes & des plus confidérables de celles qui font établies en corps de jurande à Paris.

La première boucherie de Paris fut fituée au Parvis Notre-Dame : fa démolition & celle de la boucherie de l'Apport-Paris fut occafionnée par les meurtres que commit, fous le regne de Charles VI, un Boucher nommé *Caboche*. Son châtiment fut fuivi d'un édit du Roi, daté de 1416, qui fupprime la boucherie de l'Apport-Paris, qu'on appelloit la *grande boucherie*, révoque fes privileges, & la réunit aux autres boucheries de la ville pour ne faire qu'un corps ; ce qui fut exécuté : mais deux ans après, le parti que les Bouchers foutenoient dans les troubles civils étant devenu le plus fort, l'édit de leur fuppreffion fut révoqué, & la dé-molition des nouvelles boucheries ordonnée.

L'on rétablit la grande boucherie de l'Apport - Paris, mais on laiffa fubfifter trois de celles qui devoient être dé-molies, la boucherie de Beauvais, celle du petit Pont, & celle du Cimetiere Saint Jean. Il n'y avoit alors que ces quatre boucheries ; mais la ville s'accroiffant toujours, il n'étoit pas poffible que les chofes reftaffent dans cet état ; auffi s'en forma-t-il une multitude de nouvelles ; entre autres par lettres accordées au mois de Février 1587, & enregif-trées au Parlement malgré quelques oppofitions de la part de ceux de la grande boucherie, qui étoient mécontents de fe voir confondus avec le refte des Bouchers.

Ces établiffements, ifolés les uns des autres, exciterent un grand nombre de conteftations, qu'on ne parvint à ter-miner qu'en les réuniffant en un feul corps ; ce qui fut exé-cuté en conféquence des lettres-patentes follicitées par la plupart des Bouchers mêmes. Il eft dit dans ces lettres que nul ne peut être reçu Maître s'il n'eft fils de Maître, ou n'a fervi comme apprentif pendant trois ans, & *acheté, vendu, habillé & débité chair* pendant trois autres années ; que la communauté aura quatre Jurés élus deux à deux, & de deux en deux ans ; que celui qui afpirera à la maîtrife, habillera, en préfence des Jurés & Maîtres, un bœuf, un mouton, un veau & un porc ; qu'aucun Boucher *ne tuera porc nourri ès maifons d'huiliers, barbiers* ou *maladreries*, à peine de dix écus ; qu'aucun n'expofera en vente chair *qui ait le fy*, fous peine de dix écus ; que les Jurés vifiteront les bêtes def-tinées ès boucheries, & veilleront à ce que la chair en foit vénale, fous peine d'amende ; que s'il demeure des chairs du jeudi au famedi, depuis Pâques jufqu'à la Saint Remi, elles ne pourront être expofées en vente fans avoir été vifi-tées par les Jurés à peine d'amende ; que les enfants de maîtres ne pourront afpirer à la maîtrife avant dix-huit ans ; que les autres ne pourront être reçus avant vingt-quatre ans.

Les boutiques des Bouchers fe nomment des *étaux* : elles ont fur le devant de grandes tables pour débiter & couper les viandes ; & au-delà des tables, un étalage de figure cy-

lindrique, auffi long que les tables mêmes, fur lequel on
arrange la viande dépecée. Ils en pendent auffi une partie à
des crochets attachés à des nerfs de bœuf, qu'ils paffent à
des chevilles difpofées autour de leur boutique.

Leurs ftatuts datent du 22 Décembre 1589; ils furent
confirmés par Henri IV en 1594; &, à la requifition des
maîtres Bouchers, on y fit quelques légers changements
en 1650.

Les Bouchers, du nom de ces *étaux*, s'appelloient autrefois *Etaliers Bouchers*; mais le titre d'*Etalier* a paffé à leurs
garçons & compagnons, & il n'y a plus qu'eux qui le portent. Il y a à Paris deux cents quarante Maîtres de cette communauté.

BOUCHONNIER. C'eft celui qui fait & vend des bouchons de liege pour boucher des bouteilles & autres vafes
où l'on met des liqueurs & particuliérement des vins.

Outre les Bouchonniers en titre, dont l'érection en communauté eft prefque toute récente, les maîtres faïanciers
de Paris ont auffi le droit de faire des bouchons pour leur
ufage, & d'en vendre au public.

L'écorce dont on les fait, & qu'on appelle *liege*, du nom
de l'arbre dont on la tire, & qui eft une efpece de chêne
verd qui croît abondamment dans les provinces méridio-
nales de France, en Italie & en Efpagne, s'éleve de deffus
l'arbre qui la porte, en la fendant depuis le haut jufqu'en
bas, & en faifant aux deux extrémités une incifion coro-
nale. Dès que l'arbre en a été dépouillé, on la met tremper
dans l'eau, & on la charge de pierres affez pefantes pour la
réduire en tables. Dès qu'elle eft fortie de l'eau, on la met
fécher fur un lit de charbons allumés, ce qui en noircit
toute la furface extérieure : quand elle eft fuffifamment
feche, on en fait des ballots pour la tranfporter où l'on
veut.

Il y a deux efpeces de liege, le blanc & le noir; le blanc
vient en France & le noir en Efpagne. Le premier fournit
ordinairement de belles tables unies, légeres, fans nœuds
ni crevaffes, d'une moyenne groffeur, d'un gris jaunâtre
deffus & dedans, & fe coupe nettement; le fecond a les
mêmes qualités, excepté qu'il eft plus épais, & qu'il fert
à mettre fous des pantoufles, des patins, à boucher des cru-
ches, & faire des *patenôtres*, qui font ces morceaux de liege
qui nagent fur l'eau, & qui fufpendent les filets des pêcheurs.

Les bouchons qui viennent d'Angleterre ne font point faits de véritable liege, comme on le croit communément, mais d'une forte de bois fort léger, qui est moins poreux que le liege, & qui fert aussi bien.

Après que les Bouchonniers ont coupé les tables de liege par petites bandes, qu'ils divisent en petits quarrés longs, ils les arrondissent avec des *tranchets*, qui font des couteaux à lame fort large, fort mince, & très bien affilée.

Comme le liege ne se trouve pas toujours également bon dans la même table, après qu'elle est toute employée en bouchons, ils en font un triage en très fins, fins, bas fins, & communs; & les vendent ensuite à un prix proportionné à leur qualité.

Par leurs statuts ils ne peuvent vendre que des bouchons de leur fabrique, & non de ceux qui viennent de l'étranger; ils seroient confifcables par les marchands faïanciers, qui ont seuls le droit d'en faire & d'en acheter de qui ils veulent.

BOUEUR. On donne ce nom à des gens préposés par la Police pour enlever les boues & les ordures des villes.

Dans toutes les villes bien policées on donne les boues à la moindre enchere. Les Entrepreneurs se chargent de fournir les hommes, les chevaux, & les voitures nécessaires pour faire nettoyer les rues deux fois la semaine, & en transporter les ordures hors de la ville dans les endroits qui font destinés pour cela.

La Police a des gens préposés pour aller tous les matins dans les rues avertir le public, au son d'une clochette, de relever les boues qui font devant les maisons, afin que les Boueurs les prennent en passant. Les Commissaires de quartier qui ne veillent pas moins à la sureté qu'à la propreté de la ville, font souvent leur visite, & mettent à l'amende ceux qui négligent de se conformer à des réglements qu'on n'a établis que pour donner plus de salubrité à l'air dans les villes.

Il n'est pas permis aux Boueurs de charger leur voiture des décombres des bâtiments. Il y a d'autres personnes préposées pour cela.

Il y a sur les ports un officier qui porte le nom de *Boueur*, qui veille à ce qu'on les tienne propres & qu'on en enleve les immondices.

BOUGRAN (fabrique de). Les bougrans font de grosses

toiles de chanvre, gommées, calandrées, & teintes en diverfes couleurs. On y emploie quelquefois des toiles neuves, mais plus communément de vieux draps de lit, & de vieux morceaux de voiles de vaiffeaux. On s'en fert pour mettre entre l'étoffe & la doublure, dans les endroits où l'on veut que les habits fe foutiennent & qu'ils confervent toujours leur forme ; on en fait auffi ufage dans les corps de robes de femmes, pour faire des toilettes, pour couvrir & envelopper les draps, afin que leur couleur ne fe terniffe pas, & empêcher que la pouffiere ne les gâte.

Les bougrans fe vendent en gros par douzaine de petites pieces, ou coupons d'environ quatre aunes de long chacun ; leur largeur dépend des toiles dont ils ont été faits.

On en fabrique beaucoup en France, fur-tout à Paris, Caen, Rouen, & Alençon. Ceux qui viennent de l'étranger paient quatre livres dix fols par cent pefant pour droit d'entrée, & quatre livres pour droit de fortie ; favoir, trente fols pour l'ancien droit, & cinquante fols pour la traite domaniale.

BOUGRANNIERE-CANEVASSIERE : *voyez* LINGERE.

BOUILLES-COTONIS (fabrique des). C'eft une efpece de fatin des Indes, qu'on nomme auffi *attlas*. Il y en a de pleins, de rayés, à fleurs d'or, ou feulement de foie de toutes fortes de couleurs, mais la plupart fauffes, fur-tout les rouges ponceau, nacarat, cerife, & les cramoifis.

Les bouilles-cotonis à fleurs font d'une fabrique fi finguliere & fi admirable ; l'or & l'argent y font fi artiftement employés, que les ouvriers de l'Europe n'ont jamais pu les imiter ; mais les Indiens ne favent pas leur donner ce goût de deffein qui fait tant eftimer les étoffes de nos manufactures.

Ces fatins fe fabriquent, à peu de chofe près, comme les nôtres : *voyez* SATIN. Il y en a de différentes fortes. Les principaux font le *cotonis*, le *cancanias*, le *calquier*, les *bouilles-chafmay* ou *charmay*.

Les *cotonis* prennent leur dénomination de ce que leur fond eft de coton & le refte de foie.

Les *cancanias* font rayés à chaînettes : on appelle *quemkas* ceux qui paroiffent les plus foyeux.

Les *calquiers* font des fatins à la turque, ou point de Hongrie.

Les *bouilles-cotonis* & les *bouilles-charmay* font tout de foie & fabriqués en façon de gros de Tours, & ordinairement de couleur d'œil de perdrix.

Les pieces de toutes ces étoffes varient dans leur longueur & largeur ; & elles vont depuis quatre aunes un huitieme de long fur deux tiers de large, jufqu'à quatorze aunes de longueur fur neuf feiziemes de largeur.

BOUJONEUR. Dans les manufactures de draperie & de fergetterie de Beauvais, on donne ce nom à ceux qui font prépofés pour en marquer & plomber les étoffes.

Ils font au nombre de dix, dont les cinq plus anciens changent tous les ans ; on les prend dans le corps des drapiers, fergiers, tifferands, & laneurs.

Ils furent établis en 1667, fous le nom de maîtres gardes & jurés du corps de la draperie. Ils vont toutes les femaines dans les maifons & ouvroirs des ouvriers & foulons, même dans les moulins & bateaux, faire la vifite des marchandifes, en dreffer leur rapport & procès-verbal, faifir celles qui n'ont point été marquées, les confifquer ; & font en droit d'infliger des amendes & autres peines aux contrevenants.

Ils doivent fe rendre chaque jour de travail à l'hôtel-de-ville depuis neuf heures du matin jufqu'à dix, & depuis deux heures de relevée jufqu'à trois, pour y marquer les étoffes qu'on y apporte, & les plomber d'un fceau qui porte aujourd'hui d'un côté les armes du Roi, & pour légende, *Louis XV, reftaurateur des arts & manufactures* ; & de l'autre côté les armes de la ville de Beauvais avec ces mots, *fabrique de Beauvais.*

BOULANGER. Le Boulanger eft celui qui pêtrit & fait cuire le pain.

Le but & la fin de tous les travaux du labourage eft de fe procurer du pain. Quelque ordinaire que foit aujourd'hui cet aliment, l'art de le préparer a eu des commencements très groffiers & différents progrès, de même que toutes les autres inventions humaines.

On a commencé, difent les anciens, par manger les grains tels que la nature les produit, & fans aucune préparation. Selon *Pofidonius*, philofophe fort ancien & fort eftimé, cette expérience a fuffi pour qu'en confultant la nature, on ait découvert l'art de convertir le bled en pain. On a dû obferver, dit-il, que les grains étoient d'abord broyés par les dents, & qu'enfuite leur fubftance étoit délayée

par la falive; qu'en cet état, après avoir été remués & raf-
femblés par la langue, ils defcendoient dans l'eftomac où
ils recevoient le degré de cuiffon qui les rendoit propres à
être convertis en nourriture. Sur ce modele on forma le plan
de la préparation qu'on devoit donner au bled pour être
converti en aliment. On imita l'action des dents en broyant
le bled entre deux pierres; on mêla enfuite la farine avec de
l'eau, & en remuant & pêtriffant ce mêlange, on en fit
une pâte qu'on mit cuire d'abord fous la cendre chaude ou
de quelque autre maniere, jufqu'à ce qu'enfuite & par dé-
grés on ait inventé les fours.

Les premiers hommes ont pu connoître affez tôt le fecret
de convertir le bled en farine groffiere; mais celui de convertir la farine en bon pain, n'aura pas été, fuivant toute
apparence, trouvé auffi promptement. On peut dire cependant que jufques-là les peuples ne jouiffoient qu'imparfaitement de l'avantage d'avoir du bled, dont la véritable
utilité eft d'être converti en pain. Il eft aifé de deviner par
quels degrés on y fera parvenu; il a fallu imaginer la pâte,
c'eft-à-dire, ne mêler qu'une certaine quantité d'eau avec
la farine, remuer ce mélange fortement, plufieurs fois, &
trouver l'art de la faire cuire.

Tout ce travail ne procuroit encore qu'un pain lourd,
mat, de difficile digeftion, jufqu'à l'inftant où un heureux hafard préfenta l'effet du *levain :* car l'idée ne s'en eft
certainement pas préfentée naturellement. On aura été redevable de cette invention à l'économie de quelque perfonne qui, voulant faire fervir un refte de vieille pâte, l'aura
mêlée avec de la nouvelle, fans prévoir l'utilité de ce mélange. On aura, fans doute, été bien étonné, en voyant
qu'un morceau de pâte aigrie & d'un goût déteftable rendoit le pain où on l'avoit inféré, plus léger, plus favou-
reux, & d'une plus facile digeftion. Depuis qu'on a inventé
l'art de faire fermenter les grains, pour en obtenir une liqueur fpiritueufe, qu'on nomme *biere,* on a trouvé que
l'écume qui fe forme pendant la fermentation de cette liqueur, eft propre à faire lever la pâte d'une maniere plus
avantageufe & plus parfaite que l'ancien levain de pâte
aigrie; en forte qu'on emploie préfentement cette *levure*
pour faire le pain de pâte légere: mais quelques perfonnes
penfent que le pain fait avec la levure eft beaucoup moins
fain que le pain de pâte ferme fait avec le levain.

On ne prenoit pas anciennement de grandes précautions pour faire cuire le pain ; l'âtre du feu servoit le plus souvent à cet usage. On posoit dessus un morceau de pâte applati, on le couvroit de cendres chaudes, & on l'y laissoit jusqu'à ce qu'il fût cuit. L'invention des fours est cependant très ancienne, il en est parlé dès le temps d'Abraham. Quelques écrivains font honneur de cette découverte à un nommé *Annus,* Egyptien, personnage entiérement inconnu dans l'histoire. Il y a lieu de penser que, dans l'origine, ces fours étoient fort différents des nôtres : c'étoit, autant qu'on en peut juger, des especes de tourtieres d'argille ou de terre grasse qui se transportoient aisément d'un lieu à un autre. Ceux des Turcs sont à peu près faits comme ces premiers ; ils sont d'argille, & ressemblent à un cuvier renversé, ou à une cloche : on les échauffe en faisant du feu par dedans. Alors on met sur la plate-forme de dessus, la pâte formée en maniere de galettes ; on ôte les pains à mesure qu'ils sont cuits, & on en met d'autres à la place. Les différentes manieres de faire cuire dont nous avons parlé, subsistent encore dans l'Orient.

Les grains dont on se sert le plus ordinairement en Europe pour faire du pain, sont le froment, le seigle & le méteil. Dans les temps de disette, on en fait quelquefois d'orge, d'avoine, & même de bled sarrasin. En Asie, en Afrique & en Amérique, on fait le pain avec de la farine de maïs.

Le seigle est la nourriture des pauvres gens. La propriété qu'il a de rafraîchir, engage souvent à en mêler un peu avec le froment, pour rendre le pain plus tendre, plus frais & plus agréable. Le seigle dégénéré ou altéré, & qu'on nomme *bled cornu* ou *ergot*, n'est bon qu'à jetter ; il cause des maladies funestes dans les pays où on en fait usage.

L'art de faire le pain, ignoré pendant très long-temps, est encore inconnu de bien des peuples, quoiqu'ils aient des grains propres à en faire. Il paroît au premier aspect simple & facile, puisqu'il n'est question que d'allier par une agitation violente un corps farineux avec de l'eau & de l'air, de lui donner ensuite une certaine forme, & enfin une consistance par le moyen du feu ; il demande cependant plusieurs travaux différents, & une certaine intelligence pour y réussir.

Ce n'est que par degrés que les hommes ont passé de l'u-

fage des grains bruts & cruds, à celui du pain fermenté &
cuit, quoique l'art du Meûnier fût bien antérieur à celui
du Boulanger : on fe contenta d'abord de dépouiller le grain
de fa peau, comme on fait à l'orge pour le monder ; de le
concaffer pour le réduire en farine & en faire de la bouillie,
jufqu'à ce qu'on eût trouvé le fecret de faire du pain. On a
fait peu-à-peu quelques progrès dans cet art fi utile pour
l'humanité ; mais on ne l'a pas encore porté au degré de
perfection dont il eft fufceptible, puifqu'on a remarqué que
les Boulangers, uniquement occupés à réuffir dans les différentes fortes de pain qu'ils font avec le froment, ont négligé, au préjudice de l'utilité publique, de chercher les
moyens les plus propres à faire le meilleur pain poffible
avec les autres farineux : on ne fauroit trop tôt remédier à
un femblable défaut ; il n'y a que des expériences multipliées, & les lumieres des favants, qui puiffent y parvenir.

Un Boulanger a ordinairement fous lui un *geindre*, ou
premier ouvrier, & des *aides-garçons*, dont le nombre doit
être relatif au plus ou moins de travail qu'il entreprend. Son
attelier eft garni d'un *pêtrin* ou *auge* de bois, dans laquelle
on travaille la pâte ; d'une chaudiere, d'un baffin de cuivre
à anfe de fer pour porter l'eau chaude dans le pêtrin ; d'une
ratiffoi e pour détacher la pâte qui eft collée aux parois du
pêtrin ; d'un *coupe-pâte* ou inftrument de fer large & prefque quarré ; d'une *couche* ou table de bois, fur laquelle on
couche la pâte qu'on a tirée du pêtrin ; de *febilles*, ou vaiffeaux de bois faits en rond, dans lefquels on tourne le pain
avant que de le mettre au four ; de *plateaux de bois*, plus
grands & plus plats que les febilles ; de *panetons* ou petits
paniers pour mettre le pain ; de toiles pour l'envelopper ;
& enfin de tous les inftruments néceffaires à chauffer le four
& à en conferver la chaleur.

Il faut que le Boulanger s'étudie à connoître la qualité
de l'eau, pour n'employer que la meilleure ; le levain le
plus propre à faire fermenter la pâte & lever le pain ; la
méthode la plus convenable au travail des différentes pâtes,
& des diverfes fortes de pain ; enfin, la cuiffon du pain, &
les regles qu'il faut fuivre pour donner à la pâte le poids
qu'elle doit avoir en pain.

On connoît la bonté de l'eau à la légéreté & à la pureté,
quand les légumes y cuifent aifément & qu'elle diffout facilement le favon : on l'emploie ordinairement tiede, mais

en hiver on lui donne un degré de chaleur de plus ; fi elle
étoit bouillante, elle ne prendroit pas le levain, & réduiroit la farine en colle. Sa quantité doit être toujours relative
à la qualité des farines ; celles qui proviennent des vieux
bleds venus pendant une année seche dans des terroirs pierreux & un climat chaud, boivent plus d'eau que les autres, & sont plus aisées à travailler que celles qui boivent
moins. En général, on met dix livres d'eau sur quinze livres de farine : une plus grande quantité d'eau rendroit les
yeux du pain irréguliers, inégaux, trop grands, feroit que
la croûte se détacheroit de la mie & se brûleroit, que le
pain seroit moins nourriffant, & qu'il n'auroit pas ce goût
du bled que les Boulangers appellent *goût du fruit*. Lorsqu'il
n'y a point affez d'eau, la pâte eft trop ferme, & le pain eft
d'une digeftion moins aisée.

La préparation du levain eft une des parties de l'art du
Boulanger qui demande le plus d'attention, d'intelligence
& d'expérience, foit dans l'apprêt, foit dans le choix ; c'eft
un morceau de pâte aigrie & réfervée à cet ufage, ou bien
une certaine quantité de *levure de biere*, qui eft l'écume ou
la mouffe de cette liqueur qu'on laiffe fermenter dans la farine délayée avec un peu d'eau tiede. Il vaut mieux mettre
un peu plus de levain que moins, parceque c'eft une maxi-
me reçue dans la boulangerie, qu'en général *il vaut mieux
pêtrir à grand levain qu'avec un petit levain*. Le levain le plus
frais eft celui qui fait le meilleur pain.

Le levain ordinaire n'ayant pas affez de force pour faire
fermenter la pâte de ces pains légers & délicats, qu'on connoît à Paris fous diverfes dénominations, & qu'on fait avec
du lait, du beurre & de la crême, c'eft ce qui obligea de
recourir à la levure de biere ; mais les médecins de la faculté ayant décidé, en 1668, qu'elle pouvoit devenir préjudiciable à la fanté, lorfqu'elle eft de mauvaife qualité, il
fut défendu aux Boulangers, par un arrêt du Parlement, du
20 Mars 1670, d'en employer d'autre que celle qui fe feroit
dans la ville, & qui feroit fraîche & non corrompue. L'expérience ayant appris depuis que toute levure de biere
étoit également bonne pour l'ufage qu'on en fait dans la
boulangerie, cet arrêt n'eft plus en vigueur.

M. *Malouin* prétend que de quelque bonne qualité que
foient la farine, l'eau & le levain qu'on emploie à faire la
pâte, quelque fuffifante cuiffon qu'on lui donne, cela ne

suffiroit pas pour en faire de bon pain, si le sel qu'on y met ne perfectionnoit cet aliment, en développant & en augmentant la qualité de la farine. Il est d'expérience, dit-il, que le sel étant dissout dans l'eau, ce fluide pénetre plus intimement la farine, & s'y incorpore mieux ; ce qui fait qu'avec la même quantité de farine on fait plus de pain lorsqu'on y met du sel que lorsqu'il n'y en a point ; qu'en outre le pain est plus léger, de meilleur goût, & se conserve plus long-temps.

Les Boulangers, ajoute le même auteur, qui, par une économie déplacée, ne mettent point de sel dans la pâte, n'entendent point leur intérêt, parceque le peu de sel qu'on y met, bien employé à propos, fait entrer plus d'eau & plus d'air dans la pâte, augmente la quantité du pain, & donne conséquemment plus de l'équivalent de ce qu'il en coûteroit pour le sel.

Avant de commencer à pêtrir on fait un creux dans la farine pour y délayer le levain avec de l'eau plus ou moins chaude, selon la saison, jusqu'à ce qu'il soit dissous de façon qu'il n'y reste aucuns *marrons* ou grumeaux du levain.

Quand cette opération est faite, qu'on a mêlé de droite & de gauche une partie de la farine qui est dans le pêtrin avec la pâte molle où l'on a délayé le levain, on *frase*, c'est-à-dire qu'on fait la pâte un peu plus seche en y mêlant de nouvelle farine à chaque *tour* ou façon qu'on donne à la pâte ; on y verse de l'eau à proportion qu'on y met de la farine ; & on y enfonce promptement les mains pour que l'eau la pénetre davantage. On la retourne ensuite plusieurs fois, & on la *boulange* dans le pêtrin avec les poings fermés. On pêtrit aussi quelquefois avec les pieds dans des baquets, ou sur une table placée à terre. Les Boulangers attentifs à la propreté mettent pour lors leurs pieds dans un sac ; &, au lieu de replier la pâte, comme on fait quand on la boulange avec les poings, ils la coupent en morceaux qu'ils mettent les uns sur les autres.

Lorsque la pâte est réduite en consistance, suivant qu'on veut faire le pain plus ferme ou plus léger, on la divise en parties égales avec le *coupe-pâte ;* on pese chaque partie à la balance ; on la tourne ensuite sur le *tour*, & on la laisse sur la *couche* jusqu'à ce qu'elle soit assez levée & prête à mettre au four.

Pour que le pain soit exactement du poids qu'il doit avoir

au fortir du four , les Boulangers gardent une certaine proportion entre la pâte & le pain cuit , pour le déchet qu'occafionne la cuiffon. Comme les petits pains diminuent plus que les gros en cuifant, ils donnent une livre de poids de plus à la pâte du pain de douze livres, qu'ils appellent *pain de braffe*. Ils augmentent de trois quarts de livre la pâte qui eft deftinée à faire celui de dix ou de huit ; de demi-livre ceux de fix & de cinq , & d'un quart ceux de trois & de deux. Quand ils font des pains de neuf , de fept & de quatre livres , ils reglent le déchet à proportion.

La cuiffon eft la principale & la derniere chofe requife dans la fabrication du pain ; c'eft elle qui acheve & qui donne la perfection à l'ouvrage du Boulanger. Pour cet effet on enfourne la pâte lorfqu'on juge que le four a été chauffé relativement à la qualité des farines dont on a fait la pâte. Les bonnes farines ne demandent qu'un four modérément chaud , au lieu que celles qui le font moins , & qu'on appelle *revêches* , exigent qu'il le foit davantage ; ce qui fait que les Boulangers fe trompent quelquefois dans le chauffage de leur four , & qu'ils difent que la mauvaife marchandife eft plus difficile à cuire que la bonne.

Le temps de la cuiffon fe regle fur la nature des farines, fur la qualité de la pâte (parceque le pain de pâte ferme eft plus long à cuire que celui de pâte molle), & fur la groffeur & la forme des pains. Meilleure eft la farine , plus il entre d'eau & d'air dans la compofition du pain , & plus aifément il cuit. Une demi-heure fuffit pour les pains mollets d'une livre lorqu'il n'y a pas de lait , parceque le feu fait évaporer beaucoup plus vîte l'eau que le lait qui , étant plus adhérent à la pâte , s'en détache plus difficilement. Le pain de douze livres demeure trois heures dans le four , celui de huit livres deux heures, celui de fix livres une heure , celui de trois livres cinquante minutes, celui de deux livres trois quarts d'heure , celui d'une livre & demie trente-cinq minutes , & celui d'une livre une demi-heure. En général plus les pains ont de furface , plus promptement ils cuifent ; ce qui fait que les petits pains , ayant à proportion plus de furface que les grands , demeurent moins de temps au four , relativement à leur forme & à leur poids.

Il y a eu des Boulangers en France dès le commencement de la monarchie. Il en eft fait mention dans les Ordonnances de Dagobert II en l'an 630. Ils vendoient de la farine à ceux qui vouloient faire cuire chez eux ; ou bien ils en faisoient du pain pour les autres. Cet usage a duré jus-qu'à la troisieme race où ils étoient appellés *pestors*, du nom latin *pistores*, mais plus communément *panetiers*, *talme-liers* & *Boulangers*.

Après avoir acheté du Roi le droit de maîtrise, il falloit, pour être reçu maître, porter au *maître des Boulangers*, ou *Lieutenant du grand Panetier*, un pot de terre neuf, rempli de noix & de *nieulles* (fruit qu'on ne connoît plus sous ce nom) ; ils cassoient ensuite ce pot & buvoient ensemble en présence de cet officier, des autres maîtres, & des *geindres* ou premiers garçons qu'on nomme *mitrons* en beaucoup d'endroits.]

Outre les maîtres Boulangers, il y a deux sortes de Bou-langers privilégiés : les uns, suivant la cour, furent d'a-bord établis au nombre de dix par Henri IV en 1601 ; les autres sont ceux qui demeurent dans des lieux de franchise.

Il y a encore des Boulangers forains. Ce sont ceux qui demeurent dans les endroits voisins de Paris, comme Saint-Denis, Gonesse ; Corbeil, Bagnolet, Ville-Juive, &c. Ils sont au nombre de neuf cents environ, & sont obligés d'apporter du pain à Paris deux fois la semaine, savoir, le mercredi & le samedi, dans les quinze places publiques où il est permis d'exposer en vente celui qui vient de la cam-pagne.

Tout Boulanger qui prend place sur un marché, doit, sous peine d'amende, fournir une certaine quantité de pain chaque jour de marché, s'y trouver lui ou sa femme, ven-dre dans le jour tout le pain qu'il apporte, le donner au prix taxé, & ne s'en défaire jamais en faveur des Boulan-gers de la ville.

Il y a à Paris une communauté de Boulangers qui pren-nent la qualité de marchands Talmeliers Maîtres Boulan-gers, & qui sont aujourd'hui au nombre de cinq cents quatre-vingt-cinq.

Cette communauté, qui est une des plus anciennes qui aient été établies dans cette ville en corps de jurande, a long-temps joui du privilege d'avoir une jurisdiction qui lui étoit propre, privativement à celle du Châtelet ; elle connoissoit de la police, & de toutes les affaires concer-nant la discipline & les statuts de toutes les autres commu-nautés.

Un Lieutenant Général, un Procureur du Roi, un Greffier & divers Huissiers composoient cette jurisdiction, dont le Grand Panetier de France étoit le chef & le protecteur.

C'étoit au nom de ce grand officier de la couronne, que les statuts & réglements étoient donnés, & qu'on étoit reçu à l'apprentissage & à la maîtrise. C'étoit aussi entre ses mains que se prêtoit le serment : aussi étoit-ce à lui qu'appartenoient tous les droits de réception. Mais cette jurisdiction ayant été supprimée par un édit du mois d'Août 1611, la communauté des maîtres Boulangers de Paris est rentrée dans le droit commun des autres communautés, & elle est soumise à la jurisdiction du Prevôt de Paris & du Lieutenant Général de Police.

Les nations les mieux policées ont toujours accordé quelques privileges aux Boulangers, en considération de ce que, travaillant à la nourriture commune, ils étoient assujettis nuit & jour à un travail rude & pénible.

A Rome, le Sénat fit une loi pour les empêcher de quitter leur profession ; &, pour s'assurer d'un nombre suffisant d'ouvriers aussi utiles, il voulut que les enfants des Boulangers, de l'un & de l'autre sexe, fussent du métier de leur pere ; &, afin qu'ils fussent toujours en état de faire leur commerce, il leur accorda des fonds qu'ils possédoient en commun. Lorsque, dans les années stériles, ils s'étoient distingués avec succès par leur zele, la République leur faisoit quelquefois l'honneur d'élever de temps en temps les principaux d'entre eux à la dignité de Sénateur. Pour ne pas les détourner d'un service si nécessaire au public, on les exemptoit tous de tutelle & de curatelle.

Les Grecs considérerent encore plus les Boulangers que ne firent les Romains. En France, nos anciens réglements n'ont accordé aux Boulangers d'autre privilege que de les exempter de faire le guet, parceque leur travail les occupe plus la nuit que le jour.

Les Jurés de la communauté des Boulangers de Paris sont au nombre de six, dont trois sont élus chaque année ; ce qui pourtant ne fut pas observé en 1718 & 1719, le Lieutenant de Police ayant ordonné que, jusqu'à la fin des contestations, il ne se feroit point de nouvelle élection.

Les apprentifs servent cinq années consécutives en qualité d'apprentifs, & quatre années en qualité de garçons, avant que d'être reçus au chef-d'œuvre, duquel les fils de maîtres font exempts. L'ancien chef-d'œuvre étoit du pain broyé ou pain de Chapitre ; le nouveau chef-d'œuvre est de pain mollet & de pain blanc.

Par ces mêmes statuts, il n'appartient qu'aux maîtres Boulangers de Paris d'y tenir boutique pour y vendre du pain, sans préjudice cependant à la liberté accordée de tous temps aux Boulangers forains & de la campagne, d'apporter du pain pour la provision de Paris deux fois la semaine, & de l'exposer en vente dans les places publiques.

Les Boulangers font tenus de marquer leur pain du nombre des livres qu'il pese, & le poids doit répondre à la marque à peine de confiscation & d'amende.

BOUQUETIER. Le Bouquetier est celui qui fait ou qui vend des bouquets artificiels. Son art consiste à imiter avec le taffetas, la toile, le papier, les plumes, le parchemin, les cocons de vers à soie & autres matieres convenables, toutes les fleurs & plantes naturelles, & à en distribuer si bien les nuances, qu'on puisse s'y méprendre.

On pourra juger par la façon de faire un œillet, dont nous allons parler, de celle de faire toutes les fleurs en général.

Pour faire un œillet, on prend tout ce qu'il y a de plus beau & de plus fin en toile ; on la savonne jusqu'à ce qu'elle soit d'un beau blanc, après quoi on lui donne un petit œil de bleu.

Après cette opération, on a de l'empois qu'on délaie dans l'eau, & on empese la toile un peu plus que du linge ordinaire. Quand elle est empesée, on la fait sécher ; & quand elle est bien seche, on découpe les feuilles de l'œillet, que les Bouquetiers appellent *amandes*. Ces feuilles se découpent simplement à la main ou avec un *emporte-piece*, qui est un outil de fer ou d'acier, dentelé comme le font les feuilles d'un œillet naturel.

On ne s'est servi de ces fers qu'au commencement de ce siecle ; c'est à un Suisse qu'on en doit l'invention. Ces fers sont fort utiles, abregent beaucoup les opérations de l'artiste, puisqu'on peut par leur moyen tailler d'un seul coup & en un instant, plusieurs feuilles qui tiendroient plus d'un jour à les découper aux ciseaux.

Les feuilles étant découpées, on prend un fil de fer ou de laiton ; on attache à une de ses extrémités avec du fil deux petits plumeaux, c'est-à-dire, deux brins de plumes qui

qui forment ces deux petits piſtils blancs qu'on apperçoit au milieu de l'œillet naturel. Pour lors, on ſonge à faire le cœur ou le bouton de l'œillet, ce qui s'exécute avec du coton en laine, qu'on enduit enſuite d'une pâte compoſée d'empois & de farine; quand ce petit bouton eſt ſec, on paſſe deſſus une petite couche de verd tendre.

Après ces différentes opérations, on commence à coudre les feuilles ſur le bouton, obſervant d'y placer d'abord les plus petites, & d'aller toujours en augmentant; on les chiffonne avec les doigts à chaque rang pour les friſer, comme elles le ſont naturellement.

Quand on ſuppoſe l'œillet aſſez gros, on ajuſte au bouton ce que les Bouquetiers appellent *araigne*, & qu'on apperçoit à l'œillet naturel en forme d'étoile. Cet araigne eſt compoſé de papier verd. Enſuite on forme le *culot*, c'eſt-à-dire, cette eſpece de calice qui contient toutes les feuilles. Le culot eſt compoſé de coton en laine, ſur lequel on paſſe la même couleur qu'on a paſſée ſur le bouton. Pour lors, il eſt queſtion de former la queue de l'œillet; pour y réuſſir, on couvre le fil de fer ou de laiton avec du coton en laine, & on emploie la même couleur que ci-deſſus. On ajoute, ſi l'on veut, tout au long de la tige, de diſtance en diſtance, de petites feuilles de vélin verd : leur diſtribution dépend du goût de l'artiſte. Quand on veut que l'œillet ſoit panaché ou rouge, on le peint en conſéquence après toutes les opérations que nous avons détaillées, obſervant de mêler un peu de gomme arabique à la couleur qu'on deſtine à ce travail.

Dans l'œillet, comme dans la tulipe, on doit avoir ſoin que les panaches ſoient bien oppoſés à la couleur dominante, & nullement brouillés ou confondus avec elle. On doit de plus obſerver que les panaches doivent s'étendre ſons interruption, depuis la racine des feuilles juſqu'à leur extrémité. Les gros panaches, par quart ou par moitié de feuilles, ſont plus beaux que les petites pieces. La belle largeur d'un œillet eſt de trois pouces ſur neuf ou dix de tour, les plus gros en ont quatorze & quinze. On eſtime beaucoup la multitude des feuilles, parcequ'elle forme une fleur plus délicate. L'œillet eſt beaucoup plus beau, quand il pomme en s'arrondiſſant avec grace en forme de houppe, que quand il eſt plat. Avec trop de mouchetures il ſeroit brouillé; avec trop de dentelles, il ſeroit hériſſé. Quand l'extrémité des feuilles, au lieu d'être proprement arrondie, s'alonge en pointe , il est affreux : c'est le pire de tous les défauts.

Les Bouquetiers à Paris ne composent point une communauté, & ne sont appellés Bouquetiers, que parcequ'ils sont principalement le commerce des bouquets artificiels ou des fleurs dont on les compose. Le négoce des fleurs artificielles est considérable , non seulement par les grands envois dans les pays étrangers, mais encore par la consommation qui s'en fait en France, & particuliérement à Paris, soit pour l'ornement des autels, soit pour la parure des femmes qui emploient les plus belles , ou dans les bouquets qu'elles mettent devant elles , ou dans leur coeffure , ou même dans leur habillement , sur-tout dans les palatines & les fichus.

Ces ouvrages se font la plupart par des religieuses , dont quelques-unes en font commerce dans leur couvent, ainsi que les marchands merciers qui sont établis sur le quai de Gêvres à Paris.

Il y a à Paris une communauté de *Bouquetieres* , qui a des statuts , & qui est comprise dans le nombre des autres communautés dépendantes de la police.

Ces femmes établies dans les halles & marchés de la ville, aux portes principales des églises, & à celles des palais , agencent, font & vendent des bouquets pour la parure des dames.

Il y a encore des Bouquetieres ambulantes , qui vont par les rues présenter des bouquets aux passants. Comme elles ne font point un commerce fixe de fleurs , elles ne sont point établies en corps de communauté , & n'ont besoin que de lettres de regrat.

Les bouquets de fleurs artificielles qui se font avec des émaux de diverses couleurs, se vendent par les Emailleurs : *voyez* ÉMAILLEUR.

Ceux qui sont faits de plumes d'autruche de diverses couleurs , arrangées à plusieurs étages sur le bord d'un chapeau pour y servir d'ornement , se vendent par les Plumassiers : *voyez* PLUMASSIER.

Cette communauté est gouvernée par quatre Jurés.

Il faut faire quatre ans d'apprentissage , & deux ans de compagnonage, avant de pouvoir parvenir à la maîtrise. Nous ne disons rien de cet art , qui ne consiste qu'à arranger avec goût des fleurs naturelles, pour en former des bouquets.

BOURACANIER. Le Bouracanier ou Baracanier est celui qui fabrique le bouracan. Cette étoffe est une espece de camelot d'un grain fort gros : elle se travaille sur le métier à deux marches, comme la toile. Les bouracans ne se foulent point, on les fait simplement bouillir dans de l'eau claire à deux ou trois reprises, & on les calandre ensuite : on en fait des rouleaux qu'on nomme *pieces*. Le bon bouracan doit avoir le grain rond, uni & serré : il s'en fait beaucoup en Flandre & en Picardie.

Ceux de Valenciennes, qui sont tout de laine, tant en chaîne qu'en trame, sont les plus estimés. Quoique ceux de Lille aient la même longueur & la même largeur, & soient tout de laine comme ceux de Valenciennes, ils leur sont inférieurs en qualité. Les bouracans d'Amiens sont beaucoup plus gros. Ceux de la manufacture de Rouen sont les moindres de tous, tant ceux qui se font tout en laine, que ceux dont la chaîne est de chanvre & la trame de laine.

Il est défendu à tous Bouracaniers de lever une piece de dessus le métier qu'elle n'ait été visitée par les jurés de la communauté, & scellée de leur plomb : *voyez* DRAPIER.

BOURACHER. On donne ce nom dans la manufacture d'Amiens aux ouvriers qui travaillent au ras de Genes, & autres étoffes de soie : *voyez* HAUTE-LICIERS.

BOURRELIERS. Les Bourreliers sont des ouvriers qui font les harnois des chevaux de carrosse.

Les harnois sont composés de cuir lissé, de cuir de Hongrie, bordé de veau ou de marroquin. En général un harnois de carrosse est composé de quatre traits, de deux reculements, deux chaînettes, deux poitrails, deux avaloires, deux bricoles garnies de leurs coussinets, deux croupieres garnies de quatre barres de cuir de chaque côté du cheval, coupées droit ou en festons, de deux brides, & de quatre trousse-traits.

Les *traits* sont les parties qui sont attachées aux palonniers de la voiture : *voyez* CHARRON. Les *reculements* sont ces deux bandes de cuir qui font le tour du cheval, & auxquelles sont attachées les chaînettes qui vont prendre le bout du timon : les deux *poitrails*, comme le nom le fait assez entendre, sont les deux parties qui se trouvent sur le poitrail des chevaux : les deux *avaloires* font celles qui font placées au derriere : les *bricoles* font les parties fur lefquelles font appuyés les couffinets garnis chacun d'une couverture ornée de dorure : les *croupieres* font les parties qui prennent aux couffinets, & qui fe terminent par un culeron qui paffe fous la queue des chevaux : les *barres* font les quatre bandes de cuir placées de diftance en diftance de chaque côté des chevaux, qui font attachées à la croupiere & aux reculements : les *trouffe-traits* font deux efpeces d'anneaux de cuir qui font attachés de chaque côté du culeron.

Chaque bride eft compofée d'un *deffus de tête*, d'un fronteau, d'un deffus de nez, de deux courts-côtés, d'un deffous de gorge, de deux porte-mords, & de deux rênes.

On entend par *deffus de tête* la partie qui paffe fur la tête du cheval ; le *fronteau* eft celle qui eft au front ; le *deffus de nez* eft la bande de cuir qui paffe fur le nez ; les *courts-côtés* font les deux parties qui font attachées aux porte-mords & au deffus de tête ; la *fougorge* eft la partie qui va boucler au deffus de tête ; & la *rêne* eft la partie qui eft attachée au mords, & qui va s'attacher au couffinet par le moyen d'une boucle.

On ne fuit point de regle décidée dans la coupe des différentes pieces qui compofent le harnois ; on commence indifféremment par l'une ou par l'autre, fuivant l'étendue & la qualité de la peau.

Les harnois font coufus & piqués à l'alêne avec du fil de Cologne ; on en ajufte toutes les parties avec des boucles plus ou moins riches, fuivant la beauté du harnois.

Les Bourreliers de la ville, fauxbourgs & banlieue de Paris, font qualifiés dans leurs ftatuts de Maîtres Bourreliers-Bâtiers & Hongroyeurs ; ils font au nombre de deux cents cinq.

L'apprentiffage eft de cinq ans, & le compagnonage de deux ans.

Les filles de maîtres, contractant mariage avec un apprentif, l'affranchiffent pour parvenir à la maîtrife, après toutefois qu'il a parachevé fes cinq années d'apprentiffage.

Nul compagnon dudit métier ne peut quitter le maître auquel il s'eft loué que le temps de la location ne foit expiré, & que l'ouvrage qu'il a commencé ne foit parachevé. Au cas que le compagnon qui eft au mois, veuille fortir, il doit avertir son maître quinze jours avant ; & le compagnon à la journée, huitaine auparavant, sur peine d'amende, conformément à l'article XXIV des anciens statuts.

BOURSIER. Le Boursier est l'ouvrier qui fait & vend des bourses à cheveux, toutes sortes d'ouvrages à l'usage des chasseurs & des guerriers pour mettre leurs munitions, tels que sont gibecieres, cartouches, gibernes : il vend aussi toutes sortes de sacs ou étuis à livre, à flacon, des calottes, parapluies, parasols, &c.

C'est pourquoi ils se qualifient dans leurs titres de Maîtres Boursiers, Colletiers, Pochetiers, Caleçonniers, faiseurs de braies, gibecieres, mascarines & escarcelles.

Ce titre si étendu contient une partie des ouvrages qu'il leur est permis de faire & de vendre. Ils peuvent encore faire des sacs de velours, de cuir, de moquette, & autres étoffes ; des étuis à livres & à peignes, des camisoles, des chaussons de chamois, & autres ouvrages de bufle, marroquin, cuir noir & blanc, ou qui en sont doublés.

Les bourses à cheveux se font de taffetas noir, & sont doublées de toile ou de soie.

Pour faire une bourse à cheveux, on prend du taffetas de cinq huit de large, on le coupe en trois ou en quatre, suivant la grandeur de la bourse qu'on veut faire : quand la bourse est coupée, on y fait une ouverture de chaque côté dans la partie intérieure du sac : on la retourne ensuite & on la *rabat*, c'est-à-dire qu'on y forme les deux échancrures qui forment la diminution du sac dans sa partie supérieure. Après ces opérations, on y fait au haut deux faux ourlets dans lesquels on passe les cordons qui servent à attacher la bourse.

Le sac de la bourse étant absolument fini, on forme la rosette qu'on y destine, qui est composée de rubans plus ou moins larges, suivant le goût de l'ouvrier, ou la fantaisie de celui qui la commande : la rosette étant formée, on la coud à la bourse.

Les premiers statuts des Boursiers leur furent donnés en 1342 par Philippe de Valois, & furent confirmés successivement par Charles VI en 1414, par Louis XII en 1514, & par Charles IX en 1574. Mais ayant eu besoin d'être reformés dans la suite, parceque le style en étoit trop ancien & inintelligible, que leur discipline ne s'observoit plus, & que les ouvrages avoient changé de mode, on leur en donna de nouveaux en 1659, dans lefquels on confirma quelques articles des anciens; mais les maîtres & gardes de la mercerie de Paris, les jurés des maîtres doreurs fur cuir, ceux des maîtres peauffiers, & ceux des tailleurs-pourpointiers, ayant formé oppofition à la vérification des lettres-patentes que Louis XIV leur avoit accordées, elles ne purent être vérifiées que le 8 Avril 1664.

La communauté des Bourfiers eft compofée à préfent de quatre-vingt-dix maîtres; elle eft gouvernée par quatre jurés, dont le plus ancien fort chaque année, & un autre eft élu en fa place le 11 Août; de forte que chaque juré exerce fa charge deux ans de fuite.

Ce font ces jurés qui délivrent les lettres d'apprentiffage & de maîtrife, qui donnent le chef-d'œuvre, & font les vifites tous les trois mois, comme il eft porté par les ftatuts.

Par ces ftatuts, qui font en quarante-neuf articles, le chef-d'œuvre doit être de cinq pieces; 1°. d'une bourfe ronde à quarre de cuir; 2°. d'une autre bourfe de velours, brodée d'or & d'argent, avec les crêpines & boutons de même; 3°. d'une gibeciere de marroquin, à fer, garnie de fon reffort, avec des courants & boutons de cuir; 4°. d'une autre gibeciere auffi de marroquin à fer cambré, avec reffort; 5°. d'un carreau ou fac de marroquin à ufage d'homme.

L'apprentif ne peut être obligé pour moins de quatre ans; & chaque maître n'en peut avoir qu'un feul à la fois, fi ce n'eft qu'il n'en prenne un fecond après trois ans & demi expirés de l'apprentiffage du premier.

L'apprentif étranger doit, pour parvenir à la maîtrife, fervir pendant cinq ans en qualité de compagnon, trois chez le même maître, & les deux autres à fa volonté.

Les maîtres ne peuvent aller au devant des marchandifes qu'au delà de vingt lieues de Paris.

BOUT-A-PORT: voyez DÉBACLEUR.

BOUTON (faifeurs de moules de). Les ouvriers qui portent ce nom commencent par fe procurer des bûches de fix à fept pouces en quarré, de bois dur, comme chêne, poirier, frêne, cormier, &c. Après avoir placé une de ces bûches entre les mâchoires d'une efpece d'étau de bois, ils la fcient en tranches de quatre, cinq, fix & fept lignes d'épaiffeur.

L'ouvrier étant affis, & comme à cheval fur une efpece

de chevalet, applique une tranche de bois au *moule-perçoir*, & la met succeſſivement en autant de moules de bouton qu'elle peut être percée de trous.

Ce moule-perçoir, qui eſt monté ſur une poulie, & qui eſt poſé par ſes deux extrémités ſur deux appuis qui ſervent de cales, eſt compoſé d'un manche & d'un fer. Le manche eſt une boîte à foret, oblongue, ſur laquelle une corde peut ſe rouler; la tête eſt faite de deux petits tenons ſéparés par une fente dont les faces ſont inclinées l'une vers l'autre, de ſorte que l'ouverture de la fente eſt plus étroite en bas qu'en haut. Le fer a la même inclinaiſon, au moyen de laquelle il ſe fixe entre les faces des tenons. Son extrémité eſt terminée par cinq pointes, dont la plus longue, qui eſt dans le milieu, ſert à percer le centre du moule de bouton. Les deux parties voiſines de celle du milieu tracent des moulures à ſa ſurface; celles des extrémités forment les bords du moule & l'enlevent de la tranche de bois.

Quand on veut travailler plus vîte, & les faire plus commodément qu'à l'archet, on ſe ſert d'une poulie & d'une roue qu'un autre ouvrier fait mouvoir à la main.

Comme il y a des boutons de différentes groſſeurs, on ſe ſert de différentes ſortes de moules-perçoirs. Il y en a dont le fer n'a que trois pointes.

On travaille ordinairement les petits moules à l'archet, & les gros à la roue.

Autrefois on faiſoit des moules de bouton avec de la corne, mais ils ne ſont plus en uſage.

Il n'y a que la célérité avec laquelle agiſſent les faiſeurs de moules de bouton qui puiſſe rendre leur travail fructueux. Ils les vendent à tous ceux qui font des boutons, comme les boutonniers - paſſementiers, les doreurs & les orfevres, qui, à l'aide d'un enduit de maſtic fait avec un ciment mêlé avec de la poix réſine, les fixent dans la concavité des boutons de métal qu'ils frappent ſur l'étau.

BOUTONNIER. Le Boutonnier eſt celui qui fait & vend des boutons, & autres choſes qui ſervent à la garniture des habits.

Les Boutonniers font un corps conſidérable, à les regarder par leur nombre; ce métier étoit même ſi étendu, qu'autrefois chaque ouvrier en avoit choiſi une branche qu'il exerçoit ſans ſe mêler des autres: les uns ne faiſoient que retordre; ceux-ci travailloient en boutons, ceux-là en treſſes, d'autres en crêpines, d'autres en boutons planés; mais les deux tiers des ouvrages qui ſont portés ſur leurs ſtaturs ont paſſé de mode & ne ſe font plus. Cependant on diſtingue toujours les *Boutonniers faiſeurs de moules*, les *Boutonniers-Paſſementiers*, qui font les boutons de fil d'or, d'argent, de ſoie, &c. & les *Boutonniers en métal*.

Ils ne faiſoient autrefois qu'un même corps avec les rubaniers; mais les artiſans de ces deux métiers s'étant extrêmement multipliés, on les diviſa en pluſieurs communautés qui n'eurent plus rien de commun entre elles.

Le bouton eſt une attache ronde, applatie par deſſous, qui ſert à joindre les deux côtés d'un juſtaucorps, ou de quelque autre vêtement que l'on veut attacher ſelon que l'on en a beſoin.

Il ſe fait des boutons de pluſieurs groſſeurs, façons & matieres d'or & d'argent filés, de ſoie, de poil de chevre, de fil de lin ou de chanvre, de crin, de jayet ou jais, &c.

Nous parlerons ici de la façon de faire un bouton d'or cordonné de trait, & un bouton glacé. Pour faire l'un ou l'autre on commence par prendre un moule de bouton, qui eſt un petit morceau de bois à demi ſphérique, percé par le milieu. Ces moules de boutons ſe font très promptement, car pluſieurs ouvriers ſont occupés chacun aux différentes manœuvres qui ſont néceſſaires. Les uns ſcient le bois dont on doit emporter les moules avec des perçoirs; d'autres les mettent ſur le tour, & avec divers inſtruments leur donnent les différentes formes, concaves ou convexes : c'eſt ſur ces moules que les Boutonniers-Paſſementiers travaillent. Cette piece doit ſe trouver renfermée ſous la matiere dont le bouton eſt couvert. On place dans ce moule quatre pointes d'aiguilles fichées en croix, ſur leſquelles on met quatre tours de cordonnet d'or filé. Si c'eſt pour le cordonnet de trait, il faut que le filé ſoit retors; ſi c'eſt pour le glacé, il le faut ſans être retors.

Pour bien conditionner un bouton, il faut, quand les quatre tours de deſſus les pointes d'aiguilles ſont faits, mettre une aiguillée de fil de Bretagne en quatre, & en former une petite bride aux quatre coins du bouton qu'on attache aux fils d'or.

Quand les coins ſont faits on reprend le cordonnet, & l'on continue le bouton, en mettant quatre brins de trait l'un à côté de l'autre : ſi les matieres ſont fines, on en met fix, & toujours en quarré jusqu'à la fin. Dans le bouton glacé, il faut que les matieres soient doublées au moins en quatre. Quand le bouton est fini, on passe un tour de fil de Bretagne sur le trait par dessous : ensuite on fait trois points sur le même fil, & on renoue les étoffes, c'est-à-dire le fil de Bretagne avec les fils d'or. Il faut avoir après cela un peu de bouillon ou cannetille plate & luisante : on en coupe un petit bout, on a une aiguille avec de la soie très fine qu'on met en deux brins, on y enfile le petit bout de cannetille, & en passant plusieurs fois l'aiguille dans le trou du moule, on forme cette petite tête d'or qu'on voit au milieu du bouton, & qui sert à l'enjoliver.

Le bouton étant dans cet état, on y fait la croix, qui est ce qui sert à l'attacher. Pour cela on prend une aiguillée de fil de Bretagne, & on la passe plusieurs fois dans les quatre brides qu'on a formées en commençant le bouton. La croix étant faite, le bouton est en état d'être placé sur l'étoffe qu'on desire.

Il y a des boutons de plusieurs especes, comme, à *amande* à la *brochette*, à *cul de dé*, à *l'épi*, à *garde d'épée*, à *l'image*, *d'or uni*, *d'or façonné*, de *poil* & de *soie unis*.

Le *bouton à amande* est d'or, a la tête fermée d'un dessein qui représente une amande ovale, quarrée, longue ou ronde, & est entouré d'un cerceau simple ou gravé, découpé en plein.

Le *bouton à la brochette* est fait sans pointe sur une brochette ; & il n'est point aisé d'en jetter les premiers tours sur les bords d'un moule à surface arrondie.

Le *bouton à cul de dé* est un bouton façonné qui n'a point de premier jettage.

Le *bouton à épi* est roulé après le premier jettage d'or en trait, en cordonnet, en *luisant*, ou compartiment qui donne du relief, & couvert d'un cerceau.

Le *bouton à garde d'épée* ne differe des autres que par ses ondes, qui sont beaucoup plus hautes que les ordinaires.

Le *bouton à l'image* est entouré de plusieurs croix de soie luisante, & de croix en *rostage*, ou garniture de points de soie, d'or ou d'argent, par le bas du bouton, qui l'embrassent dans toute sa hauteur, & descendent de haut en bas en tournant autour de lui.

Le *bouton d'or uni* se fait avec les pointes ou à la brochette, selon qu'on veut qu'il ait des ondes ou qu'il n'en ait pas.

Le *bouton d'or façonné* est celui sur lequel on a exécuté un dessein, & qu'on a décoré de divers ornements.

Le *bouton poil & soie unis* est couvert de deux tiers d'un fil de poil de chevre & d'un tiers de soie, qu'on mêle au rouet comme on le juge à propos.

Il y a encore des boutons de crin qu'on fait en divers endroits de la France. Ceux de Hollande sont très estimés, & bien supérieurs à ceux de Liege qui viennent après eux. On en fait aussi de fil, de laine, de verre & de rocaille.

Tous ces boutons se débitent à la grosse ou à la douzaine, & font une partie du négoce des marchands merciers.

Le Boutonnier en métal se sert d'un emporte-piece pour couper dans un morceau de métal de quoi faire le bouton : on lui donne, à l'aide d'un outil, la forme convexe ; on fait fondre ensuite du mastic dans les calottes des boutons, & on les remet sur des moules de bois. Ils font aussi d'autres boutons qui sont à jour & entiérement de métal.

Les *Boutonniers en émail* fabriquent des boutons à la lampe avec de l'émail, du verre, ou du crystal. Les maîtres Boutonniers en émail font une communauté dans la ville de Paris, & ont été réunis en 1706 avec les maîtres verriers, couvreurs de bouteilles & flacons en osiers : mais on distingue toujours les uns d'avec les autres. Ceux-ci sont plus connus sous le nom de faïanciers, & les premiers sous celui d'émailleurs : *voyez* EMAILLEURS.

Les Boutonniers font encore sur le boisseau des jarretieres d'or, d'argent, de soie ; des ganses, lacets, & autres semblables ouvrages.

Le *boisseau* est un instrument de bois, long, en forme de cylindre, creux en dedans ; l'ouvrier qui travaille sur ce métier le place sur ses genoux, & il opere à l'aide de plusieurs fuseaux chargés de la matiere qu'il veut employer, en faisant passer ces fuseaux les uns sur les autres pour entrelacer les brins de fil d'or ou de soie d'une maniere convenable. Le dessus du boisseau est couvert d'une feuille de carton ; & un crochet de métal, qui est à la partie supérieure du boisseau, sert à tenir l'ouvrage.

Les Boutonniers prennent dans leurs statuts la qualité de Maîtres Passementiers - Boutonniers - Crépiniers - Blondiniers, faiseurs d'enjolivemens : ils font aujourd'hui à Paris au nombre de cinq cents trente-cinq.

L'apprentiſſage eſt fixé à quatre ans, de même que le compagnonage. Les aſpirants à la maîtriſe ſont tenus au chef-d'œuvre.

Les ſtatuts portent que les maîtres ne pourront obliger, ni faire travailler à leurs ouvrages, aucunes femmes ni filles étrangeres ; mais qu'ils pourront ſeulement employer à leur travail les femmes & filles de maîtres. Ne pourront en outre les maîtres dudit métier prendre à leur ſervice, ni donner à travailler à un compagnon de dehors, ſi auparavant il ne fait apparoir de ſon brevet d'apprentiſſage, paſſé & exécuté en l'une des villes du royaume.

Les Paſſementiers-Boutonniers peuvent employer dans leurs différents ouvrages toutes ſortes d'étoffes d'or & d'argent, tant fin que faux, de ſoie, fleuret, filoſelle, fil, laine, coton, crin, cheveux, cuivre, laiton, baleine, fer blanc, bois, pailles, talc, verre, jais, émail, parchemin, vélin brodé, enluminé & doré, toques, taffetas, ſatin, velours, gaze, tabis, & toutes autres ſortes d'étoffes, pourvu que le faux ne ſoit point mêlé avec le fin. Les Paſſementiers-Boutonniers peuvent faire & vendre toutes ſortes de paſſements de dentelles d'or & d'argent ſur l'oreiller, aux fuſeaux, aux épingles, & à la main ; toutes ſortes de paſſements & de dentelles, pleines & à jour ; toutes ſortes de houppes & campanes ; toutes ſortes de crêpines grandes & petites, doubles & ſimples ; toutes ſortes de bourſes nouées, au crochet & à la main, pleines & à jour, garnies & ſans être garnies, & une infinité d'autres petits ouvrages dont l'énumération ſeroit trop longue.

Conformément au tarif de 1664, les boutons d'or & d'argent fin paient trente ſols par livre peſant pour droit d'entrée, les boutons de ſoie ſeize ſols, les boutons d'or & d'argent faux quinze ſols. Par l'arrêt du 3 Juillet 1692, ceux de crin paient dix livres par cent peſant, & ceux de fil, de laine, de verre & de rocaille, quinze livres.

Les boutons d'or & d'argent fin, compris le bois & carton, paient vingt-ſix ſols par livre peſant pour droit de ſortie ; ceux qui ſont de ſoie, d'or ou d'argent faux, y compris également le bois & le carton, douze ſols de la livre, & cinq ſols quand on les envoie chez l'étranger.

Ceux de crin, verre, rocaille, qui ſont regardés comme mercerie, paient trois livres par cent peſant, & quarante ſols quand ils vont hors du royaume.

BOUVIER. C'est celui qui est chargé d'avoir soin des bœufs, de châtrer les taureaux encore jeunes, pour dompter leur fureur, & de dresser les bœufs à subir le joug.

Ses soins sont de mettre de la nourriture aux rateliers des bœufs, de leur faire de bonne litiere, de les frotter avec des bouchons de paille lorsqu'ils arrivent tout en sueur du labour, de leur laver les pieds, de leur oindre de temps en temps la corne avec de la graisse, de peur qu'elle ne se gerce ou ne s'éclate. C'est à l'âge de deux ans qu'il châtre les taureaux ; les uns le font au mois de Mai, d'autres en automne. On garrotte bien le taureau, le Bouvier prend les muscles des testicules avec de petites tenailles, incise les bourses, enleve les testicules, & ne laisse que la portion qui tient aux muscles : il frotte la blessure avec des cendres de sarment mêlées de litharge d'argent, & y applique un emplâtre : le troisieme ou quatrieme jour il leve le premier appareil, & met sur la plaie un emplâtre de poix fondue & de cendres de sarment mêlées avec de l'huile d'olive.

Avant l'âge de trois ans il dompte les bœufs afin de les habituer au joug : c'est par la douceur qu'on gagne ces animaux, & qu'on les accoutume au travail. On les caresse d'abord de la main qu'on leur passe sur tout le corps, on leur donne un peu de sel dans du vin, & on les apprivoise. Quand ils sont apprivoisés, on leur lie les cornes, & quelques jours après on leur met le joug. On les habitue par degrés à tirer la charrue, en les accouplant avec un bœuf tout formé. Si malgré les ménagements dont on use on les trouve fougueux, on les attele entre deux bœufs faits & vigoureux ; ce travail les soumet en moins de trois ou de quatre jours.

Le Bouvier a grand soin, lorsqu'il accouple un bœuf, de lui donner son égal en force & en taille, sans quoi le plus fort porteroit toute la fatigue, & périroit en peu de temps. Ces hommes doivent être instruits des différentes maladies des bœufs, & leur appliquer les remedes nécessaires : le plus grand nombre des maladies de ces animaux laborieux ne vient que d'excès de travail.

Le Bouvier prend aussi soin des vaches : il les panse, il veille au moment où une vache est prête à vêler, afin de lui donner les secours nécessaires. Dès que le veau est né, il lui jette sur le corps une poignée de sel & de miettes de pain, afin que la vache le leche & le nettoie : il jette l'arriere-faix : il fait avaler à la vache , par le moyen d'une corne qui lui met dans la bouche , un breuvage fortifiant. Il fait avaler au jeune veau un jaune d'œuf qui ne soit point cuit , & il le laisse cinq ou six jours auprès de sa mere , afin qu'il tette autant qu'il veut : après ce temps il l'attache à l'écart , & ne le fait plus tetter qu'à certaines heures.

Le Bouvier peut aussi châtrer les *verrats* lorsqu'ils ont six mois. Le meilleur temps est le printemps ou l'automne : une simple incision suffit pour enlever les testicules. Les verrats après avoir été châtrés se nomment *cochons* : lorsqu'ils ont pris un certain accroissement, on leur donne amplement de la nourriture pour les engraisser promptement , & les mettre en état d'être vendus ou tués pour la consommation du ménage.

BOYAUDIER. Les Boyaudiers sont des artisans qui préparent & filent les cordes à boyau qui servent pour les instruments de musique , les raquettes & quantité d'autres ouvrages.

Ces ouvriers emploient, pour fabriquer les cordes à boyau, des boyaux de mouton ou d'agneau , qu'on leur apporte de la boucherie sans être lavés , & encore tout pleins d'ordure , dans des hottes appellées *bachoux*. La premiere opération est le lavage des boyaux ; ils ont pour cet effet des bottines aux jambes, devant eux trois tabliers l'un par dessus l'autre & une bavette devant leur poitrine , pour ne point gâter leurs habits : dans cet équipage ils compriment les boyaux dans leurs mains pour en faire sortir toute l'ordure , & à mesure qu'ils les nettoient , il les jettent dans un chauderon pour les laisser amortir.

Quand les boyaux ont resté dans le chauderon le temps convenable pour qu'on juge qu'ils soient assez amortis, on les remet dans un autre chauderon encore pendant un certain temps , & ensuite on les en tire pour les dégraisser un à un sur un instrument appellé *dégraissoir*.

C'est une espece d'ongle de fer blanc que les ouvriers mettent à l'index comme un dé à coudre.

Le dégraissage est une des principales opérations qu'on donne aux cordes à boyau ; pour cet effet on emploie une lessive que les ouvriers appellent *eau forte*. Ils la font dans un vaisseau de grès , ou une cuve de pierre contenant un demi-muid d'eau , dans laquelle ils jettent environ deux livres & demie de cendres gravelées qu'ils remuent bien avec un bâton, & ils l'emploient, felon le befoin, au *quart forte*, au *tiers forte*, *demi-forte*, aux *trois quarts forte*, & *toute forte*. Cette façon de leffiver s'opere quatre ou cinq fois, & dure deux ou trois jours, fuivant la chaleur de la faifon, parceque les boyaux fe dégraiffent plus prompte-ment en été qu'en hiver.

Chaque demi-journée on augmente la force de la leffive, & ces augmentations font relatives à la faifon. Dans l'hiver on commence par la donner du quart au tiers, & on conti-nue du tiers au demi, du demi aux trois quarts, & des trois quarts à l'eau toute forte. En été, on va du quart au demi, du demi aux trois quarts, & des trois quarts à l'eau toute forte. Dans le premier cas, les degrés d'eau fe donnent en trois jours, & en deux dans le fecond. Quelquefois on abrege ou l'on prolonge cette opération, felon qu'on y eft déterminé par l'expérience qu'on y a acquife.

Cette leffive *fimple forte* étant donnée, on en donne une feconde qu'on appelle *double forte ;* elle eft compofée de la même quantité d'eau, & de cinq livres de cendres grave-lées, & on y laiffe tremper les boyaux pendant une demi-journée ou une journée entiere, & même davantage, felon que la faifon le requiert.

Lorfque les boyaux font fuffifamment dégraiffés, on les met dans une tinette pleine d'eau, ce qu'on appelle *mettre blanchir*, & on jette les filandres qu'on a ôtées des boyaux dans une tinette qui eft auprès du dégraiffoir.

Quand les boyaux font fuffifamment blanchis, des fem-mes les retirent de la tinette pour les coudre les uns au bout des autres, fuivant la longueur que l'on veut donner à la corde. Tout cela fait, les boyaux font en état d'être filés. Si on en file un feul, on fait une petite boucle à l'extré-mité, & on l'attache par là au crochet ou *émerillon* qui eft au haut du rouet ; s'il y en a plufieurs, on les attache en-femble par un nœud, & on les accroche à l'émerillon : pour lors un homme tourne la manivelle du rouet, tandis que l'ouvrier file en reculant, à peu près de même que les cordiers.

L'*émerillon* fait la partie d'un inftrument appellé *talart* ou *attelier*, qui eft un chaffis de bois de fapin, long & large de deux aunes, à l'une des extrémités duquel il y a vingt trous, & quarante à l'autre, garnis d'autant de chevilles de bois de la groffeur du doigt, pour étendre les cordes à boyau.

Les cordes étant filées, on les étend à l'air fur des efpeces de rateaux garnis de chevilles, & au bout de quelques jours on les *dégroffit*. Cette opération fe fait avec une corde de crin imbibée de favon noir avec laquelle on les frotte rudement depuis un bout jufqu'à l'autre.

On penfe qu'il y a encore une légere opération à faire aux cordes avant de les expofer en vente ; elle confifte vrai-femblablement à les frotter d'huile pour les adoucir & les rendre encore plus fouples : mais les Boyaudiers en font un myftere ; ils affurent qu'ils ne fe fervent point d'huile, & que c'eft dans cette derniere manœuvre que confifte tout le fecret de leur art.

Les Boyaudiers ont raifon d'affurer qu'ils ne fe fervent point d'huile pour affouplir & donner du fon à leurs cordes, mais ils y emploient des fels qui font extraits de la lie de vin.

Dans les pays de vignobles, & fur-tout dans ceux qui donnent des vins épais, comme dans la Guienne & dans l'Aunis, où l'on eft obligé de les foutirer fouvent pour les rendre plus clairs, on a beaucoup de lie dont on remplit des futailles. Quant à ceux qui font de l'eau-de-vie, voici comment ils s'y prennent à Bourdeaux.

Pour tirer patti de cette lie & en extraire le vin, ils en rempliffent des facs d'une toile très épaiffe, qu'ils mettent par couches les uns fur les autres, fous la trape d'un pref-foir, afin d'en faire fortir le vin. Ils font enfuite fécher au foleil le réfidu de cette lie, ainfi que le marc qu'ils trouvent dans les chaudieres après qu'ils les ont déchargées ; & lorfque ces matieres font bien feches, ils les entaffent dans des magafins jufqu'à ce que les Boyaudiers viennent les acheter.

Ceux-ci commencent leur opération par faire dans la terre un creux de demi-pied de profondeur, fur deux pieds de longueur & largeur, qu'ils couvrent d'une voûte faite des plus gros morceaux qu'ils trouvent dans le tas des lies def-féchées. Lorfque la voûte eft beaucoup chargée de cette matiere qui eft très combuftible, ils y mettent le feu qu'ils entretiennent en y jettant toujours de nouvelle matiere jufqu'à ce que tout foit brûlé.

Comme la fumée qui en fort eft d'une puanteur infupportable, c'eft fans doute la raifon pour laquelle la Police des villes oblige les Boyaudiers à fe loger aux extrémités des fauxbourgs.

Lorfque le feu eft éteint, on trouve au milieu du foyer une maffe de fel très compacte, & toujours relative au plus ou moins de tartre que les vins ont dépofé dans leur lie.

Ce fel, qui eft d'une âcreté très mordicante, fe réfout en eau pour peu qu'il demeure expofé au grand air; c'eft pourquoi les Boyaudiers ont le foin de brifer la maffe par morceaux, & de les renfermer très exactement dans des vaiffeaux pour que l'humidité de l'air ne puiffe pas les diffoudre.

Lorfque les Boyaudiers veulent s'en fervir pour rendre leurs cordes fonores, ils font diffoudre à l'air la quantité de ce fel qu'ils jugent à propos; & lorfqu'il eft réduit en liqueur, ils y mettent tremper leurs cordes.

Les Boyaudiers de Bourdeaux font un commerce confidérable de ce fel qu'ils exportent même hors du royaume.

Les fels qu'on extrait des vins de cette province font fans doute plus propres à ce métier que ceux de toute autre, puifqu'on regarde les cordes à boyau de la capitale de la Guienne comme fupérieures à celles qui fe font dans le royaume, & comme allant de pair avec celles d'Italie.

Pour ne pas fe tromper dans le choix des cordes à boyau qu'on achete pour les inftruments, il faut prendre les plus claires, les plus rondes & les plus égales, les faire tendre d'une longueur convenable pour l'inftrument, fe placer en face du jour & les pincer l'une après l'autre. Lorfqu'en pinçant une corde on s'apperçoit que fes ofcillations repréfentent deux cordes, c'eft une preuve certaine qu'elle eft jufte; fi ces mêmes ofcillations vous font appercevoir trois cordes au lieu de deux, on peut être fûr que la corde pincée eft fauffe; ce qui vient de ce que toutes les parties de la corde n'arrivant pas en même temps à la fituation horizontale, elle ofcille en des temps différents.

Ces maîtres compofent une des communautés des arts & métiers de la ville & fauxbourgs de Paris. Ils ne font que dix maîtres en tout, qui travaillent dans le même endroit, & ont chacun leur attelier au fauxbourg S. Martin, auprès de l'endroit appellé *Montfaucon*.

BRASSEUR. Le Braffeur eft celui qui fait & vend la biere.

uelque

Quelque origine qu'on donne à la biere, que ce foit Cérès ou Ofiris qui en aient été les inventeurs, fon ufage eft très ancien, & il y a lieu de croire que les peuples privés de la vigne chercherent dans la préparation des grains une boiffon qui leur tînt lieu de vin, & qu'ils en tirerent la biere. L'Hiftoire nous apprend que cette liqueur a paffé de l'Egypte dans tous les autres pays du monde ; qu'elle fut d'abord connue fous le nom de *boiffon Pélufienne*, du nom de *Pélufe*, ville près de l'embouchure du Nil, où l'on faifoit la meilleure biere. Du temps de Strabon, cette boiffon étoit commune dans les provinces du Nord, en Flandres & en Angleterre. Elle paffa même chez les Grecs, au rapport d'*Ariftote* & de *Théophrafte*, quoiqu'ils euffent des vins excellens ; & du temps de *Polybe*, les Efpagnols en faifoient auffi ufage.

La biere eft une liqueur fpiritueufe qu'on peut faire avec toutes les graines farineufes, mais pour laquelle on préfere communément l'orge : c'eft, à proprement parler, un vin de grain. En France, & particuliérement à Paris, on n'y emploie que l'orge : certains Braffeurs y mêlent feulement un peu de bled, & d'autres un peu d'avoine.

Une brafferie forme un bâtiment très confidérable : le nombre des agrêts ne l'eft pas moins ; les principaux font le *germoir*, la *touraille*, le *moulin*, les *cuves*, les *chaudieres*, &c.

Pour braffer fuivant notre façon de Paris, il faut avoir de bonne orge, que l'on met tremper plus ou moins de temps dans l'eau, fuivant la dureté ou la féchereffe du grain : ordinairement on la laiffe tremper l'efpace de trente à quarante heures. Quand elle cede facilement à la preffion en la ferrant entre les doigts, on la retire de la cuve où elle a trempé, & on la tranfporte dans le *germoir*.

Il y a deux efpeces de germoirs : les uns font de grandes caves voûtées ; on les regarde comme les meilleurs : les autres ne font que de grandes falles au raiz-de-chauffée.

Le grain refte dans le germoir, en tas ou en mottes, communément vingt-quatre heures, au bout duquel temps on le *met en couche* ; c'eft-à-dire qu'on étend les mottes ou tas, & qu'on les réduit à la hauteur de huit à neuf pouces d'épaiffeur, plus ou moins, felon que le germoir eft plus ou moins échauffé. Quand on voit le germe pointer hors du corps du grain, pour lors il faut *rompre*, c'eft-à-dire, remuer la couche de grain avec une pelle , jetter le grain d'une place dans une autre , & le remettre en couche comme auparavant , en donnant cependant moins de hauteur à la couche.

Au bout de quinze ou feize heures , on redonne encore un coup de pelle au grain , en obfervant de l'éventer plus que la premiere fois , ce qui s'appelle *donner le fecond coup de pelle*. On finit le fecond coup de pelle par remettre le grain en couche ; & après qu'il y a refté encore quinze ou feize heures , il eft dans la difpofition convenable pour paffer fur la *touraille*.

La touraille eft une des portions principales d'une braffe-rie. Sa partie fupérieure a la forme d'une pyramide équila-térale , creufe , dont le fommet feroit tronqué , & la bafe en haut. Le corps ou les faces font compofées de pieces de bois affemblées , & revêtues en dedans d'une maçonnerie de brique , faite fur un lattis tel que celui des plafonds ; & , pour préferver les bois d'un incendie prefque inévitable , la maçonnerie de brique eft enduite de bonnes couches de plâtre. Il y a à une des faces de la pyramide de la touraille , une porte pour pouvoir y entrer en cas de befoin. La bafe de cette pyramide renverfée eft un plancher fait de tringles de bois de trois pouces d'équarriffage. On étend fur ces trin-gles de bois une grande toile de crin que l'on nomme la *haire*. Sous le corps de la touraille , en eft un autre de ma-çonnerie , dans l'intérieur duquel eft conftruit le fourneau de la touraille.

Le grain , au fortir du germoir , fe charge fur le plancher de la touraille : on l'y étend en forme de couche d'environ cinq à fix pouces d'épaiffeur , & on fait du feu dans le four-neau , jufqu'à ce qu'on s'apperçoive que la grande humidité que le grain a prife dans le mouillage commence à fortir ; pour lors , on remue le grain , en jettant celui qui eft fur une moitié du plancher , fur l'autre moitié. Cela fait , on étend le tout , & l'on en reforme une feconde couche fur toute la fuperficie de la touraille : cette premiere manœuvre s'appelle *retourner la touraille pour la premiere fois*. Après que la touraille a été retournée , on ranime de nouveau le feu du fourneau , & on le continue jufqu'à ce qu'il foit temps de la retourner pour la feconde fois , ce qu'on appelle *re-brouiller la touraille*. Dans cette manœuvre , on ne jette point le grain l'un fur l'autre , comme quand on a retourné ; on

le prend feulement avec la pelle, & on le retourne fens deffus deffous, pelletée à pelletée.

On laiffe la touraille rebrouillée dans le même état & fans
feu pendant quelques heures ; après quoi, on ôte le grain
de deffus la touraille pour le cribler au crible de fer, afin
d'en féparer la pouffiere & les *touraillons*, c'eft-à-dire, les
ordures qu'il a pu ramaffer dans la touraille. On porte après
cette opération le grain au moulin ; mais il eft à propos de
le laiffer repofer auparavant pendant quelques jours.

Le grain étant réduit en farine, on met cette farine dans
la cuve ou chaudiere appellée communément *cuve matiere*.
Sous la cuve matiere, il y en a une autre plus petite que
l'on nomme *reverdoir*, & dans laquelle eft équipée une
pompe à *chapelet*, qu'on appelle *pompe à cabarer*. Cette
pompe fert à enlever ce qui fort de la cuve matiere, & à le
conduire (par le moyen d'une gouttiere qu'on lui applique)
dans les chaudieres, fur le bord defquelles cette gouttiere
eft appuyée de l'autre bout. On peut avoir plufieurs cuves
matieres. Le fond de la cuve matiere eft percé de plufieurs
trous coniques, qui, lorfqu'on les débouche, laiffent paffer
la liqueur dans le reverdoir ; ce fond de la cuve matiere
s'appelle *faux-fond*.

Après qu'on a tiré de l'eau du puits, & qu'on en a rempli les chaudieres, on fait du feu dans les fourneaux fur
lefquels elles font placées, jufqu'à ce que l'eau foit affez
chaude pour *jetter trempe* : on appelle *jetter trempe*, vuider
l'eau de la chaudiere dans les *bacs à jetter*. Les bacs à jetter
font des efpeces de réfervoirs qui font placés fur les chaudieres, & qui font faits pour recevoir tout ce qui en fort,
foit eau, foit biere : mais les liqueurs ne font que paffer
deffus, & n'y reftent jamais ; auffi font-ils plus petits que
les *bacs de décharge*, qui font deftinés à recevoir la biere
lorfqu'elle eft faite.

On jette trempe avec un inftrument qu'on appelle *jet*. C'eft
un grand chauderon de cuivre fait exprès & emmanché d'un
long morceau de bois, au bout duquel il y a un contrepoids
qui allege le fardeau du jet & de l'eau qu'il contient, & facilite fon mouvement. On plonge le jet dans la chaudiere,
&, lorfqu'il eft plein, on le vuide dans les bacs à jetter.

On doit obferver que, tandis qu'on jette l'eau hors de la
chaudiere, il faut tirer le feu de deffous ; fans quoi, la chaudiere fe vuidant & reftant à fec, & le feu continuant dans

le fourneau, elle rifqueroit beaucoup d'être brûlée.

L'eau eft conduite des chaudieres par les bacs dans la cuve matiere, par le moyen d'une gouttiere qui porte d'un bout à l'endroit où le bac à jetter eft percé, & de l'autre fur les bords de la cuve matiere ; mais la maniere dont elle eft poitée eft très ingénieufe. La gouttiere, ou plutôt fon ouverture, correfpond à celle de la pompe à jetter, dont nous avons parlé ; l'eau, au fortir de la gouttiere, tombe dans la pompe à jetter, la pompe à jetter la tranfmet jufqu'au fond plein de la cuve matiere. L'intervalle compris entre le fond plein & le faux-fond, fe remplit d'eau ; quand il eft plein, alors l'eau des chaudieres qui continue de defcendre par la pompe à jetter, force celle qui eft contenue entre les deux fonds, à fortir par les trous du faux-fond : cet effort eft confidérable, & la farine qui couvre le faux-fond eft enlevée par l'effort de l'eau jailliffante par des trous, jufqu'au niveau des bords de la cuve. Cinq ou fix garçons Braffeurs, armés chacun d'un *fourquet* (c'eft une efpece de pelle de fer ou de cuivre, percée dans fon milieu de deux grands yeux longitudinaux), écartent la farine, jufqu'à ce qu'ils aient atteint l'eau qui l'enleve en maffe. Auffi-tôt qu'ils l'ont atteinte, ils agitent la farine, ils la mêlent avec l'eau, & ils ne négligent rien pour la bien délayer, du moins en gros. A cette manœuvre, ils en font fuccéder une autre ; ils quittent le fourquet, ils prennent la *vague* (c'eft un long inftrument de bois terminé par trois fourchons, traverfés tous trois horizontalement par trois ou quatre chevilles) ; ils plongent la vague dans la cuve, & agitent fortement l'eau & la farine avec cet inftrument ; dès cet inftant, le mélange d'eau & de farine contenu dans la cuve matiere, s'appelle le *furdeau*, & la derniere manœuvre s'appelle *vaguer*. On ne difcontinue ce dernier exercice que quand la farine eft délayée le plus parfaitement qu'on peut.

Le fardeau refte dans cet état une heure ou environ, pendant laquelle toute la farine fe précipite & fe repofe fur le faux-fond. La liqueur qu'on appelle pour lors les *métiers*, demeure au-deffus. Au bout d'une heure les métiers étant éclaircis, on donne *avoi* en levant une *tape* de bois qui traverfe le faux-fond, & ferme un trou pratiqué dans le fond de la cuve. La tape de bois étant levée, la liqueur paffe dans le reverdoir, c'eft-à-dire, dans l'efpace qui eft compris entre les deux fonds. Pour celle qui eft fur le fardeau,

lorfque l'efpace compris entre le fond & le faux-fond eft
vuide, elle fe filtre à travers le fardeau, & acheve de fe
charger du fuc contenu dans cette farine. Tandis que les
métiers s'éclairciflent, on remplit une des chaudieres avec
de l'eau nouvelle jufqu'à une certaine hauteur; on met fur
cette eau une partie des premiers métiers, & l'on acheve de
remplir la chaudiere. Pour la feconde trempe, on fait de
nouveau feu fous la chaudiere, & on l'entretient jufqu'à
ce qu'elle commence à bouillir : le refte des métiers eft dépofé dans une autre chaudiere. On obferve la même manœuvre dans cette feconde trempe, que dans la premiere.

Lorfque la matiere de la feconde trempe, ou l'eau mêlée
avec les premiers métiers, commence à bouillir, on jette
cette feconde trempe comme la premiere avec la gouttiere,
& par la pompe à jetter trempe : on délaie avec le fourquet,
on agite avec la vague, & on laiffe encore repofer le fardeau environ une heure : au bout de cette heure, on donne
avoi, & on reçoit la liqueur dans le reverdoir, comme à
la premiere fois. C'eft alors qu'on met la quantité convenable de houblon : on fait du feu fous la chaudiere, & le
tout cuit enfemble. La quantité de houblon varie felon fa
force & felon celle de la biere. On peut cependant affurer
qu'il en faut depuis trois jufqu'à quatre livres par piece, &
conféquemment une foixantaine de livres fur un braffin de
treize à quatorze pieces. Il n'y a point de préparation à lui
donner.

On doit à la vertu du houblon la falubrité de la biere,
fon meilleur goût, de ce que n'ayant pas les défauts de
celle des anciens, elle eft moins vifqueufe, moins fujette
à s'aigrir & à fe gâter, plus amie de l'eftomac, plus propre
à la digeftion, plus forte, plus vineufe & plus apéritive.

En Angleterre, on fait beaucoup d'ufage d'une efpece de
biere douce, dans laquelle on ne met point de houblon,
& qu'on nomme *aile*; à la place, on y met des ingrédients
âcres & piquants, qui excitent une grande fermentation,
qui la rendent jaunâtre, claire, tranfparente & fort piquante : cette biere, qui prend au nez, qui eft apéritive
& d'un goût agréable, eft la même que celle que nos Braffeurs François nomment *métiers*, qu'ils font également fans
houblon, après avoir diffous de la farine dans de l'eau
chaude, qu'on fait enfuite bouillir, & dont on a fans autre
préparation de la biere qui eft douce, qui paroît même fu-

crée jufqu'à la fadeur, mais qui ne fe conferve pas.

Le grain & le houblon ne font pas les feuls ingrédients qu'on faffe entrer dans la biere ; il y en a qui y ajoutent la coriandre, foit en grains, foit moulue.

Nous avons vu que, pour faire la biere, avant de réduire le grain en farine, on le trempoit dans l'eau, on le faifoit germer, & enfuite fécher & torréfier légérement. Toutes ces préparations font néceffaires pour que l'eau qui fe charge des principes de cette farine, puiffe fubir une bonne fermentation, & fe changer en une liqueur vineufe. Si le grain, avant d'être réduit en farine, n'avoit point fubi ces préparations, la farine rendroit l'eau, dans laquelle on la met, mucilagineufe, collante, & la fermentation ne pourroit fe faire que très imparfaitement. La germination & la torréfaction divifent, atténuent la matiere mucilagineufe, fans lui rien ôter de fa difpofition à fermenter ; la germination change même cette matiere en un fuc un peu fucré, comme il eft aifé de s'en affurer en mâchant des graines qui commencent à germer. *Voyez le Dictionnaire de Chymie.*

La cuiffon de la biere rouge & de la biere blanche eft différente : mais, pour le refte, la façon eft la même pour l'une & pour l'autre, fi ce n'eft que l'on fait beaucoup plus fécher le grain à la touraille pour la biere rouge, que pour la blanche. La cuiffon de la biere rouge eft beaucoup plus confidérable que celle de la blanche. Celle de la biere blanche fe fait en trois ou quatre heures, fuivant la capacité des chaudieres, & celle de la rouge en demande jufqu'à trente & quarante. Lorfque la biere eft fuffifamment cuite, on vuide les chaudieres avec le jet.

On ne peut rien dire de pofitif fur le degré de tiédeur ou de chaleur que doit avoir la biere pour la *mettre en levain*. Lorfqu'elle eft prête à être mife en levain, on fait couler de la *levure* dans la cuve qu'on appelle *cuve guilloire*, par le moyen des robinets qui y font adaptés. La levure n'eft autre chofe qu'une efpece d'écume qui s'éleve fur la biere, & fort des tonneaux dans lefquels on la met après fa cuiffon, & où elle continue à fermenter pendant quelque temps. Comme cette levure fert de levain pour faire fermenter la biere dans les chaudieres, on peut dire qu'elle eft en quelque forte la caufe & l'effet de la fermentation. Lorfque la levure a été mife dans la quantité de biere que l'on a fait paffer des bacs à décharger dans la cuve guilloire, on a ce qu'on ap-

pelle le *pié de levain* : on ferme les robinets, & on laisse le
pié de levain environ une heure ou deux dans cet état ; pendant ce temps le principe de la fermentation s'établit. Quand
toute la biere a passé des bacs à décharger dans la cuve guilloire, la fermentation continue ; elle augmente jusqu'à un
certain point de force ou de maturité auquel on peut entonner la biere dans des tonneaux rangés à côté les uns des
autres sur des chantiers, sous lesquels sont des baquets.
C'est dans ces vaisseaux que tombe la levure au sortir des
tonneaux. Lorsque la fermentation se ralentit, on *pure le*
baquet, c'est-à-dire qu'on en tire la biere provenue de
la fonte des mousses, & on en remplit les tonneaux ; mais,
comme le produit des baquets ne suffit pas pour le remplif-
sage, on a recours à de la biere du même brassin mise en
réserve pour cet effet. Les tonneaux ainsi remplis recommencent à fermenter : on les remplit à plusieurs reprises,
& ce n'est que vingt-quatre heures après le dernier remplif-
sage que la biere peut être bondonnée : car si on se hâtoit de
bondonner, la fermentation n'étant pas achevée, on ex-
poseroit les pieces à s'entr'ouvrir en quelque endroit. On
colle la biere, ainsi que le vin, avec de la colle de poisson.
Voyez CABARETIER.

En Hollande, on brasse, non seulement avec l'orge appellé *soucrillon*, mais encore avec le bled & l'avoine. Les
Brasseurs Hollandois qui tirent de la biere de chacun de ces
trois grains, ont trois différentes sortes de biere. En Allemagne, où la biere ne laisse pas d'être fort commune,
elle se fait aussi avec l'orge ; on y emploie quelquefois l'*es-*
piotte, grain qui ressemble assez au seigle, excepté qu'il
est plus court & plus plat.

En Angleterre, où la biere est très commune, on la fait
avec l'orge, le bled & l'avoine.

Ce seroit fort inutilement qu'on se donneroit beaucoup
de peine pour faire de bonne biere, si l'on ignoroit les
moyens de la conserver dans son état de bonté, & de l'é-
claircir, lorsque trop de vétusté l'a rendu trouble, & de
lui rendre son premier goût lorsqu'elle a tourné.

Lorsque la biere monte trop promptement, que sa fermentation est trop violente, son écume qui s'extravase,
entraîne & dissipe tous les sels volatils & les parties les plus
onctueuses qui sont propres à conserver sa perfection. Lorsque la fermentation est trop longue, elle devient aigrelette ;

quand elle ne fermente pas affez, elle a un goût de verdeur : c'eft pourquoi il ne faut pas moins éviter de braffer dans les grands froids, que pendant les grandes chaleurs ; & c'eft par la même raifon qu'on a foin de l'entonner dans des vaif- faux bien propres & bien bouchés avec des bouchons enduits de terre glaife, pour la conferver pendant des années en- tieres. Il y a même des Braffeurs qui, pour la garder plus long-temps, y mettent des poignées de têtes d'abfinthe, du houblon nouveau, de la craie, du froment choifi, du fuif, ou des œufs, dont les coquilles fe diffolvent & fe con- fomment totalement, pendant que les jaunes & les blancs, enveloppés dans leurs pellicules, s'y confervent entiers.

Quelque bonne que foit la biere la plus vielle, elle ne fatisfait ni le goût ni les yeux, lorfqu'elle n'a plus ce clair- fin qui plaît & qui excite à la boire.

Pour précipiter les parties les plus groffieres qui troublent cette liqueur, on fe fert ordinairemeat d'une infufion d'hy- fope mêlée avec le fel de tartre : on y emploie encore la dé- coction de noix de galle, les blancs d'œufs, la colle de poiffon, la gomme arabique, &c.

La premiere préparation fe fait avec fix livres d'hyfope feche & bien nettoyée de fes côtes, fur lefquelles on verfe vingt livres d'eau bouillante, & trois onces de fel de tartre : dès que le fel eft fondu, on met infufer le tout pendant quelques heures fur un feu modéré, & fans le faire bouillir. Lorfque cette infufion eft repofée & clarifiée, on la con- ferve dans des vaiffeaux bien bouchés pour s'en fervir au befoin.

Sur trois livres de noix de galle, on met quatre onces de po- taffe dans une quantité d'eau fuffifante pour que la décoction rende le poids de douze livres net, après une ébullition de trois heures ; on y ajoute deux pintes d'eau-de-vie, lorf- qu'elle eft refroidie : on la conferve enfuite comme l'infu- fion de l'hyfope ; & on met cinq onces d'infufion ou de décoction pour chaque demi-piece de biere.

Les blancs d'œufs fe préparent de la même façon que pour clarifier le vin, comme nous l'avons dit plus haut.

Quand cette liqueur eft devenue ce qu'on appelle *longue biere*, c'eft-à-dire, lorfqu'elle eft aigrelette, débile & tournée, le meilleur remede qu'on puiffe employer pour la remettre eft le vin de *drêche* ou d'orge préparée, mêlé avec de l'eau-de-vie : *voyez* DRÊCHE.

On fe fert encore d'autres ingrédients pour le même effet ; mais, quelque bien qu'on rétabliffe la biere tournée, elle n'eft jamais auffi bonne que celle qui n'a pas eu befoin de tous ces fecours.

Les Chinois font une efpece de biere avec de l'orge ou du froment, qu'ils nomment *tarafun*, qu'ils font germer & moudre groffiérement. Pour cet effet, ils mettent une certaine quantité de cette farine dans une cuve, où ils l'humectent foiblement avec de l'eau chaude, couvrent cette cuve avec foin pendant quelque temps, l'ouvrent enfuite pour y verfer de nouvelle eau bouillante, & remuer le tout pour que la farine s'imbibe plus facilement ; après cette opération, ils recouvrent la cuve ; quelque temps après, ils agitent tout ce qui eft dedans, & verfent d'autre eau bouillante, jufqu'à ce qu'elle furnage & ait pris un fort extrait du *mafle* ou grain germé ; ce qu'ils reconnoiffent lorfqu'elle eft fortement colorée, qu'elle eft gluante & vifqueufe.

Lorfque cette liqueur a refroidi au point de devenir tiede, ils la verfent dans un vaiffeau plus étroit, & après y avoir mis un peu de *houblon Chinois*, ils l'enfouiffent dans la terre pour la laiffer fermenter. Le houblon Chinois eft un houblon préparé qui porte fon levain avec lui, & qui excite la fermentation.

Dès que la fermentation a ceffé, & que la liqueur commence à s'affaiffer, ils en rempliffent des facs de groffe toile qu'ils mettent fous un preffoir. La liqueur en étant extraite, ils la verfent dans des tonneaux qu'ils bouchent avec foin, & qu'ils defcendent tout de fuite dans une cave.

Cette efpece de biere eft très bonne, lorfqu'elle eft faite proprement & avec foin.

La communauté des Braffeurs eft une des plus anciennes qui aient été érigées à Paris en corps de jurande. Ses ftatuts font de 1268 ; ils furent dreffés & approuvés par *Etienne Boileau*, prévôt de cette ville. Ils y font nommés *Cervoifiers*, du mot *cervoife*, qui eft le nom qu'on donnoit alors à la biere, & il leur étoit défendu de mettre dans leur biere des baies de laurier franc, du poivre long & de la poix réfine, fous peine de 20 fols parifis d'amende au profit du Roi, & de confifcation de leurs braffins au profit des pauvres, c'eft-à-dire de toute la biere qui fe trouvera dans la cuve matiere, qui eft celle où l'on met la farine qu'on a tirée du grain.

En 1489, ces ſtatuts furent renouvellés ſous la prévôté de Jacques *d'Eſtoiville*, à cauſe des abus qui commençoient à ſe gliſſer dans la fabrique des bieres. Ils en eurent encore de nouveaux en 1515, ſous le regne de Louis XII. Ceux qu'ils ont aujourd'hui leur ont été accordés par des lettres-patentes de Louis XIII du mois de Février 1630 : ils furent confirmés par Louis XIV, au mois de Septembre 1686 : on y a ajouté ſous ce regne dix nouveaux articles de réglement par les lettres-patentes du 29 Mai 1714 enregiſtrées en parlement le 28 Juin ſuivant.

Il y a à Paris ſoixante & dix-huit maîtres Braſſeurs : leurs ſtatuts portent que nul ne peut lever braſſerie ſans avoir fait cinq ans d'apprentiſſage, trois ans de compagnonage, avec chef-d'œuvre ; que les Jurés auront ſoin de viſiter les ingrédients qui entrent dans la biere, & de veiller à ce qu'ils ne ſoient point employés lorſqu'ils ſont moiſis ou gâtés ; qu'il ne ſera colporté par la ville aucune levure de biere ; que les levures de biere apportées par les forains, doivent être viſitées par les Jurés, avant que d'être expoſées en vente ; qu'aucun Braſſeur ne peut tenir dans la braſſerie, bœufs, vaches & autres animaux contraires à la netteté ; qu'on ne peut faire dans une braſſerie qu'un *braſſin* par jour de quinze ſeptiers de farine au plus ; que les caques, barils & autres vaiſſeaux à contenir biere, ſeront marqués de la marque du Braſſeur ; que chaque maître n'aura qu'un apprentif à la fois ; mais pour la derniere année, on peut avoir deux apprentifs, dont l'un commence ſa premiere année, & l'autre ſa cinquieme ; enfin, que les maîtres éliront trois d'entre eux pour être Jurés & Gardes, deux deſquels ſe changeront de deux en deux ans.

Les Jurés auront droit de viſite dans la ville, dans les fauxbourgs & la banlieue.

BRIQUETIER. L'art de faire de la brique eſt preſque auſſi ancien que le monde ; l'hiſtoire ſainte & la profane l'atteſtent, ainſi que ces monuments de l'antiquité la plus reculée qui ſubſiſtent encore aujourd'hui, & qui prouvent en même temps combien la bâtiſſe en briques eſt de longue durée. De plus elle eſt ſaine & ſure contre le feu ; conſidérations qui lui donnent beaucoup d'avantage ſur les bâtiments en bois. D'ailleurs elle eſt, pour ainſi dire, de tous les pays ; au lieu que la pierre, ſur-tout la pierre de taille, eſt rare dans bien des cantons.

Le choix d'une bonne terre , sa préparation , sa cuisson parfaite , sont des articles très essentiels pour faire des briques dont on puisse tirer toute l'utilité qu'on doit en attendre.

La terre à brique en général est de l'argille ; l'argille n'est autre chose qu'une terre vitrescible unie à de l'acide vitriolique : *voyez le Mémoire sur les Argilles par M.* Baumé, *qui se vend chez le même Libraire.*

Lorsque l'argille est trop sableuse , elle n'est point douce au toucher , point savonneuse , ni quand elle est humide , ni quand elle est seche ; c'est ce que l'on rend par le terme de *maigre.* Alors , si on la pêtrit avec de l'eau , elle a peu de ductilité , elle se gerce , se casse aisément , & se seche en peu de temps. Dans cet état de siccité , elle est communément d'un jaune clair , très friable sous les doigts , légere & fort poreuse.

Cette argille pure fabriquée en brique ne réussit pas : les briques qui en sont formées ne prennent point au feu le degré de consistance qui en doit faire la bonne qualité. Il faut en faire un mêlange avec la terre qui se trouve ordinairement à la surface du terrein d'où l'on tire l'argille ; cette seconde terre ressemble à celle des jardins : c'est la terre calcinable , celle qui produit les végétaux.

Si au contraire l'argille est savonneuse , douce & trop forte , il faut y mêler du sable pour l'amaigrir ; autrement les briques que l'on en fabriqueroit , se tourmenteroient au feu , perdroient leur forme , & ne seroient plus propres aux parements des maçonneries.

Mais les plus experts dans l'art de la briqueterie ne reconnoissent à l'œil guere mieux que les plus novices, la véritable argille à briques & celle qui en approche. La méthode la plus courte & la plus sure , est de façonner soigneusement une toise cube de cette argille qu'on n'a point encore essayée , d'en faire cuire les briques dans quelque fourneau voisin , & d'en observer le succès. On apprend ainsi à peu de frais , s'il faut amaigrir par le sable , ou adoucir par la terre de jardin , l'argille qu'on veut employer.

La nature offre assez généralement par-tout des veines d'argille très propre à faire la brique , quoique l'œil y remarque beaucoup de variété. En quelques endroits , on emploie de purs *acoulins* ou atterrissements de rivieres , qui se font durcis après un nombre d'années ; en d'autres, la terre des potiers qui ne differe fenfiblement en rien de celle des Briquetiers. L'on a vu travailler en briques avec fuccès une veine de pure argille de quinze pieds d'épaiffeur fans terre noire ; enfin les réfultats bizarres de plufieurs expériences ont appris qu'il ne faut pas y regarder de fi près , & que par-tout, avec du foin , on peut faire d'excellentes briques. Mais il faut foigneufement écarter les parties métalliques & pyriteufes en gros grains. Les unes fe brûlent, tandis que les autres fe vitrifient , & il en réfulte des vuides qui alterent la brique.

Quelque attention qu'on apportât dans le choix des terres, on ne feroit que de mauvais ouvrages fi on négligeoit de les bien *corroyer* , c'eft-à-dire préparer.

On peut diftinguer en trois temps différents les préparations que reçoit la terre à briques avant fa cuiffon : 1°. avant qu'elle entre en moule : 2°. le temps de la mouler : 3°. le temps de la faire fécher. Il faut pour cela *tirer* la terre , la *détremper* & la *battre*.

Il eft effentiel de tirer la terre à la fin de l'automne, & de la laiffer paffer l'hiver expofée aux gelées , aux dégels & aux pluies. Les grumeaux & les molécules de cette terre nouvellement remuée fe fondent , & la terre fe difpofe au mélange & à l'uniformité qu'on y defire. D'ailleurs, quand la matiere totale deftinée pour la brique feroit homogene, & n'auroit pas befoin de mélange ; comme il faudra la bien pêtrir , & en faire parvenir toute la maffe à un degré de confiftance & d'humidité parfaitement égal , ce travail fera toujours moins long & moins couteux, en faifant tirer la terre avant l'hiver : on obferve de l'étendre d'une médiocre épaiffeur , pour qu'elle puiffe mieux recevoir les influences de l'air.

Il faut veiller à ce que les ouvriers employés à la tirer , fuivent exactement la veine , & obfervent pour le mélange les dofes qu'on leur aura prefcrites.

Après l'hiver, la terre , déja humectée & pourrie, comme difent les Briquetiers , eft devenue plus facile à détremper : alors on en forme des tas de fix à huit pouces d'épaiffeur , fur une bafe à-peu-près circulaire de fept à huit pieds de diametre ; on l'arrofe de beaucoup d'eau ; on l'émiette avec une houe , & on la pêtrit avec les pieds. Cette manœuvre fe répete plufieurs fois & à différents temps , en obfervant de changer la terre de place à chaque fois qu'on la remue &

qu'on la bat ; & on finit par donner à ces tas la forme d'un cône. Le lendemain de grand matin, on remue encore cette terre pendant une demi-heure environ, après quoi elle est en état d'être employée par le mouleur.

On conçoit aisément que toutes ces préparations de la terre, avant que de la mouler, ont pour but d'en assouplir également & d'en atténuer toutes les parties, tant pour la rendre propre, par la ductilité qu'elle acquiert, à la forme qu'on veut lui faire prendre, que pour donner à toute la masse le plus d'homogénéité qu'il est possible ; & c'est principalement de ces préparations que dépend la bonne qualité de la brique. C'est par la même raison que les mortiers, les plâtres, les ciments doivent être pêtris pour insinuer l'eau dans toute leur masse, pour bien amalgamer les différents ingrédients qui les composent, & pour les rendre propres à devenir un tout d'autant plus solide & plus dur, que leur matiere aura été réduite en parties plus déliées.

Il faudroit avoir fait beaucoup d'épreuves, pour déterminer précisément à quel point il faut avoir corroyé telle ou telle espece de terre pour sa perfection, & en quelle proportion l'eau doit être administrée. Il faut que presque toute l'eau soit évaporée de la brique avant la cuisson : il doit donc être inutile, s'il n'est pas nuisible, d'y en faire entrer trop : en général, il vaut mieux épargner l'eau que les bras & le temps.

Lorsque la terre est ainsi préparée, le mouleur commence ses fonctions. Le coin de la table à mouler a été saupoudré d'un peu de sable, ainsi que l'un des deux moules. Il plonge ses bras dans le tas de terre, & il en détache un morceau de quatorze à quinze livres ; il le jette d'abord entier sur la case du moule la plus proche de lui, & il rase en même temps cette case à la main, en y entassant la matiere ; ensuite il jette ce qu'il y a de trop sur la seconde case qui n'a pas été remplie du premier coup ; il rase aussi cette case à la main en entassant, & remplit les vuides qui s'y trouvent : en même temps il saisit de la main droite la *plane*, qui se présente à lui par son manche au bord du baquet où elle trempe dans l'eau, & il la passe fortement sur le moule pour enlever tout ce qui déborde les vingt-huit à vingt-neuf lignes d'épaisseur que doivent avoir les deux briques, & donne un petit coup du plat de la plane, comme d'une truelle, sur le milieu du moule, pour séparer les deux briques l'une de l'autre.

Le *porteur* reçoit les briques des mains du mouleur, & va les porter le long de son cordeau ; là il présente le moule près de terre, puis tout-à-coup le renversant à plat, il retire son moule par en haut, prenant bien garde d'observer l'à-plomb dans ce dernier mouvement, qui défigureroit immanquablement les deux briques pour peu qu'il eût d'obliquité. Tout cela se fait avec une promptitude & une diligence qu'on ne rencontre pas à beaucoup près dans la plupart des autres atteliers. Un bon mouleur ordinaire fait dans sa journée jusqu'à neuf à dix milliers de briques. Il est essentiel que ce mouleur ait la main formée à cet exercice, afin que la matiere soit d'une égale densité dans toutes les briques, & qu'il ne s'y rencontre pas des vuides & des inégalités de compression, qui se feroient remarquer au fourneau.

Si le temps est beau & qu'il fasse du soleil, il ne faut guere plus de dix heures à ces briques, rangées à plat sur le sable, pour se ressuyer & prendre consistance au point de pouvoir être maniées sans se déformer. Il faut éviter une dessiccation trop précipitée.

Lorsque les doigts ne s'impriment plus dans les briques, le *metteur en haie* peut commencer son travail, en les transportant & les rangeant sur les haies ; mais il faut qu'il ait soin auparavant de les bien parer.

Les *haies* sont des especes de murailles auxquelles on ne donne que quatre briques d'épaisseur. Pour qu'elles puissent se soutenir sans accident sur la hauteur de cinq pieds, on observe d'en construire les extrémités un peu plus solidement que le reste, & de maintenir la haie bien à plomb sur toute sa longueur.

La haie se trouve ordinairement divisée en autant de feuilles qu'elle a de briques d'épaisseur ; cependant il faut prendre garde de ne pas trop multiplier les feuilles : l'action du soleil ne pourroit pénétrer une si grande épaisseur, & l'air qui circule entre les joints ne feroit que renvoyer l'humidité d'une brique à l'autre, ce qui retarderoit beaucoup la dessiccation entiere.

Il faut avoir soin aussi de couvrir totalement avec des paillassons les haies pendant la nuit, & toutes les fois qu'on prévoit la pluie, qui feroit un grand désordre dans les briques.

S'il est très essentiel de bien corroyer la terre dont on

veut faire la brique, il ne l'eft pas moins que cette brique foit bien cuite : le feu eft l'agent principal qui en unit les parties. Ce dernier article eft donc très important ; & c'eft peut-être par cette raifon qu'on appelle *Briqueteurs* les ouvriers qui enfournent & font cuire la brique. Nous allons indiquer la maniere de faire cuire la brique au charbon de terre. L'on verra à l'article de la TUILERIE comment on fe fert du charbon de bois.

Les Briqueteurs ayant reconnu que les briques font prêtes à être cuites (ce qu'ils apperçoivent en en caffant quelques-unes & en jugeant à la couleur qu'il n'y a plus d'humidité), ils établiffent le pied de leur fourneau. Ils choififfent ordinairement un terrein uni près des haies de briques, avec la feule attention que les eaux ne puiffent y féjourner. On leur fournit pour le pied du four des briques cuites & même des meilleures, afin que le feu ne les faffe point éclater & qu'elles ne foient point écrafées par la charge.

Toutes les briques du fourneau, depuis la premiere affife de ces briques cuites jufqu'au fommet, font placées fur leur champ, afin que le feu puiffe agir plus facilement fur chacune d'elles.

Lorfque l'*enfourneur* a recouvert le fourneau du fixieme tas, le *cuifeur* y répand le premier lit de charbon fur lequel l'enfourneur pofe encore une feptieme & derniere affife de briques cuites, qui couronne & termine le pied du fourneau. Tous les foirs on a foin de crépir tout le parement du fourneau avec du mortier fait avec l'argille la plus maigre mêlée de fable ; car l'argille forte fe gerce auffi-tôt qu'elle fent le feu. Comme les bordures du parement du fourneau doivent contenir un édifice de vingt à vingt-deux pieds de hauteur & fouffrir quelques efforts, on ne fauroit y apporter trop d'attention.

Le lendemain avant le jour, le cuifeur vient reconnoître l'état de fon fourneau ; il y répand une fuffifante quantité de nouveau charbon, & tout le monde fe met à l'enfournage : c'eft une manœuvre très animée. L'enfourneur ne charge que la moitié de la furface du fourneau. A chaque tas complet il entre près de dix milliers de briques. On place les briques de maniere qu'elles fe croifent à chaque tas.

Un des principaux foins de l'enfourneur doit être de prévenir l'inconvénient qui pourroit réfulter de l'affaiffement qui fe fait dans le corps du fourneau où l'activité du feu fe porte plus qu'aux parements. Il doit abaiffer les bordures en mettant les briques à plat au lieu de les mettre de champ.

Le cuifeur couche obliquement dans les foyers quelques gros parements de fagots, puis des fagots entiers d'environ trente-fix pouces de tour ; il charge chaque fagot de trois ou quatre bûches de quartier, & y ajoute quelques morceaux de charbon.

Tout le refte du charbon qui entre dans le fourneau a été réduit en *pouffier* à peu près comme celui des forges. On répand un lit général de charbon de trois tas en trois tas : il faut que les briques qui doivent recevoir ces charbonnées foient à peu près jointes & beaucoup plus ferrées les unes près des autres ; autrement le charbon pourroit tomber fur les tas inférieurs. Le meilleur charbon eft celui qui paroît net, brillant & argenté.

On ne peut pas trop déterminer la quantité de charbon néceffaire pour la cuiffon des briques. Dans certains fourneaux on fait entrer fix & fept pieds cubes de charbon par millier de briques, dans d'autres huit ou neuf, dans d'autres peut-être moins de quatre pieds ; cela dépend de la quantité de matiere combuftible qu'il contient. C'eft à caufe de cette incertitude que les Briquetiers ont coutume de mettre le feu à leur fourneau dès la feptieme couche de briques, pour ménager la diftribution de leur charbon fuivant les connoiffances qu'ils acquierent.

La grande regle pour conduire le feu eft de l'entretenir égal par-tout. Il feroit tout naturel de penfer que les points où le feu va plus vîte font ceux auxquels il faudroit fournir le moins de matiere combuftible ; mais c'eft précifément le contraire. Le cuifeur doit jetter du charbon aux endroits où il voit le feu plus près de gagner la furface. Mais il faut obferver qu'on ne doit agir ainfi que dans le commencement de l'embrafement. C'eft peut-être parceque le feu eft plutôt pris dans les endroits où il y a moins de matieres combuftibles. Lorfqu'une fois le feu a gagné par-tout, fi on le trouve trop fort il faut en ralentir l'activité en y jettant du fable. L'ufage apprend la quantité qu'on en doit jetter.

Comme les vents retardent toujours la marche du feu, ou la rendent inégale dans l'étendue du fourneau, il faut obvier à cet inconvénient ; on évite par-là les *foufflures.*

Lorfque

Lorsque toutes les briques sont enfournées, on couvre entièrement le fourneau du même placage que l'on applique aux parements à la fin de chaque journée.

Il faut environ vingt à vingt-cinq jours pour cuire un four de quatre cents milliers de briques.

Jusqu'ici l'on a fait inutilement des observations sur les anciens édifices, pour savoir à quel degré de cuisson avoient été portées les briques qui se sont liées avec le mortier, pour savoir si des briques peu cuites ne s'y seroient pas durcies avec le temps, ou s'il n'y auroit pas quelque action réciproque entre la concrétion des mortiers bien conditionnés & les matieres plus ou moins solides dont ils se saisissent. Au défaut de ces lumieres, on peut dire que le juste degré de cuisson qui convient à ces matériaux factices, est celui qui résulte de la plus grande chaleur que leur matiere puisse soutenir sans se vitrifier.

Le caractere de la meilleure brique est d'être très dure & sonore sans être brûlée. Les briques brûlées ressemblent plus ou moins à du mâche-fer ou aux scories des métaux ; elles sont luisantes dans toute leur cassure, & donnent du feu sous les coups de briquet ; elles ne laissent pas d'être bonnes dans les constructions, mais il ne faut pas les placer aux parements des édifices. On juge au contraire que celles qui s'écrasent facilement sous le marteau & qui rendent un bruit sourd quand on les frappe sont trop peu cuites.

Il est très essentiel que la brique soit mouillée au sortir du fourneau ; quand elle ne la pas été elle aspire l'humidité du mortier qui alors ne prend point corps & tombe en poussiere.

Il y a lieu de penser qu'en observant toutes ces regles, on pourroit parvenir à faire de la brique aussi bonne que celle des anciens. Il faut pourtant s'attendre à des déchets assez considérables, qu'on estime communément d'un vingtieme.

Les fourneaux à briques sont une espece de sphere de laquelle partent quantité de rayons de feu qui tendent à s'étendre au-dehors. L'enduit d'argille qui couvre l'extérieur des briques, joint à la bordure de terre qu'on accumule au pied du four ; tous ces obstacles retiennent beaucoup de ces rayons ignés qui sont repercutés vers le centre. La chaleur trop vive dans cet endroit y met les briques en fusion ; elles s'attachent les unes aux autres & forment ce qu'on appelle des *roches*, du *buiscuit*, ou des *vares crues*.

Tome I. Y

L'auteur du mémoire d'où nous avons tiré cet article, dit qu'il y auroit peut-être un moyen de diminuer considérablement cette perte ; ce seroit de modérer la chaleur, surtout lorsque la fournée est entiérement achevée ; car c'est le moment où l'activité du feu est plus grande. Pour cela il faudroit construire avec les briques mêmes, au centre du fourneau, une cheminée d'un pied & demi, ou de deux pieds en quarré, qui regneroit dans toute la hauteur de la pile, & pratiquer de même au raiz-de-chaussée, ou plutôt au dessus du sixieme tas, une communication ; en observant d'y faire un enduit d'argille, ainsi qu'au dedans du tuyau de la cheminée. On rempliroit de bois la galerie de la cheminée ; on allumeroit ce bois avant de mettre le grand feu dans la totalité de la brique. La partie supérieure de la cheminée pourroit se fermer à volonté, au moyen d'une plaque à laquelle on ménageroit plusieurs registres.

En ménageant cette cheminée & la galerie de communication, il en résulteroit deux avantages ; le premier seroit d'échauffer par degrés toute la pile par le moyen du feu mis au bois qu'elle contient avant d'allumer les fourneaux ; le second seroit de pouvoir conduire convénablement le feu, soit en ouvrant, soit en fermant l'évent ou quelques-uns de ses registres.

Mais, dit le même auteur, on ne propose ceci que comme une idée à laquelle il ne faut avoir une pleine confiance qu'après qu'on en aura fait l'expérience.

Les briques portent différents noms qu'elles prennent de leurs formes, de leurs dimensions, de leur usage, & de la maniere de les employer.

La *brique entiere de Paris* est ordinairement de huit pouces de long, sur quatre de large, & deux d'épais.

La *brique de Chantignole* ou *demi-brique*, n'a qu'un pouce d'épais, & a les autres dimensions comme la *brique entiere*. On l'emploie aux âtres & aux contre-cœurs des cheminées entre les bordures des pierres.

La brique qui vient de l'étranger, ainsi que celle qui sort du royaume, paie dix livres par millier.

BRISEUR DE SEL. C'est le nom des manouvriers que la Ferme du sel entretient à ses dépens, & qui sont établis sur les ports ou dans les greniers à sel, pour briser le sel trop sec, & le mettre en état d'être porté & mesuré ; ils sont aussi obligés de fournir des pelles pour mettre le sel dans la trémie.

BROCANTEUR. Le Brocanteur eſt celui qui fait trafic de diverſes ſortes de marchandiſes de haſard : mais ce nom convient principalement aux marchands antiquaires, qui tiennent magaſin de bronzes & de médailles, de ſtatues, de porcelaines anciennes, de vaſes antiques. Comme les médailles ſont d'un grand ſecours pour la connoiſſance de la chronologie, de l'hiſtoire, & des cérémonies de l'antiquité, il s'eſt toujours trouvé des ſavants laborieux, qui ſe ſont occupés à raſſembler, à grands frais, des ſuites méthodiques de médailles.

Dans les principales villes d'Allemagne, d'Italie, & dans les Echelles du Levant, on rencontre des particuliers qui, bien informés de l'eſtime que les étrangers ont pour ces ſortes de monuments, s'adonnent à en faire des amas, pour les revendre à profit. Mais pluſieurs de ces *marchands antiquaires* ont introduit dans le commerce une induſtrie deſtructive, qu'il eſt bien important de connoître pour n'en être point la dupe.

On ſait que ce n'eſt ni le métal ni le volume qui rendent une médaille précieuſe, mais ſon antiquité, ſa rareté, relativement à la tête, au revers, à la légende, & à la maniere dont elle eſt conſervée. Les médailles Grecques ſont plus recherchées que les Romaines, tant à cauſe de leur antiquité, que par la plus belle correction du deſſein. Les *médailles de bronze* augmentent encore de prix, par la beauté du vernis que leur ont fait prendre certaines terres, dans leſquelles on les a ſouvent trouvé enveloppées. Cette eſpece de vernis, que l'art juſqu'à préſent n'a pu imiter qu'imparfaitement, donne à quelques médailles un beau vermillon, ou un bleu turquin, qui eſt comparable à celui de la turquoiſe : il répand ſur d'autres un poli vif, & une couleur brune très éclatante. La couleur ordinaire eſt un beau verd qui s'étend ſur la gravure, ſans en dérober les traits les plus délicats. Le bronze ſeul eſt ſuſceptible de ce vernis verd, car la rouille verte qui s'attache ſur l'argent ne ſert qu'à le gâter.

Les *marchands antiquaires* ou *brocanteurs*, empruntent de différents acides un vernis ſemblable pour cacher les défauts d'une médaille, ou les changements qu'ils y ont faits dans les légendes, afin de la rendre plus précieuſe ; mais ce vernis n'a jamais la couleur, l'éclat, & le poli de celui que donnent naturellement les ſels de la terre : d'autres les mettent

tent dans la terre pour leur donner cette couleur de rouille, mais qui n'en impofe qu'à des amateurs novices.

Quelques-uns contrefont les médailles antiques, par le moyen de moules de fable ; mais les grains qui s'impriment fur le métal, donnent quelquefois lieu de reconnoître la fraude : d'ailleurs les traits n'en font ni aufli vifs, ni aufli tranchants : le grand poli qu'ont ces médailles les rend fufpectes ; car l'expérience apprend que le métal des médailles antiques eft toujours un peu rude. La marque du jet ne peut être bien effacée que par des coups de lime, qui prouvent encore la fauffeté de la piece. Mais on les diftingue furement au poids ; parcequ'un métal moulé eft toujours moins denfe & moins pefant à volume égal, que le métal frappé.

On reconnoît que des médailles antiques ont été réparées, à de certains coups de burin trop enfoncés, à des bords trop élevés, à des traits raboteux & mal polis.

Des artiftes antiquaires ont fait des coins exprès fur les médailles antiques & rares. Cette fraude réuffit d'autant mieux qu'il eft vifible qu'elles ne font ni moulées ni retouchées. Ceux qui fe font montrés les plus habiles dans ce genre d'induftrie, font le *Padouan*, le *Parmefan*, & *Carteron*, Hollandois ; mais ces médailles forties du coin de ces artiftes, font en trop bon état pour ne pas paroître, finon fauffes, du moins bien fufpectes. Les coins du *Padouan* font pour la plus grande partie dans la bibliotheque de Sainte Genevieve à Paris.

BROCARD (Manufacture de). Le brocard étoit originairement une étoffe tiffue d'or, d'argent ou des deux enfemble, tant en chaîne qu'en trame ; dans la fuite on a donné ce nom à celles où il y avoit quelques profilures de foie pour relever & donner de l'ombrage aux fleurs d'or dont elles étoient enrichies : enfin ce nom eft devenu commun à toutes les étoffes de foie, foit fatin, gros de Naples ou de Tours, & taffetas ouvragés de fleurs & d'*arabefques*, qui les rendent riches & précieufes comme le vrai brocard. (On appelle arabefques des *rinceaux* ou *fleurons* d'où fortent des feuillages de caprice & qui n'ont rien de naturel.) Les fabricants ne diftinguent les *brocards* d'avec les *fonds or & argent*, qu'en ce que les premiers font plus riches, & que tout l'*endroit* de l'étoffe eft or ou argent, à quelques légeres découpures près, au lieu que les feconds ont des parties entieres exécutées en foie.

L'art de faire entrer l'or dans le tiſſu des étoffes a été connu des peuples les plus anciens ; Moïſe nous apprend dans l'Exode, qu'on coupa des lames d'or que l'on réduiſit en feuilles très minces, afin qu'on les pût tourner & plier pour les faire entrer dans le tiſſu des autres fils de diverſes couleurs. L'invention du fil trait d'argent a été très poſtérieure à celle du fil trait d'or ; le ſilence des auteurs anciens nous porte à croire qu'il n'étoit pas connu de leur temps, & qu'ils n'auroient pas oublié d'en parler, ſi pour lors il fût entré dans le tiſſu de leurs étoffes.

Les brocards n'exigent point d'autre métier que ceux dont on ſe ſert communément pour les velours & ſoiries : leur chaîne eſt de quarante-cinq *portées doubles*, & de quinze *portées* de poil ſur un peigne de quinze. Les *portées*, qui ſont un certain nombre de fils de ſoie ou de laine, relatif à la largeur de l'étoffe, ſe diviſent en *portées de poil* & en *portées de chaîne*. On appelle *poil* la chaîne qui ſert à faire le figuré des étoffes & celle qui ſert à lier.

L'*armure* ou l'*ordre* dans lequel on fait mouvoir les liſſes, tant de chaîne que de poil, eſt pour le fond la même que celle du gros de Tours, qui ſert à faire le figuré des étoffes, ou à lier les dorures : *voyez* SOIRIES.

Pour mieux imiter la broderie, la dorure des brocards eſt preſque toute liée par les découpures de la corde, excepté le *friſé*, qui eſt un or très fin ; le *clinquant*, qui eſt une lame filée avec un *friſé* ; & la *cannetille*, qui ſert cependant quelquefois. La cannetille eſt un or trait filé ſur une corde à boyau.

On a trouvé depuis peu une maniere aiſée de relever la principale dorure en boſſe, tel que l'or *lis*, qui eſt un *or friſé*, dont il y a deux eſpeces, le très fin & le moins fin. Pour cet effet, ſous les *lacs* tirés de la dorure qu'on veut relever, c'eſt-à-dire ſous un gros fil qui forme d'un ſeul bout pluſieurs boucles entrelacées dans les cordes du *ſemple*, ou bâton où ſont attachées pluſieurs ficelles proportionnées au genre & à la réduction de l'étoffe qu'on veut fabriquer, on paſſe une *duite* ou portion de chaîne de quinze à vingt brins de ſoie de la couleur de la dorure, en faiſant baiſſer pour les premiers *lacs* les quatre liſſes de *poil* pour la tenir arrêtée, après quoi on laiſſe aller la marche, & on broche la dorure ſans lier.

Quant aux ſeconds *lacs*, on broche de même une groſſe

duite, qui eft la fuite de la premiere, & on baiffe les quatre liffes de *poil*.

Cette *duite* eft une efpece d'*accompagnage*, ou de trame fine de même couleur que la dorure dont l'étoffe eft brochée; elle fert à garantir le fond fous lequel elle paffe, afin de conferver l'éclat & le brillant de la dorure, en empêchant que d'autres couleurs ne tranfpirent ou ne percent à travers.

Comme l'*accompagnage* qu'on emploie dans les brocards eft plus gros que l'*accompagnage* ordinaire, il ne fe paffe point avec la navette, comme dans les autres étoffes, mais on le broche en faifant baiffer deux marches.

Afin que la dorure ne foit pas écrafée, qu'elle faffe toujours faillie & relief, on roule fur des molletons toutes les étoffes dont la dorure eft relevée, à mefure qu'elles viennent fur l'*enfuble*, & on a foin de mettre autant de molletons qu'il y a d'étoffes fabriquées.

On fait auffi des *brocards* dont le *poil* eft de quarante *portées* fimples, pour l'*accompagnage* defquels ont fait baiffer tout le *poil* qui eft de la couleur de la dorure; pour lors on peut brocher fur ce *brocard* toutes fortes de couleurs pour relever, parceque le *poil* qui eft baiffé garnit fuffifamment, & qu'il empêche la foie de couleur qui releve, de *tranfpirer* ou percer à travers le poil.

Le *brocard* d'or ou d'argent eft du nombre des quatre draps fur l'un defquels ceux qui afpirent à la maîtrife de maîtres ouvriers en draps d'or, d'argent & de foie en la ville de Paris, doivent faire leur chef-d'œuvre, fuivant l'article XXV du réglement de 1667 fur la manufacture de ces fortes de draps.

Les articles XLIX & L du même réglement, & l'article XVI de celui qui a été fait pour Lyon en la même année, enjoignent de faire les *chaînes* & *poils* des *brocards* d'*organfin* filé & tordu, & les tremes ou trames doublées & *montées* ou tordues au moulin dans un peigne de onze vingt-quatriemes d'aune entre les deux lifieres, de pure & fine foie *cuite*, fans y mêler aucune foie teinte fur cru, à peine de foixante livres d'amende, de confifcation des étoffes pour la premiere fois, & de plus grandes peines contre les contrevenants en cas de récidive.

Les brocards paient les mêmes droits d'entrée & de fortie que les draps d'or, d'argent & de foie.

BROCATELLE (Manufacture de). Cette étoffe, dont le fond est tramé de fil & la chaîne de soie, est composée d'une chaîne de soixante *portées*, & d'un *poil* de dix *portées;* elle a cinq lisses de *chaîne*, & trois lisses de *poil*. (*Voyez* BROCARD.) La trame fait le fond, & la chaîne forme la figure.

On en fait aussi qui sont toutes de soie, toutes de laine, ou toutes de coton. La brocatelle qu'on fabrique à Venise est supérieure à toutes les autres & a toujours eu beaucoup plus de réputation.

On donne encore le nom de brocatelle à une autre espece de petite étoffe qu'on nomme autrement *ligature* ou *meze-line*. *Voyez* l'article LIGATURE, où nous détaillerons la fabrique de cette étoffe, & l'établissement de sa manufacture.

Lorsque la brocatelle est mêlée de fil & de soie, elle paie pour droits d'entrée à la douane de Lyon 11 sols 6 deniers pour la premiere taxe, & 2 sols 6 deniers pour la réappré-ciation.

BROCHEUR. On nomme ainsi dans les manufactures d'étoffes de soie les ouvriers chargés de faire des façons sur le fond d'une étoffe, d'y nuancer des objets de plusieurs couleurs, ou de l'enrichir de dorure, de fil d'argent, de clinquant, de chenille, de cannetille, &c. par le moyen des *espolins* ou petites navettes que le Brocheur a devant lui, & dont il se sert pour exécuter un dessein.

Le métier du *broché* est le même que celui dont on se sert pour la fabrique des autres étoffes.

Quand il n'y a que deux ou trois couleurs sur un fond de satin, on peut se dispenser de brocher, parceque deux ou trois navettes suffisent pour rendre le dessein; mais quand il y a plus de trois couleurs, on *broche* le surplus, c'est-à-dire qu'on monte sur de petites navettes les couleurs excédantes, & qu'on les passe dans les endroits où la *tire* l'exige.

Dans le broché, l'*endroit* de l'étoffe est en dessous : lorsqu'il y a plus de trois couleurs, la chaîne fait le fond ; à supposer que ce fond fût blanc, les couleurs qui l'accompagnent sont pour l'ordinaire le verd, le jaune, le lilas foncé, le lilas plus clair, & le violet.

Ces couleurs se succedent assez ordinairement à la tire les unes aux autres dans un même ordre ; & lorsque le Brocheur est habitué à ce travail & qu'il connoît bien son dessein, il

Y iv

l'exécute facilement au moyen d'un morceau d'étoffe qui est attaché aux *lacs*, qui l'avertit qu'une autre couleur a cessé, & que celle qu'il porte va commencer.

Plus il y a de couleurs, moins il regne d'ordre dans la maniere dont elles se succedent, plus par conséquent l'ouvrier doit être attentif à son ouvrage.

Lorsque le fond ou le corps de l'étoffe est en or ou en argent, on monte l'or & l'argent filé qu'on veut employer sur des espolins, comme les couleurs.

On connoît qu'une étoffe est *brochée*, au fond & au nombre de ses couleurs, avec lesquelles on parviendroit sans peine, au moyen d'un nombre suffisant de *semples*, à exécuter des figures humaines & des animaux nuancés comme dans la peinture; aussi doit-on regarder cet art comme une sorte de peinture, où les soies répondent aux couleurs, les espolins aux pinceaux, & la chaîne à la toile sur laquelle on place les couleurs par le moyen des fils dont on fait lever une partie par les ficelles qui y correspondent. La différence qu'il y a entre le Peintre & le Brocheur, c'est que le premier est devant sa toile, & que le second est derrière.

On a trouvé depuis peu le moyen de fabriquer des étoffes brochées, avec un seul ouvrier; on nomme la machine avec laquelle on les exécute, la *tireuse de S. Chamond*, parceque M. *Flachat*, directeur de la manufacture royale de ce nom & des établissements Levantins, en est l'inventeur.

Cette machine est composée d'une marche que l'ouvrier fait baisser avec son pied droit, en tirant une corde qui fait mouvoir une roue de bois, à l'arbre de laquelle est une autre roue mouvante qui porte un crochet de fer à sa circonférence, & qui prend une boucle où sont attachées des cordes de lisage: ces cordes sont nouées aux collets qui tiennent aux cordes des rames, lesquelles font lever la soie pour brocher les fleurs. Quand l'ouvrier laisse élever la marche, la roue mouvante fait baisser un des ressorts qui la tenoit en ligne directe à une des boucles, pour la faire aller vis-à-vis de la boucle suivante par le moyen d'un contrepoids: chaque fois que l'ouvrier laisse élever sa marche, la roue mouvante passe à une autre boucle jusqu'à ce qu'elle soit au bout d'un liteau qui porte trente boucles dans sa longueur. On peut ôter & mettre plusieurs liteaux, afin de faire de plus grands desseins sur l'étoffe.

Ce qu'on nomme la *tireuse* est une planche qui est placée sur le devant du métier, entre deux piliers, & précisément au-dessus de la tête de l'ouvrier.

Cette façon d'opérer est d'autant plus aisée, que l'ouvrier met plus facilement les boucles à leur place ; supposé même qu'il y eût quelque défaut dans l'ouvrage, il a la faculté de défaire ce qu'il a fait.

BRODEUR. Le Brodeur est l'ouvrier qui orne les étoffes d'ouvrages de broderie.

Le métier de Brodeur est très ancien ; les livres saints en font mention lorsqu'ils parlent des ordres que Dieu donna aux Juifs d'enrichir l'arche & le temple d'ornements de broderie.

On ne croit pas que la broderie en *mousseline* remonte aussi haut ; elle est une imitation de la dentelle : les noms de *point de Hongrie* & de *point de Saxe* dénotent qu'elle s'attache à suivre en tout les desseins des plus belles dentelles.

Quand on veut broder des étoffes, on les étend sur un métier ; plus elles sont tendues, & mieux on les travaille. La mousseline se tient ordinairement à la main sur un patron dessiné, & les traits du dessein se remplissent de feuilles, de *piqué* & de *coulé*. On appelle *piqué* les points qu'on fait l'un devant l'autre, sans mesurer ni compter les fils, & qu'on répete à côté l'un de l'autre jusqu'à ce que la feuille ou tel autre ornement en soit rempli. Pour faire un beau *piqué*, il faut que les points soient drus & égaux en hauteur. Le *coulé* est un assemblage de deux points faits séparément sur une même ligne, en observant de porter l'aiguille au second point, à l'endroit d'où elle est sortie dans le premier. On forme les fleurs de différents points à jour, au choix de l'ouvriere, selon qu'elle pense qu'il résultera un plus bel effet d'un tel point que d'un autre.

La *broderie au métier* est moins longue que celle qui se fait à la main, parcequ'il faut compter sans cesse les fils de la mousseline, tant en long qu'en travers, pour le remplissage des fleurs ; mais aussi cette dernière est beaucoup plus riche en points, & beaucoup plus susceptible de variété. On estime beaucoup la broderie de Saxe ; on en fait cependant d'aussi belle en France & ailleurs.

Les toiles trop frappées ne sont pas propres à ces ornements. Les mousselines même qu'on y emploie doivent être simples. Les doubles deviennent inutiles à la broderie à cause de leur tissure trop pressée & trop pleine.

Il y a encore ce qu'on appelle des *broderies à deux endroits*, ou qui paroissent des deux côtés ; on ne peut les faire que sur des étoffes légeres qui n'ont point d'envers , comme les taffetas , les gazes , les mousselines , les rubans & le papier.

Les *broderies embouties* sont plus élevées que les broderies ordinaires ; elles ont une espece de relief ; & on les soutient avec de la laine, du coton, du crin, du drap, pour les faire paroître davantage.

Les découpures d'étoffes , les liférages de cordonnet, de chenille & de nœuds , les représentations des figures dessinées & nuées au naturel , sont du district des maîtres Brodeurs , & il n'appartient qu'à eux de les faire pour le public.

Les Orientaux ont deux sortes de broderie, l'une au tamis , l'autre à points recouverts. Toutes les deux sont très agréables , & soutiennent parfaitement bien le lavage. Une seule ouvriere peut broder au tamis une robe en un mois. C'est dommage que les demoiselles qui demandent de l'occupation , ou qui en ont besoin, ne s'en servent pas. Quelle ressource ne seroit-ce pas pour les pauvres communautés de filles !

Il y a plusieurs sortes de broderie pour les étoffes ; savoir, la broderie appliquée , la broderie en couchure , la broderie en guipure , la broderie passée , & la broderie plate.

La *broderie appliquée* est celle que l'on fait sur de la grosse toile , que l'on découpe ensuite & que l'on applique sur les étoffes.

La *broderie en couchure* est celle dont l'or & l'argent sont couchés sur le dessein , & est cousu avec de la soie de la même couleur.

La *broderie en guipure* se fait en or ou en argent. On dessine sur l'étoffe , ensuite on met du vélin découpé , puis on coud l'or ou l'argent dessus avec de la soie.

La *broderie passée* est celle qui paroît des deux côtés de l'étoffe.

La *broderie plate* est celle dont les figures sont plates & garnies quelquefois de frisures, paillettes & autres ornements.

On brode aussi en chenille & en soie. Le métier sur lequel s'exécutent les différentes broderies dont nous venons de parler, eft compofé de deux enfubles *coutiffées*, c'eft-à-dire garnies d'une bande de groffe toile, à laquelle on coud l'étoffe qu'on veut broder : deux lattes ou regles de bois percées de plufieurs trous, traverfent les deux enfubles aux deux extrémités, & fervent, au moyen d'un grand clou qu'on plante dans un des trous des lattes, à tendre plus ou moins l'étoffe, & à l'affujettir dans un degré de tenfion convenable pendant le travail.

Le mot de broderie s'entend auffi d'un fil ou coton que l'on paffe dans la mouffeline felon le deffein que l'on veut broder. On brode à préfent d'une nouvelle façon ; on fe fert d'une efpece de *tambour* fur lequel la mouffeline eft tendue, & de certaines aiguilles crochues avec lefquelles on attire le coton d'un côté à l'autre : on a rapporté du Levant cette derniere méthode.

Les maîtres Brodeurs de Paris prennent la qualité de maîtres Brodeurs-Chafubliers, à caufe que les chafubles (vêtemens dont les Prêtres fe fervent pour célébrer la meffe) font, auffi bien que les autres ornemens d'églife, du nombre des ouvrages qu'il leur eft permis de tailler, de faire, & de broder.

Les ftatuts de leur communauté font de 1648 ; ils font compofés de cinquante-huit articles, dont trente contiennent toute la police qui doit être obfervée pour les élections des jurés, les vifites, les redditions de comptes. Les vingt-huit autres articles traitent de leurs différents ouvrages.

Suivant ces ftatuts, la communauté des maîtres Brodeurs de Paris ne doit être compofée que de deux cents maîtres ; mais on n'a point tenu la main à l'exécution de cet article, puifqu'on en compte aujourd'hui deux cents foixante & cinq.

Aucun maître ne peut obliger plus d'un apprentif à la fois, ni pour moins de fix ans.

Ceux qui font reçus à l'apprentiffage ne peuvent être autres que fils de maîtres ou de compagnons.

Tout afpirant doit avoir fervi trois ans chez les maîtres après l'apprentiffage accompli, avant de demander chef-d'œuvre, & n'eft point reçu maître avant l'âge de vingt ans.

Les fils de maîtres, & ceux qui ont épousé leurs filles ou veuves, ne sont tenus qu'au petit chef-d'œuvre ; tous les autres sont tenus au grand.

L'apprentif étranger n'est reçu pour travailler chez les maîtres que pour deux mois.

Aucun maître ne peut s'associer avec un compagnon.

Les maîtres sont distingués en jeunes, modernes & anciens. Les anciens ont trente ans de réception, les modernes vingt, les jeunes dix.

Il en doit assister dix de chaque classe avec les jurés quand on donne le chef-d'œuvre à l'aspirant.

Enfin nulle assemblée n'est légitime ni suffisante pour régler & décider les affaires, qu'il n'y ait trente maîtres.

BROSSIER. Le Brossier est l'ouvrier qui fait & vend des brosses.

Il se fait des vergettes ou brosses de plusieurs matieres, de diverses formes, & pour différents usages.

La *brosse à l'apprêt* a un poil d'une certaine consistance, & sert à tous les frottements violents.

La *brosse de carrosse* est large vers la queue & étroite de l'autre bout.

La *brosse à cheval* est de poil de sanglier monté sur un bois rond, avec une courroie par dessus pour y passer la main.

La *brosse à chirurgien* est ainsi nommée de ce que vers la fin du treizieme siecle les médecins de Paris ordonnerent aux personnes attaquées de rhumatisme de se faire brosser avec des brosses douces & faites exprès pour ouvrir les pores au moyen de cette friction, & faire transpirer l'humeur qui est la cause du mal.

La *brosse à dent* sert à nettoyer les dents, a le poil court, & un fût d'os ou d'ivoire avec du fil d'archal.

La *brosse à trois faces* est faite de soie de sanglier, & sert à brosser les tapisseries & les housses des lits.

La *brosse d'imprimerie* est grande, forte, & sert à laver les formes dans la lessive.

La *brosse à lustrer* sert au gaîniers & aux chapeliers, est de poil de sanglier, & a douze *loquets* sur six, c'est-à-dire douze petits paquets dont on remplit les trous du bois, ce qui fait la brosse à proprement parler.

La *brosse à morue* est faite de chiendent, a huit loquets sur cinq, & sert à laver & dessaler la morue.

La *broſſe à borax* ſert à *dérocher*, ou ôter avec l'eau ſeconde le borax qui eſt reſté ſur une piece ſoudée.

La *broſſe à peigne* eſt ronde ou à queue, & ſert pour nettoyer les peignes.

La *broſſe à peintre* dont on ſe ſert pour les grands ouvrages à l'huile ou en détrempe, eſt un gros pinceau de poil de cochon médiocrement fin, a un manche de bois aſſez long.

La *broſſe à plancher* eſt garnie d'une courroie pour paſſer le pied du frotteur, & a quatorze *loquets* de longueur ſur ſept de largeur.

La *broſſe de relieur* eſt d'une forme ordinaire; on s'en ſert pour ôter la cendre qui peut être entrée dans les fers à dorer pendant qu'ils chauffent ſur le fourneau.

La *broſſe à tapiſſier*, que les vergetiers nomment *rateau*, eſt une eſpece de balai traverſé par un manche; elle ſert pour nettoyer les pieces de tapiſſerie.

La *broſſe à tiſſerand* eſt faite de bruyere, & eſt bonne pour mouiller leur brin ſur le métier.

La *broſſe de toilette* eſt pour vergeter les habits.

La *broſſe de tondeur* eſt fort rude, & par là plus propre à coucher la laine ſur le drap, & lui donner ſa premiere façon.

La *broſſe à tuyau* reſſemble au manche qui eſt paſſé dans le tuyau d'un crayon, & au moyen du bouton qui gliſſe le long de la fente, on reſſerre ou on écarte le poil de la broſſe à meſure qu'on le fait plus ou moins entrer dans le tuyau.

Il y en a de rondes, de quarrées, à manche & ſans manche, de doubles, quelquefois de triples; quelques-unes avec une manicle, comme celles qu'emploient les cochers; d'autres avec une courroie de pied, comme celles des frotteurs. Enfin il y a auſſi des broſſes à décrotter, dont les plus groſſieres ſe nomment *décrottoires*; & les plus fines, dont le poil eſt aſſez long, *poliſſoires*. Les matieres ſont de trois ſortes; ſavoir, la bruyere, eſpece d'arbriſſeau dont les petits rameaux ſont extrêmement pliables; le chiendent; enfin le poil ou ſoie de ſanglier, que les marchands font venir de Moſcovie, d'Allemagne, de Lorraine, de Danemarck, &c.

L'uſage des bruyeres n'a été connu en France que ſous Henri IV, qui permit, le 19 Mai 1600, au nommé *Jac-*

ques Cambien de jouir d'une certaine quantité de bruyere qui étoit inutile, & de l'employer à faire des balais & des vergettes. Les marchands vergetiers les tirent aujourd'hui d'Italie, comme étant d'un meilleur usage que celles de France. Elles paient vingt sols par cent pesant de droit d'entrée, & quarante-six sols de sortie.

Toutes les vergettes & brosses de soie de sanglier se fabriquent de la même maniere, à la réserve de celles qui servent au lieu de peignes pour la tête des enfants ou de ceux qui se font raser les cheveux.

On fabrique les brosses de soie de sanglier en pliant le poil en deux, & en le faisant entrer par le moyen d'une ficelle qui est engagée dans le pli par les trous dont est toute percée une légere planche où il est fortement lié, & ensuite assuré avec de la colle forte. Quand tous les trous sont ainsi remplis, on coupe la soie avec des forces pour en rendre la superficie unie.

La brosse à tête, soit double, soit simple, soit de poil, soit de chiendent, est faite en façon de cylindre ou de rouleau de diverses grosseurs & longueurs. L'une ou l'autre se ficelle fortement par un bout si elle est simple, & par le milieu si elle est double ; & l'endroit par où elle a été ficelée, qu'on colle & qu'on couvre ou d'étoffe ou de cuir, lui sert comme de poignée pour s'en servir.

Les Brossiers ne fabriquent point ordinairement eux-mêmes les bois de leurs brosses ; ils les achetent tout faits & tout percés de certains ouvriers qui ne s'occupent qu'à ce genre de travail.

Outre les vergettes & brosses de toutes sortes & à tous usages dont on a parlé, les maîtres vergetiers ont droit de faire quantité d'autres ouvrages & de vendre diverses marchandises, entre autres toutes sortes de soies de porc ou sanglier, en gros & en détail, à l'usage des cordonniers, bourreliers, selliers, &c. ensemble le rouge d'Angleterre, les bouis, les compas, & autres instruments nécessaires à ces métiers. Ils vendent aussi pareillement en gros & en détail des cordes à boyau de toutes grosseurs & especes, mais seulement de celles faites par les maîtres boyaudiers de Paris ; des raquettes qu'il leur est loisible de faire eux-mêmes ; toutes especes de balais & houssoirs de soie ou de plume ; toutes brosses à peindre ; pinceaux de Flandre, doroirs à pâtissiers, afpergès à bénitiers, goupillons à laver les brocs, broffes à peigne, broffes à dents ; enfin tous ouvrages de cette forte, faits avec la bruyere, la foie de fanglier, & le chiendent.

Les anciens ftatuts des Broffiers font de 1485, fous le regne de Charles VIII, dans lefquels on en rappelle d'autres d'une plus haute antiquité. Leurs nouveaux réglemens font compofés de cinquante articles qui ont été confirmés & autorifés par les lettres-patentes de Louis XIV du mois de Septembre 1659.

Il y a dans la communauté des maîtres Broffiers un doyen & deux jurés. Le doyen préfide & recueille les voix ; les jurés font les vifites, reçoivent les brevets d'apprentiffage, donnent les lettres de maîtrife, & reglent le chef-d'œuvre ou expérience.

Nul maître ne peut être élu juré qu'il n'ait été adminif- trateur de la confrairie. L'élection pour la jurande fe fait tous les ans d'un des deux jurés, en forte qu'ils foient cha- cun en charge deux années.

L'apprentiffage eft de cinq ans ; & les maîtres ne peuvent obliger qu'un feul apprentif dans l'efpace de dix années.

Ceux qui ont paffé par la jurande font fujets à la vifite comme les autres maîtres, mais ils n'en paient pas le droit.

Les marchandifes foraines font fujettes à vifite ; & lorf- que quelques maîtres en achetent, les autres qui y font préfents peuvent en demander le lotiffage.

Les vergettes, broffes, décrottoires, &c. paient comme mercerie dix livres par cent pefant de droit d'entrée, fui- vant l'arrêt du 3 Juillet 1692.

A la douane de Lyon les vergettes de Paris paient feize fols par cent, celles de Rouen quarante fols par tonneau de cinq quintaux, & les vergettes étrangeres vingt-quatre fols par quintal.

Le droit de fortie hors du royaume eft fixé par le même arrêt à trois livres de fortie par cent, & à deux livres quand elles font déclarées pour l'étranger.

BROYEUR. On donne ce nom à ceux qui broient les couleurs, mais il défigne plus particuliérement celui qui broie le chanvre pour en féparer les chenevottes.

Ces ouvriers fe fervent d'une certaine *broie* ou *braie*, qui eft un banc fait d'un foliveau de cinq à fix pouces d'équar- riffage, fur fept à huit pieds de longueur, & foutenu par quatre jambes ou pieds à hauteur d'appui. Ce banc eſt percé dans toute ſa longueur de deux grandes mortaiſes d'un pouce de large ; les bois, que les mortaiſes ont ſéparés, ſont taillés en couteau, & c'eſt ce qu'on nomme la *mâchoire inférieure de la broie*. La *mâchoire ſupérieure* eſt un autre morceau de bois attaché à une des extrémités du banc par une charniere, & terminé par une poignée.

Le Broyeur prend de ſa main gauche une groſſe poignée de chanvre, & de la droite la poignée de la *mâchoire ſupérieure* de la *broie*, l'engage entre les deux mâchoires en élevant & abaiſſant fortement & à pluſieurs repriſes la *mâchoire ſupérieure* juſqu'à ce qu'il n'y reſte plus que la filaſſe. Quand la poignée eſt broyée à moitié, il la prend par le bout broyé, & donne la même préparation à celui qu'il avoit dans ſa main.

Après avoir ainſi broyé environ deux livres de filaſſe, on la plie en deux, on tord groſſiérement les deux bouts l'un ſur l'autre, ce qu'on nomme des *queues de chanvre* ou de la *filaſſe brute*. Dans quelques endroits on fait cette opération avec la *maque : voyez* CHANVRIER.

Il y a des provinces où l'on *teille* tout le chanvre, c'eſt-à-dire où on le prend brin par brin pour en rompre la chenevotte, & en détacher la filaſſe en la faiſant gliſſer entre les doigts. Ce travail eſt très long ; on a plutôt fait de la broyer.

BRULEUR. On appelle ainſi dans quelques provinces ceux qui s'occupent à la diſtillation de *l'eau-de-vie : voyez* ce mot.

BUCHERON. Ouvrier occupé dans les forêts à abattre des arbres pour les débiter, ſelon leur qualité, en bois de charpente ou en bois de chauffage. Les inſtruments dont il ſe ſert ſont la *cognée* ou hache, la ſcie, les coins & le maillet.

BURAIL (Fabrique de). Le ſimple burail eſt une étoffe de ſoie dont la trame eſt quelquefois de ſoie, mais plus communément de laine, de poil, de fil, ou de coton.

Le *burail à contre-poil* doit être monté en vingt-huit *buhots*, qui ſont des petits tuyaux de roſeau faits en maniere de petite bobine ſans bords, qu'on met dans la poche d'une navette, & ſur leſquels on dévide le fil deſtiné à former la trame. Ce burail à contre-poil doit avoir trente
portées

portées & un pied & demi de roi entre les deux *gardes* qui font deux morceaux de bois placés aux deux bouts des *rots* ou peignes, & qui, en assujettissant les *broches* ou dents du peigne, les empêchent de s'écarter. La longueur des burails doit être, à la sortie de l'*estille* ou métier, de vingt & une aunes & demie, pour revenir après l'apprêt à vingt & une aunes un quart ou un tiers.

Le *burail de Zurich* est une espece de crépon qui se fabrique en Suisse. Il y a encore les burails lis, croisés, les burails d'étoupes, & ceux de Flandre.

Conformément au tarif de 1667, les burails de Zurich paient trente livres pour cent de leur valeur ; & suivant l'arrêt du Conseil du 24 Janvier 1690, ils ne peuvent entrer que par Lyon ou par Auxone.

Les burails croisés paient seize livres par piece de vingt-cinq aunes, & ne peuvent entrer que par Calais & Saint-Valery en conséquence des arrêts du 8 Novembre 1687 & 3 Juillet 1692, ainsi que les burails simples ou de Flandre, qui ne paient que huit livres par piece, & les burails d'étoupes vingt sols par piece de douze aunes.

Pour les droits de sortie, les burails lis & croisés paient comme camelots à eau sept livres du cent pesant, & ceux d'étoupes trois livres, suivant le tarif de 1664.

BURATE, BURATINE, BURE, BUREAU (Fabrique des). La *burate* est une petite étoffe toute de laine, un peu plus forte que celle qu'on nomme *étamine à voiles* dont pourtant elle est une espece. Nonobstant le réglement de 1669, les Etats de Languedoc obtinrent du Roi en 1673, que leurs teinturiers & ceux d'Auvergne pourroient teindre leurs burates en brésil, pour le rouge.

Les étamines buratées sont à peu près semblables aux burates, & sont ordinairement de laine brune & blanche.

La *buratine* est une espece de papeline dont la chaîne est fort déliée, & la trame de grosse laine ; on la passe à la calandre.

La *bure* est une étoffe de laine très brute, très grossiere, ayant un poil long, & qui n'est point croisée. On y fait souvent entrer une partie de *bourre tontisse*, qui provient de la tonture des draps, ratines, &c.

On en fabrique beaucoup à Gisors & à Thibivilliers, dans le Vexin Normand. Les manufactures de Dreux & de Saint-Lubin faisoient, dans le temps qu'elles existoient,

Tome I.

Z

des *bures loyales*, qui étoient faites de bonne mere laine.

Le *bureau* est une grosse étoffe de laine non croisée, & plus renforcée que la bure.

Toutes ces étoffes se fabriquent avec la navette sur un métier à deux marches, ainsi que toutes celles qui n'ont point de croisure. *Voyez* DRAPIER. Elles paient quatre livres par cent pesant pour la sortie, & quarante sols d'entrée par piece de douze aunes, suivant le tarif de 1664.

C A B

CABARETIER ou MARCHAND DE VIN. Le Cabaretier eſt celui qui achete du vin , & qui le donne à boire chez lui. Il porte encore le nom de *Tavernier*.

Le Marchand de vin proprement dit eſt celui qui achete du vin , qui le vend en gros & en détail, mais ſans le donner à boire chez lui. L'un & l'autre ſont du même corps , & cette diſtinction n'a été formée que par l'uſage.

Lorſque le vin eſt entre les mains des Marchands de vin , il éprouve, comme entre celles du vigneron, des changements qui tendent ou à le perfectionner ou à le dégrader. C'eſt au Marchand de vin à ſavoir faire choix d'une cave convenable. Il faut qu'elle ne ſoit ni trop ſeche ni trop humide : une cave trop ſeche fait tranſpirer au travers des tonneaux la partie la plus ſpiritueuſe du vin : lorſqu'elle eſt trop humide, elle mûrit le vin quelquefois trop promptement , & elle a l'inconvénient de faire pourrir les cerceaux en très peu de temps.

Il faut qu'une bonne cave ait des ſoupiraux à certains endroits , pour que l'air puiſſe ſe renouveller ; mais avec ménagement , en ſorte que la température de la cave ne ſoit point aſſujettie aux variations de l'atmoſphere : il faut enfin qu'elle ſoit toujours , ou du moins à peu de choſe près , de la même température dans toutes les ſaiſons de l'année. La bonne température des caves eſt de dix degrés au-deſſus du terme de la glace au thermometre de M. de *Réaumur*.

Lorſque le vin eſt dans la cave (on ſuppoſe du vin nouveau) , il fermente encore pendant un certain temps. Cette fermentation lui eſt ſalutaire , en ce qu'elle occaſionne la ſéparation d'une certaine quantité de matiere mucilagineuſe, qui ſe précipite au fond du tonneau , & forme la lie ; elle occaſionne encore la cryſtalliſation d'une quantité de *tartre* plus ou moins grande, qui s'attache aux parois des tonneaux. Ce ſont là les changements qu'éprouve le bon vin riche en eſprit, quelque temps après qu'il a été entiérement achevé.

Les vins qui ont peu de corps, c'eſt-à-dire ceux qui ſont peu riches en eſprit, & peu en matiere ſaline , ſont ordinairement plus abondants en matiere mucilagineuſe. Après que ces eſpeces de vins ſont achevés , ils continuent de fer menter pendant un certain temps comme les précédents. Cette fermentation tend à bonifier le vin ; mais, comme il ne se trouve pas suffisamment riche en esprit, la matiere mucilagineuse & la matiere saline ne se séparant point avec la même facilité, elles restent suspendues dans le vin, & le troublent. Ce vin ainsi troublé passe toujours ou à l'acide, ou au gras.

Le vin qui *tourne à l'aigre* est celui qui a de la disposition à devenir vinaigre, & même qui commence à en avoir la saveur. Le vin qui *tourne au gras* est celui qui acquiert une consistance huileuse, & une saveur foible. Cette effet arrive à celui qui contient trop de matiere mucilagineuse, & peu de matiere saline : cette matiere mucilagineuse enveloppe & détruit l'acide qui se forme par des especes de fermentations spontanées.

Tout l'art du Marchand de vin consiste à savoir prévoir ces accidents, & à savoir y remédier.

Il y a plusieurs moyens licites que les Marchands de vin mettent en usage, & sur lesquels on ne peut leur faire aucun reproche, comme de mêler du vin un peu dur avec celui qui a de la disposition à tourner au gras, ou un peu d'eau-de-vie qui fait précipiter promptement la matiere mucilagineuse ; ou de mêler avec du vin disposé à s'aigrir, du vin qui est spiritueux. Il en est de même du soufrage des vins.

Pour rétablir les vins tournés, ou *cuits*, comme on les appelle à Bourdeaux, on se sert dans l'automne de grappes de raisins frais qu'on insere par le bondon dans la futaille, en prenant bien garde de ne pas en écraser les grains. Dans les autres saisons de l'année, on y met des copeaux, ou mieux encore des rubans de hêtre, qu'on prend chez les menuisiers. Au bout de deux ou trois jours, le vin tourné & disposé à s'aigrir, reprend sa premiere saveur & est fort bon à boire.

Soufrer les vins, c'est y introduire un *acide vitriolique sulfureux volatil* pour arrêter la légere fermentation spontanée que le vin éprouve après qu'il est fait. *Voyez* le *Dictionnaire de Chymie.*

On fait cette opération singuliérement sur les vins qui doivent être transportés par mer ; il y a des cas où on est obligé de la faire, même à ceux que l'on conserve dans ces pays-ci.

Cette opération se fait de la maniere suivante. On remplit un tonneau de vin à moitié ; on suspend par le bondon une meche de coton garnie de soufre qu'on a allumée auparavant ; on bouche le tonneau ; & lorsque le soufre est brûlé, on agite le vin pour qu'il se mêle à la fumée du soufre. On réitere cette opération une fois ou deux, suivant qu'on croit que cela est nécessaire, & on remet chaque fois du vin dans le tonneau, pour qu'à la derniere fois il se trouve presque rempli. Alors on acheve de remplir le tonneau avec du vin, & on le bondonne bien : cela forme du vin *soufré, muté* ou *mouté*. La meche se brûle pendant cette opération conjointement avec le soufre ; elle est fort sujette à communiquer au vin un goût de brûlé ou d'empyreume.

Il y a des vins tendres que les Marchands de vin ont remarqué être plus sujets que d'autres à se troubler dans le renouvellement de la saison du printemps ou de l'été, & principalement lorsque la vigne travaille le plus. Ces sortes de vins se gâteroient si on ne les éclaircissoit pas. Les moyens que l'on emploie pour les éclaircir sont, 1°. par le moyen des œufs, 2°. par le moyen de la colle de poisson.

Lorsqu'on emploie des œufs pour clarifier le vin, on met dans une terrine une douzaine d'œufs entiers ; on les casse, on les fouette pour les faire mousser, & on brise bien les coquilles. Lorsqu'ils sont dans cet état, on les jette dans un demi-muid de vin, & on agite ce vin par le bondon avec un bâton fendu en quatre qu'on fait tourner en tous sens ; on rebondonne le tonneau, & le vin est ordinairement parfaitement éclairci dans l'espace de vingt-quatre heures.

Lorsqu'on emploie la colle de poisson pour clarifier le vin, on prend deux ou trois onces de colle de poisson, on la fait tremper dans l'eau pour qu'elle s'y gonfle & s'y ramollisse ; alors on la fait dissoudre à l'aide de la chaleur ; & lorsqu'elle forme une liqueur mucilagineuse, on la met dans un tonneau de vin, & on la mêle de la même maniere que nous venons de le dire : le vin s'éclaircit pareillement, & dans le même espace de temps. Cette opération s'appelle *coller le vin*.

Autrement, on prend une livre de colle de poisson la plus claire & la plus dure qu'on peut trouver ; on la coupe par petits morceaux, & on la met dissoudre sur un feu doux, dans deux bouteilles, dans chacune desquelles il y a une pinte de vin. Lorsque la colle est bien dissoute, on y

Z iij

ajoute trois pintes de lait de vache & deux douzaines d'œufs frais, on bat & fouette le tout ensemble, jusqu'à ce que l'un ne puisse pas se distinguer de l'autre. On vuide ensuite cette drogue dans le tonneau dont on a ôté huit à neuf pintes de vin, & on l'agite comme ci-dessus.

La colle agit plus ou moins promptement, suivant que le temps est plus ou moins froid : lorsqu'elle n'a pas fait son effet, on remet dans le tonneau une demi-dose de la susdite préparation.

Observez que la colle de poisson ne s'emploie ordinairement que pour clarifier les vins blancs, & qu'il vaudroit beaucoup mieux ne s'en servir jamais, parceque, quelque bien qu'on prépare la colle, en quelque temps qu'on décolle le vin blanc, il est d'expérience qu'il est impossible de le décoller parfaitement, & que, quelque clair, quelque brillant qu'il paroisse, on y voit toujours des filaments extrêmement déliés, qui ressemblent à des anguilles, & qui sont les parties les plus fines & les plus insensibles de la colle. La colle a encore le défaut de donner aux vins qu'elle clarifie, une certaine âpreté que l'on sent au gosier après qu'on les a bus.

La meilleure méthode de clarifier les vins blancs est celle de les soutirer souvent. On y a un peu plus de peine, & on y perd un peu plus de vin, mais aussi on n'a pas le désagrément de voir nager dans le vin les filaments de la colle.

D'autres Marchands mettent dans le vin, pour l'éclaircir, au lieu d'œufs & de colle de poisson, de la viande rôtie. Ce moyen réussit encore assez bien, & ne peut rien ajouter de mal-faisant au vin.

L'effet des œufs & celui de la colle de poisson sont de se coaguler, lorsque ces substances sont mêlées avec le vin, de former alors une espece de réseau ou de filtre léger qui s'étend sur la surface, & qui, en se précipitant au fond des tonneaux, enveloppe & entraîne en même temps toute la matiere étrangere qui troubloit le vin.

Les Marchands emploient encore un autre moyen pour éclaircir le vin qui a de la disposition à tourner au gras ; ils mettent dans une piece de ce vin une certaine quantité de copeaux de bois de hêtre ou de chêne, & on remarque, au bout d'un certain temps, que le vin s'est éclairci.

Cet effet vient de ce que les copeaux de bois de hêtre ou de chêne, en s'infusant dans le vin, fournissent une certaine quantité de matiere *extractive aftringente* qui fait précipiter la matiere mucilagineufe qui troubloit le vin : elle fe dépofe fur les copeaux qui lui préfentent beaucoup de furface. Lorfque le vin eft fuffifamment éclairci, on le fourire, & il fe conferve alors affez bien fans fe troubler ; on remet d'autre vin femblable fur les mêmes copeaux, & on les fait fervir ainfi, jufqu'à ce qu'ils foient tellement imprégnés de lie, qu'ils ne produifent plus cet effet. Alors, on les lave pour emporter la matiere mucilagineufe que le vin a dépofée deffus : on les fait fécher enfuite, & ils peuvent fervir pour une autre opération.

Il y a des Marchands de vin qui, au lieu de copeaux de bois de chêne, emploient des grappes de raifin féchées. Ces grappes produifent le même effet que les copeaux de bois de chêne, & fourniffent également au vin une fubftance acerbe & aftringente qui fait précipiter la lie.

Le vin qui a fubi l'une ou l'autre de ces opérations, fe nomme vin *rapé*.

Ce vin perd ordinairement beaucoup de fa couleur ; c'eft la propriété qu'ont ces matieres acerbes & aftringentes de précipiter en même temps une partie de la fubftance colorante du vin.

Lorfque le vin a trop perdu de fa couleur, les Marchands lui en redonnent, en ajoutant du fuc d'ïeble ou du fuc de fruit de fureau, ou pour le mieux, d'une efpece de gros vin rouge, que l'on nomme *vin de teinture*, à caufe de la propriété qu'il a de donner beaucoup de couleur, même en n'en mettant qu'une petite quantité.

Si les moyens illicites qu'emploient certains Marchands de vin n'étoient point connus, on fe difpenferoit volontiers d'en parler ici : mais comme nous ne prétendons rien leur apprendre à ce fujet en en faifant part au public, nous indiquerons les moyens de reconnoître les fraudes.

Il y a des Marchands qui adouciffent le vin difpofé à devenir aigre ou qui l'eft déja, en y ajoutant de la craie ou du *fel alkali fixe* ; l'une & l'autre de ces fubftances s'emparent de l'acide du vin, & le rendent plus potable : comme ces matieres donnent une légere faveur amere au vin, on y ajoute un peu de miel ou de caffonade pour en mafquer l'amertume.

Ces matieres ne font pas pernicieufes pour la fanté ; mais elles font toujours illicites, en ce que c'eft une addition de matiere étrangere qui reste en dissolution dans le vin, & en diminue la qualité.

Le vin qui a été raccommodé par la craie ne peut pas se garder plus de quinze jours ou environ ; il devient plat & fade au bout de ce temps.

Le moyen de reconnoître le vin qui a été ainsi falsifié, est d'en verser un peu dans un verre, & de verser dessus quelques gouttes d'alkali fixe : il se fait sur le champ un précipité blanc & terreux, ce qui provient de ce que l'alkali fixe s'empare de l'acide du vin, & fait précipiter la craie que le vin tenoit en dissolution.

A l'égard du sel alkali qui auroit été ajouté au vin pour l'adoucir, il ne peut être reconnu avec la même facilité : il faut, pour y parvenir, employer des moyens chymiques qu'il seroit trop long de détailler, & qui nous éloigneroient trop de notre sujet.

Il y a encore un troisieme moyen qui a été employé par des falsificateurs pour adoucir le vin aigri ; il consiste à mêler une certaine quantité de litharge dans un tonneau de vin. L'acide de ce vin dissout la litharge, & il acquiert une saveur douce & même sucrée; mais ce moyen est des plus dangereux & des plus pernicieux pour la santé, en ce qu'il occasionne des coliques métalliques, que l'on nomme plus communément *coliques des Peintres*, *des Plombiers* ou *de Poitou*. Ceux qui emploient ce moyen sont punis de mort dans certaines parties de l'Europe, telles que l'Allemagne; mais ce poison lent n'est pas regardé d'un œil aussi sévere en France.

Il y a environ vingt-trois ans que quelques Marchands de vin furent saisis avec de semblable vin *lithargé* : quelques-uns payerent une amende, on mura la boutique des autres.

Dans la saisie qui fut faite alors, on trouva un grand nombre de pieces de mauvais vin qui n'étoit point lithargé; on reconnut que ce vin étoit absolument factice & composé de toutes sortes de drogues, comme miel, melasse, eau-de-vie, vinaigre, biere, cidre, &c.

Ces especes de vin ne peuvent pas empoisonner comme ceux dans lesquels on a fait entrer de la litharge ; mais au moins est-il certain qu'ils sont mal-sains.

Le moyen de reconnoître le vin lithargé est d'en mettre un peu dans un verre, & de verser dessus quelques gouttes de dissolution de *foie de soufre* ; lorsque le vin contient de la litharge, il se fait sur le champ un précipité noirâtre, qui provient de ce que l'acide du vin s'empare de l'alkali du foie de soufre. Le soufre & le plomb se précipitent ensemble.

Lorsque le vin ne contient point de litharge, le précipité qui se forme par l'addition du foie de soufre est blanc, & c'est du soufre tout pur. Dans l'un & dans l'autre cas, il s'exhale du mélange du vin avec le foie de soufre une odeur d'œufs pourris.

Il y a à Paris un corps de Marchands de vin qui comprend tous ceux qui font l'une & l'autre espece de commerce dont nous avons parlé au commencement de cet article; mais, quoiqu'il soit considérable, soit par le grand nombre de sujets qui le composent, soit par la richesse de plusieurs d'entre eux, il n'a pu encore obtenir des six anciens corps d'être traité d'égal avec eux, & d'être reçu dans leurs assemblées générales, quoique d'ailleurs il jouisse presque de tous leurs privileges.

Le corps des Marchands de vin doit son établissement à Henri III. Avant son regne, le commerce de vin, soit en gros, soit en détail, étoit presque libre à toutes sortes de personnes ; &, pour le faire, il suffisoit à Paris & par tout ailleurs dans le royaume, de quelques légeres permissions qu'on obtenoit aisément & à peu de frais, ou des officiers de police du Roi, ou de ceux des seigneurs qui avoient le droit du ban, c'est-à-dire de vente de vin. Aujourd'hui, on compte à Paris quinze cents Marchands de vin.

Cette grande liberté dont jouissoient les Marchands de vin fut restreinte par un édit du même prince, du mois de Mars 1577, pour remédier aux abus sans nombre qui se commettoient à ce sujet; & il fut ordonné que nul à l'avenir ne pourroit tenir hôtellerie & cabaret, qu'il n'eût pris des lettres de permission.

Ayant été inquiétés dans la suite par les vinaigriers, à l'occasion de la liberté qu'ils avoient toujours eue de convertir leurs vins gâtés & leurs lies en vinaigre, & d'avoir chez eux des presses pour cet effet, ils demanderent & obtinrent en 158c d'être érigés en corps de communauté, laquelle est divisée, conformément à ses statuts, en Marchands en gros & Marchands en détail.

Les Marchands de vin pouvoient autrefois avoir autant de caves en ville & de cabarets qu'ils vouloient; depuis quelque temps il leur est défendu d'avoir plus de deux caves.

Les ſtatuts de la communauté des Marchands de vin conſiſtent en vingt-neuf articles, dont les dix derniers, à l'exception du vingt-neuvieme, concernent l'élection, les fonctions & les droits des maîtres & gardes, qui preſque en tout ſont égalés aux maîtres & gardes de la draperie, & des autres corps des Marchands de Paris.

Par leurs ſtatuts, les Cabaretiers Marchands de vin ne peuvent point vendre leurs vins les jours de dimanche & de fête, pendant le ſervice divin, & les autres jours après huit heures du ſoir en hiver, & dix heures en été. Pour ôter tout prétexte d'abus, & empêcher qu'on ne paſsât la nuit dans les cabarets, Sa Majeſté leur défendit, par un arrêt de ſon conſeil d'Etat du 4 Janvier 1724, de donner à boire ou à manger, & de recevoir perſonne dans leurs cabarets pendant les temps défendus par les réglements de la police, à peine d'être punis ſuivant la rigueur des ordonnances, & enjoignit aux intendants de province, à tous juges & officiers royaux, même aux juges des ſeigneurs, de tenir la main à l'exécution de cet arrêt, & des ordonnances & réglements faits à ce ſujet par les cours de parlement.

Les Gardes ſont au nombre de quatre, dont deux ſont élus chaque année pardevant le prévôt de Paris ou ſon lieutenant civil, le procureur du Roi auſſi préſent, qui doit recevoir le ſerment des nouveaux élus.

Les mêmes maîtres ne peuvent être appellés deux ans de ſuite pour l'élection, ni tout le corps y aſſiſter; mais, pour la convocation, les réglements faits pour le corps de la draperie doivent être obſervés.

Les maîtres élus gardes ſont obligés d'accepter, s'ils n'ont des excuſes valables ou des empêchements légitimes.

Nul ne peut être reçu maître qu'il n'ait fait un apprentiſſage de quatre ans, ou qu'il ne ſoit fils de maître.

Nul maître n'a droit d'obliger plus d'un apprentif.

Les veuves peuvent achever l'apprentif commencé par leur mari, mais non en faire un nouveau: du reſte, elles jouiſſent de tous les privileges du corps, & peuvent avoir chez elles un ſerviteur pour l'employer au fait de leur marchandiſe de vin.

Il eſt défendu à tous les maîtres d'exercer les états de vendeurs de vin, ou de courtiers en office, tant qu'ils ſeront réputés du corps. Pareilles défenſes ſont faites d'avoir chez eux des cidres & poirés pour en faire négoce.

· Enfin , il y a quelques articles concernant la fabrique & vente du vinaigre , cendre gravelée , lie , &c. que ces maîtres étoient tenus d'obferver , tant que le commerce leur a été permis avec les marchands forains ; mais qui leur font devenus inutiles depuis que , par arrêt du parlement du 1 3 Décembre 1647 , le négoce en a été attribué aux feuls vinaigriers.

Les charges de maîtres & gardes ou jurés créés en titre d'office en 1691 pour tous les corps & communautés de Paris , furent incorporées à celui des Marchands de vin le 12 Juin de la même année , peu de temps après leur création , ce qui fe fit auffi dans la fuite pour les offices d'auditeurs des comptes , tréforiers , &c. créés en 1694 , 1702 & 1704.

Outre les Marchands de vin & Cabaretiers dont on vient de parler , il y a encore douze Marchands de vin & vingt-cinq Cabaretiers fuivant la cour. Plufieurs des Cent-Suiffes de la garde du Roi font commerce de vin , foit en gros , foit en détail , dans la ville & fauxbourgs de Paris , & ils y ont leurs celliers , magafins , cabarets & caves ouvertes , fans être tenus des vifites des maîtres & gardes , mais ils font feulement foumis à celle du grand Prévôt de l'Hôtel ou de fes officiers.

CABROUETIER. C'eft celui qui conduit un cabrouet pour le fervice d'une habitation.

Le *cabrouet* eft une efpece de charrette dont on fe fert aux ifles , pour porter les denrées de ce pays , & principalement les cannes à fucre. Chacune de ces voitures eft ordinairement attelée d'une paire de bœufs , & quelquefois de deux. Trois de ces charrettes peuvent fuffire pour un moulin à eau , quoique pour l'ordinaire on y en deftine une quatrieme pour aider les autres dans les occafions où l'on en a befoin.

Les Cabrouetiers , qui font toujours des Negres de l'habitation , ne font jamais occupés qu'à ce métier , & n'ont pas la peine , comme nos charretiers , de préparer à manger pour leurs bœufs , parceque , dès qu'ils font dételés , ils les lâchent dans les *favanes* qui font des terreins réfervés pour la nourriture des beftiaux , & où l'herbe devient quelquefois fi grande & fi abondante , que les bœufs & les chevaux ne fuffifant pas à la manger , on eft fouvent obligé d'y mettre le feu pour avoir de l'herbe plus nouvelle & plus tendre.

CACAO (Préparation du). C'eft une efpece d'amande

qui fait la bafe du chocolat, & qui eft le fruit d'un arbre nommé *cacaoyer*.

Ce fruit, qu'on diftingue entre *cacao de Caraque*, à caufe de la côte de ce nom qui eft dans le Pérou fur la mer du Sud, & le *cacao des ifles* ou de la *Cayenne*, qu'on fous-divife encore en gros & petit caraque, en gros & petit cacao des ifles, à caufe du triage des amandes dont les marchands mettent les plus groffes à part, étoit à peine connu aux ifles du Vent en 1649; & ce ne fut qu'en 1655 que les Caraïbes de la Martinique en enfeignerent l'ufage à M. *du Parquet*. La premiere plantation fut faite en 1660 par un Juif nommé *Benjamin*, & ce ne fut que vingt-cinq ans après que les habitants de la Martinique s'adonnerent à la culture du cacao.

Après qu'on a préparé, par un petit labour, la terre qu'on a deftinée à en faire une *cacaoyere*, qu'on a choifi les amandes les plus groffes & les mieux nourries, on les met de deux en deux, ou de trois en trois, le gros bout en bas, dans un trou de trois ou quatre pouces de profondeur, en ôtant tout autour les petites racines qui fe trouvent dans la terre, & qui pourroient nuire à leur végétation.

Dès qu'elles ont levé, ce qui arrive ordinairement dans dix à douze jours, on les *recouvre*, c'eft-à-dire qu'on remet de nouvelles graines où les premieres ont manqué; &, pour détruire toutes les mauvaifes herbes qui leur nuiroient, on les farcle très réguliérement, jufqu'à ce qu'étant devenues de grands arbuftes, l'entrelacement de leurs branches & de leurs feuilles faffe affez d'ombrage pour étouffer toutes les herbes qui pourroient venir deffous.

Le cacaoyer ne rapporte guere avant trois ans, & il n'eft dans fa force qu'à cinq; c'eft pour lors que, pendant toute l'année, & fur-tout vers les folftices, il eft couvert de fleurs & de fruits de tout âge.

Lorfque fa coffe eft mûre, qu'elle a changé de couleur, & qu'elle n'a plus que le petit bout de verd, on emploie tous les quinze jours ou tous les mois, fuivant le plus ou moins d'abondance, les Negres qui vont avec des gaulettes fourchues d'arbre en arbre & de rang en rang, détacher les coffes mûres, en prenant bien garde de ne pas toucher à celles qui ne le font pas, & aux fleurs; on les ramaffe enfuite dans des paniers, & on les laiffe fécher en piles fur la terre pendant trois ou quatre jours.

Dès le matin du cinquieme jour pour le plus tard, on *étale* le cacao, c'est-à-dire qu'on le dépouille de ses cosses, en frappant dessus avec un bâton. Quand tout le cacao est écalé, on le met en pile sur un plancher volant, couvert de feuilles de balisier, & avec des planches recouvertes de mêmes feuilles ; on l'entoure comme dans une espece de grenier ; on le couvre ensuite de feuilles sur lesquelles on met d'autres planches, afin qu'étant ainsi entassé, couvert & enveloppé de tous côtés, il s'échauffe par la fermentation ; c'est ce qu'on appelle le faire *ressuer*.

Pour que le cacao ressue davantage, qu'il perde de son poids & de son amertume, qu'il ne germe point, & ne sente pas le verd, qu'il ait une couleur plus foncée & d'un brun rougeâtre, on fait entrer dans l'espece de grenier où il est renfermé, des Negres qui, pendant cinq jours de suite, le renversent sens dessus dessous soir & matin, & qui ont soin de le recouvrir avec les mêmes feuilles & les mêmes planches après chaque opération.

On met ensuite de ce cacao ressué environ deux pouces de hauteur sur des nattes de roseaux attachées à deux sablieres paralleles, qui portent sur des pieux élevés au dessus de terre de deux pieds ou environ. On a l'attention pendant les deux premiers jours de le remuer souvent avec un rateau de bois, de l'envelopper le soir dans les nattes, & de le couvrir de quelques feuilles de balisier de peur de la pluie, ou de le renfermer dans une case.

Le cacao étant suffisamment ressué, on l'expose de nouveau sur des nattes en quelque temps que ce soit ; & pour le rendre plus beau & mieux conditionné, on le laisse les premieres nuits au serein, à la rosée, même à la pluie pendant un jour ou deux, en observant de ne le point couvrir qu'il n'ait été presque tout un jour au soleil. On connoît qu'il est suffisamment sec lorsqu'il craque en en serrant une poignée dans la main. On le met pour lors en magasin ; & avant que de le mettre en vente on le trie pour en séparer les grains trop petits, mal-nourris & plats. On l'enfutaille quand on veut le conserver parfaitement.

Quoique le cacao qui vient de la côte de Caraque soit plus onctueux, d'une pâte plus fine, & moins amer que celui des isles Françoises, la variété de goût qui se trouve entre les Espagnols, les François, & les habitants du nord, fait préférer le dernier à ceux-ci, & le premier aux autres.

On nous apporte de l'Amérique des petits pains de pâte de cacao d'une livre pesant, pour faire du chocolat. Nous renvoyons pour apprendre la façon de le fabriquer à l'article LIMONNADIER.

On fait avec le cacao des confitures, du chocolat, & une huile qu'on nomme *beurre de cacao* qui est très nourrissant.

Lorsqu'on veut confire du cacao, on met pendant quelques jours tremper dans de l'eau de fontaine, qu'on a soin de changer soir & matin, les amandes qu'on a tirées des cosses à demi mures. Retirées de l'eau & bien essuyées, on les larde de citron & de cannelle, on les jette dans un léger sirop de sucre tout bouillant & bien clarifié. Sorties de ce sirop, on les laisse égoutter quelque temps, & on les fait tremper pendant vingt-quatre heures dans un sirop un peu plus fort de sucre que le précédent. On réitere cinq à six fois cette opération, en ajoutant à chaque fois un peu plus de sucre au sirop. On observe de ne mettre jamais ces amandes sur le feu, & de ne leur donner d'autre cuisson que la première qu'elles ont eue. On finit par leur donner un sirop fort épais qu'on verse par dessus ; & lorsqu'il est refroidi on y met, si l'on veut, quelques gouttes d'essence d'ambre.

Quand on veut faire cette confiture au sec, après avoir impregné les amandes du premier sirop, & les avoir plongées dans un nouveau sirop bien clarifié & fort de sucre, on les met dans une étuve pour leur faire prendre le candi.

L'huile ou beurre de cacao, dont on peut voir les propriétés au mot CACAO, dans le *Dictionnaire raisonné d'histoire naturelle*, qui se vend chez le même Libraire, se fait de cette maniere. Le cacao étant rôti, mondé, passé sur une pierre, & réduit en une pâte bien fine, on la met dans une bassine pleine d'eau bouillante, sur un feu clair où on la laisse jusqu'à la consomption presque entiere de l'eau. Pour lors on remplit la bassine de nouvelle eau ; à mesure que cette eau se refroidit, l'huile monte à sa surface & se fige comme du beurre : lorsqu'elle n'est pas bien blanche, on la fait fondre de nouveau pour la dégager des parties grossieres qu'elle contient.

De tous les fruits de l'Amérique le cacao est celui qui rapporte le plus de revenu, & dont la dépense est la moindre. Vingt Negres suffisent à l'entretien de cinquante mille cacaoyers, qui produisent année commune cent mille livres pefant d'amandes qui , étant vendues au plus bas prix , donnent trente-fept mille cinq cents livres de notre monnoie.

CACHOU (Préparation du). Le cachou nous vient du Malabar , de Surate , du Pégu , & des autres côtes des Indes. C'eft un fuc gommo-réfineux , durci par art , d'un roux noirâtre à l'extérieur , & marbré de gris extérieurement , fans odeur , d'un goût d'abord amer & aftringent , plus doux enfuite , & d'une faveur d'iris ou de violette , fondant en entier dans la bouche & dans l'eau , s'enflammant & brûlant dans le feu , quelquefois mêlé de fable , qu'une fupercherie induftrieufe y a inféré pour en augmenter le poids.

On le confond quelquefois , mais mal à propos, avec l'extrait de la noix d'*acajou*, qui eft un fuc épaiffi de ce fruit , & dont la faveur eft bien différente de celle du cachou.

Dans le mémoire que M. *de Juffieu* donna à l'Académie , & qui a été imprimé en 1720, il prétend que le cachou n'eft qu'un extrait d'*arec* , rendu folide par évaporation.

L'*arec* ou l'*areca* , dont on extrait le cachou , eft une efpece de grand palmier des Indes orientales qui ne croît que fur le bord de la mer ou dans des terres légeres & fablonneufes.

Son fruit reffemble à un œuf de poule pour la forme & la groffeur : fon écorce, de couleur un peu jaunâtre , eft molle & garnie d'une efpece de bourre , au centre de laquelle eft un noyau qui s'en fépare facilement lorfque le fruit eft fec. Les Indiens , qui en font extrêmement amateurs & qui en mâchent continuellement , le préparent ainfi. Ils coupent en deux ou en trois morceaux la noix de *faufel* ou d'*areca* , après l'avoir cueillie pendant qu'elle eft encore verte , & ils la font bouillir dans de l'eau avec un peu de chaux de coquillages calcinés , jufqu'à ce que les morceaux de la noix foient devenus d'un rouge obfcur. Ils paffent cette décoction pendant qu'elle eft chaude ; & lorfqu'elle eft refroidie , ils la féparent de la lie qui va au fond du vaiffeau : ils y ajoutent de l'eau de l'écorce verte du *fianra* , qui eft une efpece d'acacia des Indes dont l'écorce eft aftringente & rougeâtre , qu'ils pilent & font macérer pendant trois jours.

Quand le fuc de l'*areca* eft épaiffi , ils l'expofent au foleil fur des nattes, & le réduifent en paftilles. Les grands & les riches y mêlent du cardamome, du bois d'aloès, du mufc, de l'ambre, & tout ce qui peut contribuer à le rendre plus agréable au goût.

Celui que font les Portugais dans la ville de Goa, & qui a une trop violente odeur aromatique, nous parvient fouvent fous différentes figures, mais plus communément fous celle de crottes de fouris. Il eft rare qu'elles ne foient pas mêlangées de quelque matiere étrangere, & qu'elles fortent pures de leurs mains.

Le cachou fimple, naturel, & fans aromates, n'eft qu'un pur extrait de l'*arec*, rendu folide par l'évaporation de toute l'humidité. Pour le faire, il fuffit de couper par tranches les graines d'*arec* vertes; on les met bouillir dans l'eau jufqu'à ce qu'elles foient chargées d'une forte teinture d'un rouge brun; on la fait enfuite évaporer jufqu'à confiftance d'extrait auquel on donne la forme qu'on veut, & qui fe durcit bientôt après. Il eft employé en médecine.

M. *Garcin*, célebre naturalifte, prétend que le cachou n'eft point tiré de l'*arec*, mais d'un arbre nommé *caté*, qui croît dans les Indes, & qui porte encore le nom de *caté indien*, *lycion*, & *kaath*. Les raifons qu'il en apporte font que dans le pays où l'aréquier eft commun, on n'y fait point de cachou, & qu'on l'y fait venir d'ailleurs; qu'à Bengale, d'où on le tire, il n'y croît point d'aréquier, parceque cet arbre, qui craint la fécherefe & le froid, ne peut guere venir au deffus de la latitude de quinze degrés; que l'*arec* qu'on porte à Bengale par mer, s'y vend plus cher que le cachou brut, & qu'il eft rare qu'ils y foient tous les deux au même prix; que le mot *cachou* dérive de celui de *çaté-chou*, compofé de *caté*, qui eft le nom de l'arbre, & de *chou* qui fignifie *fuc* dans la langue du pays.

Quoi qu'il en foit de la validité de ces raifons, il eft certain que les préparations du fuc du *caté* font les mêmes que celles de l'*arec*.

Le cachou de la Chine eft formé quelquefois en boules auffi groffes que le poing & fort dures. Les Chinois le mettent infufer & s'en fervent à la place du thé. Les Ruffes, qui font le commerce de la Chine, l'appellent *thé de pierre*.

Le cachou paie trois livres par cent pefant pour droit d'entrée.

CADRATURIER. Quoique ce nom convienne à tous les
ouvriers

ouvriers qui font les cadratures des pendules & des montres, il ne s'entend que de ceux qui ne font autre chose que des cadratures de montres à répétition.

CAFÉ. Le café, que M. *de Jussieu* prétendoit en 1715 n'être connu en Europe que depuis soixante ans, est un arbre qui croît quelquefois jusqu'à la hauteur de quarante pieds. En Arabie il s'éleve depuis six pieds jusqu'à douze. En France il vient encore moins haut. Il vient également de graine & de bouture.

Cet arbre, qui se cultive très aisément, à qui les terreins les plus maigres font bons, feroit peut-être encore inconnu en Europe, si, en 1707, les Hollandois n'en avoient apporté de Moka quelques pieds qu'ils cultiverent dans le jardin d'Amsterdam, & qui donnerent des fruits en 1709. Il n'a passé en France que par la libéralité de M. *Pancrace*, Consul & Recteur d'Amsterdam, qui fit présent à Louis XIV d'un *casier* de cinq pieds de longueur, que Sa Majesté fit porter au Jardin Royal pour en avoir soin. Cet arbre donna la même année des fleurs & des fruits. D'autres prétendent que la France en est redevable à M. *de Resson*, qui se priva, en faveur du Jardin du Roi, d'un jeune pied de casier qu'il avoit fait venir de Hollande. Les Américains ont l'obligation à M. *Declieux* de l'avoir porté de France à la Martinique où il a si bien réussi, ainsi que dans toutes nos isles.

Dans les climats tempérés, on tient cet arbre pendant l'hiver dans des serres chaudes : son fruit a la forme de la cerise qu'on appelle *bigarreau*, d'abord d'un verd clair, ensuite d'une couleur rougeâtre, puis d'un beau rouge, & enfin d'un rouge obscur lorsqu'il est dans sa parfaite maturité ; il est charnu & plein de suc, mais fade, & ne vaut rien à manger ; à la place du noyau il a deux pepins arrondis en dehors & plats en dedans du côté où ils se touchent, & qui forment ce qu'on appelle grains de café.

Quand on veut cueillir le café, on étend des pieces de toile sous les arbres qu'on secoue pour faire tomber tout le café qui se trouve mûr. On le transporte dans des sacs, & on l'étend ensuite sur des nattes pour le faire sécher au soleil pendant quelque temps. S'il s'en trouve dans les gousses, on les ouvre par le moyen d'un gros rouleau de pierre ou d'un bois fort pesant qu'on passe pardessus.

Lorsque le café est sorti de son écorce, & séparé en deux

Tome I.   A a

moitiés, on le met de nouveau fécher au foleil, parceque s'il n'étoit pas affez fec, il courroit rifque de fe gâter fur mer.

On a dit qu'autrefois les Hollandois, jaloux de cette plante, n'en vendoient pas un feul grain aux étrangers qu'il ne l'euffent paffé au four ; mais l'expérience a prouvé le contraire & détruit ce préjugé.

Quelques foins que les cultivateurs prennent du cafier, on le voit quelquefois dépérir en peu de temps par un in-fecte qu'on appelle *mouche à café*. Il eft long de cinq à fix pouces, & au moyen de deux fcies qu'il porte à la tête, il perce l'arbre jufqu'au vif, & le fait périr. Quelquefois il fe trouve attaqué par des pucerons blancs qui lui cauferoient beaucoup de dommage fi on n'avoit le foin de planter des *ananas* entre deux pour faire périr ces infectes qui aiment beaucoup le goût acide de ce fruit. On fait avec le café rôti une boiffon dont nous parlerons à l'article *Limonnadier*.

Le commerce du café, qui avoit été libre jufqu'au mois de Novembre 1723, & dont les épiciers faifoient un né-goce confidérable tant en gros qu'en détail, fut accordé par un privilege exclufif à la Compagnie des Indes, pour en faire la vente dans tout le royaume ; & elle le fait venir des Indes ou du Levant fur des vaiffeaux qui lui appartiennent. Les Marfeillois ont la liberté d'aller le chercher au Levant, mais à condition de le vendre à la Compagnie, ou de l'en-voyer chez l'étranger.

Par l'arrêt du Confeil d'Etat du Roi du 18 Décembre 1736, les cafés de l'Amérique jouiffent du bénéfice de l'en-trepôt pendant un an ; on peut même les diftribuer dans le royaume en payant dix livres par cent de droit ; il n'y a que ceux qu'on a entrepofés, pour les faire paffer à Geneve, qui ne paient aucun droit.

CAFETIER : *voyez* LIMONNADIER.

CALANDREUR. Le Calandreur eft l'ouvrier qui met les étoffes fous la calandre.

La calandre eft une machine qui fert à *tabifer* & à *moirer* certaines étoffes de foie ou de laine, & à cacher les défauts des toiles en leur donnant un certain luftre, & en les ren-dant plus unies. Cette machine eft compofée de deux gros cylindres de bois dur & poli, autour defquels on roule uni-ment des pieces d'étoffes, en obfervant que celles qui font pour être moirées doivent être pliées en deux, en forte que la lifiere fe trouve fur la lifiere, & qu'elle doit être mife en zigzag, de façon que chaque pli couvre en partie celui qui le précede, & soit couvert en partie par celui qui le suit. Ces rouleaux sont mis transversalement en deux pieces de bois ou autres matieres très polies, plus longues que larges, qu'on nomme ordinairement *tables*. La table de dessous est posée de niveau sur un fond solide de maçonnerie ; & celle de dessus, quoique chargée de plusieurs grosses pierres dont le poids va quelquefois jusqu'à vingt milliers, est mobile. Un cable roulé sur l'axe d'une grande roue, & attaché aux deux extrémités de cette table supérieure, lui donne le mouvement au moyen d'une roue dans laquelle marchent continuellement deux hommes. C'est ce mouvement alternatif, & la grande pesanteur de la table supérieure, qui lustrent ou qui moirent les étoffes. On se sert aussi de calandres sans roues, qu'on fait aller par le moyen d'un cheval ; on estime cette derniere moins bonne que celle à roue, parcequ'elle a le mouvement plus égal & plus uni.

L'usage de la calandre est, comme nous avons dit, de tabiser & de moirer : on entend par *moirer*, tracer sur une étoffe ces sillons de lustre qui semblent se succéder comme des ondes qu'on remarque dans certaines étoffes de soie & autres, & qui s'y conservent plus ou moins de temps : il n'y a de différence entre *tabiser* & *moirer*, que celle qui est occasionnée par la grosseur du grain de l'étoffe, c'est-à-dire que dans le tabis, le grain de l'étoffe n'étant pas considérable, les ondes se remarquent moins que dans le moiré où le grain de l'étoffe est plus apparent. Ce tabis & ces ondes dépendent de ce que le cylindre, quoique parfaitement uni, a plié une longue enfilade de poils en un sens, & une enfilade d'autres poils sur une ligne ou une pression différente, ce qui donne à la soie ou à la laine différentes réflexions de lumiere, & ces divers sillons de lustre qui semblent se succéder comme des ondes, & qui se conservent long-temps par un effet de l'énorme poids qui a différemment plié les poils dans les diverses allées & venues de l'étoffe.

Le bel œil qu'on donne aux étoffes par la calandre n'est pas un lustre frivole ou destiné à en imposer à l'acheteur par un brillant passager ; c'est au contraire une beauté permanente, puisque l'étoffe où ces façons seroient négligées, auroit l'air d'un cilice, & ne montreroit ni égalité dans son grain, ni précision dans sa couleur. L'inégalité de la tenfion des deux fils qui la traverfent en fens contraires, & les diverfités accidentelles de roideur & de molleffe qui peuvent arriver à chaque partie de l'étoffe, difpofent néceffairement la piece à crêper & à bourfer.

Il n'eft permis qu'aux maîtres teinturiers en foie d'avoir des calandres.

Il y a à Paris deux calandres royales, la grande & la petite : la grande a fa table inférieure d'un marbre bien uni, & la fupérieure d'une plaque de cuivre bien polie : la petite a les deux tables de fer ou d'acier bien poli ; au lieu que les calandres ordinaires des teinturiers n'ont que des tables de bois.

Avant M. *Colbert* il n'y avoit point de calandres en France ; c'eft à l'amour que ce grand Miniftre avoit pour les arts & pour les machines utiles que l'on doit les premieres calandres.

Il y a auffi actuellement à Paris deux *cylindres* qui s'emploient pour les étoffes de foie dans lefquelles il entre de l'or ou de l'argent. Les fleurs ou autres ornements d'or & d'argent qui font fur l'étoffe, s'étendent & fe liffent en paffant fous le cylindre, & prennent par ce moyen plus d'apparence & d'éclat. L'un des cylindres dont nous parlons eft établi chez le fieur *Saugrain*, fauxbourg du Temple ; l'autre chez le fieur *le Brun*, rue S. Honoré.

CALCULATEUR : *voyez* ARITHMÉTICIEN.

CALEÇONNIER : *voyez* PEAUSSIER, TEINTURIER & FALCONNIER.

CALFATEUR. On donne ce nom aux ouvriers qui travaillent au radoub d'un vaiffeau en bouchant les trous, les fentes & les gerçures du bois, avec des étoupes de vieux cordages qu'ils font entrer de force, & qu'ils enduifent enfuite avec du fuif, de la poix & du goudron.

L'inftrument ou *calfat* dont ils fe fervent pour pouffer l'étoupe dans les *coutures*, qui eft la diftance qui fe trouve entre deux bordages, eft de trois efpeces.

Le *calfat à fret* eft de fer, il reffemble affez à un cifeau qui a la tête arrondie & le bout demi-rond, & qui fert à chercher autour des têtes de clous & des chevilles les ouvertures qu'il peut y avoir pour les boucher avec de l'étoupe.

Le *calfat fimple* eft plus large que le précédent, & un peu coupant par le bout ; on l'emploie pour faire entrer l'étoupe jufqu'au fond de la couture.

Le *calfat double* est rayé , il paroît comme double par le bout à cause de la rainure qu'il y a ; il est bon pour *rabattre les coutures* , c'est-à-dire les rendre unies.

Dans les vaisseaux de guerre il y a un officier qui veille au besoin que le vaisseau peut avoir de radoub , qui examine matin & soir le corps du bâtiment , pour voir les clous & les chevilles qui manquent , ou si elles sont malassurées ; si les pompes sont en bon état ; s'il n'y a point quelque voie d'eau , si l'étrave , les carenes , & les œuvres de marée sont bien ; si l'étoupe est poussée comme il faut dans les jointures & fentes du bordage. Pendant le combat il se tient dans la fosse aux cables , avec tout ce qui est nécessaire pour le vaisseau , & se met à la mer pour boucher par dehors les voies d'eau lorsqu'il en découvre.

CALLIGRAPHE : *voyez* ABRÉVIATEUR.

CALOTTIER. Le Calottier est celui qui a le droit de faire & de vendre des calottes.

La calotte est une petite coeffure de tricot , de feutre , de cuir , de satin , ou d'autre étoffe , qui ne couvre que le haut de la tête , & dont se servent les gens d'église pour se garantir du froid à l'endroit où est placée la tonsure. Le Cardinal de Richelieu est le premier qui en ait porté en France. La calotte rouge est celle que portent les Cardinaux.

Les calottes dont on se sert présentement dans le Clergé de France sont faites de cuir noir.

Les premieres calottes de cuir noir furent inventées en 1649 par le nommé *le Maître* , qui les fit d'abord de cuir de vieilles bottes de marroquin qui étoient pour lors fort à la mode à Paris.

La manufacture de calottes qui est établie en France , n'a pas encore pu réussir à leur donner la même qualité qu'ont celles que font les Levantins , qu'ils nomment des *fés* , & dont ils font une grande consommation.

Une calotte est composée de trois cuirs , deux de mouton, & un de *marroquin en croûte* , c'est-à-dire d'un marroquin qui n'a pas reçu toutes ses préparations , & qui n'a point été noirci.

Pour faire une calotte , l'ouvrier commence par couper en rond les trois morceaux de cuir qui doivent la composer. Il prend un cuir de mouton , le trempe dans de la gomme arabique , & l'applique sur une forme de bois ; il expose cette forme à l'air pour faire sécher le morceau de cuir qui est appliqué dessus. Ce premier cuir étant sec, il y en colle un second auquel il donne la même préparation qu'au premier ; mais il le fait sécher au feu.

Ce second cuir appliqué sur le premier étant suffisamment sec, l'ouvrier le *ponce*, c'est-à-dire qu'il le lisse par le moyen d'une pierre-ponce. Ensuite il y colle le dernier cuir qui doit être du marroquin dont nous avons parlé ; il le fait sécher de même au feu, & le ponce. Ce dernier cuir étant bien uni, il le noircit avec une espece d'encre. Quand la derniere calotte est bien seche, il l'ôte de dessus la forme, l'arrondit avec des ciseaux, & la borde avec du ruban.

Après ces différentes opérations, il y met intérieurement des crochets formés avec des épingles recourbées. Ces crochets s'attachent aux cheveux & servent à assujettir la calotte sur la tête.

Les Calottiers sont de la communauté des boursiers : *voyez* BOURSIER.

CAMBISTE. Ce sont des especes d'Agents de Change, ou, pour mieux dire, des Courtiers de Change qui, dans quelques villes de province, vont réguliérement tous les jours à la place pour négocier les lettres & billets de change de ceux qui s'adressent à eux ; qui s'instruisent du cours & de la valeur du papier & de l'argent relativement au change des places étrangeres, afin de pouvoir faire à propos les traites & les remises qu'on leur demande.

Comme la bonne foi publique a été quelquefois trompée par le défaut de probité de quelqu'un de ces négociateurs qui ne sont point en titre, qu'ils pouvoient nier les effets reçus, ou convertir l'argent à leur profit, les Jurisdictions Consulaires de plusieurs Bourses, entre autres celle de Bourdeaux, ont ordonné qu'ils seroient tenus de donner une reconnoissance par écrit & signée d'eux, dans laquelle ils feroient mention du nom du donneur, de la qualité & de la valeur de l'effet.

CAMELOT (Manufacture de). On appelle *camelot* une étoffe non croisée, dont la chaîne & la trame sont de poil de chevre, ou dont la trame est de poil, & la chaîne moitié poil & moitié soie. Il y en a d'autres dont la chaîne & la trame sont entiérement de laine. Il y en a aussi dont la trame est de laine & la chaîne de fil. Les uns & les autres se fabriquent avec la navette sur un métier à deux marches, comme la toile & l'étamine.

Ils portent différents noms, fuivant la façon qu'ils ont reçue. On les appelle *teints en fil*, lorfque le fil, tant de la trame que de la chaîne, a été teint avant que d'être tiffu ; & *teints en piece*, lorfqu'ils ont été mis à la teinture au fortir du métier. Il y en a encore qui portent le nom de *jafpés*, ou mélangés ; il y en a de *gaufrés*, d'*ondés*, de *rayés*, & des camelots à *eau*.

Les camelots *gaufrés* n'ont qu'une feule couleur; ils font *façonnés* ou imprimés de diverfes fleurs, ramages ou figures, par le moyen de moules ou fers chauds : *voyez* GAU-FREUR.

Les *jafpés* font ceux qui font mêlés de diverfes couleurs.

Les *ondés* font ainfi nommés à caufe des ondes qu'on leur fait prendre, ainfi qu'aux tabis, en les faifant paffer plufieurs fois à la calandre.

Les *rayés* font diftingués des unis par la quantité de petites raies qu'on leur donne.

Les *camelots à eau* font ceux qui, après avoir été fabriqués, ont reçu un certain apprêt d'eau, & qu'enfuite on a mis fous la preffe à chaud, pour les rendre catis & luftrés.

Les fabricants, ainfi que les marchands, font très attentifs à ne laiffer prendre aucun mauvais pli à cette étoffe, parcequ'il eft très difficile de les lui ôter.

Les camelots de foie de diverfes couleurs, comme cramoifis, incarnats, violets, qui fe fabriquent en Italie, font des étoffes *tabifées* ou ondées par le moyen de la calandre.

Quoiqu'il y ait en France beaucoup de fabriques de camelot, on en tire auffi des pays étrangers, comme de Bruxelles, de Hollande, & d'Angleterre. Les camelots, dont on fait à Lille une quantité prodigieufe, font deftinés pour l'Efpagne, & portent une multitude de noms bizarres que les Flamands leur ont donnés. Ceux d'Arras ont le grain fort rond, tiennent plus du bouracan que du camelot ordinaire, & font ordinairement très groffiers. La manufacture d'Amiens fournit beaucoup de camelots dont les qualités & les noms font différents. Les premiers, qui font les plus eftimés de tous, font appellés *camelots façon de Bruxelles*, parcequ'ils imitent les vrais Bruxelles dans la matiere & dans la forme. Les camelots *fil-retors* ou à gros grain, font très étroits. Les camelots *quinetes* ont la trame faite d'un fil très tors. Les *petits camelots rayés* ont des raies de diverses couleurs, qui vont en longueur depuis le chef de la piece jusqu'à la queue.

Le grand usage que le peuple fait de cette étoffe a engagé le Conseil à prendre des précautions pour que la fabrication en fût bonne ; & quoique cette espece de fabricants n'ait point de statuts particuliers, le Conseil d'Etat du Roi leur donna un réglement le 17 Mars 1717, par lequel il est ordonné que les camelots de grains tout laine, façon de Bruxelles, auront la chaîne de quarante-deux portées, ou faisceaux d'un certain nombre de fils formés sous l'ourdissoir, & de vingt buhots ou fils chacune ; & que la piece aura trente-six aunes de longueur sur demi-aune demi-quart de largeur entre les gardes ou lisieres ; que ceux de façon de Hollande auront deux fils de soie, quarante-deux portées, vingt-six à vingt-huit buhots, & demi-aune demi-quart de largeur sur trente-six à quarante aunes de longueur ; que les superfins, façon de Bruxelles, auront la chaîne de poil de chevre filé, autrement dit poil de chameau, & de deux fils de soie, la trame double de fil de turcoin, ou de poil de chevre filé, de même longueur & largeur que ceux de façon de Hollande ; que les rayés & unis changeants, tout de laine, auront la chaîne de trente-trois portées de douze buhots chacune, d'une demi-aune de largeur entre les deux lisieres, & de vingt & une aunes de longueur.

Les camelots de toute espece paient, suivant l'arrêt du Conseil du 20 Décembre 1687, douze livres par piece de vingt aunes, & ne peuvent entrer que par les ports de Calais & de Saint-Valery. Les Camelots du Levant paient plus que ceux d'Europe pour droit d'entrée, & sont taxés par l'arrêt du 15 Août 1685, à raison de vingt pour cent de leur valeur.

Les camelots de laine & de poil, de quelque façon qu'ils soient faits, & quelque nom qu'ils portent, paient pour droit de sortie sept livres du cent pesant, & trois livres pour ceux dans lesquels il n'entre que de la laine.

CAMPHRE (Art de raffiner le). Le camphre est une substance végétale, concrete, inflammable, très volatile, d'une odeur très forte, & se dissout facilement dans l'esprit de vin. Il est si combustible qu'il brûle à la surface de l'eau, c'est pourquoi on prétend qu'il entroit dans la composition du feu grégeois. On l'emploie encore aujourd'hui dans les feux d'artifice.

Cette substance végétale se recueille en abondance dans les isles de Bornéo, de Sumatra, & de Ceylan, où elle découle du tronc & des grosses branches d'un arbre qui ressemble à un laurier nommé dans le pays *caphura*. Sa hauteur égale celle des tilleuls & des chênes; & pendant qu'il est jeune son tronc est revêtu d'une écorce lisse & verdâtre.

Le camphre coule par les incisions qu'on fait au tronc & aux principales branches de l'arbre. On l'appelle dans cet état *camphre brut*, parcequ'il est sali de plusieurs impuretés qu'il contracte dans le temps qu'on le retire du camphrier. Les Hollandois, qui en font le principal commerce, le purifient chez eux pour en ôter la terre qui s'y est mêlée quand il est tombé de l'arbre, ou celle qu'on y a ajoutée pour en augmenter le poids.

Le camphre se tire aussi, selon *Kempfer*, de la racine & du bois du camphrier que les paysans Japonnois coupent par petits morceaux, & qu'ils font bouillir avec de l'eau dans un pot de fer fait en vessie, sur lequel ils placent une espece de grand chapiteau argilleux, pointu & rempli de chaume ou de natte. Le camphre s'étant sublimé en suie blanche, ils le détachent en secouant le chapiteau, & ils en font des masses friables, grenetées, jaunâtres, & pleines d'impuretés.

Selon MM. *Pomet* & *Lemery*, après avoir cassé & pilé le camphre brut qu'on veut purifier, on le met dans des matras qu'on bouche légérement après les en avoir remplis à moitié. Un feu médiocre éleve peu à peu le plus subtil du camphre jusqu'au haut du chapiteau; lorsque la sublimation est faite on en retire un camphre raffiné, blanc, transparent, en un ou plusieurs morceaux, suivant la quantité du camphre brut qu'on a employée; on le liquéfie ensuite par une douce chaleur, & on le jette dans des moules pour lui donner la forme qu'on veut.

La méthode des Hollandois, selon *Gronovius*, est de piler le camphre brut, & de le purifier de ses ordures en le passant par un crible. Ils en mettent ensuite une certaine quantité dans un *matras* ou vaisseau de verre dont le col est étroit & le fond plat; ils placent ce matras sur un bain de sable, au-dessous duquel ils font un feu assez violent: pendant que cette substance fond, ils mettent sur le matras plusieurs morceaux d'étoffe cousus ensemble, percés au milieu pour laisser passer le col de ce vase de verre, sur lequel ils adaptent un cône de fer blanc un peu plus long que le col du matras.

Après la fusion du camphre, ils diminuent le feu & ôtent l'étoffe & le cône; pour empêcher que la fusion ne se refroidisse trop tôt, ils couvrent le col du matras avec un cône de papier gris, & le laissent ainsi fondu pendant quelques heures sur un feu qui est à un degré modéré.

Après cette digestion ils recommencent à faire un feu violent qu'ils continuent jusqu'à ce que le camphre se sublime; & pour empêcher que le col du matras ne se remplisse & ne se rompe, ils y introduisent continuellement une baguette de bois ou de fer pour le tenir ouvert.

Lorsque toute la matiere est sublimée on la laisse refroidir après l'avoir ôtée; & s'il y a des impuretés dans le fond du pain qu'elle a formé, on les enleve avec un couteau en coupant & non en raclant, afin de lui conserver plus de transparence & de blancheur.

Il résulte des expériences que M. *Valmont de Bomare* a faites sur divers camphres bruts, & dont il a rendu compte en 1761 à l'Académie Royale des Sciences, que l'axiome le plus généralement adopté doit souffrir quelque exception, lorsqu'il assure que le camphre, étant au degré de l'eau bouillante, ne peut se sublimer sans se décomposer; que pour parvenir à la *sublimation* ou purification du camphre, il faut un feu gradué & assez violent; que le verre blanchâtre convient mieux pour cette opération que le verre verd; que les couvercles formant une espece de reverbere, conservant & réfléchissant la chaleur, accélerent la fusion du camphre; que le contact de l'air extérieur, bien ménagé, rend l'opération plus aisée; que le camphre brut du Japon ne perd que peu ou point de son poids, étant mis seul à sublimer; mais qu'étant mêlé avec celui qui est purifié, il déchoit d'un septieme; & au contraire le camphre purifié, étant mis seul à sublimer, ne diminue point, tandis que le camphre brut de Bornéo perd un vingtieme; qu'enfin la maniere de purifier le camphre n'est pas aussi compliquée que beaucoup d'auteurs l'ont prétendu. Il dit aussi que la dissipation à la longue de tous les camphres exposés à l'air l'ont convaincu que le camphre est une substance toute particuliere, & qui a des caracteres qui la distinguent de tous les autres corps du regne végétal. *Voyez* le Dictionnaire raifonné univerfel d'hiftoire naturelle , au mot CAMPHRE.

Quelques auteurs difent qu'on peut retirer du camphre , mais en petite quantité , de la *camphrée* , du thym , du romarin , &c. & de prefque toutes les plantes *labiées* , ou de celles dont les découpures inégales & irrégulieres imitent communément les deux levres de la bouche d'un animal.

On appelle quelquefois *camphre artificiel* un mêlange fait avec de la fandaraque , ou du vinaigre blanc diftillé qu'on met pendant vingt jours dans le fumier de cheval ; on le laiffe après au foleil pendant un mois , après quoi on trouve le camphre fous la forme d'une croûte de pain blanc , qu'on nomme autrement *gomme de genievre* , *vernis blanc* , & *maftic*.

Suivant le tarif de 1664 , il paie quinze livres pour cent pefant d'entrée.

CANEVAS (Fabrique de). En général le canevas eft une toile écrue , claire , de chanvre ou de lin , divifée en petits carreaux qui dirigent les ouvrages de tapifferie à l'aiguille. Le deffinateur , lorfqu'il trace des fleurs , des fruits , des animaux , &c. fur cette toile ou canevas , marque par des fils de différentes couleurs les contours que doit fuivre l'ouvriere , & les couleurs qu'elle doit employer.

On les fait prefque tous fur un métier à toile au Mefnil , près de Montfort l'Amaury. Il s'en confomme beaucoup en France , & on en envoie dans les pays étrangers.

M. *Diderot* propofe aux tifferands une forte de canevas qu'il a vu exécuter , & qu'il affure être plus propre à rendre la broderie , foit en laine , foit en foie , infiniment plus belle , moins longue & moins couteufe. Pour cet effet , il propofe de la fabriquer fur le métier des ouvriers en foie. » On monteroit , dit-il , le métier comme s'il étoit quef- » tion d'exécuter le deffein en *brocher* , c'eft-à-dire comme » on le monte pour les étoffes de foie qui doivent enfuite » être brochées , mais on ne brocheroit point : ainfi le def- » fein deftiné à guider le *Brocheur* qui doit remplir enfuite » ce deffein , refteroit vuide en deffous ; il feroit couvert » en deffus par des brides , comme à la gaze , & tout le » fond feroit fait ; la brodeufe n'auroit plus qu'à remplir » les endroits vuides. Il eft étonnant qu'on ne fe foit pas » encore avifé de faire de ces canevas ; le point en eft in- » finiment plus beau & plus régulier qu'il ne fe peut faire » à l'aiguille ; le métier fait en même temps la toile & le

» point , & chaque coup de bâton fait une rangée de points
» de toute la largeur du métier. Les contours du deſſein
» ſont tracés d'une façon infiniment plus réguliere & plus
» diſtincte que par des fils. Il me ſemble que cette inven-
» tion a autant d'avantage ſur l'ouvrage à l'aiguille , ſoit
» pour la perfection , ſoit pour la vîteſſe , que l'ouvrage à
» métier à bas en a ſur le tricot à l'aiguille. Il n'y a point
» d'ouvrier qui ne pût faire en un jour preſque autant
» d'aunes de fond de fauteuils , ſoit en ſoie , ſoit en laine,
» qu'un tiſſerand fait d'aunes de toile. Et qu'on ne croie
» pas qu'il y ait un grand myſtere à la façon de ces canevas.
» Il faut que la chaîne ſoit de gros fil retors de Piémont,
» qu'elle leve & baiſſe moitié par moitié , comme pour la
» toile , avec cette différence , qu'à la toile , où le grain
» doit être tout fin & par-tout égal , un fil baiſſe , un fil
» leve , & ainſi de ſuite ; au lieu qu'ici , où il faut donner
» de l'étendue & du relief au point , on feroit baiſſer deux
» fils , lever deux fils , & ainſi de ſuite. On prendroit une
» trame de laine ou de ſoie forte , large , épaiſſe & bien
» capable de garnir. Au reſte , j'ai vu l'eſſai de l'inven-
» tion que je propoſe ; il m'a paru infiniment ſupérieur au
» travail de l'aiguille. Quant à la célérité , on peut faire
» une rangée de points de la longueur de vingt pouces &
» davantage d'un ſeul coup de battant. Les brides qui cou-
» vriroient les endroits du deſſein , les fortifieroient encore,
» & leur donneroient du relief.

» Nous propoſons nos vues , continue-t-il , toutes les
» fois qu'elles nous paroiſſent utiles : au reſte , c'eſt aux
» ouvriers à les juger ; mais , pour qu'ils en jugent ſaine-
» ment , il ſeroit à propos qu'ils ſe défiſſent de la préven-
» tion qu'il n'y a rien de bien imaginé que ce qu'ils inven-
» tent eux-mêmes , ni rien de bien fait que ce qu'ils font.
» Je les avertis que , par rapport au canevas en queſtion,
» j'en croirai plutôt l'expérience que j'ai , que tous les rai-
» ſonnements qu'ils feront. J'ai vu des fonds de canevas,
» tels que je les propoſe , remplis avec la derniere célérité,
» & où le point étoit de la derniere beauté «.

Les canevas paient les mêmes droits de ſortie que les toiles de chanvre.

CANEVASSIERE : *voyez* LINGERE.

CANONNIER (L'art du). Le Canonnier eſt celui qui
charge un canon avec l'aide de ceux qui ſont prépoſés pour
le ſervice des batteries.

Le canon eſt une arme à feu, propre à jetter des balles de plomb ou de fer.

L'art du Canonnier, qui eſt la maniere de ſe ſervir des canons & des mortiers, conſiſte à ſavoir les charger, les pointer & y mettre le feu avec toute la juſteſſe & la promptitude poſſible : il enſeigne auſſi à connoître la force & l'effet de la poudre, les dimenſions des pieces d'artillerie, les proportions de la poudre & du boulet dont on les charge, la façon de les manier, nettoyer & rafraîchir, de calculer leur portée & de les diriger ſi bien qu'ils atteignent au but. Pour cet effet, le Canonnier ſe ſert d'une regle de calibre ou verge ſphérométrique, d'un quart de cercle & d'un niveau.

Maltus, Ingénieur Anglois, eſt réputé pour être le premier qui, en 1634, a enſeigné à ſe ſervir du mortier ; mais avant que M. Blondel eût donné au public ſon art de jetter les bombes, les Canonniers n'avoient point de regles fixes, ils hauſſoient & baiſſoient la piece, juſqu'à ce qu'ils pointaſſent juſte. On eſt redevable à *Galilée* & à *Toricelli* ſon diſciple, de la certitude des regles qu'ils ont données ſur toutes ces opérations.

Quoiqu'on ne ſoit pas d'accord ſur la quantité proportionnelle des matieres qui doivent entrer dans la compoſition deſtinée à la fonte des canons, on peut voir à l'article FONDEUR EN BRONZE la maniere de préparer les moules de canons, & de fondre les matieres.

Les inſtruments dont le Canonnier ſe ſert pour charger le canon, ſont la *lanterne*, qui eſt une eſpece de cuiller de cuivre rouge, montée ſur un long bâton qu'on nomme ſa *hampe* ; le *refouloir* ou inſtrument qui ſert à preſſer fortement le bouchon de foin qu'on met ſur la poudre ; l'*écouvillon*, qui eſt une eſpece de broſſe attachée à une hampe, & qui ſert à bien nettoyer toute la cavité de la piece après qu'elle a tiré, & à en ôter le feu qui pourroit y être demeuré (on ſe ſert encore d'autres écouvillons qui ſont couverts de peaux de mouton) ; le *tirebourre*, qui eſt un gros fil de fer tourné en forme de vis, & qui ſert à décharger le canon quand il en eſt beſoin ; le *dégorgeoir*, qui eſt une eſpece de groſſe aiguille qui ſert à nettoyer la lumiere du canon pour y mettre l'amorce ; le *boute-feu* ou long bâton au bout duquel on attache une meche pour mettre le feu au canon ; le *chapiteau* ou eſpece de petit toit qu'on met ſur la lumiere pour empêcher le vent d'emporter l'amorce, ou la pluie de la mouiller.

Comme la principale habileté du Canonnier consiste à bien savoir pointer son canon & le diriger vers l'endroit où il veut faire porter le boulet ; pour y bien réussir, il se sert d'un coin qu'on nomme *coin de mire*, au moyen duquel, en l'avançant sous la culasse du canon, & sur la semelle de l'affût, il en dirige la volée où il veut : lorsqu'il veut faire plonger le canon de haut en bas, il est obligé d'entasser plusieurs de ces coins les uns sur les autres.

Pour remédier à l'inconvénient qui résulteroit de ce que le canon étant plus gros vers la culasse que vers la bouche, il porteroit trop haut si on l'alignoit suivant son prolongement, le Canonnier adapte sur l'extrémité de la volée un *fronteau de mire* qui est une pièce de bois dont la concavité de la partie intérieure est, pour ainsi dire, achevalée sur le bout du canon, & dont la partie supérieure répond à la quantité d'épaisseur que le métal de la culasse a de plus que celui de la volée ; par ce moyen, la ligne de mire devient parallele à celle que doit décrire le boulet qui, étant chassé dans cette direction, est porté au point où l'on veut le faire arriver.

CAQUEUR : *voyez* ÉCAQUEUR.

CARDEUR. Le Cardeur est l'ouvrier qui carde le coton, la laine, la bourre, &c.

Le Cardeur reçoit le coton tel qu'il est au sortir de sa coque, il l'épluche avec les doigts pour en ôter les ordures les plus grossieres, & le passe ensuite entre deux *cardes*. La carde est une espece d'instrument ou plutôt de peigne, composé d'un très grand nombre de petits morceaux ou pointes de fil de fer un peu recourbées en crochets vers le milieu, attachées par le pied l'un contre l'autre, par rangées fort pressées. Un morceau de cuir épais qui les tient en état, est cloué par les bords sur un morceau de bois plat & quarré, long d'environ un pied, large de près d'un demi-pied, qui a un manche, ou poignée, fait du même bois, placé dans le milieu sur les bords de l'un des côtés de la longueur ; ce morceau de bois se nomme le *fût*.

Quand le coton est suffisamment démêlé, on lui donne avec le dos de la carde la forme d'un cylindre, si on le destine à être filé ; si au contraire il est destiné à être mis entre deux étoffes, pour faire des couvertures piquées, des robes de chambre, &c. on le laisse de la grandeur de la carde.

On carde la laine de même que le coton, à l'exception cependant que les cardes pour carder la laine sont plus étroites que celles dont on se sert pour carder le coton, & qu'avant de carder la laine, on la graisse avec de l'huile, dont il faut le quart du poids de la laine dans celle destinée à faire la trame des étoffes, & la huitieme partie dans celle de la chaîne.

L'opération du cardage est une des plus nécessaires pour parvenir à la réussite parfaite des draps; car, si les laines ne sont pas bien cardées, elles ne peuvent être filées également ni uniment : il en résulte sur-tout un grand désavantage pour les couleurs mêlées; car les draps sont alors de couleur inégale & piquée en différents endroits : aussi les étoffes teintes, destinées à être mêlangées, doivent être repassées à la carde une fois de plus que les blanches. Les Cardeurs font usage de plusieurs especes de cardes; à mesure qu'ils avancent dans leur travail, ils emploient les plus fines. On reconnoît que la laine est bien cardée, en la présentant au jour. Si elle est bien fondue, on la voit claire & unie; si au contraire elle est mal travaillée, on voit de petits pelotons ou *matons* qui prouvent qu'elle n'a pas été touchée également par la carde dans toutes ses parties.

Les premiers Cardeurs donnent la laine à des Cardeuses qui ont de plus petites cardes, par le moyen desquelles elles la réduisent en petits rouleaux appellés *loquettes*, pour la mettre en état d'être filée. *Voyez* DRAPIER.

La communauté des Cardeurs est très ancienne à Paris : leurs statuts ont été confirmés par lettres-patentes de Louis XI, du 24 Juin 1467; & depuis, par d'autres de Louis XIV, du mois de Septembre 1688, registrées en parlement le 22 Juin 1691.

Par ces statuts & réglements, les maîtres de cette communauté sont qualifiés Cardeurs, Peigneurs, Arçonneurs de laine & coton, Drapiers-Drapants, Coupeurs de poil, Fileurs de lumignons, &c.

Aucun ne peut être reçu maître qu'après trois ans d'apprentissage & un de compagnonage, & avoir fait le chef-d'œuvre.

Trois maîtres jurés sont à la tête de cette communauté.

L'élection des jurés se fait d'année en année, c'est-à-dire deux dans une année, & un l'année suivante.

Il est permis aux Cardeurs de faire teindre ou de teindre eux-mêmes dans leurs maisons toutes sortes de laine en noir; mais il leur est défendu, par arrêt du Conseil, du 10 Août

1700, d'arracher ou couper aucun poil de lievre, même d'en avoir des peaux dans leurs maisons, parceque ce droit est réservé aux chapeliers.

CARDIER. Les Cardiers ou faiseurs de cardes se servent pour leur ouvrage de la peau de veau, de bouc ou de chevre bien tannée.

Les Cardiers ne devroient jamais employer que des peaux de veau bien tannées, d'une force proportionnée aux especes de cardes auxquelles on les destine, & ne point se servir de peaux de mouton, nommées *basanes*, parcequ'elles sont trop foibles, & qu'elle ne résistent pas au travail. Les peaux de veau ont plus de force, & donnent plus de jeu & de ressort à la carde.

Pour suppléer à la force qui manque aux peaux de mouton, les Cardiers y ajoutent des feuilles de papier collées ensemble les unes sur les autres ; ce qui ne vaut rien, parceque les cardes n'ayant d'autre solidité que celle que le papier leur donne, & se trouvant trop humectées par l'huile, elles sont de peu de durée.

Ils prennent une peau, la coupent par morceaux quarrés oblongs de la grandeur dont la carde doit être, & tendent ces morceaux, qu'ils appellent *feuillets*, sur une espece de métier appellé le *panteur*. Lorsque la peau est montée sur le panteur, on passe une pierre-ponce dessus pour l'égaliser ; s'il s'y trouve des endroits trop minces, on y colle du papier ou du parchemin. Cette seconde opération s'appelle *parer*. Lorsque la peau est parée, on la *pique*, c'est-à-dire qu'on la perce de petits trous placés sur une même ligne droite, & tous à la même distance les uns des autres. Quand on a piqué la peau, il s'agit de la garnir de fils d'archal. On commence par couper le fil de fer d'une longueur proportionnée à la carde qu'on veut faire.

Quand les fils sont coupés, on les *double* ; ce qui s'exécute par le moyen d'un instrument appellé *doubleur*, qui fait souffrir au fil d'archal deux inflexions à la fois. Les tronçons dans cet état s'appellent *pointes*. On les plante dans les trous d'un instrument appellé *crocheux* ou *croqueux*, & on leur fait prendre encore deux nouveaux angles.

Les Cardiers doivent être attentifs à ce que l'instrument dont ils se servent pour doubler les dents, soit fait de façon qu'ils n'en puissent doubler qu'un rang à la fois, & non plusieurs, comme ils le font ordinairement afin d'aller

plus

plus vîte , parcequ'en doublant plusieurs rangs de fil à la fois , celui de dessous est moins large que celui de dessus , ce qui rend les dents d'une longueur inégale. Pour cet effet , ils ne doivent *crocher* qu'une ou deux dents à la fois. Pour peu qu'ils se négligent dans la maniere de faire les cardes , l'apprêt des laines s'en ressent beaucoup , & les laines n'ont jamais la perfection de travail dont elles sont susceptibles. Lorsque les Cardiers n'observent pas de regle fixe dans leur façon de fabriquer , & que les Cardeurs emploient indistinctement toute sorte de cardes , les draps & les étoffes qu'on en fabrique sont beaucoup moins parfaits : aussi l'arrêt du Conseil d'Etat du Roi du 30 Décembre 1727 leur a prescrit la forme , la matiere & le nombre de rangs de dents que chaque espece de carde doit avoir , afin que la laine étant mieux cardée , les *ploques* ou feuillets de laine cardée qui en proviennent , fournissent une soie égale & un fil de même grosseur , pour que le drap soit également fort par-tout.

Lorsque les pointes sont crochées , on les passe dans les trous de la peau piquée & tendue sur le panteur : cette opération s'appelle *bouter* ou *ficher.* Lorsqu'on a *bouté* , & que la peau est couverte de pointes ou crocs , on passe dessus de la colle-forte , après s'être bien assuré qu'il n'y a point de crocs à contre-sens. Lorsqu'on a bien fixé les crocs sur le feuillet avec la colle - forte dont on l'a enduit , on prend une pierre de grès très fine ; on enleve le morfil , & l'on aiguise les pointes des crocs en passant cette pierre dessus. Cette opération s'appelle *habiller* ou *rhabiller* la carde.

Après que la carde est habillée , on démêle les crocs qui sont embarrassés les uns dans les autres , avec un instrument appellé *fendoir :* ensuite , on prend un autre instrument appellé *dresseur* , qui sert à redresser les crocs versés ou renversés. L'usage du fendoir est de mettre les crocs en ligne , & de les démêler : celui du dresseur , c'est de placer tous les sommets des angles dans un même plan parallele au feuillet , & de rendre tous les crocs bien perpendiculaires , ou dans une même inclinaison. Il s'agit ensuite de *recorder la carde* , c'est-à-dire d'examiner tous les crocs, d'ôter ceux qui se sont cassés , soit dans l'opération du fendoir , soit dans celle du dresseur , & ceux qui se sont trouvés trop courts. Pour cet effet , on ôte la colle dans l'endroit du feuillet auquel ils correspondent , & on leur en substitue d'autres.

Quand la carde a reçu toutes ces façons , on la détend pour

la monter fur un morceau de bois de hêtre de même grandeur. Lofque la carde eft montée, on la *mouve ;* ce qui
confifte à repaffer les pointes au grès, & donner la derniere
façon, tant à celles qu'on a fubftituées, qu'aux autres.

Les cardes pour le coton ne font pas différentes de celles
qu'on emploie pour la laine. Ce font celles qui fervent à
carder fur le genou, & qu'on appelle vulgairement *petites
cardes.*

On fait plufieurs efpeces de cardes, des *drouffeles* ou grandes cardes, qu'on nomme auffi *fcordaffes* à Carcaffone ; des
ploquereffes ou cardes qui ont dix à onze pouces de longueur,
fur fix de largeur ; des *étoquereffes* de huit pouces & demi
de long, fur cinq de large ; des *repafferreffes* qui font à-peu-
près de la longueur & de la largeur des étoquereffes. Ces
trois dernieres cardes fervent pour les draps de couleur qui
font beaucoup mêlangés.

Le Roi a donné, par arrêt du 30 Décembre 1727, divers
réglements pour toutes les cardes qui doivent être de longueur & largeur différentes, fuivant la qualité de la laine
qu'elles doivent carder. *Voyez* les *Réglements généraux pour
les Manufactures, Tome III, page 257.*

Les ftatuts des maîtres Cardeurs de Paris leur donnent,
entre autres qualités, celle de *Cardiers,* à caufe qu'il leur
eft permis de faire & monter des cardes : ils fe fervent néanmoins rarement de cette faculté : ils s'en fourniffent ordinairement chez les Cardiers de Paris, ou ils les tirent des
provinces du royaume, & des pays étrangers, particuliérement de Hollande.

CARMIN (Art de faire le). Le carmin eft une efpece de
laque très fine & très belle, de couleur rouge fort éclatante,
dont on fe fert dans la miniature & la peinture en détrempe.

Après qu'on a teint une demi-livre de laine bien nette &
bien fine dans quatre onces de cochenille, une livre d'alun,
une demi-livre de tartre pulvérifé & huit poignées de fon de
froment qu'on a fait bouillir dans de l'eau pendant deux
heures, & que la laine a pris dans ce bain une belle couleur écarlate, on prend trente-deux pintes d'eau claire, dans
laquelle on fait fondre de la potaffe en fuffifante quantité,
pour en faire une leffive fort âcre. Quand cette leffive eft
filtrée, on y fait bouillir la laine teinte en écarlate, jufqu'à
ce qu'elle foit devenue blanche, & que la leffive fe foit

chargée de toute fa teinture : après que cette leffive a été
paffée enfuite dans une chauffe, on y verfe deux livres d'a-
lun fondu dans de l'eau, qui fait épaiffir la leffive. On repaffe le tout dans une chauffe ; & lorfque la leffive fort chargée de couleur, on la remet bouillir avec une nouvelle diffolution d'alun qui acheve de lui donner l'épaiffiffement
convenable. Pour lors, le carmin ou la laque ne paffe point,
il refte dans la chauffe fur laquelle on verfe de l'eau fraîche
à plufieurs reprifes, pour diffoudre & enlever les fels qui
pourroient y être reftés ; on fait fécher la couleur qu'on
réduit enfuite en une poudre impalpable.

Lorfqu'on veut faire du carmin à moins de frais, & ne
pas fe donner la peine de teindre la laine ; on fait bouillir
dans la leffive dont nous avons parlé, de la bourre ton-
tiffe de drap écarlate, & on procede de la façon que nous
l'avons dit.

On contrefait le carmin avec du bois de Brefil ou de Fer-
nambouc, qu'on pile dans un mortier, & qu'on fait bouillir
après l'avoir mis tremper dans du vinaigre blanc. L'écume
qui en provient eft une efpece de carmin, mais qui n'approche point de la beauté de celui dont nous avons donné
la préparation.

On imite encore le carmin en tirant une belle couleur
rouge des grains de kermès & de la garance.

CARRELEUR. Le Carreleur eft l'ouvrier qui fabrique
les carreaux, & qui fait le carrelage des maifons. On donne
auffi ce nom à ceux qui pofent les pavés de pierre de liais &
de marbre ; mais, pour les diftinguer, on nomme ces derniers *Carreleurs-marbriers. Voyez* MARBRIER.

Les carreaux font compofés de terre glaife & de fable fin
qu'en terme de l'art on appelle *fable doux.*

La terre glaife arrive en motte de la carriere chez le Carreleur. Il coupe d'abord ces mottes par tranches très minces,
& les met enfuite dans un tonneau avec une quantité d'eau
proportionnée à celle de la terre glaife. Il laiffe cette terre
dans le tonneau, pendant environ douze heures, pour
qu'elle s'y détrempe ; au bout de ce temps, il l'en retire
avec une pelle de bois, & la met en tas fur le plancher
pour y être mêlée avec environ un quart de fable fur la quantité de la terre glaife : pour lors un ouvrier appellé *marcheur,*
pêtrit avec fes pieds l'une & l'autre matiere pour n'en former
qu'un même corps. Quand on s'apperçoit que ces matieres

font bien unies enfemble, on en remplit différents moules appellés *faitieres*, fuivant l'échantillon dont on veut faire les carreaux, c'eft-à-dire fuivant la grandeur qu'on defire.

Les faitieres étant remplies, on paffe une plane par-deffus pour unir la furface de la terre glaife. Cette *plane* eft un morceau de bois quarré, long d'environ dix-huit pouces. Après cette opération, on porte les faitieres fur des effuis que les Carreleurs appellent *perchés*, & qui font abfolument femblables à ces étages de planches qu'on voit dans la cour des tanneurs où ils mettent fécher les mottes à brûler. Quand la matiere contenue dans les faitieres eft fuffifamment feche, on la rebat avec une batte de bois fur une felle auffi de bois pour la bien unir. Enfuite, par le moyen d'une ferpette, on partage la terre glaife encore tendre en autant de carreaux qu'on le defire.

Quand les carreaux font coupés, on les met en pile, & enfuite on les place le long du mur pour les faire fécher entiérement, & les difpofer à être cuits. On ne fabrique pas plufieurs carreaux ronds dans une faitiere, on n'en fait qu'un dans chacune.

Le four des Carreleurs eft fait de brique, & a la forme d'un cul de hotte : on le chauffe avec du bois. Pour cuire une fournée de carreaux, il faut environ trois jours. On fait d'abord un très petit feu, & on va toujours en augmentant jufqu'à la parfaite cuiffon. Au fortir du four, les carreaux font prêts à être mis en place.

Il y a des carreaux de différentes grandeurs ; il y a auffi des carreaux de faïance ou de Hollande qui ont ordinairement quatre pouces en quarré, & qui fervent à paver les falles de bains, les petits cabinets ou aifances à foupapes, & autres de cette nature : il y a de ces carreaux mi-partis de différentes couleurs, avec lefquels on peut former un grand nombre de deffeins & de figures agréables. Le fameux *Pere Sébaftien* a donné, dans les *Mémoires de l'Académie*, un Effai fur la maniere dont deux carreaux, mi-partis chacun de deux mêmes couleurs, peuvent s'affembler en les difpofant en échiquier, & il en a trouvé foixante & quatre.

La maniere de placer les carreaux fur les aires des planchers eft affez fimple pour ne demander aucun détail : ils doivent y être arrangés d'à plomb, & affujettis avec du plâtre.

Les Carreleurs de terre cuite ne peuvent carreler qu'en

terre cuite : ils font qualifiés dans leurs ftatuts de Maîtres Potiers de terre & de Carreleurs. *Voyez* POTIER DE TERRE.

CARRIER. Les Carriers font des ouvriers qui travaillent à tirer les pierres des carrieres. On exploite plufieurs efpeces de carrieres différentes, dont on retire diverfes fortes de pierres pour la conftruction des bâtiments.

La pierre à bâtir eft la plus connue, la plus employée & la plus diverfifiée de toutes. Il y en a de tendres, de liffes, de dures, de raboteufes. Elles varient pour le grain & la couleur, non feulement d'un pays à l'autre, mais d'un banc à l'autre, dans la même carriere. Les autres pierres ordinaires font la *pierre fableufe* ou le *grès*, dont on fait les pavés des rues & des grandes routes; la *pierre à chaux*, ou celle que l'on calcine pour en faire de la chaux, (*voyez* CHAUFOURNIER,) qui, mêlée avec le fable, donne un mortier très dur; la *pierre à fufil*, qui ne peut fe tailler uniment; la *pierre à plâtre*, qui a befoin d'être calcinée pour être employée à revêtir la charpente des bâtiments. *Voyez* PLATRIER.

La plus magnifique de toutes les pierres dont on exploite des carrieres eft le *marbre*, dont il y a une infinité d'efpeces. *Voyez le Dictionnaire raifonné d'Hiftoire naturelle.*

On exploite auffi des carrieres d'*ardoifes: voyez* ARDOISIER.

La maniere d'exploiter les diverfes carrieres revient à-peu-près à un feul & même procédé. On creufe la terre où l'on a découvert une carriere, & on en retire les pierres; ou par un puits, avec des grues mues par une grande roue de bois; ou de plain-pied, lorfque la carriere eft fur la côte d'une montagne, comme à *S. Leu, Troci, Mallet*, & autres endroits.

Les Carriers fe fervent, pour féparer & couper les pierres dans la carriere, de coins de différentes figures & groffeurs, & de marteaux qu'on appelle *mail, mailloche, pic*, & d'un grand levier, quelquefois auffi de poudre à canon.

Lorfque le Carrier a introduit fes plus gros coins, il arrive affez fouvent que les pierres font encore unies enfemble: pour achever de les féparer entiérement, il prend la pince & emploie pour les féparer toute la force que peut donner ce levier.

Lorfqu'on retire les pierres de la carriere, elles font affez fouvent tendres, mais elles fe durciffent à l'air; on a furtout grand foin en les retirant de les placer fur leur lit, c'eft-

à-dire dans la même pofition qu'elles avoient dans la carriere. L'on fait l'importance dont il eft de les placer de même
dans le bâtiment pour la folidité.

Lorfqu'il s'agit de faire éclater de gros morceaux de pierres, les Carriers font une efpece de mine, qui confifte en
un trou cylindrique d'environ un pouce & demi de diametre, & affez profond pour atteindre le centre de la pierre :
on charge enfuite ce trou, comme on charge un canon, &
on remplit le vuide que laiffe la poudre, de plâtre gâché que
l'on coule dedans, après cependant y avoir introduit une
aiguille de fer que l'on retire lorfque le plâtre eft fec, &
qui y laiffe un petit trou qui fert de lumiere. L'efpace occupé par la poudre eft la chambre de la mine : on y met le
feu par le moyen d'une meche qui communique à la lumiere,
& la pierre s'éclate lorfque l'entrée a été fermée avec foin.

A mefure que l'on enleve les terres & qu'on retire les pierres, on laiffe des colonnes dans la carriere pour foutenir
les terres, & les empêcher de s'ébouler.

Les carrieres dont on tire le marbre font appellées en
quelques endroits de France *marbrieres* ; celles dont on tire
la pierre, *perrieres* ; & celles d'ardoifes, *ardoifieres*.

La pierre meuliere eft une de celles auxquelles un ufage
journalier & intéreffant donne une certaine célébrité ; c'eft
pourquoi nous décrirons ici la maniere de l'exploiter.

Les deux principaux endroits de la France qui fourniffent
de la pierre meuliere propre à être employée pour les meules
de moulin, font les environs de Houlbec, près de Pacy en
Normandie, & ceux de la Ferté-fous-Jouarre en Brie. Ce
n'eft qu'improprement qu'on peut appeller *carrieres*, les
endroits auprès de Houlbec d'où l'on tire les pierres meulieres, car ces pierres fe trouvent ifolées çà & là.

Pour parvenir à les tirer, les ouvriers font obligés de
creufer des puits de quarante pieds de profondeur, & quelquefois même de foixante. Il arrive rarement que les blocs
aient cinq à fix pieds d'épaiffeur, & fept à huit de longueur ;
les moyens font de quatre à cinq pieds de longueur & de
largeur ; & n'étant point affez grands pour faire des meules
d'une feule pierre, les ouvriers forment alors ces meules
d'une pierre principale, qu'ils environnent d'autres pierres.
Lorfqu'il s'agit de tirer une pierre du trou, on élargit ce trou
dans toute fa hauteur pour en faciliter la fortie : on enleve enfuite la pierre au moyen d'un treuil ou moulinet & d'un ca-

ble avec lequel on garrotte cette pierre , en faifant tourner le cable autour en différents fens. Lorfque la pierre eft confidérable , après l'avoir enlevée au-deffus du trou à une certaine hauteur, on croife fur l'ouverture plufieurs arbres , on fait defcendre la pierre , & on la place fur ces arbres , pour la faire enfuite couler de là fur l'attelier.

La pierre ainfi tranfportée reçoit les façons néceffaires pour être taillée en meule. On commence par lui enlever une croûte qui la recouvre , & lui donner la forme dont elle eft le plus fufceptible. On choifit la plus grande pour former le milieu de la meule , & on taille enfuite d'autres pierres de maniere qu'elles fe rapportent les unes aux autres & puiffent former une meule circulaire au moyen d'un cercle de fer qui les lie & les contient fortement. Il y a de ces meules qui font compofées de fix , de fept , de huit morceaux, & même plus : mais , quel que foit leur nombre , on donne toujours à chaque meule fix pieds & demi de diametre , & jamais plus ou moins , fi ce n'eft lorfqu'on les demande d'un diametre différent.

Quand toutes les pieces d'une meule font taillées , on perce un trou dans l'endroit de la pierre principale, qui doit faire le centre de la meule que l'on appelle l'*œil de la meule :* on y place l'axe qui doit faire mouvoir la meule.

Les meilleures meules font celles qui font faites d'une pierre bleuâtre, *bien ouverte*, ou qui a beaucoup de trous : une meule de toute autre couleur , quoiqu'elle puiffe être affez bonne , ne vaut cependant pas celle qui feroit bleuâtre ; elle perdroit encore davantage de fa valeur fi elle avoit beaucoup d'endroits pleins & fans trous , parceque le grain qu'on veut broyer ne s'arrête point dans ces endroits , il gliffe deffus fans fe moudre. Les Carriers diftinguent trois fortes de pierres meulieres, l'une eft blanche, la feconde rouffe , & la troifieme bleue ou bleuâtre ; & lorfque ces couleurs différentes fe trouvent dans une même pierre , on la défigne par fa variété de couleur : on l'appelle *blanche-rouffe* ou *blanche-bleue*.

Il paroît qu'en général une pierre eft bonne lorfqu'elle n'eft pas trop pleine , & que le tranchant des parois des cavités a un certain brillant qui lui vient de la dureté & de la denfité de ces parois. Les meules de Houlbec fe tirent pour la Normandie , le Perche , la Picardie : on les vend 80 ou 100 livres piece fur le chantier.

Les endroits d'où l'on tire les pierres meulieres près de la Ferté-fous-Jouarre, font de véritables carrieres où la pierre eft fituée beaucoup plus avantageufement que dans celle de Houlbec, étant bien plus proche de la fuperficie. Mais fi ces carrieres ont cet avantage, elles ont aufli l'inconvénient d'être fort fujettes à fe remplir d'eau, inconvénient qui devient une efpece de fléau pour les ouvriers.

Pour parvenir à fe débarraffer des eaux, ils ont recours à un expédient bien fimple & bien ordinaire : il confifte à établir une ou plufieurs bafcules fur le haut de la carriere. Ces bafcules font compofées d'un arbre planté droit en terre : cet arbre eft fendu en fourche par le haut : on place dans cette fourche une poutre qu'on retient par un boulon de fer qui traverfe la poutre & les joues de la fourche, lefquelles font, ainfi que la poutre, percées d'un trou par lequel on fait paffer le boulon. On charge de pierres un bout de la poutre, & à l'autre bout on fufpend un feau au moyen d'une corde ; un jeune homme placé dans le haut ou dans le bas de la carriere, felon que la difpofition de l'eau le permet, fait jouer la bafcule, & vuide ainfi l'eau. L'eau qui remplit les feaux à chaque fois que l'on met la bafcule en mouvement, eft verfée dans une auge de bois qui la conduit dans un trou qui lui donne une iffue pour s'écouler hors de la carriere : mais malgré ces précautions les ouvriers travaillent prefque toujours les jambes dans la boue.

Les blocs de pierre font fi grands & fi gros à la Ferté-fous-Jouarre, qu'on peut tirer de la même roche trois, quatre & cinq meules de deux pieds d'épaiffeur, fur fix pieds & demi de largeur. Mais il y a de l'art à favoir cerner ces pierres de façon qu'elles aient la rondeur qu'elles doivent avoir, fans perdre du maffif plus qu'il n'eft néceffaire. On commence à faire dans le rocher une entaille circulaire de deux pouces de largeur & de trois pouces de profondeur, qui embraffe un efpace de plus de fix pieds & demi, qui doit être le diametre de la meule ; enfuite on enfonce dans cette entaille des coins de fer garnis fur chacune de leurs faces de morceaux de bois, & on frappe fur ces coins jufqu'à ce que ces meules fe détachent.

Cette pratique, comme on le voit, & comme le remarque M. *Guettard* dans fon mémoire dont nous donnons ici un extrait, n'eft pas la même que celle qui eft rapportée par M. *de la Hire*, & qui a lieu apparemment dans d'autres endroits. Selon ce dernier Académicien, au lieu de coins de fer ce sont des coins de bois qu'on fait sécher au four, & qu'on enfonce ensuite à coups de maillet dans la rainure qui cerne la meule ; ces coins venant à se renfler par la pluie & l'humidité, produisent un si grand effort que la meule se détache.

Lorsqu'une meule se détache du rocher, on enleve tout ce qu'elle pourroit avoir d'irrégulier : ensuite au moyen d'un cable dont on l'entoure, & qui est mis en jeu par un cabestan, on la tire hors de la carriere en la faisant glisser sur des pieces de bois ou des poutres inclinées ; de là on la transporte sur le port qui est le long de la Marne, pour être ensuite voiturée par terre ou par eau.

Quoiqu'on dise communément que c'est à la Ferté-sous-Jouarre qu'on trouve des pierres meulieres, ce n'est cependant pas dans cet endroit même. Le plus proche de cette ville d'où l'on en tire se nomme *Tarterui*. Il y a encore des carrieres aux Bondons, à Mont-Ménard, Morey, Fontaine-Cérise, &c.

CARROSSIER. Le Carrossier est celui qui fait & vend des carrosses. Ces ouvriers sont du même corps que les selliers : *voyez* SELLIER.

Les carrosses, ces voitures commodes & quelquefois très somptueuses, suspendues à des soupentes ou fortes courroies de cuir, soutenues elles-mêmes par des ressorts d'acier, sont l'ouvrage réuni de plusieurs ouvriers, tels que le *sellier* ou Carrossier, le *charron*, le *ferrurier*.

Les carrosses sont de l'invention des François, ainsi que toutes les voitures qu'on a imaginées depuis à l'imitation des carrosses. Ces voitures sont plus modernes qu'on ne l'imagine communément. L'on n'en comptoit que deux sous François I, l'un à la Reine, & l'autre à Diane, fille naturelle de Henri II. Il n'y eut pendant quelque temps que les dames les plus qualifiées qui en firent usage : mais on vit le nombre s'augmenter sous Louis XIII & Louis XIV. L'on croit même que présentement à Paris il y en a jusqu'à quinze mille de toutes sortes.

Les carrosses ont eu le sort de toutes les nouvelles inventions qui ne parviennent que successivement à leur perfection. Les premiers qu'on fit étoient ronds & ne contenoient que deux personnes ; après cela on les fit quarrés ; on a varié ensuite toutes leurs formes : on en fait présentement des plus belles ; & on peut dire qu'il ne manque plus rien aujourd'hui, foit à leur commodité, foit à leur magnificence : ils font ornés en dehors de peintures très fines, & garanties par des vernis précieux. Les parties de menuiferie font également fculptées ; celles du charronnage ont des moulures & des dorures ; le ferrurier y a étalé tout fon favoir-faire par l'invention des reſſorts doux, pliants & folides ; le fellier n'y a rien négligé dans les parties en cuir.

On a publié quelques loix fomptuaires pour modérer la dépenfe exceffive de ces voitures ; il a été défendu d'y employer l'or & l'argent : mais l'exécution de ces défenfes a été négligée.

Les parties principales du carroſſe font, l'avant-train, le train, le bateau, l'impériale, les quenouilles, les fonds, les portieres, les mantelets, les gouttieres, les roues, le timon, l'arriere-train, &c. Les carroſſes font conftruits de maniere que le cocher eft ordinairement placé fur un fiege élevé fur le train fur le devant du carroſſe.

En Efpagne la politique l'en a déplacé par un arrêt, depuis qu'un Comte Duc d'Olivarès fe fut apperçu qu'un fecret important avoit été entendu & révélé par fon cocher : en conféquence de cet arrêt les cochers Efpagnols occuperent la place qu'occupent les cochers de nos carroſſes de voiture.

CARTIER. Le Cartier eft l'artifan ou marchand qui a le droit de faire ou vendre des cartes à jouer.

Les cartes font de petits feuillets de carton, oblongs, ordinairement blancs d'un côté, peints de l'autre de figures humaines ou autres, & dont on fe fert à plufieurs jeux, qu'on appelle pour cette raifon jeux de cartes. Il n'y en a prefque point dont l'invention ne montre quelque efprit ; & il y en a plufieurs qu'on ne joue point fupérieurement fans en avoir beaucoup, du moins de l'efprit du jeu.

Le Pere Méneftrier, Jéfuite, dans fa Bibliotheque curieufe & inftructive, nous donne une petite hiftoire de l'origine du jeu de cartes. Après avoir remarqué que les jeux font utiles, foit pour délaffer, foit même pour inftruire, il prétend qu'on a voulu par le jeu de cartes donner une image de la vie paifible, ainfi que par le jeu des échecs, beaucoup plus ancien, on en a voulu donner une de la guerre.

Nous allons donner une idée de la fabrication des cartes.

Entre les petits ouvrages il y en a peu où la main-d'œuvre foit fi longue & fi multipliée : le papier paffe plus de cent fois entre les mains du Cartier avant que d'être mis en cartes.

Il faut d'abord avoir du papier de la forte qu'on. appelle *main brune*, qu'on mêle avec le *papier pot* & le *vapier cartier :* on le rompt, c'eft-à-dire qu'on en efface le pli du mieux qu'on peut. Après qu'on a rompu le papier, on en prend deux feuilles qu'on met dos à dos ; on continue de faire un tas le plus grand qu'on peut de feuilles prifes deux à deux. Cette opération s'appelle *mêler*.

Après qu'on a mêlé, ou plutôt tandis qu'on mêle d'un côté, la colle fe fait de l'autre. On la fait avec moitié farine, moitié amidon. Tandis que la colle fe cuit, on la remue bien avec un balai afin qu'elle ne fe brûle pas au fond de la chaudiere. Il faut avoir foin de la remuer jufqu'à ce qu'elle foit froide, de peur, difent les ouvriers, qu'elle ne *s'étouffe* & ne devienne en eau : on ne s'en fert que le lendemain.

Quand la colle eft froide, le colleur la paffe par un tamis d'où elle tombe dans un baquet, & il fe difpofe à coller. Pour cet effet il prend la broffe à coller, la trempe dans la colle, & la paffe en différents fens fur le papier : cela fait, il enleve cette feuille enduite de colle, & avec elle la feuille qui eft adoffée ; il continue ainfi, collant une feuille & en enlevant deux, & reformant un autre tas où une feuille collée fe trouve toujours appliquée contre une feuille qui ne l'eft pas. Quand on a formé ce tas d'environ une rame & demie, on le met en preffe. La preffe des Cartiers n'a rien de particulier ; c'eft la même que celle des bonnetiers & des calandreurs. On laiffe ce tas en preffe environ une bonne heure, & on le ferre davantage de quart d'heure en quart d'heure. Quand le premier tas eft forti de preffe, on le *torche*. Cette opération confifte à enlever la colle que l'action de la preffe a fait fortir d'entre les feuilles : on fe fert pour cela d'un pinceau qu'on trempe dans de l'eau froide, afin que ce fuperflu de colle fe fépare plus facilement.

Ces feuilles qui fortent de deffous la preffe, collées deux à deux, s'appellent *étreffes*. Quand les étreffes font torchées, on les pique avec un poinçon qu'on enfonce au bord du tas environ de la profondeur d'un demi-doigt ; on enleve du tas un petit paquet d'environ cinq étreffes percées, & on paffe une épingle dans le trou. Le *piqueur* perce ainfi toutes les étreffes par paquets d'environ cinq à fix, & les garnit chacun de leur épingle.

L'épingle des Cartiers eft un fil de laiton de la longueur & groffeur des épingles ordinaires, dont la tête eft arrêtée dans un parchemin plié en quatre dans un bout de carte, ou même dans un mauvais morceau de peau, & qui eft plié environ vers la moitié, de maniere qu'il puiffe faire la fonction de crochet. Quand tous les paquets d'étreffes font garnis d'épingles, on les porte fécher aux cordes. Les feuilles ou étreffes demeurent étendues plus ou moins long-temps, felon la température de l'air. Dans les beaux jours d'été on étend un jour & l'on abat le lendemain. *Abattre* c'eft la même chofe que détendre. En abattant on ôte les épingles, & l'on reforme des tas. Quand ces nouveaux tas font formés, on détache les étreffes les unes des autres, & on les diftribue féparément ; cette opération fe fait avec un petit couteau de bois appellé *coupoir*. Quand on a féparé, on *ponce*, c'eft-à-dire qu'on frotte l'étreffe des deux côtés avec une pierre ponce. Cela fait, on *trie*, ce qui confifte à regarder chaque étreffe au jour pour enlever toutes les inégalités avec un grattoir que les ouvriers nomment *pointe*. L'étreffe triée formera l'*ame* de la carte. Quand l'étreffe eft préparée on prend deux autres fortes de papier, l'un appellé *cartier*, & l'autre *pot*.

Ces papiers étant préparés, on *mêle en blanc*. Pour cette opération on a un tas de cartier à droite, & un tas de pot à gauche. On prend d'abord une feuille de pot, on place deffus deux feuilles de cartier, puis fur celles-ci deux feuilles de pot, puis fur ces dernieres deux feuilles de cartier, & ainfi de fuite jufqu'à la fin, qu'on termine ainfi qu'on a commencé par une feule feuille de pot. Quand on a mêlé en blanc, on *mêle en étreffe*, ce qui confifte à entre-mêler les étreffes dans le blanc, de maniere que chaque étreffe doit fe trouver entre une feuille de cartier & une feuille de pot. Après cette manœuvre on *colle en ouvrage*. Cette opération n'a rien de particulier : elle fe fait comme le premier collage, & confifte à coller l'étreffe entre la feuille de pot & la feuille de cartier. Après avoir collé en ouvrage, on met en preffe, on pique, on étend & on abat comme on a fait aux étreffes. Le cartier fait le dos de la carte, & le pot le dedans. Les étreffes en cet état s'appellent *doubles*.

Lorfque les doubles font préparés, on a promptement
le carton dont la carte fe fait : il ne s'agit plus que de couvrir les furfaces de ces doubles, ou de *têtes* ou de *points*.
Les têtes font celles d'entre les cartes qui portent des figures
humaines ; toutes les autres s'appellent des *points*. Pour cet
effet on prend du papier pot, on le déplie, on le rompt,
on le *moitit*, c'eft-à-dire qu'on l'humecte, & enfin on
le preffe pour l'unir. Au fortir de la preffe on moule.

Pour mouler on a devant foi, ou à côté, un tas de ce pot
trempé ; on a auffi du noir d'Efpagne qu'on a fait pourrir
dans de la colle. On prend de ce noir fluide avec une broffe,
on la paffe fur le moule qui porte vingt figures à tête, gravées profondément. Ce moule eft fixé fur une table ; il eft
compofé de quatre bandes qui portent cinq figures chacune ;
chaque bande s'appelle un *coupeau*. Comme ce font les parties faillantes du moule qui forment la figure, & que ces
parties font fort détachées du fond, il n'y a que leurs traces qui faffent leurs empreintes fur le papier qu'on étend
fur le moule, & qu'on preffe avec un *froton*. Le froton eft
un inftrument compofé de plufieurs lifieres d'étoffes roulées
les unes fur les autres, de maniere que la bafe en eft plate
& unie, & que le refte a la forme d'un fphéroïde alongé.
Après cette opération, on commence à peindre les têtes,
car le moule n'en a donné que le trait noir. On applique
d'abord le jaune, enfuite le gris, puis le rouge, le bleu &
le noir. On fait tous les tas en jaune de fuite, tous les tas
en gris de même, &c.

On fait le *jaune* avec deux livres de graine d'Avignon,
& un quarteron d'alun en poudre ; quand ces matieres ont
macéré dans fix pintes d'eau, on en exprime la liqueur à
travers un linge, & on l'emploie tout de fuite.

Le *rouge* fe fait avec du *vermillon* ou *cinabre* délayé avec
un peu d'eau & de colle à faire les cartons ; on en augmente
ou diminue les nuances, en y mettant plus ou moins de cinabre.

Le *noir de fumée* eft pour la couleur noire ce que le vermillon eft pour le rouge ; elles fe font toutes les deux de
la même façon, à cela près qu'on laiffe pourrir le noir
pendant cinq à fix mois dans un baquet avant de s'en fervir.

Le *bleu* fe fait avec de l'indigo bien broyé dans un mortier, délayé enfuite comme le rouge ; & le *gris*, qui n'eft
qu'un bleu fort clair, fe fait avec une légere teinture de ce
même indigo.

Il eſt étonnant que, nous piquant de bon goût, & voulant le mieux juſques dans les plus petites choſes, nous nous ſoyons contentés juſqu'à préſent des figures mauſſades qui ſont ſur les cartes : n'auroient-elles pas plus de cours chez l'étranger, qui ſe regle ſur nos modes, ſi on en imaginoit de plus belles.

On ſe ſert, pour appliquer les couleurs dont nous venons de parler, de différents patrons. Le *patron* eſt fait d'un morceau d'*imprimure*.

Les ouvriers appellent imprimure une feuille de papier qui eſt enduite d'une compoſition dans laquelle il entre des écailles d'huîtres ou des coques d'œufs réduites en poudre, mêlées avec de l'huile de lin & de la gomme arabique. On donne ſix couches de cette compoſition à chaque côté de la feuille, ce qui la rend épaiſſe à-peu-près comme une piece de vingt-quatre ſols. C'eſt au Cartier à découper l'imprimure ; ce qu'il exécute pour les têtes avec une eſpece de canif, & pour les points avec un emporte-piece. Pour cette derniere opération il a quatre emporte-pieces différents, *pique*, *trefle*, *cœur* & *carreau*, dont on frappe les imprimures ; elles ſervent à faire les points, comme celles des têtes ſervent à peindre les figures : il faut ſeulement obſerver pour les têtes, que la planche en étant diviſée en quatre coupeaux, on paſſe le pinceau à quatre repriſes.

Quand toutes les feuilles de pot ſont peintes, comme nous venons de le dire, il s'agit de les appliquer ſur les doubles ; pour cet effet on les mêle en tas, on colle, on preſſe, on pique, on étend comme ci-deſſus. On abat & l'on ſépare les doubles comme nous avons dit qu'on ſéparoit les étreſſes. Quand on a ſéparé, on prépare le *chauffoir*, qui eſt une eſpece de caiſſe quarrée à pieds, dont les bords ſupportent des bandes de fer quarrées, paſſées les unes ſur les autres, & recourbées par les extrémités : il y en a deux ſur la longueur & deux ſur la largeur ; ce qui forme deux crochets ſur chaque bord du chauffoir.

On allume du feu dans le chauffoir, on paſſe dans les crochets qui ſont autour du chauffoir une caiſſe quarrée de bois, qui ſert à concentrer la chaleur ; on place enſuite quatre feuilles en dedans de cette caiſſe quarrée, une contre chaque côté ; puis on en poſe une deſſus les barres qui ſe croiſent : on ne les laiſſe toutes dans cet état que le temps de faire le tour du chauffoir ; on les enleve en tournant,

on y en fubftitue d'autres , & l'on continue cette manœuvre
jufqu'à ce qu'on ait épuifé l'ouvrage : cela s'appelle *chauffer*.

Au fortir du chauffoir le liffeur prend fon ouvrage & le
favonne pardevant , c'eft-à-dire du côté des figures. *Savon-
ner*, c'eft, avec un affemblage de morceaux de chapeau coufus les uns fur les autres à l'épaiffeur de deux pouces , & de
la largeur de la feuille (affemblage qu'on appelle *favonneur*),
emporter du favon en le paffant fur un pain de cette marchandife , & le tranfporter fur la feuille en la frottant feulement une fois. On favonne la carte pour faire couler
deffus la pierre de la liffoire.

Quand la carte eft favonnée, on la liffe en paffant deffus
la pierre de la liffoire, qui n'eft autre chofe qu'un caillou
noir bien poli. Pour qu'une feuille foit bien liffée , il faut
qu'elle ait reçu vingt-deux allées & venues. Quand elle eft
liffée , on la chauffe. Après cette manœuvre on favonne &
on liffe la carte par derriere. Au fortir de la liffe , la carte
va au cifeau pour être coupée ; on commence par *rogner* la
feuille , ce qui confifte à enlever avec le cifeau ce qui
excede le trait du moule des deux côtés qui forment l'angle fupérieur à droite de la feuille. Quand on a rogné , on
traverfe ; opération qui confifte à féparer les coupeaux , en
divifant la feuille en quatre parties égales. Quand on a
traverfé, on examine fi les coupeaux font de la même hauteur , ce qui s'appelle *ajufter*. Pour cet effet on les applique
les uns contre les autres , on tire avec le doigt ceux qui débordent , & on repaffe ceux-ci au cifeau ; quand on a re-
paffé , on *rompt les coupeaux* , c'eft-à-dire qu'on les plie
un peu pour leur rendre le dos un peu convexe. Après avoir
rompu les coupeaux , on les *mene au petit cifeau ;* le grand
fert à rogner les feuilles & à les mettre en coupeaux , & le
petit à mettre les coupeaux en cartes. On rogne & l'on met
en coupeaux les feuilles les unes après les autres , & les
coupeaux en cartes les uns après les autres.

Quand les coupeaux font divifés , on range les cartes en
deux rangs déterminés par l'ordre qu'elles avoient fur le
moule ou fur les feuilles. Il y a entre la place d'une carte
fur la feuille & fa place dans le rang , une correfpondance
telle que dans cette diftribution toutes les cartes de la
même efpece ; tous les rois , toutes les dames , tous les
valets , &c. tombent enfemble. Alors on dit qu'elles font
par fortes. Enfuite on les trie , en mettant les blanches

avec les blanches, & les moins blanches enfemble.

On diftingue quatre lots de cartes, relativement à leur degré de fineffe : celles du premier lot s'appellent la *fleur*; celles du fecond, les *premieres*; celles du troifieme, les *fecondes*; celles du quatrieme & du cinquieme, les *triards* ou *fonds*.

Quand on a diftribué chaque forte relativement à fa qualité ou à fon degré de fineffe, on *fait la couche* où l'on forme autant de fortes de jeux qu'on a de différents lots; enfuite on range & on complette les jeux, ce qui s'appelle faire la *boutée*. On finit par plier les jeux dans les enveloppes; ce qu'on exécute de maniere que les jeux de fleur fe trouvent fur le deffus du fixain, afin que fi l'acheteur veut examiner ce qu'on lui vend, il tombe néceffairement fur un beau jeu.

On prépare les enveloppes comme les cartes avec un moule qui porte l'enfeigne du Cartier; mais il y a à l'extrémité de ce moule une petite cavité qui reçoit une piece amovible fur laquelle on a gravé en lettres le nom de la forte de jeu que l'enveloppe doit contenir, comme *piquet*, fi c'eft du piquet, *médiateur* ou *comete*, fi c'eft du médiateur ou de la comete. Cette piece s'appelle *bluteau*. Comme il y a deux fortes d'enveloppes, l'une pour les fixains, l'autre pour les jeux, il y a plufieurs moules pour les enveloppes. Les moules ne different qu'en grandeur.

Les cartes fe vendent au jeu, au fixain & à la groffe. Les jeux fe diftinguent en jeux entiers, en jeux d'hombre & jeux de piquet.

Les jeux entiers font compofés de cinquante-deux cartes, quatre rois, quatre dames, quatre valets, quatre dix, quatre neuf, quatre huit, quatre fept, quatre fix, quatre cinq, quatre quatre, quatre trois, quatre deux & quatre as.

Les jeux d'hombre font compofés de quarante cartes, les mêmes que celles des jeux entiers, excepté les dix, les neuf & les huit qui y manquent.

Les jeux de piquet font de trente-deux cartes, as, rois, dames, valets, dix, neuf, huit & fept.

Les Cartiers, faifeurs de cartes à jouer, forment à Paris une communauté fort ancienne; on les nomme aujourd'hui Papetiers-Cartiers; & ils font au nombre de deux cents dix maîtres.

Les

Les ſtatuts dont ils ſe ſervent encore à préſent , & qui ne ſont que des ſtatuts renouvellés en conſéquence de l'édit de Henri III de 1581 , ont été confirmés & homologués en 1594 ſous Henri IV. Ils contiennent vingt-deux articles, auxquels Louis XIII & Louis XIV en ont encore ajouté quelques autres.

Le temps d'apprentiſſage eſt fixé à quatre ans , & celui de compagnonage à trois.

A préſent qu'on perçoit un droit ſur les cartes , au profit de l'Ecole royale militaire , la régie établie pour le lever, oblige les Cartiers de ſe pourvoir de papier *pot* ou papier *au pot* , comme on le nomme dans le Diction. du Commerce , & non papier *pau* , comme dans les différents bureaux établis en pluſieurs villes du royaume ; de mouler ledit papier dans le bureau de la régie , c'eſt-à-dire , y imprimer les figures qui doivent y être peintes enſuite , & d'y faire appoſer la bande du contrôle ſur les jeux qui en proviennent.

En conſéquence des arrêts du Conſeil de 1746 & 1751 , l'entrée des cartes étrangeres eſt abſolument défendue.

CARTONNIER. Le Cartonnier ou *Papetier colleur* eſt celui qui fabrique le carton. Le carton eſt un corps qui a peu d'épaiſſeur & beaucoup de ſurface : il eſt compoſé de rognures de cartes , de rognures de reliures & de mauvais papier , & , entre autres , de tous les livres ſaiſis par la chambre ſyndicale , qui , ſelon les réglements , doivent être lacérés ou brûlés , que les Cartonniers achetent pour être pilonnés & réduits en pâte.

Le pavé de l'attelier du Cartonnier doit s'élever un peu vers la partie oppoſée à l'entrée , & l'attelier doit être garni d'auges de pierre , larges & profondes , placées vers le côté par où l'on entre. On jette , au ſortir du magaſin , le mélange de papier & de rognures dans les auges de l'attelier qu'on appelle le *trempis* ; on humecte ces matieres avec de l'eau , & de là on les jette ſur le fond de l'attelier où l'on en forme des tas conſidérables.

Quand la matiere des tas a ſéjourné aſſez long-temps pour avoir acquis une fermentation ſuffiſante qui la diſpoſe à ſe mettre en bouillie , on en prend une quantité convenable qu'on porte dans un attelier contigu qu'on appelle l'*attelier au moulin*. Cet attelier eſt partagé en deux parties ; d'un côté ſont les auges ; de l'autre , le moulin. Les auges de cet attelier s'appellent *auges à rompre*. Avant que de jetter les matieres fermentées dans les auges , on rejette les groſſes ordures qui s'y trouvent. Quand les matieres font tirées, on les laisse tomber dans les *auges à rompre* ; on lâche des robinets, & on laisse bien imbiber d'eau les matieres, ensuite on les réunit, puis *on les romp*, c'est-à-dire qu'on les bat avec des pelles de bois qu'on y plonge perpendiculairement, & qu'on tourne en rond. On continue ce travail jusqu'à ce qu'on s'apperçoive que les matieres font mises en bouillie ; alors les ouvriers prennent des seaux qu'ils en remplissent, & qu'ils versent dans le moulin qu'un cheval fait tourner, qui acheve de diviser la matiere, & de la disposer à être employée. La matiere reste environ deux heures au moulin, felon que le cheval marche plus ou moins vîte.

Quand la matiere est moulue, elle passe dans un nouvel attelier qu'on peut appeller proprement *la cartonnerie*. L'attelier de la cartonnerie est divisé en deux parties ; le lieu de la presse, & celui de la cuve. Le lieu de la cuve est un grand évier entre deux auges, qui font élevées à-peu-près à sa hauteur ; l'auge de derriere reçoit la matiere au sortir du moulin ; celle de devant où travaille le Cartonnier s'appelle la *cuve*. Lorsque la cuve est pleine de matiere préparée, l'ouvrier prend une *forme*, qui est un treillis de laiton de la grandeur dont on veut faire le carton. Il applique sur cette forme un chassis de bois qui l'embrasse exactement ; il plonge dans la cuve la forme garnie de son chassis qui lui fait un rebord plus ou moins haut à discrétion. La matiere couvre le treillis de laiton, & y est retenue par le chassis. On pose la forme couverte de matiere à la hauteur des bords du chassis, sur les barres qui traversent l'*égouttoir* : on appelle ainsi des ais assemblés les uns contre les autres, mais non pas joints tout-à-fait, sur lesquels on met les formes à carton après qu'elles ont été dressées. Quelquefois ces ais font troués de distance en distance. La partie la plus fluide de la matiere s'échappe par les petits trous du treillis, tombe dans l'égouttoir, & se rend dans un tonneau qui est au bout de l'attelier. La partie la plus grossiere est arrêtée & se dépose sur le treillis de la forme.

Pendant que cette forme égoutte, l'ouvrier en plonge une autre dans la cuve qu'il met ensuite sur l'égouttoir ; puis il reprend la premiere, enleve le chassis & renverse la matiere déposée sur le treillis, ou plutôt la feuille de carton qui est encore toute molle sur un morceau de molleton de

fa largeur, placé fur le fond du plateau de la preffe : il étend
un nouveau molleton fur cette feuille , puis il remplit fa
forme après y avoir remis le chaffis , & la met égoutter.
Pendant qu'elle égoutte , il reprend celle qui eft égouttée ,
ôte fon chaffis , & la renverfe fur le molleton qui couvre
la premiere feuille de carton. Il couvre cette feconde feuille
d'un molleton , & continue ainfi fon travail , vuidant une
forme tandis qu'une autre s'égoutte ; & renfermant les feuilles de carton entre deux morceaux de molleton , qui forment
fur le plateau de la preffe une pile qu'on appelle une *preffée,*
quand elle contient environ cent feuilles doubles , ou deux
cents trente feuilles fimples , telles que celles dont il s'agit
ici.

L'épaiffeur de la feuille de carton dépend de l'épaiffeur de
la matiere & de la hauteur du chaffis ; la grandeur de la
feuille dépend de la grandeur de la forme. Quand le Cartonnier a fait fa preffée , il lui donne le coup de preffe jufqu'à
ce qu'elle ne rende plus d'eau : pour lors elle eft envoyée dans
un autre attelier appellé l'*épluchoir.* Là , des filles s'occupent
à tirer les feuilles de carton d'entre les molletons que les
ouvriers appellent *langes* , & à les vifiter les unes après les
autres pour en arracher les groffes ordures. Si on les deftine à
former un carton plus épais , il y a des ouvriers qui ne les
épluchent point de peur qu'elles ne fe fechent trop. Quand
on veut avoir des cartons de moulage très forts , on peut en
appliquer trois feuilles l'une fur l'autre entre les mêmes
langes , & n'en faire qu'une des trois ; mais cela ne va pas
jufqu'à quatre. Quand la nouvelle preffée fort de deffous
la preffe , on l'épluche , on la rapporte fous la preffe , &
on l'*équarrit* , c'eft-à-dire qu'on enleve les bords des cartons
pour les rendre plus quarrés , ce qui s'exécute avec une ratif-
foire tranchante ; on les envoie enfuite aux *étendoirs.* Les
étendoirs font de grands greniers ; les plus aérés font les
plus propres pour faire fécher. La quantité qu'on équarrit
à la fois s'appelle *une réglée.* Quand les feuilles font feches ,
on abat , c'eft-à-dire qu'on les retire de deffus les perches
où elles font étendues. De ces feuilles ainfi préparées , les
unes font vendues au relieurs qui les achetent dans cet état
brut ; les autres , deftinées à d'autres ufages , font partagées
en deux portions , dont l'une revient de l'étendoir dans
l'attelier des liffeurs , & l'autre eft portée dans l'attelier des
colleurs. Celles qui paffent dans l'attelier des liffeurs y font

travaillées à la *liſſoire*. La liſſoire des Cartonniers ſe meut
preciſément comme celle des carriers, par un gros bâton
appliqué par ſon extrémité ſupérieure à une planche attachée
par un bout à une poutre, & qui fait reſſort par l'autre bout.
Les feuilles ſont placées les unes ſur les autres en pile, ou
ſur un bloc, & elles ſont applanies par le cylindre placé
ſous la liſſoire où l'on a pratiqué un canal concave qui le
reçoit à moitié. Ce cylindre eſt de fer poli, & il ſe meut
ſur deux tourillons reçus dans deux pattes de fer fixées aux
deux bouts de la boîte de la liſſoire. Au ſortir de la liſſoire
on peut les vendre. Celles qui paſſent dans l'attelier des
colleurs ſont, ou collées les unes avec les autres pour former du carton plus épais, ou couvertes de papier blanc auquel elles ſervent d'ame. Ainſi il y a trois ſortes de carton,
ſavoir du carton de *pur moulage*, du carton de *moulage collé*,
& du carton *couvert* auquel le carton de moulage ſert
d'ame. En collant enſemble pluſieurs feuilles de carton, &
preſſant, & ſéchant autant de fois qu'on veut doubler les
cartons, on parvient à en former qui ont un pouce d'épais,
& pardelà.

La colle qu'on emploie pour les *cartons de moulage* qui ſont
compoſés de plus ou moins de feuilles de gros papier gris,
collées pour les cartouches d'artifice, ſe fait avec de la *parure*, de la *poiſſonnure* & de la *percemure*. La percemure
eſt ce que les corroyeurs enlevent de deſſus leurs cuirs de
bœuf; la poiſſonnure eſt la ratiſſure des peaux de mouton;
la parure eſt la ratiſſure des peaux d'agneaux blanchies &
paſſées chez les mégiſſiers; celle-ci eſt blanche, friſée,
légere, douce, & donne une colle très fluide, qui devient
très dure lorſqu'elle eſt refroidie. Pour la faire bien bonne,
on met dans une chaudiere de cuivre trois ſeaux de parure,
ſur cinq ſeaux d'eau; on ne la laiſſe bouillir qu'un quart
d'heure, pendant lequel on la remue continuellement avec
un trognon de balai de bouleau, bien recoupé & ébarbé;
&, pendant la cuiſſon, on ajoute deux ou trois ſeaux d'eau
à meſure que la colle diminue de volume par l'évaporation.

Lorſqu'on la fait avec de la farine folle, qui eſt celle qui
ne peut point ſervir pour le pain, & que les boulangers &
les meûniers balaient dans leur bluttoir, on met trois ſeaux
d'eau ſur deux ſeaux de farine, & on la fait à-peu-près de
la même façon que la premiere, qui conſerve toujours ſa

blancheur, au lieu que celle qui est de farine folle, devient fort noire dès qu'elle est faite.

Celle dont on se sert pour les cartons de pur collage, est faite avec de la farine, de l'eau & de l'amidon, comme celle des cartes : on la fait bouillir jusqu'à ce qu'elle ait acquis une certaine consistance, & on la passe par un tamis, afin que la brosse l'étende plus facilement sur le papier.

Les cartons de pur collage ne sont faits que de feuilles de papier collées ensemble, & sont composés depuis cinq feuilles jusqu'à vingt, selon la force qu'on veut leur donner, & l'usage auquel on les destine : ils portent ordinairement les noms des papiers qui servent à les faire, comme cartons de *papier au pot*, de *dard*, de *couronne*, de *raisin*, de *carte-bulle*, de *nom de Jésus*, d'*impériale*, de *Robert*, de *Richard*, de *cartes-Colas*, de *grande* & de *petite échelle*. *Voyez* Papetier.

Il y a un art de gaufrer le carton, soit pour les écrans, boîtes à poudre ou de toilette, porte-feuilles, couvertures de livres, papiers d'éventails, dorés & argentés, &c. Pour gaufrer le carton, on se sert de moules de bois, de corne ou d'autres matieres ; on grave sur la planche le dessein en creux ; on ajuste cette planche gravée au milieu d'une autre qu'on place entre les rouleaux d'une presse semblable à celle des imprimeurs en taille-douce. On prend ensuite des cartons unis blancs & point trop épais : avec une éponge trempée dans de l'eau, on les mouille à l'envers ; & lorsqu'ils sont un peu moites, on en prend un que l'on pose sur la planche gravée, on serre ensuite le tout sous les rouleaux de la presse, & l'on retire le carton gaufré en relief de tout le dessein de la gravure.

Si l'on veut que le carton soit doré ou argenté, il faut avoir du papier doré ou argenté tout uni, le coller sur le carton, & sur le champ, même avant que l'or & l'argent se détachent à cause de l'humidité, mettre le carton sur la planche gravée, le passer aussi-tôt sous la presse, le lever promptement & le mettre sécher. Si l'on veut que la dorure ne pousse point de *verd de gris*, au lieu du papier uni d'Allemagne qui n'est doré que par du cuivre, il faut prendre une feuille de papier jaune que l'on aura collé sur carton & laissé sécher, y coucher un mordant de gomme claire, adragant, arabique ou autre, y appliquer de l'or en feuilles, faire bien sécher, humecter légérement par l'envers, mettre fur le champ du bon côté fur la planche, paffer fous la preffe; & l'ôter enfuite promptement de peur que l'or ne quitte & ne s'attache au creux de la planche.

Si on veut mettre or & argent enfemble, or au fond, & argent aux fleurs & bordures, on pique un patron exact des places où l'on veut de l'argent; on ponce ce patron fur le carton doré, c'eft-à-dire qu'on en marque les points & les traits; on couche dans ces places, avec le pinceau, un mordant qu'on laiffe fécher; après quoi on y applique l'argent en feuilles: on laiffe fécher, & l'on procede comme nous l'avons dit ci-deffus, pour le mettre fous la preffe: c'eft de cette maniere que fe font les couvertures de livres gaufrées & dorées.

Ce font les papetiers-merciers & les papetiers-colleurs, autrement dit Cartonniers, qui font le négoce des cartons; avec cette différence, que ces derniers fabriquent & vendent, au lieu que les premiers ne peuvent fabriquer. Il y a à Paris cinquante-cinq maîtres Cartonniers.

CASSAVE (Préparation de la). La caffave eft une fubftance farineufe, tirée de la racine d'une plante appellée manioc. Cette racine mangée fans préparation eft un poifon mortel. Lorfqu'on en a féparé la partie nuifible, on en fait un pain dont les Sauvages, les Negres, les Européens & même les Dames Créoles les plus délicates, préferent quelquefois le goût à celui du pain de froment.

Pour faire la caffave, lorfqu'on a recueilli la racine de manioc, on la dépouille de fa peau, on la rape fur de groffes rapes de cuivre, &, après l'avoir mife dans un fac fait d'écorce d'arbre, on la place fous une preffe faite avec une groffe branche d'arbre attachée au tronc, & qu'on charge d'un fort poids.

Quand la matiere n'a plus de fuc, & qu'elle eft bien defféchée, on la paffe par un crible un peu gros, on l'étend enfuite fur des platines de fonte, fous lefquelles on fait du feu pour la cuire.

On diftingue la caffave d'avec la *farine de manioc*, en ce que celle-ci eft un amas de grumeaux de manioc defféchés & divifés, & que la caffave eft faite des mêmes grumeaux liés & joints les uns aux autres par la cuiffon, ce qui forme des efpeces de galettes larges & minces, à-peu-près comme du *croquet*, efpece de pain d'épices qui eft fort fec & fort dur.

Les Sauvages font leurs galettes plus épaisses ; la farine & la cassave leur servent également de pain. Lorsqu'on veut en faire usage, on l'humecte avec un peu d'eau pure ou avec un peu de bouillon.

De la fécule que dépose le suc de cette racine, on en fait une espece d'amidon qu'on appelle *mouchaché*, qui sert aux mêmes usages que le nôtre. On en fait encore des gâteaux qui ressemblent beaucoup à nos échaudés.

L'édit de 1685 ordonne aux habitants des isles françoises de fournir pour la nourriture de chacun de leurs esclaves, âgé au moins de dix ans, trois cassaves par semaine, chacun pesant deux livres & demie, ou la valeur de quatre pintes de farine de manioc.

CEINTURIER. Le Ceinturier est celui qui fait ou qui vend des ceintures, des ceinturons pour l'épée ou pour le couteau de chasse, & qui a pris sa dénomination d'une lisiere de soie, de laine, de cuir ou d'autres matieres, que les magistrats, les gens d'église, les religieux & quelques femmes portent encore autour des reins, & qu'on nomme *ceinture*.

Cet ornement remonte à la plus haute antiquité : il est peu de nations chez lesquelles il n'ait été en usage : elles se sont presque toutes réunies à en faire un signe d'honneur, & à en regarder la privation ordonnée en justice, comme une marque d'infamie : quelquefois elle étoit un symbole d'état, & des droits qu'on avoit à certaines choses. C'est ainsi que la veuve de Philippe, premier duc de Bourgogne, renonça à la succession de son mari, en quittant sa ceinture sur le tombeau de ce duc.

L'usage où l'on étoit autrefois de porter des habits longs, & de les attacher avec des ceintures, avoit donné naissance à une communauté de *maîtres courroyers* ainsi appellés du mot *courroie*, parceque l'on faisoit alors des ceintures avec du cuir. La mode a changé depuis le regne de Henri III : les habits courts sont venus ; la communauté néanmoins est toujours restée, parcequ'elle a su s'approprier la fabrique des ceintures & gibecières, des baudriers, des ceinturons d'étoffe ou de cuir brodés, des porte-carabines pour la cavalerie, des fourniments & pendants à baïonnette pour l'infanterie.

Les Ceinturiers font des ceinturons de toutes sortes de cuirs ; on en fait de marroquin, de buffle & de veau chamoifé : les Ceinturiers montent même des ceinturons de foie ; mais ce font les boutonniers qui fabriquent le treffes.

On monte les ceinturons avec des boucles ou avec des boutons ; mais ces derniers ne font plus guere en ufage.

Pour faire un ceinturon, on commence par en tailler la ceinture, c'eft-à-dire la partie qui entoure le corps. La ceinture fe coupe dans la longueur de la peau avec un couteau à pied, femblable à celui des bourreliers ; les débris de la peau fervent à faire la garniture, c'eft-à-dire le *pendant*, les *deux alonges* & le *talon*. Le pendant eft cette partie du ceinturon dans laquelle paffe l'épée ; les deux alonges font les deux bandes de cuir qui foutiennent le pendant ; & le talon eft ce morceau de cuir fur lequel pofe la coquille de l'épée.

Quand toutes les parties qui compofent le ceinturon font coupées, on les pique à l'alêne avec du fil blanc, ou on les brode au poinçon. Enfuite on rive le pendant, c'eft-à-dire qu'on y met aux deux extrémités deux clous de fil de fer, avec des rivets de fer blanc de chaque côté, ce qui forme une efpece de clou à deux têtes ; on rive également deux anneaux de métal à la ceinture, & deux au pendant, pour y paffer les deux alonges qui font arrêtées par deux boucles auffi rivées, pour pouvoir au befoin alonger ou raccourcir les alonges, & conféquemment tenir l'épée dans une pofition plus ou moins élevée.

Après ces opérations on rive un crochet à une des extrémités de la ceinture, & on y met de l'autre une boucle ; enfuite on met un paffant du même cuir à la ceinture entre les deux alonges, pour y placer le bout de la ceinture, quand elle fe trouve trop longue.

La communauté des marchands Ceinturiers de la ville de Paris eft très ancienne : elle a eu des ftatuts avant le regne de S. Louis ; & au mois de Mars 1263, ce prince leur accorda par fes lettres-patentes une place aux halles de Paris, où ils puffent vendre, comme les autres artifans ou marchands. Charles le Bel confirma leurs ftatuts au mois de Septembre 1320. *Hugues Aubriot*, prévôt de Paris, changea plufieurs articles importants des anciens ftatuts, le 27 Septembre de la même année ; mais ils furent rétablis en 1475 par Jacques d'Eftouteville, auffi prévôt de Paris.

Cette communauté n'obferve plus aucun article de ces anciens ftatuts, parceque, fur le procès intervenu entre les

Ceinturiers en étain, ainsi nommés des clous d'étain dont ils se servoient pour orner les ceintures de cuir, d'une part, & les faiseurs de *demi-ceints* ou ceintures d'argent à pendants que portoient autrefois les femmes d'artisans & les paysannes (les ceintures dorées étant réservées pour les dames de condition & les bourgeoises, comme on peut le voir par un arrêt du Parlement de 1420), d'autre part, & les *Courroyeurs ceinturiers* qui s'opposoient à l'érection d'une nouvelle communauté que les premiers vouloient établir, ils furent tous réunis ensemble pour ne faire qu'un seul & même corps, en vertu des lettres-patentes de Henri II, du mois de Mars 1551, enregistrées au Parlement au mois de Juillet suivant, par lesquelles on leur donna de nouveaux statuts qu'on augmenta de six articles concernant les Ceinturiers en étain. Ce sont ces statuts qui sont encore en usage dans cette communauté qui étoit autrefois une des plus considérables de cette capitale ; mais aujourd'hui il n'y a plus que quarante-trois maîtres.

Chaque maître ne peut avoir qu'une boutique & qu'un apprentif obligé au moins pour quatre ans. Les enfants de maîtres font apprentissage chez leur pere, & ne lui tiennent point lieu d'apprentif.

Aucun n'est reçu à la maîtrise qu'il n'ait fait le chef-d'œuvre, qui étoit anciennement une ceinture de velours à deux pendants ; la ferrure de fer à crochet, limée & percée à jour, à feuillages encloués, & préparée dessus & dessous ; les clous avec leur contre-rivet ; le tout bien poli. Mais depuis que ces ceintures ne sont plus d'usage, le chef-d'œuvre est de quelqu'un des ouvrages que font les Ceinturiers modernes.

CENDRE GRAVELÉE : *voyez* POTASSE.

CHABLEURS *ou* MAITRES DES PONTS. Ce sont des pilotes ou mariniers établis pour la sureté de la navigation ; ils sont préposés pour monter & descendre tous les bateaux qui viennent sur la Seine par les différentes rivieres qui s'y embouchent, pour les conduire dans les passages difficiles & dangereux, & les faire passer sous les ponts.

Quoique les Maîtres des ponts & leurs aides, les *Maîtres des pertuis* & les *Chableurs* n'aient pas absolument la même fonction, il y a si peu de différence qu'on les confond ordinairement ; c'est pourquoi nous n'en ferons qu'un article.

L'ordonnance de Charles VI, du mois de Février 1415,

créa deux Maîtres des ponts , & régla leurs fonctions, ainfi que celles de Maîtres des pertuis & Chableurs , & défendit à qui que ce fût de s'y ingérer fous peine d'amende. Par les divers articles de cette ordonnance , ils font tenus de faire une réfidence actuelle à Paris , pour y avoir recours quand le cas le requiert , de travailler en perfonne , & d'avoir des aides de ponts , falariés à leurs dépens ; de prendre les bateaux au-deffus de l'ifle *Louvier* , de les conduire au lieu de leur deftination dans l'intérieur de Paris , & les bateaux de charbon de terre jufqu'à Seve ; de fournir les *flettes* ou petits batelets , les cordages & autres uftenfiles néceffaires ; & d'être garants des pertes , dommages & naufrages arrivés par leur faute , moyennant le falaire qui leur eft adjugé relativement à la grandeur des bateaux , & à la difficulté de la manœuvre.

L'ordonnance de Louis XIV, du mois de Décembre 1672, leur preferit la même chofe que celle de Charles VI, & leur défend en même temps de faire aucun commerce fur la riviere , par eux ni par perfonnes interpofées, d'entreprendre de voiturer , de tenir cabaret ou hôtellerie , & de vendre d'autre vin que celui de leur crû , fous peine de confifcation de marchandifes , d'amende arbitraire , & même d'interdiction en cas de récidive. Elle leur enjoint de faire infcrire leurs droits fur une plaque de fer blanc qui , pour cet effet , doit être expofée au lieu le plus éminent des ports, & de dénoncer aux Prévôt des Marchands & Échevins les entreprifes qui feroient faites fur les rivieres , par des conftructions de moulins , & autres ouvrages qui pourroient nuire à la navigation.

Ceux qui prétendent devenir Chableurs ou Maîtres des ponts & pertuis , doivent être préfentés aux Prévôt des Marchands & Echevins , après avoir été élus par les marchands voituriers-mariniers ; être jugés capables de leur état d'après un mûr examen , & prêter ferment pardevant ces Magiftrats.

Les aides des ponts doivent obéir ponctuellement aux ordres que leur donnent les Maîtres des ponts des endroits où ils font établis , & ne peuvent point être moins de deux pour defcendre ou remonter quelque bateau.

CHAGRINIER ou CHAGRAINIER. C'eft celui qui , par la préparation qu'il donne aux peaux de chevaux , d'ânes, & de mulets ; les convertit en *chagrin* ou *chagrain* , en les rendant *grainées* , c'eft-à-dire couvertes & parfemées de petites éminences.

Dès que l'animal est écorché on réserve la partie de la peau qui couvroit la croupe ; on l'expose pendant quelques jours aux injures du temps , on la tanne , & on la passe de façon à la rendre aussi mince que faire se peut. On la remet de nouveau à l'air , après avoir semé dessus de la graine de moutarde , & l'avoir mise sous une presse pour que cette graine s'y imprime mieux. Lorsque la graine prend bien , la peau est parfaitement belle ; mais quand la graine ne s'imprime pas également par-tout , il reste sur la peau des endroits unis qu'on nomme *miroirs*, ce qui la rend défectueuse.

Cette peau , qui durcit beaucoup en féchant , se ramollit facilement dans l'eau quand elle y a trempé quelque temps , & par là devient plus aisée à être employée par les ouvriers qui en font le plus de consommation , comme les gaîniers, les relieurs de livres , &c.

On imite si bien le chagrin avec du marroquin passé en chagrin , qu'on s'y trompe facilement , & qu'on ne s'apperçoit de la fraude qu'après qu'on a mis ce faux chagrin en œuvre. On le distingue du véritable en ce qu'il s'écorche , ce qui n'arrive jamais à l'autre.

Le chagrin est susceptible de prendre telle couleur qu'on veut lui donner. Il y en a de noir, de gris, de verd, de blanc , & de rouge ; celui-ci est le plus beau & le plus cher à cause du carmin & du vermillon qu'on emploie pour le rougir. Le gris, qu'on apporte de Constantinople , est cependant le plus estimé & le meilleur de tous pour l'usage ; le blanc , ou le *salé* , est le moindre.

De toutes les fabriques de chagrin celle de Constantinople est la meilleure. Celles de Tunis , d'Alger, de Tripoli , ne viennent qu'après. Celui qu'on fait en Pologne est trop lce , & n'est jamais bien teint.

Dans le choix des peaux de chagrin , on doit préférer celles qui sont grandes , belles , égales , dont les petits grains sont bien formés , sans *miroirs* , ou sans places unies & luifantes. Ce n'est pas que les peaux dont les grains font inégaux , ou plus gros , valent moins pour l'usé ; mais comme l'ouvrage n'en seroit pas aussi beau , elles ne font point de vente. Le chagrin, qui est fait avec la peau d'âne , est celui dont le grain est ordinairement le plus beau.

Ce cuir , qui est d'un grand usage en Turquie & en Pologne , dont nos gaîniers se servent pour couvrir leurs ouvrages les plus précieux , se fabrique aussi en France par quelques-uns de nos tanneurs qui tâchent de l'imiter le mieux qu'ils peuvent. Pour cet effet ils prennent chez le mégissier des peaux de mouton ou de chevre qui ont été mises en chaux : après les avoir mises en *riviere* , ou tremper dans l'eau , ils les écharnent , les remettent en riviere , & les *tiorsent* , c'est-à-dire qu'ils les frottent sur le chevalet avec une *tiorse* qui est un petit morceau d'une planche de bois ; dès qu'elles sont tiorsées , ils les rapportent à la riviere , les foulent ensuite , & les façonnent de fleurs & de chair. Cette opération faite , on leur donne le coudrement , c'est-à-dire qu'on les met cinquante par cinquante dans des baquets dans lesquels on met pour chaque cinquantaine un seau de tan la premiere heure , & un demi-seau demi-heure par demi-heure , de sorte que tout le coudrement se donne en deux heures ; on les laisse pendant huit jours dans le tan , après quoi on les tord : après les avoir tordues , on les *ravale* , c'est-à-dire qu'on les passe sur un chevalet avec un couteau rond. Le ravalement fini , on les expose à l'air jusqu'à ce qu'elles ne soient ni trop humides ni trop seches : on les détire de longueur , & après les avoir bien détirées , on les partage en deux bandes pour les noircir avec du noir de corroyeur ; on les met ensuite sécher , & , quand elles sont bien seches , on les mouille bien bande par bande la premiere fois ; on les remouille ensuite jusqu'à ce qu'elles soient également par-tout suffisamment molles ; on les met enfin sur une planche de bois , large d'un pied & longue de trois , sur laquelle on les détire en tous sens.

Les peaux ainsi préparées , on fait chauffer des planches de cuivre gravées en grains , de façon qu'elles ne soient pas trop brûlantes ; on y couche dessus les bandes des peaux de mouton ou de chevre , & on les met sous une presse qui , à l'aide d'un moulinet , applique si fort les planches sur les peaux qu'elle leur communique tous les grains de leur grainure.

Cette presse est semblable en tout à celle dont se servent les imprimeurs en taille-douce.

On nomme encore chagrin une espece de taffetas moucheté , très léger , dont les façons élevées sur la superficie de l'étoffe imitent assez bien les grains des peaux dont nous venons de parler.

Les peaux de chagrin paient pour droit d'entrée vingt-cinq fois par douzaine, suivant l'arrêt du Conseil d'Etat du Roi du 22 Décembre 1750.

CHAINETIER. Le Chaînetier est l'ouvrier qui fait les chaînes, ou le marchand qui les vend.

C'étoit aux maîtres Chaînetiers qu'il appartenoit, privativement à tous autres ouvriers, de fabriquer & vendre ces fortes d'ouvrages ; mais les orfevres, metteurs-en-œuvre, joailliers, se font arrogé le droit de faire celles d'or & d'argent, & la communauté des Chaînetiers s'est presque éteinte ; en sorte qu'on a été obligé de l'unir à celle des épingliers.

L'art de faire des chaînes est assez peu de chose en lui-même, mais il suppose d'autres arts très importants, tels que celui de tirer des métaux en fils ronds de toutes grosseurs : voyez TIREUR D'OR.

Une chaîne est une longue piece de métal composée de plusieurs chaînons ou anneaux engagés les uns dans les autres. On fait des chaînes d'or, d'argent, de laiton, d'étain ; on en fait de rondes, de plates, de quarrées, de doubles, de simples ; enfin de tant d'especes & à tant d'usages, qu'il seroit difficile d'en faire le détail.

Les chaînes, qu'on appelle *chaînes d'Angleterre*, font ordinairement plates, en forme de tissu ; elles servent à pendre les montres, les étuis d'or & autres bijoux de prix que les dames portent à leur côté.

L'invention de ce curieux ouvrage vient d'Angleterre d'où il a pris son nom. Ces chaînes se font ordinairement d'or ou d'argent : il s'en fait pourtant quelquefois qui ne font que de cuivre doré. Le fil de celui de ces métaux qu'on y veut employer est très fin. Une partie se plie en petits maillons de forme ovale d'environ trois lignes de longueur sur une ligne de petit diametre, qui, après avoir été exactement soudés, se replient en deux ; ensuite ces maillons (qui, pour une chaîne à quatre pendants, doivent être au nombre de plus de quatre mille) se lient & s'entrelacent par le moyen de plusieurs autres fils de même grosseur, dont les uns, qui vont de haut en bas, imitent la chaîne d'une étoffe, & les autres, qu'on passe transversalement, semblent en être la trame ; ce qui unit si également & lie si fortement ce grand nombre de maillons, que les yeux y font trompés ; on prend l'ouvrage pour un vrai tissu, & on ne peut croire que ces chaînes soient composées de tant de milliers de pieces séparées.

On a long-temps ignoré en France l'art de les fabriquer, & ce n'est guere que vers la fin du dernier siecle que les ouvriers François, sur-tout ceux de Paris, les ont si bien imitées, que leurs ouvrages passent souvent pour être sortis de la main des Anglois.

Il se fait en Allemagne de petites chaînes d'un travail si délicat, qu'on en peut effectivement enchaîner les plus petits insectes ; telles sont celles qu'on apporte de Nuremberg & de quelques autres villes d'Allemagne. La maniere dont ces ouvrages s'exécutent ne differe pas de celle dont on fait les chaînes de montre ; les chaînons s'en forment avec un poinçon qui les forme & les perce en même temps. Les chaînes de montre qui servent à communiquer le mouvement du tambour, ou barillet, à la fusée, & qui sont d'acier, sont un des ouvrages les plus ingénieux ; elles sont composées de petites pieces ou maillons tous semblables & percés à leur extrémité. Pour les assembler on en prend deux ; on fait entrer par chaque bout les extrémités de deux autres, en telle sorte que les trous se répondent ; ensuite on les fait tenir ensemble par des goupilles qui, passant à travers ces trous, sont rivées sur le maillon de dessus & sur celui de dessous, ce qui en forme l'assemblage.

On en attribue communément l'invention a un nommé *Gruet*, Genevois, qui demeuroit à Londres, & qui par ce moyen rendit un très grand service à l'horlogerie, en substituant cette chaîne à la corde à boyau qui est sujette à bien des inconvéniens.

De toutes les especes de chaînes qu'on imagine, la *chaîne à la catalogne* est une des principales & des plus anciennes. Elle est composée de différents anneaux ronds ou elliptiques, enfermés les uns dans les autres, de façon que chaque anneau en contient deux, dont les plans sont nécessairement perpendiculaires au sien. Lorsqu'on prend la portion de la chaîne composée de trois anneaux, & qu'on la laisse pendre librement, ces anneaux paroissent d'une seule piece ; s'ils sont ronds, la chaîne porte le nom de *catalogne ronde* ; & s'ils sont elliptiques, elle s'appelle *chaîne à la catalogne longue*. Celle qu'on nomme la *catalogne double* a beaucoup de rapport aux *chaînes à quatre faces*, dont les anneaux sont soudés avant que d'être passés les uns dans les autres. *Voyez* HORLOGER.

On fait, comme nous l'avons dit, des chaînes de plusieurs sortes de métal, & on en faisoit il y a très long-temps. Les Romains portoient avec eux des chaînes quand ils alloient en guerre ; elles étoient destinées pour les prisonniers qu'on feroit : ils en avoient de fer, d'argent, & quelquefois d'or ; ils les distribuoient suivant le rang & la dignité des prisonniers. Pour accorder la liberté on n'ouvroit pas la chaîne, on la brisoit.

La chaîne étoit chez les Gaulois un des principaux ornemens d'autorité ; ils la portoient en toute occasion : dans les combats elle les distinguoit des simples soldats.

C'est aujourd'hui une des marques de la dignité du Lord Maire à Londres : elle reste à ce magistrat lorsqu'il sort de fonction, comme une marque qu'il a possédé cette dignité. En France les huissiers du Conseil & ceux de la grande Chancellerie portent au cou, quand ils sont en fonction, une chaîne d'or passée en forme de collier d'ordre ; c'est ce qui leur a fait donner le nom d'*huissiers de la chaîne*.

Dans le commerce des chaînes, les grosses chaînes de fer se vendent à la piece ; les médiocres de fer, & celles de cuivre de toutes grosseurs, se vendent au pied ; ces dernieres, quand elles sont fines, s'achetent au poids ; il en est de même de celles d'or & d'argent, dont la façon se paie encore à part.

La communauté des maîtres Chaînetiers de Paris étoit autrefois très considérable, comme nous l'avons dit ; mais aujourd'hui elle est entièrement déchue, & elle vient d'être unie à celle des épingliers par lettres-patentes données à Versailles le 21 Septembre 1762, enregistrées au Parlement le 21 Août 1764.

Ils portoient autrefois le nom de *Chaînetiers*, *Haubertgeniers*, *Trefliers*, *Demi-Ceintiers*. Celui d'*Haubertgeniers* leur fut donné à cause qu'exclusivement à tous autres ouvriers, les Chaînetiers étoient seuls en droit de faire des *hauberts* ou cottes de mailles ; armure très usitée autrefois en France, & qui étoit faite de l'assemblage de plusieurs petites chaînettes entrelacées les unes dans les autres. Celui de *Trefliers* leur venoit des agraffes qu'ils faisoient en espece de fleurs de trefle pour soutenir les *demi-ceints*, qui étoient des ceintures à pendants que portoient autrefois les arti-

fannes & les payfannes , & dont les ouvriers prirent le
nom de *Demi-Ceintiers*. Voyez CEINTURIER.

Les Chaînetiers fe fervent d'une jauge pour mefurer la
grofleur des fils de fer ou de laiton qu'ils emploient. C'eſt
la même que celle des marchands qui font le négoce de
cette marchandife , à la réferve qu'ils ne font pas obligés
de la faire étalonner ou numéroter comme les marchands.

Les ouvrages qu'il eſt permis de faire aux Chaînetiers
font , entre autres , des chaînes de tout métal , de toutes
façons & à tous ufages , des hameçons , des couvre-poëles
& couvre-chauderons , des fouricieres , & autres chofes
femblables de fil de fer & de laiton.

CHAIRCUITIER ou CHARCUTIER. C'eſt , comme le
nom le fait aſſez entendre , un marchand de chair cuite. On
donne ce nom à Paris aux maîtres d'une communauté confidérable , qui ont feuls la permiſſion d'apprêter la chair de
pourceau , & d'en faire commerce , foit crue , foit cuite ,
foit apprêtée en cervelas , fauciſſes , ou autrement. Ce font
auſſi les Chaircuitiers qui préparent & vendent les langues
fourrées , tant celles de porc que celles de bœuf , de veau
& de mouton.

L'art de conferver les viandes par le moyen du fel & des
épices , eſt très fimple , mais il eſt de la plus grande utilité.
On n'oubliera jamais qu'un grand Prince (Charles Quint)
fit élever une ſtatue à G. Bukel , pour avoir trouvé le fecret
de préparer & d'encaquer les harengs falés : on ne doit
point dédaigner de jetter les yeux fur tout art utile.

Les Chaircuitiers employoient quelquefois du *fel gemme*
pour leurs falaifons ; mais comme ce fel foffile eſt fouvent
mêlé de parties terreufes , qu'il fond difficilement dans
l'eau , ce qui le rend peu propre à faler les viandes , l'arrêt
du Confeil d'Etat du Roi du 30 Mars 1719 défend à tous
Bouchers , Chaircuitiers & autres , de s'en fervir dans leurs
groffes & menues falaifons , à peine de confifcation , tant
dudit *fel gemme* , que des chairs qui en feroient falées , &
de cinq cents livres d'amende.

Pour fourrer une langue , le Chaircuitier commence par
la *refaire* , c'eſt-à-dire par en affermir la chair en la faifant
bouillir dans de l'eau pendant un quart d'heure , après
quoi il lui enleve avec un couteau fa première peau. Quand
elle a été pelée , il la lave dans de l'eau fraîche ; il la
laiſſe bien égoutter , & enfuite il la met dans un pot de
grès ,

grès, après l'avoir saupoudrée de sel. Quand on s'apperçoit que le sel qu'on y a mis est fondu, on y en remet de
nouveau. On laisse une langue de bœuf dans le sel pendant
environ quinze jours.

Quand on suppose que la langue est suffisamment salée,
on la retire du sel, on y met des fines herbes, & on la
renferme dans un boyau de bœuf proportionné à sa grosseur ; après quoi on la pend dans la cheminée où on la
laisse plus ou moins de temps, suivant qu'on y allume du
feu plus ou moins fréquemment. La fumée sert à lui donner
une saveur particuliere & à la conserver plus long-temps.
Enfin on la fait cuire quand on le juge à propos dans de
l'eau salée, ou dans le bouillon ordinaire où les Chaircuitiers font cuire toutes leurs viandes.

Les Chaircuitiers font de deux sortes de saucisses, les
unes rondes & les autres plates. La chair des rondes est
renfermée dans un boyau de mouton, & celle des plates
dans des morceaux de crêpine de porc. Le Chaircuitier emploie pour les saucisses plates moitié chair de porc & moitié chair de veau : quant aux rondes, il n'y entre que de
celle de porc.

Pour faire les saucisses, on commence par hacher la
viande sur une forte table destinée à cet usage, avec deux
grands couteaux ; quand elle est à moitié hachée, on y
met l'assaisonnement nécessaire, comme sel, poivre, muscade, persil ; & on acheve ensuite de hacher tout à la fois
la viande. Quand elle est suffisamment hachée, on en emplit le boyau par le moyen du *cornet*, qui est une espece
d'entonnoir de fer blanc. Quand le boyau est rempli de
cette viande hachée, on le tortille de distance en distance,
pour déterminer la longueur de la saucisse, & on le coupe
à tous les endroits où il a été tortillé. Quant aux saucisses
plates, on fait avec la viande hachée autant de tas qu'on
veut former de saucisses, & après les avoir applatis avec la
main, on les enveloppe dans des morceaux de crêpine de
porc.

Les premiers statuts de la communauté des Chaircuitiers
sont datés du regne de Louis XI ; mais il y avoit long-temps
auparavant des *Saucisseurs* & Chaircuitiers. On doit penser
qu'il se glissoit des abus de très grande conséquence dans le
débit d'une viande aussi mal-saine que celle du cochon. On
ne négligea rien pour y remédier. Les bouchers faisoient

auparavant le commerce de la viande de porc , & ce fut la méfiance qu'on prit de leurs vifites qui contribua à la création de trois fortes d'infpecteurs ; favoir, les *langueyeurs*, pour vifiter les porcs à la langue où l'on prétend que leur ladrerie fe remarque par des puftules blanches ; les *tueurs*, pour s'affurer, par l'examen des parties internes du corps de ces animaux , s'ils font fains ou non ; les *courtiers* ou *vifiteurs de chairs*, dont la fonction eft d'examiner dans les chairs coupées par morceaux s'ils n'y découvriront point les fignes d'une maladie qui ne fe manifefte pas toujours à la langue ou dans les vifceres. Les particuliers ne fauroient donc trop avoir de précaution pour fe pourvoir contre cette fraude , en examinant eux-mêmes cette marchandife, dont la mauvaife qualité fe connoît à des grains femblables à ceux du millet , répandus en abondance dans toute fa fubftance. Si par hafard on eft trompé malgré cette attention, on peut reporter la viande à celui qui l'a vendue , & qui eft obligé de la reprendre. C'eft pourquoi il eft défendu par l'arrêt du Parlement du 14 Mars 1701 , à toutes fortes de perfonnes d'entreprendre fur le métier & commerce des Chaircuitiers , & notamment à tous marchands de vin de tuer ni faire tuer aucun porc , en vendre ni débiter aucune chair dans leurs maifons & tavernes , qu'ils ne les aient achetées chez lefdits Chaircuitiers. Il y a à Paris cent trente-deux maîtres Chaircuitiers.

CHAMELIER. Ce nom fe donne également à celui qui panfe & conduit les chameaux , à celui qui en fait trafic, & aux ferrandiniers qui font des étoffes de fon poil.

Le poil du chameau entre auffi dans la fabrique des chapeaux, & particuliérement de ceux qu'on appelle *caudebecs* ; il eft de même propre à être filé & employé dans la fabrique de quelques étoffes. Conformément à l'arrêt du Confeil du 15 Août 1685 , il paie vingt pour cent de fa valeur pour droit d'entrée.

La communauté des *Ferrandiniers-Chameliers* de Paris eft peu nombreufe ; ils n'étoient que huit maîtres en 1760.

CHAMOISEUR. Le Chamoifeur eft celui dont la profeffion eft de préparer & paffer en huile des peaux de *chamois*, ou de travailler à les imiter avec des peaux de boucs, de chevres , de chevreaux , de moutons , &c.

L'ufage des peaux paroît être auffi ancien parmi les hommes que le befoin qu'ils ont eu de s'en couvrir. On le

trouve établi dans tous les temps ; & les peuples qui paffent
pour les plus fauvages ont toujours eu l'art de les travailler
avec beaucoup d'adreffe. L'induftrie du Chamoifeur eft néceffaire à nos vêtements ; en tirant parti des peaux des animaux, elle nous les offre plus chaudes, plus douces,
plus moelleufes, & plus propres à nos ufages.

Le chamois proprement dit eft un animal quadru-
pede & ruminant, prefque femblable à une chevre, (voyez
le *Dictionnaire raifonné d'Hiftoire Naturelle*, par M. *Valmont de Bomare*,) dont la peau eft extrêmement fouple,
chaude & belle, lorfqu'elle a été paffée en huile : mais
comme le nombre des véritables chamois eft trop petit
pour les ufages du commerce, on a coutume de travailler
toutes fortes de peaux en forme de chamois, avec la chaux,
l'huile, le foulage, & par le moyen de la fermentation.

Les peaux de mouton dont fe fert le Chamoifeur, s'a-
chetent à Paris chez le *mégiffier*. Il eft défendu aux Chamoifeurs de les tirer de la boucherie. Les mégiffiers, après
en avoir tiré la laine, les laiffent quelques jours dans un
mort-plein, pour les conferver jufqu'à ce qu'ils en aient
une quantité fuffifante ; on entend par mort-plein, ou
plein-mort, un plein qui a déja fervi : *voyez* MÉGISSIER.

Le Chamoifeur, en recevant les peaux du mégiffier, les
jette dans un autre plein-mort, & les y laiffe pendant huit
jours, plus ou moins, felon qu'on eft preffé ; ce plein-
mort commence à difpofer les peaux, & les prépare à l'action d'un plein-neuf. On peut voir dans les articles du PAR-
CHEMINIER & du MÉGISSIER ce que c'eft qu'un plein-neuf :
celui du Chamoifeur n'en differe pas. On y laiffe les peaux
quinze jours, un mois, quelquefois même deux mois, fuivant qu'elles paroiffent plus ou moins attendries, ou que
la faifon contribue à accélérer le travail : mais pendant cet
intervalle on leve les peaux tous les deux jours ; & quand
elles ont été en retraite pendant le même temps, on les re-
couche dans le plein. Les peaux de mouton n'exigent qu'un
mois de plein ; celles de bœuf y font jufqu'à deux mois,
& quelquefois davantage.

Les peaux de bouc & de chevre qui fe travaillent chez les
Chamoifeurs s'achetent à poil, c'eft-à-dire encore garnies
de leur poil : comme elles font feches, on eft obligé de
les jetter dans un cuvier plein d'eau pour les faire revenir
pendant quelques jours & les ramollir ; on les *retale* enfuite

fur le chevalet avec un couteau concave qui ne coupe point, mais qui travaille & abat le nerf, aſſouplit & prépare la peau : on en peut retaler juſqu'à deux cents dans un jour.

Les peaux qui ſont *retalées* ſe jettent encore dans l'eau pour y demeurer pendant deux jours : elles achevent de s'y ramollir, & deviennent comme des peaux fraîches ; alors on les jette dans le mort-plein pour faire tomber le poil, ce qui s'opere en moins de quinze jours.

Les peaux de bouc & de chevre ſe pelent enſuite avec un couteau qui ne coupe preſque pas, mais qui ſuffit pour en-lever le poil. Après que les peaux ont été pelées, on les met dans un plein-neuf ; c'eſt celui où elles doivent *plamer*, c'eſt-à-dire s'attendrir & ſe dégraiſſer pour pouvoir être paſſées en huile.

Les peaux de mouton, de veau & de chevre, après avoir été *travaillées de riviere*, c'eſt-à-dire ramollies par le moyen de l'eau, comme il a été expliqué, ſont en état d'être *effleurées* ; ce qui ſe fait en levant la fleur ou ſuper-ficie du cuir tout le long de la peau, du côté où étoit la laine ou le poil, pour la rendre plus douce & plus mollette. L'effleurage ſe fait avec un inſtrument d'acier tranchant qui a deux poignées de bois ; les Chamoiſeurs le nomment *couteau à effleurer* ou *couteau de riviere*.

Après avoir effleuré les peaux, on les met avec de l'eau dans un baquet où elles trempent pendant quelque temps ; on les foule dans ce baquet avec des pilons qui ſont formés chacun d'une petite maſſe de bois, & d'un manche de qua-tre pieds de long ; on les tord enſuite pour en exprimer l'eau. Si les peaux ſont bien travaillées de riviere, l'eau en ſortira claire & limpide, & c'eſt ainſi qu'elle doit être : ſi deux ou trois façons de fleur & de *chair* ne ſuffiſoient pas pour les bien nettoyer & aſſouplir, on en donneroit encore davantage.

Après avoir effleuré on *écharne* encore les peaux ſi cela eſt néceſſaire, & que le travail de riviere n'ait pas emporté tout ce qu'il y a de charnu & d'inutile ſur le côté oppoſé à la fleur.

Les peaux qui ont été vingt-quatre heures dans l'eau, & qui ſont bien foulées & ramollies, ſe mettent en *confit*, c'eſt-à-dire dans un baquet d'eau où l'on ajoute un peu de ſon pour s'aigrir & faire fermenter la peau.

Le confit, dans l'art du Chamoiſeur, ne ſert qu'à préparer le travail du moulin : la peau déja un peu attendrie en est plus disposée à recevoir aisément l'huile qui doit s'y introduire & la pénétrer : mais si la saison est chaude , & que l'on ait pour le travail une eau douce & mucilagineuse qui *abatte* beaucoup les peaux , c'est-à-dire qui les travaille & les pénetre facilement , on peut se passer totalement du confit , & le moulin peut y suppléer. Ainsi il y a des peaux qu'on se contente en été de passer dans l'eau de son , & qu'on en retire tout de suite. On jette quelques poignées de son dans un baquet d'eau ; on y met une cinquantaine de peaux ; on jette encore un peu de son par dessus ; on les remue ; on les retourne ; on les manie dans cette eau de son pendant deux à trois minutes , & on les retire pour faire place à d'autres.

Après que les peaux ont reçu le confit , on les fait bien tordre sur la perche avec un morceau de bois ou de fer que l'on appelle *bille* , pour en faire sortir toute l'eau , la chaux & la gomme qui peuvent être dedans. Dans cet état on les envoie au moulin avec la quantité d'huile nécessaire pour les faire fouler : la meilleure huile est celle qui se retire de la morue : les huiles végétales ne sont pas bonnes pour cette opération.

Le confit ayant un peu attendri les peaux , & le moulin les ayant assouplies, elles sont en état de recevoir la premiere huile. On jette sur la table une *foulée* , qui est de douze douzaines de peaux de mouton ; on les prend toutes séparément, on les secoue ; & les étendant l'une sur l'autre sur la table , on trempe les doigts dans l'huile , & on les secoue sur la peau en différents endroits , de maniere qu'il y ait assez d'huile pour humecter légérement toute la surface de la peau , & ensuite on la plie dans sa largeur en quatre doubles , en lui laissant toute sa longueur. C'est sur la fleur qu'il faut donner de l'huile autant qu'il est possible ; car comme la fleur est plus susceptible d'être surprise par le vent , il est plus essentiel de la tenir tranquille par le moyen de l'huile qui garantit la surface. La table qui sert à mettre en huile doit avoir un rebord pour empêcher que l'huile ne coule & ne se perde.

A mesure que la peau a reçu l'huile , l'ouvrier la jette sur son poignet gauche ; lorsqu'il y en a trois ou quatre , la suivante s'étend sur le poignet de maniere à embrasser & à couvrir la main avec les quatre peaux qui y sont déja ;

alors l'ouvrier prenant de la main droite le bas de la dernière peau, il le ramene en avant & par deſſus la main, & avec lui les extrémités des quatre autres : il retire alors ſa main gauche de dedans les peaux, & il fait entrer à la place les extrémités bien tordues de toutes ces peaux ; cela forme une pelote de la forme & de la groſſeur d'une veſſie ordinaire : on la jette dans la pile du moulin pour y être foulée, & ainſi de ſuite juſqu'à ce que la *coupe* du moulin, c'eſt-à-dire la *pile* ou l'*auge*, ſoit remplie. Il en faut ordinairement douze douzaines pour former une foulée. Il y a d'autres endroits où la coupe eſt de vingt douzaines.

Les peaux miſes en huile ſe mettent au moulin pour y être foulées & aſſouplies pendant l'eſpace de deux heures, plus ou moins. Il y a des moulins où il y a juſqu'à quatre coupes. Il y a deux maillets dans chaque coupe. Ces maillets ſont taillés en dents à la ſurface qui s'applique ſur les peaux ; ce ſont des pieces de bois très fortes ou blocs à queue. Une roue à eau fait tourner un arbre garni de *camnes* ; ces camnes correſpondent aux queues de maillets, les accrochent, les élevent, s'en échappent, & les laiſſent retomber dans la coupe. Voilà toute la conſtruction de ces moulins, qui different très peu des moulins à foulon des drapiers.

Pour fouler les peaux arrangées en pelotes, comme nous avons dit ci-deſſus, on les met dans la coupe, & on les laiſſe ſous l'action des pilons pendant deux heures ou environ.

Après le travail du moulin, il faut retirer les peaux de la coupe, & leur donner un *vent* ou *évent* ; pour cet effet, on les étend toutes dans un pré ſur des cordes à hauteur d'appui ; on les y laiſſe un quart d'heure ou une demi-heure, ſuivant la température du temps ou le beſoin de chaque peau. On ne les quitte point de vue, on les obſerve avec ſoin, tant qu'elles ſont étendues : on va de l'une à l'autre les trier, les manier, examiner ſi elles ont aſſez de vent, & les retirer à meſure. Il eſt auſſi eſſentiel de leur donner du vent, qu'il eſt dangereux de leur en donner trop.

Après avoir laiſſé les peaux ſur les cordes aſſez long-temps pour que l'huile ait agi ſur leur tiſſu, & les ait pénétrées, on les remet dans la pile du moulin pour y être encore foulées une heure ou deux, & on les reporte ſur les cordes. On donne ainſi deux ou trois vents ſur une huile, ſi cela eſt néceſſaire, comme ſi les peaux ſont naturellement

graffes ; au contraire , fi elles font feches & difficiles à pénétrer , on donnera deux huiles fur un vent , c'eft-à-dire
qu'après qu'elles ont été mifes en huile & foulées, on les remet tout de fuite en huile fans les mettre au vent.

On donne ainfi jufqu'à 5 , 6 , 7 ou 8 vents à des peaux,
& chaque fois on les remet au foulon , fi cela eft néceffaire ;
il arrive fouvent qu'on donne deux ou trois vents fur une
huile & quelquefois auffi deux huiles fur un vent. C'eft
pour cet objet qu'il faut toute l'expérience d'un moulinier
intelligent.

Les cinq ou fix vents dont on a parlé , font mêlés de trois
à quatre huiles , quelquefois davantage , fuivant le befoin
des peaux ; à la pénultieme, c'eft-à-dire à la quatrieme huile,
fi l'on n'en veut donner que cinq , la peau demande à fe repofer dans l'huile , pour avoir le temps de s'en pénétrer &
de s'unir , pendant une femaine au moins , plus long-temps
même fi on le peut. Il faut qu'elle mange fon huile fur le
repos , & alors elle fe gonfle & fe nourrit par un petit commencement de fermentation. Mais il faut bien fe garder ,
dans cette circonftance , de faire des piles , ou d'entaffer
les peaux les unes fur les autres ; elles s'échaufferoient en
peu de temps , & d'autant plus promptement , qu'elles font
encore *vertes* , c'eft-à-dire qu'elles contiennent encore une
partie de la fubftance animale , qui eft toujours fort difpofée à la fermentation.

Ceux qui font preffés , & qui travaillent en hiver , font
quelquefois obligés d'employer l'étuve pour finir les peaux,
quand elles font *hors d'eau* , c'eft-à-dire que l'humidité les
a abandonnées , & que l'huile a déja pris le deffus , & s'eft
établie dans l'intérieur des peaux : fi elles étoient trop
vertes, elles ne pourroient foutenir l'étuve ; elles fe raccor-
niroient & ne pourroient plus reprendre leur premiere foupleffe. Ces étuves ne font autre chofe qu'un endroit bien
clos, qui n'a qu'une petite iffue pour la fumée , & dans
lequel on allume un feu léger avec du petit bois ou du charbon pendant l'efpace de deux heures , après avoir fufpendu
les peaux deux à deux à des clous.

Les peaux de boucs & de moutons ne prennent guere
qu'une livre d'huile par douzaine , à chaque fois qu'on les
met en huile ; & pour le total , on obferve qu'il entre tout
au plus huit à neuf livres d'huile dans une douzaine de peaux
de moutons de la forte de Paris , & douze livres pour les
peaux de boucs.   D d iv

Au fortir de la foule & après le dernier vent, on *met les peaux en échauffe* : mettre les peaux en échauffe, c'eft en former des tas de vingt douzaines, & les laiffer s'échauffer en cet état, dans une petite chambre étroite & fermée de tous les côtés, deftinée à cet ufage. Pour hâter & confer-ver cette chaleur, on enveloppe ces tas avec des couver-tures, de façon qu'on n'apperçoit plus les peaux : c'eft alors qu'on doit veiller à fon ouvrage ; fi on le néglige un peu, les peaux fe brûleront, & fortiront des tas, noires comme du charbon. On les laiffe plus ou moins en échauffe, felon la qualité de l'huile & la faifon ; elles fermentent, tantôt très promptement, tantôt très lentement. La différence eft au point qu'il y en a qui paffent le jour en tas fans prendre aucune chaleur, d'autres qui la prennent fi vîte, qu'il faut prefque les remuer fur le champ. On s'apperçoit à la main que la chaleur eft affez grande pour remuer les peaux, ce qui confifte à en faire de nouveaux tas en d'autres endroits, en retournant les peaux par poignées de huit à dix, plus ou moins. Leur chaleur eft telle, que c'eft tout ce que l'ou-vrier peut faire que de la fupporter.

On couvre les nouveaux tas, & on fait jufqu'à fept ou huit remuages. On remue ainfi tant qu'il y a lieu de craindre que la chaleur ne foit affez grande pour brûler les peaux. On laiffe entre chaque remuage plus ou moins de temps, felon la qualité de l'huile ; il y en a qui ne permettent de repos qu'un quart d'heure, d'autres en permettent davantage. Après cette manœuvre, les peaux font ce qu'on appelle *paf-fées*. Il s'agit enfuite, pour les finir, de les débarraffer de l'huile fuperflue qui ne s'eft point combinée avec la peau par la fermentation qu'elle éprouve pendant qu'elle eft en échauffe.

Les Chamoifeurs doivent avoir attention de ne pas mettre dans le même *habillage* ou la même préparation, les peaux de mouton avec celles de chevre, parceque les premieres s'échauffant difficilement dans le foulon, & les fecondes étant échauffées beaucoup plutôt, celles-ci feroient alté-rées, pourroient même fe brûler dans le moulin, pour peu qu'on les y laiffât repofer, ou qu'elles demeuraffent en pile, avant que les autres fuffent au point où elles devroient être.

Pour cet effet, on prépare une leffive avec de l'eau & des cendres gravelées : il faut une livre de cendres gravelées pour chaque douzaine de peaux. On fait chauffer l'eau au point d'y pouvoir tenir la main ; trop chaude elle brûleroit les peaux. Quand la leffive a la chaleur convenable, on la met dans un cuvier, & on y trempe les peaux : on y jette à la fois tout ce qu'on en a : on les y remue, on les y agite fortement avec les mains, on continue cette manœuvre le plus long-temps qu'on peut, puis on les tord avec la *bille*. A mefure qu'on tord, la leffive fort & emporte la graiffe. Le mélange d'huile & de leffive s'appelle *dégras*, & l'opération *dégraiffer*. Quand un premier dégraiffage a réuffi, il ne faut plus qu'un lavage pour conditionner la peau ; ce lavage fe fait dans l'eau claire, chaude & fans cendres : mais il en faut venir quelquefois jufqu'à trois dégraiffages quand les cendres font foibles. On lave après ces dégraiffages : après ce lavage, on tord un peu : cette derniere opération fe fait auffi fur la perche & avec la bille.

Dans l'opération du dégraiffage, on peut abfolument fe paffer de chaux, en y fubftituant des eaux aigres, ou une eau mêlée de fel & d'alun qui produiroient en moins de temps que l'eau de chaux le même gonflement dans les peaux ; mais elles ne deviendroient pas auffi moelleufes, & ne prendroient pas le même corps.

Quand l'huile a jetté fon feu, & qu'à force de remuer les peaux on a fait ceffer la fermentation, il n'y a plus à craindre pour elles : qu'elles foient étendues ou en tas, elles ne peuvent plus fe gâter, quelque long-temps qu'on les conferve ; elles en valent même beaucoup mieux, lorfqu'elles font gardées, parceque la peau ne demande qu'à fe repofer dans l'huile : auffi, lorfque les Chamoifeurs ne font pas preffés pour la rentrée de leurs fonds, ils les gardent en l'huile, & ne les dégraiffent que lorfqu'ils trouvent un temps favorable pour les vendre, comme des foires prochaines ou des demandes particulieres.

Dans les provinces, on ne fe fert pour dégraiffer que de la cendre ordinaire, dont on fait une leffive qu'on coule plus ou moins, felon qu'on la donne froide ou chaude. Lorfqu'on la donne froide, elle emporte beaucoup de temps, & elle eft fujette à s'affoiblir ou à fe gâter, au lieu que la chaude fe fait fur le champ & ne fe corrompt point. On la donne moins forte pour les peaux de bouc & de chevre que pour celles de mouton, parcequ'elles ont déchargé beaucoup d'huile dans le *remaillage*, ou l'enlevement de l'épiderme, au lieu que celles de mouton n'étant point remaillées, &

ayant encore toute l'huile qu'on leur a donnée, il faut plus d'alkali pour l'emporter. Lorsqu'à Paris les Chamoiseurs font une leffive commune pour les peaux de boucs & de moutons, ils y mettent plus d'eau que lorsqu'il n'y a point de ces dernieres.

Pour leffiver vingt-cinq douzaines de peaux de mouton, on emploie vingt livres de cendres gravelées, ou vingt-quatre livres de potaffe, *voyez* POTASSE ; ou quarante livres de foude, *voyez* SOUDE.

Quand on a ramaffé le *dégras*, on le fait bouillir pour en faire évaporer toutes les parties aqueufes, parcequ'elles entrent facilement dans le cuir pendant que l'huile demeure fur la furface, ce qui occafionne les plaintes des corroyeurs qui, depuis une cinquantaine d'années, font dans l'ufage de s'en fervir pour donner de la foupleffe aux cuirs de vaches & de veaux qu'ils mettent en huile. Autrefois les Chamoifeurs jettoient ce dégras comme inutile ; mais depuis que l'huile de morue eft devenue plus rare, les corroyeurs l'achetent pour l'ufage que nous avons dit.

Qnand les peaux ont été fuffifamment torfes, on les fecoue bien, on les détire, on les manie : on les étend fur des cordes, ou on les fufpend à des clous dans les greniers, & on les laiffe fécher : il ne faut quelquefois qu'un jour ou deux pour cela.

Les peaux étant feches, on les *ouvre* fur un inftrument appellé *paliffon*. Le paliffon ou *peffon* eft formé de deux planches, dont l'une eft perpendiculaire à l'autre ; la perpendiculaire porte à fon extrémité un fer tranchant un peu mouffe & courbé : on paffe la peau fur ce fer d'un côté feulement : cette opération n'emporte rien du tout, elle fert feulement à ramollir la peau & à la rendre fouple.

Lorfque les peaux ont été paffées au paliffon, on les pare à la *lunette*, c'eft-à-dire qu'on leur donne le luftre, l'égalité, l'uniformité qui en fait l'agrément. Pour cela, on fe fert du *eroir* qui n'eft autre chofe qu'une poutrelle foutenue horizontalement fur deux montants à cinq pieds de hauteur, & fur laquelle on fixe la peau par un bout ; enfuite avec la lunette on enleve ce qui peut être refté de chair. La lunette eft une efpece de couteau rond comme un difque, percé dans le milieu, tranchant fur toute fa circonférence. La circonférence de l'ouverture intérieure eft bordée de peau : l'ouvrier paffe fa main dans cette ouverture, pour faifir la lunette & la manier : on peut parer jufqu'à huit douzaines de peaux par jour.

On doit obferver qu'on pare les peaux de bouc des deux côtés, mais légérement, pour leur donner plus de propreté & de luftre ; les peaux de mouton ne fe parent que du côté de la chair, parceque le côté de la fleur s'écorcheroit, fi l'on y paffoit la lunette, & que le remaillage difpenfe de les parer de ce côté-là.

Quand les peaux font parées, on les vend aux gantiers & à d'autres ouvriers.

S'il fe trouve quelques chevres ou quelques boucs dans un *habillage* (c'eft le nom qu'on donne à la quantité de toutes les peaux qu'on a travaillées, depuis le moment où l'on a commencé, jufqu'au fortir du foulon), s'il s'y trouve même des chamois, des biches & des cerfs, le travail fera tel qu'on l'a décrit ; mais quand les peaux de boucs, de chevres, de chamois, de biches, de cerfs, &c. font revenues du foulon, & qu'elles ont fouffert l'échauffe, le travail a quelque différence : on les met tremper dans le dégras jufqu'au lendemain, & enfuite on les *remaille*.

Le remaillage eft l'opération la plus difficile du Chamoifeur ; elle confifte à remettre les peaux auxquelles cette manœuvre eft deftinée, fur le chevalet, à y paffer le fer à écharner, à enlever l'arriere-fleur, & à faire, par ce moyen, cotonner la peau du côté de la fleur. Le couteau dont on fe fert pour remailler, eft concave : il ne coupe prefque pas ; il arrache plutôt qu'il ne tranche la furface de l'épiderme de la peau.

S'il fait foleil, on expofe à l'air les peaux immédiatement après les avoir remaillées, finon on les dégraiffe tout de fuite.

Quand il s'agit de donner les vents, lors de la foule, il faut les donner d'autant plus forts, que les peaux font plus fortes. Il faut même, felon la force des peaux, & plus de vents, & plus de foules : les cerfs reçoivent alternativement jufqu'à douze vents & douze foules.

On effleure les peaux pour que celui qui les emploie puiffe facilement les mettre en couleur. La peau effleurée prend plus facilement la couleur que la peau qui ne l'eft pas.

La France eft redevable au grand Colbert de la préparation des peaux de bufle : il y attira pour cet effet M. *de la Haye*, de Hollande, & enfuite M. *Jabac*, de Cologne,

qui obtinrent un privilege excluſif pour établir leur manufacture à Corbeil. Il y a peu d'années qu'on en fait à Paris.

Les peaux ou cuirs de bufle, d'élans, de bœufs, de vaches, de cerfs, de daims, s'apprêtent & ſe paſſent en huile
à peu près de la même maniere que celles des autres animaux
dont il a été ci-devant parlé.

La couleur naturelle des peaux paſſées en huile par le Chamoiſeur eſt le jaune; mais on peut les faire blanchir en
les expoſant mouillées au ſoleil pendant deux ou trois
jours, & en les arroſant à meſure qu'elles ſechent. Une
peau en chamois, ainſi blanchie à la roſée, a preſque la
même blancheur qu'une peau de mégie, & elle a l'avantage
d'être plus douce & de durer plus long-temps.

On travaille en chamois dans pluſieurs provinces de France,
principalement à Niort en Poitou, à Strasbourg, à Greno-
ble, à Annonai en Vivarais, à Maringue en Auvergne, à
Nantua en Bugey, à Geneve, &c.

La police a pris quelques précautions contre la corruption
de l'air, qui peut être occaſionnée par le travail des peaux
paſſées, ſoit en huile, ſoit en blanc ou mégie. La premiere,
c'eſt d'ordonner à ces ouvriers d'avoir leurs ouvroirs hors
du milieu des villes; la ſeconde, d'interrompre leurs ouvrages dans les temps de contagion; & la troiſieme, qui eſt
particuliere peut-être à la ville de Paris, c'eſt de ne point
infecter la riviere de Seine en y apportant leurs peaux.

Quant à leurs réglements, il faut y avoir recours ſi l'on
veut s'inſtruire des précautions qu'on a priſes, ſoit pour
la bonté des chamois vrais ou faux, ſoit pour le commerce
des laines.

Les peaux de chamois paient pour droit d'entrée; livres
par douzaine, ſuivant le tarif de 1667, & l'arrêt du Conſeil d'Etat du Roi du 15 Février 1689; & 16 ſols par douzaine pour droit de ſortie, conformément au tarif de
1664.

CHANDELIER. On entend par chandelle un petit flam-
beau de ſuif propre à éclairer, dont la meche eſt formée de
pluſieurs brins de fil de coton groſſiérement filés & tortillés
enſemble. On appelloit autrefois en France *chandelles de
cire*, ce qu'on nomme aujourd'hui des *bougies* ou des *cierges*;
mais, depuis long-temps, aucun ouvrage de cire ſervant à
éclairer n'a conſervé le nom de *chandelle*. On fait des
chandelles avec de la *réſine*, mais on ne s'en ſert que dans
les provinces où le bois de pin eſt commun.

On donne le nom de *Chandeliers* aux ouvriers qui fabriquent & vendent la chandelle.

Les Chandeliers forment à Paris une communauté qui est aujourd'hui composée de deux cents huit maîtres : ils étoient autrefois unis au corps de l'épicerie ; ils en furent séparés en 1450, & il leur fut défendu de vendre aucune épicerie, mais simplement du suif, de l'huile, du vieux oing & semblables graisses & denrées ; alors ils firent une communauté séparée, à laquelle il fut donné des Jurés, comme aux autres corps des arts & métiers.

Les épiciers continuerent de vendre avec les Chandeliers les marchandises réservées à ces derniers jusqu'en l'année 1459 : mais dans cette année il leur en fut fait défense.

C'est la graisse des animaux qu'on nomme *suif*, qui sert principalement à faire les chandelles, quand elle a été fondue & clarifiée. Il est bon d'observer que les graisses sont de différentes qualités ; les unes sont fluides comme l'huile ; d'autres acquierent difficilement de la fermeté en se refroidissant ; d'autres sont trop seches & trop cassantes pour faire seules de bonnes chandelles. La nature des aliments dont les animaux ont usé, influe beaucoup sur la diversité des graisses.

Pour que la chandelle soit de bonne qualité, elle doit être faite de moitié suif de mouton & de brebis, & de moitié suif de bœuf & de vache, fondus ensemble & bien purifiés. Il est défendu par les réglements d'y mêler aucun autre suif ni graisse, sur-tout de porc. Cette derniere graisse fait couler les chandelles ; elle exhale toujours une mauvaise odeur, & donne une flamme noire & épaisse. Il est même défendu aux Chandeliers d'acheter de cette graisse sur le carreau de la halle ; ceux qui en mêlent à leur chandelle, la font acheter chez les parfumeurs & chez les charcutiers. On n'emploie dans les fabriques de chandelles, que la graisse qui enveloppe les reins, & celle des intestins. Les Chandeliers ont remarqué que la graisse des animaux nourris de fourrages secs & nourrissants est meilleure que celle des mêmes especes d'animaux nourris avec des herbes vertes : cette distinction est généralement adoptée.

Nous parlerons d'abord de la premiere préparation & de la premiere fonte que les bouchers donnent au suif, quoique ce travail ne regarde pas précisément l'art du Chandelier, à qui les bouchers ont coutume de vendre le suif en *jatte*, ou , comme d'autres difent , en *pain* , n'y ayant guere que les Chandeliers de campagne qui donnent au fuif ces premieres façons : mais cette préparation eft un préliminaire d'une néceffité abfolue pour fabriquer les chandelles.

Quand les bouchers ont tiré la graiffe des bêtes qu'ils tuent , ils la portent au *féchoir* , où ils la mettent fur des perches bien ifolées que l'air frappe de tous côtés , ce qui fait que les graiffes ne fe corrompent point. Lorfqu'ils ont une certaine quantité de graiffe deffechée qu'on nomme *fuif en branche* , ils la portent dans des mannes au *huchoir* , où ils la coupent par petits morceaux gros comme des noix.

Le fuif ainfi haché fe jette dans une grande chaudiere qui fe termine au fond en forme d'œuf. Cette chaudiere de cuivre eft montée fur un fourneau de briques , au bas duquel il y a des degrés pour élever l'ouvrier , & le mettre à portée de remuer le fuif , & de le tirer de la chaudiere. Quand la graiffe eft bien fondue , on la verfe dans des poëles de cuivre avec de grandes cuillers qu'on nomme *puifelies* ; mais , pour féparer le fuif d'avec les impuretés qu'il contient , on le paffe dans une *bannatte* , qui eft un panier d'ofier cylindrique percé de façon que les parties membraneufes ne puiffent pas paffer avec le fuif épuré. On le prend avec des puifelles dans les poëles , avant qu'il foit figé , pour le verfer dans des futailles dont on fait la contenance , ou bien on en remplit des mefures de bois qui contiennent ordinairement cinq livres & demie de fuif ; quand il eft refroidi dans ces mefures de bois , on a des pains *hémifphériques* , que les bouchers vendent aux Chandeliers , & c'eft ce qu'on nomme *fuif de place* , qui eft plus eftimé que celui qui vient des provinces ou des pays étrangers.

On nomme *boulée* le fédiment qui refte au fond des poëles : il provient des faletés du fuif en branche , du fang & de quelques morceaux des parties membraneufes. On met cette boulée dans une chaudiere , & on la *glaffe* , c'eft-à-dire qu'on la fait chauffer modérément , jufqu'à ce que le fuif paroiffe au-deffus , où on le ramaffe. On paffe enfuite fous une forte preffe le *creton* , c'eft-à-dire les membranes imbibées de fuif , contenues dans la bannatte. Le fuif tombe dans une poële , fur laquelle il y a un tamis de crin pour arrêter les immondices qui pourroient paffer. On ôte enfuite le marc qu'on nomme *pain de creton* ; on le vend pour faire de la foupe aux chiens , ou pour nourrir des volailles.

Les Chandeliers préferent le fuif de mouton à tous les autres, parcequ'il est plus blanc, plus caffant & plus tranfparent : celui de bœuf est plus gras que celui de mouton ; il doit être nouveau, fans mauvaife odeur, & d'un blanc jaunâtre. Les fuifs falés font pétiller les chandelles, & on défend expreffément aux bouchers de Paris de mettre du fel dans leurs fuifs. Quoique le mélange des différentes graiffes foit défendu, les Chandeliers ont cependant obtenu de la police de pouvoir mettre dans les chandelles qu'ils font l'hiver, du fuif de tripes ou *petit fuif*, qui est la graiffe qui fe fige fur le bouillon où l'on fait cuire les tripes.

On a effayé, pour faire les meches, les fils de cheveux, le crin, la foie, le poil de chevre & autres fils, & on n'a rien trouvé de meilleur que le coton. Il y a deux efpeces de coton : l'un produit par une plante annuelle, & l'autre par un arbriffeau. Les cotons de la premiere efpece viennent du Levant : ils font très blancs & très fins ; mais leurs filaments ne font, ni fi forts, ni fi longs, que ceux du coton en arbriffeau qui vient de l'Amérique méridionale. Le coton filé le plus fin forme les plus belles meches.

Les Chandeliers l'achetent en écheveaux, & le dévident enfuite en pelotes. Les Chandeliers appellent *tournettes* les dévidoirs fur lefquels ils dévident leurs cotons. Chaque meche est compofée de deux, trois ou quatre pelotes, fuivant la qualité des chandelles & leur groffeur. Les ordonnances défendent d'y mettre des meches trop groffes, ou qui ne le foient pas affez.

Lorfqu'on veut couper le coton de longueur, & le proportionner aux chandelles auxquelles il doit fervir de meches, on porte les pelotes au *couteau à meche*. Ce couteau est un inftrument compofé de trois principales pieces : favoir, d'une table de bois, d'une broche de fer, & d'une lame d'acier bien tranchante, dont le tranchant regarde la face de la table oppofée à l'ouvrier. La lame est fixe ; la broche au contraire est mobile, & s'avance ou fe recule vers la lame qui est fur la même ligne, par le moyen d'une couliffe qu'on peut arrêter avec une vis qui est fur le côté ou au deffous de la table. Pour couper le coton, il faut d'abord éloigner la broche de la lame d'acier, autant qu'il convient que la meche ait de longueur. En fuppofant, par exemple, que la meche d'une chandelle doive être de vingt-quatre brins de coton, & qu'il fe trouve dans les pelotes trois fils réunis, on prend quatre de ces pelotes, dont les fils réunis formeront douze brins qui, doublés sur la broche, formeront les vingt-quatre brins ; après les avoir appliqués fortement sur la lame pour les couper, on recommence la même opération, jusqu'à ce que la broche en soit pleine.

Lorsqu'il y a assez de meches coupées pour faire une *brochée* de chandelle, on les leve de dessus la broche de fer, & on les enfile sur des baguettes de bois qu'on nomme *broches à chandelles*, & qui servent à plonger les chandelles. Il faut observer qu'à chaque meche qu'on coupe, on en roule les fils entre les deux mains, à-peu-près comme les cordons dont les cordiers font leur corde, pour éviter que quelque fil de coton ne se sépare des autres, ce qui porte un préjudice essentiel à la chandelle. Comme la lame du *coupoir* effiloche le coton, on rassemble une quantité de meches, & on coupe avec de bons ciseaux tous les brins qui excedent les autres. Cette précaution n'est utile que pour les chandelles plongées. Tous les Chandeliers, pour ainsi dire, prétendent qu'il est avantageux de tremper les meches dans de l'esprit-de-vin, & que, par ce moyen, elles n'ont pas besoin d'être mouchées si souvent ; mais il n'est pas à croire qu'il puisse en rester une grande impression sur la meche.

Lorsque les Chandeliers ont pesé le suif, & qu'ils l'ont mêlé suivant les proportions portées par les réglements, ils le *dépecent*, c'est-à-dire qu'ils le hachent en très petits morceaux, afin que le suif fonde plus aisément sans brûler ou noircir.

Le *dépéçoir* est semblable aux couteaux avec lesquels les boulangers coupent leurs pains en gros quartiers ; il est attaché avec une charniere sur une table qui n'est différente des autres tables, qu'en ce qu'elle a des bords de huit à neuf pouces de hauteur, par derriere.

Le suif étant ainsi haché & dépecé, on le transporte avec des corbeilles dans la *poële à la chandelle*. Ce qu'on appelle ainsi est une grande chaudiere de cuivre jaune, qui a par le haut un bord de cinq à six pouces de large, renversé par dehors. Ce bord sert vraisemblablement à éloigner la flamme du bois qui brûle sous la *poële* ; elle est soutenue sur un trépied de fer proportionné à sa grandeur. Un ouvrier a soin de remuer le suif avec un bâton, & de l'écumer exactement.

Le

Le suif étant parfaitement fondu & bien écumé, certains Chandeliers y mettent le *filet*, c'est-à-dire la valeur d'un demi-septier d'eau dans les grandes fontes, & une roquille dans les moindres ; ils prétendent que cette eau fait descendre les saletés du suif qui sont échappées à l'écumoire ; observant cependant qu'il ne faut point de *filet* lorsqu'on fait les trois premieres couches des chandelles plongées, parceque la meche encore seche s'imbiberoit de cette eau & feroit pétiller les chandelles en brûlant.

Les Chandeliers survuident ensuite le suif dans une cuve de bois qu'on nomme *caque* ou *tinette*, & pour le rendre encore plus pur ils le versent à travers un *sas* ou gros tamis garni d'une toile de crin extrêmement serrée. Quand la *caque* est pleine, on la couvre, le suif s'y conserve sans se figer l'hiver jusqu'à douze ou quinze heures, & l'été vingt-quatre heures. Il s'y clarifie, & lorsqu'on a besoin d'en tirer, il y a un robinet au bas de la *tinette*, deux ou trois pouces au-dessus du fond, afin que les immondices qui s'y trouvent ne coulent point avec le bon suif. Comme le grand froid & les grandes chaleurs sont nuisibles à la fabrication des chandelles, on établit assez souvent cet attelier dans des caves. Dans un temps de gelée on a soin de mettre la *caque* près du feu : mais le meilleur temps pour faire les chandelles est depuis le commencement d'Octobre jusqu'au mois de Mars. Pour faire les chandelles moulées, on ne met point reposer le suif dans les *tinettes*, on le verse au sortir de la poële sur le tamis de crin dans des *auges* ou *moules*.

Les chandelles plongées qu'on nomme aussi chandelles **à la baguette**, se font en plongeant à plusieurs reprises les meches de coton enfilées par des baguettes de bois, dans le suif liquide contenu dans une *auge* que quelques autres appellent *moule* ou *abime*.

Ce vaisseau a une forme triangulaire, semblable à celle du *prisme*, excepté que le triangle n'est pas *équitatéral* : les deux grands côtés, qu'on nomme *joues*, ont deux pieds de hauteur, & l'ouverture n'a que dix pouces de large sur trois pieds de long. L'abìme est soutenu sur l'angle aigu que forment les deux grands côtés par le moyen de deux petits pieds plats qui sont par dessous aux deux extrémités.

Lorsque l'abìme contient le suif fondu, & chaud au point qu'il doit l'être, on a soin de l'entretenir au même degré de chaleur, en y ajoutant de temps en temps un peu de nouveau fuif, & en le remuant avec un bâton de quinze à vingt pouces de long & d'un pouce & demi de large, qu'on nomme *mouvette* ou *mouvoir* : on a aussi une *truelle triangulaire* qui fert à nettoyer les bords du *moule*. Pour lors l'ouvrier, assis fur fon *placet*, prend des *broches* ou *baguettes* chargées d'autant de meches qu'il convient pour la forte de chandelle qu'on veut faire, & les enfonce dans le fuif à deux ou trois reprifes, pour leur en donner la premiere impreffion ; enfuite il les met à égoutter fur l'ouverture du moule. Il faut que le fuif foit chaud à cette premiere trempe pour bien pénétrer le coton des meches ; mais aux autres il faut que le fuif commence à fe figer au bord du vaiffeau ; & pour lors on les fait fécher fur l'*établi*.

Cet établi eft une grande cage à deux étages faite de bois de charpente, qui eft proportionnée à la grandeur de l'attelier ; elle eft garnie de ant & derriere par des tringles de bois qui font à vingt pouces les unes au-deffus des autres, plus ou moins, fuivant la longueur des chandelles ; au bas de l'*établi* eft une grande *auge* de bois qu'on nomme l'*égouttoir*, auffi longue & auffi large que l'*établi* même, mais dont les bords n'ont que quatre ou cinq pouces de hauteur. Cet égouttoir fert à recevoir les gouttes du fuif qui tombent des chandelles ; mais il en tombe ordinairement fort peu, excepté à la premiere *plongée*.

Le Chandelier replonge de nouveau les meches ainfi féchées, obfervant de mettre toujours un de fes doigts entre les deux broches, s'il en prend deux, afin que les meches d'une broche ne touchent pas celles d'une autre ; il a foin encore de leur donner une petite fecouffe pour féparer les meches qui auroient pu fe toucher, événement qu'on répare difficilement.

Quand cette trempe qu'on nomme *plinjure* eft faite, on met les broches fur les tringles de l'établi, pour que le fuif acheve de fe figer, en obfervant de les placer aux étages les plus bas, & celles qui font près d'être finies à l'étage le plus élevé.

Lorfque le fuif des chandelles eft fuffifamment *efforé* ou *raffermi*, on leur donne la feconde *plongée* qu'on nomme *retournure*. Cette façon confifte à plonger une feconde fois dans le fuif les meches qui, ayant reçu une forte de confiftance, s'y enfoncent facilement à cette feconde plongée.

Nous ne répéterons point qu'on trempe deux broches de

chandelles à la fois, & qu'à chaque *trempe* on les remet à l'établi. Il faut en outre que le fuif foit bien refroidi avant de donner une nouvelle plongée.

On doit s'imaginer aifément qu'il faut donner plus de plongées aux groffes chandelles qu'aux petites, mais on n'en peut fixer le nombre ; les chandelles s'en chargent plus ou moins fuivant la qualité du fuif ; en général, elles s'en chargent toujours plus l'hiver que l'été. Mais quand leur groffeur eft à-peu-près déterminée, on donne les deux dernieres plongées ; l'une s'appelle *mettre près*, & l'autre *achever*. Les Chandeliers connoiffent quand les chandelles font affez groffes ; néanmoins pour être plus certains de leur opération ils en pefent quelques-unes avant d'achever & de *colleter* ; ce qui fe fait en les plongeant dans le fuif plus avant qu'on n'avoit fait à toutes les précédentes plongées, afin que la meche qui fe fépare pour former l'anfe qui embraffe la broche fe couvre de fuif, en forte qu'elle forme comme deux *lumignons*.

Quand les chandelles font finies, on en rogne les *culs* avec un inftrument qu'on appelle *rognoir* ou *rogne-cul*. Cet inftrument eft formé d'une platine de cuivre, qui a des rebords dans toute fa longueur, avec un *goulot* ; il y a fous cette platine une poële de tôle quarrée, dans laquelle on met des charbons allumés. Quand la platine eft échauffée, le Chandelier prend fur le plat de fes mains plufieurs brochées de chandelles dont il appuie l'extrémité inférieure fur la platine de cuivre, qui eft affez chaude pour faire fondre le fuif qu'on veut retrancher, & en fe fondant il coule par le *goulot* dans la poële mife exprès pour le recevoir. Au moyen de ce rognoir on coupe les chandelles avec plus de viteffe & de propreté, qu'on ne le feroit avec une lame tranchante : cet ouvrage eft pénible, & il fatigue beaucoup l'ouvrier qui refpire toutes les vapeurs du charbon.

Quand les chandelles font perfectionnées, on les met en livres, en les enfilant dans des *pennes* ou *ficelles* ; ou on les paffe dans de longues baguettes pour les mettre au grand air, ou enfin on les enferme dans des caiffes fi c'eft pour des provifions.

Comme les cordonniers font fujets à travailler plufieurs autour d'une même table, & qu'il faut que la même chandelle éclaire plufieurs ouvriers, on leur en fait de compofées de deux en les approchant l'une de l'autre fur la broche, &

les uniffant par deux ou trois trempes qu'on leur donne ; c'eft ce qu'on appelle *chandelle à cordonnier*, parceque ce font ces artifans qui en confomment le plus.

Les chandelles moulées prennent leur forme d'un feul *jet*, en infinuant du fuif liquide dans un moule de la groffeur dont on veut faire la chandelle. Ce fuif une fois refroidi & figé, la chandelle fort de fon moule, ayant le poids & la groffeur qu'on exigeoit ; il faut conféquemment des moules de plufieurs groffeurs.

On fait ces chandelles dans des moules de différentes matieres ; comme le laiton, le fer blanc, l'étain, & le plomb. Les moules d'étain commun font les meilleurs, & ceux de plomb les moindres. Chaque chandelle a fon moule qui eft divifé en trois pieces ; le *collet*, la *tige*, & le *culot* avec fon *crochet*.

La tige, qui eft un cylindre creux de métal, eft longue & groffe fuivant la longueur & la groffeur qu'on veut donner aux chandelles. A l'extrémité du *tuyau*, qui forme la tige du moule, eft le collet, c'eft-à-dire un petit chapiteau de même métal, élevé en dôme, & percé au milieu d'un trou affez grand feulement pour y paffer la meche avec un peu de peine. A l'autre extrémité eft le culot qui eft une efpece d'entonnoir dont la *douille* eft large, & l'évafement affez petit : il fert à couler le fuif dans le *moule*. Enfin ce qu'on appelle le *crochet* du culot, eft une *languette* de métal foudée à l'intérieur du *pavillon* du *culot*, qui fert à maintenir la meche au milieu du moule.

Pour introduire la meche dans l'axe du moule de maniere qu'une de fes extrémités réponde au trou du *collet*, on fe fert d'un fil de fer qu'on nomme l'*aiguille à meche*, qui a d'un côté un anneau pour le tenir, & de l'autre un petit crochet ; on y attache la meche avec un petit fil qu'on nomme *fil à meche*, de forte que lorfqu'on retire le fil de fer, la meche fuit, & il n'en refte au dehors qu'autant qu'il en faut pour le *collet* ; & enfuite fe fervant du même fil qu'on a détaché de l'aiguille, on arrête la meche au crochet du *culot* qui la tient dreffée & tendue au milieu de la tige.

Les moules ainfi garnis de meches s'arrangent fur les *tables à mouler* ; ces tables font formées par une planche percée de quantité de trous qui font à-peu-près de la groffeur des moules qui entrent dedans ; ainfi chacune de ces tables ne peut fervir que pour une efpece de moule.

Au-deſſous de la table il y a une auge de la même longueur pour recevoir le ſuif qui pourroit ſe répandre ; elle a la forme d'une gouttiere, & eſt faite avec deux planches dont les bords ſe réuniſſent.

Les moules étant arrangés bien perpendiculairement, & la quantité étant ſuffiſante pour en faire une *jettée*, c'eſt-à-dire pour remplir les moules de ſuif, un ouvrier remplit de ſuif une burette de fer blanc ſemblable à un arroſoir à bec. Au moyen du bec de la burette les moules ſe rempliſſent promptement ; & l'ouvrier a ſoin de regarder ſi l'effuſion du ſuif n'a pas dérangé les meches ; inconvénient auquel il peut remédier en tirant le bout de la meche qui ſort par le collet, avant que le ſuif ſoit figé.

Si on emploie le ſuif trop chaud, les chandelles ont peine à ſortir du moule ; ou ſi elles en ſortent elles ſont, comme diſent les ouvriers, *tavelées* ou *tachées*.

Lorſque les moules ſont aſſez refroidis pour que le ſuif ait pris corps, on en tire les chandelles en élevant le *culot* que la chandelle accompagne à cauſe du crochet où le *fil à meche* eſt attaché : lorſque le fil, qui n'y tient que par une eſpece de nœud coulant, en a été ôté, on plie la chandelle près du culot ; elle s'y rompt fort net ſans qu'on ſoit obligé d'avoir recours au *rogne-cul*, comme aux chandelles plongées.

Quand les Chandeliers veulent perfectionner leurs chandelles, & les rendre bien blanches, ils les mettent au *blanchiment*, après les avoir tirées des moules ; ce qui ſe fait en les expoſant quelque temps à la roſée ou aux premiers rayons du ſoleil. Pour cet effet ils les enfilent par le collet à des broches ou baguettes ſemblables à celles qui ſervent à la fabrique des chandelles plongées, & les expoſent au grand air. Il faut ordinairement huit ou dix jours dans un temps favorable pour le *blanchiment* ; & lorſqu'elles ſont ſuffiſamment blanches on les met en livres ou en paquets, ſuivant que le Chandelier le deſire pour faciliter ſon débit.

La vraie ſaiſon pour faire de belles chandelles eſt depuis la fin d'Octobre juſqu'au mois de Mars.

Les chandelles de deux ans ſont extrêmement blanches, mais elles coulent & répandent une mauvaiſe odeur. Les chandelles trop nouvellement faites n'ont jamais la blancheur qu'elles peuvent acquérir en les gardant ; de plus le

suif n'ayant point acquis toute sa dureté , elles sont grasses
& se consument fort vîte. Les chandelles faites depuis cinq
ou six mois sont les meilleures ; elles sont blanches , seches,
& durent plus long-temps.

Les chandelles dont les suifs sont gras au toucher, qui ont
une odeur de corruption , ainsi que ceux qui sont bruns ou
jaunâtres , ne valent rien. Pour juger de la qualité des chandelles , il est bon de les rompre, ou d'enlever avec un couteau une portion du suif de la superficie , afin d'examiner si
le suif intérieur est de même qualité. Leur bonté se connoît
aussi à la vivacité de leur lumiere que l'on reçoit à travers
l'ouverture d'une planche sur un carton , & à la durée com-
parée lorsqu'elles se consument.

La durée des quatre à la livre peut être de dix à onze
heures , celles des huit de cinq heures & demie ou six
heures.

Les premiers statuts des Chandeliers datent de l'année
1061 , sous le regne de Philippe premier : ils furent augmentés sous le même Roi au mois d'Octobre 1093 , & ont
été confirmés jusqu'à présent par tous les Rois ses succes-
seurs.

Ces statuts leur donnent la qualité de maîtres *Chandeliers-
Huiliers-Moutardiers* , & leur permettent de vendre à petits
poids & mesures en regrat toute sorte d'huiles à brûler,
verres, bouteilles, bois, charbon, moutarde & toute autre
sorte de menues marchandises en regrat. L'arrêt du Parlement du 3 Février 1677 les maintient dans la possession de
vendre en détail du beurre , des sabots, pelles, battoirs, &c.

Comme Chandeliers-Huiliers, ils prétendent être les seuls
dépositaires de l'étalon des mesures de cuivre destinées pour
mesurer les huiles à brûler ; mais cet avantage leur est dis-
puté par les marchands épiciers , comme faisant le négoce
de toutes sortes d'huiles en gros & en détail.

Les Chandeliers étoient autrefois unis au corps des épiciers , mais ils en furent séparés en 1450, & il leur fut défendu de vendre aucune épicerie. C'est à cette époque que
commence , à proprement parler, la communauté des Chandeliers , puisque ce ne fut que pour lors qu'ils eurent des
jurés de leurs corps, comme dans les autres arts & métiers.

En 1459 , il fut défendu aux épiciers de continuer de
vendre , concurremment avec les Chandeliers, les marchandises qui étoient réservées à ces derniers.

En exécution d'un réglement de police du 29 Décembre
1745, réaffiché au mois de Janvier 1748, il a été défendu
aux maîtres Chandeliers, fous peine de 20 livres d'amende,
de fabriquer des *chandelles des Rois*, & à leurs garçons de
les porter fous peine de prifon.

C'étoit une groffe chandelle faite dans des moules &
enrichie de quelques ornements, dont les Chandeliers faifoient ordinairement préfent à leurs pratiques qui les allu-
moient la veille & le jour de la fête des Rois dans le feftin
du *roi-boit*. Cet ufage fuperftitieux que la police a fagement
aboli, exifte encore dans quelques provinces.

Il y a douze Chandeliers privilégiés fuivant la cour,
établis en vertu des lettres du grand Prévôt de l'hôtel ; quoiqu'ils ne foient pas membres de la communauté des Chandeliers de Paris, ils font le même commerce qu'eux.

CHANGEUR : *voyez* MONNOYEUR.

CHANVRIER. Le Chanvrier eft le marchand qui vend
du chanvre.

Le chanvre eft une plante qui porte la graine de chenevis,
dont on nourrit plufieurs fortes d'oifeaux, & de la tige de
laquelle fe tire une filaffe qu'on emploie à faire du fil, des
cordes, &c. On le diftingue en deux efpeces, en *mâle* & en
femelle ; ou en *féconde*, qui porte des fruits, & en *ftérile*,
qui n'a que des fleurs. On appelle mal à propos *chanvre femelle*
celui qui ne porte point de graine, c'eft au contraire le mâle ;
il eft chargé de fleurs à étamines dont la pouffiere féconde les
autres pieds qui portent la graine, & que l'on devroit par
conféquent appeller *chanvre femelle*. Le chanvre doit être
femé tous les ans dans le courant du mois d'Avril. Il faut
obferver de choifir une terre douce, aifée à labourer, un peu
légere, mais bien fertile, & fituée le long de quelque ruif-
feau. Les climats tempérés conviennent à cette plante ; elle
craint les pays chauds, & vient très bien dans les pays
froids.

Tous les engrais qui rendent la terre légere font propres
pour le chanvre ; c'eft pourquoi le fumier de cheval, de
brebis, de pigeon, les curures de poulailliers, la vafe qu'on
retire des mares des villages, quand elle a mûri pendant le
temps convenable, font préférables au fumier de vache & de
bœuf. Pour bien faire, il faut fumer tous les ans les *chene-
vieres*, & on le fait avant le labour d'hiver, afin que le fumier ait le temps de fe confumer pendant cette faifon, &

qu'il fe mêle plus intimement avec la terre lorfqu'on fait les labours du printemps.

On prend des foins différents du chanvre, fi on le deftine à faire des cordages, des toiles groffieres pour les voiles, ou fi l'on veut en faire des toiles ordinaires. Si on le cultive pour en faire des cordages, ou des voiles de vaiffeau ; lorfque la graine eft levée, on en arrache affez pour qu'il refte un pied de diftance entre chaque tige. La plante ainfi ifolée prend plus de nourriture, & donne par conféquent des fils plus gros. Si au contraire on ne cultive le chanvre que pour en faire des toiles d'un ufage ordinaire, on le laiffe lever épais ; par ce moyen les tiges étant plus fines & plus pliantes donnent des fils plus fins.

Vers le mois de Juillet, lorfqu'on apperçoit que les pieds de chanvre qui portent les fleurs à étamines, que nous avons appellés *mâles*, & que les payfans appellent improprement *femelles* ; lorfqu'on apperçoit, difons-nous, que ces pieds deviennent jaunes par le haut & blancs vers les racines, qu'on juge que la pouffiere des étamines, toute diffipée, a eu le temps de féconder les fruits, on arrache ce chanvre mâle brin à brin. Il ne pourroit refter plus long-temps fur pied fans préjudice. Le *chanvre femelle* ne s'arrache qu'un mois après, ou même plus, afin de donner à la graine le temps de mûrir.

Lorfque le chanvre femelle eft arraché, on le lie par faifceaux & on le fait fécher au foleil ; on le bat enfuite pour en tirer la graine. Comme ce chanvre femelle refte plus long-temps en terre, & qu'il reçoit par conféquent plus de nourriture, le fil qu'il donne eft plus gros & plus fort ; le chanvre mâle qu'on cueille le premier, donne des fils plus fins, & eft le plus eftimé pour faire la toile.

Le chanvre étant arraché, on le fait *rouir*. Pour cet effet, après avoir coupé la tête & les racines qui font inutiles, on l'entaffe en bottes, on met ces bottes dans une mare expofée au foleil, & on les charge de pierres pour qu'elles plongent entiérement dans l'eau. Il eft expreffément défendu par l'ordonnance des eaux & forêts, de mettre rouir le chanvre dans les eaux courantes qui peuvent fervir de boiffon ; car l'eau dans laquelle on macere le chanvre devient un très dangereux poifon pour ceux qui en boivent, & les antidotes les plus excellents, même donnés à temps, ont bien de la peine à y remédier.

L'effet de l'opération que l'on appelle le *roui*, confiste à diffoudre une fubftance gommeufe qui attache à la tige les fils de l'écorce; ce qui donne enfuite la facilité de les détacher aifément. Si on laiffe le chanvre rouir trop long-temps, il fe pourrit & le fil en eft plus foible; s'il y refte trop peu, on ne peut pas le travailler aifément.

Il eft plus avantageux de faire cette opération lorfque le chanvre eft encore verd, & que les fucs circulent encore, que d'attendre qu'il foit fec. Lorfqu'il eft verd, il ne faut que trois ou quatre jours pour le faire rouir; mais fi on le laiffe fécher auparavant, il faut huit ou dix jours, & la qualité du fil en eft un peu altérée.

Lorfque le chanvre a été bien roui, on le lave & on le fait fécher ou au foleil ou dans un féchoir. On le prend poignée à poignée, & on l'écrafe fous une machine très fimple faite exprès & qu'on nomme *maque*. Une piece de bois mobile eft attachée d'un bout par le moyen d'une charniere fur une autre piece de bois qui eft fixe; on rabat par l'autre bout cette piece mobile fur le chanvre : toute la *chenevotte*, qui eft la partie ligneufe, s'en va par éclats fous les coups, & il ne refte à la main de l'ouvrier que la filaffe, c'eft-à-dire les fils de chanvre détachés de toute la longueur de la tige.

La *filaffe*, quoiqu'ainfi préparée, contient encore beaucoup de parties étrangeres dont il faut la débarraffer. Les uns la battent avec une palette de bois; d'autres, comme dans certains endroits de la Livonie, la font paffer fous un grand rouleau fort pefant qui eft mis en mouvement par le moyen d'une roue à eau qui tourne fur une table ronde avec une extrême rapidité. Les fils du chanvre qui a paffé fous cette machine fe divifent & fe féparent mieux que par la premiere opération. L'inconvénient de cette méthode c'eft qu'elle fait beaucoup de pouffiere, ce qui occafionne aux ouvriers des maladies fort dangereufes.

Lorfque par ces premieres opérations le chanvre a été dépouillé de la partie ligneufe, on le paffe fucceffivement fur des efpeces de peignes de fer, les premiers à dents plus groffes & plus écartées, & les autres à dents plus fines. Par cette manœuvre on enleve les fils les plus épais & les plus groffiers. Ce rebut eft ce qu'on appelle l'*étoupe* avec quoi on fait les meches pour l'artillerie, & même de groffes toiles d'emballage. Le chanvre qui refte a de la douceur, de la

blancheur, de la fineſſe ; mais il lui faut encore des préparations qui ſont l'ouvrage du *ſéranceur.*

Telle eſt la maniere la plus ordinaire d'opérer pour la
préparation du chanvre. Mais M. Marcandier qui a fait des
expériences réitérées ſur cet objet, eſt parvenu à perfectionner ces opérations. Quoique le chanvre ait été aſſez long-
temps dans l'eau pour que l'écorce s'en détache aiſément,
cette écorce eſt cependant encore dure, élaſtique, & peu
propre à produire des fils aſſez fins. Le même Obſervateur a
reconnu qu'on peut parvenir à leur donner facilement &
ſans frais toutes les bonnes qualités qui leur manquent, &
épargner beaucoup la peine & la ſanté des ouvriers que la
pouſſiere du chanvre incommode cruellement. Lorſque le
chanvre a été broyé & réduit en filaſſe, il ne s'agit que de
prendre cette filaſſe par petites poignées, de la mettre dans
des vaſes remplis d'eau, & de l'y laiſſer pluſieurs jours,
ayant ſoin de la frotter & de la tordre dans l'eau ſans la
mêler. Cette opération eſt comme une ſeconde eſpece de
rouiſſage ; le chanvre acheve de ſe décharger de ſa gomme
qui colloit encore les fils. On le tord, on le lave bien à la
riviere, on le bat enſuite ſur une planche, & on le lave
de nouveau. Le chanvre a pour lors un bel œil clair ; tous
les fils ſont détachés les uns des autres ; & ce chanvre ainſi
préparé égale le plus beau lin, & ne donne qu'un tiers
d'étoupe. Pluſieurs expériences ont appris que par cette opération le chanvre le moins priſé peut acquérir des qualités
qui l'égalent à celui qui eſt regardé comme le plus parfait.

Après cette opération on remet le chanvre au ſéranceur
pour en tirer les fils les plus fins, qui paroiſſent alors pour
ainſi dire autant de fils de ſoie ; le ſéranceur le travaille facilement, & n'eſt pas expoſé à cette pouſſiere ſi dangereuſe.
L'étoupe qui ſort de ce chanvre ainſi préparé, donne une
matiere fine, blanche & douce, dont on peut faire en la
cardant une *ouate* qui vaut mieux que les ouates ordinaires ; on peut même en la filant en faire de très bon fil.

Le chanvre ayant reçu ſes apprêts, on le met en liaſſe
quand il doit être envoyé aux corderies, ou bien on le met
en cordon s'il eſt fin & deſtiné pour le filage & pour le
tiſſerand.

Lorſqu'on forme ce qu'on appelle *une queue de chanvre,*
on met toutes les pattes d'un côté, & cette extrémité s'appelle *la tête ;* l'autre extrémité qu'on appelle *le bout* ou *la*

pointe, n'étant compofée que de brins déliés, ne peut être auffi groffe que la tête. On juge que le chanvre eft bon quand cette queue va en diminuant uniformément de la tête à la pointe, & qu'elle eft encore bien garnie aux trois quarts de fa longueur. Enfin on regarde comme le meilleur chanvre celui qui eft fin, moelleux, fouple, doux au toucher, & difficile à rompre.

Les provinces qui en fourniffent le plus font la baffe Normandie, la Bretagne, la Picardie, la Champagne, la Bourgogne, le Perche, le bas Dauphiné, le Lyonnois, le Poitou, l'Anjou, le Maine, le Nivernois, le Gâtinois & l'Auvergne. Les pays du Nord en fourniffent auffi beaucoup, & celui d'Italie eft très eftimé.

Le chanvre eft exempté de tous droits d'entrée par arrêt du 12 Novembre 1749, ainfi que des droits de fortie lorfqu'il paffe dans les provinces réputées étrangeres.

Les chanvres provenant du crû du royaume de France ne peuvent fortir qu'avec permiffion, fuivant l'article 6 du titre VIII de l'ordonnance de 1686, confirmé par autre du 23 Juin 1722.

La communauté des Chanvriers eft très ancienne. En 1666 elle a obtenu de nouveaux ftatuts & une nouvelle forme de gouvernement. Elle n'eft plus guere compofée que de maîtreffes qui ne peuvent avoir d'apprenties fans tenir boutique ouverte pour leur propre compte. Les jurées de la communauté font au nombre de quatre qui font élues deux chaque année.

Les maîtreffes ne peuvent avoir qu'une apprentie à la fois, & doivent l'obliger au moins pour fix ans.

L'apprentie afpirant à la maîtrife doit faire chef-d'œuvre, dont néanmoins la fille de maîtreffe eft exempte.

Aucune apprentie ou fille de boutique ne peut entrer au fervice d'une nouvelle maîtreffe, à moins que la boutique de celle où elle entre ne foit éloignée de douze ou treize boutiques de celle d'où elle fort, & cela parceque toutes les boutiques de ces fortes de marchandes font dans une des halles de Paris, & toutes attenantes les unes des autres. C'eft là qu'elles ont leurs magafins & étalages; & il eft ordonné par les ftatuts aux marchands forains d'y envoyer leurs chanvres, excepté pendant la foire de S. Germain où ils ont droit de décharger leurs marchandifes. Les jurées Chanvrieres vont en faire la vifite, mais elles ne peuvent point les acheter , non plus que les maîtreſſes lingeres, qu'après les deux jours de préférence qui ſont accordés aux bourgeois pour s'en fournir. Il y a à Paris quarante-cinq maîtres ou maîtreſſes de cette communauté.

CHAPELIER. Les ouvriers qui font les chapeaux , ainſi que ceux qui les vendent , s'appellent Chapeliers. Pour faire les chapeaux on ſe ſert de poil de caſtor , de lievre , de lapin , &c. & de la laine vigogne & commune. Le caſtor vient du Canada en peaux ; il en vient auſſi de Moſcovie. La vigogne la plus belle vient d'Eſpagne en balles.

La laine la plus longue étant la moins eſtimée pour la fabrique des chapeaux , on y emploie par préférence la plus courte , comme celle des agneaux & des jeunes moutons. Quoique la France en fourniſſe beaucoup , les Chapeliers font venir de l'étranger des laines plus fines que les nôtres ; ils tirent de Hambourg les *agnelins* qui eſt une laine courte & friſée provenant de la tonte des agneaux. Ils font auſſi uſage de la *carmanie* , qui eſt une laine qui vient de Perſe , & qui prend ſon nom de celui de Kerman , qui en eſt une province. Les Chapeliers diſtinguent deux ſortes de laine de Carmanie : la premiere eſt ce qu'ils appellent la *rouge* , & ils l'eſtiment plus que celle de la ſeconde qualité à laquelle ils donnent le nom de *blanche* ; ce qu'ils nomment *laine d'aûtruche* n'eſt qu'un poil de chevre ou de chevreau gris cendré. Ils ſe ſervent auſſi de poil de chameau & de chiens barbets ; mais l'on n'emploie preſque plus ces derniers poils.

Suivant qu'on veut faire des chapeaux plus ou moins fins & plus ou moins luſtrés , on mêle enſemble une quantité plus ou moins grande de chaque eſpece de laine & de poil , ſuivant que l'expérience l'a appris pour l'uſage qu'on en veut faire. Dans ce mêlange on met une partie de poil ſec ou *veule* , c'eſt-à-dire de celui qui n'eſt point chargé de la graiſſe de l'animal , ou qui n'a point été préparé.

On diſtingue ordinairement deux poils à la peau de caſtor , le gros & le fin. On enleve d'abord le gros poil , le fin y reſte attaché. Cette opération ſe fait par une ouvriere appellée *arracheuſe*. Pour arracher , on poſe la peau ſur un chevalet ſemblable à-peu-près à celui des chamoiſeurs & des mégiſſiers. Quand la peau eſt ſur le chevalet , on prend un inſtrument appellé *plane* , qui eſt un couteau à deux manches. L'ouvriere n'appuie ſon couteau ſur la

peau que mollement, en obfervant de faire avec la plane
un petit mouvement circulaire à chaque reprife : cette opération fe fait à rebrouffe-poil.

Lorfque la peau de caftor fe trouve feche, l'arracheufe
roule la plane, c'eft-à-dire qu'elle la pouffe en avant en in-
clinant fa lame vers le bout du chevalet ; fi au contraire
elle eft graffe, elle ne fait que traîner la plane en appuyant
le tranchant fuivant le fens du poil. Quoique la plane foit
bien tranchante, il eft fingulier que dans l'une & dans l'autre opération elle n'arrache que le *jare* ou mauvais poil, &
n'enleve rien du fin. Le jare du lapin s'arrache comme le
poil fin du caftor qui a échappé à la plane : il n'en eft pas de
même de celui du lievre parcequ'il tient au cuir plus fortement que le fin ; c'eft pourquoi on le coupe avec des cifeaux de façon à ne pas furpaffer le poil fin.

Avant de dépouiller les peaux de leur poil, on leur donne
une qualité *feutrante*, c'eft-à-dire qu'on rend le poil *veule*
plus propre à s'accrocher & fe lier enfemble, parceque les
Chapeliers ont obfervé que toute efpece de poil fec, employé fans la préparation dont on parlera plus bas, avoit
peine à fe *feutrer*, ou fe mettre en étoffe, & à *rentrer* à la
foule, ou fe refferrer au point qu'il le faut.

Quand la peau eft planée, une ouvriere appellée *repaf-*
feufe prend un petit couteau appellé *couteau à repaffer*, &
exécute à rebrouffe-poil fur les bords de la peau ce que la
planeufe n'a pu faire avec la plane. Pour cet effet, elle
faifit le poil entre fon pouce & le tranchant du couteau, &
d'une fecouffe elle arrache le gros fans le couper. La *repaf-*
feufe étant obligée d'appuyer fouvent le pouce de la main
dont elle tient le couteau contre fon tranchant, elle couvre
ce doigt d'un bout de gant qui l'empêche de fe couper : ce
bout de gant s'appelle un *poucier*.

Le gros poil qu'on arrache tant à la plane qu'au couteau,
n'eft bon à rien. Les felliers l'achetent quelquefois, quoique l'ufage leur en foit défendu. Quand les peaux font
planées & *repaffées*, des ouvrieres appellées *coupeufes* les
battent avec des baguettes pour en faire fortir la pouffiere,
& même le gravier. Tout ce que nous avons dit jufqu'à
préfent ne regarde que les peaux de caftor.

Après que ces peaux ont été battues, on les livre à un
ouvrier qui les *rougit*. Rougir les peaux, c'eft les frotter du
côté du poil avec une broffe rude qu'on a trempée dans de

l'eau forte , coupée à-peu-près moitié par moitié avec de l'eau. Quand les peaux font rougies , on les porte dans des étuves , où on les pend à des crochets deux à deux , poil contre poil. Au fortir de l'étuve , les coupeufes les humectent un peu du côté de la chair avec un morceau de linge mouillé. Enfuite la coupeufe prend l'inftrument appellé *carrelet* , qui eft une efpece de carde quarrée très fine , & elle la paffe fur la peau pour en démêler le poil , ce qui s'appelle *décatir*. Quand la coupeufe a carrelé fa peau , elle fe difpofe à la couper; en conféquence , elle a un poids d'environ quatre livres qu'elle pofe fur la peau étendue fur une planche à l'endroit où elle va commencer à couper; ce poids fixe la peau , & l'empêche de s'enlever & de fuivre fes doigts pendant qu'elle travaille : elle couche le poil fous fa main gauche felon la direction naturelle , & non à rebrouffe-poil ; elle tient de la droite le couteau à couper. Elle pofe verticalement le tranchant de ce couteau fur le poil , elle l'appuie & le meut en ofcillant. C'eft ainfi que le poil fe coupe : on doit avoir attention de le couper ras à la peau.

Il y a deux efpeces de peaux de caftor ; l'une qu'on appelle *caftor gras* , & l'autre *caftor fec*. Le gras eft celui qui a fervi d'habit , & qu'on a porté fur la peau ; plus il a été porté , meilleur il eft pour les Chapeliers. Les peaux de caftors fecs coupées fe vendent aux boiffeliers qui en font des cribles communs , & aux marchands de colle forte , ou aux bourreliers-bâtiers qui en couvrent des bâts communs pour les chevaux : celles de caftor gras , après avoir été coupées , fervent aux coffretiers qui en revêtent des coffres. Voilà à-peu-près tout ce qui concerne la préparation du poil de caftor.

A l'égard de la vigogne , on commence par l'*éplucher* , ce qui confifte à ôter les poils groffiers , les nœuds , les ordures , &c. travail qui fe fait à la main.

On diftingue deux fortes de vigognes , la fine qu'on appelle *carmeline* , & la commune. Ce font les mêmes ouvriers & ouvrieres qui préparent le poil de lievre. On diftingue auffi deux poils de lievre , l'*arrête* & le *roux*. L'arrête eft le poil du dos , le roux celui des flancs. Les peaux de lapin fe préparent par les repaffeufes ; ces peaux étant beaucoup plus minces que celles du caftor , il ne faut pas les laiffer repofer long-temps , pour qu'elles s'amolliffent. Quand le gros poil eft arraché , on les *fecrete* , c'eft-à-dire qu'on les frotte avec une compofition dont nous parlerons plus bas , & on les fait auffi fécher à l'étuve : enfuite les coupeufes coupent le fin avec le couteau à couper, précifément comme aux peaux de caftor. L'année fe partage, relativement aux peaux, en deux faifons, l'hiver & l'été ; les peaux d'été ne donnent point d'auffi bonne marchandife que celles d'hiver.

Lorfqu'on veut faire des chapeaux avec du poil de lapin feul, il y a une préparation particuliere à donner aux peaux. Elle fe donne avec de l'eau forte toute fimple, ou mêlée de quelques ingrédients. Ils appellent la liqueur qu'ils emploient à cet ufage, *l'eau de compofition* ; on croit que cette eau de compofition n'eft autre chofe que de l'eau forte, dans laquelle ils font diffoudre un peu de mercure. On remarque que les chapeaux de poil de lapin font d'un verd blanchâtre quand on les porte à la teinture. On eft en ufage de *fecreter* pareillement les peaux de lievre avec l'eau de compofition, quand on fe propofe de faire des chapeaux de ce poil fans mélange. Quoiqu'on ne foit guere dans cet ufage pour les chapeaux fins, parcequ'on y mêle diverfes efpeces de poil, on les fecrete auparavant avec cette eau, afin qu'ils fe feutrent mieux.

Ce fecret qui avoit paffé de chez nous en Angleterre, lors de la révocation de l'édit de Nantes, & qui étoit perdu pour nos Chapeliers, leur fut rendu, il y a environ 30 ans, par un Chapelier François, nommé *Mathieu*, qui, l'ayant appris à Londres où il avoit travaillé long-temps, vint s'établir à Paris dans le fauxbourg Saint-Antoine, & le communiqua à fes confreres. Cette compofition, dont la bafe eft l'eau forte mitigée avec de l'eau commune, dans laquelle on a fait fondre du mercure, varie ordinairement felon la fantaifie de chaque fabricant, chacun y ajoutant les ingrédients qu'il juge les plus propres pour l'apprêt des poils qu'il emploie. On doit obferver que cette liqueur n'opéreroit pas l'effet qu'on en attend, fi le poil qui en eft imbibé féchoit lentement, & fi on n'apportoit tout de fuite les peaux dans une étuve, où la grande chaleur fait agir cette liqueur fur le poil, & par-là le rend plus propre à être travaillé.

Quand tous les poils font préparés, on les met dans des tonneaux ; mais s'ils y reftoient trop, ils feroient mangés de vers. Ce font les différents mélanges de ces poils & des laines, qui différencient les qualités des chapeaux. Il y a des caftors fuper-fins, des caftors ordinaires, des demi-

caſtors, des fins, des communs. Les ſuper-fins ſont de poils
choiſis de caſtor ; les caſtors ordinaires ſont de caſtor, de
vigogne & de lievre ; les demi-caſtors, de vigogne commune, de lievre & de lapin, avec une once de caſtor deſtinée à ſervir de *dorure* aux autres matieres, c'eſt-à-dire à
être miſe par deſſus.

Comme l'explication de la maniere de fabriquer chacun
de ces différents chapeaux nous jetteroit dans une infinité
de redites, nous nous bornerons au détail de la fabrication
qui demande le plus d'apprêt, qui eſt regardée comme la
plus difficile & la plus compoſée, & dont les autres ne ſont
que des abrégés : c'eſt celle du chapeau à plumet.

Pour fabriquer ce chapeau, on choiſit le plus beau poil
de caſtor, tant gras que ſec : on en met un cinquieme de
gras, ſur quatre parties de ſec. Parmi les quatre parties de
ſec, il n'y a que les deux tiers de ſecreté, l'autre tiers ne
l'eſt pas ; on ne ſecrete point du tout le gras. On partage le
poil non ſecreté en deux moitiés, l'une pour le fond, l'autre
pour la dorure : on laiſſe cette derniere moitié à l'écart.
Quant à l'autre moitié, & au reſte de la matiere qui doit
entrer dans la fabrique du fond, on les donne au cardeur.
Le cardeur de poil mêle le tout enſemble, le plus exactement qu'il peut avec des baguettes, de façon que, pour
mieux ſecouer, diviſer & mélanger chaque partie de poil ou
de laine, il les fait paſſer pluſieurs fois peu-à-peu de ſa
droite à ſa gauche, & de ſa gauche à ſa droite, releve le
poil battu avec ces deux baguettes, coupe deux ou trois fois
le tas qu'il en a fait, le bat de nouveau, afin que chaque
eſpece de poil étant plus intimement mêlée, on ne puiſſe
point diſtinguer l'une de l'autre. C'eſt ce qu'en terme de
l'art on nomme *effacer*.

Pour empêcher que la trop grande légéreté de certains
poils, comme celui de lievre, qui vole beaucoup, n'occaſionne un déchet trop conſidérable, & attendu que le cardeur eſt obligé de rendre la matiere poids pour poids, il y
remédie en frottant le poids d'un peu d'huile de lin avant
que de le battre, mais ce remede cauſe un nouvel inconvénient, en ce que la matiere, ainſi huilée, s'arçonne
plus difficilement, a de la peine à ſe détacher de la corde,
& à voler au gré de l'ouvrier. Lorſque tout le poil eſt préparé, il le carde enſuite. Le paquet cardé eſt rendu au maître
qui le diſtribue par poids aux compagnons, ſelon la force
des

des chapeaux qu'il commande. On fait des chapeaux depuis dix onces jufqu'à quatre. La matiere diftribuée par le maître aux compagnons, au fortir des mains du cardeur, s'appelle l'*étoffe*. On pefe à un compagnon deux chapeaux, c'eft fa journée ordinaire : on lui donne une once de dorure, & depuis quatre onces d'étoffe jufqu'à huit & davantage. Le compagnon met cette dorure à l'écart : quant à l'étoffe de fes deux chapeaux, il la fépare moitié par moitié à la balance : il met à part une de ces moitiés ; il fépare l'autre en quatre parties à la balance, puis il arçonne féparément chacune de ces quatre parties.

L'arçon eft un inftrument affez femblable à un archet de violon ; il eft long de fix à fept pieds, & il a une corde de boyau bien bandée, qui, étant agitée avec la main par le moyen d'un petit morceau de bois que l'on nomme la *coche*, fait voler l'étoffe fur une claie. Dans la manœuvre de l'arçon, après qu'on a placé l'étoffe fur une claie, on commence par la bien battre ; on place la perche dans l'étoffe, & on y chaffe la corde, de maniere qu'elle y entre & en reffort : on continue jufqu'à ce que l'étoffe foit bien ouverte, & que les cardées foient bien effacées. On travaille à l'arçon les *capades*, qui font une certaine étendue de laine ou de poil que l'on a formée par le moyen de l'arçon. Pour donner à fon tas d'étoffe le contour & les dimenfions que le jeu de l'arçon ne peut lui procurer, l'arçonneur y fupplée avec un clayon qu'il promene tout au tour pour rapprocher les parties qui s'écartent de la forme qu'il doit avoir ; pour cet effet, il l'appuie d'abord légérement par fa convexité fur toute la bande, enfuite un peu plus fur le milieu que fur les bords, jufqu'à ce que tout foit applati & réduit à une épaiffeur convenable, & que fa capade reffemble à un morceau d'ouate épaiffe. Comme elle n'auroit pas encore affez de confiftance, il continue à la façonner en la *marchant avec 'a ca te*, c'eft-à-dire en la couvrant d'un grand morceau de parchemin fort épais, & la preffant enfuite pardeffus avec les deux mains qu'il applique fucceffivement fur toutes les parties, en gliffant d'un endroit à l'autre avec le plat de la main qu'il agite par de petites fecouffes. Lorfque quelque endroit n'a pas été fuffifamment marché, il recommence fa premiere opération en appuyant un peu plus fort fur les endroits qu'il à remarqué en avoir befoin. Un chapeau doit être compofé de quatre capades. Quand les capades font finies, on prend l'once de dorure & on l'arçonne, après quoi on la partage à la balance en deux parties égales, de chacune desquelles on fait deux petites capades. Cela fait, *on marche les capades au bassin* : pour cet effet, on a une *feutriere*, c'est-à-dire un morceau de bonne toile de ménage qu'on mouille uniment avec un goupillon : on pose la capade sur la feutriere, on la couvre d'un papier un peu humecté, on met une autre capade sur ce papier qui la sépare de la premiere ; ces deux capades sont *tête* sur *tête*, *arête* sur *arête*. Après que les capades ont été marchées deux à deux, on enleve une des capades avec le papier qui la séparoit de l'autre qu'on laisse sur la feutriere, & qu'on couvre d'un papier gris, qui a à-peu-près la forme hyperbolique. On pose la feutriere sur le sommet de ce papier, qu'on appelle un *lambeau*, à trois doigts de la tête de la *capade* qui est sur la feutriere ; on mouille un peu le haut du *lambeau* & la tête de la *capade*, & on couche sur le *lambeau* la partie de la tête de la *capade* qui excede le sommet de ce papier. On couche aussi l'excédent des deux ailes de la *capade* sur les côtés du *lambeau*, d'où il s'ensuit évidemment qu'il s'est formé deux plis au moins à la *capade* en quelque endroit, l'un à droite & l'autre à gauche du sommet du *lambeau* : c'est ce qu'on appelle *former les croisées*. Il faut effacer ces plis & tâcher que le lambeau soit embrassé exactement sur toute sa circonférence par l'excédent de la **capade** sur lui, sans qu'il y ait de pli nulle part.

Quand ces plis sont bien effacés, on prend une autre capade, & on la pose sur le lambeau que la premiere tient embrassé, & ensuite on forme les croisées. Quand ces croisées sont formées, on déplie & on forme les mêmes croisées ; ensuite on suit les croisées, c'est-à-dire qu'on fait en sorte que tout l'espace de la feutriere soit partagé en quatre bandes paralleles & de même hauteur. Quand on a suivi les croisées, on déplie les trois grands plis paralleles, on abaisse la feutriere, on ouvre les capades, on ôte le lambeau d'entre elles avec deux papiers des côtés ; on les *décroise* ; après le décroisement elles doivent avoir la même figure. Quand on a suivi ces croisées, on déplie la feutriere, on ôte les lambeaux, & on décroise les quatre capades, de maniere que les deux plis des deux dernieres capades qui sont sur les côtés en dehors, se trouvent sur le milieu en dehors, & que les deux rendoubles ou plis des deux pre-

mieres qui font fur le milieu en dedans fe trouvent fur les
côtés en dedans de l'appareil ; puis on efface les plis des
rendoubles des deux dernieres capades : on arrondit tout
l'appareil du côté de l'arête. Tout cet appareil des quatre
capades s'appelle alors *un chapeau bafti au baffin*. On le laiffe
fur la feutriere, on l'ouvre, & on regarde en dedans au
jour les endroits qui paroiffent foibles, afin de les *étouper*,
c'est-à-dire les regarnir d'étoffe. On retourne le chapeau
fens deffus deffous, en tous fens, afin d'étouper par-tout.
L'étoupage fe forme à l'arçon, fe bat & fe rogne comme
les capades, excepté qu'on ne lui donne aucune figure, &
qu'il ne fe marche qu'à la carte, non plus que la dorure.
Quand le chapeau eft étoupé d'un côté on remet le lambeau
dedans, puis on retourne le tout fens deffus deffous, & on
étoupe l'autre côté.

C'est en marchant & feutrant l'étoffe qu'on l'étoupe aux
endroits les plus foibles, en forte qu'on lui donne une égale
force par-tout.

Quand le feutre eft achevé, on le met à la foule. L'attelier de la foule eft compofé principalement d'une chaudiere
qui peut contenir fix ou huit feaux d'eau, d'un fourneau
conftruit fous la chaudiere, & de plufieurs fouloires fcellées
en pente autour du maffif de plâtre qui foutient la chaudiere. Ces fouloires font des efpeces d'étaux à boucher fur
lefquels les ouvriers foulent les chapeaux. On appelle *batterie* un fourneau qui a plufieurs compagnons.

Pour fouler les chapeaux, on les trempe, & même quelquefois on les fait bouillir quelque temps dans l'eau de la
chaudiere où l'on a fait auparavant délayer de la lie de vin
en maffe, telle que la préparent & la vendent les vinaigriers ; enfuite, avec un morceau de bois rond, pointu
par les deux bouts & élevé par le milieu en forme de gros
& long fufeau, on les roule fur la *fouloire* ; ce qu'on renouvelle à plufieurs reprifes jufqu'à ce qu'ils foient parfaitement foulés : cet inftrument s'appelle un *roulet*. C'est
au fortir de la foulerie que le Chapelier *dreffe le feutre*, c'est-
à-dire qu'il l'enfonce & qu'il lui donne la figure de chapeau, en le mettant fur une forme de bois pour en faire la
tête.

Outre cette forme de bois il faut encore trois fortes d'inftruments pour dreffer un chapeau ; l'*avaloire*, le *choque* & la
piece. L'avaloire eft moitié de bois & moitié de cuivre ou de

fer, & fert à faire defcendre la ficelle au pied de la forme,
L'on ne fe fert actuellement de cet inftrument qu'à la teinture des chapeaux. Le choque eft une feuille de cuivre de
l'épaiffeur de deux lignes, recourbée par un bout pour en
faire le manche, & ceintrée de l'autre ; on paffe légérement la courbure du choque de haut en bas fur toute la
furface de la tète du chapeau, afin de lui faire prendre la
forme en effaçant les plis. La piece enfin eft une forte
d'outil fait de cuivre avec un manche de même métal, qui
fert à unir les bords du chapeau.

Le chapeau dreffé & hors de deffus fa forme, fe met fécher à l'étuve, pour être enfuite *poncé* avec la pierre ponce,
ou *robé* avec la peau de chien marin, ce qu'on a imité en
France des Anglois : cette façon rend les chapeaux plus fins
que celle à la ponce.

Après avoir poncé on prend une broffe feche qu'on paffe
par-tout, tant pour enlever ce que la ponce a détaché, que
pour adoucir l'ouvrage ; on a enfuite un peloton quarré
oblong, rembourré de gros poil de caftor, & couvert d'un
côté de drap, de l'autre de panne ; on paffe ce peloton par-
tout. Quand le chapeau eft *pelotonné*, on marque avec de
la craie fon poids, & s'il eft doré ou non : puis l'ouvrier
rend le chapeau au maître qui l'examine avant que de l'envoyer à la teinture.

Nous allons maintenant dire comment on fait à un chapeau un plumet quand on y en veut un. Quand on a foulé
au roulet & à la main, au point que le chapeau n'a plus
qu'un pouce à rentrer, on l'égoutte comme s'il étoit achevé,
& on le *flambe* du côté du plumet. Pour cet effet on a un
morceau de bois fec, ou un peu de paille allumée, au-deffus
de laquelle on paffe la partie qu'on veut flamber : cette
flamme brûle un peu de poil. On choifit, pour former le
plumet, du poil de caftor non fecreté, le plus long & le
plus beau qu'on peut trouver ; on en fait à l'arçon, les uns
huit pieces, les autres douze. Les pieces fe marchent feulement à la carte, c'eft-à-dire qu'on applique la *carte*, qui
eft une peau de parchemin, fur la capade : quand toutes les
pieces font placées ou prifes, on leur donne une couple de
croifées réglées dans une *chauffe* qui eft un fac de toile
neuve, dont le dedans eft garni de toile de crin, puis on
retourne le chapeau, & l'on met en dedans les pieces qui
forment le plumet qui eft une frange de la hauteur de fept
à huit lignes.

Paſſons maintenant à la teinture. La chaudiere des Chapeliers eſt très grande ; il y en a où il peut tenir juſqu'à douze douzaines de chapeaux montés ſur leur forme de bois. La teinture eſt compoſée de bois d'inde & de noix de galle, que l'on fait bouillir pendant dix heures avec une quantité quelconque de gomme de pays ; on y ajoute enſuite par doſes de la couperoſe & du verd-de-gris. Le chapeau y ayant été deux heures, on l'en retire pour le laiſſer teindre à froid, ce qu'on fait à pluſieurs repriſes, aux uns plus qu'aux autres, ſelon que les chapeaux ont plus ou moins de peine à prendre la teinture. La teinture achevée, le chapeau ſe relave avec de l'eau claire, ſe frotte avec des broſſes de poil de ſanglier, & ſe remet à l'étuve pour le ſécher. Quand il eſt bien ſec on lui donne un luſtre avec de l'eau claire pour le préparer à l'*apprêt*. On appelle *apprêt* la colle que l'ouvrier met au chapeau pour l'affermir. Cette colle ſe met avec une broſſe de poil de ſanglier ; & quand le chapeau eſt *encollé*, on le met ſur une plaque de fer ou de cuivre, ſous laquelle eſt un fourneau où l'on allume un feu médiocre de charbon.

Quand le chapeau eſt ſuffiſamment chaud, on frappe doucement ſur ſes bords avec le plat de la main pour incorporer l'apprêt dans le feutre. Quand l'apprêt eſt bien incorporé, on ſe ſert encore du carrelet, mais légérement ; enſuite on laiſſe ſécher le chapeau, après quoi on l'*abat ſur le baſſin*, c'eſt-à-dire qu'on en applatit les bords, & on y fait ce qu'on appelle le *cul du chapeau*. Ces deux façons ſe donnent ſur le baſſin chauffé conſidérablement, mais où l'on met d'abord une feuille de papier, & par-deſſus le papier une toile, pour empêcher que le chapeau ne ſe brûle. Quand la toile a une moiteur aſſez chaude, on y place le chapeau à plat ſur ſes bords. Pour faire le cul, il ne faut que renverſer le chapeau ſens deſſus deſſous, & le tourner ſur ſa forme comme on l'a tourné ſur ſes bords.

Quand toutes ces façons ſont finies, on le broſſe, & on le luſtre ordinairement avec de l'eau claire & pure, quelquefois avec de l'eau de noix de galle, puis on l'arrondit avec des ciſeaux. Chaque fois qu'on veut nettoyer un chapeau pour le montrer à l'acheteur qui le marchande, après qu'on l'a broſſé avec des broſſes ordinaires, on le pare avec une pelote ou peloton de tripe blanche, ce qu'on appelle auſſi *luſtrer* un chapeau. La tripe eſt une ſorte d'étoffe veloutée, dont font ordinairement compofés les pelotons des Chapeliers : mais quand on fe fert de ces pelotons, le luftre eft fec & non pas liquide.

Les Anglois nous fournifloient autrefois des chapeaux de caftor ; mais les droits qu'on a mis deffus, & encore plus la fupériorité que nos Chapeliers ont acquife dans la fabrique de leurs chapeaux, ont entiérement fait tomber cette branche d'exportation Angloife.

La manufacture des chapeaux de caftor eft très confidérable en France, & fur-tout à Paris, d'où il s'en fait des envois non feulement dans toutes les provinces du royaume, mais encore dans les pays étrangers.

Le Roi avoit ordonné d'abord qu'il ne fût fait que de deux fortes de chapeaux, ou caftor pur, ou laine pure ; mais cette ordonnance fut modifiée, & il fut permis de fabriquer des chapeaux de différentes qualités. On penfe que les chapeaux ne font en ufage que depuis le quinzieme fiecle. Le chapeau avec lequel le Roi Charles VII fit fon entrée publique à Rouen l'année 1449, eft un des premiers dont il foit fait mention dans notre hiftoire. Ce fut fous le regne de ce Prince que les chapeaux fuccéderent aux chaperons & aux capuchons. Ils furent défendus aux eccléfiaftiques fous des peines très grieves. Mais lorfqu'on profcrivoit, pour ainfi dire, en France les têtes eccléfiaftiques qui ofoient fe couvrir d'un chapeau, il y avoit long-temps qu'on en portoit impunément en Angleterre. On dit qu'un Evêque de Dol, plein de zele pour le bon ordre & contre les chapeaux, n'en permit l'ufage qu'aux chanoines, & voulut que l'office divin fût fufpendu à la premiere tête coeffée d'un chapeau qui paroîtroit dans l'églife. Il femble cependant que ces chapeaux fi fcandaleux n'étoient que des efpeces de bonnets, d'où font venus les bonnets quarrés de nos eccléfiaftiques.

La communauté des Chapeliers date fon origine de 1578 ; elle eft gouvernée par quatre jurés. Pour être admis à la maîtrife il faut avoir fait cinq ans d'apprentiffage, quatre ans de compagnonage, & chef-d'œuvre. Il n'y a que les fils de maîtres qui foient exempts de ces épreuves. Il y a aujourd'hui à Paris trois cents vingt-deux maîtres Chapeliers.

On diftingue dans la communauté des Chapeliers de Paris quatre fortes de maîtres ; favoir, les maîtres Chapeliers-Fabricants, les maîtres Chapeliers-Teinturiers, les maîtres Marchands en neuf, & les maîtres Marchands en vieux. Quoique ce ne soit pas quatre maîtrises diſtinctes, ils font cependant quatre claſſes ſéparées, parceque les uns font les chapeaux & ne les teignent point, les autres ſe contentent de les teindre ; il y en a qui ne ſe mêlent que de les apprêter, de les garnir & de les vendre ; & d'autres, comme ceux qui étalent ſous le Châtelet de Paris, qui achetent des vieux chapeaux pour les raccommoder & les repaſſer, & qui ne peuvent pas faire du neuf qu'ils ne ſe ſoient déſiſtés de l'option qu'ils ont faite de travailler en vieux.

L'arrêt du Conſeil du 18 Avril 1734 a fixé le droit d'entrée des chapeaux de caſtor, venant de l'étranger, à vingt livres la piece, les demi-caſtors huit livres, les vigognes & les demi-vigognes dix-huit livres la douzaine, & ceux faits de toutes ſortes de laines, douze livres la douzaine.

Les droits de ſortie ſont réglés à douze livres, & ſix ſols pour livre, par douzaine de caſtors ; les demi-caſtors deux livres, & ſix ſols pour livre, par douzaine. Ces droits ne ſe prélevent que ſur les provinces réputées étrangeres, & ſur les pays conquis. Les étrangers les tirent pour acquit à caution, ſans payer aucuns droits.

CHARBONNIER. Le Charbonnier eſt l'ouvrier qui fait le charbon de bois dans les forêts. On ſe ſert pour cela de moyennes branches d'arbres qu'on coupe d'une certaine groſſeur, & ordinairement de la longueur de deux pieds & demi ; on les arrange en pyramide dans une foſſe ronde, large & peu profonde, que l'on couvre de terre avec attention ; on a ſoin de laiſſer à la foſſe une petite ouverture pour y mettre le feu, & on la bouche enſuite afin que, l'air venant à manquer, le bois reſte en bonne conſiſtance de charbon : cette opération ne doit ſe faire que lorſqu'on juge le bois aſſez conſumé.

Les meilleurs bois pour faire le charbon ſont le chêneau ou jeune chêne, le charme & le hêtre : le bois blanc y eſt très peu propre, quoiqu'il ne s'y emploie que trop ſouvent.

On fait une eſpece de charbon avec le charbon foſſile, en enflammant cette ſubſtance dans des fourneaux, & en l'éteignant dans l'eau : par ce moyen on fait diſſiper une matiere ſulfureuſe qui répand une mauvaiſe odeur, c'eſt pourquoi on l'appelle *charbon déſulfuré* ; il eſt pour lors plus aifé à allumer ; il répand beaucoup moins de fumée ; il devient plus fonore & plus brillant.

Le charbon de bois eft d'une néceffité abfolue pour l'exploitation des mines de fer ; on a même remarqué que différentes efpeces de charbon adouciffent le fer, tandis que d'autres l'aigriffent. Le charbon de bois dur donne beaucoup plus de chaleur ; mais il pétille davantage. Les charbons de bois tendre, comme le bouleau, le tremble, le peuplier, le tilleul, le pin, ne pétillent point, & ils adouciffent les métaux. On veut auffi que le charbon de bois blanc foit plus propre pour faire de la poudre à canon : ce fentiment eft généralement adopté pour l'artillerie, mais il paroît mal fondé : *voyez* POUDRIER. On emploie auffi le charbon de bois blanc pour polir les métaux, & pour faire des crayons aux deffinateurs.

On abat les bois qu'on deftine à faire du charbon dans la même faifon que tous les autres bois ; c'eft-à-dire depuis celle où les feuilles tombent, jufqu'au mois d'Avril.

Le gros bois ne feroit point convenable pour faire du charbon, parceque la fuperficie en feroit confumée avant que le centre des bûches fût réduit en charbon : pour éviter cet inconvénient on feroit obligé de le fendre ; mais tout le monde préfere le charbon de jeune bois & de rondin : enfin le bois trop vieux feroit de très mauvais charbon.

Le bois n'eft pas propre à faire du charbon quand il eft trop humide, parcequ'alors fa feve jette une fumée humide qui dérange les terres dont on couvre les fourneaux, & les meilleurs Charbonniers ne peuvent empêcher qu'il ne refte quantité de fumerons. On perd un quart de charbon quand on cuit le bois trop verd. Quatre mois d'été fuffifent pour deffécher le menu bois ; il en faut cinq pour deffécher les bûches refendues.

Les bûcherons obfervent la longueur de deux pieds & demi, ou trois pieds, dans la coupe du bois deftiné à faire le charbon. Ils doivent s'attacher à couper les branches de bien près, pour qu'il ne refte point d'ergots qui empêcheroient de bien arranger le bois dans le fourneau. Le bois étant ainfi débité, on le difpofe en cordes de huit pieds de long fur quatre de haut.

Les Charbonniers appellent le lieu où ils affeyent leurs fourneaux *place à charbon*, *foffe à charbon*, ou *faulde*. Ils nomment *fourneau* la pile de bois quand elle eft arrangée ;

& quand elle n'eſt que commencée, c'eſt une *allumelle*.
Cuire le charbon, c'eſt brûler le bois au point où il doit l'être pour en faire du charbon.

Les ouvriers placent leur faulde à côté des cordes autant qu'il leur eſt poſſible, & ils choiſiſſent un endroit un peu élevé, afin que s'il venoit à pleuvoir l'eau ne s'écoulât pas ſous le fourneau. Il faut que le terrein ne ſoit ni pierreux, ni ſableux, ou bien que l'on y ait déja cuit. L'ordonnance veut que les places où l'on doit cuire le charbon ſoient marquées par les officiers des eaux & forêts, & qu'elles ſoient éloignées des endroits garnis de bruyeres, pour éviter les incendies.

Quand on a choiſi la place, on commence par la nettoyer; enſuite le Charbonnier plante au milieu, dans l'axe du fourneau, une eſpece de mât de douze à quinze pieds de hauteur, gros comme la jambe par en bas; & il met tout autour de cette piece un petit tas de bois ſec, facile à allumer.

Le maître Charbonnier charge ſon fourneau tandis que les ouvriers approchent le bois: il a grand ſoin, comme nous l'avons dit, de mettre des morceaux bien ſecs autour du mât. Les bouts inférieurs des bâtons ſont appuyés par terre, & les bouts ſupérieurs contre le mât, en forme de plan incliné. Quand il a formé cette premiere enceinte, il en forme pluſieurs autres, & obſerve de laiſſer à l'extérieur, & tout le long de l'épaiſſeur de chaque enceinte, un eſpace large de cinq à ſix pouces qui n'eſt point rempli par les bâtons verticaux, de ſorte que le vuide d'une enceinte étant toujours vis-à-vis d'un autre depuis la circonférence de la derniere juſqu'au centre du fourneau, il reſte une eſpece de canal qui s'étend juſqu'au bois ſec qui eſt au pied de cette perche ou mât, & qui ſert de foyer pour porter le feu au centre du fourneau, & c'eſt à cet endroit ſeul que l'on met le feu. Lorſqu'on a formé toutes ces différentes enceintes, & qu'elles rempliſſent un eſpace de cinq à ſix pieds de diametre, on éleve ſur le premier lit un ſecond étage qu'on nomme l'*écliſſe*.

Le troiſieme lit, qu'on nomme le *grand haut*, ſe forme comme les deux premiers. On en éleve un quatrieme qu'on appelle le *petit haut*, & quelquefois un cinquieme. On continue ainſi juſqu'à ce que le terrein deſtiné au fourneau ſoit rempli, & que le tout repréſente un cône tronqué, terminé par une calotte.

Lorfque le fourneau eſt dreſſé , il faut le *bouger* , c'eſt-à-dire le couvrir de terre & de cendre. Deux Charbonniers piochent la terre qui environne le fourneau , & un autre prend de la terre un peu humide & l'applique ſur tout l'extérieur du cône formé par l'arrangement des morceaux de bois : il faut que l'extérieur du fourneau ſoit entiérement couvert d'une couche de terre de trois ou quatre pouces d'épaiſſeur, excepté un eſpace d'un demi-pied de diametre à ſon ſommet, près de l'extrémité ſupérieure du mât. On ne met point de terre en cet endroit pour déterminer le feu à ſe porter dans l'axe du fourneau.

Pour mettre le feu au fourneau on inſinue par le foyer des branchages ſecs , & auſſi-tôt que ces matieres ſont embraſées, il s'établit un courant d'air qui entre par l'ouverture qu'on a ménagée à la couche inférieure du fourneau, & qui prend ſa route le long du mât. Il ſort par l'ouverture ſupérieure une fumée épaiſſe , blanche & aqueuſe : une partie de l'humidité du bois ſe diſſipe avec la fumée , & l'autre s'imbibe vraiſemblablement dans la terre , car on remarque qu'elle devient un peu humide. Pendant la durée de cette circulation , le feu ſe-porte d'étage en étage, tant qu'il reſte de l'ouverture au haut du fourneau. Le Charbonnier juge qu'il eſt temps de fermer l'ouverture ſupérieure lorſque le mât eſt conſumé ; la diminution de la fumée le lui prouve. Pour lors il monte au haut du fourneau avec une échelle ſans courir aucun riſque , & jette quelques paniers de charbon pour entretenir le braſier qui eſt au centre : il bouche enſuite avec attention les deux ouvertures , de peur que l'air entrant par en bas , ne faſſe crever la couverture.

Il eſt néceſſaire que le Charbonnier ſoit toujours le maître de ſes opérations , & qu'il puiſſe augmenter ou diminuer à ſon gré l'action du feu. Pour cet effet il fait des trous de diſtance en diſtance avec le manche de ſa pelle dans les endroits où il a envie de porter le feu. Quand le fourneau s'affaiſſe également, on juge que la diſtribution du feu ſe fait bien.

Un grand fourneau de charbon eſt ordinairement en feu ſix à ſept jours, & un petit trois ou quatre. Les fourneaux où on a éteint le feu ne ſont pas la moitié ſi élevés qu'après avoir été bougés.

Quand le feu eſt entiérement éteint , les Charbonniers

découvrent le charbon pour accélérer fon refroidiffement. Un ouvrier, muni d'un rateau garni de longues dents de fer, qu'on nomme *arc*, enleve la plus grande quantité de la terre qui recouvre le fourneau : un fecond ouvrier furvient qui ôte avec un rable de bois la terre feche, jufqu'à ce que le charbon paroiffe, fans pourtant le découvrir tout-à-fait. Enfin, pour éviter que le fourneau fe rallume, ce qui arriveroit pour peu qu'il y reftât de feu, un troifieme ouvrier reprend avec une pelle la terre qui vient d'être ôtée, & la rejette fur le fourneau : par ce moyen, ils ne courent aucun rifque, & le charbon fe refroidit plus vîte.

Le charbon qui n'eft pas affez cuit a une couleur grisâtre : il produit une flamme blanche, fe rompt difficilement, & brûle comme le bois ; c'eft ce qui le fait appeller *fumeron*. Au contraire, le bon charbon eft léger, fonore, en gros morceaux brillants, & fe rompt aifément. On eftime furtout celui qui eft en rondin, & qui n'eft pas chargé d'une groffe écorce. Le charbon fe conferve mieux dans les caves que dans un endroit fec.

Quand on eft affuré que le charbon n'eft plus embrafé, & qu'il eft bien refroidi, on le tranfporte dans des fourgons, à fomme & par charroi, ou dans des bateaux fur quelques rivieres. On fe fert volontiers de *bannes* jaugées dans les pays de forges ; ce font des efpeces de tombereaux conftruits avec des planches légeres. La banne contient quatorze, quinze ou feize poinçons, jauge d'Orléans, de deux cents quarante pintes, mefure de Paris. Quatre cordes de bois produifent ordinairement une banne de charbon : un arpent de bois taillis bien garni rend ordinairement trente-fix cordes de bois, & par conféquent neuf bannes de charbon.

On fait du charbon avec toute forte de bois, mais il n'eft pas également bon à toute forte d'ufages. Celui de chêne, de faule, de châtaignier, d'érable, de frêne & de charme eft très bon pour les ouvriers en fer & en acier ; celui de hêtre pour les poudriers, celui de bois blanc pour les orfevres, celui de bouleau pour les fondeurs, celui de faule & de troêne pour les falpêtriers.

Le charbon de bois eft le corps le plus durable de la nature : il eft incorruptible, & c'eft cette qualité qui l'a fait employer anciennement par les Egyptiens dans l'embaumement de leurs corps ; & c'eft ce qui, parmi nous, le fait mettre fous les bornes nouvellement plantées pour fervir de témoignage à la postérité, que ces pierres ont été placées pour servir de limites.

Le charbon de terre dont presque tous les ouvriers à forge se servent, est une substance inflammable, mélangée de terre, de pierre, de bitume & de soufre ; une fois allumée, elle conserve le feu plus long-temps, & sa chaleur est plus vive que celle du charbon de bois. Le feu l'a réduit en cendres ou en une masse poreuse & spongieuse, qui ressemble à des scories ou à de la pierre ponce.

Le charbon de pierre qui n'a rien de commun avec le charbon de terre que d'être inflammable comme lui, est une espece de pierre ponce noirâtre, plus compacte, moins spongieuse & beaucoup plus dure & plus pesante que la véritable pierre ponce. Le feu que ce charbon produit est très vif, mais il exhale des vapeurs malignes, & d'une odeur insupportable à ceux qui n'y sont pas accoutumés ; on ne s'en sert que dans les endroits où l'on ne peut pas se procurer du charbon de bois ou de terre.

Le bois étant devenu très rare & très cher à Paris en 1714, on y fit venir du Nivernois & du Bourbonnois quelques bateaux de charbon de pierre ; mais la malignité de ses vapeurs & son odeur de soufre ayant dégoûté ceux qui s'en étoient servis, on cessa d'en faire venir.

Les fondeurs en métaux préferent le charbon de bois à celui de terre, parcequ'il fait un feu plus vif & plus actif.

La plupart des réglements de police qui sont faits pour les bois de chauffage qui arrivent à Paris étant presque les mêmes pour le charbon, nous allons parler de ceux qui lui sont particuliers. 1º. Il est ordonné que le charbon qui vient par eau, sera aussi bon & de même qualité au milieu & au fond du bateau qu'au-dessus : 2º. qu'on ne pourra mettre en vente dans chaque port que certain nombre de bateaux de charbon à la fois ; savoir cinq bateaux d'Yonne, & trois de Marne & de Seine au port de la Greve, quatre au port de la Tournelle, & deux au port de l'Ecole.

On ne peut point le mettre en vente qu'on n'ait averti auparavant le bureau de la ville pour la fixation du prix, qu'on continue ou qu'on change de trois en trois jours de vente.

Les propriétaires du charbon sont obligés de le vendre sur la riviere & dans leurs bateaux par eux-mêmes, leurs femmes, enfants ou domestiques, & non par commissionnaires.

Lorfque le charbon vient par terre dans des *bannes* ou charrettes, il doit être déchargé à la place de Greve pour y être débité fur le pavé ; celui qu'on porte fur des bêtes de fomme pour être vendu dans les rues, doit être dans des facs d'une mine, d'un minot, ou demi-minot.

Il eft permis aux regratiers, fruitiers & chandeliers de faire le regrat & vente de charbon qu'ils achetent fur les ports ; & les femmes des gagne-deniers ou garçons de pelle ne peuvent vendre que le fond des bateaux que les marchands donnent pour falaire, ou vendent à leurs maris. Les *plumets* ou ceux qui font les aides des *Jurés porteurs de charbon* qui ont une médaille devant eux, ne peuvent point faire ce commerce.

Le charbon venant tant par eau que par terre, fut exempté de tous droits par François premier ; mais, depuis le tarif de 1664, il paie 12 fols par banne de droit d'entrée. La fortie du charbon de bois pour l'étranger eft défendue fous peine de confifcation & de mille écus d'amende.

Le charbon de terre paie pour droit d'entrée 6 livres par tonneau, fuivant l'arrêt du Confeil du 14 Juillet 1729.

CHARCUTIER : *voyez* CHAIRCUITIER.

CHARGEUR. Ce nom qui fignifie une perfonne qui charge, eft commun à plufieurs ouvriers.

Les Chargeurs qu'on appelle *forts* fur les ports de Paris, ne s'occupent qu'à charger & décharger les bateaux, d'où ils prennent quelquefois le nom de *déchargeurs*.

Les *Chargeurs de bois* font ceux qui rempliffent les membrures avec les bois qui ont été tirés des bateaux. Les uns & les autres font foumis à la jurifdiction du Prévôt des marchands ; &, quoique la plupart de leurs charges aient été réduites en commiffions, & fupprimées en 1719 & 1720, elles ont été cependant rétablies par l'édit de Juin 1730.

On donne aufli ce nom dans les groffes forges aux ouvriers dont la fonction eft d'entretenir le fourneau toujours en fonte, en y jettant dans des temps marqués les quantités convenables de mine, de charbon & de fondants : *voyez* FORGES.

CHARPENTIER. Le Charpentier eft l'ouvrier qui a le droit de faire par lui-même, ou de faire exécuter, tous les ouvrages en gros bois qui entrent dans la conftruction des édifices.

Cet art qui n'eft peut-être pas encore porté aufli loin qu'il feroit à fouhaiter , vient d'être éclairci dans une de fes parties effentielles par l'ouvrage qu'a donné depuis peu au public le fieur *Fourneau* , maître Charpentier à Rouen , & ci-devant démonftrateur du trait à Paris.

De toutes les différentes conftructions des édifices , celles de charpente font les plus anciennes , puifque l'origine en remonte à celle du monde. Les premiers hommes ignorant les tréfors que la terre renfermoit dans fon fein , & ne connoiffant que fes productions extérieures , couperent des bois dans les forêts pour bâtir leurs premieres cabanes ; enfuite ils s'en fervirent pour faire des bâtiments plus confidérables.

La charpente eft infiniment utile , principalement en France , où l'on n'eft prefque point dans l'ufage de voûter les pieces des appartements : c'eft auffi par le fecours de la charpente que l'on conftruit des machines capables d'élever les plus grands fardeaux , que l'on éleve des ponts , des digues , des jettées , &c.

Tous les bois ne font pas bons pour la charpente. Le chêne eft celui qu'on y emploie le plus volontiers : auffi eft-ce l'efpece de bois le plus roide & le moins caffant.

On doit avoir égard à la qualité du terrein : il n'eft pas indifférent que l'arbre qu'on veut employer pour la charpente ait crû dans un canton pierreux , fablonneux , marécageux ou dans des terres graffes & fortes.

Celui qui vient dans un lieu bas & en même temps aquatique ou marécageux eft plus tendre. Il renferme en luimême trop de parties aqueufes qui s'évaporent facilement , & enlevent avec elles les fels & les foufres qu'elles ont déja affoiblis en les délayant par leur abondance.

Ceux qui croiffent dans un lieu aride & caillouteux font ordinairement durs & d'un bon emploi. Ce font les véritables bois de charpente , & on les connoît par le fciage à une couleur égale , grife & fans aucune tache.

A l'égard de ceux qui font nourris dans des terres graffes , ou fortes , ou fablonneufes , ils participent des deux qualités de foibleffe ou de force , felon que ces terres approcheront de l'une ou de l'autre nature.

Les bois qui viennent dans le fond des forêts font inférieurs à ceux qui croiffent fur les rives ; les derniers participent mieux aux influences de l'air toûjours renouvellé en ces endroits.

Le chêne croît avec vigueur pendant cent ans ; il ne croît

presque plus pendant les cent années suivantes, après quoi il dépérit. Il y a même des terreins où ces arbres ne profitent plus, & où ils commencent à se couronner dès l'âge de cent ans. Ainsi l'âge le plus favorable pour la coupe de ce qui doit être destiné à former de grosses pieces, est communément depuis cent vingt jusqu'à cent soixante ans, & pour la charpente ordinaire depuis soixante jusqu'à deux cents.

A l'égard du temps propre pour la coupe des arbres, il est certain que toutes les saisons de l'année n'y sont pas indifférentes.

La trop grande abondance de seve est dangereuse ; si l'on coupe l'arbre dans un temps où toutes les liqueurs sont exaltées vers les parties supérieures, elles y sont en trop grande quantité, & peuvent y occasionner une fermentation préjudiciable. C'est sur-tout en Mai & en Août que regne cette ascension de la seve & son flux abondant.

Il y a un remede contre la trop grande abondance de seve qui peut être restée dans le bois, c'est de le faire flotter avant l'emploi. On doit observer cependant qu'il ne faut pas le laisser long-temps à flot. L'espace de six semaines est le plus long terme.

La fin de Décembre & tout le mois de Janvier sont les temps les plus propres pour l'exploitation, encore faut-il avoir égard à la température de la saison & à la grosseur & dureté des arbres.

Le chêne est le bois le plus propre pour la charpente, mais on y emploie aussi du châtaignier & quelquefois du sapin. Les charpentes de la plupart des anciens bâtiments sont faites de bois de châtaignier : le sapin sert principalement à faire des solives. Le bois de charpente doit être coupé long-temps avant que d'être mis en œuvre, autrement il est sujet à se gercer & à se fendre ; il faut qu'il soit d'une bonne qualité, bien équarri, bien droit, de maniere qu'il y ait peu de *faux-bois* sur les arêtes.

La science du trait est si nécessaire dans ce métier, que, lorsque les pieces de charpente ont été taillées sur les traits d'un homme peu habile, elles ne sont point à plomb, portent toujours à faux, & laissent voir un ensemble dont le coup-d'œil est désagréable ; au lieu que lorsqu'elles sont tracées par un ouvrier qui fait bien son métier, elles réunissent la propreté avec la solidité.

Le sieur *Fourneau*, dans l'ouvrage qu'il a récemment publié fur cette matiere, enfeigne comment, en faifant un trait quarré à l'endroit où la ligne du milieu vient rencontrer la face d'un *arétier*, ou principale piece de bois d'un comble qui en forme l'*arête* ou l'angle faillant, on s'y prend pour bien faire l'*about*, ou l'extrémité d'une piece de charpente coupée à l'équerre, & la *gorge au déma.griffement*, ou entaillement fait à angle aigu ; comment on a la coupe d'un *empanon*, ou chevron qui ne va pas au haut du faîte, mais qui eft affemblé dans l'arétier du côté des *croupes*, ou parties des bâtiments ou pavillons ordinaires qui ne font point taillées en pignon, mais qui font coupées obliquement ; & comment, en rapportant les diftances à à l'élévation de la ligne, elle défigne la place où l'on doit faire les mortaifes.

On y voit auffi la façon de conftruire les courbes alongées qui reffemblent à la partie d'une ellipfe ; comment il faut mettre des lignes dans le *ceintre*, ou affemblage des pieces de bois fur lefquelles on conftruit une voûte ; defcendre les lignes à plomb, faire l'élévation des lignes de retombée, les rapporter dans le milieu où les mèmes hauteurs des lignes qui fe correfpondent fe coupent & forment une courbe ralongée ; comment on tire les lignes tranfverfales qui viennent croifer les lignes du milieu, pour tracer l'affemblage des *noues* (ou endroits où deux combles fe joignent en angle rentrant), & l'affemblage des arétiers ; former les *herfes* de la croupe, ou pieces de bois qui fe croifent dans la charpente d'un pavillon quarré ; & faire le développement de la furface du *comble*, fur lequel porte la latte : le comble eft la charpente qui couvre.

Après avoir montré à faire toutes fortes de traits, il en fait l'application fur diverfes efpeces de *nolets*, ou enfoncements formés par la rencontre de deux combles, de pavillons & d'efcaliers. Les perfonnes qui voudront plus de détail ne peuvent mieux faire que de confulter l'ouvrage même dont nous parlons : elles y apprendront bien des chofes, qu'une lecture, aidée de la vue des planches, leur indiquera mieux que le détail le plus exact que nous pourrions en faire.

Parmi les différentes pieces de charpente qui entrent dans la conftruction d'un édifice, celles d'un comble font les plus effentielles.

La principale piece d'un comble eft celle que l'on nomme
poutre

poutre ou tirant ; les autres font les deux arbalêtriers , un entrait , le poinçon , deux effeliers , les pannes , les taf-feaux , les deux échantignoles , les coyaux , les plates-formes & le faîtage.

La *poutre* eft la piece de bois la plus confidérable fur la-quelle font appuyés les deux arbalêtriers ; l'*entrait* eft la partie qui eft à la hauteur des pannes & qui fert à porter le poinçon ; le *poinçon* eft la partie qui porte fur l'entrait ; les deux *effeliers* font les parties qui font affemblées fous l'entrait ; les *pannes* font les parties qui portent les che-vrons ; les *taffeaux* font les parties qui fe trouvent fous les chevrons ; les *échantignoles* font les deux petites pieces de bois placées fous les taffeaux ; les *coyaux* font les deux pieces qui font à côté des arbalêtriers ; les *plates-formes* font les parties pofées fur le mur pour porter les chevrons ; le *faîtage* enfin eft la partie qui eft affemblée dans la tête du poinçon.

Toutes ces différentes parties fe travaillent avec la *co-gnée* , la *bifaiguë* ou *befaiguë* , la *fcie* , & autres outils , & s'affemblent à *tenons* & *mortaifes*.

La *cognée* eft un outil de fer acéré , plat & tranchant, en maniere de hache ; la *befaiguë* eft un inftrument fim-ple , confiftant feulement en une barre d'un fer bien acéré, de quatre pieds ou environ de longueur , & de deux ou trois lignes d'épaiffeur ; fes deux extrémités font tran-chantes , mais faites différemment , l'une étant plate & quarrée , de la forme d'un grand cifeau & affûtée de même , & l'autre plus épaiffe & moins large , reffemblant affez à l'outil que les menuifiers appellent *un bec d'âne* ; au milieu de l'outil eft un manche ou poignée auffi de fer qui eft ronde , mais évuidée en dedans , d'un pouce & demi de diametre , & de fept à huit de longueur.

La befaiguë fert aux Charpentiers pour dreffer , planer, & équarrir les bois : ils s'en fervent auffi pour achever les mortaifes & les tenons , après les avoir amorcés & com-mencés au cifeau. On peut voir ce qu'on entend par te-nons & mortaifes au mot MENUISIER.

Avant l'année 1574 , il n'y avoit aucune différence entre ceux qui compofoient la communauté des maîtres Char pentiers de la ville & fauxbourgs de Paris ; tous y étoient égaux , & il n'y étoit point mention de jurés du Roi ès œuvres de charpenterie , qui , avec les maîtres Charpen-

Tome I.

Gg

tiers, font préfentement cette communauté. Alors, comme il paroît par les anciens réglements, les jurés étoient électifs ; mais Henri III les ayant érigés en titre d'office au mois d'Octobre 1574, avec attribution de plufieurs grands droits & privileges, & cette création ayant été confirmée par grand nombre de fentences & d'arrêts du Confeil & du Parlement jufqu'en 1644, non feulement la premiere forme de cette communauté fut changée, mais les anciens ftatuts devinrent prefque entiérement inutiles. Ce fut ce qui obligea la communauté de faire dreffer de nouveaux ftatuts & d'en demander au Roi la confirmation qui leur fut accordée par lettres-patentes du mois d'Août 1649, enregiftrées au Parlement le 22 Janvier 1652, & au douzieme volume des bannieres du Châtelet le 2 Mars fuivant.

Dans la communauté des Charpentiers il y a deux fortes de maîtres, les jurés du Roi, & les maîtres fimples.

Les uns ne font diftingués des autres qu'en ce que les premiers ont cinq ans de réception. L'ancien de ceux-ci eft doyen de la communauté, & c'eft toujours un d'eux qui eft fyndic : ils font auffi chargés exclufivement aux autres de la vifite des bois travaillés ou non travaillés, & de leur toifé. Les quatre jurés font pris de leur nombre ; deux entrent en charge & deux en fortent tous les ans.

Le temps d'apprentiffage eft de cinq ans, après lequel temps l'apprentif peut afpirer à la maîtrife.

Quant à ce qui concerne les Charpentiers de navire, *voyez* CONSTRUCTEUR.

Il y a aujourd'hui à Paris foixante & dix-neuf maîtres Charpentiers.

CHARRON. Le Charron eft l'artifan qui fait des carroffes, des chariots, des coches, fourgons, litieres, brancards, caleches, berlines, caiffons, trains d'artillerie, haquets, traîneaux, & autres voitures femblables, ou attirails qui y fervent.

L'orme, le frêne, le charme, le chêne, l'érable, font les bois les plus propres au charronnage : mais le bois d'orme eft généralement le plus eftimé ; on l'emploie à faire les pieces qui fatiguent le plus, telles que les jantes des roues & les moyeux. En général on diftingue le bois de charronnage en deux fortes ; favoir, le *bois en grume* & le *bois de fciage*.

Le bois en grume eſt celui qui eſt ou en tronçons ou en *billes*, comme on dit en quelques endroits, c'eſt-à-dire qui n'eſt ni équarri, ni débité avec la ſcie, & qui a encore ſon écorce, mais qui pourtant eſt coupé de certaines longueurs convenables aux ouvrages que les Charrons en veulent faire.

Le bois de ſciage eſt celui qui eſt débité avec la ſcie & réduit à des épaiſſeurs convenables. Des bois en grume on fait les moyeux, les aiſſieux, les empanons, les fleches, les jantes, & les armons. Les bois de ſciage ſervent à faire les liſoires, les moutons, & les timons.

On choiſit pour les brancards de carroſſes ou de chaiſes, de jeunes frênes qui ont depuis ſix pouces juſqu'à un pied d'équarriſſage, & qui ſont un peu courbés naturellement. Il ſeroit avantageux de donner à de jeunes arbres dans les forêts les courbures qu'on recherche dans certaines pieces pour les ouvrages tant de charpenterie que de marine ; car les jantes de roues, ou ces morceaux de bois qui ſerrent les rais de la roue contre le moyeu & en forment le cercle extérieur, ſont d'autant plus eſtimées & d'autant meilleures qu'elles ſont ceintrées naturellement ; on voit auſſi les carroſſiers choiſir également pour fabriquer le montant des caiſſes, les pieces d'ormes qui ſe préſentent un peu chantournées. Les chênes au contraire, deſtinés pour faire les rais des roues, ne peuvent être trop droits ; car comme leurs fibres font leur effort de bout en bout, & dans une direction perpendiculaire, la force de ces fibres ne doit être altérée par aucune courbure. Ce ſont toutes ces obſervations qu'un marchand de bois doit faire pour diſtribuer ſa marchandiſe ſelon les uſages auxquels elle convient le mieux.

Le Charron ne fait point les corps des carroſſes & autres voitures, il n'en fait que les trains & les roues.

Un train eſt compoſé de deux brancards, de deux liſoires, d'une coquille, de deux conſoles, de quatre moutons, deux fourchettes, ſix jantes de double rond, trois traverſes, c'eſt-à-dire une traverſe de ſoupente, une traverſe de parade, & une traverſe de ſupport. Le train eſt encore compoſé d'une planche de derriere, de quatre taſſeaux, d'un marche-pied, de deux échantignoles, d'une ſellette à l'avant-train de deſſous, de deux armons, de quatre jantes de rond, d'un timon, d'une volée, de deux palonniers, d'une tringle de marche-pied , & de quatre ou deux roues.

Les deux *brancards* font les deux parties effentielles du train qui prennent d'une lifoire à l'autre. Les *lifoires* font deux pieces de bois d'orme placées, l'une au-deffus des aiffieux , & l'autre fous la coquille pour foutenir les brancards. La *coquille* eft la piece de bois en forme de coquille fur laquelle pofent les pieds du cocher. Les *confoles* font les deux parties qui foutiennent la coquille. Les *moutons* font quatre pieces de bois pofées debout fur les lifoires fur lefquelles le corps du carroffe eft fufpendu ; ils doivent avoir fix pieds fept à huit pouces de long, & cinq à fix pouces de large, fur trois à quatre pouces d'épaiffeur. Les *fourchettes* font les deux pieces du train de devant qui font auprès des armons, d'où elles fe féparent & forment une efpece de fourche , ce qui leur a donné leur nom. Les *jantes de double rond* font fix pieces de bois qui, réunies enfemble, forment un cercle qui fe trouve fous la coquille & fous la lifoire de devant. La *traverfe de foupente* eft une piece de bois qui foutient les foupentes. La *traverfe de parade* eft une piece de bois fculptée qui fert à orner le train. Enfin la *traverfe de fupport* eft celle qui foutient les deux brancards.

La planche de derriere eft une piece de bois fur laquelle fe placent les laquais derriere la voiture , & qui eft appuyée fur deux taffeaux. Les *taffeaux* font quatre parties , dont deux fervent à fupporter la planche, & deux la traverfe de parade. Le *marche-pied* eft une planche de bois en glacis qui va fe joindre à la planche de derriere. Les *échantignoles* font deux pieces de bois réunies aux brancards qui fervent à foutenir l'aiffieu des roues de devant. Les quatre *jantes de rond* font quatre pieces de bois formant entre elles un rond, & qui font affemblées à tenons dans les fix jantes de double rond. Le *timon* eft un morceau de bois long de neuf pieds, où font attelés les chevaux ; il les fépare & fert à gouverner le carroffe foit pour reculer, foit pour tourner à droite ou à gauche. La *volée* eft une piece de bois fupportée fur les deux armons & à laquelle font attachés les *palonniers* de la voiture. Les *palonniers* font deux pieces de bois auxquelles font attachés les traits du harnois. Et enfin la *tringle du marche-pied* eft un morceau de bois attaché fur la coquille & deftiné à fervir d'appui aux pieds du cocher.

Toutes ces différentes parties font affemblées à tenons &

mortaifes. Quant à la ferrure, elle regarde les ferruriers, les taillandiers, ou les maréchaux grofliers.

Les roues doivent être faites de deux fortes de bois : le moyeu & les jantes doivent être d'orme, & les rais de chêne. Le *moyeu* eft la partie que traverfe l'aiffieu ; les *jantes* font les pieces qui forment le cercle extérieur de la roue, qui portent les rais & qui les ferrent contre le moyeu ; & les *rais* font les morceaux de bois qui portent d'un bout dans le moyeu, & de l'autre dans les jantes.

Les grandes roues doivent avoir douze rais, & les petites huit : une grande roue eft compofée de fix jantes, & une petite de quatre : on affemble les jantes qu'on perce des deux côtés avec des goujons ou chevilles de bois, & les rais dans les moyeux & dans les jantes, à tenons & mortaifes.

Ce font auffi les ferruriers, les taillandiers, ou les maréchaux grofliers, qui ferrent les roues.

La communauté des maîtres Charrons-Carrofliers de la ville & fauxbourgs de Paris eft très nombreufe. Son antiquité néanmoins ne va guere au-delà du regne de Louis XII, & ce fut ce Prince qui donna aux maîtres Charrons leurs premiers réglements en les érigeant en corps de jurande par fes lettres-patentes du 15 Octobre 1498. L'ufage des carroffes étant devenu très commun par la fuite, non feulement on ajouta au nom de Charrons que portoient feuls auparavant les maîtres de cette communauté, celui de Carrofliers qu'ils ont porté depuis ; mais on fut encore obligé de renouveller leurs ftatuts à caufe de la diverfité des ouvrages que cette invention avoit produits parmi ces artifans. Les plus confidérables de ces nouveaux réglements compofés en partie de ceux de 1498, font de 1623 ; ils les obtinrent de Louis XIII, qui leur en accorda des lettres-patentes de confirmation au mois d'Octobre de la même année.

Les derniers réglements qu'ils ont obtenus font du 20 Novembre 1668, & portent que la communauté eft en poffeffion & en droit de tout temps d'empêcher de travailler du métier de Charron quelque efpece de privilégié que ce puiffe être ; que tous les bois de charronnage arrivant à Paris pour le compte des marchands forains, foit par eau, foit par terre, feront déchargés fur les ports de l'enclos de la ville, y refteront trois jours ouvrables, & ne pourront en être enlevés avant fix heures du matin en été, & huit heures en hiver ; que les Charrons marqueront leurs ouvrages neufs de leur marque particuliere , & qu'ils feront les feuls qui pourront louer des voitures ou trains fans chevaux ; qu'à caufe de la convenance & reffemblance de leurs ouvrages , les Charrons & les felliers auront la liberté de travailler réciproquement les uns chez les autres ; & enfin qu'il leur eft permis d'acheter, employer, fournir, faire , ou faire travailler par d'autres ouvriers , tout ce qui eft néceffaire aux couvertures , attelages , garnitures de carroffes , litieres , coches , caleches , & autres ouvrages de leur art.

La communauté des maîtres Charrons de Paris eft compofée aujourd'hui de cent quatre-vingt-douze maîtres : elle a quatre jurés ; deux entrent en charge & deux en fortent tous les ans. Il faut avoir été quatre ans apprentif, & quatre ans compagnon, avant que de fe préfenter à la maîtrife. Les jurés ont droit de vifite dans les atteliers, & fur les lieux où fe déchargent les bois de charronnage. Les maîtres font tenus de marquer de leur marque les bois qu'ils ont employés.

CHARRETIER ou CHARTIER. C'eft celui qui mene une charrette, un chariot, un haquet, &c. pour le tranfport des marchandifes.

Pour les empêcher de faire des monopoles & des affociations au préjudice du commerce, la Police & même le Confeil du Roi ont réglé leurs fonctions & leurs falaires. L'ordonnance de la ville de 1672 ; en réglant tout ce qui concerne les Charretiers qui travaillent fur les ports , leur a défendu, fous peine du fouet, d'exiger leur paiement au-delà de la taxe, de s'affocier & garder rang fur les ports ; & de refuser de travailler pour ceux qui les auront choifis & leur auront offert le prix fuivant la taxe ; & ordonne que de fix en fix mois, à la diligence du Procureur du Roi de la ville, il fera affiché une pancarte fur les lieux les plus apparents des ports, où fera énoncée la taxe qui fera réglée par les Prévôt des Marchands & Echevins ; qu'ils feront refponfables de la perte ou dommage des marchandifes arrivé par leur faute. La même ordonnance leur défend étroitement de ne charger qu'en préfence du bourgeois qui les fait travailler , de ne fortir du port que le marchand n'ait été payé, ou n'y ait confenti , à peine d'en répondre en leur

nom ; de faire aucun travail fur les ports qu'il ne leur ait
été ordonné par les bourgeois & marchands , & d'empêcher les bourgeois de faire voiturer leurs denrées, fi bon
leur femble , fur des chariots à eux appartenants.

CHASUBLIER : *voyez* BRODEUR.

CHAUDERONNIER. Le Chauderonnier eft l'ouvrier
qui fabrique toutes fortes d'ouvrages en cuivre , tels que
les chauderons, poiffonnieres, fontaines, cafferoles, &c.

Les Chauderonniers font divifés en trois claffes, quoiqu'ils ne forment qu'un feul & même corps ; les uns font
appellés *Chauderonniers-Groffiers* , ils ébauchent & finiffent
toutes fortes d'ouvrages ; les autres font appellés *Chauderonniers-Planeurs* , & ne font que planer les ouvrages qui
fortent des mains des groffiers ; & les autres enfin, appellés
Chauderonniers faifeurs d'inftruments , ne font que des cors
de chaffe , des trompettes & des timbales.

Le cuivre eft de deux fortes , le rouge & le jaune : *voyez*
le Dictionnaire de Chymie.

Ces deux efpeces de cuivre font la matiere ordinaire des
fontaines , des cuvettes, & des chaudieres grandes & petites,
néceffaires aux teinturiers & à beaucoup d'autres manufactures : c'eft auffi la matiere la plus ordinaire de toutes
les batteries de cuifine.

Le cuivre rouge par fa grande ductilité s'alonge aifément
fous le marteau : il fe met en lame , s'arrondit , fe plie ,
& prend fans réfiftance telle forme qu'on veut ; mais
l'ufage le plus diftingué qu'on en ait fait jufqu'à préfent, eft
de l'avoir fait fervir pour les planches de la gravure , qui
répand par-tout les ouvrages des grands fculpteurs & des
grands peintres : *voyez* GRAVEUR.

Le cuivre jaune , qui , par le mêlange de la calamine ,
eft devenu moins obéiffant au marteau qu'à la fonte , coule
aifément dans tous les moules qu'on lui préfente. Il prend
fidellement tous les traits qu'on a voulu lui imprimer ; il
fournit les pentures des tableaux, les targettes , les charnieres , & toutes les pieces d'une ferrurerie délicate , plus
connue chez nos voifins que parmi nous.

La plus grande confommation de cuivre qui fe faffe en
France , eft de celui de Suede ; il y entre ordinairement par
Rouen , auffi bien que celui qui vient de Hambourg.

Le cuivre qui vient de cette derniere ville eft préparé &
à demi façonné pour différents ouvrages : c'eft celui que les

Chauderonniers emploient pour faire divers chauderons.

Les Chauderonniers reçoivent le corps des chauderons tout *embouti*, c'eſt-à-dire formé comme il doit l'être. Ils n'ont pour le perfectionner qu'à lui former un bord par le moyen d'un marteau de bois ou de fer : c'eſt ce qu'on appelle *rabattre le bord*.

Quand il eſt bordé, on le plane en le battant en dedans & en dehors avec un marteau de fer, pour rendre le cuivre moins caſſant. Après cette opération on le nettoie avec de l'eau forte & de la lie de vin, pour lui donner l'éclat qu'il doit avoir : on y cloue enſuite de chaque côté deux petites oreilles de cuivre dans chacune deſquelles on place une anſe de fer. Les autres pieces de chauderonnerie ſe font à-peu-près de la même maniere ; mais il y en a pluſieurs, comme les fontaines & les caſſeroles, que le Chauderonnier *étame* avant de les livrer, pour les garantir de la rouille ou verd de gris auquel ces pieces ſont très ſujettes, & qui, comme on le ſait, eſt un poiſon mortel. Pour faire l'*étamage*, l'ouvrier commence par racler juſqu'au vif, par le moyen d'un grattoir d'acier, la ſuperficie du vaiſſeau, dans les endroits où il veut l'étamer. Enſuite il le place ſur le feu, & lorſqu'il eſt ſuffiſamment chauffé, il le frotte avec de la poix réſine, après quoi il verſe un mélange de deux tiers d'étain & d'un tiers de plomb, qu'il a ſoin de tenir tout prêt en fuſion. Pour étendre l'étamage, on ſe ſert d'une poignée d'étoupes que l'on tient à la main, & par le moyen de laquelle on diſtribue le mélange avec uniformité ſur toute la ſurface qu'on veut étamer.

Les Levantins ont une façon d'étamer qui eſt plus ſure que la nôtre ; elle conſiſte à nettoyer les pieces de cuivre avec du mâche-fer ou du ſable, à les faire rougir ſur un feu de charbon de bois, & à jetter ſur ces pieces quelques pincées de ſel ammoniac avec des petits morceaux d'étain fin : dès qu'on a frotté la place qu'on veut étamer, avec une longue baguette d'étain, on l'eſſuie tout de ſuite avec une poignée de coton arçonné : la piece de cuivre étant toujours ſur le feu, on y rejette une ſeconde fois du ſel ammoniac, on y remet de l'étain qu'on ne ceſſe d'étendre juſqu'à ce que le cuivre ſoit d'un blanc d'argent, & également bien poli par-tout. Lorſqu'on veut étamer des deux côtés, on retourne la piece, & on repete la même opération, ce qui étant une fois fait, le feu ne ſauroit l'endommager. Cette méthode d'étamer préſerve d'une infinité d'accidents qui font plus communs qu'on ne le penfe ordinairement.

Non feulement leur maniere d'étamer eft meilleure que la nôtre, ils favent encore mieux fouder. Lorfqu'une piece de cuivre eft trouée ou autrement, ils la ferment de façon avec la foudure fuivante qu'ils étament par deffus, que l'endroit foudé paroît comme neuf.

Cette foudure eft compofée de deux livres de laiton, quatorze onces de cuivre rouge, & fix deniers d'argent. Pour la préparer comme il faut, on a un fourneau dont l'intérieur eft rond comme la forme d'un chapeau, & dont les bords ont un cordon de quatre pouces; demi-heure après que les charbons font allumés fous ce fourneau, on y met la quantité de laiton ci-deffus; dix minutes après, le cuivre rouge, & cinq minutes après qu'on l'y a mis, on retire les charbons qu'on a foin de bien mouiller auparavant pour les rendre plus ardents. Une heure après qu'on a commencé cette opération, on met dans le fourneau une cloche pefant deux onces fix deniers; cinq minutes après, on y jette les fix deniers d'argent. Lorfque tout eft fondu, on retire les charbons qu'on avoit remis, on remue la matiere, dont on prend un peu dans une cuiller pour la verfer dans de l'eau, afin de voir fi la matiere fondue eft en état d'être bien pulvérifée. Après cet effai, on prend le refte de la matiere qu'on met dans de l'eau, on la pile enfuite dans un mortier, jufqu'à ce qu'elle foit réduite en poudre.

De quelque nation que foit un Chrétien, il ne peut exercer à Conftantinople la profeffion d'Etameur, fous peine d'avoir le poing coupé.

Les plus intelligents d'entre les Chauderonniers s'appliquent à faire des cors de chaffe & des trompettes.

Le *cor de chaffe* n'étoit deftiné anciennement que pour animer le plaifir de la chaffe; mais on l'emploie dans les fymphonies, depuis le commencement de ce fiecle, avec beaucoup de fuccès. Il y a de ces inftruments dans tous les tons, depuis le *B fa fi*, qui eft le plus haut, jufqu'au *C fol ut*, qui eft le plus bas. On les accorde même fur le ton qu'on defire, en infinuant dans leur embouchure des cercles de laiton creux, qui augmentent ou diminuent l'étendue du fon.

L'art du faifeur de cors de chaffe confifte principalement,

1°. A rendre cet inftrument le plus léger qu'il eft poffible, en battant le laiton avec un marteau, jufqu'à ce qu'il foit prefque auffi mince qu'une feuille de papier.

2°. A ménager imperceptiblement l'ouverture de cet inf. trument, de maniere qu'à commencer de l'embouchure où il ne doit avoir que deux lignes de diametre tout au plus, il s'en trouve à la fin deux pouces près du *pavillon* ou *grand entonnoir*.

3°. A fouder les endroits qui exigent de l'être avec de l'argent fin, & à contourner le cor avec art.

4°. Enfin, à donner la jufte proportion à la grandeur du pavillon, relativement au ton dans lequel le cor de chaffe fe trouve fait.

Les principes ne font pas les mêmes à l'égard des *trompettes :* car on leur donne le double de l'épaiffeur du métal, & leur diametre eft prefque toujours égal d'un bout à l'autre, excepté à la fin où il s'élargit en forme de pavillon ou d'entonnoir, de même que le cor de chaffe ; mais ce pavillon n'eft pas fi grand. Elles font compofées de trois tuyaux longs d'environ deux pieds quatre pouces ; ces tuyaux font joints par des demi-cercles creux foudés dans l'inftrument.

On fait des trompettes d'argent, mais elles ne fonnent pas mieux que celles de laiton. Si l'on en fabrique de ce métal, ce n'eft que dans la vue d'augmenter la fplendeur & l'éclat des cérémonies où elles fervent. Les trompettes d'argent ne font pas l'ouvrage du Chauderonnier, mais de l'orfevre ou de quelques autres artiftes qui ne s'occupent que de ce genre de travail.

Il y a des Chauderonniers qui ne s'attachent qu'à faire des *timbales*, qui font deux efpeces de chaudieres, ordinairement de cuivre rouge, couvertes en deffus de peau de bouc, qu'on fait réfonner en les frappant avec des baguettes. Cette peau eft placée fur un cercle de fer qui entoure chaque chaudiere, & qu'on tend plus ou moins au moyen de huit vis de fer. Cet inftrument n'eft pas difficile à faire ; le tout confifte à donner au cercle de fer qui entoure la timbale une jufteffe parfaite, pour que la peau puiffe être tendue partout également.

On fait auffi des timbales de cuivre jaune, & même d'argent, ornées de très belles cifelures.

La communauté des maîtres Chauderonniers de Paris eft très ancienne : elle avoit des ftatuts avant le regne de Charles VI ; ils ont été confirmés & augmentés par lettres-patentes de Louis XII, du mois d'Août 1514.

Les maîtres peuvent avoir jufqu'à deux apprentifs qu'ils ne peuvent obliger pour moins de fix ans.

Ils ont deux courtiers qui font élus à la pluralité des voix, & font tenus d'avertir les maîtres de l'arrivée des marchands forains. Ils ne peuvent être marchands & courtiers enfemble, c'eft-à-dire qu'ils ne peuvent rien acheter pour eux des marchandifes dont ils font le courtage. Il eft défendu à tous marchands forains & autres de vendre dans Paris aucune marchandife du métier de chauderonnerie & batteries, fi ce n'eft en gros, & au-deffus de la fomme de 40 livres. On compte environ 132 maîtres Chauderonniers à Paris.

On donne le nom de *Chauderonniers au fifflet* à ces ouvriers d'Auvergne qui courent la province, & qui vont dans les rues de la ville, achetant & revendant beaucoup de vieux cuivre, & qui en emploient peu de neuf. Ils ont été ainfi nommés d'un fifflet à l'antique, compofé de fept tuyaux inégaux, & tel que celui que les peintres & les fculpteurs ont coutume de donner au Dieu Pan. Au lieu de crier dans les rues, comme ils font aujourd'hui, ils fe fervoient autrefois de ce fifflet pour avertir de leur paffage.

Ils portent ordinairement leur bagage fur leur dos dans une *drouine* ou fac de peau, ils courent les petites villes & les villages pour raccommoder les uftenfiles & batteries de cuifine, de cuivre ou de fer. Ceux qui vendent du neuf ont des chevaux chargés de grands paniers d'ofier, où ils mettent leurs marchandifes & leurs outils. Il eft défendu à tous ces Chauderonniers coureurs de fiffler & de raccommoder aucun ouvrage de chauderonnerie à Paris & dans toutes les villes du royaume où les Chauderonniers font établis en corps de jurande.

Il y a beaucoup de lieux dans le royaume où les Chauderonniers font appellés *Dinandiers*, à caufe de la *dinanderie* ou marchandife de cuivre ouvré, comme chaudieres, chauderons & autres uftenfiles qui ont pris le nom de *dinanderie*, de la ville de *Dinand* en Liégeois, où il fe fabrique quantité de chauderonnerie, & dont il fe fait des envois confidérables dans prefque tous les endroits de l'Europe.

CHAUFOURNIER. Le Chaufournier eft l'ouvrier qui prépare la chaux vive, en faifant calciner des pierres propres à fe convertir en chaux, dans un four ou fourneau pratiqué pour cet ufage.

La chaux vive eft une pierre calcaire qu'on a calcinée en la faifant brûler ou cuire à grand feu dans une efpece de four bâti exprès. Cette chaux, par le mélange de l'eau &

du fable ou du ciment, forme le mortier qui entre dans la conftruction des bâtiments & édifices de moilon ou autres pierres. La propriété qu'a le mortier de fe durcir beaucoup & de devenir à la longue impénétrable à l'eau, lorfqu'une fois il a pris de la confiftance, le rend très utile pour confolider & unir enfemble les pierres des édifices, les pavés, &c.

Lorfqu'on eft affuré de la préfence des pierres calcaires dans une contrée, on fonge à y conftruire des fours à chaux. Pour cet effet, on commence par jetter des fondements folides, qui embraffent un efpace de douze pieds en quarré : on éleve enfuite fur ces fondements la partie de l'édifice qu'on nomme proprement le *four* ou la *tourelle*. A l'extérieur, la tourelle eft quarrée, ce n'eft qu'une continuation des murs dont on a jetté les fondements ; ces murs doivent avoir une épaiffeur capable de réfifter à l'action du feu qui fe doit allumer dedans. A l'intérieur, la tourelle a la figure d'un fphéroïde alongé, tronqué par fes deux extrémités. Elle a douze pieds de hauteur, quatre pieds & demi de diametre au débouchement qui eft fur la plate-forme, c'eft-à-dire à la diftance de neuf pieds au milieu, & fix pieds au fond. On unit la maçonnerie de quatre pieds droits avec celle de la tourelle, en faifant le rempliffage convenable au centre du plancher de la tourelle. On pratique un trou d'un pied de diametre, qui répond au milieu d'une petite voûte de quatre ou cinq pieds de hauteur, fur deux pieds de largeur, ouverte des deux côtés du Nord au Sud, traverfant toute la maffe du bâtiment, & defcendant au deffous du niveau du terrein de fix à fept pieds ; on appelle cette voûte l'*ébraifoir*. Pour pénétrer dans l'ébraifoir, on déblaie la terre des deux côtés à fon entrée en pente douce, & dans une largeur convenable, & on éleve toute cette terre en glacis, afin de pouvoir monter facilement au haut de la plate-forme. Depuis le raiz-de-chauffée jufqu'au haut de la plate-forme, on pratique une petite porte ceintrée, de cinq pieds de hauteur fur deux de largeur, pour entrer dans la tourelle.

Le four étant ainfi conftruit, on amaffe à l'entour les pierres qu'on fe propofe de convertir en chaux. On choifit les plus groffes & les plus dures, & l'on en forme au centre de la tourelle une efpece de voûte fphérique de fix pieds de hauteur, laiffant entre chaque pierre un intervalle de deux ou trois pouces.

Autour de cet édifice, on place d'autres pierres, & l'on
continue de remplir la tourelle, en obfervant de placer
toujours les plus groffes & les plus dures le plus proche
du centre, & les plus petites & les moins dures fur des
lignes circulaires plus éloignées, & ainfi de fuite, en
forte que les plus tendres & les plus petites touchent la
furface convexe de la tourelle. On acheve le comblement
de la tourelle avec de petites pierres environ de la groffeur
du poing, qui proviennent des éclats qui fe font faits en
tirant la pierre de la carriere, ou qu'on brife exprès avec
la maffe. On maçonne enfuite en dehors groffiérement la
porte de la tourelle à hauteur d'appui, en forte qu'il ne
refte plus que le paffage d'une botte de bruyere, qui a
ordinairement dix - huit pouces en tout fens. On finit ce
travail par élever autour d'une partie de la circonférence
du débouchement, une efpece de mur en pierres feches du
côté oppofé au vent.

Les chofes étant ainfi difpofées, on brûle un quarteron
ou deux de bruyeres pour *reffuyer* la pierre. Cinq ou fix heures après, on commence à chauffer en regle : pour cet effet,
le Chaufournier difpofe avec fa fourche fur l'âtre de la tourelle, une douzaine de bottes de bruyere ; il y met le feu,
& lorfqu'elles font bien enflammées, il en prend une treizieme qu'il place à la bouche du four, & qui la remplit
exactement. Le feu, pouffé par l'action de l'air extérieur qui
entre par les portes de l'ébraifoir, fe porte dans la tourelle
par la lunette pratiquée au centre de fon âtre, faifit la bour-
rée placée fur la bouche du four, coupe fon lien & l'enflamme ; alors le chauffeur la pouffe dans l'âtre avec fon
fourgon, l'éparpille, & tout de fuite il en remet une autre
à l'embouchure du four, qu'elle ferme comme la précédente. Le feu atteint pareillement celle-ci & la délie, & le
chauffeur avec fon fourgon la pouffe de même dans la tourelle, & l'éparpille fur fon âtre : il continue cette manœuvre avec un de fes camarades qui le relaie, pendant douze
heures ou environ, jufqu'à ce qu'ils aient confumé douze à
quinze cents bottes de bruyeres.

On doit avoir l'attention de ne chauffer le fourneau que
par degrés, parceque fi les pierres étoient furprifes d'un feu
trop vif, plufieurs fe briferoient & la voûte pourroit s'é-
crouler ; au lieu qu'un feu modéré les fait fuer doucement,
& jetter toute leur humidité fans accident. De quelque fa-

çon que les fours foient conftruits, qu'ils foient d'une figure ellipfoïde alongée ou tronquée, de figure cubique ou parallélipipédale, ou de forme encore différente, on prend la même précaution, afin que les parois du terrein naturel de l'encuvement fuent doucement, ainfi que le mortier de la maçonnerie, qui par ce moyen prend corps fans fe gercer. Les tuiliers-briquetiers font la même opération pour faire reffuyer lentement leurs tuiles & briques : *voyez* BRIQUE-TIER.

Il y a de deux efpeces de fours à chaux : les uns font à grande & vive flamme, où l'on brûle du bois, des bourrées de bruyeres, des genêts, de la paille, du chaume, &c. les autres ont un feu plus modéré & moins flambant, qu'on entretient avec de la tourbe, de la houille, & toute autre efpece de charbon foffile entremêlé par couches avec les pierres.

Dans les fours à grande flamme, l'habileté d'un Chaufournier confifte à favoir foutenir fon bois de façon que le courant de l'air paffe par-deffous, à augmenter ou ralentir à propos le degré de chaleur; comme, par exemple, lorfque le four eft bien embrafé le premier jour, d'en augmenter la chaleur jufqu'à lui faire confumer la valeur de fix cordes de bois le fecond jour; de n'en mettre que quatre le troifieme; d'aller ainfi en diminuant jufqu'au dernier jour, & d'avoir foin à chaque fois qu'il met du bois dans le fourneau, d'en fermer la bouche pour que trop d'air ne le refroidiffe pas.

Lorfque le four eft trop grand ou qu'il eft mal chargé, il arrive toujours qu'on manque la fournée en tout ou en partie, parceque les pierres qui font à la circonférence, ne peuvent pas fe calciner auffi bien que celles du centre, à moins qu'on n'y remédie en augmentant le feu, & en l'obligeant à fe porter en plus gros volume vers les pierres les plus éloignées; il n'eft pas moins néceffaire de n'y interrompre jamais le feu, parceque lorfqu'on laiffe éteindre le four avant la cuiffon totale de la pierre, la flamme d'un nouveau feu n'étant plus alimentée de proche en proche par les matieres d'en bas, elle n'a plus le degré d'intenfité néceffaire à la calcination.

Lorfque faute de matiere combuftible on veut ralentir un four à chaux déja allumé, tel que ceux qui font à feu plus modéré & moins flambant, & où l'on brûle du charbon de terre, il faut difpofer le four de façon que le feu ne monte pas auſſi vîte qu'à l'ordinaire, ce qu'on exécute en jettant au centre de la ſurface une *charbonnée* ou lit de charbon, de deux ou trois pouces d'épaiſſeur, & de deux pieds de diametre, qu'on piétine, qu'on mouille même quelquefois, & qu'on recouvre d'un lit de même épaiſſeur, formé de menus éclats de pierre, & on bouche exactement toutes les ouvertures du four, afin de ne laiſſer au feu qu'autant d'air qu'il lui en faut pour ne pas s'éteindre.

On connoît que la chaux eſt faite, quand il s'éleve au-deſſus du débouchement de la plate-forme, un cône de feu de dix pieds de haut environ, vif, & ſans preſque aucun mélange de fumée, & lorſqu'en examinant les pierres, on leur remarque une blancheur éclatante.

Pour lors on laiſſe éteindre le four : on monte pour cet effet ſur la plate-forme, on étend des gaules ſur le débouchement, & on répand ſur ces gaules quelques bourrées. Quand le four eſt froid, on en retire la chaux, on la met dans des tonneaux ſous une voûte contiguë au four ; ſi elle venoit d'être mouillée par la pluie ou autrement, elle incendieroit les matieres combuſtibles qui ſeroient dans ſon voiſinage : on la tranſporte par charrois ou par eau aux lieux de ſa deſtination.

Les qualités eſſentielles de la chaux ſont d'être peſante, qu'elle ſonne comme un pot de terre cuite, & qu'en la détrempant avec de l'eau, la fumée qui s'en exhale ſoit épaiſſe & s'éleve en haut avec promptitude. On a tout lieu de penſer que ce phénomene ſingulier d'efferveſcence que préſente la chaux, ne dépend que de ce que la pierre à chaux, dans ſa calcination, a perdu l'eau qu'elle contenoit, & qu'elle s'en ſaiſit avidement lorſqu'on vient à l'éteindre en la mêlant avec de l'eau, d'où naît néceſſairement la chaleur : *voyez le Dictionnaire de Chymie.*

La chaux la plus eſtimée eſt celle qui ſe fait avec des pierres qui contiennent une certaine quantité de matiere phlogiſtique. Les coquillages de mer, par rapport à la matiere phlogiſtique qu'ils contiennent, fourniſſent une excellente chaux vive. Les pierres calcaires trop pures, telles que le marbre blanc, fourniſſent des chaux infiniment moins fortes. On fait encore d'excellente chaux avec une ſorte de pierre griſâtre très dure & très peſante, qui porte par excellence le nom de pierre à chaux ; celle qu'on fait de pierre tendre, n'eſt pas à beaucoup près ni ſi bonne ni ſi eſtimée.

On peut auffi faire ufage de la chaux comme engrais , ainfi qu'on le peut voir au mot AGRICULTURE.

On appelle *chaux âpre* , celle qui fe fait pendant l'hiver : comme il n'eft pas poffible pendant cette faifon de conduire également le feu , cette chaux ne fe garde pas éteinte comme celle qu'on fait dans la belle faifon, on'eft même obligé de l'employer fept à huit jours après ; & on a obfervé que les maçonneries qui en font enduites, font fi mauvaifes, que , peu de temps après , les pierres qu'on a liées enfemble avec du mortier de cette chaux , ne tiennent pas mieux que fi elles avoient été maçonnées avec de l'argille : cette chaux ne fe conferve pas même à l'air, elle y perd toute fa vertu ; bien différente en cela de celle des *Siamois* , qui dure des deux cents ans, & avec laquelle ils font des ftatues & des maufolées.

Il n'y a point de fournée à chaux où il n'y ait un déchet affez confidérable occafionné par les pierres qui ne fe calcinent pas en entier , par la réduction de la chaux en pouffiere, par la perte qui s'en fait à la décharge du four , & au tranfport : on évalue ordinairement ce déchet à quatre-vingt-huit pieds cubes fur mille quatre-vingt.

La chaux fe vend & fe mefure au boiffeau : le boiffeau fe divife en quatre quarts, & chaque quart contient quatre littrons. Il faut trois boiffeaux de chaux pour faire un minot, les quarante-huit minots faifant le muid ; en forte qu'il faut cent quarante-quatre boiffeaux pour faire un muid de chaux.

La chaux ne peut être déchargée à Paris que dans les ports de fa deftination, fous peine d'amende , à moins d'une permiffion expreffe des Prévôt des Marchands & Echevins.

Les jurés mefureurs de chaux font tenùs d'en faire bonne mefure ; d'empêcher qu'on en expofe en vente qu'elle ne foit bonne & marchande , & que le prix n'en ait été fixé par le Prévôt des Marchands ; d'avertir les acheteurs de la taxe , de tenir la main à ce qu'elle foit exécutée , & de dénoncer les contraventions , fous peine d'interdiction.

Il leur eft défendu par l'ordonnance de 1672 , d'en faire commerce, & de fe faire payer de plus grands droits que ceux qui leur font attribués.

La chaux paie de droits d'entrée en France dix fols le tonneau contenant deux queues, & huit fols de fortie, fuivant le tarif de 1664. La fortie du royaume eft défendue

par

par les provinces de Normandie & de Bretagne, par arrêt du 24 Avril 1756.

Le réglement du 24 Décembre 1701, fait pour les toiles, défend aux blanchisseurs de se servir de chaux dans les blanchissages de toiles, à peine de 50 livres d'amende pour la premiere fois, & d'interdiction en cas de récidive.

CHAUSSETIERS. Les drapiers de Paris portoient anciennement le nom de marchands Drapiers-Chaussetiers, parceque leur profession étoit non seulement de vendre des draps, mais encore d'en faire des bas & des hauts-de-chausses : *voyez* DRAPIER.

CHENILLE (Fabrique de). C'est un petit ouvrage en soie, dont on se sert pour faire divers ornements, comme palatines, broderies sur des vestes & autres habillements ; on lui a donné ce nom par la parfaite ressemblance qu'il a avec l'insecte qu'on nomme *chenille*. Ce petit agrément, qu'on prend au premier coup-d'œil pour un cordon de velours, se fait au moyen d'un ruban dont on coupe une lisiere très éttoite dans toute sa longueur, & qu'on effile des deux côtés jusqu'à ce qu'il ne reste dans le milieu que quelques fils de chaîne. La trame formant alors un double effilé, ou une barbe à droite & à gauche, on prend des fils de soie en double, en triple, ou en quadruple ; on les accroche à un rouet semblable à celui dont se servent les luthiers pour couvrir de fil de laiton ou d'argent les grosses cordes de leurs instruments ; on tord un peu ces fils ensemble, qu'on a soin d'enduire légérement avec une gomme un peu forte ; après quoi on applique la bande de ruban effilée de droite & de gauche, à l'extrémité du rouet qui tient à l'extrémité des fils de soie préparés. Cette préparation faite, on tourne la manivelle du rouet dans le sens dont on a commis les fils de soie ; alors la petite bande de ruban se couvre successivement dans toute sa longueur en se roulant sur les fils commis : les poils gommés se redressent & forment comme un velours.

On doit observer que la grosseur de la chenille dépend toujours de la bande du ruban, de la longueur de l'effilé, & du nombre des fils de soie dont on couvre la bande effilée ; que sa bonté est relative à la force & à la beauté du ruban, au mouvement circulaire de la manivelle dont le trop de vîtesse fait moins courir la bande contre le cordon. Comme le ruban effilé ne tient sur le cordon que par le moyen de la gomme, plus la chenille est serrée, plus elle est fournie de poil, & par conséquent plus belle elle est.

Les agriministes se servent souvent de chenille pour enjoliver leurs ouvrages : *voyez* AGRIMINISTE.

CHIENS (Marchands de). On nomme ainsi ceux dont le principal commerce est de vendre des chiens. Ce négoce, qui n'est guere connu en France que dans les principales villes de ce royaume, fait cependant une branche de commerce très étendue dans plusieurs provinces d'Angleterre, qui se font un revenu considérable par la vente de chiens de toute espece qu'elles exportent dans les pays étrangers.

Comme l'empire de la mode ne s'étend pas moins sur le choix des chiens que sur toutes les choses d'usage, les Marchands de chiens s'attachent aux especes qui sont le plus en vogue & les plus recherchées, & les font multiplier le plus qu'ils peuvent. Indépendamment de la vente de ces animaux, on tire encore parti de leur poil, de leur fiente & de leur peau. Le poil de chiens du Danemarck, qu'achetent ordinairement les marchands de Rouen, entre dans la composition des lisieres de certains draps de laine, & ne peut jamais servir à faire des chapeaux communs, quelques essais que les chapeliers aient voulu faire du poil de barbet. On se sert de la fiente de chien dans les fabriques de marroquins, & après que leurs peaux ont été passées en mégie, on les vend aux gantiers qui les apprêtent en gras avec des huiles & des pommades pour en faire des gants dont les femmes font beaucoup de cas, parcequ'ils font frais pendant l'été, & qu'ils ont la faculté d'adoucir la peau des bras & des mains.

Les Marchands de Chiens divisent l'espece de ces animaux en trois classes principales, les chiens à poil ras, ceux qui sont à poil long, & ceux qui n'ont point de poil. Dans la premiere on comprend le *dogue d'Angleterre*, ou le *bouldogue*, le *doguin d'Allemagne*, le *doguin de la petite espece*, le *danois de carrosse*, qui est de la hauteur du dogue d'Angleterre, & qui en a quelques traits ; le *danois de la petite espece*, l'*arlequin*, le *roquet*, l'*artois* ou le *quatre-vingt*, le *grand levrier à poil ras*, les *levriers de la moyenne & petite espece*, le *braque* ou chien couchant, le *limier*, le *basset* ou chien courant. On met dans la seconde l'*épagneul noir* ou *gredin*, les *pyrames* ou gredins qui ont les sourcils marqués de feu, le *bichon bouffé* ou chien lion, qui tient du barbet & de l'épagneul, le *chien loup* ou chien de Sibérie, & les barbets de toutes les efpeces. Le *chien turc* compofe la troifieme claffe, parceque c'eft le feul qu'on connoiffe ne pas avoir de poil.

Ceux qui font à Paris une profeffion publique de vendre des chiens, les traitent encore de diverfes maladies aux-quelles ils peuvent être fujets, & font à leur égard ce que les maréchaux font pour les chevaux.

CHIFFONNIER. Chiffonnier, Pattier, Drillier, ou Peillier, font les divers noms que l'on donne, fuivant les différents lieux, à ceux qui fe mêlent de faire le trafic de vieux chiffons de linge, & autres étoffes deftinées pour la fabrique des papiers. La Bourgogne & le Mâconnois font les provinces de France où il s'en fait le plus grand négoce.

Les Chiffonniers vont acheter & ramaffer dans les villes & villages ces vieux chiffons ; ils en cherchent même dans les ordures qui font dans les voieries & dans les rues, ainfi qu'il fe pratique particuliérement à Paris où ils font ap-pellés Chiffonniers.

Après les avoir bien lavés, nettoyés & féchés, ils les vendent aux papetiers fabricants, ou à ceux qui les em-magafinent pour les revendre à ces mêmes papetiers.

De peur que les Chiffonniers n'infectaffent l'air & les eaux par les magafins, ou le lavage de leurs chiffons, la Police les a relégués hors du centre des villes, & a éloigné leurs lavages des endroits de la riviere où les habitants vont puifer l'eau. Elle leur a auffi défendu d'aller pendant la nuit & avant la pointe du jour dans les rues & faux-bourgs de Paris, fous prétexte d'amaffer des chiffons, parceque cela pourroit donner lieu à des vols par les ou-vertures des boutiques, falles & cuifines qui font au raiz-de-chauffée, étant facile auxdits Chiffonniers d'en tirer les linges avec les crocs dont ils fe fervent. *Traité de la police, livre IV, tome II.*

Pour que nos manufactures de papier & de cartes ne re-çoivent point de préjudice par l'envoi des chiffons dans les pays étrangers, la fortie n'en a été permife par l'arrêt du Confeil du 8 Mars 1731 qu'à condition qu'ils paieroient pour droit de fortie trente livres pour cent pefant, & vingt fols feulement dans l'intérieur du royaume pour la fortie d'une province à l'autre.

Indépendamment du commerce des chiffons, les Chiffonniers de Paris, qui la plupart font le métier d'*écorcheur*, en font encore un très confidérable par la vente de *l'huile de cheval* qui eft faite avec la graiffe tirée du cou & du ventre de cet animal, fondue & clarifiée enfuite. Comme cette huile donne un feu plus vif, plus clair, & plus brillant que celui de toutes les autres huiles, les émailleurs s'en fervent dans leurs lampes, comme étant la feule qui foit propre à leurs ouvrages. Elle fe vend à la livre, & elle eft quelquefois plus chere que la meilleure huile d'olive.

Quoiqu'il femble que le négoce des vieux chiffons ne foit pas un objet de confidération, cependant il s'en vend en France pour des fommes affez fortes, fur-tout pour la fabrication du papier : *voyez* PAPETIER.

CHINER LES ÉTOFFES (L'art de). *Chiner* une étoffe c'eft donner aux fils de la chaîne des couleurs différentes, & les difpofer de façon qu'elles repréfentent un deffein quelconque, qu'on diftingue très bien, & qui en augmente la beauté & le prix.

Cette manœuvre, qui eft une des plus délicates qu'on ait imaginées dans les arts, commence par la difpofition d'une chaîne à une feule couleur. Pour cet effet on trace un deffein fur un papier réglé, tel qu'on veut qu'il paroiffe fur l'étoffe ; & après avoir fait teindre les foies de la couleur dont on veut la *chiner*, on laiffe le fond de la chaîne en blanc, parceque s'il étoit d'une autre couleur il recevroit avec peine les couleurs qu'on voudroit y mêler pour la figure.

La foie teinte, dévidée, & levée de deffus l'*ourdiffoir*, on la met fur un *tambour* femblable à celui dont on fe fert pour plier les étoffes ; & on en fait des chaînes de cinquante portées compofées de quatre mille fils, & paffées dans deux cents cinquante dents de peigne, en mettant quatre fils pour chaque dent.

Après qu'on a ôté la chaîne de deffus le tambour ; qu'on l'a attachée à l'axe de l'*afpe* ou dévidoir, on la divife par douze fils, dont chaque divifion eft mife dans une dent du *rateau* qui eft de la largeur de l'étoffe. Il fert à plier la chaîne fur l'enfuble, & il eft garni de dents d'ivoire, éloignées de trois lignes les unes des autres. Lorfque le deffein eft répété quatre fois dans la largeur de l'étoffe, on met entre chaque dent du rateau quatre divifions par douze, ce qui fait quarante-huit fils, ou un écheveau, qu'on attache de façon à pouvoir les séparer dans le besoin ; & suivant que le dessein est plus ou moins court, on ajuste l'*aspe* de maniere qu'il le contienne une fois ou deux, plus ou moins, sur sa circonférence.

Quand toute la chaîne est enroulée sur l'*aspe*, & que les écheveaux sont exactement divisés en un certain nombre de fois, proportionné à la grandeur du dessein, on couche des petites bandes de parchemin de trois lignes de largeur ou environ sur les trois premieres cordes paralleles sur lesquelles on a marqué avec une plume les couleurs contenues sur la longueur de ces trois cordes, & l'espace que chaque couleur doit occuper sur cette longueur ; après quoi on applique de la même façon une seconde bande sur les trois cordes suivantes, & ainsi de suite jusqu'à ce qu'on ait épuisé la largeur du dessein.

Pour éviter la confusion, on numérote chaque bande afin que chacune d'elles soit précisément appliquée à la largeur du dessein qu'elle doit représenter ; & pour savoir si la mesure des bandes & des écheveaux coïncide, on examine par l'application d'une de ces bandes si la circonférence de l'*aspe* contient autant de fois la longueur de la bande qu'elle est présumée contenir de fois la longueur du dessein. Après cette vérification on attache des deux bouts avec une épingle la premiere bande numérotée sur la premiere *flotte* ou premier écheveau ; savoir, un bout de chaque côté du fil qui traverse l'*aspe* sur toute sa longueur, & qui, en coupant les écheveaux perpendiculairement, sert de direction pour l'application des bandes.

Toutes les bandes étant arrètées sur les écheveaux le long du fil du côté de la main droite, on donne un coup de pinceau sur tous les endroits du premier écheveau qui doivent être coloriés, & sur les espaces que chaque couleur doit occuper : on va ainsi de suite jusqu'à la derniere bande.

Le dessein une fois tracé sur les écheveaux, on les leve de dessus l'*aspe*, on les met les uns après les autres sur les roulettes du *banc à lier* qui est mobile, & qui fait que la partie de l'ourdissoir s'éloigne ou s'approche selon que la corde a besoin d'être lâchée ou tendue. On couvre ensuite les parties qui ne doivent pas être teintes avec du papier numéroté, & recouvert de parchemin ; & on continue ainsi jusqu'à ce que tous les écheveaux soient couverts & bien liés par les deux bouts. Après qu'on les a fait teindre de la couleur indiquée par le deſſein, on les met ſécher, on délie le parchemin avant qu'ils ſoient ſecs, & lorſqu'ils le ſont, on ôte le papier de l'enveloppe, & on ne laiſſe que celui qui porte le numéro de l'écheveau.

Quand toutes les *flottes* ou écheveaux ſont remis ſur l'*aſpe* par ordre des numéros comme ils l'étoient auparavant, on diſtribue le deſſein ſur tous les écheveaux de façon qu'aucune partie n'avance ni ne recule plus qu'elle ne doit ; & pour que le deſſein ne ſe dérange pas, on lie la chaîne de trois en trois aunes à meſure qu'on la reporte de deſſus l'*aſpe* ſur le *tambour*. Quand cette opération eſt finie on met la chaîne ſur l'*enſuble*, & on la travaille de la même façon que le taffetas ordinaire.

S'il y avoit pluſieurs couleurs dans un deſſein, il faudroit les diſtinguer par des petites marques différentes, les couvrir & les découvrir à propos, & faire prendre à la chaîne toutes ces couleurs les unes après les autres.

Les meilleures étoffes chinées ſont celles dont la teinture n'a pas altéré la ſoie, & par conſéquent celles où il y a moins de diverſes couleurs : les plus belles ſont celles où les couleurs ſont le mieux aſſorties, & où les contours des deſſeins ſont le mieux terminés.

Lorſqu'il s'agit de chiner un velours, on ne chine que le *poil* ou chaîne qui ſert à former la barbe du velours ; mais comme après le deſſein tracé, le poil *s'emboit* ou raccourcit, par le travail des fers, ſix fois autant que la chaîne, on en fait l'*anamorphoſe* ou projection, dont la largeur eſt la même que celle du deſſein, mais dont toutes les lignes de la longueur ſont ſix fois plus grandes. C'eſt ſur cette projection qu'on prend les meſures avec des bandes de parchemin ; & ſi le deſſein n'eſt répété que deux fois dans la largeur de l'étoffe, au lieu de vingt-quatre fils par écheveau qu'on prend pour le taffetas, on n'en prend que douze pour le velours, parceque le *poil* ne contient que la moitié des fils de la chaîne des taffetas, ou, ce qui eſt la même choſe, chaque branche de la chaîne n'a qu'autant de fils que trois dents de peigne peuvent en contenir.

On ne chine ordinairement que les taffetas unis & minces, & rarement les ſatins ; on ne réuſſit pas auſſi bien dans le velours, parceque ſon coupé n'eſt pas aſſez juſte pour que la diſtribution du chinage ſoit exacte, d'autant plus que la chaîne, pour le velours chiné, devant avoir ſix fois plus de longueur qu'il n'en paroîtra dans l'étoffe, l'inégalité de la trame, celle des fets, les variétés de l'extenſion de la chaîne, le plus ou moins fort qu'un ouvrier frappe dans un temps que dans un autre, ne permettent pas de réduire à ſes juſtes proportions l'*anamorphoſe* ou la projection du deſſein.

CHIRURGIEN. Le Chirurgien eſt celui qui fait pro-feſſion de la Chirurgie. La Chirurgie eſt la ſcience qui apprend à connoître & à guérir les maladies extérieures du corps humain qui ont beſoin pour leur guériſon de l'opé-ration de la main ou de l'application des topiques ; c'eſt cette opération de la main qui fait que la Chirurgie eſt comptée au nombre des arts. Les maladies chirurgicales ſont ordinairement rangées ſous cinq claſſes, qui ſont les *tumeurs*, les *plaies*, les *ulceres*, les *fractures* & les *luxa-tions*.

Originairement la Médecine, la Chirurgie & la Phar-macie n'étoient pas des profeſſions ſéparées. Elles ſe trou-voient réunies dans la même perſonne. Ce n'a été qu'après que les connoiſſances ſe ſont multipliées & étendues, qu'il a fallu ſubdiviſer en pluſieurs branches l'art de guérir. La Chirurgie a été probablement la premiere réduite en art. *Celſe* donne à la Chirurgie le pas pour l'antiquité ſur toutes les autres branches de la Médecine. Une preuve encore que les hommes ſe ſont attachés d'abord à la Chirurgie, c'eſt que les Sauvages en entendent aſſez bien pluſieurs parties.

En effet, ſans parler des autres accidents qui demandent ſon ſecours, auſſi-tôt qu'il s'eſt donné des combats, il a fallu néceſſairement chercher les moyens de guérir les bleſſés. Il ne s'agiſſoit plus alors d'attendre, comme dans les maladies internes, ce que feroit la nature : les remedes familiers, que pouvoit fournir à chacun ſa propre expé-rience, n'étoient d'aucune reſſource lorſqu'il étoit queſtion de guérir une plaie, de remettre un os en ſa place, ou de réduire une fracture ; les maux de cette nature demandent une expérience particuliere & une adreſſe de la main qui ne peuvent s'acquérir que par un long exercice. Il a donc été néceſſaire que quelques perſonnes s'attachaſſent à ce ſeul objet.

Il ne nous eſt rien reſté ſur la maniere dont on panſoit les plaies dans les premiers temps. Les panſemens devoient ſe faire ſans beaucoup d'appareil. A l'égard des opérations, on n'aura pas de peine à se persuader qu'elles devoient être alors très imparfaites. La Chirurgie ne consistoit que dans une pratique aveugle & grossiere, telle que pouvoit le permettre l'état de foiblesse où étoient les arts & les sciences dans ces siecles reculés. Les premiers opérateurs n'avoient pour guide qu'une simple routine sans principes, sans connoissances, & destituée des lumieres que peut seule donner une théorie savante & raisonnée. D'ailleurs, les instruments dont se servoient ces premiers Chirurgiens, devoient être très défectueux ; ils n'étoient certainement pas de fer, ce métal n'ayant été connu que fort tard. On y suppléoit par quelque autre invention ; les cailloux tranchants, les os pointus, les aretes de certains poissons, ont été les premiers instrumens dont la Chirurgie a fait usage. Les embaumeurs des Egyptiens se servoient d'une pierre d'Ethiopie bien aiguisée pour ouvrir les cadavres & en ôter les entrailles. On voit aussi que l'on n'employoit que des pierres pour la circoncision ; les Sauvages nous retracent encore ces pratiques originaires.

La Chirurgie se perfectionna insensiblement : tout contribua aux progrès d'un art si nécessaire. Ce n'est que par la connoissance de la structure du corps humain, & par l'invention de divers instruments ingénieusement imaginés, qu'on est parvenu à pousser cet art au grand point de perfection où il est présentement.

Ce qui y a le plus contribué, est l'établissement de cinq démonstrateurs royaux en 1724, pour enseigner la théorie & la pratique de cet art ; ensuite les ordres donnés en 1731 pour la formation de l'Académie Royale de Chirurgie dans le corps des Chirurgiens de S. Côme ; & enfin l'arrêt du Conseil d'Etat du Roi du 4 Juillet 1750, par lequel il est ordonné à tous les aspirants à la maîtrise de faire un cours de Chirurgie de trois années, & d'en rapporter les attestations lorsqu'ils se présenteront pour être reçus maîtres ; que pour rendre ce cours plus utile aux éleves, il sera incessamment établi une école pratique d'anatomie & d'opérations chirurgicales où toutes les parties de l'anatomie seront démontrées gratuitement, & où les éleves feront eux-mêmes les dissections & les opérations qui leur auront été enseignées ; que les étudiants prendront des inscriptions au commencement de chaque année de cours d'étude, & qu'ils ne pourront être admis à la maîtrise qu'au préalable ils n'aient rapporté leurs atteftations d'études en bonne forme ; qu'à l'acte public qu'ils foutiendront pour leur réception au College de Chirurgie , la Faculté de Médecine fera invitée par les éleves gradués , & qu'après le temps prefcrit à la Faculté pour les examiner , les maîtres en Chirurgie continueront de faire leurs objections pendant tout le temps de l'examen ; que conformément à la déclaration du 23 Avril 1743 , les maîtres en Chirurgie jouiront des prérogatives , honneurs & droits attribués aux autres arts libéraux , enfemble des droits & privileges dont jouiffent les notables bourgeois de Paris.

L'exemple de Paris influa bientôt fur les provinces : Rouen , Montpellier , Lyon , Bourdeaux , Toulon & Orléans , ont des démonftrateurs & des amphithéâtres pour y donner des leçons publiques. La Chirurgie y eft exercée honorablement ; perfonne n'y eft reçu maître qu'il ne foit auparavant maître ès-arts ; & les biens que procure journellement une loi auffi fage font defirer que l'extenfion d'un établiffement auffi utile puiffe fe répandre par tout le royaume.

Cette nouvelle loi a fait rentrer les lettres dans un corps d'où elles avoient été injuftement bannies. Pour y exciter l'émulation , on diftribue tous les ans une médaille d'or de la valeur de cinq cents livres à celui qui a le mieux traité le fujet annoncé par des programmes. Il y a auffi une médaille de deux cents livres pour la meilleure differtation qui a été faite dans le courant de l'année , & cinq petites médailles de cent livres chacune pour ceux qui ont fourni un mémoire ou trois obfervations intéreffantes.

L'école pratique qu'a fait établir M. *de la Martiniere* pour vingt des éleves qui fe font le plus diftingués par leur application , a auffi quatre prix fondés en 1756 de quatre médailles d'or de cent livres chacune , par M. *Houffet* , directeur & infpecteur de cette école , pour récompenfer les quatre fujets qui auront le mieux profité des leçons qu'on y donne. Ces jeunes gens ainfi formés fe répandent enfuite dans les différentes provinces du royaume , & y vont porter le fruit des inftructions qu'ils ont reçues fous les premiers maîtres de la capitale.

De toutes les opérations de la Chirurgie la faignée eft celle qui fe répete aujourd'hui le plus fréquemment : on ne peut point décider fi les anciens peuples l'ont pratiquée ; ce qu'il y a de certain, c'est qu'il ne paroît point qu'elle ait été en usage chez les Egyptiens.

Les principaux remedes dont ils se servoient se réduisoient à la diete, aux lavements, & aux vomitifs. La saignée est un remede assez digne d'attention pour qu'*Hérodote* & *Diodore*, qui sont entrés dans un assez grand détail sur la pratique des Egyptiens, ne l'eussent pas oubliée si elle eût été d'usage chez ce peuple.

L'Anatomie est la base de la Médecine & de la Chirurgie : sans cette science il n'est pas possible de connoître les causes ni le siege de plusieurs maladies.

Les soins & les opérations qu'exigent quelquefois les accouchements sont une des branches les plus considérables de la Chirurgie, sur-tout à Paris : *voyez* ACCOUCHEUR.

Les maîtres Chirurgiens de Paris prétendent devoir leurs privileges au Roi S. Louis, ce qu'*Etienne Pasquier* leur dispute, se fondant sur deux déclarations de Philippe le Bel & du Roi Jean, des années 1311 & 1352, où il n'en est rien dit, quoiqu'il s'agisse dans toutes les deux de réglements pour l'examen & la réception des maîtres Chirurgiens.

On vit naître sur la fin du quinzieme siecle comme une nouvelle communauté de ces maîtres.

Les *barbiers*, destinés jusques-là à faire la barbe & les cheveux, se mêlerent d'abord de saigner & de vouloir entreprendre les autres opérations de la Chirurgie ; ils obtinrent même le nom de *Barbiers-Chirurgiens*, pour les distinguer des anciens qu'on appelloit *Chirurgiens de S. Côme*. Cette nouvelle communauté surprit au mois d'Août 1613 des lettres-patentes d'union avec l'ancienne, qui n'eurent pas d'effet à cause de l'opposition des anciens maîtres. Ils furent néanmoins réunis les uns & les autres par un contrat d'union passé entre eux le premier Octobre 1655.

Les nouveaux statuts de ces deux communautés réunies furent dressés en 1698, d'abord en cinquante-quatre articles qui furent changés, corrigés & augmentés par le Lieutenant-Général de Police, jusqu'au nombre de cent cinquante-quatre, dont il donna avis le 8 Août 1699. Les lettres-patentes qui les autorisent sont du mois de Septembre même année, l'arrêt d'enregistrement au Parlement du 3 Février 1701.

Le premier Chirurgien du Roi y est déclaré chef & garde des privileges de la Chirurgie du royaume.

Il fe fait une élection de deux nouveaux prévôts chaque année, d'un receveur tous les deux ans.

La Chirurgie par ces ftatuts eft déclarée un art libéral. Les armes de la communauté font d'azur à trois boîtes d'or, deux en chef & l'autre en pointe, & une fleur de lis d'or au milieu.

L'apprentiffage eft au moins de deux ans, & le fervice en qualité de garçon eft de fix ans, & de fept ans en cas de changement de maître.

CHORÉGRAPHIE, ou L'ART DE DÉCRIRE LA DANSE. Les Chorégraphes font ceux qui, au moyen des notes de mufique & de la divifion des lignes en parties égales, correfpondantes aux mefures, aux temps, aux notes de chaque temps, figurent fur le papier des caractères diftinctifs pour chaque mouvement, & les placent fur chaque divifion.

Cet art, que les anciens ont ignoré ou qui s'eft perdu pendant les révolutions qui ont occafionné la décadence des arts, fut imaginé en 1588 par *Thoinet Orbeau*, chanoine de Tongres, qui eft le premier auteur connu qui ait penfé à tranfmettre les pas de la danfe avec les notes du chant dans fon traité de l'*Orchéfographie*. Il ne fut pas fort loin, parcequ'il ne fongea qu'à tracer l'art de la danfe fur des lignes ordinaires de mufique au deffus defquelles il écrivoit les notes des pas qu'il vouloit faire exécuter; & il ne pouffa pas fa découverte jufqu'à figurer le chemin qu'il convient de fuivre en danfant, & fur lequel les pas doivent fe faire fucceffivement.

Au moyen de cette invention il n'eft point de pofitions, de mouvements, d'actions, d'agréments dans la danfe, qu'on ne puiffe repréfenter fur le papier.

Comme les combinaifons des pas varient à l'infini, nous ne ferons pas l'énumération des fignes qui peuvent les repréfenter, d'autant plus qu'on les apprendra beaucoup mieux en confultant les maîtres de l'art, & les ouvrages qui en ont traité.

CIDRE (Façon de faire le). Le Cidre eft une liqueur qu'on fait avec des pommes ou des poires écrafées au preffoir. On donne le nom de *poiré* à celle qui eft faite avec des poires, & de *cidre* à celle qui eft extraite des pommes.

Cette boiffon eft très ancienne, elle étoit connue des Hébreux d'où elle paffa chez les Grecs & les Romains.

M. *Huet*, ancien évêque d'Avranches, prétend, dans les *Origines de Caen*, que l'ufage du vin de pomme, qui étoit établi dans cette ville dès le treizieme fiecle, étoit beaucoup plus ancien en France qu'on ne fe l'imagine ; qu'au rapport d'*Ammien Marcellin*, les enfants de Conftantin reprochoient aux Gaulois d'aimer le vin & les autres liqueurs qui lui reffembloient ; que les Capitulaires de Charlemagne mettent au nombre des métiers ordinaires celui de *ficerator*, ou faifeur de cidre ; que c'eft des Bafques que les Normands ont appris à le faire dans le commerce de la pêche qui leur étoit commun ; que les premiers la tenoient des Africains defquels cette liqueur étoit autrefois fort connue, ainfi que l'affurent *Tertullien* & *S. Auguftin* ; & que dans les coutumes de Bayonne & du pays de Labour il y a plufieurs articles concernant le cidre.

Toutes fortes de pommes ne font pas bonnes à faire cette efpece de vin. Les meilleures à manger, comme la *reinette*, &c. y font moins propres que les communes. On les choifit de certaines efpeces, & ce font d'elles que les vergers de la baffe Normandie, de l'Auvergne, & de la Bretagne, font ordinairement remplis.

Comme il y a plus de trente fortes de pommes dont on fait le cidre, & qu'elles ne mûriffent pas toutes à la fois, on les diftribue en trois claffes pour en faire trois récoltes fucceffives. Ce qu'on nomme les *pommes tendres* forme les deux premieres claffes, & les *pommes dures* la troifieme, parcequ'elles mûriffent tard & difficilement. On choifit un temps fec pour les cueillir, afin qu'elles foient bien effuyées de toute humidité extérieure. Après qu'on les a abattues à coups de gaule, ou en fecouant les arbres, on les porte au grenier où elles s'échauffent en tas, & où elles achevent de mûrir.

Le temps du pilage des pommes n'eft pas moins important à connoître que celui de leur maturité. Les pommes dures fe pilent vertes ; mais on attend que les tendres foient bien mûres, parceque c'eft en combinant ces différents fucs qu'on parvient à les corriger les uns par les autres.

On juge de la maturité des pommes entaffées dans le grenier par l'odeur qu'elles exhalent, & il n'y a que l'expérience qui apprenne à connoître le degré convenable pour les porter à la *pile*.

Cette machine eft une auge circulaire de bois bien clofe,

dont les pieces font exactement affemblées pour que le jus ne fe perde point, & dont les meules qui font ordinairement de bois, parcequ'elles valent mieux que celles qu'on fait de pierre, font appliquées verticalement fur une piece de bois auffi verticale, mobile fur elle-même, & placée au centre de l'auge. Les meules font traverfées par un long aiffieu affemblé avec l'axe vertical; à l'autre bout de l'aiffieu qui s'étend au-delà de l'auge, on attele un cheval qui fait tourner les meules & écrafer les pommes de la même maniere que dans les moulins à tan les meules brifent l'écorce de chêne.

Après qu'elles ont été écrafées, on les jette avec une pelle dans une grande cuve voifine. Ceux qui n'ont pas de moulin y fuppléent au moyen de pilons & de maffues avec lefquels ils écrafent leur fruit à force de bras.

Les pommes mifes dans le preffoir, on en fait des marcs de quatre ou cinq pieds de hauteur avec des lits de pommes de trois ou quatre pouces d'épaiffeur, féparés entre eux par des couches de longue paille, ou par des toiles de crin, afin que le marc tienne mieux. On met enfuite un plancher par deffus qu'on nomme le *hec*, fur lequel porte une vis de bois, qui, en tournant, affaiffe le marc jufqu'à ce qu'il n'en coule plus de jus; après quoi on leve le plancher, & avec un grand fer recourbé & emmanché de bois, on recoupe & on recharge le marc pour le preffurer jufqu'à ce qu'il foit totalement épuifé.

A mefure que le cidre coule du preffoir dans la petite cuve au deffous, on l'entonne dans des futailles en le paffant dans un tamis de crin pour arrêter les parties groffieres du marc qui fe font mêlées au cidre; & après avoir laiffé quatre travers de doigt de vuide à la hauteur des tonneaux, on le roule dans le cellier ou dans la cave pour y laiffer le cidre fermenter & dépofer fa lie, dont une partie fe précipite au fond; l'autre, qu'on appelle *chapeau*, eft portée à la furface.

Il y a de deux efpeces de cidre, le *doux* & le *paré*. Le *cidre doux* eft celui qui n'a point cuvé, ou qui eft nouvellement fait; le *paré* eft celui qui, étant gardé, perd fa douceur & acquiert un montant qui le fait approcher de la force & du goût de certains vins blancs. Le meilleur eft de couleur d'ambre. Pendant que le cidre repofe fur la lie, couvert de fon chapeau, il eft ordinairement fort; pour le rendre doux, agréable & délicat, on le tire au clair lorfqu'il commence à gratter doucement le palais ; & pour lui conferver fa qualité on y ajoute un fixieme de cidre doux fortant du preffoir.

Comme le marc dont on a extrait le cidre peut être encore utile, on le tire du preffoir pour le remettre à la pile où l'on jette une quantité d'eau fuffifante pour qu'il puiffe fe broyer de nouveau ; on le porte enfuite au preffoir où il rend le *petit cidre*, qui eft la boiffon ordinaire des domeftiques & du menu peuple. Le premier s'appelle *gros cidre*.

Quand le cidre a féjourné dans les futailles le temps qu'il lui faut pour y prendre un goût agréable, on le colle comme le vin pour le clarifier, & on le met en bouteilles.

On compte ordinairement trente-fix boiffeaux, ou fix mines de pommes pour un muid de cent foixante & huit pots de cidre. On fait de cette liqueur une véritable eau-de-vie. On fait auffi aigrir le cidre comme le vin, & on le fait alors fervir aux mêmes ufages que le vinaigre.

Les cidres Anglois font eftimés les meilleurs de tous. Ceux de Normandie viennent après ; & ils font excellents ou médiocres fuivant les cantons.

Le cidre paie cinq livres par tonneau pour droit d'entrée, & vingt-fix fols de fortie. Il doit encore d'autres droits qui fe perçoivent à Paris & dans les autres villes du royaume pour la vente en gros ou en détail ; ils font fixés par une ordonnance des Aides de 1680.

CIRIER. Le Cirier eft celui qui fait commerce de cire, qui fabrique & fait fabriquer des cierges, de la bougie, des flambeaux, des torches.

Comme quelques Ciriers poffedent eux-mêmes des ruches, & donnent à la cire les premieres préparations qui lui font ordinairement données par les habitants de la campagne, propriétaires des ruches, nous allons prendre cet art à fon origine, c'eft-à-dire dans l'inftant où l'on recueille la cire.

On a imaginé de raffembler dans des ruches, ou paniers d'ofier ou de paille, ou de quelque autre matiere convenable, les abeilles, infectes précieux qui nous donnent le miel & la cire, & qui font pour nous, fur les fleurs, une récolte à laquelle toute l'induftrie humaine ne peut parvenir. Ces abeilles forment leur cire avec la pouffiere des étamines des fleurs qu'elles recueillent, & qui fubit dans leur estomac l'élaboration nécessaire pour être convertie en véritable cire. Elles en construisent dans leurs ruches des gâteaux dont l'usage est de contenir le miel, le *couvain*, d'où doivent éclore de nouvelles abeilles, & la *cire brute* qui est la poussiere d'étamines qui n'a point encore été convertie en vraie cire, & qui sert de nourriture solide aux abeilles.

Lorsque ces insectes ont fait ces récoltes, on s'en empare. Les uns font un trou en terre, ils y mettent brûler du soufre, & ils présentent les ruches sur le trou pour faire périr les mouches, & recueillir ensuite avec facilité leur cire & leur miel. Ceux qui suivent cette méthode entendent peu leurs intérêts : ils perdent un nombre immense d'ouvrieres qui auroient donné le jour à un grand nombre d'autres. Une méthode mieux entendue est de prendre un panier vuide, de l'aboucher sur une ruche pleine de mouches & de provisions, & de faire passer les mouches dans le panier vuide. De cette maniere on profite de la récolte des mouches, on les conserve, & elles travaillent de nouveau. Lorsque le pays n'est pas assez abondant en fleurs, on peut ne leur enlever qu'une partie de leurs provisions : cette sage économie est des plus avantageuses.

Aussi-tôt qu'on a enlevé les gâteaux des ruches, on met à part les plus beaux ; on passe légérement un couteau sur ces gâteaux pour rompre les couvertures des alvéoles, & emporter le miel épais qui, se trouvant immédiatement sous ces couvertures de cire, empêcheroit le miel liquide de s'écouler : on rompt ensuite les gâteaux en plusieurs morceaux ; on les met sur des corbeilles, sur des claies d'osier, ou sur une toile de canevas tendue sur un chassis, & on place dessous un vase bien net : le miel qui en découle naturellement, & qui est le plus blanc, le plus parfait, se nomme *miel vierge*. Cette espece de miel se grumele de lui-même ; & lorsqu'il est d'une bonne espece, il devient grené comme le *miel de Narbonne* qui, comme on sait, est le plus estimé à cause de sa saveur aromatique produite par les fleurs odorantes, & sur-tout par les fleurs de romarin, sur lesquelles les abeilles le recueillent.

Quand on a retiré le premier miel, on brise les gâteaux avec les mains sans les pêtrir, & on y joint ceux qui sont un peu moins parfaits. Le tout ensemble produit du miel de moindre qualité, dont la couleur jaune est causée par une

petite partie de *cire brute*, mêlée d'un peu de miel dont plufieurs alvéoles fe trouvent remplis : ce miel eft encore affez
bon.

On met ces différents miels dans des pots que l'on tient
dans des lieux frais fans être humides : la pouffiere des étamines, ou le peu de cire qui peut fe trouver mêlé avec le
miel, furnage par fa légéreté, & on enleve avec une *cuiller*
ces fubftances étrangeres. Enfin les gâteaux les moins beaux,
qui contiennent du miel avec beaucoup de cire brute, font
mêlés enfemble ; on les pêtrit, & on retire par expreffion
le miel qu'on appelle *miel commun.*

Lorfqu'on a ôté le miel que les gâteaux de cire contenoient, on met la pâte de cire dans de l'eau claire & on a
foin de la remuer de temps en temps pour laver la cire, &
diffoudre le peu de miel qui y refte adhérent. On prétend
que la cire qui a été ainfi trempée dans de l'eau refte plus
graffe que celle qu'on tient bien féchement : c'eft par cette
raifon que quelques perfonnes, pour démêler la cire, l'é-
tendent près des ruches au fortir de la preffe : un nombre
prodigieux d'abeilles s'affemblent fur cette cire, la réduifent
en petites parcelles comme du fon, & en fucent tout le miel,
fans enlever la moindre quantité de cire.

La feconde & la plus importante préparation de la cire
s'exécute en la faifant fondre pour la paffer dans un linge
qui retient les corps étrangers. On mêle enfemble toutes
les cires qu'on a recueillies, la blanche, la jaune & la noire ;
car il faut obferver que, lorfque les gâteaux font nouvellement faits, les uns font d'un jaune clair & ambré, & les
autres font blancs, mais ils jauniffent tous avec le temps,
& même ils noirciffent ; effet occafionné par les vapeurs qui
regnent dans la ruche. Le blanchiment dont nous allons
parler, ne fait que ramener la cire à fa premiere blancheur ;
car celle qui originairement n'étoit pas blanche, ne peut le
devenir. On met enfemble tous ces gâteaux de cire dans une
grande chaudiere de cuivre, que l'on remplit au tiers d'eau ;
l'eau, en bouillant, fait fondre cette cire que l'on a foin
de remuer avec une fpatule de bois, afin d'empêcher qu'elle
ne s'attache au bord de la chaudiere, où elle pourroit fe
brûler. Lorfque la cire eft bien fondue, on la verfe avec
l'eau fur laquelle elle nage, dans des facs de toile forte &
claire, qu'on a fait tremper dans l'eau bouillante pour empêcher l'adhérence de la cire, & à l'inftant on les met fous

une

une preſſe : là cire qui coule eſt reçue dans des vaſes, où il eſt bon de mettre de l'eau chaude pour que les ordures ſe précipitent.

Il faut avoir ſoin de ne pas beaucoup cuire la cire, par-cequ'elle deviendroit trop ſeche, caſſante & brune ; cette couleur eſt d'autant plus fâcheuſe qu'elle ne peut être enlevée ni par le ſoleil, ni par la roſée. Il ne faut pas s'inquiéter ſi on ne retire pas toute la cire par la premiere fonte. Celle qui reſte dans le marc, qui eſt compoſé pour la plus grande partie des depouilles des nymphes, n'eſt pas perdue. On re-met ce marc tremper dans de l'eau pendant quelques jours, on le fait fondre de nouveau, & on en exprime encore un peu de cire ; ſi on mettoit ce marc fondre tout de ſuite, on en retireroit moins de cire : on obſervera à cette occaſion que, ſi l'on prend un rayon récemment formé par les abeil-les, & dans lequel il n'y a point encore eu de miel, on en peut retirer par l'eau, & encore mieux par l'eſprit de vin, une ſubſtance ſucrée & mielleuſe. Quand cette ſubſtance a été retirée de la cire, elle en devient plus maniable : il eſt probable qu'en mettant la cire dans l'eau, on lui enleve cette partie étrangere.

La cire en tombant dans l'eau ſe fige & ſurnage ; on l'en retire par morceaux, & on enleve avec la lame d'un couteau les ordures & les pouſſieres d'étamines qui ſont adhérentes au-deſſous de ces morceaux ; ces craſſes qui peuvent con-tenir un peu de cire ſont rejettées dans les autres fontes.

Pour former des pains de cette cire, on la fait fondre de nouveau dans une chaudiere avec de l'eau ; lorſqu'elle eſt fondue & qu'elle a été écumée, on la verſe dans des terrines ou autres vaiſſeaux, dans leſquels on met un peu d'eau, dont on aſperge auſſi les parois : ces vaiſſeaux doivent être plus larges par le haut que par le fond. La cire ſe fige en ſe refroidiſſant, & elle ſe moule en gros pains, tels qu'on voit la cire jaune expoſée en vente chez les épiciers.

Dans cette ſeconde fonte, on doit encore plus ménager le feu que dans les précédentes, & mouler la cire auſſi-tôt qu'elle eſt fondue ; car c'eſt une regle générale que la cire brunit à chaque fonte : & ſi on la laiſſoit trop long-temps expoſée à l'action du feu, au lieu d'être onctueuſe, elle deviendroit ſeche & caſſante, ce qui eſt réputé au moins un grand défaut dans les bonnes manufactures ; quoique, dans quelques blanchiſſeries où on fait de la cire commune, on préfere cette cire parcequ'elle souffre mieux le mélange de la graisse.

On reconnoît que la cire jaune en pain a été sophistiquée par le mélange de graisses, ou à la faveur, ou en la mettant sous la dent. Après avoir mordu la cire, si, en séparant les dents, on entend un petit bruit, c'est signe que la cire n'est point alliée de graisse, & le contraire fait juger qu'on y a introduit de la graisse.

La cire jaune est employée par les menuisiers & les ébénistes pour donner du lustre à leurs ouvrages, aussi bien que par les frotteurs des planchers des appartemens. On en fait aussi des bougies pour la marine, parceque, dans les pays chauds, le suif devient trop coulant. C'est cette cire jaune qu'on emploie pour faire différents onguents, des cérats & des mastics ; les sculpteurs en font une composition mêlée de graisse pour faire leurs modeles.

Plusieurs de nos provinces nous fournissent de la cire jaune, savoir, la Champagne, l'Auvergne, l'Anjou, le Bourdelois, la Normandie, la Bretagne, la Sologne ; mais on est encore obligé d'en tirer de l'étranger : on en tire du Levant & du Nord.

Comme la plus grande partie de la cire ne s'emploie qu'après avoir été blanchie, nous allons présenter l'idée de cette opération.

Les pratiques employées pour blanchir la cire jaune sont à-peu-près les mêmes dans toutes les blanchisseries du royaume. S'il y a des cires plus seches les unes que les autres, c'est parceque ceux qui les blanchissent les allient avec moins de suif, ou qu'ils n'y en mettent point du tout : s'il y en a de plus blanches & de plus transparentes les unes que les autres, c'est que les blanchisseurs entendent mieux leur art, & qu'ils apportent plus d'attention à leur travail, & encore parcequ'il se trouve des cires jaunes qui blanchissent mieux & plus facilement les unes que les autres.

Les cires de pays de vignobles ne blanchissent que très difficilement, & même elles ne blanchiroient pas si on ne les allioit avec du suif, qui, par sa blancheur, fait disparoître le jaune : on y mêle jusqu'à vingt-cinq & trente livres de suif sur un quintal de cire. Comme il y a aux environs de Rouen quelques manufactures de bougies où l'on ne travaille que des cires de cette espece, on connoît à Paris ces cires communes & mélangées sous le nom de *cires de*

9

Rouen ; on les reconnoît aifément en ce que la cire eft d'un blanc mat, & n'eft jamais fi claire ni fi tranfparente que les belles bougies. On les achete à meilleur marché que les bougies faites de bonne cire, mais elles ne font pas le même profit, parcequ'elles fe confument plus promptement. Il n'y a que quelques célebres blanchifleries où l'on fabrique la cire fans aucun alliage. On ajoute d'ordinaire dans les autres une petite quantité de graiffe à la fonte de la cire jaune : le mieux eft d'employer le fuif de mouton le plus ferme, celui qui eft auprès des rognons ; pour le préparer à ce mélange, on le fond & on le bat avec du vinaigre.

La cire ne doit fa couleur jaune qu'à une fubftance graffe : la preuve en eft que la cire jaune eft plus onctueufe que la blanche. Cette huile colorante eft moins fixe que la vraie cire, car la rofée & principalement le foleil l'enlevent. On s'attache feulement à divifer la cire, de maniere à préfenter le plus de furface poffible ; pour cet effet, on la fait fondre dans une grande chaudiere ; lorfqu'elle eft fondue, on la fait couler dans une cuve de bois, élevée de cinq à fix pieds de terre, que l'on couvre avec un couvercle qu'on enveloppe avec des couvertures ; on la laiffe pendant quelques heures dans cet état pour que les craffes fe dépofent au fond ; on fait enfuite couler la cire fondue par un robinet de bois ; on la reçoit dans une paffoire criblée qui, en la laiffant échapper par fes trous, retient toutes les ordures. La cire tombe de la paffoire dans la *gréloire*, qui eft une auge longue & étroite percée par le fond d'une cinquantaine de petits trous, rangés fur une même ligne, & féparés par un efpace égal. La cire diftribuée par ces trous, & formant cinquante fils dans fa chûte, va fe rendre fur un cylindre de buis ou de quelque autre bois dur & bien uni. Le diametre de ce cylindre eft environ d'un pied. Il plonge de la moitié de fon épaiffeur dans l'eau d'une longue baignoire, au bout de laquelle un enfant la fait tourner avec une manivelle. Chaque fil de cire fondue fe fige & s'applatit en arrivant fur le tour qui trempe dans l'eau froide : le cylindre tournant, c'eft une néceffité que toutes les gouttelettes de cire étant fucceffivement refroidies & applaties, il fe forme un lacet mince qui fe détache par l'action de l'eau en y entrant. La furface de l'eau fe trouve couverte en un inftant de ces cinquante rubans jaunes qui fe forment & qui filent fans interruption deffus le tour. On les enleve avec une grande fourche de bois en maniere de trident : & de là on va les étendre fur de longs chaffis élevés à deux pieds de terre & garnis de toile, où le tout bien épars reçoit les impreffions de la rofée & du foleil ; on a foin de les retourner afin de préfenter au foleil les furfaces qui étoient d'abord en deffous.

Lorfque la cire a acquis le premier degré de blancheur, on la releve de deffus les toiles pour la porter dans le maga-fin ; on l'y met en tas & on l'y laiffe pendant un mois ou fix femaines pour lui donner le temps de fermenter ; elle forme alors une maffe affez folide pour qu'on foit obligé de fe fervir de pioches lorfqu'on veut la retirer.

On refond de nouveau cette cire qui a perdu fon premier jaune ; on réitere la même opération que la premiere fois, on la met en ruban, on l'expofe au foleil & à la rofée fur les toiles : cette feconde opération fe nomme le *regrélage*. On laiffe la cire huit ou quinze jours fur la toile, fuivant le temps qu'il fait, & la qualité de la cire : on la retourne comme on a fait la jaune ; & lorfque la cire a acquis fon blanc, on la releve pour la porter au magafin.

On refond cette cire pour la troifieme & derniere fois : cette opération fe nomme *éculer ;* elle confifte à mouler la cire en petits pains. En la faifant fondre, quelques blan-chiffeurs ajoutent trois à quatre pintes de lait fur un millier de cire ; ce lait occafionne à la vérité un dépôt ou un déchet au fond de la cuve, d'environ deux livres par cent de cire, de plus que lorfqu'on n'en met pas ; mais il paroît que ce dépôt confidérable rend la cire plus parfaite & plus pure.

Lorfque la cire eft fondue & repofée, on la fait couler fur une table toute percée de petits enfoncements ronds de la forme des pains de cire blanche que vendent les marchands Epiciers-Ciriers, ayant auparavant mouillé les moules d'eau fraîche & nette, pour qu'on en puiffe plus facilement reti-rer la cire ; après quoi, on l'expofe encore à l'air fur les toiles pendant deux jours & deux nuits. Pour lors elle eft en état d'être employée pour faire les cierges & la bougie.

Il y a deux manieres de faire des cierges : l'une à la cuil-ler, & l'autre à la main.

Voici la premiere : l'on coupe les brins des meches que l'on fait ordinairement moitié coton & moitié filaffe, obfervant qu'ils foient de la longueur dont on veut faire les cierges : on en pend une douzaine à diftances égales autour d'un cerceau de fer perpendiculairement au-deffus d'un grand baffin de cuivre plein de cire fondue. Alors on prend une cuiller de fer qu'on emplit de cette cire , on la verfe doucement fur les meches au-deffous de leur extrémité fupérieure, de forte que, coulant du haut en bas fur les meches, elles en deviennent entiérement couvertes , & le furplus de la cire retombe dans le baffin , au-deffous duquel eft un brafier pour tenir la cire en fufion , & empêcher qu'elle ne fe fige. On arrofe les meches dix ou douze fois de fuite jufqu'à ce que les cierges aient pris l'épaiffeur qu'on leur veut donner. Les cierges étant formés, on les pofe , pendant qu'ils font encore chauds , dans un lit de plume pour les tenir mous. On les en tire l'un après l'autre pour les rouler fur une table longue & unie, avec un inftrument oblong de buis, dont le côté inférieur eft poli , & dont l'autre eft garni d'une anfe. Après que l'on a ainfi roulé & poli les cierges , on en coupe un morceau du côté du bout épais , dans lequel on perce un trou conique avec un inftrument de buis, afin que les cierges puiffent entrer dans les chandeliers. Enfin on pend les cierges à des cerceaux pour les fécher , durcir & expofer en vente.

Pour faire les cierges à la main ; lorfque les meches font difpofées comme ci-deffus , on amollit la cire dans de l'eau chaude, & dans un vaiffeau de cuivre étroit & profond ; enfuite on prend une poignée de cette cire , & on l'applique par degrés à la meche qui eft attachée à un crochet dans le mur par le bout oppofé au collet , de forte que l'on commence à former le cierge par fon gros bout ; on continue cette opération en le faifant toujours moins fort à mefure que l'on avance vers le collet. Le refte fe fait de la maniere ci-deffus expliquée, fi ce n'eft qu'au lieu de les mettre dans un lit de plumes , on les roule fur la table auffi-tôt qu'ils font formés.

Il faut obferver que , pendant toute l'opération des cierges faits à la cuiller, on fe fert d'eau pour mouiller la table, afin d'empêcher que la cire ne s'y attache ; & que, dans l'opération des cierges faits à la main , on fe fert d'huile d'olive pour prévenir le même inconvénient.

La bougie de table ne fe fait guere autrement que les cierges à la cuiller : on fait des meches moitié coton , moitié fil blanc & lin ; on les tord un peu ; on les cire avec de la cire blanche , afin de les égalifer fur toute leur longueur ; & on les enferre par le bout avec un petit ferret de fer blanc placé vers le collet de la bougie ; ce ferret couvre l'extrémité de la meche , & empêche la cire de s'y appliquer. Quand les meches sont enferrées , on les colle chacune séparément, par le côté opposé au collet, à des bouts de ficelle qui sont attachés autour d'un cerceau suspendu au-dessus de la poële où l'on tient la cire en fusion pour coller. Quand toutes les meches sont appliquées autour du cerceau, on les *jette* l'une après l'autre, jusqu'à ce que la bougie ait acquis environ la moitié de son poids; c'est-à-dire qu'on verse de la cire dessus les meches, comme on le pratique aux cierges faits à la cuiller. Puis on retire la bougie du cerceau, & on la met entre deux draps avec une petite couverture pardessus pour la tenir molle & en état d'être travaillée. Ensuite on la retire d'entre les draps , on répand un peu d'eau sur une table bien unie & bien propre, on la roule sur cette table avec le *rouloir* qui est ordinairement un outil de buis , plat & uni par-dessous, plus long que large, ayant une poignée par-dessus, & dont la forme, quoique plus grande, est à-peu-près semblable à ces morceaux de marbre taillés que l'on met sur les papiers dans les cabinets. Après l'opération du rouloir, on coupe la bougie du côté du collet ; on ôte le ferret, on lui forme la tête avec un couteau de bois , & on l'accroche par le bout de la meche qui est découvert, à un autre cerceau garni sur sa circonférence de cinquante crochets de fer. Quand le cerceau est garni de bougies, on leur donne trois demi-jets par en bas, puis des jets entiers, qu'on continue jusqu'à ce qu'elles aient le poids qu'on desire. Après le dernier jet , on décroche la bougie ; on la remet entre les draps sous la couverture ; on l'en retire pour la repasser au rouloir ; on la rogne par le bas avec un couteau de buis , on l'accroche de rechef à des cerceaux de fer, & on la laisse sécher. La bougie de table est de différentes grosseurs ; il y en a depuis quatre jusqu'à seize à la livre.

C'est de la qualité du coton & de la proportion de la meche , que dépend en partie la bonté de la bougie. Le coton ne sauroit être trop beau , trop égal, ni trop bien épluché, sans quoi il fait couler la bougie, ainsi que lorsque la meche n'est pas assez grosse, car pour lors cette meche ne consumant pas assez de cire, elle s'extravase hors du godet qui se forme autour de la meche. Il est des cas où une bougie , même très bonne, peut couler ; comme, par exemple, lors qu'elle eſt agitée par un courant d'air , ou expoſée trop près du feu.

La bonne cire doit être d'un blanc clair , un peu bleuâtre , & ſur-tout tranſparente : les cires alliées de graiſſe peuvent être fort blanches , mais elles ſont toujours d'un blanc mat & farineux ; on n'y trouve point , quand on les touche , la ſéchereſſe de la cire pure ; elles ne ſont point aſſez tranſparentes , elles ont une mauvaiſe odeur qui ſe fait ſentir ſur-tout lorſqu'on éteint les bougies qui en ſont faites.

On reconnoît auſſi au goût & ſous les dents la cire alliée. Un moyen de s'aſſurer ſi on y a mêlé de la graiſſe , c'eſt d'en faire tomber une goutte fondue ſur un morceau de drap ; lorſqu'elle eſt bien refroidie & figée , on verſe deſſus un peu d'eſprit de vin , puis en frottant l'étoffe , la cire doit ſe détacher entiérement , & quand l'humidité de l'eſprit de vin eſt diſſipée , il n'y doit reſter aucune tache. Il faut auſſi rompre les bougies pour connoître ſi la cire intérieure eſt de même qualité que celle de deſſus.

Pour faire la *bougie filée* , on dévide d'abord les écheveaux de coton ſur des tournettes , en nouant d'un nœud plat , qui n'eſt pas beaucoup plus gros que le fil , les bouts des uns avec ceux des autres ; elle ſe file à peu près comme le fil d'archal , par le moyen de deux gros rouleaux ou cylindres de bois qu'on nomme tours , qui ſont placés de travers ſur des pieds ſolides , & que l'on fait tourner avec des manivelles , ce qui fait paſſer , en allant & venant pluſieurs fois de ſuite , la meche dans la cire fondue qui eſt dans une baſſine ou poële de cuivre , & en même temps par les trous d'une filiere auſſi de cuivre , attachée à l'un des bouts de la baſſine ; en ſorte que petit à petit on donne à la bougie telle groſſeur que l'on veut , ſuivant les différents trous de filiere par leſquels on la fait paſſer. Cette bougie eſt blanche ou jaune , ſelon le prix qu'on ſe propoſe de la vendre : on la plie en petits pains ronds , ou de telle forme que l'on veut , & on la peint quelquefois de diverſes couleurs , ſur-tout celle qui a la forme d'un livre.

Les *bougies quarrées* , qu'on nomme auſſi *bougies d'huiſſiers* , parceque ce ſont les huiſſiers des appartements du Roi qui les portent devant Sa Majeſté quand elle paſſe d'un appartement à un autre , ſe font différemment des bougies rondes : elles vont en diminuant par le haut.

Pour les faire on jette la cire fur la meche du haut en bas jufqu'à ce qu'elles foient à leur groffeur. Lorfqu'un ouvrier en a roulé une, un autre ouvrier la prend pour y former avec le *gravoir*, qui eft un inftrument de buis qui fert à tracer les filets fur les cierges, quatre cannelures qui lui donnent la forme de quatre cierges foudés enfemble.

On colore auffi la cire & on la prépare pour divers ufages. La cire blanche eft fufceptible de prendre toutes fortes de couleurs. Pour la teindre, on broie d'abord à l'huile la couleur que l'on defire; enfuite on fait fondre de la cire blanche en pain, & lorfqu'elle eft en fufion, on délaie dedans la couleur broyée à l'huile; après quoi on la remet en petits pains, comme à la troifieme fonte du blanchiffage: lorfqu'on a befoin de l'employer, on la fait fondre de nouveau. C'eft avec cette pâte attendrie avec de l'effence de térébenthine qu'on peut peindre des tableaux auffi facilement qu'avec les couleurs broyées à l'huile.

Pour le fceau de la grande & petite Chancellerie l'on fait ufage de cire jaune, rouge ou verte: la jaune eft telle qu'elle provient des ruches; la rouge eft coloriée avec du vermillon, & la verte avec du verd de gris. La cire de commiffaire eft auffi coloriée avec du vermillon ou cinabre très fin qu'on a jetté dedans lorfqu'elle étoit en fufion, & à laquelle on a allié de la poix graffe qui la tient toujours molle, de forte que pour l'employer, il eft inutile de la faire chauffer, ou de la mettre dans l'eau chaude comme la cire du fceau.

On prépare auffi de la cire pour tirer les empreintes des pierres gravées: on prend pour cela, par exemple, une once de cire vierge & un gros de fucre candi broyé très fin: on fait fondre le tout, & on y ajoute une demi-once de noir de fumée, & deux ou trois gouttes de térébenthine. Lorfque ce mélange eft un peu refroidi, on en forme de petits pains. Quand on veut tirer une empreinte, on pêtrit cette cire entre les doigts pour l'attendrir; on mouille un peu la pierre gravée, en y appliquant la langue, & on l'appuie fur la cire pour en tirer l'empreinte qui fe trouve faite avec beaucoup de précifion.

Cet art a été pouffé loin de nos jours. Le fieur *Benoît*, peintre de profeffion, a trouvé le fecret de former fur le vifage des perfonnes vivantes des moules dans lefquels il fondoit des mafques de cire qu'il animoit en quelque façon par des couleurs & des yeux d'émail imités d'après le naturel. Ces figures, revêtues d'habits conformes à la qualité des personnes qu'elles représentoient, étoient si ressemblantes qu'on les prenoit souvent pour les personnes mêmes. Les figures anatomiques de cet artiste ne l'ont pas moins rendu célebre que la beauté de ses portraits.

On ne donne pas d'autres préparations à la cire blanche dont on veut faire des figures ou des fruits, que de la faire fondre, & de la verser dans le moule après l'avoir bien huilé ; ensuite on la colore au pinceau.

Les Ciriers font du corps de l'épicerie, qui est le deuxieme des six corps des marchands de Paris : *voyez* EPICIER.

Il y a aussi des officiers Ciriers de la Chancellerie qui furent supprimés sous Charles IX en 1561, sous Louis XIII en 1632, mais qui ont été rétablis sous Louis XIV par une déclaration confirmative de leurs privileges, dont il est fait mention dans plusieurs actes de 1689 & 1697.

Les cires blanches venant de l'étranger paient vingt livres de droits d'entrée suivant l'arrêt du 3 Février 1688, & quatre livres de droits de sortie, conformément au tarif de 1654 : les droits d'entrée pour la cire jaune font de cinq livres, & ceux de sortie six livres par cent pesant.

Comme on peut donner le nom de *Ciriers* à ceux qui fabriquent la cire d'Espagne, nous allons expliquer ici en quoi consiste leur travail.

Fabrique de la cire d'Espagne, ou à cacheter.

On fabrique des cires à cacheter de plusieurs couleurs. Pour faire la cire rouge, on prend une demi-once de gomme-laque (qui est une vraie résine inflammable) de térébenthine deux gros, de colophane deux gros, de cinabre & de minium de chacun une drachme. On fait fondre fur un feu doux dans une chaudiere bien nette la gomme-laque & la colophane, on ajoute alors la térébenthine & ensuite peu à peu le cinabre & le minium. On agite le tout ensemble pour le bien mêlanger. On varie souvent le mêlange & la proportion des matieres qu'on emploie ; mais il faut toujours pour base les substances résineuses inflammables. Lorsqu'on veut que la cire soit odoriférante, on y ajoute un peu de musc en la roulant en bâtons. Lorsqu'on veut faire de la *cire jaune d'or*, on prend deux onces de poix-réfine blanche , de maftic & de fandaraque une once , de fuccin une demi-once , de gomme-gutte deux gros. Si au lieu de maftic & de fandaraque on prend de la gomme-laque, & qu'on omette la gomme-gutte, on aura une cire brune dans laquelle on pourra mêler de la poudre d'or. Si c'eft de la *cire noire* que l'on veut faire, on fubftitue au cinabre le noir d'Allemagne. On retire de dedans la chaudiere la matiere de la cire à cacheter , & lorfque fa chaleur eft un peu diminuée , une femme la divife par morceaux & la pefe dans des balances afin de les donner à l'ouvrier pour en faire des bâtons de poids égaux.

L'ouvrier qui forme les bâtons de cire à cacheter fe place devant une table quarrée , percée dans fon milieu d'une large ouverture , laquelle eft recouverte d'une plaque de fer ou de cuivre bien unie. On tient fous cette plaque du feu allumé , & quand la plaque a pris une chaleur convenable , on l'arrofe avec de l'huile d'olive , on y porte la matiere de la cire à cacheter toute préparée ; on la roule avec la *poliffoire* qui eft une planche bien liffe , & on en forme des bâtons. Plus on la travaille fur la plaque, plus on la rend compacte & de bonne qualité. On rend les bâtons de cire luifants en les expofant à un feu modéré fur un réchaud. Il y en a qui au lieu de préparer la cire de cette maniere , la jettent dans des moules d'où les bâtons fortent tout polis.

En conféquence du tarif de 1664 , & de celui de la douane de Lyon pour l'ancienne taxation , la cire d'Efpagne paie neuf livres cinq fols par cent pefant pour droit d'entrée.

CISELEUR. Le Cifeleur eft celui qui enrichit & embellit les ouvrages d'or & d'argent, & d'autres métaux, par quelque deffein ou fculpture qu'il y repréfente en bas relief.

Pour cifeler les ouvrages creux & de peu d'épaiffeur, comme font les boîtes de montre , pommes de cannes , tabatieres , étuis , &c. on commence par deffiner fur la matiere les fujets qu'on veut repréfenter , & on leur donne le relief tel qu'on le defire en frappant plus ou moins le métal, & en le chaffant de dedans en dehors , pour relever & former les figures ou ornements que l'on veut faire en relief fur le plan ou la furface extérieure du métal. On a pour cela plufieurs outils ou bigornes de différentes formes , fur les bouts ou fommets defquels on applique l'intérieur du métal , obfervant que les bouts ou fommets de ces bigornes répondent précifément aux lignes & parties auxquelles on veut donner du relief. On bat avec un petit marteau le métal que la bigorne foutient : il cede, & la bigorne fait en dedans une impreffion ou creux qui forme en dehors une élévation fur laquelle on cifele les figures & ornements du deffein, après qu'on a rempli tout le creux avec du ciment. Ce ciment eft une maffe compofée de réfine, de cire & de brique mife en poudre & bien tamifée ; cette compofition tient en état l'ouvrage qu'on cifele.

Les opérations du Cifeleur s'exécutent avec des cifelets de toutes groffeurs, des rifloirs de toute forte de taille, rudes & doux ; il fe fert auffi de différents burins, de cifeaux plats & demi-ronds, de marteaux gros & petits : le tout fuivant l'ouvrage qu'il traite.

Les *cifelets* font de petits outils d'acier, longs d'environ cinq à fix pouces, & de quatre à cinq lignes de quarré, dont un des bouts eft limé quarrément & en dos d'âne, & l'autre fert de tête. Leur partie trempée eft quelquefois pointillée, mais leur ufage en général eft pour cifeler l'ouvrage en relief. Dans différentes occafions, entre autres quand il s'agit de faire paroître des côtés concaves, on fe fert d'un des outils dont nous venons de parler : fi ces côtés doivent être unis, on fe fert d'un cifelet uni : fi l'on veut qu'ils foient mattés, on fe fert du cifelet pointillé.

Les *rifloirs* font des efpeces de limes un peu recourbées par le bout.

On cifele les pieces de relief comme celles qui ne le font point ; fouvent même ces dernieres en acquierent autant que les autres, parcequ'on repouffe leur champ en dehors, aux endroits qu'on veut cifeler. Cette maniere de cifeler eft la plus commune ; l'autre demande trop d'épaiffeur & trop de matiere.

On fe fert encore du terme *cifeler* pour réparer les pieces qui ont été moulées, mais dont les deffeins n'ont pu fortir du moule parfaitement marqués, ou fuffifamment terminés.

Cifeler une piece en ce fens, eft prefque la même chofe que retoucher au burin en gravure.

Les Cifeleurs ne forment point de communauté particuliere, leur art eft abfolument libre.

Les fourbiffeurs, les arquebufiers, & autres, peuvent cifeler leurs ouvrages.

On nomme encore *Cifeleurs* ceux qui, avec des fers

chauds gravés, font une espece de velours ciselé, ou plutôt de velours gaufré, en applatissant le poil du velours à l'endroit qui doit servir de fond, & en ne touchant pas à celui qu'on réserve pour le dessein & les façons. On ne cisele ordinairement que de vieux velours, parceque cette main-d'œuvre leur donne un air de fraîcheur & de nouveauté.

CLOTURIER : *voyez* VANNIER.

CLOUTIER. Le Cloutier est celui qui a le droit de vendre & de fabriquer des clous. Ceux qui en font le commerce doivent observer que la matiere dont ils se servent pour les fabriquer soit douce & flexible. Il y a des clous de différentes grandeurs & même de différentes formes.

Le clou est un petit morceau de métal qui est pointu par un bout, & qui a une tête plate ou un crochet à l'autre : il sert à attacher, à suspendre, ou à orner quelque chose.

Les métaux dont on se sert le plus ordinairement pour faire des clous, sont l'or, l'argent, le cuivre, & principalement le fer.

Les clous de fer se forgent au marteau sur une enclume ; les autres se fondent par les orfevres ou les fondeurs.

Pour faire un clou on prend une verge de fer plus ou moins longue ; on la chauffe par un bout dans la forge ; & quand elle est rouge, on l'*amorce*, c'est-à-dire qu'on forme la *lame* du clou sur l'enclume avec un marteau. Quand la lame est formée on coupe le clou de la longueur nécessaire avec le marteau, sur un morceau d'acier tranchant appellé *ciseau*.

Le clou étant coupé, on le passe dans la *clouyere* par le bout pointu, & on y forme la tête à coups de marteau. La *clouyere* est un morceau de fer long d'environ trois pouces, attaché près de l'enclume, & à l'extrémité duquel il y a un trou proportionné à la grosseur du clou qu'on veut faire.

Après cette opération on fait sortir le clou de la clouviere, & on en recommence un autre, ainsi de suite jusqu'à ce que la verge de fer soit usée.

Les clous se fabriquent si promptement qu'on en fait deux de suite sans être obligé de rechauffer le fer. Nous allons dire un mot des différentes fortes de clous.

Il y a de la *broquette* d'un quart ou de quatre onces le millier, de demi-livre, de trois quarts, d'une livre, de cinq quarts, de six quarts, & de sept quarts.

Les *clous à couvreurs* & *à maçons* doivent être à tête plate. On les nomme *clous de bouche*, parceque les ouvriers qui les emploient les tiennent plus communément à la bouche pour les avoir plus à leur portée en travaillant. Ils font de deux fortes ; les clous à ardoise, & les clous à latte : les premiers font de deux, de deux & demie, & de trois livres au millier ; les autres de quatre, & de quatre livres & demie : ces derniers font plus longs que les autres, parcequ'ils s'emploient pour clouer la latte fur de vieux bois. Ils s'achetent a la fomme.

Les *clous à parquet* ont la tête longue afin qu'elle puisse entrer dans le bois & s'y perdre. Il n'y a guere que les menuisiers qui s'en fervent.

Les *clous à crochet* font ainfi appellés, parcequ'au lieu de tête ils ont une pointe de fer, qui, s'élevant en angle droit fur le clou, forme un véritable crochet.

Il y a de plufieurs fortes de *clous à fouliers* ; les uns qui s'achetent à la fomme & les autres au compte : ceux à la fomme pefent deux livres & demie, trois livres, trois livres & demie, & quatre livres au millier : les trois premieres fortes font clous légers, les autres font clous au poids.

Ceux au compte font encore de deux efpeces, des clous à fouliers à deux têtes, & des clous à fouliers à caboche, ou à pointe de diamant ; les uns & les autres font fort matériels & par cette raifon ne s'achetent point au poids. Les porteurs de chaifes & crocheteurs de Paris font prefque les feuls qui s'en fervent à caufe qu'ils travaillent & marchent fans ceffe fur le pavé.

Les *clous à foufflet* font des clous faits comme des clous à fouliers, mais plus longs & avec une tête plus large. On s'en fert pour les gros foufflets des forges, & c'eft avec ces clous que le cuir s'attache autour des bois.

Les *clous à river* font encore à-peu-près comme des clous à fouliers, avec cette différence que leur pointe n'eft point aiguë, mais auffi groffe au bout qu'au deffous de la tête. Ce font les chauderonniers qui s'en fervent.

Les *clous à cheval* font des clous qui fervent à attacher les fers qu'on met fous les pieds des chevaux pour conferver leur corne. Il y en a de deux fortes ; les uns ordinaires, & les autres à glace. La feule différence confifte dans la tête que les premiers ont prefque plate, & les autres en forme de petite pointe de dard, afin que dans les temps de gelée, en s'enfonçant dans la glace, ils rendent les pas des chevaux plus fermes.

Outre les clous de toute forte que font les maîtres Clou-tiers de Paris, ils ont encore le droit de forger des gour-mettes de chevaux, des *tourets* ou gros clous tournés en rond, qui ont une tête arrêtée dans une partie de la bran-che du mords appellée la *gargouille*, qui doivent être mis deux fois au feu, bien & duement étamés ; des anneaux de toutes grandeurs, des barres, *chainettes d'avaloire*, bou-cles à *doſſieres*, boucles de foupente, & enfin tous les petits ouvrages de fer qu'on peut faire avec le marteau & l'enclu-me, fans avoir befoin de lime ni étau, & qui font à l'ufage des felliers, carroſſiers, bourreliers, coffretiers & malletiers.

Il y a deux fortes de Cloutiers, dont les uns portent fim-plement le nom de *Cloutiers*, & les autres celui de *Cloutiers d'épingle*. La communauté des premiers eft compofée au-jourd'hui à Paris de foixante-huit maîtres ; elle eft régie par quatre jurés, dont deux font élus tous les ans ; favoir, un d'entre les nouveaux maîtres, & un d'entre les anciens.

Les Cloutiers d'épingle font ceux qui font de petits clous de fer ou de laiton, de différentes groſſeurs & longueuts, dont un bout eft aiguifé en pointe, & l'autre refoulé ou applati.

On commence par *eſſer* le fil de fer, c'eft-à-dire qu'on le préfente aux efpaces circulaires de l'inftrument appellé *eſſe*, pour connoître fon calibre. Cet inftrument eft ainfi appellé parcequ'il eft compofé d'un fil de fer contourné en S fur lui-même, pour former de petits anneaux de différents diame-tres. On paſſe enfuite le fil de fer, pour le dreſſer, à travers les rangs des pointes de l'*engin* ou petite planche fur laquelle font clouées des pointes en zigzag ; puis on le coupe & on l'affile fur une meule par cinquantaine de brins. Quand ils font affilés, on les met au *mordant* qui eft une efpece d'étau compofé de deux morceaux de fer, dont les têtes font acérées. Lorfqu'on veut que leur tête foit plate, on frappe un ou deux coups de marteau fur le bout qui excede le mordant ; fi on veut qu'elle foit ronde, on la commence comme fi on la vouloit plate, on ne frappe qu'un coup ; on la finit en-fuite avec le *poinçon à eftamper*, qui eft une piece d'acier qui fert à frapper les têtes.

Quand les clous font de laiton, car on en fait d'or, de

fer & de cuivre, on les blanchit en les *découvrant*, c'est-à-
dire en les laissant séjourner quelque temps dans une dissolu-
lution de tartre ou de cendre gravelée & d'eau commune : on
les porte ensuite au *vannoir*, où on les agite dans du son ou
du tan, jusqu'à ce qu'ils soient secs & plus jaunes.

Quand on veut les étamer, on fait fondre de l'étain fin
avec du sel ammoniac qu'on met dans un vaisseau plus étroit
à chacun de ses deux bouts qu'au milieu, & où on les agite
jusqu'à ce qu'ils soient devenus suffisamment blancs.

Les meilleurs ouvriers font par jour jusqu'à dix ou douze
mille de ces petits clous dont les layetiers, les sculpteurs,
les gaîniers se servent ordinairement.

Dans leurs statuts, ils prennent la qualité de maîtres
Cloutiers, Larmiers, Etameurs & marchands Ferronniers.

Chaque maître ne peut avoir que deux apprentifs qui doivent faire cinq ans d'apprentissage, & ensuite servir les
maîtres deux autres années pour avoir droit à la maîtrise.

Les apprentifs de province, ainsi que ceux de Paris, sont
tenus au chef-d'œuvre, excepté les fils de maîtres. Quant
aux statuts des Cloutiers d'épingle, *voyez* EPINGLIER.

COCHENILLE (Art de préparer la). Cette matiere qu'on
emploie pour les teintures rouges, ne se recueille que dans
le Mexique, d'où on nous l'apporte. Elle est en petits grains
d'une forme assez irreguliere, concaves & cannelés d'un
côté, & convexes de l'autre.

Tant qu'on a ignoré ce qu'elle étoit, on l'a regardée
comme une *baie* ou graine d'une plante. En 1690, le Pere
Plumier découvrit que c'étoit un insecte ; & d'après lui, tous
les naturalistes sont unanimement convenus qu'elle est un
progallinsecte vivipare desséché. Pendant leur vie, ces petits
animaux marchent, montent & cherchent leur nourriture
sur les feuilles de diverses plantes dont le suc leur convient,
& les Indiens les y ramassent pour les transporter sur une
plante qu'on appelle indifféremment *figuier d'Inde*, *raquette*,
cardasse, *nopal* ou *opuntia*; ils y multiplient prodigieusement.

Dans la vue d'avoir une récolte sure de cochenille, les Indiens cultivent avec soin autour de leurs habitations beaucoup de figuiers d'Inde, sur lesquels ils transplantent & se-
ment, pour ainsi dire, ces insectes. Pour cet effet, ils
font des *pastes* ou especes de petits nids, comme ceux des
oiseaux, avec du foin, de la mousse ou de la bourre de coco
très fine, & les mettent deux par deux, ou trois par trois
sur chaque feuille de ces arbres : ils les assujettissent avec

des épines, après avoir placé dans ces nids douze ou quatorze cochenilles qui, dans trois ou quatre jours, donnent naissance à des milliers de petits, dont la grosseur n'excede pas la pointe d'une épingle.

Peu de temps après, ces nouveaux nés se dispersent sur la plante, se fixent sur les endroits les plus succulents, les plus verds & les plus à l'abri du vent; la piquent, en tirent le suc, & y demeurent jusqu'au dernier période de leur accroissement.

Dans les lieux où on craint la pluie ou le froid, on couvre ces plantes avec des nattes, & on tue tout insecte étranger; on a un très grand soin de n'en point souffrir aux plantes sur lesquelles sont les cochenilles, de les bien nettoyer & de les débarrasser de certains fils qui ressemblent à des toiles d'araignée. Cette attention contribue tellement à leur perfection, que la cochenille sauvage, ou qui vit sur les arbres qui ne sont pas cultivés, est si grumeleuse & si mal conditionnée, qu'elle differe infiniment de la cochenille fine ou cultivée.

On fait tous les ans trois récoltes de cochenille : dans la premiere, on enleve avec beaucoup de précaution, par le moyen d'un petit pinceau, les meres qui sont mortes dans les nids après avoir fait leur petits. Trois ou quatre mois après, autant que la disposition de l'air le permet, & que la premiere couvée est en état de se reproduire, ou qu'elle l'a déja fait, on procede à la seconde récolte avec le même soin que dans la premiere. Trois ou quatre mois encore après, on travaille à la troisieme récolte par l'enlevement des petits de la seconde couvée.

Comme ceux-ci périroient si, pendant la saison du froid & des pluies, ils demeuroient exposés à l'air, les Indiens coupent les feuilles sur lesquelles ils sont, les serrent dans leurs habitations, les conservent pendant la mauvaise saison; & dès que le beau temps revient, ils les remettent à l'air dans des nids pour en avoir de nouvelles récoltes.

Ces insectes pourroient vivre pendant quelques jours, quoique séparés des plantes, & faire leurs petits; ils se disperseroient, s'échapperoient du tas, & seroient perdus pour le propriétaire. Pour éviter cet inconvénient, les Indiens ont soin de les faire périr dans la seconde récolte, en les plongeant dans de l'eau chaude, & les faisant sécher ensuite au soleil, ou en les mettant dans des *temascales* ou

petits

pétits fours faits exprès, ou enfin fur dés *comales* ou plaques qui ont servi à faire cuire les gâteaux de maïs.

Ces trois différentes manieres de les faire mourir donnent à la cochenille trois différentes couleurs. Celle qu'on a mife dans l'eau chaude prend une teinte d'un beau roux par la perte qu'elle a faite dans l'eau, du blanc extérieur qu'elle avoit étant vivante ; les Efpagnols l'appellent cochenille *renegrida*. Celle qui a été dans les fours devient d'un gris cendré ou jafpé, & a du blanc fur un fond rougeâtre, on la nomme *jafpeada*. Celle qu'on a mife fur les plaques qui font quelquefois trop échauffées, devient noire, auffi porte-t-elle le nom de *negra*. La plus eftimée eft celle qui eft d'un gris tirant fur l'ardoife, qui eft poudrée de blanc, & mêlée de rougeâtre ; elle tire fa couleur du fuc du figuier dont elle fe nourrit ; en effet, le fruit de cet arbre eft d'une couleur rouge foncée, & a cela de particulier, que, fans faire de mal à ceux qui en mangent, il rend leur urine rouge comme du fang.

La cochenille, ainfi préparée, peut fe conferver pendant plus de cent trente ans fans perdre fa partie colorante, ni fans fubir aucune altération, ainfi que l'a éprouvé M. *Hellot* fur de la cochenille qui avoit cette date d'antiquité.

On divife la cochenille en *mefteque*, *filveftre*, *campetiane*, & *trefqualle*. La mefteque tire fon nom d'un endroit nommé *Mefteque*, qui eft dans la province de *Honduras* ; elle eft la meilleure de toutes, & celle que les Indiens cultivent. La *filveftre* fe fous-divife en *fauvage* & *filveftre commune* ; la fauvage eft celle qui n'eft point foignée par les Indiens; la filveftre commune eft celle qui vient fur les racines de la grande pimprenelle que les botaniftes nomment *fanguiforba*. La campetiane ou campefchiane n'eft autre chofe que les criblures de la mefteque, ou la mefteque même qui a déja fervi à la teinture. La trefqualle on tetrechalle eft la terre qui fe trouve mêlée avec la campétiane. Ces trois dernieres efpeces font de peu ou point de fervice.

La mefteque, la demi-mefteque & la trefqualle paient 40 livres pour cent de droit d'entrée, la campetiane 20 liv. & la filveftre commune 10 livres. On prétend que les Indiens en vendent aux Européens pour plus de quinze millions par an. » Il eft furprenant, dit M. de Réaumur, que l'ob- » jet d'un auffi grand commerce ne foit pas envié au Mexi- » que par les Etats les plus puiffants de l'Europe, & qu'ayant

» dans les colonies de l'Amérique des climats où ils pour-
» roient faire venir des figuiers d'Inde, y nourrir & mul-
» tiplier des cochenilles, ils n'aient pas fait sur cela toutes
» les tentatives possibles «.

Il y a encore une autre espece de cochenille qui vient dans
la Pologne & qu'on nomme le *kermès du Nord* : voyez le
Dictionnaire raisonné d'Histoire naturelle. Lorsque cet insecte
est plein de son suc purpurin, les paysans Polonois le ramassent tous les ans après le solstice d'été sur la racine d'une
espece de *renouée* ou *centinode*.

Vers la fin de Juin, les Seigneurs Polonois envoient recueillir ces insectes par leurs serfs ou vassaux qui, pour cet
effet, se servent d'une petite bêche creuse, faite en forme
de houlette ; d'une main ils tiennent la plante qu'ils ont
arrachée de terre, & de l'autre ils détachent avec cet instrument ces insectes qui sont ronds, & remettent la plante
dans le même trou pour ne pas la détruire.

Dès qu'ils ont séparé au moyen d'un crible la terre d'avec
ces insectes, ils les arrosent de vinaigre ou de l'eau la plus
froide, de peur qu'ils ne deviennent vermisseaux ; ils les
exposent au soleil pour les y faire mourir & sécher, &
prennent beaucoup de précautions pour qu'ils ne sechent
pas trop précipitamment, parcequ'ils perdroient leur belle
couleur. Quelquefois ils les séparent de leurs vésicules, en
forment de petites masses rondes en les pressant doucement
avec l'extrémité des doigts, & prenent bien garde à ce que
le suc colorant ne soit pas résous par une trop forte pression,
parceque la couleur de pourpre se perdroit. Les teinturiers
l'achetent plus cher en masse qu'en graine.

Comme la cochenille de Pologne ne fournit que la cinquieme partie de la teinture de celle du Mexique, que par
conséquent elle revient beaucoup plus cher, on ne s'en
sert presque plus, & le commerce de cette drogue est extrêmement tombé.

COCHER : *voyez* VOITURIER.

COEFFEUR : *voyez* PERRUQUIER.

COEFFEUSE. Ce nom convient également à l'ouvriere
qui travaille à faire des coeffures & à monter les bonnets
pour les dames, & à celle dont le métier est d'aller dans
les maisons pour friser & coeffer.

La coeffure est, comme l'on sait, cette partie de l'habillement des femmes qui sert à couvrir leur tête & à les parer

dans le *négligé*, le *demi-négligé* & l'*ajusté*. Il n'en est presque plus question aujourd'hui, parcequ'elles ont trouvé le moyen de ranger si bien leurs cheveux, qu'elles n'ont plus besoin de coeffures ; & la mode les a tellement fait varier chez la plupart des peuples, qu'il n'est pas possible d'en rapporter tous les changements.

Cet édifice à un ou plusieurs étages, dont l'ordre, la structure & la matiere ont été le jouet du caprice, a été sujet à tant de révolutions, que ce seroit un travail immense d'en faire la description, & de rapporter tous les noms qu'on lui a donnés.

Si l'histoire remarque comme un excès de luxe & une chose extraordinaire que l'épouse de *Marc Aurele* ait eu trois ou quatre coeffures différentes en dix-neuf ans de regne de cet Empereur Romain, que dira-t-elle un jour de celles qu'invente la légéreté de notre goût ? Si elle en conservoit la mémoire, leur variété fourniroit une nomenclature aussi étendue qu'inintelligible à la postérité. Je suis même persuadé que le traité contre le luxe des coeffures, qui a été imprimé à Paris chez *Couterot* en 1694, est déja pour bien des femmes un livre du bon vieux temps où elles ne comprennent plus rien.

Une dame au dessus du commun emploie en coeffe de nuit ce qui fait la parure des bourgeoises pendant le jour; elle se distingue non seulement par la richesse de ses coeffures, mais encore par son empressement à se conformer à la nouvelle mode ; parcequ'il est décidé, par la bizarrerie de nos usages, que telle qui porteroit pendant l'été une coeffure qui auroit été de mode dans le printemps, devroit être regardée comme une provinciale ou comme une étrangere, pour ne dire rien de plus. Voilà tout ce que nous pouvons dire sur les coeffures considérées comme habillement. A l'égard de la maniere de friser & d'accommoder les cheveux, qui constitue une autre partie de la coeffure, *voyez* PERRUQUIER.

COFFRETIER-MALLETIER. Le Coffretier-Malletier est celui qui fait ou vend des coffres, malles, valises, fourreaux de pistolets, & autres semblables ouvrages propres aux gens de guerre, ou à ceux qui vont en campagne ; il porte aussi le nom de *Bahutier*.

Pour faire une malle, l'ouvrier commence par en faire le *fût*, c'est-à-dire par en former la carcasse, comme le layetier forme celle d'une boîte, à l'exception cependant que le fût d'une malle est moitié chêne & moitié sapin. Quand le fût est formé, il construit le couvercle, y met les charnieres, & marque l'endroit où doit être placée la serrure.

Après ces opérations, l'ouvrier *engorge* la malle, c'est-à-dire qu'il met de la toile au fût de la malle tout autour de la fermeture. Il a ensuite de la colle composée de rognures de peau, & il en enduit tout le corps de la malle sur lequel il applique la peau qu'il desire.

Quand la malle est garnie de peau, on la ferre, on la borde de fer blanc avec des petits clous appellés broquettes de Liege; on la double ensuite en dedans de toile ou de coutil, & on la *rubanne*, c'est-à-dire qu'on garnit le dedans du couvercle avec des rubans rouges. On met ensuite à chaque bout des anneaux avec des pattes de fer forgé pour pouvoir la soulever quand elle est chargée; enfin on y pose la serrure & un ou deux porte-cadenas. Les ouvrages que les maîtres de cette communauté peuvent faire & vendre, sont des coffres & malles de bois de hêtre, tant plats que ronds, bien cuirés entre les jointures, soit en dedans, soit en dehors. Le dessus des coffres doit être de cuir de pourceau, le reste seulement de mouton ou de veau, & les malles doivent être toutes de cuir de pourceau, ou de veau d'une seule piece passée en alun; les uns & les autres bien ferrés de plus ou moins de bandes, suivant leur longueur, largeur & hauteur.

Les statuts des Coffretiers-Malletiers sont de 1596: deux jurés conduisent les affaires de cette communauté, & font les visites chez les maîtres.

Chaque maître ne peut avoir qu'un apprentif à la fois qu'il est tenu d'obliger pour cinq ans; & chaque apprentif, avant de se présenter pour la maîtrise, doit encore avoir servi les maîtres cinq autres années.

Si un apprentif s'absente & quitte son maître l'espace d'un mois, le maître en peut prendre un autre en le faisant ordonner par les jurés; & cet apprentif ne peut plus se mêler dudit métier s'il ne fait apparoir d'excuse légitime de son absence.

Il est défendu à tout Coffretier-Malletier de commencer son ouvrage avant cinq heures du matin, ou de le finir plus tard que huit heures du soir, pour que le voisinage ne ſoit point incommodé du bruit inſéparable de ce métier. On compte à Paris quarante & un maîtres de cette communauté.

COLLE DE POISSON (Fabrique de). Cette Colle à laquelle le tarif de 1664 donne le nom de *diesblat*, eſt faite des parties mucilagineuſes d'un gros poiſſon qu'on trou e plus communément dans les mers de Ruſſie que dans pas une autre. Nous la recevons des Hollandois qui vont la chercher au port d'Archangel.

Quoiqu'on ne connoiſſe pas bien préciſément l'eſpece de poiſſon dont les Ruſſes ſe ſervent pour en extraire la colle, on eſt généralement d'accord qu'ils y emploient ſa peau, ſes nageoires, ſes parties nerveuſes & mucilagineuſes ; qu'après avoir bien fait bouillir le tout enſemble, il s'en forme une viſcoſité qui ſe réduit en gelée, & qui eſt à-peu-près ſemblable à celle qu'on trouve ſur la peau des morues graſſes lorſqu'elles ſont bien cuites.

Quand la colle eſt au point de cuiſſon qu'il lui faut, on l'étend de l'épaiſſeur d'une feuille de papier, & on en forme des pains ou des cordons, tels que ceux qui nous viennent de Hollande.

On reconnoît la bonté de la colle de poiſſon à ſa blancheur, à ſa tranſparence, à ce qu'elle n'a aucune odeur, & qu'elle n'eſt point *fourrée* ou falſifiée. Lorſqu'on l'achete en boucaux, il faut prendre garde à ce que les cordons ſoient tous d'une égale qualité, & qu'il n'y en ait pas de défectueux en deſſous.

On peut voir à l'article *Cabaretier*, comment on clarifie le vin avec cette colle, & la quantité qu'on y emploie. Dans les ouvrages de marqueterie, on s'en ſert quelquefois pour coller différentes pieces de rapport en bois ou en métaux ; pour cet effet on la fait diſſoudre dans de bonne eau-de-vie ſur des cendres chaudes.

Il y en a qui en font des médailles & qui ſe procurent ainſi à peu de frais les collections les plus complettes.

La colle de poiſſon paie trois livres pour cent pour droit d'entrée, & vingt ſols pour droit de ſortie.

COLLE FORTE (Fabrique de). La Colle forte eſt celle qui unit & joint plus fortement qu'aucune autre eſpece de colle. Elle eſt ſi néceſſaire à tant d'ouvriers de différent genre, que ſa grande conſommation en fait un commerce conſidérable. La meilleure de toutes eſt celle qu'on fabrique en Angleterre, & qui nous vient par petites feuilles quarrées d'un verd tirant sur le noir, mais dont la transparence nous le fait paroître rouge lorsqu'on regarde au travers; elle differe de la colle de Flandre en ce que celle-ci est en petites feuilles minces & légeres, de couleur jaunâtre, & de la largeur de deux doigts : on ne s'en sert ordinairement que dans les manufactures de lainage.

On fait la colle forte avec les nerfs, les cartilages, les rognures de peaux, & les pieds de bœuf, qu'on fait macérer, bouillir & dissoudre dans de l'eau sur le feu, jusqu'à ce que le tout devienne liquide; après quoi on le passe à travers un gros linge ou tamis, & lorsque ce suc est assez épaissi, on le verse sur des pierres plates ou des moules, pour le couper ensuite par morceaux auxquels on donne la forme qu'on juge à propos; ensuite on met ces morceaux sur des rézeaux de corde afin qu'ils puissent sécher dessus comme dessous.

Dans les endroits où il y a beaucoup de tanneries, on y établit ordinairement des fabriques de colle forte, mais elles ne réussissent pas également bien par-tout. Celle de *Chaudes-Aigues* en Auvergne est la meilleure que nous ayons en France; celle qu'on a établie à Paris ne réussit pas aussi bien, & la colle qu'on y fait sent beaucoup plus mauvais.

La colle forte qu'on fabrique avec les peaux entieres est supérieure à celle qu'on fait avec les *orillons* ou rognures de ces mêmes peaux; celle-ci est meilleure que celle que produisent les nerfs & les pieds de bœufs, taureaux, vaches, veaux, & moutons. On a même observé que la bonté de la colle est relative à l'âge des bêtes, que plus elles sont vieilles & meilleure elle est.

En Angleterre & en Flandre ce sont les tanneurs qui font eux-mêmes la colle forte; aussi y vaut-elle mieux que partout ailleurs, parceque n'achetant pas les rognures, ils en mettent beaucoup dans la composition de leur colle, au lieu que les autres fabricants qui n'ont pas la même commodité, voulant épargner la dépense que leur occasionneroit l'achat des rognures, emploient beaucoup plus de pieds & de nerfs que d'orillons.

Lorsqu'on n'emploie que des rognures pour faire la colle forte, on les met tremper deux ou trois jours dans l'eau, & lorsqu'après avoir bouilli elles ont acquis une consistance de gelée, on la passe à travers quelque chose pour la

purifier de ſes ſaletés ; après quoi on la fait fondre &
bouillir une ſeconde fois. Lorſqu'elle eſt bien cuite, on la
verſe dans des caiſſes plates de cuivre ou de bois ; quand
elle y a acquis une certaine ſolidité, on la coupe par
feuilles avec un fil de fer ou de laiton, & on la met enſuite
ſécher comme nous avons déja dit.

Les peaux de taureau donnent une colle blanche & claire ;
c'eſt celle dont la qualité eſt la meilleure. La ſeule différence qu'il y a de la colle forte faite avec les rognures,
d'avec celle qu'on fabrique avec les pieds & les nerfs de
quelque animal que ce ſoit, conſiſte en ce qu'on ne les
met point tremper, qu'on les déſoſſe quand ils ſont cuits,
& qu'on en dégraiſſe le ſuc.

Plus la colle eſt ancienne, dure, ſeche, tranſparente,
de couleur vineuſe, ſans odeur, plus ſes caſſures ſont
unies & luiſantes, plus elle vaut. La maniere la plus ſure
d'en reconnoître la bonne qualité, c'eſt d'en mettre un
morceau dans l'eau pendant trois ou quatre jours ; on eſt
ſûr qu'elle eſt excellente lorſqu'elle y enfle conſidérablement ſans ſe fendre, & qu'elle reprend ſa premiere ſéchereſſe quelques jours après qu'on l'a tirée de l'eau.

Lorſqu'après avoir mis la colle dans l'eau, on veut pour
s'en ſervir la faire diſſoudre ſur le feu, il faut prendre
garde qu'il ſoit modéré ; elle devient beaucoup plus forte
après qu'elle a été trempée dans de l'eau-de-vie.

On peut encore faire de la colle forte avec du fromage
pourri, de l'huile d'olive la plus vieille, & de la chaux
vive en poudre, ou bien avec de la chaux éteinte dans le
vin, avec laquelle on amalgame de la graiſſe, des figues,
& du ſuif.

La colle forte de toute ſorte paie pour droit d'entrée
dix-huit ſols par cent peſant.

COLLETIER : *voyez* BOURSIER.

COLLEUR : *voyez* CARTONNIER.

COLORISTE. C'eſt celui qui, dans une manufacture
d'indienne, eſt chargé du ſoin de préparer les couleurs
pour les divers deſſeins qu'on veut faire paroître ſur les
toiles peintes. Cet ouvrier doit poſſéder parfaitement bien
l'art de la teinture, afin d'obtenir par la mixtion des drogues qu'il emploie les diverſes nuances dont il a beſoin :
ſon peu de capacité cauſeroit à ſa manufacture des pertes
irréparables par la défectuoſité des pieces ; c'eſt pourquoi

il ne sauroit trop connoître les effets que les drogues colorantes peuvent produire, afin que les couleurs qui en résultent soient plus belles, plus fixes, & à l'abri de tout lavage. Il ne doit point aussi ignorer la distribution des couleurs, afin qu'elles rendent plus exactement les desseins qu'elles doivent représenter. On peut voir dans l'art de faire l'indienne par M. *de Lormois*, quelle est la maniere de procéder pour avoir de belles couleurs en liqueur.

COLPORTEUR. En général les Colporteurs sont ceux qui vont vendre des marchandises par les rues, ou dans les maisons; & ce nom leur est venu de ce qu'assez ordinairement ils les portent dans une manne ou cassette pendue à leur cou.

On donnoit anciennement ce nom à des gens de mauvaise foi qui alloient de ville en ville acheter & vendre de la vaisselle de cuivre ou d'étain, & autres, qu'on ne doit vendre qu'en plein marché pour empêcher qu'on ne vende des choses volées.

On nomme aujourd'hui Colporteurs ceux qui font métier de porter dans les maisons des marchandises, comme étoffes, &c. ceux qui crient dans les rues, qui portent & étalent ce qu'ils ont à vendre dans une petite cassette pendue à leur cou, comme images, étuis, ciseaux, lacets, &c. & enfin les crieurs de gazettes, d'édits, & autres feuilles volantes qui ont un prompt débit.

Comme ce sont eux qui portent ordinairement des livres dans les maisons, & quelquefois des brochures qui ne sont pas autorisées, la Police a fixé leur nombre, & leurs noms doivent être enregistrés à la Chambre Syndicale de la Librairie, pour y avoir recours en cas de quelque contravention.

L'arrêt du Conseil d'Etat du Roi du 4 Mai 1669 leur défend de vendre, colporter & afficher aucunes feuilles & placards sans permission du Lieutenant de Police, & leur ordonne de se conformer en tout à ses ordres.

Les réglements de la Librairie & Imprimerie de Paris du 18 Février 1723, l'ordonnance du Roi du 29 Octobre 1732, & celle de la Police du 16 Avril 1740, portent qu'aucun ne pourra faire le métier de Colporteur s'il ne sait lire & écrire, qu'après avoir été présenté au Lieutenant-Général de Police par les Syndic & Adjoints des Libraires & Imprimeurs, & reçu sur les conclusions du Procureur du Roi au

Châtelet ; que trois jours après leur réception, ils feront tenus de faire enregiftrer leurs noms & demeures fur le livre de la communauté ; de faire pareille déclaration aux Commiffaires des quartiers où ils logeront, avec foumiffion d'y venir déclarer les maifons où ils iront loger en cas de changement de domicile.

Que le nombre des Colporteurs fera réduit & fixé à cent vingt, dont les huit plus anciens auront leur département dans les cours & falles du Palais où ils feront les feuls qui pourront vendre ; permis aux autres d'aller par la ville, fauxbourgs, & autres lieux qu'ils trouveront le plus avantageux pour le débit.

Que les uns ni les autres ne pourront avoir aucuns imprimés ailleurs que dans leurs maifons.

Qu'ils ne pourront colporter, vendre & débiter aucuns livres, factums, mémoires, feuilles ou libelles fur quelque matiere ou de quelque volume que ce foit, à l'exception des édits, déclarations, &c. dont la publication aura été ordonnée ; des almanachs, tarifs, petits livres brochés, reliés à la corde, c'eft-à-dire reliés avec de la ficelle qu'on met au dos du livre de diftance en diftance pour tenir les cahiers unis, fans pourtant y ajouter de couverture, imprimés avec privilege ou permiffion par les feuls Imprimeurs de Paris, dont l'ancienneté ne paffe pas un mois de date, & après en avoir obtenu la permiffion du Lieutenant-Général de Police.

Qu'ils ne pourront tenir boutique ou magafin, ni faire imprimer aucune chofe en leur nom & pour leur compte.

Qu'ils feront tenus de porter au devant de leurs habits une marque ou écuffon de cuivre où fera gravé ce mot, *Colporteur* ; & que chacun d'eux aura une malle dans laquelle il portera les imprimés qu'il expofera en vente.

COMMANDEUR. C'eft celui qui dans les ifles Françoifes de l'Amérique a l'infpection fur le détail d'une habitation en général, ou d'une fucrerie en particulier.

Prépofé pour faire exécuter les ordres qu'il reçoit, il doit entendre bien le travail & favoir fe faire obéir. Ses principales fonctions font de ne jamais quitter les Negres, de preffer le travail comme un piqueur, d'avoir l'œil à ce qu'il foit bien fait, d'empêcher les querelles, d'éveiller les Negres, de les faire affifter à la priere foir & matin, de les conduire à l'églife les fêtes & dimanches, de veiller à l'entretien de leurs jardins, & à la propreté de leurs maiſons, de faire tranſporter les malades à l'infirmerie, d'empêcher les Negres étrangers de venir trop ſouvent dans les caſes de l'habitation qui lui eſt confiée, & d'avertir le maître de tout ce qui ſe paſſe.

COMMERÇANT. On entend par ce nom celui qui achete & qui vend en gros toutes ſortes de marchandiſes.

Quoique le commerce en gros ſoit d'une étendue immenſe, qu'il embraſſe, pour ainſi dire, toute la terre, en tirant de l'étranger ou en portant chez lui les denrées, drogues & marchandiſes qui ſont propres à chaque nation, il y en a cependant dont les bornes ſont plus reſſerrées, comme celui qui eſt limité aux choſes qui ſe fabriquent dans le royaume, ou à celles qui y croiſſent, pour en faire des magaſins, ſoit dans la capitale, ſoit dans les principales villes des provinces, & les débiter enſuite aux détailleurs ou autres qui en ont beſoin.

Le commerce doit ſon origine aux beſoins réels des hommes, tels que leur nourriture & leur vêtement, & à leurs commodités ſuperflues que le luxe leur fait ſouvent regarder comme des néceſſités.

Tout ce qui peut être communiqué à quelqu'un pour ſon utilité ou pour ſon agrément, eſt le fruit de l'induſtrie & le ſujet du commerce. L'agriculture, les manufactures, les arts libéraux, la pêche, la navigation, les colonies, le change, concourent également à le former & à le ſoutenir. Les Phéniciens paſſent pour les premiers qui aient oſé franchir la barriere que les mers oppoſoient à la cupidité des hommes, & qui aient porté chez tous les peuples ce dont ils pouvoient avoir beſoin.

Après que le commerce ſe fut répandu chez preſque toutes les nations, il s'anéantit comme les autres arts ſous le joug de la barbarie par la chûte de l'empire d'occident : réduit dans l'intérieur de chaque lieu à une circulation néceſſaire, il ſe réfugia en Italie d'où il s'eſt peu à peu répandu dans toute l'Europe. Pour le rendre plus facile, on imagina diverſes façons d'acheter dont chacune a ſa dénomination particuliere.

Acheter comptant, c'eſt payer réellement ſur le champ en eſpeces de cours, en billets échus, ou en virement de parties, les marchandiſes qu'on a achetées.

Acheter au comptant ou *pour comptant*. Cette façon de

s'exprimer entre Commerçants défigneroit, ce femble, que l'acheteur doit payer comptant ; cependant on a quelquefois jufqu'à trois mois de terme.

Acheter partie comptant, & partie à temps ou *à crédit*, c'eft payer fur le champ la fomme dont on eft convenu, & avoir du temps pour le refte.

Acheter à profit, c'eft donner tant pour cent de bénéfice au vendeur fur la foi de fon livre journal d'achat.

Acheter partie comptant, partie en promeffe, & partie en troc, c'eft donner l'équivalent de la chofe en marchandifes dont on convient du prix, ce qui fait une efpece de change, partie en argent, & l'autre partie en promeffes ou billets payables à certaines échéances.

Le mieux eft d'acheter à crédit pour un temps, à charge d'*efcompte* ou de *difcompte*, c'eft-à-dire de rabais fur le paiement, dans le cas où l'acheteur paieroit avant le terme convenu.

Les Commerçants en gros ne perdent point la nobleffe ; il y a même beaucoup d'Etats où les nobles commercent. Par l'ordonnance de 1627, Louis XIII leur permet de prendre la qualité de nobles ; & fur la fin du dernier fiecle Louis XIV les déclara capables, fans quitter le commerce, d'être revêtus des charges de Secrétaire du Roi. Louis XV, bien loin de déroger à ces loix, a donné un nouvel encouragement au commerce, en accordant chaque année des lettres de nobleffe à deux de ceux qui fe font le plus diftingués entre les Commerçants.

COMMISSIONNAIRE. C'eft celui qui fait des commiffions pour le compte d'autrui tant pour les achats que pour les ventes.

Comme pour faire ce métier il faut être connoiffeur en marchandifes, les Commiffionnaires font ordinairement apprentiffage chez les marchands, afin de fe perfectionner dans la connoiffance & le choix des marchandifes. Il y a cependant des villes, comme Lyon, par exemple, où l'on peut exercer fans être reçu marchand ; mais à Paris il faut l'avoir été pour avoir la liberté de vendre ou d'acheter des marchandifes pour le compte d'autrui. En Angleterre où l'on fait fept ans d'apprentiffage, les nobles s'engagent pour ce temps-là avec quelque gros Commerçant du Levant, qui, moyennant trois ou quatre cents livres fterling qu'il reçoit de fon apprentif, s'engage de l'envoyer à *Smyrne* au bout des trois premieres années d'apprentiffage, où il lui confie fes affaires, & lui permet même de trafiquer pour fon propre compte.

Les droits de commiffion font ordinairement d'un, deux ou trois par cent de la valeur des marchandifes, francs & quittes de tous frais, à la réferve des ports de lettres écrites par le Commettant à fon Commiffionnaire pour le fait de leur négoce : ces droits varient felon les temps, la difficulté de fe procurer les marchandifes demandées, & les faire exporter chez le Commettant, ou fuivant les avances que font les Commiffionnaires quand les Commettants font en retard pour l'envoi de leur argent.

Quel préjudice les Commiffionnaires n'occafionnent-ils pas quelquefois à ceux dont ils achetent les denrées ? Ils prennent de longs délais pour des paiements qu'ils pourroient faire tout de fuite, & qu'ils retardent pour mettre à profit l'argent qui leur eft envoyé; & dans ce cas il arrive fouvent que l'emploi qu'ils en ont fait n'ayant pas réuffi, ils font banqueroute, & occafionnent la ruine des perfonnes qui ont eu trop de confiance en eux. D'autres fe prévalent du befoin des particuliers qui, pour accélérer leur paiement, leur paient l'efcompte d'un argent qui ne leur appartient pas. Il eft étonnant qu'on ne remédie pas à de femblables abus.

Outre les Commiffionnaires d'achat & de vente, il y a encore des *Commiffionnaires de banque*, qui font ceux qui procurent l'acceptation & le paiement des lettres de change, ou qui en font paffer la valeur dans un lieu marqué. Les *Commiffionnaires d'entrepôt* reçoivent les marchandifes dans leurs magafins, & de là les envoient à l'endroit de leur deftination. Les *Commiffionnaires de voituriers* prennent les marchandifes dont les voituriers font chargés, & les diftribuent aux perfonnes à qui elles font adreffées. Les uns & les autres ont un falaire proportionné à leur peine.

COMPOSITEUR : *voyez* IMPRIMEUR.

COMPTEUR. On donne ce nom aux *Jurés-Compteurs & Déchargeurs de poiffon de mer frais & falé*, & aux *Jurés Mefureurs de fel*, qui font auffi qualifiés de *Compteurs de falines fur la riviere*.

Les fonctions des premiers font de compter & décharger toutes les marchandifes qui les concernent à mefure qu'elles arrivent dans les halles, & qu'elles y font vendues.

L'arrêt du Conseil d'Etat du Roi du 28 Avril 1674, a fixé leurs droits à vingt sols par millier de morue, & sept sols six deniers par tonne de morue verte, à deux sols par panier de harengs fors & de maquereaux salés; à dix sols par charrette de saline; à vingt sols par charrette de poisson frais & huîtres à l'écaille; a douze sols six deniers pour chaque somme de cheval chargé de marée ou autre poisson; à deux sols six deniers pour chaque panier de marée; à un sol pour le comptage de chaque millier d'huîtres en grenier ou en panier.

Les seconds font obligés de se trouver tous les jours sur la riviere pour compter eux-mêmes toutes les salines qui arrivent par bateau, & qui se déchargent sur les ports où ils doivent être, à commencer du premier Octobre jusqu'au dernier Février, depuis sept heures du matin jusqu'à midi, & depuis deux heures de relevée jusqu'à cinq heures du soir; & du premier Mars jusqu'au dernier Septembre, depuis six heures du matin jusqu'à midi, & depuis deux heures jusqu'à sept du soir, pour y recevoir les déclarations des marchands, tenir registre de la quantité des marchandises que chacun enleve, & du nom du chartier qui est chargé de les voiturer, & ce conformément aux articles IV & V du vingt-cinquieme chapitre de l'ordonnance de la ville de Paris de 1672.

CONFISEUR. Le Confiseur est le marchand qui fait & qui vend des confitures & sirops faits pour l'agrément.

Les confitures font de deux especes, savoir liquides & solides; les unes & les autres font faites pour rendre certaines substances que l'on confit, plus agréables au goût, & pour les conserver plus long-temps.

Les especes de confitures que les Confiseurs tiennent dans leurs boutiques, font des *gelées*, des confitures liquides que l'on nomme aussi *marmelades*, des *confitures seches*, faites avec des substances réduites en poudre ou en pulpes, & enfin des fruits entiers confits dans le sucre.

Les gelées font des préparations qu'on fait avec du sucre & des sucs mucilagineux de fruits, qui prennent en refroidissant une consistance de colle.

Tous les sucs des fruits ne font pas propres à former des gelées, il faut qu'ils soient un peu mucilagineux, comme font ceux de poires, de pommes, de verjus, de coings, de groseilles, d'abricots, &c.

Pour faire de la gelée de groseille, on met dans une baſſine quinze livres de groſeilles égrenées, & douze livres de ſucre concaſſé ; on place le vaiſſeau ſur le feu : à meſure que les groſeilles rendent leur ſuc, le ſucre ſe diſſout ; on remue dans les commencements avec une écumoire, afin que la matiere ne s'attache point au fond du vaiſſeau : on fait bouillir ce mêlange à petit feu, juſqu'à ce qu'il y ait environ un quart de l'humidité d'évaporée, ou qu'en mettant refroidir un peu de la liqueur ſur une aſſiette, elle ſe fige & prenne l'apparence d'une colle. Alors on paſſe la liqueur au travers d'un tamis ſans exprimer le marc : on verſe dans des pots la liqueur tandis qu'elle eſt chaude ; lorſque la gelée eſt priſe & refroidie, on couvre les pots.

On prépare la gelée de ceriſes de la même maniere, & toutes les gelées des fruits mucilagineux qui rendent leur ſuc auſſi facilement que ceux dont nous parlons.

On peut faire la gelée de groſeille avec le ſuc dépuré du fruit, comme avec le fruit entier ; mais elle eſt plus agréable, lorſqu'elle eſt faite de cette derniere façon à cauſe du goût du fruit qu'elle conſerve davantage. La gelée de groſeilles, pour être belle, doit être d'une couleur rouge vermeille, bien tranſparente, bien tremblante, & d'une ſaveur aigrelette agréable.

Pour faire de la gelée de *coings* ou *cotignac*, on choiſit des coings qui ne ſoient pas dans leur derniere maturité : on les eſſuie avec un linge pour emporter le duvet cotonneux qui ſe trouve à leur ſurface : on les coupe en quatre, on ſépare les pépins, on fait cuire ce fruit dans une ſuffiſante quantité d'eau, on paſſe la décoction avec expreſſion, on y fait diſſoudre le ſucre : on clarifie ce mêlange avec quelques blancs d'œufs, on fait évaporer la liqueur juſqu'à ce qu'elle forme une gelée, ce que l'on reconnoît de la maniere qu'on l'a expliqué pour la gelée de groſeille.

On prépare de même la gelée de pommes, de poires, &c. on aromatiſe ces dernieres avec une once d'eau de cannelle, qu'on ajoute ſur la fin de leur cuite.

Pour faire la marmelade d'abricots, on choiſit des abricots bien mûrs, on les coupe en deux, on en ſépare les noyaux, on peſe quinze livres de ce fruit ; d'une autre part, on fait cuire le ſucre *à la plume*, alors on ajoute le fruit, on remue ce mêlange, & on le fait bouillir juſqu'à ce que cette marmelade ait une conſiſtance convenable, ce que l'on reconnoît en en mettant refroidir un peu fur une affiette ; alors on met les amandes qu'on a féparées des noyaux , & dont on a ôté la peau : on coule dans les pots la confiture , tandis qu'elle eft chaude , & on ne la couvre que lorfqu'elle eft entiérement refroidie.

On fait des confitures feches de tant de fruits , qu'il feroit affez difficile de les pouvoir détailler toutes. Les plus ufitées font les écorces de citrons & d'oranges , les prunes, les poires , les cerifes , les abricots , les amandes & les noix.

On prépare en confitures feches les fruits entiers , ou feulement coupés par morceaux , les racines ou certaines tiges & certaines écorces. Ces fubftances doivent être tellement pénétrées par le fucre , qu'elles foient feches & prefque friables. On n'obferve aucune proportion de fucre fur celle des ingrédients : il fuffit de les priver de toute leur humidité par le moyen du fucre cuit à la plume , de maniere même que celui qui refte dans les fubftances foit fec & privé luimême de toute humidité.

Pour cuire le fucre à la plume , on met dans une baffine deux livres de fucre avec une livre d'eau : on fait chauffer ce mêlange pour diffoudre le fucre : on fait évaporer l'humidité , jufqu'à ce qu'en plongeant une cuiller dans ce firop bouillant , & la fecouant brufquement , le fucre , en s'échappant de la cuiller , fe divife en une efpece de pellicule mince & légere , femblable à une toile d'araignée qui voltige en l'air. On nomme *fucre cuit à la petite plume* , ou *perlé* , celui qui produit difficilement cet effet , & *fucre cuit à la grande plume* , celui qui le produit facilement. On reconnoît encore que le fucre eft cuit à la plume , lorfqu'en en prenant un peu dans une cuiller , & le faifant tomber d'un peu haut , la derniere goutte fe termine en un fil blanc très délié , fec & caffant. Dans cet état , il eft à la grande plume ; & lorfqu'il forme une petite goutte ronde & brillante au bout de de ce fil , c'eft une marque qu'il eft *cuit au perlé* ou à la petite plume.

Le *fucre cuit au caramel* eft le fucre cuit à la grande plume, qu'on fait cuire encore davantage , & qu'on fait rôtir légérement. Ce fucre a une couleur rouffe comme le fucre d'orge , parcequ'il a commencé à fe brûler. Nous allons donner un exemple des confitures feches ou des fruits confervés dans leur entier , en prenant pour exemple les tiges d'angélique confites, qu'on appelle aussi *conserve d'angé-lique.*

On prend des tiges d'angélique qu'on a coupées de la longueur convenable : on les fait bouillir dans une suffisante quantité d'eau, pour emporter une partie de la saveur, ce que les Confiseurs nomment *blanchir les fruits :* on enleve ces tiges avec une écumoire, on les met égoutter sur un tamis de crin : ensuite on fait cuire du sucre à la grande plume, on y plonge les tiges d'angélique, & on fait bouillir le tout, jusqu'à ce que ces tiges aient perdu toute leur humidité, ce que l'on reconnoît par la fermeté qu'elles acquierent en bouillant dans le sucre. On les enleve avec une écumoire, & on les met refroidir & égoutter sur des ardoises ; lorsqu'elles sont suffisamment refroidies, on les enferme dans des boîtes qu'on tient dans un endroit chaud, afin qu'elles ne s'amollissent point en attirant l'humidité de l'air.

On prépare de la même maniere toutes les confitures seches, à l'exception cependant qu'on ne fait pas bouillir auparavant les substances qui n'ont point de saveur trop forte ; on est obligé de passer les fruits mous & succulents plusieurs fois dans le sucre, parcequ'ils sont plus difficiles à être pénétrés.

Les *dragées*, les *pastilles* & les *figures en sucre*, sont encore l'ouvrage des Confiseurs. Il se fait des dragées de tant de sortes, & sous des noms si différents qu'il ne seroit pas aisé de les expliquer toutes. On met en dragées de l'épine-vinette, des framboises, de la graine de melon, des pistaches, des avelines, des amandes de plusieurs sortes, des amandes pelées dont la peau a été ôtée à l'eau tiede, des amandes lissées auxquelles on a laissé la peau, des amandes d'Espagne qui sont fort grosses & rougeâtres en dedans, &c.

La façon de couvrir de sucre la substance qui doit former le noyau de la dragée, est la même pour tous les fruits ou graines destinés à servir à cet usage ; ainsi nous pensons qu'en donnant la maniere de couvrir de sucre une amande pour en former une dragée, on aura une suffisante connoissance de ce genre de travail.

On fait cuire dans un poëlon du sucre clarifié, jusqu'à ce qu'il ait la consistance d'un sirop fort épais. On a un tonneau percé par ses deux fonds, sur la partie supérieure duquel on place une bassine de cuivre de grandeur propre à

remplir

remplir abfolument le diametre du tonneau ; on met dans
le fond de cette baffine la quantité d'amandes qu'il en peut
contenir en les plaçant les unes auprès des autres : on met
enfuite au deffous de la baffine dans le tonneau un réchaud
de feu capable de procurer aux amandes une chaleur douce.

Quand le fucre eft au point convenable, on en verfe avec
une cuiller une fuffifante quantité fur les amandes, ayant
foin de les agiter continuellement avec une fpatule de bois,
pour les empêcher de fe coller les unes contre les autres.
On leur donne ainfi fucceffivement plufieurs couches de fucre, en fuivant la même méthode jufqu'à ce qu'elles aient
acquis la groffeur qu'on veut leur procurer.

Certains Confifeurs mettent pour derniere couche de l'a-
midon fur les dragées ; la plupart en mêlent avec le fucre
pour augmenter leur bénéfice.

L'opération dont nous venons de parler eft commune aux
dragées liffées & aux *dragées perlées* qui font hériffées de petites pointes qui les rendent raboteufes.

On parvient à *liffer les dragées* en les mettant dans une
baffine où on les agite fortement dans tous les fens, en y
ajoutant quelques gouttes de firóp froid que les Confifeurs
nomment *firop cuit à liffer*. Les dragées, étant liffées, n'ont
befoin que d'être féchées : on les porte pour cet effet à
l'étuve : c'eft un endroit dont le plancher eft garni de tôle,
& dont les murs font revêtus de petites tringles de fer, fur
lefquelles on place des tamis qui contiennent les dragées :
au milieu de l'étuve eft un poële ou une chaudiere de fer
pleine de feu.

Pour faire les dragées perlées, on procede, comme nous
l'avons dit, jufqu'au milieu de l'opération, de la même
maniere que pour faire les dragées liffées ; mais quand elles
ont acquis dans la premiere baffine la moitié de la groffeur
qu'on veut leur donner, on les met dans une autre, fufpendue au plancher par le moyen d'une corde attachée aux
deux anfes de la baffine qui font diamétralement oppofées;
& par le moyen d'une autre anfe placée à fa partie antérieure,
on fait fauter les dragées bien au-deffus de la baffine, par
le balancement confidérable qu'on lui procure : on ajoute
du firop de temps en temps, & on met fous la baffine un réchaud de feu. Les différents mouvements que reçoivent les
dragées par cette manœuvre, leur procurent les petites
pointes dont nous les voyons hériffées. Après cette opéra-

Tome I. Ll

tion, on les porte à l'étuve de même que les dragées liſſées.

Le ſucre qui reſte au fond des baſſines eſt employé à faire les dragées communes.

Les bonnes qualités des dragées ſont d'être nouvellement faites, que le ſucre en ſoit pur, ſans mêlange d'amidon ; qu'elles ſoient dures, ſeches & auſſi blanches dedans que dehors ; enfin, que les fruits, graines & autres ſubſtances qui en font le noyau, ſoient récents.

Le ſucre à faire les *pralines* doit être cuit juſqu'à la grande plume ; on les fait en mettant dans un poëlon les amandes ſans être pelées, dans le ſucre ainſi préparé ; on les agite fortement avec une ſpatule de bois, juſqu'à ce que le ſucre ſoit entiérement attaché aux amandes, & qu'il ait acquis une couleur brunâtre. Cette opération doit s'exécuter ſur un feu très ardent.

Les *paſtillages* ſont compoſés de ſucre en poudre, & d'un peu de mucilage de *gomme adragant* que l'on aromatiſe avec toutes ſortes d'odeurs, & dont on forme une pâte. On coupe enſuite cette pâte avec des emporte-pieces de fer-blanc pour lui donner les différentes formes qu'on deſire.

Il y a différentes eſpeces de *paſtilles* ; ſavoir les *paſtilles en cornet*, les *paſtilles à la dauphine*, les *paſtilles au cachet*, les *paſtilles au tamis*, les *paſtilles tranſparentes*, &c.

Toutes ces paſtilles, à l'exception des paſtilles tranſparentes, ne different entre elles que par leur forme.

Lorſque la pâte eſt compoſée comme nous l'avons dit, on l'*abaiſſe*, c'eſt-à-dire qu'on l'étend avec un couteau de bois ſur une table que l'on nomme *tour* ; & lorſque la pâte eſt parvenue à n'avoir qu'une demi-ligne d'épaiſſeur, on coupe les paſtilles avec divers emporte-pieces. On imprime ſur chacune d'elles, pendant qu'elles ſont encore fraîches, différentes figures par le moyen d'un moule de bois, & de là on les porte à l'étuve. On leur fait auſſi prendre des figures relatives au goût ou à l'odeur qu'elles ont ; par exemple, les paſtilles au café ont la couleur & la figure d'un grain de café brûlé, &c.

Les paſtilles tranſparentes ſont compoſées de très beau ſucre clarifié qu'on a fait cuire juſqu'au caramel. Lorſqu'il eſt à ce degré de cuiſſon, on le coule dans une petite poële ou cuiller de cuivre qui a un bec très alongé ; on le verſe enſuite de diſtance en diſtance, goutte à goutte, ſur une tablde marbre ou ſur une plaque de cuivre, de maniere à former plufieurs paftilles rondes de la largeur d'une piece de douze fols. Le fucre en tombant fe refroidit, fe fige, devient tranfparent & très folide. On enleve ces paftilles de deffus le marbre, & on les porte à l'étuve.

Les paftilles font odorées avec différentes fubftances, comme les fruits à écorce, & les fubftances aromatiques feches.

Pour donner aux paftilles l'odeur des fruits à écorce, on prend un fruit tel que le citron; on en ufe la premiere écorce, en le frottant fortement fur le fucre; on fait fécher enfuite ce fucre, & on le réduit en poudre pour compofer la pâte dont nous avons parlé. On fe fert du même procédé pour l'orange, la bigarade, la bergamote, &c.

Pour odorer les paftilles avec les fubftances aromatiques feches, telles que la cannelle, le girofle, la vanille, le café, &c. on réduit ces fubftances en poudre, & on en mêle une fuffifante quantité avec le fucre.

Les matieres qui fervent à colorer le fucre font la cochenille pour le rouge, le bleu de Pruffe pour le bleu, le fafran pour le jaune. Quelques Confifeurs fe fervent de gomme gutte pour procurer au fucre cette derniere couleur; mais cette fubftance étant un purgatif draftique des plus violents, elle a été profcrite, ainfi que les autres ingrédients malfaifants. Les autres couleurs font compofées de celles ci-deffus détaillées, dont on forme des mêlanges & des nuances plus ou moins foncées.

Le fucre eft coloré quelquefois tant intérieurement qu'à fa furface, & quelquefois a fa furface feulement.

On colore la pâte des paftilles en délayant dans une petite quantité d'eau une ou plufieurs des couleurs dont nous avons parlé, & en les pilant avec la pâte jufqu'à ce que le tout ait acquis une couleur également diftribuée.

Les figures en fucre fe font avec la même pâte dont on forme les paftilles, dans laquelle on mêle un peu d'amidon.

Les parties d'une figure fe font toutes féparément dans des moules de bois deftinés à cet ufage; on les affemble après coup, en mouillant un peu les deux extrémités qui doivent fe reunir, à moins que l'artifte ne foit affez intelligent & affez adroit pour modeler les figures par le moyen de divers ébauchoirs, fans avoir recours aux moules dont on fe fert ordinairement.

On peint les figures & les fleurs à l'aide d'un pinceau,

avec toutes les couleurs qui fervent à peindre en miniature.

A Paris, les Confifeurs font partie du corps d'épicerie qui eft le fecond des fix corps des Marchands. *Voyez* Epi-cier.

Cet art paroît être forti de la pharmacie, en ce que les apothicaires s'occupent des mêmes objets, dans la vue d'en former des médicaments fucrés & non des confitures pour la table.

En 1726, il a été défendu aux maîtres Confifeurs d'employer aucune farine, amidon & autres ingrédients de cette nature dans les dragées, tant fines qu'ordinaires, & de fe fervir de miel dans les confitures feches ou liquides, gelées, pâtes & autres, fous peine de confifcation & d'amende ; & il a été ordonné aux jurés de faire leur vifite tous les deux mois pour voir fi l'on n'eft pas dans le cas de la contravention.

Les dragées de toute forte paient 4 livres du cent pefant pour droit d'entrée, & autant pour droit de fortie. Les Confifeurs paient pour droit d'entrée 7 livres 10 fols par cent y compris leurs caiffes, tonneaux, emballages & cordages, & 5 livres pour droit de fortie.

CONFITURIER : *voyez* Confiseur.

CONSTRUCTEUR. Le Conftructeur eft l'artifte qui donne les plans, & qui fait exécuter la conftruction des navires, galeres ou autres bâtiments de mer. C'eft fous les ordres de ce Conftructeur que travaillent les *maîtres Charpentiers de navires*.

Les premiers effais que les hommes firent fur la navigation font fans doute très anciens ; mais ce ne fut qu'après bien du temps, des efforts & du travail, que l'on parvint à faire avec toute la précifion poffible les grands navires, ces maifons flottantes, & ces voiliers fi légers à la courfe.

Mille hafards, mille occafions auront offert aux yeux des premiers hommes des morceaux de bois flottants fur l'eau. Il a été facile, d'après ces connoiffances, d'en raffembler un certain nombre, de les réunir par des liens, & d'en conftruire un radeau. Après avoir éprouvé que cet affemblage fe foutenoit fur l'eau, il fut également aifé de s'appercevoir qu'à proportion de fa grandeur, cette machine fupportoit une charge plus ou moins pefante. L'expérience aura enfin appris l'art de diriger ces efpeces de bâtiments, les feuls dont on aura fait ufage dans les premiers temps. Aux radeaux auront probablement fuccédé les *pirogues*, c'eft-à-dire des troncs d'arbres creufés par le moyen du feu.

Les arbres affez gros pour que de leur tronc on en puiffe faire des bâtiments d'une certaine capacité, ne fe trouvent pas abondamment dans tous les pays, ni dans tous les cantons. Il a donc fallu chercher les moyens d'imiter ces fortes de bateaux naturels, & trouver l'art d'en conftruire avec différentes pieces de bois qui, raffemblées, euffent une folidité convenable & une capacité fuffifante. Plufieurs nations de l'antiquité fe fervoient de canots compofés de petites baguettes de bois pliant, difpofées en forme de claies & couvertes de cuir. Ces efpeces de bâtiments font encore en ufage fur la Mer Rouge. Les barques des peuples de l'Iflande font formées de longues perches croifées & attachées avec des liens de barbes de baleine. Elles font garnies de peaux de chien de mer coufues avec des nerfs au lieu de fil. Les canots des Sauvages de l'Amérique font faits d'écorces d'arbres. Je crois cependant, dit M. Goguet, qu'on n'aura pas tardé à trouver l'art de faire des bâtiments de plufieurs planches affemblées & réunies, foit avec des liens, foit avec des chevilles de bois; bien des peuples nous offrent encore des modeles de l'une & de l'autre de ces conftructions. De fimples perches & un aviron fuffifoient pour la manœuvre de ces bâtiments.

Mais l'expérience aura bientôt appris qu'on devoit mettre de la différence entre la conftruction des bâtiments propres à voguer fur les rivieres, & celle des bâtiments deftinés à la mer. Il a donc fallu étudier la forme qu'on devoit donner aux navires, pour les rendre fermes & capables de réfifter à l'impétuofité des flots.

C'eft pourquoi les Conftructeurs ne fauroient trop étudier & bien entendre les ouvrages qui font relatifs à leur métier; tels font le *Traité du Navire, de fa conftruction & de fes mouvements*, par M. Bouguer; & les *Eléments de l'Architecture navale* de M. Duhamel, où ils apprendront à dreffer le plan de toute forte de bâtiments, & à régler les proportions les plus avantageufes pour toutes les parties qui entrent dans leur conftruction.

Le premier objet du Conftructeur eft la grandeur & la proportion qu'il doit donner au bâtiment qu'on lui demande. Quoique l'ordonnance de Louis XIV, du 15 Avril 1689, ait réglé, ce femble, tout ce qui concerne cet objet, on ne la fuit cependant pas à la lettre : l'expérience a appris depuis qu'on étoit obligé de s'en écarter pour donner à un

vaisseau sa longueur , la largeur de ses sabords & leurs distances ; ce qui varie encore selon les différentes méthodes
dont se servent les Constructeurs. Il y en a qui prennent
entre le tiers & le quart de la longueur d'un vaisseau pour
lui donner sa plus grande largeur ; c'est-à-dire que , si un
vaisseau de guerre a cent soixante-huit pieds de longueur ,
ils divisent ce nombre par trois , ce qui fait cinquante-six ;
ils partagent ensuite le même nombre par quatre , ce qui
donne quarante-deux ; après qu'ils ont ajouté ces deux nombres ensemble , ils les séparent par la moitié qui leur donne
quarante-neuf pieds pour la largeur d'un vaisseau de la longueur que nous avons dite. D'autres , trouvant cette largeur
trop considérable , soustraient un douzieme de la longueur
totale pour la *quête* & l'*élancement*, c'est-à-dire pour la saillie que l'étrave & l'étambot font aux extrémités de la
quille ; & après avoir opéré comme ci-dessus , ils donnent
4 pieds 1 pouce de moins pour la largeur. Il y en a qui donnent 3 pouces 3 lignes de largeur par pied de longueur ; ainsi
un vaisseau du premier rang de 168 pieds de long, n'auroit,
selon eux , que 45 pieds 6 pouces de large. La largeur des
frégates est ordinairement un quart de leur longueur.

Les Constructeurs varient de même par rapport au creux
qui est au milieu du vaisseau , & qu'ils font égal à la moitié
de la largeur. Cette regle n'est cependant pas la même
pour tous les bâtiments, parceque ceux qui ont peu de
largeur auroient leur batterie noyée si on n'augmentoit pas
leur creux.

Pour que le devis d'un vaisseau soit bien fait , il faut
non seulement que ces trois dimensions de longueur , largeur & profondeur , soient bien réglées , mais encore que
chaque membre , que chaque piece qui entre dans sa construction ait les proportions convenables.

Lorsque les pieces principales sont disposées & ajustées
comme il faut , on travaille aux menus ouvrages , comme
fenêtres , portes , bancs , chambres , retranchements , &c.
après quoi on *braie*, on goudronne , & on agrée le vaisseau
de ses mâtures , voiles & cordages.

Dans la construction des vaisseaux , on commence par
faire la *quille* qui doit traverser & soutenir le bas du vaisseau
de l'un à l'autre bout. On rassemble ensuite sur la quille
deux longues files de *varangues* ou de chevrons courbés qui
s'y réunissent de part & d'autre , comme les deux rangs des

côtes se réunissent à l'échine dans le corps humain ; c'est proprement la carcasse du vaisseau : on en revêt ensuite les flancs. Il se trouve dans le bas du vaisseau un spacieux fond que l'on nomme *fond de cale :* viennent ensuite trois ponts ou étages qui sont au dessus. C'est dans le fond qu'on étend les pierres, le sable & les autres matieres pesantes qui servent à *lester* ou affermir le vaisseau par une pesanteur qui lui fasse prendre assez d'eau. Le reste du fond de cale & l'entre-deux des ponts servent à ranger les marchandises & tout ce qu'on transporte. Les canons se posent sur chaque pont, & débordent par les embrasures.

On insinue entre toutes les petites fentes des planches qui revêtent la carcasse du vaisseau, du *calfat,* c'est-à-dire des étoupes mêlées de suif & de brai ; mais on enduit sur-tout exactement tous les dehors avec du goudron, du suif & de l'huile de baleine, pour fermer le passage à l'eau & préserver le bois de la pourriture.

Lorsque les vaisseaux sont frais carénés, on applique sur les francs-bords du verre pilé & de la bouse de vache, & on revêt cet appareil de planches de sapin d'environ un pouce d'épaisseur, que l'on attache avec un grand nombre de clous à tête large : par ce moyen on empêche le ravage de certaines especes de vers qui percent le bois dont ils se nourrissent, & donnent lieu à l'eau de s'introduire dans le vaisseau par des avenues imperceptibles. Ce sont ces mêmes vers qui ont détruit les digues de la Hollande. Voyez le *Dictionnaire raisonné d'Histoire Naturelle.*

Lorsque la charpente des vaisseaux est bien préparée, on y éleve différents mâts, qu'on croise avec des vergues qui soutiennent les voiles. Le dénombrement & l'usage des cordes, des cables, des poulies, des plateformes, des pavillons, des pieces du cabestan & des autres agrêts, sont des objets importants, mais dans le détail desquels il seroit trop long d'entrer.

Lorsque le vaisseau est fait, on le lance à la mer : pour cet effet on a soin, pendant sa construction, de relever l'arriere, afin qu'il penche en avant vers la mer, & qu'il enfile de sa carene ou du dessous de sa quille l'intervalle de deux longues pieces de bois couchées & fortement arrêtées à ses côtés jusqu'à l'eau. Cette pente de la masse entiere, le suif dont on a frotté les longues pieces sur lesquelles le vaisseau doit glisser, les efforts des hommes qui le tirent avec des cordages, & son énorme poids, concourent à l'emporter rapidement & d'une façon égale vers la surface de l'eau. Il est encore arrêté dans ce moment, & suspendu par une grosse corde qui tient à un des anneaux du gouvernail, & à un gros pieu mis en terre. Dès qu'un charpentier, au signal qu'on lui donne, a coupé d'un revers de sa hache la corde de retenue, le vaisseau part, & fend les flots de sa proue qu'il releve à l'instant ; & l'arriere venant à baisser, l'établit tout d'un coup dans le plus parfait niveau.

La charge qu'un vaisseau peut porter est très considérable ; on la compte par tonneaux. Le *tonneau* contient vingt quintaux, & le quintal est du poids de cent livres ; ainsi le tonneau pese deux mille livres. Il y a des vaisseaux de différentes mesures & de différentes formes. Il y en a qui n'ont que quarante ou cinquante pieds de long sur quinze ou seize de large, & neuf ou dix de creux : il y en a qui vont jusqu'à près de deux cents pieds de long sur trente ou quarante de large, & quinze ou seize de creux. Les petits, outre les apparaux ou agrêts du vaisseau, les provisions de bouche & le canon, portent encore le poids de cinquante ou soixante tonneaux de marchandise : les moyens portent deux ou trois cents tonneaux : les grands portent cinq cents tonneaux & plus, c'est-à-dire cinq cents fois deux mille livres, ou un million de livres.

Les vaisseaux marchands des Hollandois sont d'une fabrique ronde & large de fond Ces sortes de vaisseaux sont très favorables au commerce d'économie, parcequ'ils portent beaucoup, & n'ont pas besoin d'un grand équipage ; mais ils vont plus lentement, parceque n'ayant point d'appui comme un navire qui entre profondément dans l'eau, ils ne peuvent porter autant de voiles. Il est d'ailleurs difficile de les gouverner, ce qui rend leur navigation dangereuse aux atterrages. C'est une regle générale que plus un navire est petit, plus il est en danger dans les gros temps. Comme les vents & les flots n'agissent sur le navire qu'à raison de sa surface, le poids d'un grand navire est plus grand à raison de sa surface, que ne l'est le poids d'un petit navire à raison de la sienne ; par conséquent le grand vaisseau par son poids résiste plus à leur impétuosité que le petit.

Les *galeres* sont des bâtiments de mer longs, étroits, bas de bord, & qui vont à voiles & à rames. On donne communément à ces bâtiments vingt à vingt-deux toises de lon-

gueur fur trois de largeur : ils ont deux mâts qui fe défar-
borent quand il eft néceffaire. De chaque côté font rangés
vingt-cinq à trente bancs, fur chacun defquels il y a cinq
ou fix rameurs. Les galeres faifoient autrefois un corps féparé de la marine, aujourd'hui elles y font réunies. Le Pape, les Vénitiens, le Roi de Naples ont des galeres qui ne
fortent point de la Mer Méditerranée : la France eft la feule
Puiffance qui en faffe paffer dans l'Océan.

On conftruit auffi des *chaloupes*, qui font de petits bâtimens légers faits pour le fervice des vaiffeaux. On s'en
fert quelquefois pour des traverfées ; & alors on y met de
petits mâts. Quoique l'on fe ferve ordinairement d'avirons
pour les faire voguer, elles vont cependant très bien à la
voile, ce qui rend leur fervice très utile aux vaiffeaux de
guerre. Dans le cours du voyage on embarque & on fufpend
la chaloupe dans le vaiffeau : on la met feulement à la mer
lorfqu'on en a befoin. La grandeur de la chaloupe fe proportionne fur celle du vaiffeau auquel elle doit fervir, &
même la proportion varie fuivant la méthode de chaque
conftructeur ; mais en général on lui donne autant de longueur que le vaiffeau pour lequel elle eft deftinée a de largeur : on lui donne en largeur un peu plus que le quart de
fa longueur, & fa profondeur doit être un peu moindre que
la moitié de fa largeur.

Il y a dans les ports du Roi, des *maîtres charpentiers*, des
contre-maîtres & des charpentiers entretenus. Les fonctions
de chacun d'eux font réglées par l'ordonnance de Louis XIV,
pour les armées navales & arfenaux de marine, du 15 Avril
1689. Par ces réglemens il eft ordonné qu'un de ces maîtres
affiftera toujours à la vifite en recette des bois, pour donner
fon avis fur leur bonne ou mauvaife qualité, & pour voir fi
ces pieces font des échantillons ordonnés ; qu'il tiendra la
main à ce qu'elles foient rangées avec ordre, & féparées
fuivant leurs efpeces ; qu'il aura foin que les charpentiers
ne prennent aucune piece qu'il n'en foit averti, afin d'empêcher qu'ils ne l'emploient mal.

Il eft ordonné auffi que le maître charpentier prendra
bien garde aux *carenes* ; que les vaiffeaux foient bien calfatés, faifant parcourir & changer les étoupes, les chevilles
& les clous lorfqu'il le jugera néceffaire. Les radoubs & carenes étant finis, il fignera le procès-verbal qui en fera
fait. Un maître charpentier de navire n'eft point reçu qu'il

n'ait travaillé dans les ports, & qu'il ne fasse un chef-d'œuvre.

CONTRE-MAITRE. Ce nom, commun dans plusieurs arts, s'applique à divers ouvriers. Dans les manufactures de draperie il désigne celui qui est préposé par l'entrepreneur pour avoir inspection sur tous les ouvriers, comme cardeurs, fileurs, &c. c'est celui qui leur distribue les matieres & l'ouvrage, qui veille à ce que chacun remplisse son devoir, tient le rôle des ouvriers, les paie, est chargé de tout le détail de la manufacture, & en rend compte à l'entrepreneur.

Dans la marine c'est celui qui est immédiatement au dessous du maître d'équipage, qui visite le vaisseau, le fait agréer, examine s'il a toutes ses garnitures pour le voyage, & commande en l'absence du maître en vertu du pouvoir que lui donne le titre XVII de l'ordonnance de la marine de 1689.

Dans les raffineries de sucre c'est celui qui en est proprement le directeur, qui prend la preuve de la cuite du sucre, & veille à ce que rien ne se fasse sans ordre ; c'est pourquoi on choisit autant qu'on le peut quelqu'un d'intelligent pour être à la tête des ouvriers raffineurs, afin de pouvoir remédier sur le champ aux accidents qu'on ne peut prévoir.

COQUETIER. C'est celui qui amene dans les villes des œufs en coque, du beurre, de la volaille, du poisson de somme, &c. Dans quelques provinces on appelle ceux qui font ce métier *Cocatiers* & *Cocassiers*. Ils portoient chez les anciens le nom de *Déliaques*, parceque, dit-on, les habitants de l'isle de Délos furent les premiers qui s'aviserent de porter des œufs, &c. dans les villes voisines. Cicéron, Pline, Columelle & Vossius en parlent dans leurs ouvrages.

Dans son traité de la police, *La Mare* les appelle *Fruitiers-Coquetiers* & *Beurriers* ; il dit que leur communauté fut originairement formée sous le nom de *Regratiers de fruit*, & rapporte les anciens statuts que leur donna sous le regne de S. Louis, environ l'an 1258, *Etienne Boileau*, prévôt de Paris, qui travailla par ordre de ce Roi à la réforme de la police.

Le plus grand commerce de cette espece de marchandise se fait par les Coquetiers de la Normandie, du Maine, de la Brie & de la Picardie ; ils sont obligés de l'apporter au bureau, pour que de là elle foit étalée à la nouvelle vallée fur le quai des Auguftins, afin que les bourgeois & les rôtiffeurs puiffent s'en pourvoir. Lorfqu'ils ne font que le négoce de la volaille, on les nomme *Poulailliers*.

CORAILLEUR ou CORAILLER. On appelle Corailleurs ceux qui font tous les ans la pêche du corail.

Le corail, qui fait une des branches du commerce des Marfeillois, & qui fe trouve plus fréquemment dans la Méditerranée que dans l'Océan, eft une production marine qui naît fous l'eau, qui a la dureté de la pierre, & qui eft la plus belle & la plus précieufe de toutes les fubftances qu'on appelle improprement *plantes marines*. Celui de la Méditerranée eft ordinairement rouge, couleur de chair, jaune, blanc, ou panaché.

Lorfqu'on fait cette pêche fur les côtes de la Provence, on emploie communément des plongeurs qui, pour mieux arracher le corail qui eft attaché à la furface des rochers couverts par la mer, fe fervent de deux machines, dont l'une eft une grande croix de bois au centre de laquelle ils attachent un poids très pefant pour le précipiter au fond de l'eau. Cette croix, qui eft fufpendue par une longue & groffe corde, a à chaque extrémité un filet orbiculaire.

Dès que les Corailleurs ont jetté cette croix dans l'endroit que les plongeurs ont indiqué, & où il y a des rochers couverts de corail, le plongeur, qui eft chargé de gouverner cette machine, pouffe une ou deux branches de cette croix dans un des creux du rocher ; par ce moyen il embarraffe dans les filets le corail qui s'y trouve, & alors ceux qui font fur le bord de la *felouque*, ou petit bâtiment, détachent le corail de deffus le rocher, & le tirent hors de l'eau.

L'autre machine dont on fe fert lorfqu'il eft queftion d'arracher le corail qui eft dans les antres les plus profonds, eft une poutre fort longue à l'extrémité de laquelle on attache un cercle de fer d'un pied & demi de diametre, portant un fac à réfeaux avec deux filets orbiculaires placés de côté & d'autre. Cette poutre, qui eft attachée par deux cordes fort longues à la proue & à la pouppe du vaiffeau, va au fond de la mer par le moyen d'un poids, & eft dirigée dans fa courfe fuivant les mouvements de la felouque. Le cercle de fer, dont nous avons parlé, fert à rompre les petits rameaux de corail qui font dans ces antres, & les difpofe à s'embarraffer dans les filets. Il y a quelquefois de ces ra-

meaux ou branches de corail qui pefent jufqu'à trois & quatre livres.

Comme ce que prennent les plongeurs ne fuffiroit pas au commerce du corail, il y a à Marfeille une compagnie qui en fait faire la pêche à fes dépens au *Baftion de France*, qui eft une petite place fur les côtes de Barbarie, & qui fournit aux Corailleurs les *fatteaux* ou barques deftinées à cet ufage, avec tout ce qui eft néceffaire pour cette pêche qui eft très fréquente, & dans laquelle ils courent beaucoup de dangers. Ils font au nombre de huit fur chaque *fatteau*, parmi lefquels eft le *projet* ou celui qui entend le mieux à jetter dans la mer la machine qui fert à tirer le corail.

Cette machine eft affez femblable à la premiere dont nous avons parlé. Elle eft compofée de deux chevrons liés en croix, entortillés négligemment de quantité de chanvre, autour duquel on ajufte quelques gros filets. La machine étant ainfi préparée, on la laiffe defcendre dans les endroits où l'on fuppofe qu'il y a du corail; & lorfqu'on a lieu de croire que le corail s'eft fortement embarraffé dans le chanvre & dans les filets, on la retire par le moyen des cordes qui y tiennent : mais comme il arrive fouvent que la réfiftance que fait le corail arrête fortement la machine, on emploie jufqu'à cinq & fix chaloupes pour la ravoir ; c'eft pour lors que les Corailleurs courent rifque de fe perdre s'il arrive que la violence des efforts faffe rompre quelques-unes de ces cordes.

La pêche de chaque fatteau, qui eft eftimée année commune à vingt-cinq quintaux, fe divife en treize portions, dont quatre pour le *patron* ou maître Corailleur, deux pour le *projet*, une pour chacun des fix autres Corailleurs, & la treizieme pour indemnifer la compagnie qui fait faire la pêche & qui a fourni les fatteaux.

Le corail qui vient de l'Amérique eft de couleur de chair, de rofe, de gris de lin, de feuille morte, ou mêlé de rouge & de blanc.

Suivant l'arrêt du Confeil du 21 Janvier 1750, le corail du Baftion de France paie pour droit d'entrée vingt par cent pefant. Celui qui ne vient pas des côtes de Barbarie ni du Levant, paie vingt pour cent de fa valeur.

CORDIER. C'eft principalement celui qui file les cordes de chanvre. Une corde eft un cylindre très long, compofé de matieres flexibles qui font tortillées, ou fimplement, ou en plufieurs doubles, fur elles-mêmes. Il y a encore des cordes de boyau, de laiton, de cuivre, de fer, &c. mais il femble qu'on ne leur ait donné ce nom que par la reffemblance qu'elles ont pour la flexibilité, la forme, & même l'ufage, avec celles de chanvre. *Voyez* les articles BOYAU-DIER & TIREUR D'OR.

On a fait aufli des cordes de nerfs, de cheveux, &c. On lit dans l'hiftoire que les dames de Carthage fe coupe-rent les leurs pour en faire des cordes pour les machines de guerre qui en manquoient. Les dames Romaines firent le même facrifice dans une extrémité femblable ; elles pré-férerent la perte de leurs cheveux & de leur parure à une honteufe fervitude.

Les cordes de chanvre font les feules qui fe fabriquent dans les corderies. Nous parlerons ici des corderies où l'on travaille pour la marine, parceque toutes les autres n'en font qu'une imitation en petit.

Les filaments de chanvre qui forment le premier brin ont ordinairement deux ou trois pieds de long ; ainfi pour faire une corde fort longue, il faut placer un grand nombre de ces filaments les uns au bout des autres & les affembler de maniere qu'ils rompent plutôt que de fe défunir. Pour af-fembler ces filaments, on les tord les uns fur les autres, de maniere que l'extrémité d'une portion non affemblée excede toujours un peu l'extrémité de la portion déja tor-tillée.

Il y a des *fileries* de deux efpeces, de couvertes & de dé-couvertes. Ces dernieres font en plein air fur des remparts de ville, dans les foffés, dans les champs, &c. & les au-tres font des galeries qui ont jufqu'à douze cents pieds de long fur vingt-huit de large, & huit à neuf de haut.

Le fileur a autour de fa ceinture un *peignon* de chanvre affez gros pour fournir le fil de la longueur de la corderie ; il fait une petite boucle à fon chanvre ; il l'accroche dans la molette du rouet la plus élevée : le chanvre fe tortille ; & à mefure que le fil fe forme, le fileur recule. Il tient dans fa main droite un bout de lifiere qu'on appelle *pau-melle* qui conferve le tortillement du fil, & l'empêche de fe replier fur lui-même. Quand ce premier fileur eft à quatre ou cinq braffes du rouet, deux autres fileurs accrochent leur chanvre aux deux molettes fuivantes ; deux autres en font autant, & ainfi de fuite, jufqu'à ce que les molettes foient occupées. Quand le premier fileur , qu'on appelle *maître de roue* , a atteint le bout de la filerie , on détache son fil du crochet de la molette , on le place dans une petite poulie placée au milieu de la filerie ; on l'enveloppe d'une corde d'étoupe qu'on appelle *livarde* ; on charge la livarde d'une pierre , & un garçon tenant le fil enveloppé d'une autre livarde le conduit fur le *touret* qui est une espece de grande bobine fur laquelle il le place ; il le frappe même d'une palette pour qu'il fe ferre mieux fur le *touret*. Quand le maître de roue est rendu au crochet , il décroche le fil de l'ouvrier le plus avancé vers le bout de la corderie. Il le torrille au bout du fien , & le met en état d'être dévidé. Tout ce qu'il y a de fil fait fe dévide tout de fuite fur le touret.

Le fileur doit avoir foin de retirer du chanvre , à mefure qu'il le file , les parties mal travaillées. Le fil pour être bien filé doit être uni , égal , & couché en longues lignes fpirales. On ne peut douter que le plus ou moins de tortillement n'influe fur la force du fil.

Onze fileurs qui emploient bien leur temps peuvent filer jufqu'à fept cents livres de chanvre par jour. Il y a du fil de deux & quelquefois de trois groffeurs. Le plus gros fert pour les cables des vaiffeaux , & on l'appelle *fil de cable* ; le moyen , pour les manœuvres dormantes & courantes , & on l'appelle *fil de haubans* ; & le plus fin , pour les petites manœuvres , s'appelle le *lufin* , le *merlin* , le *fil à coudre les voiles* , &c. On met les tourets chargés de fil les uns fur les autres , on a foin feulement de ménager de l'air entre eux ; on en tient le magafin frais & fec.

On diftingue deux efpeces de cordages ; les uns fimples qu'on appelle des *hanfieres* , les autres qu'on peut regarder comme des cordages compofés. Ces deux efpeces de cordages fe fubdivifent en un nombre d'autres qui ne different que par leur groffeur & par l'ufage qu'on en fait pour la garniture des vaiffeaux.

Quand un Cordier veut unir enfemble deux fils pour en faire la petite ficelle appellée *bitord* , il fe fert du rouet des fileurs , ou bien d'un rouet de fer compofé de quatre crochets mobiles , difpofés en forme de croix. Le Cordier prend d'abord un fil qu'il attache par un de fes bouts à un des crochets du rouet ; enfuite il le tend & va l'attacher à un pieu qui est placé à une diftance proportionnée à la longueur qu'il veut donner à sa corde ; de là il revient attacher un autre fil à un crochet opposé à celui où il a attaché le premier ; il le bande aussi , & va l'arrêter de même au pieu dont nous avons parlé. Cette opération étant faite , le Cordier unit ensemble les deux fils , soit par un nœud ou autrement ; de façon que ces deux fils réunis n'en forment pour ainsi dire qu'un.

Quand le Cordier veut faire du merlin , qui est composé de trois fils ; après avoir tendu un fil depuis le crochet du rouet jusqu'au crochet de l'*émérillon* (l'émérillon est un petit morceau de bois en forme de sifflet , à chaque bout duquel est un crochet de fer tournant) , il lui reste ensuite à étendre de même les deux autres fils. Pour aller plus vîte , il prend un fil sur le touret , il le passe sur un petit touret de poulie , monté d'un crochet qui lui sert de chape ; il l'attache au crochet de la molette , qui est une poulie de bois traversée par le milieu d'un fer recourbé , & qui sert à retordre ; ensuite il passe la portion du fil qui étoit sur le touret dans le crochet de l'émérillon , & revient au touret ; il coupe son fil de longueur , il l'attache au troisieme crochet , & sa corde est ourdie.

Le lusin est un vrai fil retors ; il se fait de deux fils de premier brin , simplement tortillés l'un avec l'autre. Le fil de voile n'est qu'un bon fil retors. On appelle *hansiere* tout cordage commis , après qu'on a donné au fil assez d'élasticité par le tortillement. Le *cordage commis* est celui dont chacun des deux fils se tord en particulier.

Les Cordiers ont une mesure pour prendre la grosseur des cordages ; ils la nomment *jauge*. Les cordages qu'on nomme *de main-torse* , & à Rochefort *garochoirs* , ne different des hansieres ordinaires qu'en ce que les derniers ont leurs *torons* tortillés dans un sens opposé au tortillement des fils , & que les mains-torses au contraire ont leurs torons tortillés dans le même sens que les fils. Le *toron* est composé de plusieurs fils de carret tournés ensemble.

Il faut nécessairement plier les cordages pour les conserver dans les magasins ; ceux qui sont gros, comme les cables, se portent tout entiers par le moyen de chevalets à rouleau: à l'égard des cordages de moindre grosseur , on en fait un paquet auquel on donne la forme d'une roue.

Cette opération qu'on appelle *rouer* ne se fait que pour les gros cordages. Le *bitord* , le *lusin* & le *merlin* , sont trop flexibles pour être *roués ;* on fe contente de les dévider fur une efpece de moulinet en forme d'écheveau, qu'on arrête avec une *commande* ou *centaine* en terme de tifferand.

Lorfqu'il eft queftion de gros cables, le maître Cordier commence par lier enfemble deux bouts de corde d'étoupe d'une longueur & groffeur proportionnées à la groffeur du cordage qu'on veut *rouer.* Ces deux cordes ainfi réunies s'appellent *liaffe.* On met cette liaffe à terre de façon que les quatre bouts faffent une croix. On met enfuite le pied fur l'extrémité de la corde qu'on doit *rouer;* fuivant qu'elle eft groffe ou flexible, on en forme un cercle plus ou moins grand, & on fait en forte que le nœud de la liaffe fe trouve au milieu de ce cercle. Après la *premiere révolution* ou premier tour, on lie avec un fil de carret le bout de la corde avec la portion de celle qui lui répond, & on continue de haler la corde en faifant de nouvelles révolutions par deffus, les ferrant bien les unes contre les autres, les frappant même à coups de maillet lorfque le cordage eft trop roide. Quand on a fini de *rouer,* on lie bien fort le tout avec les bouts de la liaffe qui font à la circonférence de la meule du cordage.

On appelle *meche* ce qui eft deftiné à faire le milieu du cordage : les meches font faites d'étoupe de chanvre filée au rouet comme la corde, mais dont le filage eft fort lâche : il faut les placer le plus avantageufement qu'il eft poffible dans l'axe des cordages. Pour y réuffir on fait ordinairement paffer la meche dans un trou de tariere qui traverfe l'axe du *toupin.* Le *toupin* eft un morceau de bois tourné en forme de roue tronquée, dont la groffeur eft proportionnée à celle de la corde qu'on veut faire : on arrête la meche feulement par un de fes bouts à l'extrémité de la grande manivelle du *quarré,* de façon qu'elle foit placée entre les quatre torons qui doivent l'envelopper. Le *quarré* eft un *chantier* qui ne differe du vrai chantier que parceque celui-ci eft immobile, & que le quarré eft établi fur un traîneau pefant, & qu'on charge plus ou moins, fuivant le befoin.

Pour faire un cordage en hanfiere à trois torons, on commence par ourdir les fils dont on fait trois faifceaux, que l'on tord enfuite pour en faire les torons, & enfin on *commet* les torons pour en faire des cordages.

Pour bien ourdir un cordage, il faut, 1°. étendre les fils, 2°. leur donner un égal degré de tenfion, 3°. en joindre
enfemble

enfemble une fuffifante quantité, 4°. enfin leur donner une longueur convenable & proportionnée à la longueur qu'on veut donner à la piece de cordage.

Les Cordiers qui fe font un point d'honneur de donner la jufte longueur qu'ils fe font propofée, & le raccourciffement précis à une piece de cent quatre-vingts brafles, qu'ils veulent réduire à cent foixante en la *commettant*, c'eft-à-dire en réuniffant les torons par la force du tortillement, réuffiffent bien rarement à faire une répartition égale; parceque pour que la vîteffe du toupin fût à celle du quarré du raccourciffement du cable, comme cent quarante eft à vingt, il faudroit que la vîteffe du toupin fût fept fois plus grande que celle du quarré, ce qui n'eft pas aifé à faire; c'eft pourquoi ils font tourner très vîte la manivelle du quarré, & fort lentement celle du chantier, lorfqu'ils s'apperçoivent qu'il leur refte beaucoup de corde à commettre, & qu'ils approchent de la longueur qu'ils ont déterminée. Si au contraire leur corde eft prefque toute commife, & que le quarré foit encore éloigné de cent vingt brafles, ils font aller fort vîte la manivelle du chantier & lentement celle du quarré; ce qui fait que le quarré arrive aux cent vingt brafles précifément dans le même temps que le toupin touche à l'attelier. Le Cordier s'applaudit de cette manœuvre quoiqu'il ait fait une corde très défectueufe, puifqu'elle eft beaucoup plus tortillée d'un bout que de l'autre. Il vaudroit mieux fe piquer moins de précifion & laiffer la piece du cordage tant foit peu plus longue & un peu moins torfe, que de fatiguer les torons par un tortillement forcé.

Les cables les plus longs font ordinairement les plus défectueux, parcequ'ils font plus tortillés par les bouts que par le milieu, n'étant pas poffible que le tortillement fe faffe également fentir dans toute leur longueur.

La plupart des marins & des Cordiers prétendent que l'eau de la mer dans laquelle les cordages font prefque toujours plongés, les pénétreroit davantage & les pourriroit plus facilement s'ils étoient *commis* plus mollement, & que les cordes font meilleures relativement à leur tortillement; ce qui n'eft pas bien fûr: en outre elles font fujettes à beaucoup d'inconvéniens, comme d'être très difficiles à faire, par conféquent très fujettes à avoir des défauts,

Tome I.   M m

& à devenir si roides après qu'elles sont mouillées, qu'on ne peut guere les manier.

On ne croit pas qu'il soit possible de faire des hansieres avec plus de six torons. Les hansieres à six torons sont même difficiles à bien fabriquer ; elles demandent toute l'attention du Cordier pour donner à chaque toron un égal degré de tension & de tortillement : ainsi il vaudroit beaucoup mieux se résoudre à les faire de quatre, de cinq ou de six torons tout au plus. L'avantage des cordages à quatre, cinq ou six torons seroit très considérable si on pouvoit les commettre sans meche. La chose est impossible pour les hansieres qui ont plus de quatre torons ; mais il se trouve des Cordiers assez adroits pour faire des cordages à quatre torons très bien commis sans le secours des meches. Ils conduisent si bien leur toupin, que leurs torons se roulent les uns auprès des autres aussi exactement que si l'axe du cordage étoit rempli par une meche.

Pour ourdir les *hansieres en queue de rat*, on commence par étendre ce qu'il faut de fil pour faire la grosseur du petit bout, ou la moitié de la grosseur du gros bout ; ensuite on divise cette quantité de fils en trois parties, si l'on veut faire une queue de rat à trois torons, & en quatre, si l'on veut en avoir une à quatre torons. Quand les fils sont biens ourdis & bien tendus, on démarre le quarré : mais comme les torons sont plus gros du côté du *chantier* que du côté du quarré, les torons doivent se tordre plus difficilement au bout où ils sont plus gros ; c'est pourquoi en tournant les cordes on ne fait virer que les manivelles du chantier, sans donner aucun tortillement du côté du quarré. Le *chantier* est composé de deux grosses pieces de bois d'un pied & demi en quarré, & de dix pieds de long, que l'on maçonne en terre à moitié de leur longueur ; ces deux pieces supportent une grosse traverse de bois percée à distance égale de quelques trous où l'on place les manivelles qui doivent, pour les gros cordages, produire le même effet que les molettes des rouets pour les petits. Quand les torons sont assez tortillés, on les réunit tous à l'ordinaire à une seule manivelle qui est au milieu de la traverse du quarré. On place le toupin, dont les rainures doivent être assez ouvertes pour recevoir le gros bout des torons, & on acheve de commettre la piece à l'ordinaire.

On a fait des *écouets en queue de rat* à quatre cordons , &
les cordons à trois torons deux fois commis , ou en *grelin* ; le grelin est une corde composée de trois hansieres :
on en fait depuis quatre pouces de grosseur jusqu'à neuf, &
depuis dix-huit jusqu'à trente brasses de longueur.

L'usage des cordes est si commun dans la méchanique,
soit pour changer la direction d'un mouvement , transporter un fardeau d'un lieu à un autre , lier ou serrer deux
corps qui tendent d'eux-mêmes à se désunir , qu'il importe
à tous ceux qui les mettent en usage de savoir comment on
peut diminuer l'intensité des forces qui agissent contre elles,
ou contre lesquelles on les fait agir ; & de savoir bien apprécier la valeur des résistances , ou des avantages qui résultent du poids , de la courbure , ou de la roideur des
cordes.

La résistance qui vient de la pesanteur des cordes est relative à leur solidité & à la quantité de matiere qu'elles
contiennent ; de maniere qu'en les regardant comme des
cylindres , on doit , à longueurs égales , estimer la différence de leur poids par le quarré du diametre. Si à la place
d'une corde d'un pouce de diametre, pesant trente livres ,
on en met une autre de même nature & de même longueur,
qui soit deux fois aussi grosse, celle-ci pesera cent vingt
livres , c'est-à-dire quatre fois autant que la premiere , parceque son diametre est double.

Ce n'est pas seulement le poids de la corde qui augmente la somme des résistances dans l'usage des machines ,
sa courbure l'augmente encore en faisant prendre à la puissance une direction moins avantageuse que celle qu'elle
auroit si la corde se tenoit parfaitement droite.

La roideur des cordes, qu'il est si nécessaire de connoître
dans le mouvement des machines , dépend principalement
du poids & de la force qui tend les cordes , de leur grosseur, de la quantité dont on les courbe , & de la vitesse
avec laquelle on les fait plier : ce qui fait que dans les cas
ordinaires cette roideur augmente d'un tiers la résistance
sur laquelle on doit faire agir la force motrice ; que cette
même résistance est relative au diametre des cordes , toutes
choses égales d'ailleurs ; & que ces cordes se plient plus
difficilement à mesure que les cylindres , ou les poulies
sur lesquelles on les fait tourner , deviennent plus petits.

Comme les cordes qui servent aux machines destinées à

faire de grands efforts, font très couteufes, parcequ'elles ne fe font & ne fe réparent qu'à grands frais, on devroit chercher le moyen de les rendre plus durables en leur procurant le même degré de force, fans quoi il arrive qu'elles deviennent inutiles lorfqu'on s'y attend le moins, & qu'elles expofent à des accidents fâcheux ceux qui les emploient. Il feroit donc très utile pour la fociété qu'on trouvât quelque moyen pour rendre plus légers & plus flexibles, fans leur ôter la force qui leur eft néceffaire, & fans les rendre moins durables, les cables qu'on emploie dans les bâtimens, & fur-tout ceux qui fervent dans la navigation. Tout depend du choix des matieres, de la façon de les préparer, de les mettre en œuvre, & fur-tout, ce à quoi on ne fait pas affez d'attention, de proportionner les cordes aux efforts qu'elles ont à foutenir, fans y ajouter rien de fuperflu, parceque cette force furabondante augmente le poids, la roideur & les frais, chofe qu'il eft utile d'éviter autant qu'on le peut.

Jufqu'à préfent il femble que la fabrique des cordes ait été prefque entiérement abandonnée à des ouvriers peu intelligents pour la plupart, qui n'y travaillent que par routine, & qui fe contentent de répéter fervilement ce qu'ils ont appris de leurs maîtres. C'eft cependant un objet d'une affez grande conféquence pour mériter l'attention des favans. Auffi M. *Duhamel du Monceau*, infpecteur de la marine, a cru devoir traiter cette matiere dans un ouvrage où il détaille tout ce qui fe pratique dans les ateliers où l'on fabrique les cordes. Nous ne pouvons mieux faire que d'y renvoyer ceux qui feront bien aifes de profiter des inftructions auffi nouvelles qu'utiles que cet habile académicien y a données.

Pour prolonger les cordes en les filant, on s'eft imaginé, aux dépens d'une plus grande flexibilité, de les tortiller enfemble, de maniere que les fibres du chanvre n'étant pas affez longues par elles-mêmes pour les lier en forme de faifceaux fous une enveloppe commune, & en compofer des cordes qui auroient été plus flexibles, ces mêmes fibres, s'uniffant en partie les unes aux autres, fuffent embraffées & retenues par celles qui les fuivent : ce qui occafionne un frottement fi confidérable qu'elles fe caffent plutôt que de gliffer l'une fur l'autre fuivant leur longueur.

Après avoir ainfi formé les premiers fils dont l'affem-

blage fait un cordon ; de ces cordons réunis & tortillés enfemble , on compofe les plus groffes cordes. Cette pratique
n'eft conftante dans les corderies que parcequ'on ignore
quelle eft la maniere la plus avantageufe pour unir ces fils
ou cordons. Ce mauvais procédé eft fondé fur ce qu'on
croit que le tortillement donne plus de force à cet affemblage ; que la groffeur que le cordon acquiert aux dépens
de fa longueur , doit en faire un corps plus difficile à rompre ; que le tortillement mettant les fils dans une direction
oblique , ils font plus en état de réfifter ; & qu'enfin l'effort
d'une corde fe fait fur fa longueur. Quoique ces raifons
paroiffent fpécieufes & vraifemblables , qu'elles aient
même déterminé plufieurs favants a fe décider en faveur du
tortillement , on doit confulter un mémoire de M. *de
Réaumur* inféré dans les mémoires de l'Académie des Sciences de l'année 171. , page 6 , où l'on verra que les fils tortillés , en quelque nombre qu'ils foient , ne portent jamais
un poids qui égale la fomme de ceux qu'ils portoient féparément.

Il eft également prouvé dans ce mémoire que le tortillement des fils en général rend les cordons plus foibles , que
par conféquent plus on les tord , plus on les affoiblit ; ce
à quoi il femble qu'on ne faffe pas affez d'attention dans
les corderies , & fur-tout dans celles qui font deftinées
pour la marine où l'on ne devroit tordre qu'autant qu'il
feroit néceffaire pour lier les parties par un frottement
fuffifant.

Il feroit à fouhaiter qu'on pût prefcrire aux ouvriers une
regle fure à ce fujet , & qu'on pût affez compter fur leur
docilité & leurs foins pour l'obferver.

Quand les cordages font ufés , on en tire encore un bon
parti pour le fervice. On s'en fert pour calfater les vaiffeaux ; on les envoie à l'attelier des *étoupieres* qui les char-
piffent & les mettent en état de fervir aux *calfats : voyez*
CONSTRUCTEUR.

Les Cordiers de Paris forment une communauté compofée à préfent de cent trente maîtres , & qui a fes jurés :
leurs ftatuts font du 17 Janvier 1394 , du temps de Charles VI , lefquels ont été depuis augmentés & confirmés par
plufieurs Rois.

L'apprentiffage eft de quatre années , dont font exempts
les fils de maîtres , auffi bien que de l'examen , pour être

reçus à la maîtrife. Il n'eft permis qu'aux feuls maîtres Cordiers de fabriquer des hunes, cableaux, & autres cordages fervant à riviere ; comme auffi de faire des fangles, des licols & chevètres de corde, des licols de poil ou de crin mêlé de chanvre, des traits pour charrettes & charrues, même de préparer le crin en le faifant crêpir & bouillir. Il eft néanmoins défendu à tous maîtres Cordiers de faire aucuns ouvrages de pied de chanvre.

Nul maître ne peut travailler de nuit au métier de Cordier, à caufe des tromperies qu'on y peut faire.

Par fentence du Prévôt de Paris du 29 Avril 1599, les lettres-patentes de Henri IV du mois de Décembre 1601, & celles de Louis XIII du mois de Janvier 1624, les maîtres & jurés Cordiers doivent fournir *gratis* à l'exécuteur de la haute juftice toutes les cordes néceffaires pour les fonctions de fon emploi ; au moyen de quoi ils font exempts de la commiffion des boues & lanternes.

Il y a peu d'arts qui exigent de meilleurs ftatuts & plus rigoureufement exécutés que ceux des Cordiers. On fent combien la marine a befoin de bons cordages. Il conviendroit qu'après avoir étudié cette fabrique à fond, quelque habile phyficien propofât des réglements qui puffent être adoptés, afin que les Cordiers y étant affujettis, ils ne travaillaffent plus de routine & comme ils le jugent à propos.

CORDONNIER. Le Cordonnier eft celui qui a le droit de faire & vendre des fouliers, bottes, bottines, &c.

La chauffure, qui eft la partie de l'habillement qui couvre le pied, a beaucoup varié, foit pour la forme, foit pour la matiere qu'on a employée à cet ufage. Les Egyptiens ont eu des chauffures de papyrus ; les Efpagnols de genêt tiffu ; les Indiens, les Chinois, & d'autres peuples, de jonc, de foie, de lin, de bois, d'écorce d'arbre, de fer, d'airain, d'or & d'argent : le luxe les a quelquefois couvertes de pierreries. Les Grecs & les Romains avoient des chauffures de cuir : nous faifons ufage de la même matiere, & nous employons auffi pour la chauffure des femmes diverfes fortes d'étoffes. Au lieu de fuivre la nature, nous nous en fommes écartés : les divers mouvements des os du pied, qui donnent tant de facilité pour la marche, & que l'on voit très libres dans l'état naturel, fe perdent d'ordinaire par la mauvaife maniere de chauffer les pieds. La chauffure haute des femmes change tout-à-fait la conformation naturelle des os, rend leurs pieds cambrés, voûtés, & incapables de s'applatir : elle leur ôte la facilité de la marche ; elles ont de la peine à marcher long-temps, même par un chemin uni, fur-tout à marcher vîte, étant obligées alors de fe balancer à-peu-près comme les canards, ou de tenir les genoux plus ou moins pliés & foulevés, pour ne pas heurter des talons de leur chauffure contre terre.

Les fouliers trop étroits ou trop courts, chauffure fi fort à la mode chez les femmes, les bleffant fouvent, il arrive que, pour modérer la douleur, elles fe jettent les unes en devant & les autres en arriere ; les unes fur un côté, les autres fur l'autre ; ce qui non feulement préjudicie à leur taille & à la grace de leur démarche, mais leur caufe des cors qui ne guériffent jamais.

Comme leurs fouliers different effentiellement de ceux des hommes, en ce que les empeignes & les quartiers font taillés différemment, que le coudepied eft toujours plus élevé ; que les fecondes femelles font de cuir de vache, les empeignes & les quartiers de peau de mouton fur laquelle on colle une étoffe ; que le talon eft d'une façon différente de celui des fouliers d'homme ; elles ont des Cordonniers qui ne travaillent que pour elles. Leur façon de procéder eft à-peu-près la même que celle des Cordonniers pour homme, excepté que lorfqu'ils font au tournant du talon, ils quittent leur façon ordinaire de coudre pour fe fervir du *point à l'angloife* qui fe fait en perçant avec l'alène le *paffe-talon*, ou peau qui enveloppe le talon, à une diftance un peu moindre qu'à l'ordinaire, & en tenant les points un peu plus courts.

On fait auffi des *claques* pour les femmes, qui font, comme celles qu'on fait pour les hommes, des doubles fouliers imparfaits dans lefquels on fait entrer le vrai foulier pour le conferver & tenir le pied plus chaudement. Afin qu'elles foient bien faites, le foulier devient la forme fur laquelle on les conftruit.

Ces claques s'attachent fur le coudepied avec des boucles ou des rubans. Il y a encore une autre efpece de claque qu'on nomme *chauffons*, qui reffemblent à une petite pantoufle ; ils fe mettent facilement, ne couvrent que le bout du pied, garantiffent l'étoffe de l'empeigne de la pluie ou de la boue, & tiennent prefque auffi chaud que les autres.

Pour faire un soulier de quelque peau que ce puisse être, l'ouvrier commence par couper le quartier & l'empeigne avec un couteau appellé *couteau à pied*, absolument semblable à celui dont les bourreliers se servent : *voyez* BOURRELIER. Le *quartier* est cette partie du soulier qui couvre le talon lorsqu'on est chaussé, & à laquelle sont attachées les *oreilles* qui servent à attacher la boucle. L'*empeigne* est la partie qui couvre le reste du pied.

Après cette opération, il coud le quartier avec l'empeigne, & met des *ailettes* au bordage de l'empeigne pour la soutenir. Les ailettes sont des petits morceaux de cuir qu'on coud tout autour de l'empeigne.

Le Cordonnier met ensuite la premiere semelle du soulier sur la forme, & l'arrondit tout autour avec un *tranchet* qui est une espece de long couteau fort plat & fort acéré, avec un manche de bois léger. Quand la semelle est arrondie, il *monte* le soulier, c'est-à-dire qu'il met l'empeigne sur la forme.

Le soulier étant monté, l'ouvrier coud la premiere semelle à l'empeigne avec du gros fil, en plus ou moins de brins, suivant la qualité de l'ouvrage ; il coupe une bordure de cuir qu'il appelle *trépointe*, qui doit régner tout autour entre la semelle du soulier & l'empeigne, & qui sert à soutenir la couture qui les unit toutes deux.

La premiere semelle étant cousue avec l'empeigne, on y coud la seconde.

Le soulier étant dans cet état, l'ouvrier fait le talon qui est ordinairement composé de deux morceaux de cuir ; on observe d'employer le meilleur cuir pour le dernier bout. L'ouvrier coupe le talon, le coud au soulier, & le *redresse* ensuite, c'est-à-dire qu'il le rend avec un tranchet de la grandeur de celui de la forme. Quand il est redressé, il y met de l'encre pour le noircir, de même que sur les bords de la semelle ; il passe ensuite sur l'une & sur l'autre, pour les polir, un outil de bois de buis, long de sept ou huit pouces, qui a une espece de tête ronde par un bout, & une sorte de tranchant émoussé par l'autre. Cet outil se nomme *bouis*, du nom du bois dont il est fait.

Après ces différentes manœuvres, l'ouvrier retire le soulier de dessus la forme ; il donne ensuite un coup de ciseau autour du quartier pour le mettre à la hauteur qu'il desire, ou qui lui a été prescrite ; il en fait autant à l'empeigne pour déterminer fa hauteur , & y coud la *piece* qui est doublée d'un morceau de peau de mouton passée en blanc. La *piece* est la partie du foulier qui couvre le coudepied , & qui se trouve enfermée sous la boucle lorsqu'on est chaussé. Enfin le Cordonnier borde avec du ruban noir ou de la faveur, le quartier & la piece du foulier ; & pour lors il est en état d'être livré.

Les opérations pour faire un *escarpin* ne different qu'en ce que la premiere semelle n'est que collée, & que l'on coud la derniere semelle sans trépointe.

Les formes & les talons de bois qu'on emploie pour la fabrication des fouliers, font aussi du ressort du Cordonnier. Il a droit de les faire ; mais il n'y a guere de maîtres Cordonniers qui s'adonnent à cette fabrique : *voyez* FORMIER-TALONNIER.

Les statuts des maîtres Cordonniers font assez anciens, ayant été présentés aux Etats Généraux assemblés sous Charles IX.

Il n'y a point de communauté à Paris qui ait autant d'officiers & de maîtres en charge que celle-ci, & il n'y en a guere qui soit plus nombreuse ; puisqu'on y compte actuellement plus de dix-huit cents maîtres.

Outre le *syndic*, le *doyen* & deux *maîtres des maîtres*, elle est encore gouvernée par deux *jurés de cuir tanné*, qu'on nomme encore *jurés du marteau* ; deux *jurés de la chambre*, quatre *jurés de la visitation royale*, & douze *petits jurés*. Il y a encore trois *lotisseurs*, trois *gardes de la halle*, & un *clerc*.

Le syndic est annuel, & ne se peut continuer qu'une seconde année. Les maîtres des maîtres, & tous les jurés, font deux ans en charge. Il se fait néanmoins tous les ans une élection de la moitié d'eux ; savoir, de deux jurés de la visite royale, de six des petits jurés, & à proportion des autres.

Ces élections ne peuvent se faire que dans la halle aux cuirs, & en présence du Procureur du Roi ou de son Substitut. Elles se font le lendemain de la S. Louis.

Les gardes de la halle font à vie, ainsi que les lotisseurs. Ces premiers, qui étoient qualifiés de prud'hommes, étoient obligés de donner caution.

Les lotisseurs font de pauvres maîtres Cordonniers choisis

par les maîtres des maîtres & par les anciens jurés pour avoir soin du lotissage.

On ne peut être reçu à la maîtrise qu'on n'ait été apprentif chez les maîtres de la ville, & qu'on n'ait fait le chef-d'œuvre, à l'exception des fils de maîtres qui n'y sont point tenus.

Le compagnon étranger, qui épouse la veuve ou la fille d'un maître, gagne la franchise par cinq années de service, & peut être reçu au chef-d'œuvre.

Chaque maître ne peut avoir plus d'une boutique dans la ville & fauxbourgs, & ne peut obliger plus d'un apprentif à la fois, ni pour moins de quatre ans.

Tous les maîtres, même les privilégiés, qui vendent leurs ouvrages aux halliers, sont tenus de les marquer des deux premieres lettres de leur nom; les souliers sur le quartier en dedans, les bottes en dedans de la genouillere, & les mules sur la premiere semelle du talon.

Les Cordonniers ont toujours été en possession d'étaler leur marchandise le mercredi & le samedi aux premiers dix-sept piliers des halles de la *Tonnellerie*, à commencer par le premier qui est adjacent à la rue S. Honoré. Les frippiers ayant eu procès avec eux à ce sujet, il intervint le 7 Septembre 1674 un arrêt du Parlement qui les confirma & maintint dans leur possession, & qui, en expliquant le réglement de police qui avoit été fait en 1603, ordonna qu'aucun maître tenant boutique à Paris ne pourroit vendre à la halle aucun ouvrage de son métier, & qu'il n'y auroit que les pauvres maîtres non tenant boutique, qui y auroient le droit d'étalage, aux conditions néanmoins qu'ils seroient nommés par la communauté; que leurs noms y seroient enregistrés; qu'à chaque pilier il y auroit deux pauvres maîtres; qu'ils ne pourroient changer de place qu'une autre ne fût vacante par mort ou reprise de boutique; qu'ils seroient sujets à la visite des jurés de leur communauté, aux amendes & peines communes aux autres maîtres en cas de contravention aux statuts & réglements.

Le colportage est défendu aux maîtres, & encore plus aux compagnons chambrelans, même aux invalides.

Ceux des compagnons qui se sont engagés avec un maître, ne le peuvent quitter trois semaines avant les fêtes de Noël, Pâques, Pentecôte, & la Toussaint; & même pendant le cours de l'année, ils doivent les avertir le dimanche, pour ne fortir que le dimanche fuivant de chez eux.

— Un garçon, quittant fon maître pour prendre boutique, ne peut s'établir dans le quartier du maître qu'il a quitté.

Telle eft la police de ces ftatuts, qui a été confirmée par plufieurs fentences & arrêts, & particuliérement par ceux des 10 Janvier & 19 Juin 1713, & 6 Mars 1714.

Quoiqu'il n'y ait qu'une feule communauté de Cordonniers dans la ville & fauxbourgs de Paris, que tous ceux qui la compofent puiffent travailler indiftinctement à toute forte d'ouvrages de cordonnerie, ils fe font cependant partagés d'eux-mêmes en quatre claffes différentes, en Cordonniers pour hommes, pour femmes, pour enfants, & en bottiers ; les uns & les autres ont néanmoins les mêmes ftatuts & font gouvernés par les mêmes Jurés.

Ils prennent tous la qualité de maîtres *Cordonniers-Sueurs*, parcequ'il leur eft permis, ainfi qu'aux corroyeurs, de mettre en fuif les cuirs qu'ils emploient pour leurs ouvrages. {

On peut regarder comme une portion confidérable de cette communauté la fociété des *Freres Cordonniers* établie en 1645 par *Henri-Michel Buch*, natif de la ville d'*Arlon* en Luxembourg.

Il y avoit déja quelque temps que ce particulier, autorifé par des lettres du Prévôt de l'Hôtel, travailloit en commun avec fix autres compagnons. Comme c'étoit l'efprit du chriftianifme qui les avoit réunis, que leur travail étoit accompagné de plufieurs exercices de piété, ils réfolurent, pour fe lier d'une union plus intime, & s'exciter davantage à la vertu, de faire des réglemens & ftatuts pour eux & pour leurs fucceffeurs ; ils les fignerent le 2 Février de la même année, en préfence de M. Coquerel, leur directeur fpirituel, & de M. le Baron de Renly, leur protecteur temporel. Ces ftatuts furent approuvés en 1664 par M. de Péréfixe, & en 1693 par M. de Harlai, Archevêque de Paris.

Les principaux de ces ftatuts font de mettre en commun tout ce qui peut provenir de leur travail, &, les befoins de la communauté préalablement pris, comme fubfiftance, habillement, &c. de diftribuer l'excédent aux pauvres, d'abord aux parents pauvres des freres de la communauté, enfuite aux pauvres compagnons & garçons de leur métier ; de vivre dans le célibat, de ne point fe féparer, d'aller travailler chez les maîtres de la ville pour y édifier les autres compagnons, de fuivre les confeils évangéliques les plus convenables à leur vocation, sans s'assujettir à aucune espece de vœu, & en restant parfaitement libres.

Ces freres ne sont point sujets aux visites des Jurés de la communauté, mais seulement à celle des officiers du Prévôt de l'Hôtel, dont un d'entre eux prend ses lettres & provisions, tous les autres freres n'étant regardés que comme ses garçons.

Il y en a une seconde qui s'est établie à l'instar de la premiere, & qui est située rue de la grande Truanderie, comme la premiere l'est rue Pavée Saint-André des arts.

On appelle aussi *Cordonniers* les artisans qui font les cordons de chapeau.

CORDOUANIER : *voyez* CORROYEUR.

CORNETIER ou TABLETIER EN CORNE. C'est un ouvrier du corps des tabletiers qui a choisi volontairement cette partie de la tabletterie, & qui ne s'occupe qu'à des ouvrages de corne. Cette profession est beaucoup plus commune à Rouen & à Dieppe qu'à Paris, où l'on en compte à peine quatre ou cinq : *voyez* TABLETIER.

CORRECTEUR D'IMPRIMERIE : *voyez* IMPRIMEUR.

CORROYEUR. Le Corroyeur est celui qui donne aux cuirs, en sortant des mains du tanneur, des façons qui, les rendant plus souples & plus lisses, les disposent aux ouvrages du sellier, du ceinturier, du bourrelier & autres ouvriers. Ces façons se donnent au bœuf, à la vache, au veau & au mouton, mais rarement au bœuf. Le travail du bœuf est le même que pour le cuir de vache; on pourra lui appliquer tout ce que nous dirons de ce dernier.

Les peaux dont les premiers hommes se servoient pour se couvrir, se durcissant & se retirant en séchant, leur usage dut être aussi incommode que désagréable. On trouva peu à peu le secret de les rendre plus souples, plus maniables & plus flexibles par le moyen de certains apprêts. Si l'on s'en rapporte à des anciens mémoires de la Chine, Tchinfang, un des premiers Empereurs de cet Etat, fut le premier qui apprit à ses sujets l'art de préparer les peaux, & d'en ôter le poil avec des rouleaux de bois. Avant de se servir des peaux, les Sauvages les font macérer dans l'eau, les raclent ensuite, les assouplissent à force de les manier & de les frotter avec de la graisse, les rendent moins spongieuses & les mettent à l'épreuve de l'eau en les exposant quelque temps à la fumée. Dans les pays où l'art du Corroyeur n'est pas connu, chaque peuple a fa maniere de préparer les cuirs, & de les rendre propres aux différents ufages auxquels il veut les employer.

Quand le Corroyeur reçoit la peau tannée, il commence par l'humecter à plufieurs reprifes : cette manœuvre s'appelle le *défoncement*. On plie enfuite la peau de la tête à la queue, & l'on met les jambes dans le pli ; la peau eft arrêtée avec un pied, & frappée fortement avec le talon de l'autre ; ce travail s'appelle le *refoulement*. On donne à la peau des refoulements en tous fens, enfuite on la déploie pour être *écharnée* ou *drayée* ; par cette opération, on enleve à la peau tout ce qui peut y refter de chair après le travail de la tannerie.

Lorfque la peau eft drayée ou écharnée, on fait un trou à chaque jambe de derriere : on paffe dans ces trous une forte baguette qui tient la peau étendue, & on la fufpend à l'air à des chevilles par le moyen d'un crochet ; on appelle cela *mettre à l'effui* : quand elle eft à moitié feche, on l'humecte comme au défoncement, & on la refoule fur la claie pendant environ deux ou trois heures ; cette manœuvre s'appelle *retenir*. La peau retenue fe met encore à l'effui, & on la laiffe fécher entiérement pour lui donner un dernier refoulement à fec : cela fait, on la *corrompt*. Ce travail s'exécute avec un inftrument de bois appellé *pommelle* : cet inftrument eft rempli de dentelures & eft garni d'une manicle de cuir. L'ouvrier paffe la main dans la manicle, place la peau fur un établi, & paffe la pommelle en tous fens fur la peau en long & en large, de chair & de fleur. *Voyez* CHAMOISEUR & MÉGISSIER.

Lorfque la peau a été tirée à la pommelle, on la *met en fuif*. Pour cet effet, on a du fuif dans une grande chaudiere, on le fait chauffer le plus chaud qu'on peut, on en puife plein un petit chauderon : on a de la paille, on y met le feu & on paffe la peau à plufieurs reprifes au-deffus de ce feu, afin d'ouvrir fes pores, & de la difpofer à boire mieux le fuif ; enfuite, on prend un *gipon* qui eft une efpece de lavette faite de morceaux d'étoffe de laine & imbibée de fuif, & on paffe cette lavette fur toutes les parties de la peau. Ce travail ne fuffit pas pour mettre la peau convenablement en fuif ; on la repaffe fur un nouveau feu de paille, & on l'imbibe de rechef de fuif avec le gipon. On la met enfuite tremper dans un tonneau d'eau froide pendant douze heures ;

on la tire de ce bain pour la refouler, & en faire fortir toute l'eau. Lorfqu'elle eft affez foulée, on la *crépit* en paffant la pommelle fur toute fa furface du côté de la chair, puis on la *rebrouffe*, c'eft-à-dire qu'on paffe la pommelle fur le côté de la fleur. Quand la peau eft crépie de chair & rebrouffée de fleur, on l'étend fur la table, on l'effuie fortement avec des écharnures, puis on l'*étire*, c'eft-à-dire qu'on conduit un inftrument appellé *étire* à force de bras fur toute la peau du côté de la fleur pour l'unir & l'étendre. L'étire eft un morceau de fer ou de cuivre plat, de l'épaiffeur de cinq ou fix lignes, & de la largeur de cinq ou fix pouces, plus large par en bas que par en haut, la partie la plus étroite formant une efpece de poignée par où l'ouvrier la prend pour s'en fervir; alors la peau eft prête à recevoir le noir.

Le noir eft compofé de noix de galle & de ferilles qu'on fait chauffer dans de la biere aigre. On donne le noir à la peau avec une broffe ordinaire : on la trempe plufieurs fois dans la teinture, & on la paffe fur la peau, de fleur, jufqu'à ce qu'on s'apperçoive que la couleur a bien pris. Quand ce premier noir eft donné, & que la peau eft *efforée* ou à demi feche, on la *retient*; la retenir, dans ce cas-ci, c'eft l'étendre fur la table, & y repaffer de fleur & fortement l'étire, jufqu'à ce qu'on s'apperçoive que la peau eft bien unie, & que le grain eft bien écrafé; alors on donne un fecond noir appellé *noir de foie*, qui eft compofé de noix de galle, de couperofe & de gomme arabique.

Lorfqu'on a donné le fecond noir, on fait fécher entiérement la peau, on la remet feche fur la table; on prend de la biere aigre, & on en charge la peau avec un morceau d'étoffe; on la plie de patte en patte, & on paffe fur la fleur une moyenne pommelle de bois; puis on rebrouffe la fleur avec une pommelle de liege, ce qui s'appelle *corrompre des quatre quartiers*, & *couper le grain*. Après l'avoir rebrouffée, on la charge encore de biere qu'on chaffe avec une torche de crin bouillie dans de la lie de chapelier, enfuite on l'effuie de fleur & de chair; on fe fert pour cela d'un vieux bas d'eftame qu'on appelle le *bluteau*; après quoi on luftre le côté de fleur feulement avec du fuc d'épine-vinette, qu'on a laiffé macérer & fermenter pendant vingt-quatre heures après l'avoir écrafée; cette opération s'appelle *éclaircir*.

Quand la peau eft luftrée, on lui donne le *grain* : on entend par le grain, ces efpeces de gerçures qu'on apperçoit à la peau. Pour les commencer, on a plié la peau, la fleur en dedans, & on l'a pressée à l'étire en plusieurs sens, comme nous l'avons dit plus haut ; & pour l'achever, on la dresse après son premier lustre. Puis on passe la peau au second lustre qui se compose de biere, d'ail, de vinaigre, de gomme arabique & de colle de Flandres, le tout bouilli ensemble, mais appliqué à froid. Ce lustre appliqué, on la plie & on la pend, la fleur en dedans, en faisant passer la cheville dans les deux yeux.

Les *veaux noirs* se travaillent différemment : on les mouille d'abord, puis on les *boute* sur le chevalet jusqu'à la tête, c'est-à-dire qu'on enleve avec un couteau à deux manches appellé *boutoir*, ce qui peut être encore resté de la chair de l'animal attaché à la peau, après être sortie de la tannerie. Quand on a bouté la partie de la peau qui doit l'être, on travaille la tête avec un couteau à revers appellé *drayoire*. Ces deux opérations nettoyent la peau de la chair que le tanneur peut y avoir laissée. Ensuite on la fait sécher entiérement & on la *ponce*, c'est-à-dire qu'on passe une pierre ponce très dure sur tout le côté de la chair, afin d'achever de la nettoyer. Ce travail est suivi de la manœuvre par laquelle on corrompt. On corrompt la peau de quatre quartiers, on la rebrousse de queue en tête : on la met en suif, & on l'acheve comme la vache.

Le travail du *cuir lissé* ne se fait que pour les peaux de bœufs & de vaches. On les boute, & on continue le travail comme aux vaches noires, jusqu'au suif qu'on donne très fort & à plusieurs reprises de fleur & de chair. On les met au bain à l'eau fraîche ; on continue, comme nous l'avons dit pour la vache, jusqu'au second lustre, après lequel on les met en presse entre deux tables pour les applatir. Pendant tout ce travail, on n'a ni corrompu, ni dressé.

Pour le travail des *moutons noirs*, on commence par ébourrer les peaux de mouton à l'étire ; on les mouille, on les foule, on leur donne l'huile du côté de la fleur, on les met au bain d'eau fraîche, on en fait sortir l'eau à l'étire, on leur donne le noir, on les repasse, on les retient, on les corrompt, on les rebrousse, & on les pare à la *lunette : voyez* CHAMOISEUR. Parer à la lunette, c'est enlever le peu de chair qui a pu échapper à l'étire. Le reste du travail s'expédie comme à la vache noire.

A l'égard des *vaches étirées*, après que les peaux de vache ont été mouillées, on les rebrousse avec une pommelle à larges dents, on les étend sur la table, on les retient avec l'étire de cuivre, puis on les presse à demi seches entre deux tables.

Les *cuirs gris* se fabriquent comme les lissés; mais on ne les passe point à la teinture, & on ne les lisse point.

Le noir n'est pas la seule couleur que les Corroyeurs donnent aux peaux, ils en fabriquent en jaune, en rouge & en verd; mais ce que nous avons dit du noir suffit pour donner une idée de la maniere dont on donne les autres couleurs; la différence des teintures n'en apporte point aux travaux. Il est seulement à propos d'observer que, pour donner les couleurs dont venons de parler, on passe les peaux en alun, excepté celles qu'on destine à être passées en jaune, parceque, dans ce cas, l'alun se met dans la teinture même, & non sur les peaux.

Les *cordouaniers* qui étoient autrefois une des quatre communautés qui préparoient les cuirs après qu'ils avoient été tannés, sont aujourd'hui réunis à celle des Corroyeurs. Ces quatre communautés étoient les Corroyeurs qui faisoient les cuirs blancs, les Baudroyeurs qui travailloient aux cuirs de couleur, les Cordouaniers qui ne corroyoient que les cordouans, & les Sueurs qui donnoient aux cuirs le suif & la graisse. On ne sait point en quel temps a été faite la réunion de toutes ces communautés.

Le *cordouan* dont on fait des souliers, est une espece de marroquin fait avec des peaux de bouc ou de chevre passées au tan, au lieu que le vrai marroquin est passé en noix de galle.

On distingue en plusieurs especes les cordouans du Levant, comme ceux de Smyrne, de Chypre, de Satalie, les rouges, les blancs & jaunes d'Alep, & les cordouans en basane. Suivant l'arrêt du Conseil du 15 Août 1685, ils paient les uns & les autres 20 livres par cent de leur valeur pour droit d'entrée; ceux qui ne sont pas fabriqués dans le Levant paient 40 sols par douzaine pour droit d'entrée, & 25 sols pour droit de sortie, suivant le tarif de 1664.

La communauté des Corroyeurs est régie par huit Jurés, dont quatre sont *Jurés de la Conservation*, & les autres, *Jurés de la Visitation Royale*. On élit tous les ans deux Jurés de la Conservation, & il sort deux Jurés de la Visitation. Un maître doit, avant que d'être Juré, avoir été receveur pendant un an.

La vifitation royale fe fait tous les mois par les Jurés Corroyeurs chez les Corroyeurs ; mais il s'en fait une autre tous les deux mois par les Jurés Corroyeurs & Cordonniers chez les maîtres Cordonniers. Il y a encore deux Jurés pour la marque des cuirs, qu'on appelle les *Jurés du marteau*.

La difcipline de cette communauté eft à-peu-près la même que celle des autres communautés : elle eft compofée à préfent de cent quarante-huit maîtres.

CORROYEUR EN LAINE. Dans les manufactures d'Amiens, on donne le nom de *Corroyeur* aux ouvriers qui *retendent* fur un rouleau nommé *corroi* les pieces d'étoffe de laine qui reviennent de la teinture, après qu'elles font feches, de peur qu'elles ne fe frippent & ne prennent de mauvais plis, & qui ont foin de les *fauder* ou marquer avec un fil de foie de couleur, qu'ils attachent aux pieces qu'ils *appointent*, & dont les deux lifieres font enfemble.

Ces Corroyeurs font apprentiffage, font reçus maîtres après une efpece de chef-d'œuvre, ont des ftatuts & des Efgards ou Jurés.

Par leurs ftatuts, dont les articles font au nombre de huit, & qui font inférés dans le réglement général de la faïetterie de 1666, il leur eft défendu de corroyer aucune piece de faïetterie ou haute-lice, qu'elle n'ait été faite à Amiens, & marquée de plomb ; & il leur eft ordonné de fauder & marquer les pieces qu'ils ont corroyées d'un fil de foie d'une couleur qui leur eft propre, & qu'ils auront choifie pour fe diftinguer les uns des autres : il eft réglé quel eft le nombre des pieces qu'ils peuvent mettre enfemble fur le même rouleau ; favoir des *ferges à la reine* ou *ferges de hautelice*, des *camelots façon de Lille*, des *guignettes* & autres pieces de même qualité, de chacune cinq pieces enfemble ; & deux des *bouracans de trois, quatre & cinq fils*, deux de *ferges façon de feigneur*, ou *ferges d'Arfcot*, & autant des autres pieces de femblable forte.

Il leur eft auffi enjoint d'étendre fidellement fur les rouleaux & moulinets ordinaires les pieces en blanc, & de leur donner les tours néceffaires, fans leur rien faire perdre de leur longueur & largeur ; de laiffer pendant vingt-quatre heures les pieces fur le corroi, de ne pas les délivrer plutôt aux marchands, & d'empêcher qu'ils ne les faffent lever avant ce temps-là ; de mettre à part les pieces en blanc qui font tachées d'huile ou de graiffe, & d'avertir les marchands pour les faire mettre à la teinture ; & il leur eſt expreſſément défendu de corroyer des pieces de couleur ſur un corroi qui a ſervi au noir.

Lorſque les apprentifs ſont trouvés capables de ſe faire paſſer maîtres, ils ſont reçus à l'Hôtel-de-Ville, y prêtent le ſerment requis, ſe font enregiſtrer au greffe, & ils y déclarent la qualité & couleur du fil de ſoie avec lequel ils prétendent faire le faudage des pieces qu'ils auront à corroyer ou à apprêter ſur le corroi.

COTIER : *voyez* PILOTE.

COTON (L'art de travailler le) : *voyez* MOUSSELINIER.

COUDRANNEUR. C'eſt celui qui *coudranne* ou fait tremper & paſſer pluſieurs fois une corde dans le *coudran*.

Le coudran eſt un mêlange de pluſieurs ingrédients, de certaines herbes & de goudron mêlés enſemble, dans lequel les bateliers de Paris font tremper leurs cordages, pour empêcher qu'ils ne ſe pourriſſent.

COUPEUR DE HAUSSES : *voyez* EPINGLIER.

COUPEUR DE POIL : *voyez* CHAPELIER.

COUPEUR DE TABAC. C'eſt celui auquel on remet les *rôles* afin de les couper en pluſieurs longueurs égales pour en former des carottes : *voyez* l'article TABAC.

COUPEUR DE TÊTES : *voyez* EPINGLIER.

COUPON (Fabrique du). Le coupon eſt une eſpece de toile d'ortie, faite avec les filaments qu'on tire d'une ſorte de lierre qui vient à la Chine ſur une plante appellée *co*, dont la tige donne une eſpece de chanvre, & qu'on ne trouve communément que dans la province de Fokien.

Après qu'on a fait *rouir* ou tremper dans l'eau l'écorce de cette plante, on la teille, on met au rebut la premiere peau qui n'eſt bonne à rien, & on garde la ſeconde qu'on diviſe à la main, & dont, ſans la battre ni la filer, on fait une toile très fine & très fraîche.

COURIER. C'eſt celui qui fait métier de courir la poſte pour porter des dépêches en diligence. Il y en a de trois eſpeces ; des ordinaires dont le département eſt fixé à certains jours, des extraordinaires qui ſont dépêchés pour des affaires particulieres qui demandent beaucoup de célérité, & des Couriers du cabinet qui ſont attachés à la Cour pour porter les dépêches des miniſtres.

L'établiſſement des Couriers eſt d'une inſtitution très antienne. L'empreſſement ou le beſoin de ſe communiquer des nouvelles intéreſſantes a toujours rendu leurs fonctions néceſſaires. Les Grecs avoient des Couriers à pied & à cheval : les premiers, qu'ils nommoient *Hemerodromes* ou Couriers d'un jour, faiſoient juſqu'à trente lieues par jour, & ils étoient à-peu-près comme les coureurs de nos grands ſeigneurs, dont l'uſage nous eſt venu d'Italie, qui ſont en veſte, ont un bonnet particulier, une chauſſure légere & un gros bâton ferré par un bout, & qui exécutent les ordres de leur maître avec beaucoup de promptitude : les ſeconds changeoient de chevaux à-peu-près comme on fait aujourd'hui. Auguſte fut le premier Empereur Romain qui établit des poſtes réglées pour les chars ; les relais de diſtance en diſtance furent établis ſous Dioclétien : mais la décadence de l'empire fit tellement négliger les poſtes, qu'elles durent leur rétabliſſement ſous le nom de *meſſageries* à l'Univerſité de Paris qui les mit en uſage pour ſubvenir aux beſoins de ſes écoliers. Louis XI, dont l'inquiétude, la défiance & la politique lui faiſoient déſirer d'être plutôt & plus ſurement inſtruit de tout ce qui ſe paſſoit dans ſon royaume & dans les Etats de ſes voiſins, les établit en la forme où elles ſont par ſon ordonnance du 19 Juin 1464 : malgré cet établiſſement, l'Univerſité a toujours conſervé ſon droit ſur ſes Couriers & meſſagers, juſqu'en 1719, où on lui adjugea en dédommagement le vingt-huitieme de l'adjudication annuelle du bail des poſtes.

Louis XI fut imité dans la ſuite par preſque tous les ſouverains. Grace à cette invention, le commerce s'eſt extrêmement répandu ; c'eſt par cette voie qu'on fait le plus grand négoce de lettres de change, & des remiſes d'argent conſidérables, ſoit dans les principales villes de France, ſoit dans les pays étrangers ; auſſi les jours de poſte ſont-ils les plus importants de la ſemaine pour les banquiers & tous ceux qui font un commerce, ſoit pour l'envoi de leurs lettres, ſoit pour recevoir celles de leurs correſpondants.

COURTEPOINTIER. C'eſt l'ouvrier qui fait & vend des *courtepointes ;* on appelle ainſi des couvertures de lit plus ou moins riches, qui traînoient autrefois juſqu'à terre, & qui aujourd'hui ne tombent que ſur ce qu'on appelle les *ſoubaſſements :* elles ſont ordinairement garnies de coton entre deux étoffes ou deux toiles piquées dont elles ont pris leur dénomination, comme qui diroit *piquure faite à contre-point.*

A la place du coton, on les garniſſoit autrefois de *ploc* ou poil de divers animaux : on les appelloit *Loudiers* ou *Lourdiers*, à cauſe de leur lourdeur ou peſanteur : on s'en ſert encore dans quelques provinces de France. Les droits de ſortie ſont à raiſon 22 ſols du cent peſant.

Les courtepointes de la Chine qui ſont ordinairement de taffetas ou de ſatin, ne viennent plus en France qu'en forme de *tranſit* ſur les vaiſſeaux de la compagnie des Indes pour être envoyées à l'étranger. Elles paient 10 pour cent de leur valeur pour droit d'entrée.

La communauté des maîtres Courtepointiers a été réunie à celle des tapiſſiers en 1636 : *voyez* Tapissier.

COURTIER. C'eſt celui qui ſe mêle de faire vendre, acheter, échanger & troquer des marchandiſes.

Cette profeſſion eſt très néceſſaire au commerce : rien ne le facilite davantage, que d'avoir dans les grandes villes des perſonnes intelligentes, connues & accréditées parmi les marchands, ouvriers & artiſans, qui leur enſeignent les marchandiſes ou les matieres dont ils ont beſoin, & qui procurent aux fabricants ou à ceux qui veulent s'en défaire, des acheteurs ou des gens avec qui ils puiſſent les troquer.

Avant le regne de Charles IX, ils faiſoient librement leurs fonctions par tout le royaume ; mais depuis ils ont été créés en titre d'office dans quelques villes, comme à Bourdeaux pour toute ſorte de marchandiſes, & à Paris pour quelques-unes ſeulement.

On les diſtingue en *Courtiers de marchandiſes*, & en *Courtiers de manufacturiers*, *d'ouvriers & d'artiſans*.

Les premiers facilitent aux marchands régnicoles ou étrangers la vente de leurs marchandiſes en gros, & ſont obligés d'avoir des livres & regiſtres journaux qui, étant tenus ſuivant les réglements, font foi en juſtice, & où ils enregiſtrent toutes les négociations qu'ils font moyennant le ſalaire qui leur eſt dû.

Les ſeconds ne ſont pas tenus d'avoir des livres, parcequ'on leur paie ſur le champ le prix de leur négociation.

Preſque toutes les communautés de Paris, ſoit des marchands ou artiſans, ont leurs Courtiers particuliers, qui ſont pris dans leur corps & qui ſont ordinairement de pauvres maîtres qui gagnent leur vie au courtage, & qui ne s'entremettent que pour les marchandiſes ou ouvrages qu'il eſt permis aux maîtres de leur communauté de vendre ou de fabriquer.

Les uns & les autres de ces Courtiers font également crus fur leur parole dans le cas où il arriveroit quelque contestation entre le vendeur & l'acquéreur.

A Lyon, il est libre à tout particulier de s'ériger en Courtier, en observant les réglements de police qui ont été faits à ce sujet, & en ayant les qualités requises par l'ordonnance de 1673. A Tours & en quelques autres villes, il faut avoir été reçu maître dans le corps ou communauté dont on veut faire le courtage des marchandises ou ouvrages.

Il y a encore à Paris trois especes de Courtiers qui dépendent des Prévôt des marchands & Echevins : savoir, 1°. les *Courtiers des chevaux pour la navigation*, qui ont soin de visiter les chevaux pour le montage des coches & des bateaux, & d'obliger les voituriers de réparer ou de dépécer leurs bateaux, lorsqu'ils ne font pas en état de faire voyage ; ils different en tout des Courtiers de chevaux, qui ne font préposés que pour faire vendre ou troquer toute sorte d'animaux de tirage & de charge.

2°. Les *Jurés Courtiers de vin sur les ports* n'ont rien de commun avec les Courtiers des eaux-de-vie, cidres & autres boissons ; ils doivent visiter & goûter les vins qui arrivent, juger s'ils ne font point mêlés d'eau, & avertir les acheteurs lorsque les futailles ne font pas de jauge.

3°. Les *Courtiers de lard & de graisse*, qui font préposés à la visite de cette sorte de marchandises dans les places où elles se vendent, & font responsables à l'acheteur de leur bonté, & au vendeur du prix de sa marchandise.

Aucun des Courtiers ci-dessus ne peut faire pour son compte le commerce des marchandises dont il procure le débit.

COUTELIER. Le Coutelier est celui qui fait & qui vend des couteaux, ciseaux, rasoirs & les instruments de chirurgie, fabriqués de fer & d'acier, de quelque espece qu'ils soient.

Il y a un si grand nombre de différentes sortes de couteaux, & d'instruments dépendants de l'art de la coutellerie, qu'il seroit trop long d'en faire une énumération exacte.

On sait que ce font ceux qui font tous les outils, instruments & ferrements de chirurgie & barberie, comme aussi toute sorte de couteaux de poche ou de table, serpettes, canifs, grands & petits ciseaux, poinçons, gravés, ciselés, damasquinés d'or & d'argent, avec des manches de toutes fortes de matieres, à la réserve des manches d'or ou d'argent qu'ils peuvent monter, mais dont ils doivent se fournir chez les orfevres.

Pour donner quelque connoiffance de la maniere dont les Couteliers operent, nous nous bornerons à parler de la façon de faire un couteau à gaîne.

On commence d'abord par forger la lame ; on la fait ou d'acier pur, ou quelquefois on y ajoute un peu de fer pour la rendre moins caffante. Quand il eft queftion d'un couteau à gaîne, on forge d'abord la *foie*, c'eft-à-dire la partie qui doit entrer dans le manche. La lame étant forgée, on la met dans du charbon de bois allumé qu'on laiffe éteindre deffus pour la rendre plus molle & plus facile à limer.

Après cette opération, on ébauche la lame, c'eft-à-dire qu'on lui donne un coup de lime : on perce enfuite le manche qui eft d'ivoire, d'écaille, de bois, &c. nous parlerons ici d'un manche d'ébene. Si on veut rendre le couteau folide, on perce le manche quarrément avec une petite *écouene*, qui eft un inftrument de fer ou d'acier, taillé en quarré, emmanché dans un morceau de bois, ayant une de fes faces remplie de petites rainures horizontales.

Quand le manche eft percé, on fait la virole & on l'ajufte fur le manche. La virole étant ajuftée, on met la foie de la lame dans fon manche, pour voir fi le trou qu'on y a pratiqué eft proportionné à la groffeur & à la longueur de la foie. Alors on lime la lame, & on la met en état d'être *trempée*. Tremper la lame, c'eft la faire rougir & la plonger dans l'eau. On obferve de tremper plus chaud quand c'eft de l'acier pur que quand c'eft un mélange de fer & d'acier.

Quand la lame eft trempée, on la *blanchit*, c'eft-à-dire qu'on la frotte légérement avec du grès ; en cet état l'acier eft extrêmement fragile. La lame étant blanchie, on lui donne le *recuit* fur du charbon allumé, & on l'y laiffe pour l'ordinaire jufqu'à ce qu'elle ait une couleur de lie de vin. Quand elle a atteint cette couleur, on la trempe dans l'eau, enfuite on cimente le couteau, ce qui s'exécute en faifant rougir la foie, & en l'infinuant enfuite dans le trou du manche qu'on a auparavant rempli de ciment.

Le couteau étant cimenté on blanchit la lame fur la meule, c'eft-à-dire qu'on lui donne un coup de meule ; on la redreffe enfuite, parcequ'elle eft ordinairement courbée au fortir de la trempe. On fe fert pour cette opération d'un marteau qui a les deux extrémités de fon fer taillées en forme de diamant. Quand elle eft redreffée, on la paffe tout-à-fait, & on lui donne le tranchant ; après quoi on façonne le manche, & on lui donne la forme qu'on defire par le moyen d'une rape & d'une lime. Le manche étant façonné, on fait des filets fi on veut, ou autres ornements fur la virole du manche, & on la polit par le moyen d'un morceau de bois de noyer avec de l'émeril en poudre.

Le couteau étant dans cet état, on polit la lame en la paffant fur une *poliffoire*, qui eft une meule de bois de noyer ; on met enfuite la poliffoire en couleur avec la pierre noire dont fe fervent les fourbiffeurs pour brunir leurs ouvrages, & on y paffe de nouveau la lame ; ce qui lui donne un poli beaucoup plus vif que celui qu'elle avoit auparavant.

La lame étant polie, on la *fraie*, ce qui confifte à faire une petite rainure au bord du dos de la lame. Pour finir le manche, on y paffe un *gratteau*, qui eft un inftrument tranchant deftiné à ôter tous les traits qu'a pu y faire la lime ; après quoi, fi c'eft un manche de bois, on le *prêle*, c'eft-à-dire qu'on le frotte avec la plante appellée prêle, qui acheve de l'unir & de le polir. On peut même, fi l'on veut donner plus de luifant au bois, le frotter avec de l'huile ; enfuite on effuie bien le couteau, on ôte le morfil de la lame en la paffant fur une pierre deftinée à cet ufage, & pour lors le couteau eft parfaitement fini.

Les principaux outils du Coutelier font, une enclume à bigorne d'un côté, & à talon de l'autre ; fa forme d'ailleurs eft peu importante, il fuffit qu'elle foit bien proportionnée & bien dure : une forge femblable à celle des ferruriers, des taillandiers, des cloutiers, & autres forgerons : des tenailles & des marteaux de toutes fortes ; des meules hautes & baffes ; des poliffoires, ou meules à polir, de différentes grandeurs ; des bruniffoirs, des forets, des arçons, des limes, des pierres à aiguifer, à repaffer, & à affiler ; de grands étaux, des étaux à main, & une roue dont nous allons expliquer l'ufage.

Autour de cette roue, qui a fix à fept pieds de diametre, eft creufée une cavité ou cannelure affez profonde pour recevoir une groffe corde à boyau, qui va faire un tour fur la poulie de l'arbre de la meule, à laquelle elle procure un mouvement très rapide, quoique celui de la roue soit modéré & même un peu lent.

Vis-à-vis & sur le même plan de la roue, qui est élevée perpendiculairement à l'horizon, est la meule à rémoudre, posée sur une auge de pierre ou de bois, remplie d'eau, & couverte du *chevalet*, qui est une planche de trois ou quatre pieds de longueur, soutenue par une forte piece de bois d'équarrissage, à laquelle on donne le nom de *hausset*, parcequ'elle hausse pardevant la planche du chevalet à la hauteur convenable aux meules qui sont dessous, & qui est couverte d'un oreiller pour la commodité de l'ouvrier qui travaille la poitrine appuyée dessus.

Au-devant de la meule, il y a un *rabat-l'eau*, ou piece de vieux chapeau, clouée sur une planche mobile, qu'on avance ou recule suivant le diametre de la meule dont on se sert; il sert à reposer les ouvrages que le Coutelier veut rémoudre, & à empêcher que l'eau agitée par le mouvement de la meule qui passe dans l'auge, ne rejaillisse au visage de l'ouvrier, lorsqu'il est couché sur le chevalet, & qu'il a précisément la tête au-dessus de la meule.

On est obligé de changer de meules suivant la largeur des lames de rasoir; il n'y a que celle qui sert pour les couteaux qu'on ne change que lorsqu'elle est trop usée.

Les Couteliers sont obligés pour donner du tranchant à leurs outils de se servir de pierres à aiguiser, à repasser & à affiler.

Pour ôter le morfil aux couteaux neufs, ou en réparer le tranchant quand ils ne coupent plus, ils se servent d'une pierre qui est de couleur de l'espece d'ardoise dont on la tire : lorsqu'il est question des rasoirs & autres instruments dont le tranchant ne peut être trop fin, ils font usage d'une seconde pierre qu'on trouve en Lorraine, qui est blanchâtre, plus tendre, & dont le grain est plus fin que celle d'ardoise, pour enlever non seulement le morfil, mais encore pour user peu-à-peu les grains de l'acier qui font que la superficie est moins lisse, & rendre le tranchant plus fin qu'il ne l'étoit au sortir de la polissoire.

Les outils destinés à couper promptement, nettement, & dont par conséquent le tranchant doit être fort vif, sont affilés sur une pierre qui vient du Levant, qui est d'un verd très obscur, très sale, tirant par fois sur le blanchâtre, communément dure, mais alors moins bonne que lorsqu'elle eſt tendre, & dont le grain eſt extrêmement fin. Il y a encore une autre pierre qu'on tire auſſi du Levant, qui eſt d'un très beau verd, & dont on fait beaucoup de cas quand elle ſe trouve bonne, parcequ'elle eſt propre à repaſſer toute ſorte de petits outils, tels que les lancettes, &c.

De quelque ſecours que ſoient ces pierres pour le beſoin qu'on en a, on n'en retireroit pas un grand avantage ſi on ignoroit la maniere de s'en ſervir.

Pour affiler un couteau, on tient de la main gauche la pierre ſur laquelle on appuie la lame, & à laquelle, pour lui ôter le morfil, on fait faire un angle conſidérable en la paſſant & repaſſant à ſec ſur la pierre. Les raſoirs ſe paſſent entiérement à plat ſur une pierre qu'on arroſe d'huile; mais comme le grain de cette pierre eſt extrêmement fin, que le morfil du raſoir l'eſt auſſi, qu'il pourroit être long-temps à ſe détacher, parcequ'il va & revient à plat, on le renverſe de côté en paſſant légérement & perpendiculairement le tranchant ſur l'ongle du pouce gauche, pour que la pierre puiſſe l'enlever plus facilement.

Lorſqu'on affile les lancettes, on ne les tient pas tout-à-fait à plat comme les raſoirs; & on connoît qu'elles ſont bien affilées, lorſque, ſans faire de bruit, elles entrent ſans effort dans un morceau de cunepin, qui eſt une pellicule très mince que les mégiſſiers tirent de deſſus la peu de chevreau ou de mouton qui a été paſſée en mégie, & que les Couteliers tiennent tendue entre les doigts de la main gauche.

Il y a des inſtruments ſur leſquels, ſuivant la forme qu'on veut donner à leur tranchant, on appuie la pierre deſſus au lieu de les paſſer ſur la pierre.

Il eſt permis aux Couteliers de vendre en détail des pierres à raſoir, dont néanmoins ils ne peuvent faire aucune montre dans leur boutique, ni en avoir chez eux plus d'un cent à la fois, parceque le commerce en gros de cette marchandiſe appartient aux marchands merciers qui ſe mêlent de la quinquaillerie.

Les Maîtres Couteliers de Paris prennent la qualité de Maîtres Fevres, Couteliers, Graveurs & Doreurs ſur fer & acier trempé & non trempé; ils ſont aujourd'hui au nombre de cent vingt.

Les ſtatuts de la communauté ſont de 1565, confirmés par lettres-patentes de pluſieurs de nos Rois,

Les maîtres jurés font au nombre de quatre : ils font élus deux chaque année, ont foin des affaires du corps, reçoivent les apprentifs, leur ordonnent le chef-d'œuvre, & les reçoivent à maîtrife.

Chaque maître eft obligé d'avoir un poinçon ou marque pour marquer fon ouvrage, qui doit lui être donné par les quatre jurés, avec défenfes d'imiter le poinçon les uns des autres.

Les filles & veuves de maîtres affranchiffent les compagnons qu'elles époufent.

Il leur eft défendu par un édit de 1666, de fabriquer & débiter des baïonnettes, poignards, dagues, épées en bâtons, &c. & de demeurer dans les colleges, ou autres femblables communautés.

Aucun *Emouleur*, s'il n'eft maître, ne peut repolir & rémoudre dans les places & marchés publics de Paris. Enfin il eft défendu à tous marchands merciers faifant commerce de marchandifes de coutellerie, de tenir chez eux aucun compagnon pour travailler dudit métier, ni d'avoir des meules & des poliffoires.

La plus belle & la plus fine coutellerie de France fe fait à Paris, Moulins, Chatellerault, Cofne & Langres.

COUTIER. C'eft le nom de l'ouvrier Tiffutier qui travaille le coutil & qui en vend.

Les courtepointiers, dont la communauté a été réunie à celle des tapiffiers en 1636, portoient autrefois le nom de marchands Coutiers.

Le coutil, dont la dénomination vient, fuivant quelques auteurs, de la ville de Coutances, qui eft l'endroit de la Normandie où il s'en fabrique le plus, eft une groffe toile travaillée fur un métier de tifferand, très forte, très ferrée, ordinairement de fil de chanvre, & dont le principal ufage eft pour enfermer de la plume, pour faire des lits, des traverfins, des oreillers, des tentes pour l'armée, & des guêtres.

L'article premier du réglement du 7 Avril 1693, ordonne aux maîtres Coutiers de compofer leur coutil d'une même nature de fil de pareille filature, fans aucune altération ni mélange ; & leur défend d'employer au chef, à la queue, au milieu, aux lifieres, à la chaîne & à la trame, des fils plus gros l'un que l'autre, des fils gâtés, ou de moindre qualité ou valeur.

Les coutils de Bruxelles font les plus fins & les plus eftimés : on nomme *coutils de grains grossiers*, ou *coutils de brin*,
ceux dont on garnit les chaifes & les autres meubles. Il y a
encore des coutils de coton de diverfes façons, qu'on appelle *bolzas* ; on les fait à Bengale, & ils nous font apportés
par les vaiffeaux de la Compagnie des Indes.

Suivant l'arrêt du Confeil du 3 Juillet 1692, les coutils
étrangers paient pour droit d'entrée 6 livres par piece de
quinze aunes : ceux de Bretagne & des autres provinces de
France ne paient que 10 fols par piece de vingt aunes, &
40 fols de fortie du cent pefant lorfqu'ils ont été déclarés
pour être envoyés dans les pays étrangers.

COUTURIÈRE. La Couturiere eft une femme autorifée
à travailler différents vêtements, en qualité de membre
d'une communauté établie à Paris en 1675.

Les Couturieres font les robes pour femme, jupes, cafa-
quins, &c.

Les cifeaux, l'aiguille, le dé, voilà tout l'appareil des
inftruments que les Couturieres emploient pour mettre en
œuvre les étoffes qui fervent à habiller les femmes d'une
maniere fi élégante.

Pour faire une robe ordinaire avec le jupon, de quelque
étoffe qu'elle foit, la Couturiere commence par couper le
dos de la robe, qui eft compofé de deux pieces ; elle coupe
enfuite les devants, le jupon, les manches, les manchettes
& les garnitures.

La plus grande difficulté de ce métier confifte à bien appareiller & affortir réguliérement les étoffes à fleurs ou à
compartiments, en ménageant fur l'étoffe le plus qu'il fe
peut, ce qui eft une affaire de génie & de talent.

Lorfque la robe eft doublée, on *glace* la doublure au-
deffus, c'eft-à-dire qu'on fait un bâti général à points
longs, qui font au moins à deux pouces les uns des autres,
afin d'attacher bien uniment la doublure au-deffus ; ce bâti
eft à demeure. On fait encore un rang de bâti par l'endroit,
en haut & en bas du detriere de la robe, pour les fixer : on
ôte ce bâti quand le collet & le bas font achevés.

Les pieces étant toutes préparées, elle les affemble en les
coufant avec de la foie ou du fil : elle fait d'abord la couture
du milieu du dos, enfuite elle coud les devants au dos, les
manches entre le dos & les devants, & les manchettes aux
manches ; après quoi elle coud la garniture, de quelque efpece qu'elle foit.

La robe étant finie, l'ouvriere affemble les lés du jupon, dont le nombre eft proportionné à la largeur de l'étoffe.

Les lés étant affemblés, elle borde le jupon par le bas; elle le pliffe enfuite, le borde par le haut, y fait des poches, & le garnit avec la pareille garniture de la robe.

Depuis qu'on porte les robes ouvertes par-devant, on couvre la poitrine avec une piece ou échelle de rubans, ou bien par un *compere*, qui eft du diftrict de la Couturiere; au lieu que l'échelle de rubans, qui eft regardée comme garniture & ornement, eft du reffort de la marchande de modes. Le *compere* eft compofé de deux devants, dont le biais du côté gauche eft garni d'un rang de boutonnieres, & celui du côté droit, d'un rang de petits boutons; quelquefois on y met des agraffes & des crochets: on coud chaque devant du compere fur chacun des devants de la robe, de façon que les côtés biais puiffent fe boutonner fur la poitrine depuis la gorge jufqu'à la taille.

Outre les robes & les jupons, la Couturiere fait encore des *pet-en-l'air*, des *manteaux de lit* & des *juftes*.

Le *pet-en-l'air* eft un haut de robe dont la longueur ne defcend devant & derriere qu'à un pied plus ou moins au-deffous de la taille.

Le *manteau de lit* eft compofé de deux devants & d'un derriere; il fe fait ordinairement en *chemife*, c'eft-à-dire, avec le commencement des manches, qu'on termine par deux pieces qu'on y ajoute. Lorfque les manches font en pagode, on difpofe les plis de maniere qu'ils foient plus étroits deffous les bras, ce qui leur donne une tournure convenable. Le manteau de lit étant fini, on attache en haut des rubans pour le fermer.

Le *jufte* eft proprement l'habit des femmes de campagne, auffi eft-il le plus fimple de tous: on le taille à-peu-près comme une vefte d'homme, il n'a qu'un pli, fes bafques ne s'affemblent point, on ne coud les derrieres & les côtés que jufqu'aux tailles, & elles finiffent tant par devant que par derriere en pointe alongée par les côtés. On fait de deux fortes de manches pour les juftes; des manches fimples qui ne vont que jufqu'au coude; les autres font plus courtes, mais on y ajoute un parement pliffé.

Une maîtreffe ne peut faire qu'une apprentie. L'apprentiffage eft de trois ans. Celles qui veulent fe faire recevoir font obligées de faire chef-d'œuvre. La communauté eft dirigée par six jurées, dont trois sortent & entrent tous les ans. Leur corps est distribué en quatre sortes d'ouvrieres. Il y a des Couturieres en habits, des Couturieres en corps d'enfants, des Couturieres en linge, des Couturieres en garnitures : ces différentes ouvrieres sont actuellement à Paris au nombre de dix-sept cents maîtresses.

Les visites des jurées sont réglées à deux par an, pour chacune desquelles chaque maîtresse doit payer dix sols, afin de subvenir aux dépenses de la communauté.

COUVERTURIER. C'est celui qui ourdit des couvertures, espece de grosse étoffe qu'on étend sur les draps du lit, afin de se garantir du froid pendant la nuit.

Elles sont ordinairement blanches, & se fabriquent au même métier que le drap : *voyez* DRAPIER. Mais elles sont croisées comme la serge : *voyez* SERGIER. On les foule, & au sortir du foulon, on les peigne au chardon : *voyez* APPLAIGNEUR.

On en fabrique beaucoup à Paris dans les Fauxbourgs S. Marceau & S. Martin, en Normandie, en Auvergne & en Languedoc. Il est ordonné par le réglement des manufactures, qu'elles soient de bonne laine & de bon poil, bien foulées, nettoyées & dégorgées, afin qu'elles soutiennent mieux le garnissage du *pareur*, qui est celui qui dispose les marchandises à faire un meilleur service. Les pareurs doivent les épaissir, les nettoyer, en couper les nœuds, les garnir doucement sans les *effondrer*, c'est-à-dire, sans faire venir dessus ce qui est dessous, & sans tirer aucune suite, bout, ou fil de long. Elles doivent être visitées pour voir s'il n'y a point de trou ou autre défaut ; & il faut, suivant le même réglement, qu'elles soient cardées avec des chardons, & non avec des cardes de fer ; &, si on les teint, elles ne doivent être qu'en bon teint.

Dans un mémoire que le sieur *Jean Antoine Boyer*, écuyer, présenta & lut l'année derniere dans une assemblée de l'académie royale des sciences de Paris, au sujet de la fabrique des couvertures qu'il a établie rue de l'Oursine, fauxbourg S. Marceau, ce fabricant détaille les opérations de sa manufacture que nous allons rapporter pour nous avoir paru meilleures & bien différentes de celles des autres fabriques.

Les laines destinées pour les couvertures ne sont ordinairement battues qu'une fois sur des claies pour les ouvrir &

en ôter la pouſſiere avant de les épurer. Chez le ſieur *Boyer*, on les bat une ſeconde & troiſieme fois après leur épurement ; on les huile enſuite comme il convient, & on les ouvre une quatrieme fois avec des *briſoires* ou des baguettes de houx faires exprès. Après ces premieres opérations on réduit cette laine en feuillets avec des cardes plus ou moins fines, ſuivant la qualité des laines. Dès qu'elles ont été cardées, on les donne à des fileuſes qui les filent au tour, les dévident & les mettent en échet. Dans les autres fabriques, on emploie des échets qui peſent ſept à huit onces, & quelquefois plus, ce qui rend l'ouvrage plus groſſier. Dans celle du ſieur Boyer, les échets qui fourniſſent un fil de même longueur que les précédents, ne peſent que trois ou quatre onces. Ce dernier filage, qui eſt le plus fin & dont on ſe ſert dans les manufactures de draperie, eſt celui dont il fait uſage dans la plus grande quantité de ſes ouvrages, dont les différentes qualités de laines très fines ſont mêlées avec le duvet le plus beau de caſtor, de lievre de Siléſie, ou de lapin d'Angola.

Ses couvertures, qui ont trois aunes & demie de largeur, ſont l'ouvrage de deux tiſſeurs, qui, ſans le ſecours d'un troiſieme qu'on place ordinairement dans le milieu du métier quand on veut avoir des couvertures de cette largeur, travaillent au moyen d'une grande navette de ſon invention. Les toiles de ces larges couvertures ſont plus promptement exécutées que ſi c'étoient trois ouvriers, & cela ſans preſque aucune perte de laine & de fil, tandis que dans les autres fabriques il s'en perd beaucoup dans les mêmes opérations.

Quoique les chaînes qu'il emploie ſoient montées & tendues fortement ſur un métier de quatorze pieds de largeur, ce qui n'avoit pas encore été pratiqué, elles ne ſont point collées, & cependant elles ne caſſent qu'aux ſoudures du filage dont la rupture eſt quelquefois inévitable.

En ne collant point ſes chaînes, ſes ouvrages ſont plus beaux, durent davantage & ſe teignent beaucoup mieux, la colle étant un amas de corruption, comme étant faite, la meilleure, avec des nerfs de bœuf, & l'inférieure avec des peaux de lievre ou de lapin, ſans poil, puantes & à demi pourries. On incorpore ordinairement trois livres & plus de colle, fondue à un feu vif, dans quinze livres de chaîne, pour tiſſer vingt à vingt-deux aunes d'étoffe : il

eft impoffible qu'elle puiffe fe féparer d'un corps très fpon-
gieux, comme eft la laine, au moyen d'un peu de favon
noir ou blanc, liquide & tiede, & des apprêts du foulon
& du garniffage qu'on donne avec de l'eau froide; ce qui
fait que dans toutes les tiffures de laine dont les chaînes
font collées, il s'engendre des mites & des vers qui ron-
gent les couvertures & en terniffent bientôt la blancheur.

Dans toutes les fabriques où l'on tiffe avec des fils plus
ou moins fins, on eft obligé de mouiller les trames pour
qu'elles ne fe coupent point, qu'il y ait moins de perte de
fils, moins de nœuds, & que la toile en foit plus unie. Il
faut encore pour bien unir ces trames aux chaînes depuis
treize jufqu'à vingt battements de la chaffe qui eft fufpendue fur le haut du métier. Il n'en eft pas ainfi dans la fabrique dont nous parlons; on n'y mouille jamais les trames, telles qu'elles foient; n'étant point imbibées d'un liquide étranger qui en diminue l'élafticité, on les réunit
aifément aux chaînes avec trois battements de chaffe, ce
qui fait que les toiles font mieux battues, & qu'on emploie moins de temps à les travailler.

Tous ces avantages, qui font de la plus grande importance pour la falubrité du corps, la folidité de la fabrication, & le moins de cherté de la main-d'œuvre, font dus
à l'extrême épurement des laines que pratique le fieur
Boyer : *voyez* l'article LAINE.

Comme les opérations du fieur *Antoine Boyer* méritoient
une diftinction particuliere de la Cour, ce particulier obtint le 23 Mai de l'année 1770 des lettres-patentes qui lui
permettoient de donner à fa fabrique le titre honorable de
manufacture royale. Ces lettres ayant été portées en Parlement pour les faire enregiftrer, la Cour crut, avant de procéder à l'enregiftrement, devoir les communiquer à l'Académie des Sciences pour avoir fon avis fur le contenu def-
dites lettres. L'Académie ayant en conféquence nommé
Meffieurs de Montigny & Macquer pour commiffaires; dans
le rapport que firent ces Académiciens, ils expoferent les
avantages qui réfultoient de la méthode pratiquée par le
fieur Boyer pour dépouiller exactement les laines de
toute graiffe animale, pour mettre ces mêmes laines en
état d'être confervées en tas dans les magafins fans qu'on
ait à craindre qu'elles foient altérées par aucune fermentation putride, pour leur donner en même temps affez de

foupleſſe & d'élaſticité pour que les chaînes qu'on en fabrique puiſſent ſouffrir les efforts des liſſes & du battant, ſans
qu'il ſoit beſoin de les encoller. Ils déclarerent encore que
la ſuppreſſion de l'encollage eſt un avantage réel, en ce que
cette opération introduit dans les tiſſus & dans les pores de
la laine une matiere capable d'attirer les inſectes & d'accélérer la deſtruction des étoffes ; & qu'il n'y avoit aucun inconvénient d'enregiſtrer les lettres-patentes données en faveur d'un procédé utile au public, & qui, dans cette partie,
ne pouvoit nuire en aucune maniere au progrès de l'induſtrie. En conſéquence du certificat de l'Académie, délivré
par ſon Secrétaire le 5 Juillet, la Cour ordonna, le 3 Août
ſuivant, que les ſuſdites lettres-patentes ſeroient enregiſtrées au Greffe d'icelle pour jouir par l'impétrant le ſieur
Antoine Boyer, écuyer, de leur effet & contenu, & être
exécutées ſelon leur forme & teneur.

Il y a des couvertures de diverſes ſortes ; elles ſont toutes
diſtinguées par leurs noms, leurs marques & leur poids.

Celles qu'on nomme les *grands marchands blancs & roux*,
ſont marquées de trois barres & demie. Lorſqu'elles ſortent des mains du pareur, & qu'elles ſont prêtes à être ton-
dues, elles ne doivent point peſer moins de ſix livres &
plus de ſept.

Les *paſſe-grands-marchands* ont quatre barres & demie,
peſent neuf livres au moins, ou dix au plus.

Les *réforme-marchands* ont cinq barres & demie, & vont
de dix à onze livres.

Les *exraordinaires-marchands* ont ſix barres & demie, &
peſent depuis treize juſqu'à quatorze livres.

Les *grands-fins* ſont marquées de quatre barres, & ne
doivent pas plus peſer que les *grands marchands*.

Les *paſſe-grands-fins* ont cinq barres, & vont, pour le
poids, de neuf à dix livres.

Les *réforme-fins* ſont diſtinguées par ſix barres & par leur
poids de onze à douze livres.

Les *extraordinaires-fins* ſont connues à leur huit barres &
à leur poids de treize à quatorze livres.

Les *paſſe-extraordinaires-fins* ſont marquées de huit barres,
& peſent quinze livres au moins & ſeize livres & demie au
plus.

Les *repaſſe-extraordinaires-fins* ont neuf barres, & leur
poids va depuis dix-ſept livres juſqu'à dix-huit livres &
demie.

Les

Les *grands-repasse-extraordinaires-fins* ont dix barres, &
font du poids de dix-neuf livres au moins & de vingt &
une au plus.

Les *passe-grand-repasse-extraordinaires-fins* font marquées
de onze barres : les plus légeres pefent vingt-trois livres,
& les plus fortes vingt-cinq.

Les *grandes fines* font de quatre fortes ; les premieres
font marquées de quatorze barres, & leur poids eft depuis
vingt-fept livres jufqu'à vingt-neuf ; les fecondes ont
quinze barres, & pefent depuis vingt-neuf livres jufqu'à
trente & une ; les troifiemes ont feize barres, & leur poids
va depuis trente & une livres jufqu'à trente-trois. On diftingue les quatriemes au moyen de dix-fept barres & de
leur poids qui va depuis trente-trois jufqu'à trente-cinq
livres.

On ne fait point de couvertures plus fortes ni plus légeres que celles que nous venons de détailler.

Il y a auffi des couvertures qu'on nomme *pognées façon
d'Angleterre*. On connoît le degré de leur fineffe à leur
marque & à leur poids ; les plus fimples, qui font faites
de laines du pays mêlées avec de la laine d'Efpagne, font
marquées de deux croix ; & leur poids, qui n'eft pas moins
de dix livres, n'excede pas celui de douze. A proportion
qu'elles ont plus de croix & de poids, on reconnoît le degré de leur fineffe. Les plus fines n'ont pas au-delà de fix
croix, & ne paffent pas le poids de vingt livres. Les *couvertures façon de Rouen*, qui font fabriquées de laines de
Conftantinople, font également diftinguées par leurs barres
& par leur poids. Comme les couvertures grifes font d'un
très bas prix, les marchands Couverturiers y donnent le
poids qu'ils jugent à propos.

On fait encore des couvertures de lit avec divers *plocs*
ou poils d'animaux, comme du poil de chevre, de chien,
&c.

Les couvertures de laine qui viennent des pays étrangers,
paient pour droit dentrée, conformément à l'arrêt du Confeil du 7 Décembre 1688 ; favoir, celles qui font de laine
fine, fix livres la piece ; & celles qui font de groffe & médiocre laine, trois livres ; celles de Montpellier, d'Avignon, & autres femblables, trois livres, quinze pour chaque cent pefant ; celles d'Auvergne, vingt-cinq fols pour
chaque cent pefant ; les groffes couvertures de poil de che-

vre, quinze fols pour chaque cent pefant ; celles de poil de chien de Lorraine, trente & un folspour chaque balle ; & les *cotonnines piquées* vingt-cinq fols pour chaque piece ; celles de Catalogne & d'Efpagne, troislivres trois fols pour chaque charge.

Il nous vient encore des Indes des couvertures de mouffeline brodées de fleurs, & qui ont trois aunes de longueur fur deux aunes & demie de largeur. Les *couvertures cotonis* font faites avec une efpece de fatin qu'on fabrique dans les Indes Orientales : les unes & les autres font très eftimées & fort cheres.

Il eft ordonné par le réglement des manufactures que toutes les couvertures foient de bonne laine & debon poil ; de ne laiffer courir aucun fil ; qu'elles foient bien foulées, nettoyées & dégorgées, afin qu'elles aient le corps capable de foutenir le garniffage du pareur ; que les pareurs les épaiffiffent, les nettoient en coupant les nœuds avant de les garnir ; qu'on veillera à ce que les ouvriers n'en tirent aucune fuite, bout ou fil de long ; que les pareurs les garniffent doucement & fans les effondrer ; qu'elles foient vifitées afin qu'il n'y ait ni trou, ni invaladure, ni aucun autre défaut ; que les pareurs ne fe ferviront point de cardes de fer, mais feulement de chardons ; & qu'elles ne feront teintes qu'en bon teint & fans garance.

COUVREUR. C'eft le nom qu'on donne à l'artifan qui couvre les maifons, quelque matiere qu'il emploie à cet effet.

L'homme, forcé à fe mettre à couvert des injures de l'air, fe vit obligé, faute d'outils, de fe loger dans des antres, des cavernes, & des creux d'arbres, jufqu'à ce que fon induftrie lui fît trouver dans les entrailles de la terre, où dans les végétaux,de quoi fe mettre à l'abri de l'inclémence de l'air. Chaque pays fourniffant des matériaux divers, les peuples en ont couvert différemment les toîts de leurs demeures.

L'art de couvrir les toits exige une plus grande attention qu'on ne penfe pour la confervation d'un bâtiment, parceque le peu d'intelligence & de foin, ou l'infidélité d'un ouvrier, occafionneroit la ruine de la maifon la plus folide, & la rendroit bientôt inhabitable par la pourriture des charpentes & la dégradation des murailles ; au lieu que lorfqu'une couverture eft bien faite, l'eau ne pénetre jamais par les *noues*, ou angles formés par la rencontre de deux toits qui fe jettent l'un fur l'autre , & par les *faitieres* qui font des tables de plomb, ou de grandes tuiles creufes, dont on couvre le *faîte* ou l'arête où les deux toits fe réuniffent en haut.

Les couvertures des bâtiments font ordinairement faites de chaume ou de rofeau , de *bardeau* ou douves de vieilles futailles, de merrain, de tuile, d'ardoife, & enfin de *laves*, qui font une efpece de pierre plate qu'on trouve dans quelques cantons de la Bourgogne, dans le Périgord, & ailleurs.

Lorfqu'on veut employer du chaume pour en faire une couverture folide, on recommande aux moiffonneurs de couper les froments un peu haut pour qu'il refte une plus grande longueur de paille fur la terre. Mieux la paille eft nourrie, plus elle a de confiftance, & plus le chaume eft propre à faire une bonne couverture. Pour couvrir des gla-cieres, on préfere le chaume de feigle, ou, à fon défaut, la paille la plus menue, parceque les parties de ce chaume s'approchent plus les unes des autres, & ne donnent aucun paffage à l'air.

Le chaume faifant une couverture très légere, il eft inu-tile de donner beaucoup de force à la charpente du toit ; il ne doit être ni trop plat ni trop roide, parceque dans le premier cas l'eau couleroit trop lentement & pénétreroit le chaume, & que dans le fecond plufieurs parties de chaume s'échapperoient peu à peu & par là donneroient bientôt entrée à la pluie.

Le Couvreur ayant fait fon cours de lattes fur les che-vrons, à fix ou fept pouces de diftance, prend au *meulon*, ou tas où eft le chaume, une braffée de cette matiere qu'il fecoue à terre pour rendre les brins égaux en les faifant tomber peu à peu ; & lorfqu'il l'a bien rangée, il en forme une *javelle* ; après que toutes ces javelles font faites, il choifit celles dont le chaume eft de meilleure qualité, & en forme l'égout du toit en les y arrêtant par un enface-ment d'ofier, & en arrangeant les *couffinets*, ou les javelles coupées en deux, de façon à fe bien ferrer les uns les au-tres, & à fe recouvrir un peu par le côté.

Ce premier lit de javelles étant bien fait, on continue ainfi de rang en rang jufqu'au faîte ; & pour donner aux brins de chaume le temps de s'affaiffer les uns fur les au-tres, on ne finit la couverture que deux ou trois jours après. Enfuite le Couvreur va la vifiter pour y introduire avec la *palette*, qui eft un morceau de bois de forme elliptique & à manche court, & remettre de nouveau du chaume dans les endroits qui n'en font pas affez garnis. Il finit fon travail en poliffant le chaume avec les dents du *peigne*, ou rateau de bois dont les dents font perpendiculaires au manche.

La couverture en rofeaux qui croiffent dans les marais fe fait à-peu-près comme celle de chaume, avec cette différence que les cours des lattes ne font diftants que de trois pouces ; & que, comme le rofeau eft fujet à couler, on le lie en plufieurs endroits. Cette couverture, qui exige plus d'adreffe que celle de chaume, coûte auffi davantage, & dure au moins une quarantaine d'années fans qu'on foit obligé d'y faire aucune réparation.

Le Couvreur en tuile doit favoir en reconnoître la cuiffon au fon qu'elle donne lorfqu'il frappe deffus avec fon marteau, afin de ne pas employer une marchandife défectueufe & faire une mauvaife couverture.

Quand la tuile eft montée, il commence par former l'égout en pofant fur la *chanlatte* un *fous-doublé* ou rang de demi-tuiles, qui déborde la *chanlatte* de quatre pouces. Les *chanlattes* font des planches de fix à fept pouces de largeur, taillées en chanfrein, dont un bord a deux pouces d'épaiffeur, & l'autre eft taillé en lame de couteau. Sur ces demi-tuiles on pofe le *doublé* qui confifte en un rang de tuiles qui portent fur la *chanlatte* & dont le bord doit arrafer le fous-doublé, fans laiffer de *pureau*, c'eft-à-dire fans laiffer aucune partie apparente de la tuile de deffous.

Dans la couverture des toits ordinaires, on fait toucher les tuiles ; dans les verreries, brafferies, brûleries, fonderies & hangards, on les couvre à *claire-voie*, en laiffant d'une tuile à l'autre la diftance du tiers de la largeur de la tuile.

Lorfque le toit & les arêtiers font couverts, & qu'on a formé les *noues*, les *tranchis*, & les *ruellées*, on couvre le faîte avec des *faitieres*, ou *faîteaux*, ou tuiles creufes. On appelle *tranchis* la tuile qu'on rehauffe un peu du côté du mur qui eft plus élevé que le toit, & on la couvre d'un filet de mortier ou de plâtre, ce qu'on nomme une *ruellée*.

Les couvertures d'ardoife font les plus belles & les meilleures que nous ayons ; quand elles font bien faites , elles forment un plan très uni , font impénétrables à la pluie , & durent long-temps.

Le Couvreur commence fon opération par préparer les ardoifes qu'il choifit de la meilleure qualité : *voyez* ARDOISIER. Il latte enfuite , en efpaçant fon lattis fuivant l'échantillon de l'ardoife , afin qu'elle ait le *pureau* ou fortie qui lui convient. Il fe fert, pour attacher la latte, de l'*aile de mouche*, ou clou dont la tête eft très plate & qui ne fait pas beaucoup d'épaiffeur. Les lattes portent ordinairement fix lignes d'épaiffeur fur fept à huit pouces de largeur & cinq à fix pieds de longueur.

Quelque bien que les ardoifes foient taillées fur le chantier , le Couvreur fe trouve quelquefois obligé de les retailler fur le toit , ce qu'il fait en piquant devant lui la pointe de fon enclume fur un chevron , & il les retaille fur cette enclume pour la place qu'elles doivent occuper. Il marque enfuite l'endroit où il doit percer l'ardoife , la repofe fur l'enclume , & la perce en deux endroits en donnant un coup fec avec la pointe de fon marteau.

La premiere opération de la couverture commence par les égouts foit à *coyaux* foit *retrouffés*. Les égouts à coyaux font des bouts de chevrons de deux pieds & demi ou trois pieds de longueur, qu'on attache fur les chevrons par trois forts clous, & qu'on fait excéder plus ou moins felon que le vif du mur le requiert. On appelle *égouts retrouffés* des tuiles qu'on pofe avec du mortier ou du plâtre fur l'entablement, & auxquelles on donne deux ou trois pouces de faillie, & même plus lorfqu'il y a une corniche. Dans les lieux où les gros vents regnent fréquemment, comme dans les ports de mer, on pofe quelquefois les cinq ou fix premiers rangs d'ardoife fur plâtre, afin qu'elles réfiftent mieux au vent que fi elles étoient fimplement clouées.

Les égouts une fois bien formés , on pofe les ardoifes du couvert ; on conferve réguliérement le même *pureau*, afin qu'elles fe joignent mieux ; on met fur la face de deffus celles où la coupe eft égrignotée ; on les attache avec deux ou trois clous ; & pour que les files d'ardoifes foient réguliérement droites, on fait à chaque rang un trait avec un cordeau pour marquer l'endroit où elles doivent aboutir.

Lorfqu'un toit eft plus large d'un bout que de l'autre, on forme des *accoinçons* qui fe terminent à l'égout ; & on conduit tous les autres rangs d'ardoise parallélement au faîte. On travaille ensuite à couvrir les arêtiers & contre-arêtiers par des *approches* & des *contre-approches*, qui font des ardoises dont on a diminué la largeur par le haut ou par le bas, afin que celles des deux côtés de l'arêtier se touchent assez exactement pour que l'eau n'y puisse pas pénétrer, & qu'on ne soit obligé d'y mettre du plomb ou du plâtre. Mais pour une plus grande sûreté, on met presque toujours au bas de l'arêtier une petite bavette de plomb, taillée en oreille de chat, à laquelle on donne un peu plus de saillie qu'à l'ardoise. On finit l'ouvrage par mettre sur les ardoises clouées sur le faîte des bandes de plomb de dix-huit pouces de largeur, qu'on retient avec des crochets qui saisissent les bords & qui font cloués sur le faîte. Lorsqu'on ne veut point y employer des bandes de plomb, on couvre le faîte en *lignolet*, c'est-à-dire en mettant des ardoises plus grandes & plus plates, qui s'élevent au-dessus des autres, & qu'on met du côté du grand vent, & en faisant porter bien exactement leur face sur les bords des ardoises inférieures.

Quoiqu'un ouvrage soit bien fait, il y faut de temps en temps quelques réparations. Les Couvreurs en distinguent de deux especes ; les *menues réparations* qui ne consistent qu'à restituer des ardoises à la place de celles qui manquent ; & le *remaniement à bout* qui consiste à faire entièrement la couverture à neuf, en changer le lattis, ou en réparer les chevrons. Pour travailler à ces réparations, ils s'échafaudent sur des *chevalets de pied*, qui font des especes de consoles faites avec des planches minces & légeres qu'ils attachent avec des cordes aux bois de la charpente ; lorsque ce font des *chevalets de comble*, ils les appellent des *traquets*. Ils mettent leurs ardoises sur l'échafaud ou sur des *bourriquets* ou *chals* qui s'accrochent aux lattes, & qui font une espece de chevalet léger que le Couvreur a presque toujours sous sa main. Le Couvreur étant sorti par une lucarne avec une échelle légere, il la couche sur le toit & l'attache à la latte avec une petite corde après l'avoir placée bien perpendiculairement pour qu'elle ne coule pas à droite ou à gauche. Quand les toits font plats, il garnit son échelle en tête & en queue de rouleaux de paille ou de natte ; & dans ce cas il ne peut pas se servir de la corde nouée, parceque le poids de son corps romproit les ardoifes. Lorfque le toit eft roide, comme alors le poids du corps du Couvreur ne repofe pas fur l'ardoife, il fe fert de la corde nouée pour y travailler.

La couverture de *bardeau*, ou de petites planches refendues de douze à quatorze pouces de longueur, fur différentes largeurs, & de cinq à fix lignes d'épaiffeur, eft très propre, très légere, réfifte mieux aux coups de vent que l'ardoife ; on s'en fert même quelquefois pour couvrir des fleches de clochers & des moulins.

Pour tailler proprement le bardeau & le mettre de largeur, les Couvreurs fe fervent d'une hachette, & le percent avec une vrille pour empêcher qu'il ne fe fende, & pour y placer le clou. Au refte on l'emploie de la même façon que l'ardoife.

La lave, qu'il ne faut point confondre avec la matiere qui fort à demi vitrifiée des volcans, & qui porte le nom de *lave* quand elle eft refroidie & figée, eft une pierre plate de différentes épaiffeurs, qui fe détache aifément, & qui fe tire à découvert des carrieres dont elle forme la fuperficie. Celles qu'on emploie n'ont qu'un pied, dix-huit pouces, ou deux pieds de longueur fur à-peu-près autant de largeur ; les moindres ont quatre ou cinq lignes d'épaiffeur. On pofe la lave la plus épaiffe fur le mur des égouts ou fur ceux des pignons pour commencer les rangs ; on garde la plus mince pour former les rangs de la couverture qui portent directement fur le bois. Comme ces pierres font d'une forme tout-à-fait irréguliere, le Couvreur les taille avec une *hachette*, outil qui a d'un côté la forme d'une petite hache à main qui ne feroit point tranchante, & de l'autre un marteau propre à caffer les bavures des laves, & en abattre les angles.

Comme la charpente des bâtiments fur lefquels on met de la lave a très peu d'inclinaifon, ces pierres, pofées à plat les unes fur les autres, s'y tiennent par leur propre poids, & rien ne les arrête que la pefanteur des rangs fupérieurs.

Quand cette couverture eft bien faite, elle ne craint aucun accident. La grêle, les ouragans, la pluie, la gelée, n'y font rien ; elle ne donne aucune prife fur elle. De toutes les couvertures c'eft celle qui dure le plus long-temps ; il eft ordinaire de voir des bâtiments ainfi couverts depuis quatre-vingts ou cent ans, & fur lefquels il n'y a eu aucune réparation à faire. Dans les endroits où la lave n'eft pas bien bonne, la gelée l'attaque, ou les pluies la pourrissent quelquefois, ce qui oblige de la renouveller tous les trente ou quarante ans.

Comme l'exercice du métier de Couvreur est très dangereux, qu'ils courent souvent le danger de s'estropier par quelque chûte, qu'ils ne peuvent plus exercer à un certain âge, toutes les amendes encourues & adjugées aux jurés & à la confrairie, font particuliérement employées à soulager & nourrir les pauvres ouvriers du métier, sur-tout ceux qui sont hors d'état de gagner leur vie par des chûtes & autres accidents trop ordinaires dans leur travail.

Les outils des Couvreurs sont l'assette ou hachette, le contrelattoir, l'enclume à couper l'ardoise, le marteau, le martelet, les triquets ou chevalets, les échelles soit à coussinet soit sans coussinet, l'échelle de corde ou cordages noués, l'auge & la truelle.

La communauté des maîtres Couvreurs de Paris a des statuts qui lui ont été confirmés ou plutôt renouvellés par lettres-patentes du Roi Charles IX, du mois de Juillet 1566. Les Jurés & Gardes sont au nombre de quatre, dont deux sont élus chaque année par les autres Maîtres & anciens Bacheliers, en présence & du consentement du Procureur du Roi au Châtelet.

Chaque maître ne peut avoir qu'un apprentif non marié, qui doit être obligé pour six années. L'on ne peut être reçu à la maîtrise que l'aspirant n'ait fait le chef-d'œuvre que les Jurés lui donnent.

Les Couvreurs qui travaillent sur la rue sont obligés de mettre des défenses pour avertir les passants, sous peine d'amende. Il y a à Paris environ cent soixante-sept maîtres.

CRÊPE (Fabrique de). Le crêpe est une étoffe non croisée, très claire, très légere, faite en forme de gaze, qui a sa chaîne & sa trame d'une soie *greze* ou *grege*, c'est-à-dire, telle qu'elle se trouve sur les cocons des vers à soie : elle se fabrique avec la navette sur le même métier que les gazes & les étamines.

Cette étoffe qui n'a été connue en France que vers l'année 1667, a été inventée à Bologne en Italie ; & nous a été communiquée par le nommé *Bourgeu*, ou, comme d'autres le prétendent, par un Lyonnois appellé *Jacques Dupuis*, qui fut le premier qui en fit fabriquer à Lyon, au moyen d'un privilege exclusif qu'il avoit obtenu du Roi pour un certain temps. Après l'expiration de son privilege, tous les ouvriers en draps d'or, d'argent & de soie du royaume eurent la liberté d'en faire.

Il y a deux sortes de crêpes ; des *crêpes crêpés*, ou crêpes doubles, & des *crêpes lisses* qui sont unis. La soie avec laquelle on fait les premiers est toujours beaucoup plus torse que pour les seconds, parcequ'il n'y a que le plus ou moins de retors de la soie de la chaîne qui fasse le crêpage, lorsqu'après avoir ôté l'étoffe de dessus le métier, on la trempe dans une eau claire, & que pour la crêper on la frotte avec un morceau de cire préparée exprès.

Les crêpes, soit crêpés soit lisses, se blanchissent ou se teignent en noir à froid, & s'apprêtent ensuite avec de l'eau gommée. Les crêpes noirs sont pour le grand deuil, & les crêpes lisses pour le petit deuil ; les blancs ne servent qu'aux jeunes personnes qu'on a vouées à la Sainte Vierge, ce qu'on appelle être vouée au blanc.

Les crêpes doubles sont ordinairement fort larges, & servent à faire des voiles, des coeffes, & autres vêtements pour les femmes qui portent le grand deuil. En Italie on les vend au poids avant d'être teints ou blanchis, crêpés & gommés. On les vend en France après leur préparation sur le premier aunage qui a été fait dans la manufacture, & qui est marqué sur un petit plomb à l'un des bouts de la piece, avec le numéro, le nom & la marque du fabricant.

Quoique la ville de Lyon soit celle où il se fabrique le plus de crêpes, qu'ils soient même fort estimés pour leur grande beauté ; ils sont cependant inférieurs aux *véritables Bolognes*, les ouvriers Lyonnois n'ayant jamais pu les imiter pour la finesse & pour l'apprêt.

Comme il est d'usage chez presque tous les ouvriers de faire valoir leur marchandise le plus qu'ils peuvent, & de la faire passer pour être de la meilleure qualité ; il y en a qui font venir de Bologne des crêpes en écru, c'est-à-dire sans avoir eu aucune préparation ; ils les font teindre, blanchir, crêper & gommer chez eux, & mettent sur les paquets qui les enveloppent, les noms des plus fameux fabricants de Bologne au lieu du leur. Les habiles connoisseurs n'y sont point trompés, parceque les apprêts qu'on fait en France ne sont ni aussi bons ni aussi beaux que ceux qu'on donne en Italie.

Suivant l'arrêt du Conseil du 24 Janvier 1690, les crêpes

étrangers paient pour droit d'entrée trente pour cent de leur valeur. Les crêpes de France paient pour droit de fortie huit fols par piece ; ceux où il entre de l'or & de l'argent, quarante fols par livre, ainfi qu'il a été réglé par le tarif de 1664.

CRÉPON (Manufacture de). Le crépon eft une étoffe crépée, toute de laine, dont la chaîne eft filée plus torfe que celle de la trame, & qui fe fabrique fur un métier à deux marches, ainfi que toutes celles qui n'ont ni façons ni croifures.

La premiere manufacture de France où l'on ait fabriqué du crépon fut établie en 1687, à Montmirel en Brie, fous les ordres de M. le Marquis de Louvois, Surintendant général des bâtiments, arts & manufactures de France, par le fieur Paignon, marchand drapier à Paris : on en a fait depuis dans diverfes provinces du royaume, comme dans la Picardie & le Languedoc.

Les fabricants de crépon n'ont d'autres ftatuts particuliers qu'un arrêt du Confeil d'Etat du Roi, du 17 Mars 1717, qui ordonne aux manufacturiers d'Amiens de faire la chaîne de leurs crépons blancs de trente-cinq *portées*, de douze fils ou *buhots* chaque portée.

Quelque attention qu'on ait en France pour la fabrique de cette étoffe, elle y eft inférieure à celle que les marchands Suiffes, qui font établis à Lyon, font venir de Zurich.

Ce qu'on nomme crépons d'Angleterre, font des étamines de foie & de laine jafpées & un peu crépées. Les crépons de foie qui viennent des Indes ne font pas eftimés : ceux de la Chine font plus beaux & de meilleure qualité.

CRESEAU (Fabrique de). Cette étoffe que les Anglois nomment *kerfey*, eft une groffe ferge à deux envers, & à poil des deux côtés ; elle eft croifée & elle fe manufacture principalement en Angleterre & en Ecoffe fur des métiers ordinaires.

La Hollande en fait faire beaucoup à *Leyde*, dont elle fe fert pour habiller fes troupes ; & elle regarde comme marchandife de contrebande celles qui lui viennent des pays étrangers.

Les crefeaux ne peuvent entrer en France que par les ports de Calais & de S. Valery, conformément aux arrêts du 20 Décembre 1687, & 3 Juillet 1692.

On fait très peu de ces étoffes dans le royaume.

CRETONNIER : *voyez* AMIDONNIER.

CRIBLEUR DE BLED. C'eſt le journalier que les Fermiers emploient pour nettoyer le bled dans leurs greniers, le paſſer au *crible*, & le préparer pour pouvoir le conſerver.

Lorſque le bled, ſéparé de ſon épi, & vanné par le *batteur en grange*, eſt mis en tas dans un grenier, il eſt ſujet à s'y échauffer par l'humidité qu'il contient, & par les *charanſons* & les *teignes* qui s'y multiplient, le détruiſent, & augmentent encore par leur chaleur naturelle la fermentation. Pour diſſiper cette humidité & enlever ces inſectes, le Cribleur paſſe le bled de temps en temps à travers les *cribles*, dont il y a pluſieurs ſortes, & qui ſervent les uns à enlever les inſectes & les grains à moitié rongés, les autres à trier & ſéparer les grains ſuivant leur groſſeur.

Le premier crible ſur lequel on fait paſſer les grains, ſe nomme *crible à pied*; il eſt compoſé d'une *trémie*, qui eſt une eſpece de boîte dans laquelle on verſe le grain, qui en ſort peu-à-peu, pour ſe répandre en nappe ſur un plan incliné. Ce plan eſt formé par des fils d'archal, rangés parallélement les uns aux autres, & ſe joignant d'aſſez près pour que les grains bien conditionnés ne puiſſent paſſer à travers. Le bon froment roulant ſur ce plan, qui eſt incliné à l'horizon d'environ quarante-cinq degrés, ſe répand au bas du crible; mais les petits grains, une partie des grains charbonnés, & les graines plus menues, de même que la plupart des charanſons, traverſent le crible, & tombent ſur un cuir tendu à trois pouces de diſtance ſous le fil d'archal : toutes ces immondices coulent ſur ce cuir, & ſe rendent dans une poche qui eſt au bas du crible.

Au bout de quelque temps le Cribleur fait paſſer le bled dans le *crible de mégiſſerie*, ou *crible à main*, qui eſt compoſé d'un cercle de bois large de quatre doigts, & dont le fond eſt une forte peau percée de trous ſerrés. De ces cribles les uns ont des trous plus grands, les autres plus petits. Les premiers laiſſent paſſer les grains retraits & moins beaux que les autres, avec toutes les ordures, les inſectes & les graines étrangeres. On repaſſe ce bled dans un autre crible dont les trous ſont plus petits, & ne laiſſent tomber que la pouſſiere & les inſectes. Pour ſéparer ainſi ces grains, le Cribleur, à l'aide d'une corde au bout de laquelle eſt un crochet, ſuſpend le crible en l'air & l'agite par un eſpece de mouvement circulaire.

Telles font les préparations que le Cribleur donne au bled pour le mettre en état d'être vendu & d'être confervé : on a toujours foin de le remuer de temps en temps à la pelle. Si on veut le conferver pendant plufieurs années, il eft avantageux de le paffer à *l'étuve*, & de le mettre dans les *greniers de confervation* dont nous parlerons au mot *Fermier*.

Par un édit du mois de Septembre 1704, Louis XIV créa en titre d'office cinquante Jurés-Cribleurs de bleds froments, feigles & orges, fur tous les ports, halles & marchés de Paris.

CRIEUR. Cette dénomination étant commune à plufieurs communautés de Paris, nous allons dire en quoi elles different, & ce que chacune a de particulier.

CRIEURS DE CORPS (Jurés). Ce nom leur fut donné parcequ'ils annonçoient autrefois au fon d'une clochette la mort des perfonnes nouvellement décédées, & l'heure à laquelle elles devoient être enterrées ; ce qui fe pratique encore dans quelques villes du royaume : il en eft fait mention dans les lettres de Charles V, du 9 Mai 1365.

Soumis à la jurifdiction du Prévôt des Marchands & des Echevins, entre les mains defquels ils prêtent le ferment, leurs fonctions font aujourd'hui réduites à affifter tous en robe & la cloche à la main, à l'invitation qui fe fait aux Cours fouveraines, & aux autres Corps à qui il appartient de droit d'affifter aux funérailles des Rois, Reines, Princes & grands Seigneurs : ils doivent auffi fe trouver à leur convoi & enterrement, ainfi qu'à celui du Prévôt des Marchands, des Echevins, Juges Confuls, Magiftrats Municipaux & Officiers des fix Corps des Marchands. Quant aux enterrements de tous ces derniers, ils n'y affiftent qu'en nombre proportionné au droit que chacun des défunts a d'en avoir, fuivant les charges qu'il a exercées pendant fon vivant.

Ils font tenus de fournir, aux funérailles ordinaires & aux pompes funebres des Rois & des grands Seigneurs, toutes les tentures de deuil, & autres chofes convenables aux obfeques. Ils fe trouvent auffi aux convois ordinaires lorfqu'ils en font requis, moyennant une fomme qu'on leur paie pour conduire le deuil & régler les cérémonies & l'ordre de la marche.

Il n'eft permis qu'à eux feuls de louer & fournir les draps, ſerges, ſatins, velours, robes, ſervant aux obſeques, pour le loyer deſquels & leur peine, il leur eſt attribué certains droits qui ſont réglés par le tarif qui eſt dépoſé au greffe de la ville.

Ils ont ſous eux des *ſemonneurs* ou garçons qui vont porter par la ville les billets d'enterrement où ſont énoncés les noms & les qualités des défunts, le jour de leur décès, l'heure à laquelle ils doivent être enterrés, & l'égliſe où ils doivent l'être.

CRIEURS DE VIEUX FERS. Ces artiſans, qui portent auſſi le nom de *Crieurs de vieux drapeaux* ou linge, ſont réunis en communauté depuis près d'un ſiecle.

Leur métier conſiſte à recueillir le rebut de diverſes marchandiſes, qui ſouvent ne paroiſſent pas valoir la peine d'être ramaſſées, mais dont la revente entretient une quantité incroyable de petits marchands qui étalent en pluſieurs endroits de Paris, & qui ne vendent que de vieux fers.

Ils ne ſont en tout que vingt-quatre maîtres, & ne peuvent pas faire d'apprentifs. Lorſque quelqu'un d'eux vient à mourir, ils le remplacent en s'aſſociant ou éliſant un nouveau maître. Leurs jurés veillent à la conſervation de leurs privileges, indiquent les aſſemblées, font le rapport des ſaiſies, & ſont en droit, par lettres-patentes qui leur ont été accordées, de confiſquer la marchandiſe de ceux qui s'ingerent de crier & d'acheter par la ville; ils n'oſent cependant pas uſer de ce droit à l'égard des ſoldats aux gardes françoiſes qui font ce petit commerce, & que les Magiſtrats de la Police veulent bien tolérer.

CRIEURS DE PEAUX DE LAPIN. Ce ſont de pauvres gens qui font un petit négoce de ces peaux, de celles de fouine, belette, & autre menue pelleterie qu'ils achetent dans les rues de Paris ou dans les villages des environs, pour les revendre enſuite aux maîtres pelletiers.

CRIEUSES DE VIEUX CHAPEAUX. Ce ſont des femmes ou des filles de pauvres artiſans dont le métier eſt de parcourir les rues de Paris en criant pour avertir de leur paſſage les perſonnes qui veulent acheter ou vendre de vieilles hardes. Elles vont auſſi aux ventes publiques pour y acheter les vieux meubles, & les revendre enſuite aux frippiers.

Quoique ces femmes, dont le nombre eſt aujourd'hui très conſidérable, ne compoſent point de communauté;

elles obſervent cependant une certaine diſcipline, ont des uſages qui leur tiennent lieu de ſtatuts, & font leur commerce ſous la protection du Lieutenant-Général de Police. Elles ſont autoriſées par un arrêt du Parlement de 1430, où il eſt dit que depuis douze ans les Crieuſes de vieux chapeaux ſont tolérées dans l'uſage de vendre & d'acheter denrées de fripperie.

Ces femmes ſont diviſées en quatre claſſes. La premiere eſt celle des *revenaeuſes à la toilette* : voyez *ce mot*. La ſeconde eſt celle des *Crieuſes en gros*, c'eſt-à-dire de celles qui ſe trouvent à l'entrée des piliers des halles pour acheter de leurs compagnes & revendre enſuite aux frippiers. La troiſieme eſt des *Crieuſes ordinaires*. Et la quatrieme eſt celle des *novices* ; c'eſt ainſi qu'elles appellent celles qui, pour apprendre ce petit négoce, s'aſſocient avec une ancienne Crieuſe.

Lorſqu'elles ſe trouvent pluſieurs à une vente, elles n'enchériſſent point les unes ſur les autres ; toutes celles qui ſont préſentes aux achats peuvent y avoir part & les lotir avec les enchériſſeuſes : elles s'indiquent mutuellement les maiſons où elles ont été appellées, afin qu'aucune n'aille au-deſſus du prix que la premiere aura offert. Ce partage des achats ſe fait à la pluralité des voix des lotiſſeuſes, ce qu'elles nomment *vuider les lots*.

CRINIER. Le Crinier eſt l'artiſan qui prépare le crin & le met en état d'être employé par les différents ouvriers qui s'en ſervent dans leurs ouvrages.

On diſtingue deux ſortes de crin ; l'un qui eſt droit, & tel qu'il ſort de deſſus l'animal ; l'autre qu'on appelle *crin crépi*, & qui fait l'objet du travail du Crinier. Ce travail conſiſte à *corder* le crin, c'eſt-à-dire en faire une corde qui ſe façonne de la même maniere à-peu-près que les cordes de chanvre. Enſuite on fait bouillir ce crin ainſi cordé pour lui faire contracter l'habitude de friſer.

Le crin plat ou droit eſt employé par les perruquiers qui en font entrer dans les perruques. Les luthiers s'en ſervent pour garnir les archets des inſtruments de muſique ; les boutonniers en font de fort beaux boutons ; & les cordiers en font des longes pour les chevaux.

Le crin crépi ſert aux ſelliers, aux bourreliers, aux mateláſſiers & aux tapiſſiers.

Quoique le crin frifé qui vient de Dublin en Irlande foit de très bonne qualité, on l'eftime moins que celui de Rouen & de Paris, parcequ'on ne le fait pas affez bouillir, ce qui rend la frifure trop groffiere. Les crins frifés d'Allemagne font en apparence meilleurs que ceux de France ; dans le fond ils valent beaucoup moins parcequ'ils font extrêmement courts, mêlés de foie ou de poil de porc, ce qui les rend plus durs & moins propres à conferver leur frifure. Le meilleur crin eft celui qui eft noir & long, qu'on nomme *crin d'échantillon*. Tout autre crin, quelque bon qu'il foit, qui eft court & mêlé de crins gris ou blancs, lui eft très inférieur.

Les marchands de fer & les épiciers font prefque tous le négoce du crin ; ils l'achetent en gros, & le revendent en détail aux artifans qui en font l'emploi.

Il n'y a que les maîtres cordiers qui aient le droit de bouillir, crépir, & frifer le crin : *voyez* CORDIER.

Le crin droit ou frifé paie quinze fols du cent pefant à l'entrée du royaume par arrêt du 17 Septembre 1743, & trente fols de droit de fortie.

CROCHETEUR. C'eft celui dont l'occupation journaliere eft de tranfporter des fardeaux fur les épaules à l'aide des *crochets*.

Ces *crochets* font compofés de deux longs morceaux de bois liés enfemble par une double traverfe, & entre deux par une *broche* ou boulon de fer. Ces deux longs morceaux de bois font emboîtés par le bas dans une petite planche d'où fortent deux bâtons de dix à douze pouces de longueur, qui foutiennent & arrêtent le fardeau.

Deux bretelles, qui font attachées à une hauteur convenable fur les montants des crochets, les affermiffent fur le dos du Crocheteur ; & avec une corde attachée au bas, qu'il paffe fur fa charge, il la retient de façon qu'elle ne peut point vaciller.

Cette machine, qui eft très commode, n'eft guere en ufage qu'à Paris : ailleurs on porte avec des cordes ou fur la tête.

Les Crocheteurs emballoient autrefois les marchandifes des marchands & négociants de Paris ; il ne leur eft plus permis de le faire depuis qu'il y a des emballeurs en titre : *voyez* EMBALLEUR.

CRYSTAL (Fabrication du). *Voyez* VERRIER.

CRYSTALLIER. Ouvrier qui taille ou qui grave sur le crystal. Les maîtres Crystalliers travaillent sur toutes sortes de pierres précieuses , & sont de la communauté des maîtres lapidaires de Paris : *voyez* LAPIDAIRE.

CUIR BOUILLI. C'est un cuir qu'on fait bouillir dans de la cire mêlée de quelque substance résineuse. Sa préparation n'appartient qu'aux maîtres gaîniers auxquels l'article XIII de leurs statuts du 21 Septembre 560 défend de faire aucune bouteille de cuir de vache ou de bœuf, qu'elle ne soit *boulue*, c'est-à-dire bouillie dans de la cire neuve & non d'autre, & cousue de deux coutures à doubles chefs, & duement, ainsi que ledit ouvrage le requiert, sous peine de confiscation de l'ouvrage, & de vingt livres parisis d'amende.

CUIR DORÉ : *voyez* DOREUR.

CUIRATIER. On donne ce nom dans quelques endroits du Languedoc, & principalement à Beaucaire, à ceux qui travaillent à la préparation des cuirs : *voyez* TANNEUR.

CUISINIER. C'est celui qui fait faire la cuisine & apprêter à manger.

Nous les distinguons des Cuisiniers-Traiteurs dont nous parlerons au mot *Traiteur*.

Cet art, qui a pour objet de flatter le goût, fut inventé en Asie. Ces peuples, les plus voluptueux de l'univers, furent les premiers à employer dans la préparation de leurs mets toutes les productions de leur climat, qu'ils apprêterent & varierent en autant de façons que leur sensualité leur suggéra. La délicatesse de leur table passa chez les autres peuples de la terre ; on se dégoûta insensiblement des mets préparés par la nature ; on fit des essais, & on parvint enfin à faire un art de la chose la plus simple & la plus naturelle.

Nous tenons des Italiens, & sur-tout de ceux qui servoient à la cour de Catherine de Médicis, cet art sur lequel il semble que nous ayons encore raffiné, & qui est quelquefois si nuisible à la santé. Les Cuisiniers François passent aujourd'hui chez toutes les nations pour ceux qui apprêtent mieux & dont le goût est plus délicat en fait de bonne chere. Nous n'entrerons dans aucun détail sur cet art ; nous renvoyons ceux qui en seroient curieux à la lecture

ture des ouvrages qui en traitent, comme le *Cuifinier François*, le *Cuifinier Royal*, le *Cuifinier Moderne*, les *Dons
de Comus*, l'*Ecole des Officiers de bouche*, le *Dictionnaire
des Aliments*, le *Dictionnaire de Cuifine*, &c.

Quelque altération que les mets ragoûtés occafionnent
à notre fanté, il faut cependant convenir que nous devons
auffi aux Cuifiniers l'art de conferver les aliments & de les
rendre d'une digeftion plus facile.

On empêche la corruption des mets par la defficcation,
la falaifon, la fumigation, & en formant des gelées &
tablettes de viande qui fe confervent dans le tranfport des
voyages de long cours. On les rend plus digeftibles par la
coction faite à propos, & par l'addition de différentes
fubftances qui, étant en dofe modérée, irritent légérement l'eftomac & en augmentent l'action.

CUIVRE : *voyez cet article au mot* MINES.

CULOTTIER. On donne ce nom à celui qui ne fait que
des culottes de peau : il n'emploie que des peaux chamoi-
fées, de bouc, de chamois, de daim, d'ânon, de mouton, de cerf, d'élan, de renne, &c. & pour en faire les
coutures, il fe fert, comme le cordonnier, de foie de fanglier, d'alêne, de tire-pied, & encore de fil, d'aiguilles,
de dé à coudre, d'une buiffe, d'un petit maillet, & d'un
liffoir.

Quand la peau eft affez grande, il fait la culotte d'une
feule, & de deux lorfqu'une ne fuffit pas. Dans le premier cas, il la plie du fens de fa longueur, non par la
moitié, mais au tiers de fa largeur, & la fleur en dehors ;
il l'a plie encore en deux de l'autre fens, c'eft-à-dire fur fa
largeur, pour trouver le milieu. Après avoir déplié ce fecond pli, il fend le deffus jufqu'au premier pli en long,
prend les deux bouts de toute la peau, & les amene de fon
côté jufqu'à ce qu'il ait formé une fente ouverte de trois
pouces ; cela fait, il taille, fuivant fa mefure, une des
cuiffes du côté où la peau eft féparée en deux, obferve de
laiffer au bas une *avance*, ou fauffe patte de fix pouces, &
de ne rien couper au côté rendoublé qui fait le dedans des
cuiffes. Il plie enfuite une feconde fois fa peau par le milieu, en rapportant la cuiffe taillée fur l'autre pour les couper égales, étend fa peau, & pour trouver la hauteur du
fond de la culotte, il y applique la mefure qu'il a fur le
papier, y fait une marque, taille & arrondit le fond,

coupe fur ce qui lui refte de la peau la ceinture de la culotte en deux morceaux ; les deux pattes des poches en travers du devant , les deux petites pattes des fufdites poches ,
les deux pattes des poches en long des côtés , le foufflet , &
la patte de la fente du devant.

Comme le plus grand ufage de ces culottes eft pour monter à cheval , on les rend plus commodes en les faifant à
pont ou à la bavaroife. Le *pont* eft cette piece de peau qui
couvre l'ouverture de la culotte par devant ; il fe taille à la
peau même & y demeure attaché.

Toutes ces pieces étant coupées , il *apiece*, c'eft-à-dire
qu'il les colle de droit fil avec de l'empois blanc , pour les
coudre enfuite.

Les boutonnieres étant faites , il *enjolive*, c'eft-à-dire
qu'il marque fur le bas des côtés extérieurs des deux cuiffes
quelque ornement de mode , comme un deffein à fleurs dont
il remplit les traces par des rangées de points plats en fil
blanc coufues à fleur de peau. Cela fait , il monte toutes les
pieces en les affemblant par des coutures tant fimples que
piquées. Les premieres , qui font le point plat & l'arriere-
point , fe font à l'aiguille avec du fil de Bretagne. Les fecondes font doubles & s'exécutent à la manière des cordonniers avec l'alêne & de la foie de fanglier attachée aux deux
bouts de chaque aiguillée de fil de Cologne , ciré avec de la
cire blanche.

Cette derniere couture fe travaille fur la *buiffe* qui eft un
morceau de bois d'un pied de long , d'un pouce de haut
par un bout , de deux pouces par l'autre , arrondi d'un bout
à l'autre fur fa face fupérieure , plat en deffous , & arrêté
le long de la cuiffe gauche de l'ouvrier avec un tire-pied
qui faifit auffi la peau qu'on veut coudre fur la buiffe. Ce
même inftrument fert pour applatir avec le petit maillet
les coutures fimples qu'on a déja faites.

Comme les coutures piquées ou doubles forment un petit
rebord occafionné par le relevement des deux peaux qu'on
coud enfemble , le Culottier unit ce rebord & l'égalife par-
tout en paffant par-deffus le *liffoir*, qui eft un petit morceau
de bois dur de quatre à cinq pouces de long , dans le bout
duquel il y a une petite rainure qui ferre & égalife le haut
du rebord.

Quand les peaux font foibles , on ne pique que le côté
des cuiffes ; & lorfqu'il y a deux peaux pour une culotte ,

on ne pique que la couture du fond qui joint les deux derrieres enfemble. Toutes les autres fe font fimples par dedans & à point en arriere.

Quoique les culottes de peau foient d'un ufé excellent, qu'on en faffe en noir qui imitent les culottes de drap, elles ont le défaut de s'engraiffer, de devenir glacées & luifantes, ce qui leur donne un œil de mal-propreté qui n'eft pas fupportable. Il feroit à defirer qu'on pût remédier à cet inconvénient.

CURANDIER : *voyez* BLANCHIMENT DE TOILE.

Fin du premier volume.

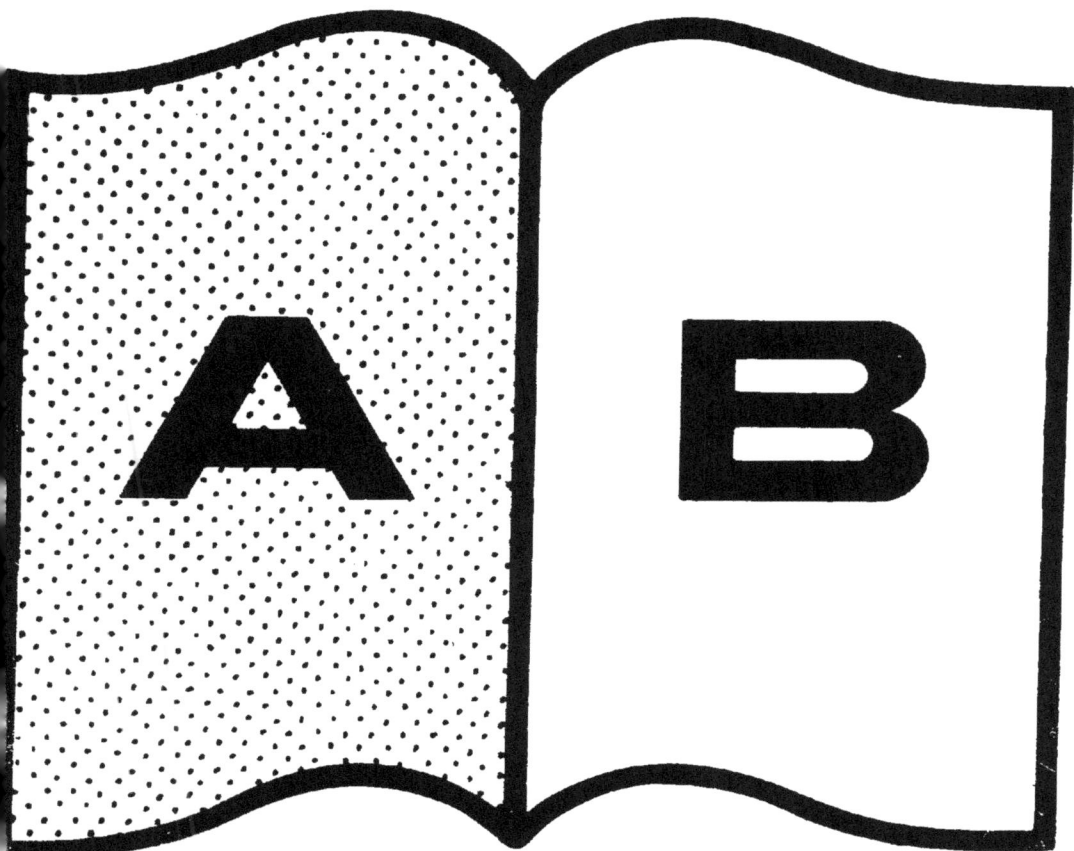

Contraste insuffisant

NF Z 43-120-14